'Mise an fear ceoil'

'Mise an fear ceoil'

Séamus Ennis – Dialann Taistil 1942–1946

curtha in eagar ag Ríonach uí Ógáin

Cló Iar-Chonnachta
Indreabhán
Conamara

An Chéad Chló 2007
An Dara Cló 2007
© Cló Iar-Chonnachta 2007

ISBN 978-1-905560-07-3

Líníocht agus léarscáileanna: Michèle O'Dea
Dearadh clúdaigh: Clifford Hayes / Michèle O'Dea
Dearadh: Outburst Design & Deirdre Ní Thuathail

Bord na
Leabhar
Gaeilge

Tugann Bord na Leabhar Gaeilge
tacaíocht airgid do Chló Iar-Chonnachta

the arts
council
schomhairle
ealaíon

Faigheann Cló Iar-Chonnachta cabhair airgid
ón gComhairle Ealaíon

Clóchur: Cló Iar-Chonnachta, Indreabhán, Conamara
Teil: 091-593307   **Facs:** 091-593362   **r-phost:** cic@iol.ie
Priontáil: Betaprint, Baile Átha Cliath 12.
Teil: 01-4299440

I gcuimhne ar m'athair Máirtín
agus ar mo mháthair Máire

Clár

Buíochas

Ba mhaith liom buíochas a ghlacadh leis na daoine ar fad a thug cabhair dom san obair seo. Tá mé buíoch de Rialtas na hÉireann, a bhronn scoláireacht orm faoin gComhairle um Thaighde sna Dána agus sna hEolaíochtaí Sóisialta, rud a chuidigh go mór liom dul chun cinn a dhéanamh sa taighde. Mo bhuíochas le hÚdarás na Gaeltachta, agus go háirithe le Pádraig Ó hAoláin, as deontas a chuir ar mo chumas na hinnéacsanna a chur á ndéanamh. Is deacair gach uile dhuine a lua agus is iomaí duine a thug cabhair dom agus nach eol dom a n-ainm fiú – daoine iad seo a casadh orm faoi bhealach nó a thug eolas do dhaoine a raibh mé ag fiosrú ábhar leo: mo chuid cairde agus comhghleacaithe i mBéaloideas na hÉireann agus taobh amuigh de, go háirithe Kelly Fitzgerald, Rónán Galvin, Jackie Mac Donncha, Fiachra Mac Gabhann, Peadar Ó Ceannabháin, Helen Litton, Seán McKiernan, Máire Ní Fhlatharta, Bairbre Ní Fhloinn, Pádraig Ó Cearbhaill, Beairtle Ó Conaire, Ciarán Ó Con Cheanainn, Anne O'Connor, Micheál Ó Curraoin, Michèle O'Dea, Seán Ó Guairim, Pádraig Ó Héalaí, Maitiú Ó Murchú, Marian Ridge, Bairbre Uí Chonaill. Solas na bhFlaitheas do Mháire Delaney, don Ath. Proinsias Ó Maolaithe agus do Phádraig Mac Gairbheith, a chabhraigh chomh fial sin liom agus a thug misneach dom. Buíochas faoi leith le Lochlainn Ó Tuairisg, Deirdre Ní Thuathail, Micheál Ó Conghaile agus le foireann Chló Iar-Chonnachta.

Buíochas le:
Anna Bale, Noreen Barron, Seóirse Bodley, Majella Breen, Niall Brooks, Peter Browne, Jane Burns, Nicholas Carolan, Máire de Grás, Eithne Ennis, Barbara Ennis Price, Colm Faherty, Anna Germaine, John Glendon, Michael Gorman, Brian Grogan S.J., J. Hayes, Tadhg Keady, Ian Lee, Brian Lynch, Criostóir Mac Cárthaigh, Dónall Mac Giolla Easpaig, Pádraig Mac Gréine, Tomás Mac Mathúna C.I., Damian Maddock, Paul Martin, Éamonn Mathews, John McDonough, Pat McGee, Elaine McKay, Eugene McKendry, Caitríona Miles, Ursula Molloy, Gerardine Moloney, Malachy Moran, Máirín Nic Dhonncha, Áine Ní Cheallaigh, Caoilfhionn Nic Pháidín, Caoimhe Ní Ghormáin, Máire Ní Neachtain, Willie Nolan, Máirtín Ó Cadhain, Séamas Ó Catháin, Bosco Ó Conchúir, Brian Ó Curnáin, An Mons. Pádraig Ó Fiannachta, Micheál Ó Flaithearta, Dáithí Ó hÓgáin, Liam Ó Maoladha, Jean-Michel Picard, Letitia Pollard, Dermot Roantree, Ciarán Tuite.

An Cabhán
Eddie Brady, Eileen Brady, Fr Peter Casey, Mrs Cully, Martin Donohoe, Úna McDermott, Gerry agus Kathleen McGahern, Teresa McGahern, Michael Sheridan, Tom Sheridan, Peter Smith.

Gaillimh
Árainn
Mary Arnsby, Diane Clarke, Lorraine Clifford, Pádraig de Bhailís (nach maireann), Olwyn agus Michael Gill, Máire Ní Bhriain, Sorcha Ní Chonghaile, Marian Ní Mhaoláin agus a muintir, Treasa Ní Mhiolláin, Brian Ó Catháin, Tomás Ó Concheanainn, Máirtín Ó Concheanainn, Aindrias Ó Ruairc, Diarmuid Teevan, Micheál Ó Conaill, Mary Ryan, Mairéad Uí Fhlaithearta.

Cloch na Rón
Christopher agus Martina Conneely, Martin Conneely, Detta Conroy, Eileen Coyne, Pádraig Mac Donncha, Seán Ó hUaithnín, Joe Rafferty, Tim Robinson.

Corr na Móna
Anna, Máire agus Nóra Ní Chadhain, Marcus Ó Floinn, Áine Uí Choirbín.

Gaillimh Thoir
Annie Conroy, Gerry D'Arcy, Seán Donnellan, Sheila Gibney, Tom Kenny, An tAth. Roibeard Ó Laidhigh, Lil Maloney, Robert McEvilly, Maeve O'Dea, Áine Welsh, Mary Whelan.

An Spidéal, Casla, An Cheathrú Rua, Ros an Mhíl
Máirín Bhreathnach, Joe Boske, Máire Concannon, John Coyle, Peigí de Carraig, Sheila Flanagan, Brian agus Conor Geoghegan, Charlie Harris, Carl Hession, Celine Hession, Bríd Hughes, Aongus Mac Cana, Nora McCabe, Pádraig Mac Conaola, Liam Mac Con Iomaire, Micheál Mac Con Iomaire, Peaitsín Mac Donncha, Tomás Mac Eoin, Treasa Ní Ailpín, Bríd Ní Chonghóile, Áine Ní Churraoin, Bairbre Ní Scanláin, Máirín Ní Scanláin, Máire Ní Chaoimh, Séamus Ó Beirn, Máirtín Ó Briain (nach maireann), Órán Ó Casaide, Peait Phádraig Tom Ó Conghaile, Máirtín Pheaits Ó Cualáin, Pádraig Réamoinn Ó Donncha, Seán Ó Finneadha, Pádraig Ó Sé, Anne Roddy, Melia Uí Chonláin, Bríd Bean Uí Churraoin, Caitríona Uí Laidhe, Caitlín Uí Laidhe, Winnie Uí Lochlainn.

Na hOileáin
Coilmín an tSeoighigh, Pádraic de Bhaldraithe, Mairéad agus Pádraig Mac Donncha, Pádraig Ó Raghallaigh, Micheál Ó Tuathail, Máirín Ní Thuathail, John Bhaibín agus Nóirín agus Mary Seoighe, John William Seoighe, Máirtín Chóilín Seoighe.

Ros Muc & Carna
Bríd Bhreathnach (nach maireann), Caitlín Bhreathnach, Críostóir Breathnach, Eileen Clancy, Colman de Búrca, Nan Tom Teaimín de Búrca, Mrs Feehan, Myra Garvey, Sarah Kay, Mary Kelly, Monica Kelly, Fr Colm Kernan, Phil Keys, Rev. Brendan Kilcoyne, Seosamh (Joe John) Mac an Iomaire, Colm Bheairtle Mac Donncha, Dara Bán Mac Donnchadha, Máirtín Tom Sheáinín Mac Donncha, Josie Sheáin Jeaic Mac Donncha, Johnny Mháirtín Learaí Mac Donnchadha, Seosamh (Mhaitiais) Mac Donncha, John agus Alma Mac Fhlannchaidh, Micheál Mac Oireachtaigh, Mary Madden, Mary Mahoney, Joe Maude, Bartley McDonagh, Delia Mhadaoin, Máire Mhic Dhonncha, Máire Ní Bháin, Deirbhile Nic Craith, Mairéad Níc Éiní, Máire Ní Chonaire, Aingeal Ní Chualáin, Kathy Ní Chualáin, Róisín Nic Dhonncha, Nóra Ní Chlochartaigh, Nóirín Ní Chonaola, Annie Nic Con Iomaire, Catherine Nic Con Iomaire, Bríd agus Máire Ní Dhomhnaill, Cáit Ní Dhomhnaill, Bairbre Ní Ghionnáin, Tomás agus Mary Ó Caodháin, Máirtín Ó Catháin, Colm Ó Cathasaigh, Seán Jeaic Ó Cathasaigh, Micheál Pheait Thomáis Ó Ceannabháin, Pádraig Pheait Thomáis Ó Ceannabháin, Pádraig Tom Pheaits Ó Ceannabháin, Tomás Ó Ceannabháin, Festus Ó Ceoinín, Piaras Ó Conaire, An tAth. Eddie Bheairtle Ó Conghaile, Pádraig Ó Cualáin, Stiofán Ó Cualáin, Roibeárd Ó Cuinn, Máirtín Ó Gríofa, Joe Pheadair Ó Guairim, Tomás agus Marcus Ó hIarnáin, Éanna Ó hOisín, An tAth. Máirtín Ó Lainn, Dara Ó Loideáin, Rev. Ian O'Neill, Paddy Ó Súilleabháin, Fionnuala Richardson, Mairéad Uí Cheannabháin, Máire Uí Cheoinín (nach maireann), Regina Uí Chollatáin, Nora Uí Mhainín, Anna Uí Mhainín, Bríd Uí Nia, Mary Chóilín Johnny Uí Nia, Kate Uí Thnúthail, Máire Uí Thuathail, Eithne Whelan.

Maigh Eo

Doiminic de Búrca, Richard Hewat, Mary B. Hughes, Martin Loftus, Seán (Twin) Mac Conmara, Tomás Mac Seáin, Chris Masterson, Dymphna Moran, Bridie Gunning Mulloy, Tony Mulloy, Seán Ó Gallchobhair, Dominick O'Grady, John O'Malley, P. J. Kelly, Síle Moran-Sweeney, Baba agus Bernie Sweeney, Úna Uí Chuinn

Dún na nGall
Cloich Chionnaola

Martha Baskin, Gearóidín Breathnach, Bella Brennan, Berni Campbell, Dan Collins, Annie Doherty, Paddy Glackin, Máire Halpin, Anthony Jennings, Diarmuid Mac an Bhaird, Eddie Mac Aoidh, Séamus Mac Aodha, Pádraig Mac Gabhann, Jimmy Mac Suibhne (nach maireann) agus Mary Bridget, Mary McAuliffe, Mary McGee agus a hiníonacha Annie agus Síle, Tony McHugh, Packie Molloy, Bella Mhic Aoidh, Nóra Nic Aoidh, Caitlín Ní Cheallacháin, Bríd Nic Gabhann, Treasa Ní Dhúchoin, Cití Ní Ghallchóir, Dónall Ó Baoill, Tomás Ó Baoill, Micheál Ó Catháin, An tAth. Pádraig Ó Cuill, Pól Ó Cuireáin, Seán Ó Domhnaill, Ciarán O Duibhín, Séamus Ó Gallchóir, An tAth. Seán Ó Gallchóir, Tomás Ó hEochaidh, Máirtín Ó hOisín, Dónall Ó Loinsigh, An Br Críostóir Ó Tuama, Anna Philbin, Joe Sweeney, Pádraig Ua Cnáimhsí, Patsaí Uí Chatháin, Cissie Uí Dhuibheannaigh.

Teileann

Úna Ní Bheirn, Fiona Sweeney, Seosamh Ua Gallchobhair, Cití Seáin Uí Chuinneagáin.

Toraigh

Dan Collins, Éamonn Mac Ruairí, Peatsaí Dan Mac Ruairí, Hannah Mhic Ruairí, Róise agus muintir Uí Dhúgáin, Lillis Ó Laoire, Antain Ó Mianáin.

An Clár

Martin Barrett, Maureen Comber, John Conlon, Jackie Cullinane, Peter Curtin, Jack Garrahy, Kevin Griffin, Peter Griffin, Mona Hynes, Mary Angela Keane, John Joe Lynch, Mathúin Mac Fheorais, Patsy McDermott, Kevin McGlynn, Seán MacGrath, Frances Madigan, Isolda Marshall, Tom Munnelly, Clare Murphy, Tom O'Brien, Ciss O'Loghlen, Muiris Ó Rócháin, Liam Ó Sé, Thomas O'Sullivan, Bridget Rynne, Máire Bean Uí Eaghráin, Anthony Wood.

Luimneach

Maggie Behan, John Cullinane, Nóra agus Mairéad de hÓir, Proinsias de Priondargást, Liam Dundon, Christopher Lynch, Rian Mac Giolla Loscaidh, An tSr Madigan, Bríd Mhic Shiacuis, Orfhlaith Ní Bhriain, Máirín Ní Ruairc Tuathaigh, Liam Ó Floinn, Dermot O'Gorman, Seán Ó hAllmhuráin, Muintir Sheanghualann, Seán Spellissy.

Institiúidí

Cartlann / Músaem an Gharda Síochána, An Lárionad Chlosamhairc, An Coláiste Ollscoile, Baile Átha Cliath, An Leabharlann Náisiúnta, Catholic Central Library, Leabharlann Choláiste na Tríonóide, Comhairle na nDochtúirí Leighis, Met Éireann, Raidió na Gaeltachta, Radio Telefís Éireann, Taisce Cheol Dúchais Éireann.

Is é Micheál Ó Curraoin a chéadréitigh an t-ábhar dialainne lena fhoilsiú. Is í Helen Litton a rinne an t-innéacs don 'Chlár Amhrán agus Ceoil' a leagan amach. Is í Kelly Fitzgerald a réitigh an 'Clár Áiteanna' agus 'Foinsí Foilsithe'. Tugtar teideal amhráin nó píosa ceoil idir uaschamóga. Mura bhfuil a mhalairt luaite, is amhrán atá sa teideal seo idir uaschamóga.

Eagarthóireacht

Ó tharla gur i gCnuasach Bhéaloideas Éireann (CBÉ), An Coláiste Ollscoile, Baile Átha Cliath, atá formhór mór na bhfoinsí san fhoilseachán idir imleabhair cheangailte dialainne, imleabhair cheangailte nach dialann iad, chomhaid cheoil (CC), chuntais na seachtaine, chomhfhreagras, thaifeadtaí fuaime, ghrianghraif agus léaráidí, ní luaitear foinse an ábhair ach amháin nuair is foinse eile seachas CBÉ atá i gceist. Dá réir, nuair a luaitear uimhir imleabhair, idirstad agus leathanach, mar shampla 1296: 10, is lámhscríbhinn i gCnuasach Bhéaloideas Éireann atá i gceist.

Eolas nó míniú breise de chuid an eagarthóra aon ábhar atá idir lúibíní cearnacha [ ].

B'fhéidir, dá mbeadh a fhios ag Mac Aonghusa go bhfoilseofaí an dialann, go mbeadh sí scríofa ar bhealach eile aige. Do Stiúrthóir an Choimisiúin, don fhoireann agus do scoláirí *bona fide* a scríobh sé an dialann, agus tá seo tugtha i gcuntas san obair eagarthóireachta. I ngeall air seo, tá roinnt bheag ábhair fágtha ar lár go ciúin san fhoilseachán seo.

Ní gá a rá go bhfuil na céadta ainmneacha dílse – i nGaeilge agus i mBéarla – sa dialann. Tá a litriú sin tugtha chun rialtachta. De réir mar a bhí sé ag déanamh a bhealaigh bhí ainmneacha daoine, sloinnte, gaolta agus logainmneacha faoi mar a bheidís as broinn leis ag Mac Aonghusa. I dtosach na hoibre, thugadh sé buille faoi thuairim anois is arís maidir le litriú agus ciall chuid de na hainmneacha dílse, agus tá siad seo tugtha chun rialtachta san obair eagarthóireachta. Cuireadh cúpla tagairt mhíchruinn ó thaobh dátaí de ina gceart.

Anseo is ansiúd, bhí gá le heagarthóireacht ar chúrsaí comhréire, gramadaí, litrithe maidir lenar scríobh sé sa dialann. Mionathruithe a bhí i gceist tríd síos. Bhí roinnt foirmeacha agus focal in úsáid aige nach mbeadh go nádúrtha sa chanúint ina raibh sé ag scríobh ach fágadh iad sin gan athrú. Mar shampla, scríobh sé leithéid 'Chuaigh mé isteach go Ros Muc' nuair is dóigh gur 'Chuaigh mé soir go Ros Muc' a bheadh sa chaint. I gConamara agus é ag scríobh bhain sé leas as 'faill fhóirsteanach' a shamhlófaí níos mó, b'fhéidir, le cuntas as Tír Chonaill.

Tá deacracht áirithe chomh maith ag baint le húsáid na bhfocal 'ceol' agus 'ceolta'. Dá mbeifí ag brath ar an téacs dialainne amháin, ní i gcónaí a d'fhéadfaí an chiall a bhí aige le 'ceol' agus 'ceolta' a dhéanamh amach. Is cosúil gur bhain Mac Aonghusa úsáid astu le port, fonn nó amhrán a chur in iúl, agus in amanna léirítear an chiall sa chomhthéacs dialainne. In amanna eile ní mór dul a fhad le 'Clár na nDaoine' ina bhfuil an liosta ábhar a thóg sé ón lucht faisnéise, le soiléiriú iomlán a dhéanamh cé acu an port, fonn nó amhrán atá ann.

Noda

BÁC	Baile Átha Cliath.
Ca	An Cabhán.
CC	Comhad Ceoil, Cnuasach Bhéaloideas Éireann, An Coláiste Ollscoile, Baile Átha Cliath.
CBÉ	Cnuasach Bhéaloideas Éireann, An Coláiste Ollscoile, Baile Átha Cliath.
CF	Cartlann Fuaime, Cnuasach Bhéaloideas Éireann, An Coláiste Ollscoile, Baile Átha Cliath.
CI	Ciarraí.
Cl	An Clár.
DG	Dún na nGall.
D.V.	*Deo Volente* – le toil Dé.
Ga	Gaillimh.
.i.	eadhon – is é sin.
ibid.	*ibidem* – sa leabhar, sa chaibidil nó sa phíosa céanna.
idem	an t-ainm, an teideal no an t-údar céanna faoi mar a luadh roimhe.
IM	An Iarmhí.
L.D.F.	Bunaíodh cúltacaí éagsúla ag Arm na hÉireann i 1927. Tugadh iad ar fad isteach faoin Arm i 1941 faoin teideal 'Local Defence Force' nó 'Fórsa Cosanta Áitiúil' (F.C.A.). Bhí Mac Aonghusa an-ghníomhach ann agus théadh chuig campa traenála ó am go chéile. Bhí stádas míleata acu. I 1943 bhí os cionn 103,000 ball san F.C.A.
Lm	Luimneach.
Lo	An Longfort.
ME	Maigh Eo.
Mí	An Mhí.
N.T.	National Teacher – féach O.S.
O.S.	Oide Scoile an téarma a úsáidtear ag tagairt do mhúinteoirí cáilithe bunscoile. Sular chéim aitheanta an cháilíocht, bhaintí leas ní ba mhó as an ngiorrúchán.
RC	Ros Comáin.
UF	Uíbh Fhailí.
q.v.	*quod vide* – féach faoi sin.
TE	Tír Eoghain.

An Réamhrá

Éire sna 1940idí

Bunús an ama a raibh Séamus Mac Aonghusa i mbun na dialainne seo, bhí an Dara Cogadh Domhanda ar siúl. Bhí tionchar nach beag ag an gcogadh ar an tír cé go raibh Saorstát Éireann neodrach agus nár thaobhaigh sé go hoifigiúil le haon cheann de na tíortha a bhí in adharca a chéile. Bhí toil mhóramh na ndaoine le polasaí na neodrachta. Tugadh an 'Éigeandáil' go coitianta sa Saorstát ar thréimhse an chogaidh.

Is ó thaobh na heacnamaíochta is mó a luigh an cogadh ar an bpobal. Bhí ciondáil i bhfeidhm agus tugadh leabhar ciondála do gach teaghlach. Clódh milliún leabhar ciondála ag Brún agus Ó Nualláin Teoranta i mí na Samhna 1943 don Roinn Soláthairtí, roinn a cuireadh ar bun le réiteach a fháil ar dheacrachtaí a bhain le soláthar ábhar. I measc na nithe a ndearnadh ciondáil orthu bhí tae agus siúcra, agus ar feadh tamaill bhí arán i gceist freisin. Ní raibh teacht ag an bpobal ar pheitreal ná ar ola le taisteal pearsanta a dhéanamh le gluaisteán. D'úsáidtí móin mar bhreosla ar thraenacha agus d'fhág sin nach mbíodh mórán siúil fúthu. Thóg sé tuairim is deich n-uaire an chloig ar thraein an turas ó Chorcaigh go Baile Átha Cliath a chur di sa bhliain 1943. D'fhéadfadh sé gur i ngeall ar na cúrsaí seo atá oiread cur síos ag Mac Aonghusa ar chúrsaí taistil, ach ar an iomlán is beag atá rianta sa dialann faoi imeachtaí an chogaidh agus an tionchar a bhí aige ar mhuintir na tíre ná air féin.

Bhí an Ghaeilge ag dul i léig go tréan agus ag meath mar ghnáth-theanga labhartha sna 1940idí cé is moite d'iarthar na hÉireann, den chuid is mó. Thagadh daoine le chéile ina gcuid tithe sa mbaile le ham a chaitheamh agus ag airneáil. Bhí cluichí cártaí, scéalaíocht, seanchas, ceol, amhráin agus damhsa ó dhúchas acu. De réir a chéile tharla athruithe ar mhórán gnéithe den saol nach raibh mórán athraithe tagtha orthu roimhe sin. Bhí athrú suntasach tagtha ar réimsí den saol a bhí gan athrú leis na céadta bliain agus chuaigh an Ghaeilge agus an saol a bhí ceangailte léi ó aithne, beagnach.

Bhí meath na Gaeilge feicthe ag Séamus Ó Duilearga (James Hamilton Delargy 1900–80) nuair a bhí sé ina mhac léinn Gaeilge sa Choláiste Ollscoile i mBaile Átha Cliath agus ba í an fhís a chuir sé roimhe, an traidisiún béil a thabhairt ón díchuimhne. Dúirt sé go raibh sé faoi mar a bheadh teach trí thine agus eisean ag iarraidh cuid den troscán ann a thabhairt slán as an slad ollmhór.[1] I ngeall ar an bhfís seo aige, i ngeall ar a dhiongbháilteacht, le cabhair an rialtais san am agus le cabhair ó dhaoine a bhí ar comhfhís leis, bunaíodh Coimisiún Béaloideasa Éireann[2] i 1935 le traidisiúin bhéil na hÉireann a bhailiú, a chaomhnú agus a fhoilsiú. Chreid cuid mhór díobh sin a ghlac páirt i mbunú an Choimisiúin go raibh fiúntas agus saibhreas faoi leith i stór traidisiún béil mhuintir na Gaeltachta. Leis an obair seo a chur chun cinn, ceapadh bailitheoirí lánaimseartha chun dul i mbun an bhailithe, go háirithe sna Gaeltachtaí agus in áiteanna eile sa tír chomh maith. Chaith siad tréimhsí ama éagsúla ag bailiú bhéaloideas na gceantar ina raibh siad ina gcónaí.

Sa bhliain 1942 foilsíodh *A Handbook of Irish Folklore*, a bhí curtha i dtoll a chéile ag Seán Ó Súilleabháin, cartlannaí[3] an Choimisiúin. Cé gur lámhleabhar do bhailitheoirí ar obair pháirce a bhí sa leabhar go bunúsach, cuireadh córas innéacsála don bhéaloideas ar fáil ann freisin. Tá lorg lámhleabhar Uí Shúilleabháin le sonrú i mbailiúcháin an Choimisiúin, atá anois i gCnuasach Bhéaloideas Éireann, an Coláiste Ollscoile, Baile Átha Cliath. Leanadh córas Uí Shúilleabháin agus an clárú á dhéanamh ar na lámhscríbhinní, na taifeadtaí fuaime, na grianghraif agus na scannáin sa chnuasach sin. Foilsíodh mórán ábhair bunaithe ar na bailiúcháin. Tá cuid mhór ábhair faoi ghnéithe éagsúla den bhéaloideas as na bailiúcháin curtha ar fáil ag lucht taighde. Sa bhliain 1971 rinneadh an Coimisiún a scor agus aistríodh an fhoireann agus an sealúchas go dtí Roinn Bhéaloideas Éireann a cuireadh ar bun sa Choláiste Ollscoile, Baile Átha Cliath. Leagadh cúraimí an Choimisiúin ar Roinn Bhéaloideas Éireann agus ghlac sí mórán cúraimí eile uirthi féin chomh maith, mar shampla cúrsaí fochéime agus iarchéime a chur ar fáil i mBéaloideas na hÉireann. Sa bhliain 2005 tháinig deireadh le ré Roinn Bhéaloideas Éireann nuair a bunaíodh Lárionad Uí Dhuilearga do Bhéaloideas na hÉireann agus Cnuasach Bhéaloideas Éireann, an Coláiste Ollscoile, Baile Átha Cliath, a bhfuil bailiúcháin an Choimisiúin agus na Roinne faoina scáth anois.

Ceapadh an Bhailitheora Séamus Mac Aonghusa

Tá ainm in airde ar Shéamus Mac Aonghusa i saol an cheoil thraidisiúnta in Éirinn. Maireann a chuimhne mar cheoltóir, mar amhránaí, mar bhailitheoir ceoil, damhsa, amhránaíochta agus seanchais. Scéalaí agus craoltóir a bhí ann chomh maith.

Rugadh é i Lóiste Bhaile Shéamuis, Fine Gall, i dtuaisceart Chontae Bhaile Átha Cliath, ar an 5 Bealtaine 1919. Chuaigh sé ar scoil chuig Clochar an Chreidimh Naofa i nGlas Naíon agus ansin go Coláiste Belvedere, Sráid Bheag na Danmhairge, Baile Átha Cliath. Ina dhiaidh sin chuaigh sé chuig dhá scoil lán-Ghaelacha, Scoil Choilm Cille i Sráid Maoilbhríde agus meánscoil na mBráithre Críostaí, Coláiste Mhuire, Cearnóg Pharnell, áit a raibh an Corcaíoch an Br Micheál Ó Tatháin ag múineadh Gaeilge dó.[4] Mhúin athair Shéamuis, James Ennis, an phíb uilleann do Shéamus agus é ina

Muintir Mhic Aonghusa, Séamus, Barbara agus Angela.
(Le caoinchead Barbara Ennis-Price.)

Muintir Mhic Aonghusa, Séamus, Ursula, Angela, Barbara agus Cormac. (Le caoinchead Barbara Ennis-Price.)

ghasúr. Mhúin sé léamh an cheoil dó freisin agus chuir in aithne é do cheoltóirí ar fud na hÉireann. Óna athair chomh maith, cuid mhór, a fuair Séamus an grá don Ghaeilge. Shamhlófaí an-tionchar ag ceoltóireacht a mháthar, Mary, ar Shéamus ina óige chomh maith mar gur fidléir a bhí inti agus go seinneadh sí an pianó. Nuair a d'fhág Séamus Coláiste Mhuire, rinne sé cúrsa tráchtála agus thairg Colm Ó Lochlainn post dó. Bhí comhlacht clódóireachta ag Colm 'Faoi Chomhartha na dTrí gCoinneal' i mBaile Átha Cliath agus bhí Séamus ag ceartú profaí agus ag cóiriú ceoil d'fhoilseacháin ar nós *Irish Street Ballads*.[5] Chaith sé ceithre bliana ag obair le Ó Lochlainn san oifig aige i Sráid na Toinne. Ach le linn an Dara Cogadh Domhanda, cuireadh daoine as obair sa chomhlacht agus i gcomhlachtaí eile clódóireachta i ngeall ar ghanntanas páipéir. Bhí Mac Aonghusa ar dhuine díobh sin. Ina dhiaidh sin, shíl sé go mbeadh air dul in arm Shasana.[6]

Sa bhliain 1942 bhí an Coimisiún ag lorg bailitheoir lánaimseartha amhránaíochta agus ceoil. Duine le cáilíochtaí faoi leith a bhí ag teastáil don phost: chomh maith le bheith ina bhailitheoir béaloidis, bhíothas ag lorg duine a bheadh in ann nótaí nó nodaireacht an cheoil a scríobh maille le focail, seanchas agus scéal na n-amhrán. Duine a bheadh in ann an obair seo a dhéanamh thrí mheán na Gaeilge agus an Bhéarla a bhí ag teastáil ach ní hé sin amháin a bhí i gceist: bhí sé riachtanach go mbeadh pearsantacht ar leith ag an té a cheapfaí sa bpost – bhí duine ag teastáil a bheadh in ann labhairt le daoine, a réiteodh le daoine agus a mbeadh tuiscint agus meas ar an ábhar go mór i gceist aige nó aici.

Measadh go raibh na cáilíochtaí ar fad ag Séamus Mac Aonghusa agus gur fheil sé go rímhaith don obair. Bhí Colm Ó Lochlainn i dteagmháil lena chara Séamus Ó Duilearga, Stiúrthóir an Choimisiúin, agus mhol sé Mac Aonghusa don phost. Thuig an Duileargach gur iarrthóir rífheiliúnach a bhí ann. Ghlac Séamus leis an bpost agus thosaigh ar a chuid oibre an 1 Meitheamh 1942. Seoladh a litir cheapacháin chuige ar an 28 Bealtaine agus í sínithe ag Máire Nic Néill, a bhí ina rúnaí ag an gCoimisiún san am. Mar seo a leanas a scríobhadh chuige:

A chara,

Is mian liom a insint duit go bhfuil cead fachta agam ón Roinn Oideachais[7] ar thú a fhostú mar bhailitheoir lánaimseartha fén gCoimisiún ón 1 Meitheamh 1942, de réir £150[8] sa mbliain. Tá na coinníollacha a ghabhann leis an bpost agam á gcur chugat leis seo.

    Abair led thoil an toil leat glacadh leis an bpost ar na coinníollacha seo, agus cuir scéala chugam gan mhoill.

Mise, le meas,
Máire Nic Néill

Bhí beagnach £3[9] in aghaidh na seachtaine de thuarastal ag Mac Aonghusa nuair a thosaigh sé ag obair don Choimisiún, a dhá oiread beagnach agus a bhí aige ag 'Faoi Chomhartha na dTrí gCoinneal', áit a raibh 32 scilling[10] sa tseachtain aige.[11] De réir na gcoinníollacha fostaíochta, áiríodh costais taistil, chothabhála agus mionchostais eile sa scála pá agus ní raibh aon chostais bhreise le híoc cé is moite de chostais phoist a bhain le lámhscríbhinní agus fiteáin.[12] Post lánaimseartha, sealadach, neamh-inphinsin a bhí ann. Ceithre lá is fiche a bhí de shaoire in aghaidh na bliana, maille le gnáthlaethanta saoire poiblí. An lá céanna sin, an 28 Bealtaine 1942, chuir Mac Aonghusa freagra i nGaeilge á rá go raibh an litir faighte aige agus gur chuir a raibh inti ríméad air. Dúirt sé ansin go raibh coinníollacha an phoist léite aige agus ghlac leis an bpost.

    Ba bhailitheoir lánaimseartha é ach ní bhíodh Mac Aonghusa ag obair in aon áit amháin ná in aon chontae amháin ar feadh cúpla bliain as a chéile, faoi mar a bhíodh bailitheoirí lánaimseartha eile ar nós Sheáin Uí Eochaidh i dTír Chonaill, Sheosaimh Uí Dhálaigh i gCiarraí nó Sheáin Uí Chróinín i gContae Chorcaí.

    Ba é an nós ag Mac Aonghusa go dtéadh sé ag bailiú go Conamara nó go Tír Chonaill nó pé áit eile a bhí i gceist ar feadh tréimhse cúpla seachtain nó fiú amháin cúpla mí in amanna agus go dtagadh sé ar ais go Baile Átha Cliath go dtí oifig an Choimisiúin ag deireadh na tréimhse sin le tamall eile a chaitheamh ann sula dtabharfadh sé faoin obair pháirce faoin tír arís. Tá an leagan amach seo ar an obair le léamh i miontuairiscí an Choimisiúin, áit a bhfuil sé tugtha síos go ndúirt an Duileargach, agus é ag labhairt i nGaeilge, ag an 29ú cruinniú den Choimisiún ar an 14 Bealtaine 1942, go raibh áthas air a fhógairt go raibh fear óg aimsithe aige a bheadh in ann ceol de chuid na hÉireann a bhí foilsithe cheana féin a chlárú agus a mbeadh ar a chumas chomh maith amhráin a bhailiú ón traidisiún beo. Séamus Mac Aonghusa ab ainm dó agus píobaire a bhí ann faoi mar a bhí ina athair. Dúirt an Duileargach go raibh sé ar intinn aige é a chur siar go Carna agus go Ros an Mhíl i gConamara samhradh na bliana sin le tamall a chaitheamh ann. Chreid an Duileargach gurb é Carna an paróiste ba shaibhre béaloideas ó thaobh na scéalaíochta de agus go gcaithfeadh amhráin a bheith ann. Dúirt sé go mbeadh an bailitheoir óg ag breacadh síos ceoil ar obair pháirce i rith an tsamhraidh, agus sa gheimhreadh go mbeadh sé ag obair san oifig i mBaile Átha Cliath, ag scríobh síos na n-amhrán agus na bhfonn ó fhiteán, agus ag déanamh na hoibre céanna don cheol dúchais agus a bhí ar siúl ag Seán Ó Súilleabháin don bhéaloideas.

Ba é an chéad dualgas a leagadh ar Shéamus Mac Aonghusa agus é ag obair don Choimisiún, tras-scríobh a dhéanamh ar phíosaí ceoil i mbailiúcháin an Choimisiúin, a bhí taifeadta ar fhiteáin fónagraif. Gach seans go raibh cuid den ábhar lámhscríbhinne agus dialainne i mbailiúcháin an Choimisiúin léite cheana féin aige, ábhar a bhí bailithe ag bailitheoirí lánaimseartha agus ag daoine eile. Dá réir, bhí eolas nár bheag curtha aige ar an mbéaloideas agus ar na bailiúcháin. Rinne daoine a raibh aithne orthu i réimse an cheoil Ghaelaigh san am an tras-scríobh a bhí déanta aige a scrúdú agus a mholadh. Orthu seo bhí Donal O'Sullivan,[13] an tOll. Aloys Fleischmann[14] agus an tOll. John Larchet.[15] Bhí Séamus Mac Aonghusa réidh ansin le tabhairt faoi obair pháirce mar bhailitheoir lánaimseartha don cheol agus don amhránaíocht. Ní raibh Mac Aonghusa ach trí bliana is scór ar éigean nuair a thug sé faoin gcéad turas ar obair pháirce go Conamara ón 2 Iúil go dtí an 14 Meán Fómhair 1942.

Le linn a thréimhse cúig bliana leis an gCoimisiún, bhailigh Mac Aonghusa moll mór amhrán, ceoil agus seanchais. Ar an 31 Iúil 1947 d'fhág sé slán ag an gCoimisiún agus chuaigh ag obair le Raidió Éireann mar oifigeach craolacháin sheachtraigh. D'fhan sé leis an eagraíocht sin go dtí 1951 nuair a d'aistrigh sé go dtí an BBC i Londain don chineál céanna poist agus d'fhill sé ar Éirinn i 1957. Sa dá phost dheireanacha seo, thug sé cuairt arís ar an lucht aitheantais a bhí aimsithe aige le linn a thréimhse leis an gCoimisiún agus rinne tuilleadh taifeadtaí leo. Orthu seo bhí Colm Ó Caodháin, Seán 'ac Dhonncha (Johnny Joe Pheaitsín) agus Niallaí Ó Baoill. D'fhág sé an BBC i 1957 chun dul i mbun an cheoil agus na hiriseoireachta, ach go luath ina dhiaidh sin thosaigh a shláinte ag gabháil in olcas. Choinnigh sé air ag bailiú. Idir sin agus 1982, an bhliain a bhfuair sé bás, choinnigh Mac Aonghusa air ag seinm ceoil agus ag amhránaíocht agus rinne cuid mhór clár agus sraitheanna clár raidió agus teilifíse. Chaith sé blianta deireanacha a shaoil san Aill, i dtuaisceart Chontae Bhaile Átha Cliath, agus is ann atá sé curtha.

Cúlra na Dialainne

I ndialann taistil[16] nó dialann pháirce Shéamuis Mhic Aonghusa 1942–6, léirítear an saol faoi mar a bhí ag fear óg tréitheach, díograiseach agus é i mbun amhráin agus ceol dúchasach a bhailiú. Tá sé i gceist go gcothódh foilsiú na dialainne tuiscint ar shaol an bhailitheora go ginearálta agus ar shaol Shéamuis Mhic Aonghusa go sonrach. Tá feidhmeanna eile le foilsiú an tsaothair seo chomh maith. Ar an gcéad dul síos, beidh an dialann ar fáil go forleathan. Ar an gcaoi seo, cuideoidh sí na blianta seo dá shaol a chur i gcomhthéacs beathaisnéisiúil.

Tugann an dialann an léitheoir isteach i saol an bhailitheora agus cuireann sí na daoine a casadh air agus ar bhailigh sé ceol, amhráin agus seanchas uathu in aithne don lucht léite. Ba dhlúth agus inneach an ceol agus an t-amhrán de ghnáthshaol na ndaoine seo, tréimhse a raibh an ceol Gaelach ag teacht os comhair an phobail go han-chiúin, taobh amuigh dá thimpeallacht dhúchasach. Den chuid is mó, ní raibh bailiú, taifeadadh, craoladh, cartlannaíocht, grianghrafadóireacht ná scannánú an cheoil imithe i bhfeidhm ar shaol na ndaoine a raibh Mac Aonghusa ag bailiú uathu go dtí go dtáinig sé a fhad leo. Chuir na hamhránaithe agus na ceoltóirí seo fáilte roimh Mhac Aonghusa ina measc. Lig siad dó scéal a mbeatha, seanchas, a gcuid ceoil agus an ceol féin a thabhairt leis, agus anuas air sin lig siad dó a bheith páirteach i ngach uile ghné dá saol.

Sular bunaíodh an Coimisiún, ba nós seanbhunaithe ag Séamus Ó Duilearga é tuairisc laethúil nó dialann a scríobh. Sna 1920idí, nuair a bhí sé ar obair pháirce, scríobhadh an Duileargach cuntas rialta ag cur síos ar a chuid oibre gach uile lá. Anuas air sin, rinne sé cur síos ar na daoine, ar an tírdhreach, ar na tithe, taobh amuigh agus taobh istigh, agus ar na haicmí éagsúla béaloidis a tháinig ina threo. Scríobh sé cuid dá chuid tuairimí féin fúthu seo ar fad. Ar ndóigh, b'as a stuaim féin a scríobh an Duileargach na cuntais seo, gan ordú tugtha ag duine ar bith dó a leithéid a dhéanamh. Is cinnte go raibh tionchar ag scoláirí Lochlannacha agus ag scoláirí eile air maidir le tábhacht chomhthéacs an bhailithe a thabhairt síos i gcuntas.[17] Tá tábhacht agus luach a ábhar dialainne féin soiléir i mórán dá shaothar foilsithe, mar shampla *The Gaelic Storyteller*.[18] Tá sleachta óna dhialann freisin in *Leabhar Sheáin Uí Chonaill*[19] agus *Leabhar Stiofáin Uí Ealaoire*.[20]

Nuair a bhí an Duileargach ina stiúrthóir ar an gCoimisiún agus bailitheoirí lánaimseartha á dtreorú agus á dteagasc aige, is cinnte gur iarradh ar na bailitheoirí céanna sin dialann a scríobh ina raibh cur síos ar a gcuid oibre ó lá go lá. Tá a thoradh seo le feiceáil sa Phríomhbhailiúchán Lámhscríbhinní i gCnuasach Bhéaloideas Éireann, áit a bhfuil roinnt mhaith imleabhar ceangailte sa bhailiúchán atá cláraithe faoin teideal 'cín lae' *'diary'* nó *'journal'*. Léirítear i ndialanna na mbailitheoirí an tábhacht a bhaineann le mioneolas comhthéacsúil agus le hiarracht a dhéanamh níos mó ná an téacs béaloidis nó malairt leagan ar an téacs sin a bhailiú.

Tá cur síos sna dialanna seo ar an dul chun cinn a rinne siad, ar an rath nó a mhalairt a bhí orthu san obair, ar na daoine a casadh orthu agus ar bhailigh siad béaloideas uathu agus ar na fadhbanna a tháinig ina dtreo agus iad i mbun béaloideas a bhailiú. Ach tá ábhar eile sa dialann acu: cineál bailithe ann féin atá inti cé go bhfuil béim agus foirmle eile ag roinnt léi seachas mar a shamhlófaí leis an ngnáthbhealach bailithe. Cuirtear saibhreas eolas comhthéacsa ar fáil sna dialanna seo, eolas atá riachtanach do thuiscint iomlán ar an insint bhéil, don amhránaíocht, don cheol agus do ghnéithe uile an bhéaloidis. Anuas air sin, scríobhadh na bailitheoirí téacsanna béaloidis sna dialanna ó am go chéile.

Ach ní léir go raibh treoir scríofa ar bith tugtha do na bailitheoirí faoin dialann seo a scríobh. San am céanna ba dhualgas é, agus tá tagairt amháin ar a laghad i litir ó Sheán Ó Súilleabháin chuig an mbailitheoir páirtaimseartha Seán Mac Mathúna i 1937, ina ndúirt sé, i nGaeilge, gur mhaith leis go scríobhadh sé 'cuntas cín lae ar d'imeachtaí agus ar do smaointe féin' agus ar a raibh ag tarlú i gContae an Chláir, áit a raibh Mac Mathúna ina chónaí agus ag obair. Dúirt sé nár ghá cuntas an lae a bheith an-fhada i gcónaí.[21] Tá blas pearsanta, suibiachtúil ag roinnt le dialann na mbailitheoirí. Tá tuairisc reatha ar an obair inti ach anuas air sin tá tuairisc nár scríobhadh inti, ach atá le léamh aisti, ar an mbailitheoir féin agus ar an luí a bhí aige[22] leis an obair. Leagtar béim faoi leith sa dialann, mar shampla, ar thuiscint an bhailitheora agus a lucht faisnéise ar an mbéaloideas agus léirítear inti a riachtanaí is a bhí iompar imfhiosach maidir leis an traidisiún agus caomhnóirí an traidisiúin sin, maille leis an riachtanas cumas maith caidreamh daonna a chothú agus a choinneáil leis an lucht faisnéise féin.[23]

An Dialann Féin

Tá dialann Mhic Aonghusa i dtrí cinn d'imleabhair cheangailte i bPríomhbhailiúchán Lámhscríbhinní Chnuasach Bhéaloideas Éireann.[24] Beagnach míle leathanach atá inti agus í scríofa sna leabhair bheaga nótaí a chuirtí ar fáil do na bailitheoirí le hábhar dialainne a scríobh iontu.

Ní gá a rá gur lámhscríofa atá an t-iomlán ag Mac Aonghusa agus é sin i ndúch dubh. Tá an dúch dubh iontach éifeachtach, go háirithe i ngeall ar gur díol suntais chomh mór sin scríbhneoireacht Mhic Aonghusa mar gheall ar a háilleacht. Cineál dúigh faoi leith a bhí sa dúch a d'úsáidtí le nodaireacht cheoil a thras-scríobh. Bhí sí ag teacht le bloic an chlódóra agus leis an gcóras leictrilíte a bhí i bhfeidhm le hábhar a chló.

Beagnach ocht gcéad leathanach atá sa 'dialann taistil' faoi mar a thug sé féin uirthi ó 1942–6 agus a fhormhór seo i bpeannaireacht atá dlúth go maith. Sa dialann taistil ó 1942 go lár 1946, scríobhadh Mac Aonghusa cuntas do gach uile lá, beagnach, agus é ar obair pháirce. Ach is cosúil nach ann do dhialann taistil do thurais ina dhiaidh sin. Níor tháinig aon ábhar dialainne chun solais d'obair pháirce a rinneadh idir an 9 Iúil 1946 (an iontráil deiridh sa dialann), agus an 1 Lúnasa 1947 (nuair a thosaigh sé ag obair le Raidió Éireann).

Cé go mbaineann formhór ábhar na dialainne lena chuid obair pháirce taobh amuigh de Bhaile Átha Cliath, tá cur síos i gcuid bheag den dialann ar a chuid oibre ag oifig an Choimisiúin i mBaile Átha Cliath. (Is féidir 'dialann oifige' a thabhairt ar an gcuid seo den dialann.) Agus é san oifig, faoi mar a léirítear sa dialann, bhíodh Mac Aonghusa ag tabhairt freagraí ar fhiosruithe scríofa, ag tabhairt aire do chuairteoirí, ag ullmhú léachtaí agus cainteanna agus scripteanna don raidió, agus áit a mbíodh sé freisin ag obair ar ábhar lámhscríbhinne agus fuaime a raibh baint acu lena chuid obair pháirce. I mBaile Átha Cliath, seachtain cúig lá go leith a bhí aige, de réir nós na haimsire. Thagadh go leor daoine ar cuairt chuige agus orthu sin bhí cuid de na daoine a mbíodh sé ag bailiú uathu, a lucht aitheantais óna chuid obair pháirce, amanna agus iad i mBáile Átha Cliath ag féile an Oireachtais. Tá suas le dhá chéad leathanach sa dialann oifige seo, cé gurb iomaí leathanach nach bhfuil ach focal nó dhó nó abairt nó dhó air, mar shampla 'san oifig'. Tugann imeachtaí áirithe atmaisféar na hoifige agus na linne chun cuimhne chomh maith le roinnt sonraí maidir le saol Mhic Aonghusa féin. Luann sé, mar shampla, buachaill ag teacht isteach leis na clóscríobháin a ghlanadh.[25] Luann sé cúpla uair go raibh sé ag freastal ar ranganna Sualainnise, agus ar leathanach eile déanann sé cur síos ar an réiteach a bhain le carr a cheannach, agus ar an gcaoi ar cheannaigh sé é i mí Aibreáin 1946. Ní cosúil gur ann don dialann oifige seo ach do 1946 agus 1947, an dá bhliain dheireanacha aige ag obair ag an gCoimisiún.

Sa bhliain 1947 cheannaigh an Coimisiún veain taifeadta[26] ina mbíodh an fhoireann ag taisteal. Bhí an béaloideasaí Caoimhín Ó Danachair ina cheannródaí ó thaobh taifeadadh fuaime agus grianghraf de agus bhí sé ag obair don Choimisiún san am. Ba mhinic Mac Aonghusa agus Ó Danachair ar an mbóthar in éineacht ag déanamh taifeadtaí ar phlátaí nó ar cheirníní aiceatáite.

Tá dialann taistil ann do thart ar nócha a hocht seachtain ar fad ina bhfuil cur síos ar obair pháirce i gcontaetha na Gaillimhe, Dhún na nGall, Mhaigh Eo, an Chláir, Luimnigh agus an Chabháin. I gContae na Gaillimhe ba mhó a chaith sé a chuid ama. Bhí sé seachtain an ceann i Luimneach agus sa Chabhán, ceithre seachtaine an ceann i gcontaetha an Chláir agus Mhaigh Eo, sé seachtaine is fiche i dTír Chonaill agus seasca a dó seachtain i nGaillimh. Cúpla áit sa dialann, tugtar liostaí amhrán agus fonn maille le hainmneacha daoine ar shíl Mac Aonghusa gur cheart dó dul ar ais chucu. Corráit freisin, tá nótaí garbha agus cúpla litir a ceanglaíodh ina gcuid den imleabhar lámhscríbhinne.[27]

I nGaeilge atá formhór na dialainne mar go raibh de nós aige í a scríobh i dteanga na háite ina raibh sé ag bailiú. Anuas air sin scríobh sé an dialann i gcanúint an cheantair ina raibh sé ag obair. Scríobh sé, mar shampla, i nGaeilge Thír Chonaill nó i nGaeilge Chonamara. Bhí an-dúil sa Ghaeilge aige agus tuiscint mhaith ar dhifríochtaí comhréire agus foclóra. Dúirt a chomhghleacaí, an bailitheoir lánaimseartha Seán Ó hEochaidh, gur thuig Mac Aonghusa beagnach gach uile rud a fhad is bhí sé i dTír Chonaill. Ní raibh duine ar bith feicthe ag Ó hEochaidh roimhe sin a bhí in ann canúint na háite a thabhairt leis chomh sciobtha agus a rinne Mac Aonghusa. Mar seo a leanas a rinne Ó hEochaidh cur síos air:

> Ba bheag nár thuig sé agus ní fhaca mise duine ar bith ariamh a tháinig isteach ar Ghaedhilg na háite chomh tobann leis – agus is leor a chomhartha é nach bhfuil cuid mhór diofair eadar an Ghaeidhilg bhreá Chonamara atá aige, agus Gaedhilg na contae seo. Tchí sé féin inár gcuid seanchaisc cuid mhór de na leaganacha céanna cainte atá ag na daoine ar obair sé leofa thiar ansin. Cuireann sé iontas air go minic, deir sé liom.[28]

I nGaeilge atá an dialann do chontaetha Mhaigh Eo agus an Chláir cé gur cinnte go raibh an Ghaeilge ag dul i léig go tréan sna ceantair sin agus é ag obair iontu, mura raibh sí imithe ar fad san am. Tá a dtábhacht féin ag baint leis na leathanaigh seo mar go léirítear saol Gaeltachtaí nach ann níos mó dóibh.

Foinsí Eile

Tá moll mór ábhair ann a bhfuil baint dhíreach aige leis an dialann, a chuireann eolas comhthéacsa ar fáil ar obair an bhailitheora ó lá go lá. Orthu seo tá leathanaigh sheachtainiúla ina bhfuil eolas faoi gach uile lá den tseachtain, faoin gceantar ina raibh sé ag obair agus cuntas an-ghearr, in amanna gan ann ach focal nó dhó, ag cur síos ar a chuid oibre in aghaidh an lae. Bunfhoinse eile in aon taighde ar an dialann, an moll comhfhreagrais a bhaineann le Mac Aonghusa ón tréimhse chéanna agus a bhfuil a fhormhór mór i nGaeilge. Is éard atá anseo, litreacha agus cártaí poist ó lámh Shéamuis

Mhic Aonghusa,[29] faoi mar a shíníodh sé a ainm i gcónaí, agus teileagraim agus litreacha chuig Mac Aonghusa ó Sheán Ó Súilleabháin. Scríobhadh Seán chuig Séamus ar bhonn rialta agus é leithscéalach dá mbeadh thar sheachtain nó dhó caite ó bhí scríofa cheana aige. Ba mhinic a mhol sé na litreacha lán mionchuntas ag Mac Aonghusa, agus é ag gabháil leithscéil san am céanna as a chuid litreacha 'réamhdhéanta' féin a chuireadh sé chuig na bailitheoirí ar fad. Scríobhadh Mac Aonghusa chuig an Súilleabhánach thart ar uair sa tseachtain, agus scríobhadh sé chuig Séamus Ó Duilearga agus chuig Máire Nic Néill in amanna chomh maith agus scríobhaidís-sean ar ais chuige. Formhór a chuid litreacha chuig Máire Nic Néill agus chuig Bríd Mahon, a bhí ag obair in oifig an Choimisiúin, bhí baint acu le fadhbanna praiticiúla agus le cúrsaí airgid. Anois is arís is ionann an t-eolas sa litir chuig an Duileargach agus sa litir chuig an Súilleabhánach. Is cuid den chomhfhreagras, chomh maith, na teileagraim, a bhfuil baint acu le cúrsaí práinneacha airgid agus eolas eile faoi phráinn, ar nós am traenach agus mar sin de. Cuirtear eolas ar fáil sa chomhfhreagras atá riachtanach in aon staidéar nó anailís ar an dialann.

De nádúr na litreacha tá siad an-phearsanta agus léirítear iontu an dlúthchairdeas a bhí idir Mac Aonghusa agus Ó Súilleabháin. Bhíodh Mac Aonghusa ag súil go mór le litreacha Sheáin. Tá cuid mhór eolais sna litreacha ón Súilleabhánach a bhfuil baint acu le cúrsaí an Choimisiúin agus a chuid oibre, agus a choinnigh Mac Aonghusa ar an eolas faoina raibh ag tarlú i saol na foirne agus san oifig i mBaile Átha Cliath agus i saol an tSúilleabhánaigh féin. I litir amháin déantar cur síos ar a bhfuil ag tarlú maidir le lámhscríbhinní a cheangal, agus i gceann eile deirtear go bhfuil a 'sheanchara' an píopa curtha i leataobh ag an Súilleabhánach don Charghas. Dúirt Mac Aonghusa gur thug na litreacha ón Stiúrthóir an-ugach dó ina chuid oibre. Is iontach an áis an comhfhreagras le haithne níos fearr a chur ar Mhac Aonghusa, agus leagtar béim ann ar thréithe áirithe dá phearsantacht cosúil lena acmhainn ghrinn.

Tagann an-chuid laighce shoilbhir i gceist sna litreacha. Dúirt Ó Súilleabháin uair amháin go raibh ráite ag an mbailitheoir Albanach Calum Mac Gill-Eathain go raibh na mná óga ar fad san Iarthar ag titim i ngrá le Mac Aonghusa. Mar fhreagra ar litir ó Sheán, agus é ag tagairt do na mná óga a bhí ag obair in oifigí an Choimisiúin i mBaile Átha Cliath, d'iarr Mac Aonghusa ar Ó Súilleabháin a dhea-mhéin a chur in iúl do na mná óga sin a bhí faoi bhrón agus é féin imithe ar obair pháirce. I litir a scríobhadh an 1 Iúil 1943, ghlac Ó Súilleabháin a leithscéal i ngeall ar a bheith ag scríobh i mBéarla chuig an mbailitheoir. Mhínigh sé gurbh áisiúla é sin a dhéanamh mar go raibh an clóscríobhán a raibh an cló Gaelach air in úsáid, agus go raibh Bríd Mahon ag clóscríobh na litreacha do Sheán i dteanga na Sacsanach! Tugtar comhairle agus spreagadh sna litreacha ó fhoireann an Choimisiúin, ó Sheán Ó Súilleabháin den chuid is mó, agus freisin, in amanna, tugtar treoracha iontu faoin gcéad áit eile ar cheart don bhailitheoir dul sa tóir ar amhráin agus ar cheol. Ar ndóigh, tá caidreamh pearsanta sna litreacha, nach bhfuil sa dialann. Sa chomhfhreagras a fheictear an teagmháil rialta leis an bpríomhoifig. Cruthaíodh cumarsáid dhéthreo ar an bpointe, rud nach dtagann i gceist sa dialann. Tá dul thar a chéile idir an comhfhreagras agus an dialann mar gur minic cur síos ar an eachtra chéanna i ngach aon cheann acu. Ó am go chéile tharlódh mionchuntas sa chomhfhreagras ar imeacht nach mbeadh ach tagairt dó sa dialann nó a mhalairt go cruinn.

Foinsí eile ina bhfuil ábhar dialainne is ea na himleabhair cheangailte de théacs béaloidis ina bhfuil mórán cuntas agus tagairtí comhthéacsa. In amanna, bíonn cur síos sna himleabhair ar dhaoine nach bhfuil luaite sa dialann, nó téacs ó dhaoine nach bhfuil luaite inti ach an oiread. Anuas air sin tá eolas ábhartha sna lámhscríbhinní ceoil inar scríobh Mac Aonghusa nodaireacht an cheoil agus focal na n-amhrán, faoi mar atá chomh maith sna nótaí taistil ónar thras-scríobh sé, nó ar athóg sé, an téacs, an ceol agus an cuntas dialainne.

Cé is moite de Chnuasach Bhéaloideas Éireann, tá cuid mhór uaireanta an chloig de thaifeadtaí ag leithéidí Radio Telefís Éireann agus Raidió na Gaeltachta ina bhfuil Mac Aonghusa ag caint faoina chuid oibre mar bhailitheoir agus é ag caitheamh súil siar ar a thréimhse leis an gCoimisiún. Tá cuid mhór taifeadtaí ann freisin de dhaoine eile agus iad ag cur síos ar an aithne a bhí acu air. Cé gurbh fhiú mionstaidéar a dhéanamh ar gach uile ghné den ábhar sin as féin, tá leas bainte sa saothar seo astu nuair is cuí, le méadú ar an eolas sa dialann, lena shoiléiriú agus le cur leis.

An tÁbhar sa Dialann ag Séamus Mac Aonghusa

Faoi mar a bheifí ag ceapadh, sa chéad phearsa a scríobhadh an dialann cé gur minic an forainm pearsanta fágtha amach, faoi mar a dhéantar freisin le briathra agus ranna eile cainte. In amanna níor scríobhadh ach abairt nó nath nó dhó an-ghearr in aghaidh an lae agus in amanna eile scríobhadh na céadta focal. Is annamh cuntais iontach fada i gceist, ach is ann dóibh agus díol suntais iontu féin cuid acu. Ceann acu seo, is cur síos é ar obair pháirce i dTír Chonaill don 28 Eanáir 1944 nuair a thug sé cuairt ar sheanbhean agus scríobh roinnt amhrán beannaithe uaithi. Tá an cuntas seo beagnach focal ar fhocal le litir a scríobh Mac Aonghusa chuig Seán Ó Suilleabháin ina bhfuil cur síos aige ar an eachtra.[30] B'fhiú amach anseo staidéar a dhéanamh ar an gcomórtas idir an cuntas dialainne agus na litreacha.

Níl dialann taistil Mhic Aonghusa iomlán pearsanta faoi mar a bheadh dialann a scríobhfaí go deonach. Ní hionann seo is a rá nach bhfuil spontáineacht sa dialann, ach scríobhadh í le teacht le treoir seachas mar bhealach chun é féin a chur in iúl. Níor chaitheamh aimsire ná scríbhneoireacht phléisiúir a bhí i gceist ach gléas oibre. Ba chúnamh an dialann ag na bailitheoirí ina gcuid oibre féin agus in obair a gcomhghleacaithe agus is cinnte gur samhlaíodh ina gcúnamh iad ag daoine eile a bheadh ag obair ar an ábhar ina ndiaidh. B'fhéidir gur bhreathnaigh na bailitheoirí ar an dialann mar dhualgas nach raibh dul as acu. Is cinnte go gcreideann béaloideasóirí an lae inniu gur taifead riachtanach atá i ndialann na mbailitheoirí.

Tá cuid mhór alt tuairisciúil sa dialann ach tagann athrá i gceist mar go raibh sé ag dul siar ar a aistear, ag casadh leis na daoine céanna arís agus arís eile, ag scríobh óna lucht faisnéise, ag dul siar ar thras-scríobh an cheoil agus na dtéacsanna in éineacht leo ina dteach féin agus ina dhiaidh sin ansin ina theach lóistín. Cé gur mhinic go leor imeachtaí éagsúla ar siúl in aghaidh an lae, ó lá go lá ba iad na himeachtaí céanna a bhí i gceist ar an iomlán. Anuas ar an mbailiú, bhíodh Mac Aonghusa ag scríobh litreacha, ag dul chuig oifigí poist, ag seinm ceoil agus ag snámh. Ach cé is moite de nathanna, atá ar aon dul lena chéile focal ar fhocal, ní cosúil go bhfuil aon dá chuntas focal ar fhocal ar aon dul lena chéile. Is dual do dhialann a bheith ag breathnú siar agus ní bheadh sé indéanta ag an mbailitheoir dialann a scríobh agus ceol agus amhráin a bhailiú san am céanna. Is deacair a bheith cinnte cé chomh fada i ndiaidh na hócáide a scríobhadh sé an dialann ach ó am go chéile scríobhadh sé a leithéid seo: 'ag scríobh dialann na seachtaine'. San aimsir chaite atá an dialann ar fad beagnach seachas cúpla áit ina ndéanann sé tagairt do rud éigin a bhí le tarlú.

Arís, mar a bheifí ag súil, déanann Mac Aonghusa cur síos ar obair an lae agus is rímhinic a luann sé an aimsir, an t-am a d'éirigh sé agus a chuaigh sé a chodladh, na béiltí a bhí aige nó ar a laghad cén t-am de lá a d'ith sé iad. Go hiondúil d'itheadh sé bricfeasta ar maidin, béile mór am éigin idir a haon a chlog agus a ceathair a chlog, agus tae sa tráthnóna. D'fhéadfaí a rá go bhfuil cuid mhór den chur síos seo cineál leadránach ach is léiriú é ar chuid de shaol an bhailitheora.

Ba mhinic an aimsir ina máistir ar an mbailiú. Déanann an bailitheoir tagairt d'aimsir an-mhaith nó an-dona, nó nuair a thagadh athrú uirthi.[31] Formhór an ama a raibh sé ag bailiú ag an gCoimisiún ba rothar a bhí aige chun dul ag taisteal. In amanna bhíodh an ghaoth agus an bháisteach chomh dona sin nach raibh sé in ann an teach lóistín a fhágáil. Díol suntais an cumas a bhí ann treo na gaoithe a aithint agus a ainmniú. Bhí tionchar ag an aimsir freisin ar an gcineál giúmair a bhí air agus ar an bhfonn a bhí air tabhairt faoin mbailiú. Uair amháin dúirt sé go raibh áthas air a bheith ag dul ar ais go Baile Átha Cliath, mar go raibh sé tuirseach den drochaimsir thiar. Is minic gurb iad na focal 'síorbháisteach' nó 'tuile' tús chuntas na seachtaine. Thuig sé fresin go scriosfadh an bháisteach an páipéar lámhscríbhinne, agus toradh a chuid oibre dá réir, dá mbeadh air rothaíocht ar ais chuig an teach lóistín sa bháisteach.

Bhí tionchar ag an taoille ar a chuid oibre amanna, agus is iomaí cuntas ann go raibh air fanacht go mbeadh an taoille feiliúnach le dhul i gcurach ag bailiú go Fínis, mar shampla, nó teacht abhaile as. Dúirt sé gurbh fhéidir go mbeadh air fanacht seachtain go dtí go mbeadh an taoille agus an ghealach feiliúnach chun dul go Fínis. I ngeall ar an dua agus am a bhí i gceist leis an aistear, shíl sé gur mhór an cur amú ama é seo agus rith sé leis gurbh fhéidir gurbh fhearr é dá dtiocfadh na daoine seo ar cuairt chuigesean ina theach lóistín ar an mórthír, le ceol agus amhráin a thabhairt dó. Ach ní cosúil gur tharla seo ach uair nó dhó. I 1946, an bhliain sular fhág sé an Coimisiún, tháinig feabhas ar chúrsaí taistil aige nuair a cheannaigh sé carr.

Áirítear gach uile chineál ábhair sa dialann, cúrsaí oibre, pearsanta, náisiúnta agus domhanda go háirithe de bhríthin gur scríobhadh í le linn an chogaidh agus an dá bhliain díreach ina dhiaidh. Luaitear gach uile shórt, ábhar a raibh baint aige leis an saol mór, mar shampla an Dara Cogadh Domhanda, agus ábhar a raibh baint aige le saol Mhic Aonghusa thiar, mar shampla an t-iasc a fuarthas!

Ar saoire i Ros Muc. Máthair Shéamuis, Nóra Uí Mhainín ar clé agus Séamus ar cúl ar dheis. (Le caoinchead Barbara Ennis-Price.)

Deirtear linn sa dialann mar a d'éirigh leis teagmháil a dhéanamh lena lucht faisnéise, agus tuigtear an tionchar láidir a bhí ag a athair agus ag a chúlra ar na cúrsaí seo, go háirithe i gConamara. Bhí athair Mhic Aonghusa, James Ennis, píobaire, ag obair sa Roinn Talmhaíochta i mBaile Átha Cliath. Thugadh sé an teaghlach, Séamus Óg ina measc, siar go Conamara, go háirithe go Ros Muc, le Gaeilge a fhoghlaim agus le heolas a chur ar chúrsaí amhránaíochta agus ceoil thiar. Bhí an bailitheoir in ann dul a fhad le daoine a raibh aithne phearsanta aige féin agus ag a athair orthu nó a raibh cloiste acu faoi nó faoina chuid oibre. I ngeall ar chairdeas sa teaghlach a chaith Mac Aonghusa seachtain i gContae an Chabháin i nDeireadh Fómhair 1942 agus b'amhlaidh freisin don tseachtain a chaith sé ag bailiú i Ros Cathail, gar d'Uachtar Ard.

Bhí cairde ann taobh istigh de theaghlach Mhic Aonghusa ar chairde iad de chuid an Choimisiúin freisin. Ba chara le hathair James Ennis an Máistir Nioclás Mac Aoidh i nGaillimh, a ghlac páirt i mBailiuchán na Scol.[32] Luaigh Séamus sa dialann gur thairg Nioclás na páistí sa scoil aige a chur ag fiosrú amhrán agus ceoil óna dtuismitheoirí sa bhaile. Chuidigh na daoine a raibh sé ar lóistín acu go mór leis freisin.

Sa dialann tagann an teagmháil rialta a bhí aige le bailitheoirí agus le lucht faisnéise eile an Choimisiúin chun solais go mór. I gConamara casadh Tadhg Ó Concheanainn air a bhí ina bhailitheoir páirtaimseartha ag an gCoimisiún, agus Tadhg Ó Séaghdha a bhí ag múineadh i Ros an Mhíl agus a bhí ina chomhfhreagróir ceistiúcháin ag an gCoimisiún.[33] Uathu seo agus ó dhaoine eile a raibh baint acu le hobair an Choimisiúin agus a thuig an obair sin, a fuair an bailitheoir óg treoir agus é thiar. Chabhraigh sagairt, múinteoirí agus dochtúirí, a mbíodh cuid acu ar lóistín in aon teach leis, le Mac Aonghusa lena chuid oibre. Nuair a thosaigh sé ag bailiú i gceantar Charna, d'fhanadh sé tigh an scéalaí Pádraig Mac Con Iomaire, An Coillín, an teach céanna ina bhfanadh Liam Mac Coisdeala, bailitheoir lánaimseartha eile, ó am go chéile. D'fheil seo go maith dó agus bhaineadh Séamus an-spraoi as a bheith ag éisteacht le Liam agus le Pádraig ag seanchas nuair a thagadh sé abhaile tráthnóna. Thugadh an Duileargach cuairt ar na bailitheoirí lánaimseartha agus chuireadh comhairle orthu maidir lena gcuid oibre. Níorbh aon eisceacht Mac Aonghusa ón taobh seo de. Thug an Duileargach cuairt ar cheantar Charna a fhad is a bhí Mac Aonghusa thiar agus phléigh siad cúrsaí oibre.

Bhí an-chomhoibriú idir Mac Aonghusa agus cuid de na bailitheoirí eile, go háirithe Seán Ó hEochaidh i dTír Chonaill agus Pádraic Ó Moghráin i Maigh Eo. Tá an dlúth-chairdeas a bhí idir é féin agus Ó hEochaidh iontach soiléir sa dialann agus an gean a bhí ag Seán ar Mhac Aonghusa chomh soiléir céanna ina dhialann féin. Ábhar staidéir ann féin é comparáid a dhéanamh idir na cuntais dialainne ó bhailitheoirí éagsúla ar an ócáid bhailithe chéanna. Thug Seán Ó hEochaidh faoi deara, mar shampla, gur bhaist muintir Thoraí 'Séamus Mór' ar a chomhghleacaí agus thug faoi deara freisin go raibh Mac Aonghusa iontach tuirseach le linn a thréimhse i dToraigh. Le linn oíche airneáin bhí ar Mhac Aonghusa dhá chineál ceoil a sholáthar, píobaireacht agus amhráin uaidh féin, agus bhí sé seo an-chrua air mar go mbíodh sé ag iarraidh amhráin agus foinn a bhailiú agus a scríobh amach san am céanna. Is cosúil go gcuireadh turas go Tír Chonaill ag Mac Aonghusa obair bhreise ar Ó hEochaidh. Bhí air na fiteáin *Ediphone* a réiteach, a raibh taifeadadh ceoil déanta ag Mac Aonghusa orthu, lena gcur go Baile Átha Cliath. Chaití uimhreacha a chur orthu, nótaí a scríobh fúthu agus ansin iad a thabhairt go hoifig an phoist i nGort an Choirce lena gcur chun bealaigh. Nuair a bhíodh Mac Aonghusa ar tí imeacht as an áit, chabhraíodh Ó hEochaidh leis a mhálaí a phacáil.[34] Ar ndóigh, b'fhéidir gur tharla an dua seo i gcás bailitheoirí eile de chuid an Choimisiúin nuair a thagadh Mac Aonghusa a fhad leo ag bailiú, ach níor tháinig cuntas chun solais fós.

D'inis bailitheoirí eile de chuid an Choimisiúin do Mhac Aonghusa faoi cheoltóirí agus amhránaithe sna ceantair éagsúla, agus d'fhaigheadh sé faisnéis faoi cheoltóirí agus amhránaithe maithe ó mhuintir na háite chomh maith. D'éirigh cairdeas idir é agus cuid de na Gardaí áitiúla ó am go chéile, agus de réir mar a bhídís ag dul in aithne ar a chéile, thugaidís ainmneacha daoine dó, agus anois is arís thugaidís bearradh gruaige dó freisin. Ó fhir ba mhó a bhailigh sé ábhar agus go hiondúil bhídís cuid mhór ní ba shine ná an bailitheoir.

Tá léargas sa dialann ó thaobh pearsantacht Mhic Aonghusa de nach féidir a léamh chomh héasca sin i lámhscríbhinní eile, ina bhfuil an bhéim ar an téacs béaloidis. Théadh sé ag snámh sa gheimhreadh agus sa samhradh, rud a chuir iontas ar chuid de mhuintir na háite. Is cosúil de réir na gcuntas aige go raibh sé iontach aclaí, folláin agus nach gcuirfeadh sé a dhath as dó turas an-fhada a dhéanamh ar a rothar. Bhíodh sé ag iomramh, curach go hiondúil, agus bhí sé go maith in ann tabhairt faoi phíosa fada iomartha a dhéanamh agus é i mbád seoil dá dtiocfadh calm agus nach bhféadfaí leas a bhaint as an seol. Tharla sé seo i 1945 agus é ag filleadh ó Árainn; dúirt sé: 'Dhá scríobh seo agus tá na léasrachaí le cneasú fós ar mo lámhaí!'[35]

Is cosúil go raibh luí aige le cúrsaí meicniúla agus bhí sé in ann aire a thabhairt dá rothar agus é a dheasú. Chóirigh sé an gléas *Ediphone* a bhí aige agus an clog i gceann de na tithe lóistín. Ina dhiaidh sin, nuair a cheannaigh sé carr, réitigh sé fadhbanna áirithe ann. I dToraigh, bhris sé cos a phíopa agus bhí sé in ann caoi a chur ar an bpíopa le cabhair ó na huirlisí ag Hugh Dixon, fear deaslámhach a bhí ann. Dheasaigh sé a chuid bróg go minic chomh maith.

Obair an Bhailithe

Faoi mar ba dhual do bhailiú an bhéaloidis san am, théadh an obair agus an spraoi isteach ina chéile. Bhí a chuid uaireanta oibre an-mhírialta agus in amanna bhíodh Mac Aonghusa ag obair go raibh sé ina mhaidneachan. B'annamh é ag obair ón naoi ar maidin go dtí a cúig tráthnóna nó a leithéid. Bhí an-éagsúlacht ann maidir leis na daoine ar bhailigh sé ábhar uathu. Bhailigh sé ó dhaoine a bhí ar aithne aige agus é ina pháiste, óna chara agus a chomhghleacaí Seán Ó hEochaidh agus ó na mná tí agus a muintir sin. Thug sé scileanna bailithe, scéalaíochta, amhráin agus ceol leis agus é ag déanamh a bhealaigh, agus bhain sé leas as an taithí seo. Mar shampla, bhí sé ag oíche airneáin i dTír Chonaill agus nuair a iarradh air amhrán a rá, dúirt sé amhráin a bhí tugtha leis aige ó dhuine dá lucht faisnéise i gConamara an bhliain roimhe sin. Dúirt cara mór le Mac Aonghusa, Johnny Joe Pheaitsín nó Seán 'ac Dhonncha, gurbh é an obair a rinne sé leis an gCoimisiún an post ab fhearr a réitigh le Mac Aonghusa. Faoi mar a mhínigh Johnny, ní raibh aon chlog ann agus dhéanadh Mac Aonghusa a oiread in aon lá amháin agus a thógfadh seachtain ar dhaoine eile. Bhíodh Mac Aonghusa ag obair gan stop agus ansin thógadh scíth cúpla lá. Bhí a fhios aige an chaoi le labhairt le daoine agus an chaoi le déileáil leo. Bhí bealach faoi leith aige agus chuir sé daoine ar a suaimhneas.[36] Le himeacht aimsire bhí an nós aige bualadh isteach chuig daoine agus é ar a bhealach siar nó siar aduaidh, le beannú dóibh agus arís le slán a fhágáil acu agus é ar a bhealach ar ais go Baile Átha Cliath.

Is léir as an dialann, freisin, i ngeall ar bhua an cheoil ann, go mbíodh éileamh seasta ar Mhac Aonghusa le ceol a sheinm agus amhráin a rá. Chuir an bua seo go mór leis an dea-chaidreamh a bhí aige le daoine.[37] Ba mhinic an phíb nó an fhidil leis agus is cosúil go mbíodh feadóg stáin i gcónaí leis freisin. Ba mhinic a d'iarrtaí air seinm ag coirmeacha ceoil áitiúla, i scoileanna agus i dtithe. Bhí sé toilteanach freisin cúram an mholtóra a ghlacadh air féin ag comórtais amhránaíochta agus ceoil. In amanna nuair a thagadh sé ar ais chuig a theach lóistín deireanach san oíche, d'iarrtaí air dul ag seinm agus thuirsíodh seo é. Is léir gur chairde iad a lucht faisnéise agus mhúin sé poirt do chuid acu agus snámh do chuid eile.

Bhain na gnéithe praiticiúla dá chuid oibre, den taisteal agus dá shaol ó lá go lá, le tréimhse réamhleictreachais. Ní raibh uisce reatha ná aibhléis sna tithe lóistín, cé is moite de chorrcheann. Faoi féin a bhí sé a chuid níocháin a réiteach agus is iomaí tagairt sa dialann do bheart níocháin á chur sa phost nó á bhailiú. Ní ainmníonn sé ach an t-aon chomhlacht amháin, is é sin an Connacht Laundry i nGaillimh, agus é ag fanacht ar bheart níocháin teacht leis an bpost. I ngeall ar an gcogadh agus ar chúinsí eacnamaíochta, bhí ganntanas airgid, earraí agus ábhar eile ann. Uair amháin bhí air aistear fada a dhéanamh ar a rothar ar thóir taos fiacla mar nach raibh cuid ar bith ar fáil mar a dúirt sé 'an taobh seo tíre'. Uair eile luann sé go ndearna sé dearmad a chulaith shnámha a thabhairt leis ó Bhaile Átha Cliath agus go raibh sé ag fanacht go sroichfeadh sé ar an bpost é. Chaití léarscáil na gceantar ina raibh sé ag obair a chur chuige ar an bpost nó a fháil ar iasacht.

Théadh sé chuig an aifreann gach uile Dhomhnach agus lá saoire eaglasta. Ag teacht le nós na haimsire, chastaí daoine ar a chéile i ndiaidh an aifrinn agus bhíodh caint, comhrá is spraoi acu. Thuig sé an tábhacht a bhain leis an aifreann, le faoistin agus le searmanais eaglasta ag an bpobal, agus nuair a bhí an 'misean'[38] ar siúl i mbaile amháin, chuir sé bac ar a chuid oibre.

Chuirtí a chuid uirlisí oibre, páipéar, peann agus dúch, tríd an bpost chuige nuair a lorgaíodh sé iad ón gCoimisiún, faoi chúram oifig an phoist pé áit a raibh sé ag cur faoi nó chuig an lóistín. Cheannaítí leabhair de pháipéar lámhscríbhinne ceoil i siopaí i mBaile Átha Cliath a raibh Piggott's, McCullough's agus Gill's ina measc. De réir mar a bhíodh Mac Aonghusa ag scríobh leis, bhíodh air a chuid lámhscríbhinní ceoil agus leabhair bhéaloidis a chur chun bealaigh. Bhíodh air, freisin, boscaí fiteán *Ediphone* a bhí taifeadta agus scríofa amach aige a chur chun bealaigh.[39]

Rinne an *Ediphone* an-éascaíocht in obair an bhailitheora, go háirithe ó thaobh na n-amhrán de. In éagmais an *Ediphone*, bhí ar an mbailitheoir focal an amhráin agus nodaireacht an cheoil do na hamhráin a scríobh síos ar an láthair, agus ansin iad a thabhairt le chéile níos deireanaí. An chéad cúpla bliain, is cosúil gur thóg Mac Aonghusa gléas *Ediphone* ar iasacht ó Liam Mac Coisdeala agus ó Sheán Ó hEochaidh de réir mar a d'fheil dó, agus sna blianta deireanacha is cosúil go raibh úsáid ghléas *Ediphone* aige dó féin.

Ach bhí deacrachtaí ag baint le cúrsaí cumarsáide freisin. Ní luaitear an guthán níos mó ná sé huaire thar thréimhse cúig bliana, agus nuair a luaitear é is cosúil go raibh deacracht ag baint leis. Ba mhinic deacracht ag baint le teagmháil a dhéanamh le daoine dá lucht faisnéise. In amanna bhíodh an bealach réitithe agus d'fhéad sé a bheith ag brath ar ainmneacha a bheadh tugtha dó ag Ó Moghráin i Maigh Eo nó ag Ó hEochaidh i dTír Chonaill sula dtabharfadh sé faoin mbailiú i gceantar ar leith. Ach nuair a théadh sé ar thóir duine a d'fhéadfadh amhráin nó ceol a thabhairt dó, go háirithe don chéad chuairt, ba mhinic mílte fada curtha de aige. B'fhéidir nach mbeadh an duine áirithe sin roimhe agus bhíodh deacrachtaí móra i gceist ansin ag an mbailitheoir socrú cinnte a dhéanamh.

Tagann sé chun solais sa chomhfhreagras cé gur iarradh ar Mhac Aonghusa uaireanta cuairt a thabhairt ar cheantar áirithe le dhul ag bailiú, gur fágadh faoi féin é go minic cén fhad ba ghá fanacht sa cheantar sin agus cár chóir dó aghaidh a thabhairt ina dhiaidh sin.

An Léargas Air Féin

Nuair a thosaigh Mac Aonghusa ag bailiú, is cosúil go raibh easpa muiníne áirithe air as féin agus as an obair. I litir a scríobh sé chuig Seán Ó Súilleabháin ar an 8 Iúil 1942, dúirt sé go raibh sé ag inseacht do dhaoine, seachas daoine a raibh aithne an-mhaith aige féin nó ag muintir an Choimsiúin orthu, go raibh sé ar shaoire siúlóide. Ach níorbh fhada gur tháinig feabhas ar chúrsaí agus ar a mhuinín as féin. An chéad mhí ar obair pháirce, dúirt sé go raibh an scil ag teacht chuige cén chaoi le ceol agus amhráin a fháil ó dhaoine.

Dúirt sé go minic le daoine gur ceol dúchasach a bhí uaidh agus rinne nóta de sa dialann dá mba rud é gur shíl sé gur as leabhar a tógadh na hamhráin. Níor scríobh sé rud ar bith ó dhuine amháin, mar shampla, mar gur shíl sé nach raibh aon rud le fáil uaidh, faoi mar a dúirt sé: 'Tada nach raibh i gcló.'

Dúirt sé go raibh díomá air in amanna dá mba rud é go raibh tráthnóna caite i dteach aige agus gan tada bailithe aige, ach dúirt sé go dtiocfadh a mhisneach ar ais chuige an mhaidin dár gcionn. I ngeall ar gur phíobaire a bhí ann, chreid sé gur mhó fonn a bheadh ar dhaoine ceol a thabhairt dó a sheinnfeadh sé ar an bpíb ina dhiaidh sin. Dúirt sé go raibh a cháil imithe ar fud pé dúthaigh ina raibh sé ag bailiú i ngeall ar bhua an cheoil aige. Is fiú a rá gur luaigh sé sna litreacha a scríobh sé gur bhain sé an-taitneamh as an obair.

Thaitnigh dúshlán leis, agus mura raibh fonn ar dhuine éigin amhráin a thabhairt dó, choinnigh sé air sa tóir go dtí gur éirigh leis. De réir cosúlachta b'annamh a bhíodh air dul sa tóir ar an gcaoi sin. Chuir sé litir chuig an oifig i mBáile Átha Cliath uair amháin ag cur a shástachta in iúl go raibh ráite ag fidléir áirithe go dtabharfadh sé ábhar dó cé go raibh diúltaithe ag an bhfidléir seo ceol a thabhairt do bhailitheoir eile.

Bhí an-fhonn air tuairisc a chur le chéile agus tabhairt faoin damhsa a bhailiú. I litir chuig an Stiúrthóir ar an 10 Meitheamh 1943, mhínigh sé go raibh a athair ag iarraidh bealach a aimsiú le go bhféadfaí céimeanna damhsa a bhreacadh síos faoi mar a dhéanfaí le buille an droma.

Anois is arís, deir sé gur shíl se go raibh sé ag dul isteach sa seansaol nuair a chastaí daoine áirithe leis agus nuair a scríobh sé amhráin uathu, agus gurbh in an uair a thuig sé práinn na hoibre.

Le Cois na Dialainne

Cuntas atá sa dialann ar an saol ó lá go lá agus ar an obair, maille le dul chun cinn na hoibre. Tagann imeachtaí taobh amuigh de chúrsaí oibre i gceist freisin ach leagtar béim ar an obair féin. Léirítear mórán gnéithe den saol in Éirinn ag an am ann. Tugtar cuntas ar ábhar taobh amuigh de shaol pearsanta an bhailitheora agus léirítear nósmhaireacht shóisialta agus chreidimh maille le gnéithe eile a bhfuil baint acu le cúrsaí staire i gcoitinne. Faoi mar a dúradh, bhí an-tábhacht leis an aifreann agus leis an gcaidreamh pobail ina dhiaidh a bhí ar cheann de na hócáidí sóisialta ba thábhachtaí sa tseachtain. Déantar cur síos sa dialann ar na pátrúin áitiúla agus deirtear go nglacadh formhór mhuintir na háite páirt iontu agus sa cheiliúradh a leanadh iad.

Is iomaí tagairt aige do phobal iascaireachta agus feirmeoireachta thiar agus siar ó thuaidh. Tá trácht ar lánú fataí, móin a bhaint, plé le féar, muiríní a thógáil agus gliomadóireacht. Léiríonn na cuntais ar an gcabhair a thug sé féin san obair seo an tábhacht a bhain leis an bhféilire talmhaíochta agus leis an iascaireacht. Chabhraigh Mac Aonghusa le cúrsaí féir agus móna agus ba mhinic é ag dul ag iascaireacht le muintir na háite. Léiríonn cuid de na bealaí eile inar chabhraigh sé le daoine an saol sóisialta agus eacnamaíochta san am. D'eagraigh sé ceaileacó a cheannach le seol a dhéanamh, chuir sé bogha fidle ar ordú, rinne iarracht fostaíocht a eagrú agus chuidigh sé le foirmeacha oifigiúla a líonadh agus a chur chun bealaigh. Má bhí daoine gnóthach ar an bhfeirm nó le hiascaireacht i gcaitheamh an lae, bhíodh air fanacht go tráthnóna le dul ag bailiú uathu, agus luaigh sé dá mbeadh an scéala amuigh go raibh sé i dteach áirithe, gur ann a chruinníodh na comharsana isteach an tráthnóna sin. Ba dheacra, dúirt sé, a chuid oibre dá réir.

Déanann sé cur síos ar chuid de na daoine, ar an gcuma a bhí orthu agus ar na héadaí a chaith siad, maille le tréithe eile bainteach lena saol sóisialta agus eacnamaíochta. Sna cathracha agus sna bailte móra bhí an-dúil ag daoine i scannáin agus théidís chuig 'na pictiúirí' mar chaitheamh aimsire. Ní raibh raidió ná cúrsaí craolacháin a fhad sin ar an saol agus ba bheag teach a raibh a leithéid ann. Chraoltaí ócáidí tábhachtacha agus thagadh Mac Aonghusa agus cuid mhór den phobal isteach sna tithe seo le héisteacht le dornálaíocht, le cluichí agus óráidí.

Cuirtear aimsir an Chogaidh i láthair agus tuigtear an tionchar a bhí aige ar an saol. Bhí gá le cúpóin le leithéid loirgneáin bháistí a cheannach a chabhródh leis dul i ngleic leis an drochaimsir.[40]

Nuair a fuair sé a charr i 1946 bhí ciondáil ar an bpeitreal i bhfeidhm, agus nuair a bhí sé i gConamara bhí an stáisiún peitril ba ghaire dó seacht míle dhéag ó bhaile. Ar feadh tamall áirithe ní raibh aon charr, cé is moite de charranna a bhain le seirbhísí riachtanacha, ar na bóithre. Ach is cinnte go ndearna an carr éascaíocht san am céanna maidir leis an ngléas *Ediphone* a iompar agus ó thaobh na n-aistear féin de. Ní raibh teacht ach ar pháipéar scríbhneoireachta ar dhroch-chaighdeán sna siopaí thart agus d'iarr sé ar fhoireann na hoifige i mBaile Átha Cliath páipéar ní b'fhearr a chur chuige. Chruthaigh an Cogadh comhar na gcomharsan ní ba mhó maidir le cuid mhór den saol i gceantair a bhí iargúlta go maith roimhe sin.

Faoi mar atá ráite, leagtar an bhéim sa dialann ar an obair a bhí idir lámha aige agus déantar cur síos an-ghearr ar fad ar imeachtaí eile. Faoina fhiacail ionann is a luaitear bás Hitler agus deireadh an Dara Cogadh Domhanda.

Foilsiú na Dialainne Taistil

Agus mé ag obair ar an ábhar seo, is éard a chuir mé romham eagrán de a chur ar fáil. Rinne mé iarracht chomh maith tuilleadh eolais a fháil faoi na daoine a raibh Mac Aonghusa ag bailiú uathu agus a fháil amach ar chuimhin le daoine é a bheith sa cheantar. Rinne mé taifeadadh de na cuimhní cinn ag cuid mhór de na daoine, nó de na cuimhní a bhí tugtha leo le hoidhreacht acu. Le linn don obair a bheith ar siúl, tugadh cuid mhór grianghraf le chéile a thug daoine ar iasacht dom, a bhronn siad orm nó a thóg mé féin.

Ag Réiteach an Fhoilseacháin

Maireann go leor scéalta agus finscéalta faoi Shéamus Mac Aonghusa a bhaineann lena shaol ar fad beagnach. Ba chuimhin le go leor daoine casadh leis, é a bheith cloiste acu ag seinm ceoil nó ag rá amhrán, a bheith ag obair leis i Raidió Éireann nó sa BBC, nó a bheith cloiste acu faoi. Na fiosruithe a rinneadh don fhoilseachán seo, ba lena thréimhse leis an gCoimisiún amháin a bhain siad. Cabhraíonn na sceilíní ar fad le híomhá Mhic Aonghusa a chur le chéile. Bhí an-deacracht ag roinnt leis seo mar go bhfuil bunaois mhaith anois ag na daoine ar cuimhin leo Mac Aonghusa le linn na tréimhse sin. Is cinnte go raibh tionchar ag imeacht na haimsire ar an gcuimhne ag daoine. Ba mhinic nach raibh daoine cinnte maidir leis na blianta a raibh Mac Aonghusa ag bailiú uathu féin nó óna lucht aitheantais nó óna ngaolta. Bhí sé sothuigthe go ndúirt daoine go minic nach raibh a fhios acu cé acu an raibh Mac Aonghusa le Raidió Éireann nó fiú leis an BBC san am mar gur fhill sé ar na daoine céanna agus é ag obair do thrí eagras éagsúla taobh istigh de thréimhse thart ar dheich mbliana. Ba mhinic, chomh maith, a tógadh Ciarán Mac Mathúna, an craoltóir raidió, in ábhraíocht Mhic Aonghusa. Tharla seo, ar ndóigh, i ngeall ar dhul thar a chéile réimse spéise, oibre agus lucht aitheantais na beirte.

Ar mhórán bealaí ní hionann bailiú an bhéaloidis ná an eolais sa lá atá inniu ann agus an bailiú mar a bhí i 1940idí na haoise seo caite. Agus mé ag réiteach don fhoilseachán seo, bhain mé leas as fón soghluaiste, ríomhphost, ríomhaire glún agus taifeadadh. Le cúpla bliain agus mé ag bailiú eolais agus nótaí le cur le dialann Mhic Aonghusa, ghlac daoine le glaochanna gutháin gan choinne uaim, chuir siad bunghrianghraif chugam, scríobh siad cuntais agus sheol siad chugam iad. Bhí daoine iontach toilteanach a gcuid cuimhní cinn a roinnt liom agus taighde a dhéanamh ar mo shon. Mar a dúradh, rinne cuid mhór daoine taifeadtaí fuaime liom inar chuir siad a gcuimhní cinn ar fáil faoi Mhac Aonghusa agus thug siad eolas beathaisnéise agus eolas eile dom.

Chuir daoine an-spéis go deo ina raibh ar siúl agam agus bhí siad iontach flaithiúil lena gcuid ama agus lena gcuid eolais. Bhain mé féin an-tairbhe agus an-taitneamh as an obair. Bhí an-difríocht idir an obair agus aon obair pháirce a bhí déanta roimhe sin agam; é seo is dóigh mar go raibh mé ar thóir eolais faoi bhailitheoir agus faoina lucht faisnéise, seachas ag bailiú téacsanna béaloidis, áit a mbeadh an comhthéacs sa dara háit.

Ar bhealaí, chuaigh mé siar ar thuras Mhic Aonghusa agus den chuid is mó bhuail mé le daoine ar bhailigh se amhráin agus ceol ona dtuismitheoirí. Ní i gcónaí a d'éirigh liom teacht ar ghaolta nó ar lucht aitheantais na ndaoine a raibh Mac Aonghusa ag bailiú uathu, agus thóg an cuartú cuid mhór ama. Nuair a d'úsáid Mac Aonghusa ainmneacha na ndaoine faoi mar a bhí aithne sa bhaile orthu, rinne sé an-éascaíocht san obair dom. Ba mhinic a casadh daoine orm a thug téacsanna agus comhthéacsanna dom. Cineál taighde beathaisnéise cuid mhór den obair, ina ndearna mé iarracht cur síos agus cuntas beathaisnéise a chur le chéile faoi na daoine a raibh Mac Aonghusa ag bailiú uathu agus a casadh air. Ar ndóigh, ní féidir leis na cuntais seo a bheith iomlán ach cuireann gach mionsonra comhthéacsa leis an bpictiúr iomlán.

Agus mé ag réiteach an fhoilseacháin seo, is iomaí scéal agus scéilín greannmhar cloiste agam faoi Mhac Aonghusa. Is cinnte gur fear ard, caol, dorcha, dathúil, a chaitheadh culaith dhorcha agus carabhat, a thagann chun cuimhne agus daoine ag trácht air. Chuaigh a airde agus a chuid méaracha fada, tanaí i bhfeidhm go mór ar dhaoine. Réitigh sé go han-mhaith le daoine agus go háirithe le gasúir. Dúirt an craoltóir agus an t-údar Seán Mac Réamoinn go raibh beannacht agus mallacht sna finscéalta seo faoi Mhac Aonghusa. Ach pé scéal é, cuireann na scéilíní go mór le híomhá an phobail faoi Shéamus Mac Aonghusa agus faoi bhailitheoirí an bhéaloidis trí chéile. Tá scéilíní ann faoina chlisteacht, faoina cheol agus faoina dhathúlacht. De réir an tseanchais, bhí gnaoi ag mná air agus gnaoi aige féin ar na mná. Tá cuimhní cinn freisin ag daoine ar thréimhsí agus ar imeachtaí nach bhfuil aon dialann ann dóibh.

An phríomhchúis agam an dialann seo a chur in eagar, is céim í ar an mbóthar le bailiúchán Mhic Aonghusa do Choimisiún Béaloideasa Éireann a chur ar fáil. Tá tarraingt faoi leith dom féin san ábhar seo mar go raibh toradh chomh hiontach sin ó thaobh an cheoil agus na hamhránaíochta de le feiceáil ann agus go raibh agus go bhfuil ainm Mhic Aonghusa chomh mór sin i mbéal phobal na Gaeltachta i gcónaí. Cé nach le foilsiú a scríobhadh an dialann, tugann a foilsiú deis do dhaoine aithne a chur ar an mbailitheoir.

Féadann lucht léite na dialainne páirt a ghlacadh i saol an bhailitheora Séamus Mac Aonghusa. Taispeántar an duine agus an bailitheoir sa dialann, agus léirítear nach féidir an dá phearsa a scaradh óna chéile. Tugtar léargas sa dialann freisin ar an struchtúr casta, dlúth a bhí ag roinnt leis an gCoimisiún, agus an dlúthbhaint a bhí idir an Stiúrthóir, foireann na hoifige, an fhoireann bhailitheoireachta, an lucht faisnéise agus ciorcal ollmhór cairde agus lucht tacaíochta.

Ní mór a thabhairt i gcuntas san am céanna gur ar iarratas seachas dá rogha féin a scríobh Mac Aonghusa an dialann. Roghnaigh sé féin a raibh le scríobh agus, ar ndóigh, d'fhág sé eolas ar lár ar mhaith leis an léitheoir a bheith ann b'fhéidir. Níor cheart iomláine a lorg i ndialann, mar is é nádúr a leithéid de shaothar a bheith roghnach, suibiachtúil. Dá réir, ní thagann ach gnéithe áirithe den bhailitheoir agus dá chuid oibre i láthair. Scríobh sé an dialann agus é ar an eolas go raibh freagracht air i leith an Choimisiúin, agus d'fhéadfaí breathnú uirthi mar bhealach indíreach le teagmháil a dhéanamh leis an bhfoireann shinsearach sa Choimisiún. Ó thaobh oibre agus caidreamh le hamhránaithe agus ceoltóirí tuaithe, bhí tionchar ag a thréimhse leis an gCoimisiún ar mhúnlú Shéamuis Mhic Aonghusa, agus d'fhéadfaí a rá gur rialaigh sí a shaol ina dhiaidh sin. I ngeall ar a chuid oibre leis an gCoimisiún, d'fhéadfaí a rá freisin gur fhoghlaim sé lena chuid buanna agus scileanna ceoil, teanga agus sóisialta a aithint, a chothú agus a thabhairt chun cinn. Tagann an tsúil ghéar a bhí aige chun solais sa dialann agus léirítear cuid dá bhuanna mar scríbhneoir cruthaitheach[41] agus mar aistritheoir. Feictear freisin an cumas iontach a bhí ann mionsonraí a chur ar fáil. Faraor, níl freagraí anois ann ar chuid de na ceisteanna a tharraingítear anuas, i ngeall ar an gcur síos sa dialann. Ach tugtar an-léargas ar an mbailitheoir Séamus Mac Aonghusa inti chomh maith le léargas ar chuid an-tábhachtach de stair an Choimisiúin agus de stair bhailiú an bhéaloidis in Éirinn sna 1940idí.

Ríonach uí Ógáin,
Samhain, 2006

Nótaí agus Tagairtí

1 RTÉ AA5382 9.6.1971. *Here and Now.* Craoladh an clár seo an 9 Meitheamh 1971 faoin teideal 'Liam Nolan Talking to Séamus Ó Duilearga, 1971'.

2 'an Coimisiún' feasta.

3 I miontuairiscí an Choimisiúin tá curtha síos gur 'cláraitheoir' teideal an phoist ag Ó Súilleabháin. Obair chartlannaíochta agus thaighde a bhí ar siúl aige den chuid is mó.

4 Féach Breathnach & Ní Mhurchú 1997, 251–2.

5 Ó Lochlainn, C. 1939 (1946, 1952).

6 *The Seamus Ennis Story* RTE Radio Series MC 115 1988. Part 1 'Early Years'.

7 Bhí Coimisiún Bhéaloideas Éireann faoi chúram na Roinne Oideachais san am.

8 De réir an chórais airgid a bhí i bhfeidhm sna 1940idí is ionann £150 agus €190.50 sa chóras reatha.

9 Is ionann sin agus €3.81.

10 €2.03.

11 Ag cruinniú den Fhochoiste Airgeadais an 29 Eanáir 1943, moladh go n-íocfaí tuarastal £250 (€317.50) sa bhliain le Mac Aonghusa nuair a bheadh sé ag obair faoin tír agus £150 (€190.50) sa bhliain agus é ag obair i mBaile Átha Cliath. Chuir an Duileargach litir chuig Rúnaí na Roinne Oideachais ar an 18 Feabhra 1943 ag iarraidh go gceadófaí an t-ardú sin.

    Sa bhliain 1945 méadaíodh tuarastal bliantúil Mhic Aonghusa, ba chuma cá raibh sé ag obair, go £250. Tá nóta ag Mac Aonghusa sa dialann oifige 9 Márta 1945: 'Litir againn ar maidin ag ceadú mo thuarastal ar £250 [€317.50] i bhfreagra ar cheann a cuireadh chun na Roinne Oideachais i mí Nollag – é thar am acu!' 1296: 318.

    Dúirt Seán Ó Súilleabháin i litir chuig Mac Aonghusa, 6 Nollaig 1944: 'Tá an t-ardú tuarastail sin duit féin molta don Roinn Oideachais chomh maith. Ní móide go gcuirfear ina choinnibh. Tá sé seana-thuillte agat, agus a mbíonn de chostas ort i do bhóthar.'

12 Bhíodh gléas taifeadta *Ediphone* ag formhór na mbailitheoirí lánaimseartha. Gléas clogoibritheach a bhí ann. Dhéantaí na taifeadtaí ar fhiteáin chéireach. Sheoltaí bosca fiteán *Ediphone* tríd an bpost chuig na bailitheoirí agus nuair a bheadh an t-ábhar taifeadta, tras-scríofa agus na fiteáin seolta ar ais chuig oifig Choimisiún Béaloideasa Éireann, bhearrtaí brat den chéir de gach uile fhiteán. Dhéantaí iad a phacáil arís ansin agus a sheoladh ar ais chuig an mbailitheoir lena n-úsáid ina dhiaidh sin an athuair.

13 Bhí sé ina Sheanadóir agus d'fhoilsigh ábhar faoin gceol traidisiúnta.

14 Bhí sé ina ollamh le ceol sa Choláiste Ollscoile, Corcaigh agus chum sé ceol.

15 Bhí sé ina ollamh le ceol sa Choláiste Ollscoile, Baile Átha Cliath 1921–58.

16 Ba é an bailitheoir féin a d'úsáid an téarma 'dialann taistil' agus é ag tagairt don dialann sin aige féin. 1296: 350.

17 Féach Briody 2005, 27–45.

18 Delargy 1945.

19 Tugtar sliocht óna dhialann don Satharn 12 Aibreán 1930 ina dtugann sé mionchuntas ar ócáid scéalaíochta a raibh draíocht faoi leith ag baint léi. Déanann sé cur síos ar an tine mhóna, ar an solas, ar na ballaí aoil, ar an drisiúr agus na miasa, na mugaí agus na cupáin air, an ráca mór deil ag an mballa agus na pictiúir bheannaithe a bhí crochta os a chionn. Ó Duilearga 1981, 423–4.

20 Ó Duilearga 1981, xiii–xxvi.

21 uí Ógáin 2000, 147. Litir ó Sheán Ó Súilleabháin chuig Seán Mac Mathúna 15 Meitheamh 1937.

22 Fir ab ea na bailitheoirí lánaimseartha ar fad ag an gCoimisiún.

23 uí Ógáin 2000, 167.

24 CBÉ 1295, 1296, 1297.

25 1296: 298.

26 Veain Austin, den déanamh Y Ford a bhí inti a rinneadh idir 1936 agus 1938.

27 Cheanglaítí an t-ábhar lámhscríbhinne de réir mar a sheoltaí ábhar isteach chuig an gCoimisiún agus corruair cheanglaítí bileoga breise ar nós litreacha isteach leis na leabhair nótaí.

28 1107: 364–5.

29 'Séamus Óg Mac Aonghusa' a chuir an bailitheoir leis an gcéad litir uaidh chuig an Duileargach. Ba

mhinic a thugadh a athair 'Séamus Mac Aonghusa' air féin. Le hidirdhealú a dhéanamh eatharthu, 'James Ennis' a thugtar san fhoilseachán seo ar athair an bhailitheora.

[30] uí Ógáin 2001, 316–29.

[31] Tá a thuairisc ag teacht le tuairiscí an British Meteorological Office. D'fhoilsigh Oifig Meitéareolaíochta na hÉireann tuairiscí aimsire ó 1948 i leith. Is minic tagairt sna tuairiscí ón British Meteorological Office ar an aimsir in Éirinn. Tá samplaí fánacha den aimsir thar meán mar a rinne Mac Aonghusa cur síos uirthi curtha faoi bhráid Roinn Clíomeolaíochta Mhet Éireann agus deimhnithe aici – thart ar dhá dhosaen sampla a thug an t-eagarthóir i gcuntas.

[32] Bhí 'Scéim na Scol', faoi mar a tugadh ar an scéim a bhí ar siúl ó 1936 go dtí 1938, ar fud na sé chontae fichead. Le cabhair ón Roinn Oideachais, ó na cigirí, na múinteoirí, na daltaí bunscoile agus a gcuid tuismitheoirí, seanmháithreacha agus seanathaireacha, a gcuid gaolta agus a lucht aitheantais, tugadh faoin mbéaloideas a bhailiú. Féach Ó Catháin 1999.

[33] Féach Ní Fhloinn 2001, 215–28, ina bhfuil cuntas ar an gcóras ceistiúcháin.

[34] 1107: 400–1.

[35] 1297: 69.

[36] Cartlann fuaime RTÉ: téip AA5945.

[37] Scríobh Ó hEochaidh an méid seo a leanas faoi Mhac Aonghusa ag imeacht as Tír Chonaill uair amháin: 'D'fhág se slán ag a chairde uilig ar an bhealach síos agus bhí sin aige cairde go leor in am chomh goirid. Ach sin mar tá fear an cheoil i gcónaí is cuma cén áit a rachaidh sé'. 1107: 402.

[38] Sraith seirbhísí caglasta, seanmóirí éisteachta agus imeachtaí eile den chineál sin eagraithe ag an Eaglais Chaitliceach Rómhánach a mbeadh baint aici le séipéal nó le paróiste faoi leith. Uair sa bhliain a tharlaíonn a leithéid go hiondúil.

[39] Chosain bosca dosaen fiteán scilling agus pingin (€0.07) a chur sa phost i 1944.

[40] Bhí ciondáil an bhia dian go maith in amanna. I 1943 ní raibh an Saorstát ach ag fáil céadatán íseal de na hallmhairí riachtanacha, 25% den tae, 20% de pheitreal, c. 15% de phairifín, de ghás agus de ghual, 22% de theicstílí. Ní raibh aon ghual ar fáil le haghaidh úsáid baile. Ba iad na boicht ba mhó a d'fhulaing faoi na teoranna bia. Bhí ganntanas mór cruithneachta ann. Bhí an mheánaicme ag tacú leis an margadh dubh. Scaip an eitinn go tréan. I ngeall ar an ngéarchéim maidir le peitreal bhí deacrachtaí ag dochtúirí agus ag sagairt freastal ar an bpobal. I Márta 1942 rinneadh líon an pheitril do mhí Aibreáin a ghearradh go dtí a leath agus tháinig deireadh ar fad leis an liúntas sin faoi dheireadh na míosa. Níor ceadaíodh aon charranna príobháideacha ina dhiaidh sin seachas ag dochtúirí agus seirbhísí riachtanacha eile.

Chuaigh an ganntanas guail i bhfeidhm go mór ar na seirbhísí traenach. Le linn an chogaidh bhí na traenacha mall, fuar mar go raibh orthu meascán de ghual, adhmad agus smúdar guail a úsáid.

[41] Féach, mar shampla, *Machtnamh Seanamhná* le Peig Sayers (1939) a d'aistrigh sé faoin teideal *An Old Woman's Reflections* (1962).

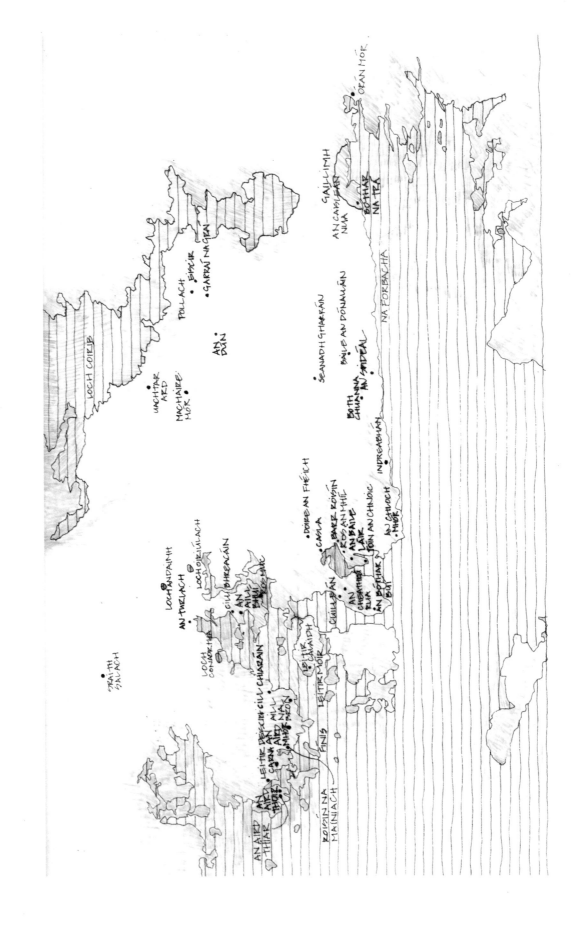

Conamara

2 Iúil–14 Meán Fómhair 1942[1]

Déardaoin 2 Iúil
D'fhág mé Baile Átha Cliath ar a 2.30 p.m. agus shroicheas Béal Átha na Sluaighe ar a
11.30 p.m. mar ar chodlaigh mé.[2]

Aoine 3 Iúil
D'fhág mé Béal Átha na Sluaighe ar a haon a chlog sa ló. Chuaigh mé go dtí Oranmore[3]
mar ar chuireas caint ar sheanduine. Chas sé 'Is í Nóirín mo Mhian' dom. Bhí an ceol
chomh dona aige nár thug mé nóta liom, ach thug mé véarsa amháin [liom] a bhí aige
nár chuala mé cheana:

> I gCaislcán an Bharraigh is ea a chodlaigh mise aréir,
> Ar cholbh do leapan is níor airigh tú mé.
> Chuir mise mo láimh tharam le go bpógfainn do bhéal,
> Ní raibh tú ann, is ní raibh agam ach an phluid is mé féin.[4]

Ní raibh aige ach é sin a gcuirfinn suim ann. Chuaigh mé ar aghaidh go Gaillimh mar
ar chuireas fúm tigh Mhicheáil Uí Oisín, Bóthar na Trá. Fear fidil agus píob do sheinm
é, agus chuireas an oíche isteach leis ag seinm na fideoige (a thugas liom) agus an fhidil,
agus na bpíob. Duine de chlann Oisín Thuama (*Amhráin Mhuighe Seóla*)[5] é agus ana-
cheol ar fad ar eolas aige.

Tháinig *Amhráin Chlainne Gaedheal*[6] ag triall orm ó Bhaile Átha Cliath tráthnóna.

Satharn 4 Iúil
D'éirigh mé ar a dó dhéag. Chuireas eolas ar sheanfhonn ceoil ag Micheál [Ó hOisín]
nach eol dó a ainm. Scríobhfad síos é. Sheinn sé dhom ar phíob agus ar fhidil é agus
rinne sé portaireacht air. Ón bportaireacht is fearr a thuigeas é.[7]

Chuaigh mé síos isteach sa mbaile go bhfeicfinn Seán Breathnach; maoirseoir
talmhaíochta Chonamara (nó teideal dá leithéid sin) atá aige. Tá aithne agam air, agus

Leathanach a haon den dialann. (CBÉ 1295: 1.)

ag m'athair. Thabharfadh sé an-chúnamh dom in mo chuardach, creidim, mar níl fear is fearr eolas ar Chonamara. Ní raibh sé ann romham agus, mar sin, caithfead glaoch chuige arís. Chaitheas tamall ag siúl an bhaile ach níor bhuail duine liom a d'aithneoinn.

Tháinig dhá bheart páipéir agus araile ón gCoimisiún chugam.

Chuas ag snámh agus chaitheas oíche eile ag ceol.

Domhnach 5 Iúil

Ag ceol ar a naoi ar maidin dúinn! Aifreann 11 a.m. (Litreacha Séamus [Ó Duilearga], athair, Seán [Ó Súilleabháin]).

Ar mo chuairt tigh Pat Mullins, St Monica's, Newcastle,[8] dom tráthnóna. Fuaireas trí cheolta uaidh ar an *accordion*. Chuas ag tóraíocht an Choncheanannaigh [Tadhg] ina dhiaidh sin. Theip orm a fháil. Scríobhas an ceol úd ó Mhicheál [Ó hOisín] ar fhilleadh dhom.

Chuas ag snámh agus ansin ar mo chuairt chuig muintir Keys, New Line.[9] Thugas an oíche ag seanchas leo.

Luan 6 Iúil

Thugas an mhaidin ag scríobh amach na gceolta a bhailíos inné, agus tamall ag staidéar *Amhráin Chlainne Gaedheal*.

Chuaigh mé ag tóraíocht Thaidhg [Uí Choncheanainn] ina dhiaidh sin arís, gur chuir mé a thuairisc in Ard-Oifig an Phosta. Dúradh liom go raibh sé i Newcastle áit eicínt, rud ab eol dom cheana. Chuaigh mé amach á sheilg ann arís á iarraidh ins gach re teach agus fuair tar éis uair an chloig é. Ní raibh sé ann romham – imithe abhaile. Phacáil mé mo chuid [málaí] agus amach Bóthar na Trá liom gur ghlaoigh mé tigh Mhícheáil Uí Dhroighneáin sna Forbacha. Chaith mé an tae leofa agus chuir mé tuairisc cheoil air. Dúirt sé liom nach raibh san áit sin ach ceol foghlamtha (nach dúchasach). (Dhearmhad mé a rá gur chuir mé tuairisc cheoil ar sheanóir i ngar do Bhearnain, rud nach raibh ann, dúirt sé, agus é dearfa ina thaobh. Sílim go raibh an ceart aige, mar is ceantar an-Ghalldaithe é sin, agus dúirt Micheál Ó hOisín liom gur mar sin a bhí, agus an Droighneánach ina dhiaidh sin.)

Micheál Ó Droighneáin.
(Le caoinchead Pheigí de Carraig.)

Dúirt an Droighneánach liom go raibh beirt ar eolas aige sa Spidéal, Éamonn Breathnach, os comhair an Choláiste amach, agus [Cáit] Bean Uí Chonláin, Baile an Dónalláin, go raibh ceol acu. (Ní raibh a fhios ag Tadhg go raibh ainm an cheoil ar Éamonn.)

Chuaigh mé ar aghaidh chuig Éamonn gur chuir mé féin in aithne dhó. Chuir sé tuairisc Shéamuis Uí Dhuilearga, Leoin Uí Bhroin agus Choilm Uí Lochlainn orm. Nuair a thuig sé go raibh aithne mhaith acu orm agus agamsa orthu d'éirigh sé an-chairdiúil liom, agus mhol sé mo chuid Gaeilge agus rothaíochta agus eile! Nuair a d'éirigh sé buille deireanach d'fhiafraigh mé dhe cá bhfaighinn lóistín. Dúirt sé go mba trua nár luaigh mé níos luaithe é – go gcuirfeadh a bhean suas mé dá luafainn. Mhol siad teach Sheosaimh Uí Loideáin dom. Chuir mé tuairisc Thaidhg Uí Choncheanainn orthu agus dúirt siad go gcoinneodh seisean mé. Bhuail mé liom tigh Thaidhg agus gheall mé d'Éamonn go dtiocfainn amárach chuige, rud a d'iarr sé orm a dhéanamh. Ní raibh mórán cainte againn ar cheol ós rud é nár tháinig faill fhóirsteanach agam le ceist dháiríre a chur air faoi. Ach le cuidiú Dé gheobhad amárach an fhaill.

Tháinig mé ar aghaidh gur chuir mé fúm tigh Thaidhg. Tá amhráin ag a mháthair [Áine], roinnt, ach deir Tadhg nach bhfuil an ceol aici.

Máirt 7 Iúil

D'éirigh ar a naoi. Chuas caol díreach ag snámh. Chaitheas bricfeasta agus anseo ag scríobh dhom. Tá buachaill ag fanacht le Tadhg [Ó Concheanainn] – Albanach – Colm McLean. Chuaigh sé ag baint móna inniu go dtí am dinnéir. Tadhg ag gabháil do pháipéirí scrúdaithe.

Scríobh mé alt do Thomás de Bhaldraithe[10] a tháinig ar cuairt chugainn tráthnóna. Chuaigh mé le Colm go dtí teach [Cháit] Mrs Conlon, Baile an Dónalláin. Í féin agus a clann iníon agus mac[11] ag canadh dhúinn, agus a sárú ní bhfaighfeá ag rá amhrán. Chaith muid an oíche ann gur éirigh liom sa deireadh cead agus fáilte na hamhráin a scríobh uaithi. D'aontaigh sí liom go mb'fhearr a dhéanamh shul má caillfí go deo iad. Oíche mhaith oibre, déarfainn, an méid sin!

Céadaoin 8 Iúil

Éirí ar a naoi agus snámh. Bricfeasta agus ag scríobh litreacha abhaile. Mé féin agus Calum [Mac Gill-Eathain] le dhul ar an bportach le Pete Mac Fhualáin, Both Chuanna, An Spidéal, a fheiceáil. Tolladh rothar Choilm agus d'fhan mé le go ndeasófaí é. Chaitheamar dinnéar luath agus amach linn go dtí an portach. Scríobh mé ceithre amhrán ó Pheadar [Mac Fhualáin] agus iad ar an sean-nós ceart aige agus iad lán le *berrils*[12] aige. D'fhág muid ag a sé é agus tháinig muid ar ais tigh Thaidhg [Uí Choncheanainn] nó gur chaith muid tae. Chuaigh mé ansin go Gaillimh. Bhailigh mé beart agus litreacha a tháinig ó bhaile chugam tigh Oisín agus chuaigh mé ag tóraíocht Mháire Ní Scolaí. Ní raibh sí ann, ná duine sa teach. Chuaigh mé ansin tigh Keys. Chuaigh mé féin agus Kitty [Keys] go dtí teach Liam Mhic Coisdeala, ag breathnú an dtáinig Séamus Ó Duilearga mar go raibh súil leis inniu agus ní raibh duine ann romhainn. Feicthear dhom nach mbaineann formhór mhuintir na Gaillimhe úsáid ar bith as na tithe ach le codladh iontu! Chuaigh mé féin is Kitty chuig pictiúir, agus ó bhí sé deireanach orm, chuir siad ina luí orm an oíche a chodladh sa teach.

Déardaoin 9 Iúil

D'éirigh ar a deich. Bhuaileas bóthar an Spidéil ar a 11.30. Ghlaos tigh Dhroighneáin le beannú dhófa agus amach liom gur ghlaoigh mé ar Éamonn Breathnach ag geataí an Choláiste anseo [Coláiste Chonnacht]. Tá sé ag éirí cairdiúil liom tá mé ag ceapadh. Fear ciúin, stuama é, agus ní bheadh a fhios agat cad air a bheadh sé ag smaoineamh. Chaitheas dinnéar tigh Thaidhg [Uí Choncheanainn]. Chuaigh mé amach ar an bportach go dtí Pete Mac Fhualáin arís go raibh mé ag scríobh uaidh. Fuair mé a bhfuil de cheol aige agus cuid mhór focla. Gheobhaidh mé a chuid focal an chéad chuairt eile.

Tar éis tae chuaigh mé féin is Calum [Mac Gill-Eathain] is Tadhg tigh Chonláin. Bhí sé deireanach nuair a thosaigh mé ar an scríobh agus mar sin tá cúpla rud eile agam le scríobh uathu. Bhí sé tar éis an mheán oíche nuair a d'fhág muid an teach.

Éamonn Breathnach.
Ó Barna – A History,
Pádraig Faherty (2000).

Aoine 10 Iúil

Ag scríobh amach ceoil, a bhreacas cheana, ar maidin dom. Ag snámh am dinnéir agus ag scríobh arís ina dhiaidh go ham tae.

Chuaigh mé dhá uair san oíche go dtí Éamonn Breathnach ach ní raibh sé ann romham. Bhuail mé le Peadar Mac Fhualáin ar an tsráid gur thug mé pionta dhó. Chas sé amhrán eile dhom ar cheol 'Ros an Mhíl' a scríobhas uaidh, 'Bean an tSeanduinín'. Chuaigh mé a chodladh ar a haon déag.

Peadar Mac Fhualáin.
(Le caoinchead Joe Boske.)

Satharn 11 Iúil

Calum Mac Gill-Eathain.

Ar maidin chuaigh mé go dtí Seanadh Gharráin (trí mhíle ó thuaidh) ar thóir Phádraig Pháidín(?) [Ó Céide ?].[13] Ní raibh sé ann romham agus chuaigh mé isteach i dteach le seanfhear eile. Bhí na hamhráin aige, ach mo léan! ní fhéadfá ach na focla a chloisteáil aige bhí sé chomh sean sin. Chaith mé uair nó mar sin leis. Tháinig mé chun dinnéir agus ina dhiaidh sin ar mo chuairt tigh Chonláin mé agus scríobhas dhá amhrán – ceann atá cheana agam ach gur scríobhas é le hiad a shásamh. Thar éis an tae amach liom féin agus Calum [Mac Gill-Eathain] go dtí an teach a bhfuil Tomás de Bhaldraithe ag fanacht ann[14] gur thug muid beirt isteach ann le hamhráin a rá, Pádraig Mac Fhualáin agus leaid eile, Máirtín(?) [Pheaits Ó Cualáin].

Dúirt siad go leor ach b'fhacthas dom gur as *Amhráin Chlainne Gaedheal* na focla acu agus ní raibh ach ceol amháin acu a gcuirfinn suim ann. Scríobhas ó Mháirtín é.

Domhnach 12 Iúil

Rugas ar Phete [Peadar] Mac Fhualáin thar éis an aifrinn. Rinneas iarracht ar a tharraingt amach arís tigh Thaidhg [Uí Choncheanainn] agus fuair mé dhá véarsa eile de 'Amhrán an Speirthe' uaidh.[15] Sin a raibh aige anois nach bhfuil ag Tadhg cheana uaidh ar fhiteáin. Ansin ag scríobh dhom tamall i ndiaidh an dinnéir.

Thóigeas tráthnóna an Domhnaigh saor. Isteach liom go Gaillimh agus rámhaíos suas i bhfad ar Loch Coirib. Thug mé Kitty Keys chuig pictiúir. Chodail mé an oíche tigh Keys arís agus chaitheas tamaillín ag seanchas le Máistir [Nioclás] Keys a bhí sa bhaile faoi dheireadh na seachtaine. Shocraigh mé leis go bhfiosródh sé ar na gasúir i gCill Chiaráin cé acu an bhfuil ceol ag a muintir, agus déanfaidh sé nóta dhom díofa. Socróidh sé lóistín ar 30/-[16] tigh Chlancy dhom freisin.

Luan 13 Iúil

Ar maidin Dé Luain a shocraigh mé a ndeirim thuas. Bhuaileas bóthar amach go dtí an Spidéal am dinnéir agus é ar intinn agam dul siar tuilleadh. Bhí scéala agam ó Cholm McLean go raibh muintir Chonláin do m'iarraidh. Ar chaoi ar bith shocraigh mé go mb'fhearr slán a fhágáil acu agus d'fhág mé go dtí an oíche é.

Sa tráthnóna scrúdaíos roinnt de leabhair ceoil an Athar [Roibeard] Uí Raghallaigh, Waterville;[17] tá siad suimiúil.[18] Chuaigh mé tigh Chonláin san oíche agus chaitheas tamall ag ceol leo. Shular fhágas gheall an bhean [Cáit Bean Uí Chonláin] dom go mbeadh tuilleadh aici dhom uair eicínt eile. Ní bhfuair mé anocht ach fios go raibh tuilleadh ann.

Máirt 14 Iúil

Chaitheas formhór an lae ag tabhairt mo bhóthair siar. D'fhan mé tamall sa teach a bhfuil Tomás de Bhaldraithe ag fanacht ann. Ghlaoigh mé ag teachín a bhreathnaigh rafar in aice le hIndreabhán agus d'iarr mé deoch bláthaí orthu, rud a fuair. Thug mé seal ag comhrá agus d'inseas dhófa go raibh mé ag tóraíocht amhrán, agus an raibh amhránaithe sa dúthaigh sin. Dúirt siad nach raibh, go raibh seanfhear agus gur éag sé agus go raibh an-amhráin aige. Chuaigh mé ar aghaidh agus istigh in aice le Ros an Mhíl shonraigh mé go raibh mo chába báistí tite den rothar. Ní raibh le déanamh ansin ach dul ar ais á thóraíocht. Chuaigh mé chomh fada le hIndreabhán soir arís ag cur a thuairisce ar gach uile dhuine a chas liom. Ní bhfuair mé tásc ná tuairisc air, agus thosaigh mé ag déanamh mo bhóthair siar arís. Bhí gála mór gaoithe aniar ann agus is mise a bhí ag éirí tuirseach faoi seo, agus gan dinnéar agam – bhí sé an ceathair ar shroisint Ros an Mhíl arís dhom. Chuaigh mé isteach tigh Thaidhg Uí Shéaghdha mar ar fearadh fáilte romham agus béile bia. Bhí muid ag caint tamall agus dúirt Tadhg liom

Tigh an Droichid le Charles Lamb.
(Le caoinchead Liam Mhic Con Iomaire.)

go raibh Ros an Mhíl go maith agus dúirt sé ainmneacha daoine liom a déarfadh amhráin. Bhí air dul go hUachtar Ard ina charr agus chuaigh mé leis nuair a chuir sé i mo cheann é, le go bhfeicfinn Gearóid Ó Laidhigh, Eiscir,[19] Ros Cathail. Chonaic mé Gearóid agus deir sé go mb'fhiú dhom a dhúthaigh féin a chuardach. Thug sé cuireadh dom teacht ag fanacht leis go ceann seachtaine, agus tá mé ag ceapadh go nglacfad leis roimh dheireadh na míosa nuair a bheas an t-airgead ag teacht gann orm! Bhí sé mall amach san oíche nuair a d'fhág mé é. Chuir mé fúm ag teach Mrs [Cáit] Ridge, An Droichead.

Céadaoin 15 Iúil

Maidin chlagarnaí. Scríobh mé cúpla litir thar éis bricfeasta agus beagán eile. Bhí sé rófhliuch ar fad le dhul amach, ach chuaigh mé go teach Thaidhg Uí Shéadhgha. Thaispeáin sé ana-bhailiúchán béaloideasa dhom atá aige ar an 'gcailleach' agus an 'gabha' i measc ábhar eile.[20]

Pádraig Pheaitsín Mac Donncha
agus a bhean Neain Chóil Mhóir.
(Le caoinchead Pheaitsín Mhic Dhonncha.)

Tar éis an dinnéir chuaigh mé tigh Phádraig Pheaitsín Mac Donncha, Baile Láir, Ros an Mhíl. Rinne mé cairdeas leis agus cé gur shéan sé go raibh amhráin aige, tar éis seanchais fhada ar amhráin dúirt sé liom teacht an tráthnóna dhár gcionn agus go dtabharfadh sé amhráin dhom. Ba mhaith an obair an méid sin a fháil uaidh. 'Scil' a theastódh uait agus cleachtadh – rudaí atá ag teacht chugamsa faoi seo.

Chuaigh mé ina dhiaidh sin go dtí Sorcha Ní Scanláin, Tóin an Chnoic, Ros an Mhíl. Chaith mé trí huaire an chloig ag éisteacht léi ag gabháil agus is í atá go maith. Bhí sí ar an raidió.[21] Ar dheireadh an tseanchais dúirt sí liom go dtoileodh sí mé ceann ar bith a thogróinn a scríobh uaithi. Tá sí ag teacht san oíche amárach tigh Mrs [Cáit] Ridge le hiad a rá liom.

Fuair mé ainm amhránaí eile (Micheál Mac Conaola – táilliúir) ó Phádraig Pheaitsín agus dúirt Pádraig liom go raibh seanleagan ann de 'Bóithrí Ros an Mhíl' atá ag an dtáilliúir. Gheobhad é, *D.V.*

D'fhág mé Sorcha ar a leathuair i ndiaidh an hocht agus chuas ar ais chun tae. Ní raibh ach ceobháisteach ansin ann. Tar éis an tae cé a bhuail an bóthar ina charr ach an tAthair Tommy Keys, Leitir Móir. Stop sé agus d'iarr orm teacht leis tigh an tsagairt, Ros an Mhíl. Chuaigh. Bhí seanchas, tae, scarúint luath agus leaba luath anocht againn. Dúirt Máirtín Ridge liom go bhfuil cailín aimsire an tsagairt go maith ag rá amhráin, ach sílim gur iníon í le fear eile ar thug Tadhg a ainm dom.

Déardaoin 16 Iúil

Ceathach agus grianmhar scaití. Ag scríobh dhom ar maidin, litreacha agus dialann. Ansin i dtigh an táilliúra Micheál Mac Conaola dhom go ham dinnéir. Dúirt sé amhráin dom agus mo bhrón an guth imithe uaidh. Ní fhéadfá na ceolta a dhéanamh amach uaidh. Scríobhfad focla amhráin Ros an Mhíl uaidh uair eile.

Tar éis an dinnéir chuaigh mé go teach Phádraig Pheaitsín [Mhic Dhonncha], agus ó nach raibh sé ann agus iad ag súil leis nóiméad ar bith, d'fhan mé air. Tháinig sé tar éis a ceathair. Chas sé poirt ar an *accordion* dom. Déanann sé spórt dhó féin leis. Bhí a chuid port ar fad cheana agam. Chas sé roinnt amhrán ina dhiaidh sin dom agus do scríobh mé uaidh trí cinn. D'fhanas aige go raibh sé in am tae. Tar éis an tae scríobhas litir go dtí Seán [Ó Súilleabháin] agus ina dhiaidh sin tháinig Sorcha Ní Scanláin. Chaitheas an oíche ag scríobh léi go raibh sé gar don mheán oíche. Lá maith oibre!

CBÉ CC 015.017. Ó Shorcha Ní Scanláin.

Aoine 17 Iúil

Chuas go dtí teach Bhaba Chití (Bairbre Ní Dhonncha, Barr Roisín). Níl amhráin aici. Ag a fear céile atá básaithe a bhí siad. Tá an-lear ag na hiníonacha, deir sí. Ní raibh siad ann.

Chuaigh mé ansin tigh Phádraig Pheaitsín [Mac Donncha] ach ní raibh sé ann. Chaitheas tamaillín ag seanchas lena bhean. Chuas ansin go teach Shorcha Ní Scanláin agus scríobhas tuilleadh uaithi. Tá a bhfuil aici agam anois. Óna máthair [Máire] (atá beo) a fuair sí a bhformhór agus ó 'chailín eile' an chuid eile. Níl aon ghuth fágtha ag an máthair.

Tar éis an tae chuas go teach Bhaba Chití arís. Chaitheas an oíche ann. Ní raibh amhrán amháin acu nach raibh agam, agus bhí siad ag gabháil [fhoinn] an oíche uilig.

Satharn 18 Iúil

Ag scríobh dhom ar maidin. Litir abhaile agus ceol a athscríobh. Tar éis an dinnéir chuas go dtí Leitir Móir. Bhí mé ag súil le post a theacht ann dom agus bhí sé ann. Litir ó Dhaid agus ó Sheán Ó Súilleabháin agus léarscáil léi. Chuas ag snámh leis an Athair Tomás [Mac Aoidh] agus d'fhanas chun tae. Chuas go dtí Baile na hAbhann ag feiceáil Shorcha [Ní Ghuairim], seoladh a thug Seán dom ina litir.[22] Chaitheas an oíche léi ag cur na hoibre trí chéile agus tá muid chun liosta a dhéanamh amach de na cinn is ceart a iarraidh.

Domhnach 19 Iúil

Roinnt á scríobh ar maidin agam agus litir chuig m'athair agus cúpla cárta poist chuig cairde liom. Isteach go Gaillimh ar a haon (aifreann a naoi), dinnéar sa Spidéal. Ghlaos ar [Micheál] Ó hOisín. Ansin ar mhuintir Keys. (Rámhaíocht agus damhsa.) Bhí dhá litir tigh Oisín dhom agus péire *sandals* a raibh mé ag súil leo.

Luan 20 Iúil

Rinne mé iarracht ar theileagram airgid[23] a fháil in Oifig an Phosta do Shorcha Ní Ghuairim, mar a d'iarr sí orm. Ach ní thabharfaí dhom é. Thóraigh mé ansin canna de bheathú linbh do bhean Mháirtín Ridge, mar a d'iarr sise orm. Bhí sé gann agus fuair mé sa gcúigiú siopa é!

Cáit agus Máirtín Ridge.
(Le caoinchead Liam Mhic Con Iomaire.)

Chaitheas dinnéar deireanach agus chuas chun an stáisiúin le bualadh le fear ó oifig m'athar a bhí ag tabhairt mo phíobaí leis chugam. An chéad duine a chonaic mé ag teacht den traein – Fionán [Mac Coluim]. Ag dul go Ros Muc a bhí sé agus deifir air le greim lena ithe a fháil. Bhuail mise le mo dhuine agus fuair mé na píobaí agus rinne mé coinne chun tae leis (Dónall Ó Loinsigh). Chaitheas leathuair ansin le Fionán agus bhí seanchas againn ar an obair. Chuireas slán ar bhus Charna é ar a cúig, agus thug sé ainm dom – Seán Ó Dochartaigh in Oifig an Cheardoideachais[24] – le hiarracht a dhéanamh dhom ar an teileagram sin a fháil do Shorcha. Chaitheas leathuair eile leis-sean agus níor éirigh linn. Ar chaoi ar bith, creidim nach bhfaigheadh sí airgead air thiar. Chaitheas tae le Dónall Ó Loinsigh atá ar saoire ag caitheamh coicíse ar an gCeathrúin Rua. Bhí snámh agam ag Bóthar na Trá ar a leathuair tar éis a hocht agus bhuail muid an bóthar siar ansin. Tháinig muid chomh fada le Doire an Fhéich ar a 11.30 tar éis seanchas fada a dhéanamh le Tadhg Concannon agus Colm McLean sa Spidéal. Chaitheamar suipéar i dtigh Mháirtín Ridge agus threoraigh mise go dtína theach lóistín é (deich míle eile) agus d'fhág slán aige. Bhí sé an dó nuair a tháinig mé ar ais go teach Mháirtín anseo.

Máirt 21 Iúil

Mé tuirseach agus ag éirí ar a 10.30. Ag scríobh dialainne agus ceoil. Ag fanacht ar dhinnéar tamall. Soir go Cloich Mhóir go dtí Sorcha Ní Ghuairim ar a ceathair. Tamall ag seanchas. Tae léi. Cuairt ar Phádraig Pheaitsín Mac Donncha. Fuaireas amhrán eile uaidh. Cuairt ar Sheán Mhicí Churraoin, Baile Láir, Ros an Mhíl. Bhí leagan aige de 'Dónall Óg' agus é ar cheol áirid (Fhionáin [Mhic Coluim]) de 'Tiocfaidh an Samhradh'. Bhí 'Doire an Fhéich Chasla' aige ar cheol a chuirtear le 'Cill Aodáin'. Amhrán ar bith nach gnách atá aige, is ar cheol gnách atá sé. (Bhí Sorcha [Ní Ghuairim] liom ar an dá chuairt seo.) Bhí sé gar don haon déag nuair a d'fhág muid é, agus d'fhág mé Sorcha sa gCloich Mhóir agus chuaigh mé féin go teach Mháirtín [Mhic Con Iomaire] abhaile. Phacáileas, chaitheas suipéar agus chuas go dtí Leitir Móir leis an Athair [Tomás] Mac Aoidh ina charr. Bhí an oíche go dona le báisteach agus stolladh gaoithe.

Seán Mhicí Ó Curraoin. (Le caoinchead Bhríd Bean Uí Churraoin.)

Céadaoin 22 Iúil

An mhaidin tagtha le clagarnach agus gála mór. Ag scríobh dialainne, litreach, agus ag caint le Fr [Tomás] Keys. Sa scoil dúinn ina dhiaidh sin ag ceistiú na bpáistí agus na múinteoirí faoi chcol. Fuair mé, tar éis na ranganna a chuartú, ceathair nó cúig de sheoltaí uathu.

Bhí triúr sagart ar cuairt ag an Athair Tomás chun dinnéir – béile a thóig tamall maith. Nuair nár lagaigh báisteach ná gaoth chaith mé cuid mhór den tráthnóna i dteach an tsagairt ag dul tríd leabhar leis an Athair [Roibeard] Ó Raghallaigh (ceol).[25]

Chuas go dtí an Cheathrú Rua leis an Athair Tomás san oíche. Loirg mé daoine ann ach bhí siad rófhada uaim le dul chucu sa mbáisteach. Chuaigh mé go dtí teach O'Donnell agus teach Lamb ann leis an sagart.

Deir sé go ngabhfaidh sé go Ros Muc amárach, agus gabhfaidh mé leis, mar tá aithne agamsa ar fhear ann a thabharfaidh amhráin dom.

Déardaoin 23 Iúil

Beagán scríofa sul má bhí an sagart réidh le dhul go Ros Muc. Ansin bhíomar ag fanacht go raibh sé an dó dhéag, ar bhád. Shroich muid Ros Muc tamall maith i ndiaidh an haon. Chaitheas-sa dinnéar i dtigh Josie Walsh ('Head Walsh's') bhí sé an leathuair tar éis a trí nuair a fhágas é. Chuas go dtí an duine seo, amhránaí maith atá ar m'aithne, agus ní bhfuair mé ann é. Bhí sé cúig mhíle ó bhaile agus ó ba ghearr mo chuairt níorbh fhiú dul chuige. Rinne mé cúpla cuairt ar chairde liom, a shábháilfeas aimsir orm ar ball nuair a ghabhfad ann. Chuaigh mé thar n-ais go dtí teach Josie 'Head' agus d'fhan muid ansin le carr Doctor Tess O'Shea a bhí lenár dtabhairt abhaile. Bhí sí déanach (7.30) ag teacht agus faoin am go raibh tae caite againn bhí sé mall san oíche nuair a shroich muid Leitir Móir. Bhí sé ag báisteach óna sé.

Aoine 24 Iúil
Éirí ar a 8.30. Ag pacáil le Fr [Tomás] Keys agus ag cur a chuid troscáin agus airnéise ar fad chun bealaigh ar leoraí. D'aistrigh mise óna theach go dtí teach lóistín Mrs [Nóra] O'Toole (máistreás). Fr Keys imithe.[26] Scríobh litir chuig Seán [Ó Suilleabháin], m'athair agus Gearóid Ó Laidhigh (cárta) agus chuas go dtí teach Choilm Uí Chlochartaigh (50), Leitir Calaidh, ag iarraidh amhrán. Níl aige ach cinn atá fairsing. Tháinig mé thar n-ais go dtí teach na máistreása chun dinnéir (4.30). (Tá mo bholg beagán tinn agus mé á scríobh seo agus táim chun dul a chodladh go ceann uaire nó mar sin.) Chaitheas tae ar a seacht agus chuas amach go dtí Colm Ó Clochartaigh arís agus thug sé mé go dtí seanfhear i ngar dhó. Chaitheamar cúpla uair an chloig ag plé amhrán le chéile ach ní bhfuair mé tada uathu a scríobhfainn. Chuas a chodladh ar a 11.30.

Satharn 25 Iúil
Chuas amach go dtí Colm [Ó Clochartaigh] arís. Tháinig sé liom go dtí teach seanfhir, Tomás Ó Tuathail, go bhfuil ainm na n-amhrán air. Chaitheas uair an chloig nó mar sin leis. (Tuairim 75 bliana a bhí sé.)

Chuas ina dhiaidh sin go dtí teach a mhic [Micil] atá pósta, tuairim is míle eile siar. Dúirt sé amhráin dom ach ní raibh rud ar bith nach raibh ag a athair aige. Chaitheas dinnéar ar a trí. Ligeas mo scíth agus chuas ag snámh. Thugas cuairt ar Sheán Ó Conchúir (fear mo threoraithe) agus ansin ar sheanfhear, Seán Ó Lorcáin, ag ar chuala mé go leor amhrán ach gan guth strainséara sa mhéid a dúirt sé.[27] D'fhanas á cheistiú go dtína deich (chaitheas bolgam tae leo) agus gheall mé go dtiocfainn arís.

Chuas chun an oíche do chodailt i nDoire an Fhéich, tigh Ridge.

Domhnach 26 Iúil
Éirí ar a 8.15. Aifreann a 9. Stealladh báistí i gcaitheamh an lae uilig go meán oíche gan stad. Tháinig deartháir le Bean Mháirtín Ridge – Micheál Ó Céide, as Cnoc Aduaidh – isteach sa teach. Chuala mé ag portaireacht amhráin faoina anáil é agus nuair a chuireas chuige chaitheamar an tráthnóna ag plé na n-amhrán agus scríobhas dhá cheann uaidh. Tar éis an tae phacáileas agus chuas go Gaillimh sa bháisteach. Bhí mé an-tuirseach de Chonamara le seachtain agus é ag síorchur báistí.

Micheál Ó Céide. (Le caoinchead Liam Mhic Con Iomaire.)

46

Luan 27 Iúil

Cúpla rud le déanamh agam ar maidin. Tigh Oisín, gan duine ar bith ann agus bhí orm fanacht i nGaillimh go dtína ceathair sul má fhéadas duine ar bith a fháil istigh, mar bhí m'ualach go léir ann.

Chuas amach tar éis an tae go dtí Gearóid Ó Laidhigh, Eiscir, Ros Cathail, mar a shocraigh mé leis. Chaitheas an oíche ag seinm.

Máirt 28 Iúil

John D'Arcy.
(Le caoinchead Annie Conroy.)

An lá ag stealladh báistí arís. (Damnú ar dhoineann!) Chuamar sa tráthnóna go dtí teach [John] D'Arcy – fear fideoige do sheinm atá ar aithne Ghearóid [Uí Laidhigh]. Tá na ceolta go fairsing aige ach níl aon ní nach bhfuil agam féin aige seachas roinnt port, is dóigh liom, atá i gcló. Tá athrú beag anseo is ansiúd aige ar na ceolta, mar bíonn a ghabháil féin ag gach aon duine orthu. Sheinneadh a sheanathair an fhideog agus uncail leis freisin.

Níor scríobhas tada uaidh, cé go rabhamar ag seinm ann go dtáinig meán oíche.

Céadaoin 29 Iúil

Maidin bhreá. Thug mé féin agus Gearóid [Ó Laidhigh] cuairt ar Bhaile an Dúin[28] (taobh thall de Ros Cathail). Chuamar go dtí Seán McDonagh (73) (John) agus John Keady (50). Bhí go leor amhrán ag an dara duine agus chan sé go maith iad.

Chuamar abhaile chun dinnéir ar a ceathair agus chuas go dtí Uachtar Ard chun seanfhear, Jack Donnellan, a fheiceáil (búistéir). Dúradh liom go bhfuil amhráin aige. Ní raibh sé ann romham, átach, ach é imithe go dtí na rásaí,[29] dúradh liom.

Chaitheas an oíche i dtigh Ghearóid, ach tamaillín go rabhamar ag iascach i mbád ar an loch.

Déardaoin 30 Iúil

Chuas tar éis dinnéir go dtí na rásaí le Gearóid [Ó Laidhigh]. Chaitheas an oíche le muintir Keys.

Aoine 31 Iúil

Scríobhas litir abhaile ar maidin agus cúpla litir eile chuig cairdibh. Chuas go dtí Aindriú D'Arcy, Machaire Mór, Uachtar Ard. Ní raibh sé ann romham. Fear é a chonaíos ina aonar, agus dúirt comharsa liom gur dóigh go mbeadh sé ann tráthnóna. Chuas isteach go dtí oifig an phosta agus bhailíos sreangscéal airgid ann ón gCoimisiún. Chaitheas tamall ag seanchas le Garda atá ar aithne

Master Keys. (Le caoinchead Phil Keys.)

agam ann, agus chuas thar n-ais go dtí teach Aindriú. Bhí sé ann. Chaitheas tamall fada ag seanchas leis agus dúirt sé liom nach bhfuil aon amhráin aige. D'fhiafraíos de an raibh a leithéid seo nó a leithéid siúd aige agus dúirt sé nach raibh ach roinnt acu, gur chuala sé iad. D'fhág mé slán aige tar éis beagnach uaire mar bhí an-ocras ag teacht orm!

Scríobhas dhá cheol ó Ghearóid [Ó Laidhigh] san oíche, a d'fhoghlaim sé ó sheanduine atá básaithe anois, Pat Connor. Cuimhneoidh sé ar a thuilleadh, deir sé.

Satharn 1 Lúnasa
An lá an-dona – báisteach ó mhaidin agus é an-trom. Scríobhas dhá cheol eile ó Ghearóid [Ó Laidhigh] ar maidin. Chuas go hUachtar Ard i gcomhair tobac. Ghlaos ar an seanfhear, Jack Donnellan, arís – tráthnóna – bhí sé imithe a chodladh go dtí am tae. Ó ba rud nach raibh an dinnéar go fóill agam, ní raibh mé in ann fanacht go n-éireodh sé, agus ní iarrfainn orthu é a dhúiseacht, ar fhaitíos go gcuirfinn i mo choinne é feasta.

Scríobhas ceol ó Ghearóid san oíche, 'Tiocfaidh an Samhradh', agus véarsaí Gaeilge agus Béarla leis.[30]

Domhnach 2 Lúnasa
Scríobhas litir go dtí Seán Ó Súilleabháin roimh an dinnéar agus do Mháire Nic Néill le hadmháil don seic a tháinig chugam inné.

Litir abhaile sa tráthnóna. Tháinig [John] D'Arcy (fear na fideoige) am an tae agus sheinneamar i gcaitheamh na hoíche.

Lá múrannaí gan ga gréine.

Luan 3 Lúnasa (saoire bainc)
Chaitheas an lá go hiomlán ag iascach. Fuaireamar trí phaidhc, ocht bpunt, deich bpunt agus trí phunt.

Lá maith oibre! Agus an oíche ag seinm.

Máirt 4 Lúnasa
Thugas cuairt ar Eddie Lee, seanfhear a chónaíos i dTurlach [Pollach], Ros Cathail. Bhí amhráin – focail agus ceolta – aige, ach níor tháinig aon ní nua i mo bhealach.

Chuas go dtí Michael Sullivan, Garraí na Graí (*brood mares*), Ros Cathail. Níor tháinig aon ní nua uaidh sin ach oiread leis an gcéad fhear. Bhí amhráin aige ceart go leor ach ní raibh aon rud aige a scríobhfainn.

Tigh Ghearóid Uí Laidhigh.

Fuaireas trí cinn de cheolta eile ó Ghearóid [Ó Laidhigh] ins an oíche – agus sílim nach gcuimhneoidh sé ar a thuilleadh!

Táim ag imeacht amárach as seo, *D.V.* Áit mhór cheoil a bhíodh inti, déarfainn, agus deirtear liom sin, fiche nó deich fichead bliain ó shin, ach tá na seancheoltóirí imithe ar shlí na fírinne anois agus gan ann ach Gearóid a thug na foinn neamhghnácha leis. Go gcúití Dia leis é!

Céadaoin 5 Lúnasa
Chuas go Gaillimh agus as sin go Doire an Fhéich. Tháinig an oíche fliuch orm agus ní dhearna mé tada.

Déardaoin 6 Lúnasa
Scríobhas roinnt ar maidin. Chaitheas an tráthnóna uilig leis an dtáilliúirín Micheál Mac Conaola (gar don 70), Casla, cláiríneach. Ní bhfuair mé uaidh ach an t-amhrán ar chuaigh mé chuige á thóraíocht, sin é 'Amhrán Ros an Mhíl'. Amhrán é ag moladh Ros an Mhíl. Scríobhas tuairim ar an gceol uaidh. Leagan gan chaoi é de 'Príosún Leifir'. D'fhágas ar a seacht é agus chuas chun tae.

Tadhg Ó Séaghdha.
(Le caoinchead Threasa Ní Ailpín.)

Tháinig stcalladh báistí arís tar éis an tae. Chuas go dtí Tadhg Ó Séaghdha (agus mé fliuch báite) ó ba é ba ghoire dom. Ní raibh sé sa mbaile. Chaitheas tamall ag seanchas lena bhean [Nóra] agus bean eile a bhí léi. Chuas abhaile go luath.

Thug Máirtín tomhas dhom (Máirtín Ridge, 27) agus mé ag caitheamh mo shuipéir:

> Spúnóg óir agus cos as,
> D'ól mac an rí deoch as,
> Ní gabha na ceárta rinne í,
> Agus cuireadh i ngabhal an duine í.[31]

(Féach an dá inscne 'as' agus 'í'.) An freagra: cíoch.

Aoine 7 Lúnasa
Chaitheas an lá (fliuch) sa gCeathrúin Rua. Thugas tamall le muintir Seoighe (ar mholadh Shorcha Ní Ghuairim). 'Colláin'[32] ainm an taobh tíre ina bhfuil siad (*pron.* 'Coileán'). Fuaireas dhá cheann de cheolta ó iníon díofa, Nóra, agus focla amhrán amháin. Thugas cuairt sa tráthnóna ar Mhicheál Mhac Donncha, in aice le tigh Lamb. Bóthar Buí, déarfainn, a sheoladh. Fuaireas píosa amháin ceoil uaidh – 'Máire Ní Mhongáin' – nó 'Caoineadh na Baintrí'. Leagan an ceol de 'Bráithrín Buartha' [Choilm] Uí Lochlainn.[33] Tháinig an tráthnóna fliuch. Chuas go Doire an Fhéich chun dinnéir agus le teann déistine chuas go Ros Muc sa mbáisteach. Chuireas fúm tigh Nóra Bean Uí Mhainín, Cill Bhreacáin.

Satharn 8 Lúnasa
Chaitheas an lá óna haon déag go dtína seacht ag athscríobh ceoil. Chuas tar éis an tae go dtí teach Stiofáin Uí Oisín, an chéad fhaill a fuair mé le corraí ó mhaidin le báisteach. Bhí

tuilte ar na bóithre agus ins na páirceanna agus na portaigh tar éis 24 huaire báistí gan stop! Chaitheas an oíche le Stiofán agus chuireamar obair agus eile trí chéile.

Domhnach 9 Lúnasa
Aifreann ar a 11. Seanchas le cairdibh – Peait Chon Nia, Colm Ó Gaora, Criostóir Mac Aonghusa, Maidhcó Breathnach agus go leor eile. Chuireas aithne arís ar chara liom, Micheál Bheairtle Antaine Ó Mainín, fear 30 mbliana d'aois a bhíodh ag rá amhrán dom fadó agus mé i mo ghasúr. Chuas ag iascach leis ar Loch Oiriúlach[34] sa tráthnóna agus rinneas coinne chun iascaigh Dé Sathairn seo chugainn leis i gcaitheamh lae. Gheobhad a bhfuil aige uaidh an lá sin, mar bíonn sé as baile an tseachtain uilig lena cheird, siúinéireacht. Sílim go mbeadh eolas gach uile amhrán i Ros Muc aige mar bíonn sé dhá dtóraíocht é féin.

Tháinig an bháisteach arís ar a naoi agus mé ag dul chun tae. Lean sé i gcaitheamh na hoíche. Bhí Criostóir i mo theach lóistín romham agus chaith muid cúpla uair le seanchas. Tháinig Maidhcó agus cailín cniotála, Miss O'Donnell, isteach tar éis tamaill. Mar sin ní bhfuair mé caoi ar bith leis an obair a phlé le Criostóir.

Luan 10 Lúnasa
É ag stealladh báistí i gcónaí ar maidin. Tháinig litir ó m'athair. Scríobhas litreacha agus ceol (litir – Seán [Ó Súilleabháin] agus m'athair). Tháinig sagart óg – an tAthair [Máirtín] Ó Lainn (Lane) agus Criostóir [Mac Aonghusa]. É fliuch i gcónaí nuair a tháinig siad (oíche). Chaitheamar an oíche istigh.

Seosamh agus Bríd Ó Súilleabháin.
(Le caoinchead Phaddy Uí Shúilleabháin.)

Máirt 11 Lúnasa
É fliuch ar maidin arís. Mé ag aireachtáil tinn go maith. Rinneas roinnt scríobh ar maidin agus chaitheas suas é tar éis an dinnéir agus gan mé in ann corraí.

Tháinig roinnt bisigh orm tuairim a seacht. Chuas go dtí teach Mhaude agus scríobhas dhá amhrán – ceann ó Daisy agus ceann ó Sheán. Fuaireas ainmneacha daoine. Mé antinn anocht i mo leaba.

Céadaoin 12 Lúnasa
Tar éis tinnis na hoíche aréir. D'fhan i mo leaba an lá uilig, gan fonn orm tada a dhéanamh.

Áine Ní Ghriallais.
(Le caoinchead Chaitlín Bhreathnaigh.)

Déardaoin 13 Lúnasa
Éirí ar a 12. Roinnt bisigh orm, ach mé lag. Chuas go dtí Bean Sheosaimh Uí Shúilleabháin as Leitir Móir, atá ar an Aill Bhuí, Ros Muc. Bhí cuimse amhrán aici agus fuaireas ceann maith uaithi nach bhfuil ann cheana go bhfios dom.

Thugas cuairt san oíche ar theach chailín, Áine Ní [Uí] Ghriallais, ar an Aill Bhuí. Ní bhfuaireas uaithi ach roinnt 6/8[35] atá leath i mo cheann cheana, ach chuireas síos iad chun cuimhneamh ar ball arís orthu. Ní raibh mórán aici nua dhom.

Mé roinnt tinn i gcónaí.

Aoine 14 Lúnasa

(Lá measartha breá.) Chuas isteach go Cill Chiaráin leis an sagart ([Máirtín] Lane). Bhí socraithe agam dul ann anocht agus gheall mé i mo litir go bhféachfainn an dtóigfeadh [Eibhlín] Bean Mhic Fhlannchaidh mé shul má thiocfainn. Shnámhamar chuig an gcéibh agus abhaile arís. Thugas cuairt sa tráthnóna ar theach Sonny Mhóir Uí Nia. Ní raibh sé féin ná a mhac Tomás ann agus mar sin ní bhfuaireas aon amhrán.

Tigh Mhic Fhlannchaidh.

Tar éis an tae chuas go dtí Colm Pháidín Ó hAllmhuráin ar an Turlach. Chaitheas seal fada leis agus ní raibh fonn air bhcith ag rá aon amhráin. D'fhágas ann é ar a naoi agus gheall mé go dtiocfainn arís chuige.

Chuas go Cill Chiaráin (ós rud gur shocraigh mé seachtain ó shin le Bean Chlancy dul chuici anocht. Tá sé chomh maith agam a dhéanamh, cé nach bhfuil Ros Muc clúdaithe agam de dheasca tinnis agus drochaimsire. Tiocfad ar ais ar Ros Muc.).

Satharn 15 Lúnasa (Lá Fhéile Muire)[36]

Aifreann i gCill Chiaráin agus isteach sa bháisteach go dtí Ros Muc. Bhí Micheál Ó Mainín ann romham. D'fhanamar go bhfeicfeadh muid céard a dhéanfadh an lá. Chaitheas dinnéar tigh 'Head' [Walsh]. Chuamar amach ag iascach ar a 2.30 go Loch an Daimh.

An tráthnóna ar fad fliuch agus an-fhliuch. Gan aon chaoi le rud ar bith a dhéanamh ach iascach.

Chuas abhaile ar a deich agus mé fliuch go maith, ach toradh deas éisc agam, mura raibh amhráin. Dheineas coinne eile le Micheál.

Micheál Ó Mainín.
(Le caoinchead Bartly McDonagh.)

Domhnach 16 Lúnasa

Mé féin is Paddy Greene[37] amach tar éis an aifrinn go dtí an Aird Mhóir go dtí Peait Canavan, píobaire agus amhránaí, tamall ag plé le píobaí agus tamall eile le hamhráin. Níor chualas ceann aige nach eol dom.

Abhaile 5 p.m. Dinnéar. Oíche fhliuch. Tháinig Dr Tess O'Shea agus Fr [Austin] Burns.

Luan 17 Lúnasa

Chuas go Carna roimh dinnéar. Chaitheas béile le Fr [Austin] Burns. Chuamar go dtí teach Mhicheáil Uí Mháille, Leitir Deiscirt. Iníon leis [Meaigí] ina múinteoir i Maínis. Dúirt sí liom nach raibh clann ar bith i Maínis a raibh amhráin acu, agus nárbh fhiú

Seán Neide Ó Gaora.
(Le caoinchead Fáilte Ireland.)

aimsir a chur amú ag cuardach ann, mar chuir sí féin suim sna hamhráin agus ní bhfuair sí tada riamh ann. Fuaireas ainm amhránaí i Leitir Deiscirt uaithi – Seán Geary (Seán Neide). Chuas chuige ach ní raibh sé ann romham.

Chuas soir ansin go dtí Roisín na Mainiach agus chuas le bád a fháil le dhul go Fínis – tá clann de mhuintir McDonagh ann a bhfuil iomrá mór orthu thart anseo ar amhráin, agus ba í Sorcha Ní Ghuairim a thug a n-ainm i dtoiseach dhom – bhí sé rófhiáin agus róghaofar acu le dhul amach go mbeadh an taoille tráite – am a bhféadfaí siúl amach. Bheadh sé sin mall san oíche. Chuas abhaile – bhí sé an hocht agam agus mé ocrach. Bhí sé rómhall ansin le rud ar bith eile a dhéanamh.

Máirt 18 Lúnasa

Scríobhas roinnt litreacha ar maidin. Chuas féin agus Paddy Greene go dtí muintir Mhulkerrins leathmhíle siar ó Chill Chiaráin ag tóraíocht amhrán. Chaitheamar an tráthnóna ann. Ag bean an tí [Máire] a bhí na hamhráin. Bhí a lán aici agus gan ach cúpla *stock tunes*[38] aici agus gach amhrán á chur aici le ceann éigin díofa. Dúirt siad liom, áfach, gur ag a dearthráir[39] a chuala sí iad, agus go raibh 'guth níos fearr' aige leo ná aicise. Is é a thuigim uaidh sin, go mbeadh ceolta faoi leith aige dhófa.

Chuas tar éis an tae go dtí Máirtín Beag Mac Fhualáin, fíodóir, ag Loch Conaortha – an fear a bhfaigheadh Colm [Ó Lochlainn] amhráin uaidh. Tá sé ar a leaba le seanaois agus é bodhar. Dúirt sé roinnt amhrán dom agus ansin thosaigh sé ag inseacht scéalta. Ní stopfadh an saol é ós na scéalta ina dhiaidh sin agus ní bhfuair mé tada nua as. Dúirt mé leis go dtiocfainn arís chuige. Deir Colm (Ó L.) go bhfuil go leor aige. Níl mé féin cinnte dhe.

Céadaoin 19 Lúnasa

An mhaidin fliuch. Scríobhas dhá litir abhaile agus roinnt ceoil á chóiriú agam ina dhiaidh sin. Fuaireas dinnéar agus chuas go dtí Éamon Liam [de Búrca]. Ar éigean a d'aithin sé mé. Rinneamar a lán cainte agus dúras leo go raibh mé ag tóraíocht amhrán agus ag obair le S. Ó D. [Séamus Ó Duilearga] agus L. Mac C. [Liam Mac Coisdeala] agus eile. Bhí áthas air faoi sin agus thabharfadh sé amhráin ar bith uaidh agus fáilte dhom, agus Seán Geary, leis. D'inis sé roinnt scéal gearr dhom agus ansin thosaigh an chaint ar amhráin. Bhíomar á bplé tamall – dúirt mise píosa den cheann seo agus Éamon píosa den cheann siúd agus an fear eile píosa de cheann eile, gur tháinig mé ar cheann a bhí uaim.

Scríobhas dhá cheann ansin ó Sheán Geary agus dúradh píosaí de chinn eile nach raibh agam, ach bhí sé ag teacht gar don ocht agus é in am agam dul chun ite. D'fhágas slán acu agus gheall mé theacht arís.

Cé bhí istigh romham ach Peait Canavan agus veidhleadóir leis – Micheál Mac Fhualáin. Bhí na píobaí ag Peait agus thosaigh oíche cheoil – scríobhas port dúbalta – seanphort píobaire agus ar ball dhá amhrán ar chuimhnigh sé orthu dhom. Scríobhas freisin trí véarsa aige de 'An Spailpín Fánach' nach bhfaca mé cheana.

Déardaoin 20 Lúnasa

Ar maidin agus mé ag dul amach arís go dtí Aill na Brón cé bhuail liom ach Seán Breathnach, maor talmhaíochta (fear a raibh mé á thóraíocht i nGaillimh) agus Tommy Clancy leis agus iad i gcarr. Stopamar agus lasamar píopaí ag seanchas. D'iarr Seán orm teacht leis agus an lá a chaitheamh ag taisteal agus go bhféadfainnse bheith ag cur tuairisc cheoil ins gach uile theach a nglaofadh seisean ann ar a chuid oibre. Chuas. Ó Loch Conaortha go dtí Recess [Sraith Salach] (tuairim sé theach; ní bhfuaireas tada). (Fuaireamar ainmneacha roinnt amhránaithe.)

Sa tráthnóna (seacht a chlog) i gCarna bhuaileas le Dr T. [Tess] O'Shea agus buachaill léi – Hugh O'Donnell, as an áit, a raibh aithne agam air – agus dúirt Hugh liom go raibh cuimse amhrán in áit arb ainm dó Ard (An Aird), cúpla míle siar ó Charna. Rinneas coinne leis don Satharn leis an lá a chaitheamh ag cuardach na tíre sin.

Bhuail mé arís le Tommy Clancy agus ansin le fear a raibh aithne aige sin air. Fuaireas ainm seanmhná uaidh[40] – [Peigín] Mrs John Folan, Dúiche Ithir,[41] (*3 miles west of Carna*) – a dheineann caoineadh ag sochraidí agus araile, agus ainm duine eile a bhfuil amhráin aige Colman Keane, Glynsk [Glinsce] (ó thuaidh ó Charna).

Abhaile 9.15 p.m. agus béile agus an oíche éalaithe orm.

(Beidh sé deacair agam cuairt a thabhairt orthu seo ar fad.)

Aoine 21 Lúnasa

Ag scríobh dialainne ar maidin dom. É fliuch tráthnóna agus oíche. Chaitheas an lá i dtigh Éamoin Liam [de Búrca], agus scríobhas amhráin uaidh féin agus ó Sheán Geary (a nia).

Scéal aige faoi Sheacht dTeampall Árann, nach bhfuil ag an gCoimisiún, deir sé, agus caint ar fhoinse na Sionainne.

Satharn 22 Lúnasa

Chaitheas an lá le Hugh O'Donnell ar an Aird[42] ag déanamh ár gcuairte agus ag tóraíocht amhrán. Bhí na daoine ab fhearr, dar leis, ó bhaile. Chuala mé suas le céad amhrán tráthnóna agus anocht! 90% díobh ann cheana, ach bhí bean amháin agus bhí cinn strainséara aici. Chaitheas dhá uair go leith léi ag scríobh agus deirtear liom gur fearr a fear, Seán an Ghabha,[43] nach raibh sa bhaile.

Níor scríobhas ceann ar bith ó dhaoine eile – cailíní agus buachaillí fásta, a bhí ag cur gutha ar bith ar amhráin a d'fheilfeadh dó. Tá beirt ann a dhéanfad arís, mar ní raibh siad le fáil inniu.

Domhnach 23 Lúnasa

Chuas go Ros Muc sa tráthnóna le breith ar Mhaidhcó Bheairtlí Ó Mainín. Bhí sé imithe ag deasú craolacháin do dhuine eicínt in Inbhear. D'fhanas ansin ag seanchas lena mháthair agus a athair (níl amhráin acu). Níor tháinig sé go dtí an seacht. Bhí air imeacht ar an gcéilí tar éis tae a ól agus mar sin ní raibh tada le fáil uaidh – bíonn sé ag déanamh maoirseoireachta ar chéilí Ros Muc gach uile oíche Dhomhnaigh.

Luan 24 Lúnasa

Lá toirní agus tintrí agus stealladh báistí.[44] Chaitheas an lá ag cur caoi ar mo chuid lámhscríbhinní ceoil. Tháinig comhluadar mór san oíche chun éisteachta le mo phíobaí. Peait Canavan agus veidhleadóir leis agus araile. Tháinig Kitty Keys ar an mbus chugainn tráthnóna.

(Thug fear le carr mo chuid píobaí amach oíche Dé Sathairn as Gaillimh.)

Kitty Keys.
(Le caoinchead Phil Keys.)

Máirt 25 Lúnasa

Maidin fhliuch ach glanfaidh sé, déarfainn. Chríochnaíos an obair a bhí ar siúl inné agam agus scríobhas mo dhialann isteach ar maidin.

Chuas amach go dtí An Aird Mhóir, Carna[45] sa tráthnóna go dtí Máire Nic Dhonncha agus scríobhas dhá amhrán uaithi tar éis achair fhada seanchais; bhíos léi go dtí an hocht agus b'éigean dom filleadh abhaile chun tae.

CBÉ CC 017.028. Ó Mháire Nic Dhonncha.

Céadaoin 26 Lúnasa

Chuas go Fínis ag feiceáil clann de McDonaghs atá ann. Is iad is fearr a bhuail fós liom le hamhráin. Chaitheas cúig huaire leo agus b'éigean dom filleadh go luath cheal uisce ag na céabhaí (9.30).[46]

Déardaoin 27 Lúnasa

Chuas go Carna ag Taispeántas na gCapaillíní[47] agus araile ann. Dheineas réiteach dhóibh ann ar chomórtais cheoil – *accordion* agus fidil agus fideog. Chuala mé na hamhránaithe go léir agus dúirt iníon [? Delia] le táilliúir Úna, Doire an Fhéich (Mícheál Ó Conaola) [Mac Conaola], a rinne réiteach orthu, dúirt sí liom gach ar theastaigh uaim futhu. Buachaill bán[48] a bhí ann ab fhearr le hamhráin agus tharla gur mac é le fear go rabhas á thóraíocht san Aird, Dé Sathairn seo caite.

Bhí an seó thart – comórtais agus eile – ar a cúig. Bhí céilí le bheith ann ar a deich agus thugas dreas ceoil dóibh sa bpáirc agus ag an gcéilí ina dhiaidh sin.

Níorbh fhiú mórán *repertoire* aon amhránaí, ach an leaidín bán.

Aoine 28 Lúnasa

Chuas go dtí Fínis tar éis an dinnéir. Chaitheas an oíche (agus an tráthnóna) leo ag scríobh go dtí an deich.

Satharn 29 Lúnasa

Fínis arís ón trí go dtí an deich. Mé ag scríobh go leor gach cuairt.

Domhnach 30 Lúnasa

Chaitheas an tráthnóna agus cuid mhór den oíche i dtigh na gceoltóirí Folans i gCarna, le pléisiúr, *obligation* agus tóraíocht ceoil. Feicthear dhom nach bhfuil mórán acu nach bhfuair siad ó *records* agus ó chraolachán. Tá roinnt fonn ag an leaid óg, Stiofán [Ó Cualáin] (agus damhsóir maith ar an sean-nós é freisin). Ní raibh sé sin sa teach an tráthnóna sin, áfach.

Luan 31 Lúnasa

Maidin fhliuch. Dheineas cóiriú ar cheolta atá agam le tamall. Tráthnóna agus cuid den oíche (9.30) le Seán Geary. Scríobhas cúig chinn de cheolta uaidh.

Máirt 1 Meán Fómhair

Chuas go Carna ag tóraíocht tobac ar maidin. Chaitheas an tráthnóna le Vail Bheairtle Ó Donncha (40) agus fuaireas ceithre cheolta uaidh.

An oíche le Seán Geary agus fuaireas dhá cheol uaidh. Bhí Vail Bheairtle Ó Donncha ann agus fuaireas ceann uaidh.

Céadaoin 2 Meán Fómhair

Ar maidin dheineas cóiriú ar cheolta a fuaireas le dhá lá, agus scríobhas litir chuig m'athair abhaile.

Chaitheas an tráthnóna agus an oíche le hÉamon Liam [de Búrca] agus Seán Geary, Aill na Brón. (Tá deartháir ag Vail [Ó Donncha], Michael, deir siad, agus tá sé go maith). An lá fliuch, garbh.

CBÉ CC 018.065. Ó Vail Bheairtle Ó Donncha.

Déardaoin 3 Meán Fómhair

Lá fliuch, garbh. Chaitheas an mhaidin istigh agus scríobhas cúpla litir, agus ina dhiaidh sin ag plé le lámhscríbhinn an Athar R.F. [Roibeard] O'Reilly dom.[49] Feicthear dhom gur cnuasach luachmhar é. Fiú má tá cuid mhaith ceolta ann atá i gcló cheana, tá leaganacha díofa aige gur fiú iad a fháil.

Chaitheas tráthnóna agus oíche – 11.30 le Máire Nic Dhonncha (Aird Mhóir) agus sílim go bhfuaireas a bhfuil aici.

Aoine 4 Meán Fómhair

Lá stoirme agus tréanbháistí. Níor fhéad mé dul in áit ar bith. Chaitheas an lá ag plé leis na ceolta atá agam, á gcóiriú agus á n-athscríobh. Níor lagaigh ar an stoirm go dtí an chéad mhaidin eile.

Ag plé leis an lámhscríbhinn chéanna dom tamall.

Satharn 5 Meán Fómhair

Maidin fhiáin, mhúraíolach. Athscríobh ceolta. Tráthnóna le hÉamon Liam [de Búrca] agus Seán Geary, agus an oíche rófhliuch le dul in áit ar bith.

Domhnach 6 Meán Fómhair

Tráthnóna fliuch; ní dheachaigh mé in áit ar bith. Mo rothar ar iasacht uaim ar chuma ar bith.

Seán Ó Gaora, Éamon de Búrca agus Liam Ó Coisdealbha.
(Le caoinchead CBÉ.)

Luan 7 Meán Fómhair

An lá ag deisiú diallait an rothair, *mudguard stay* agus *tyre* a phléasc. Go hÉamon Liam [de Búrca] (ón cúig go dtí an deich). Father [Tomás] Keys tagtha anocht le Dr [Tess] O'Shea as Gaillimh.

Máirt 8 Meán Fómhair

Tráthnóna agus oíche i bhFínis. Go leor le fáil anseo go fóill, ach an aimsir míchóiriúil go minic le dul ann.

Céadaoin 9 Meán Fómhair

Lá an Phátrúin i gCill Chiaráin.[50] Lá gaofar, breá. Ní raibh sa bpátrún ach aonach is ól. Ní raibh ceol ar bith ann. Bhí sé socraithe agam dul go Fínis tráthnóna mar ní raibh Máire McDonagh le theacht chuig an bpátrún chor ar bith.[51] Dúirt Tomás Mac Fhlannchaidh nach bhfaighinn fear ar bith sa mbaile a thabharfadh bád ar farraige dhom. Bhíodar ar fad ar an bpátrún, agus b'fhíor dhó, mar a fuair mé amach ina dhiaidh sin. Chuas go dtí teach Chóilín [Cholman] Breathnach (ó Ros Muc, pósta ann) |Cill Chiaráin] soir, agus bhí roinnt daoine cruinnithe le oíche cheoil a dhéanamh tar éis an phátrúin. Bhí triúr fear óg ann ag rá amhrán an oíche uilig, ach ní raibh ceann úr ar bith dhom ann. Bhí an siamsa thart ar a dó dhéag.

Déardaoin 10 Meán Fómhair

An tráthnóna agus an oíche i bhFínis. É beartaithe agam dul go hÁrainn i mbád móna amárach, ach ó bhí mé leis an áit a fhágáil Dé Sathairn chuir mé as mo cheann é, bhí oiread sin le fáil ar an oileán seo go fóill.

Cuntas na seachtaine, 2 Meán Fómhair 1942. (Le caoinchead CBÉ.)

Aoine 11 Meán Fómhair

Tráthnóna agus oíche i bhFínis. Slán fágtha agam ag muintir an tí anocht. Chuas go Carna ar a 10.30 le slán a fhágáil ag Fr [Austin] Burns agus daoine eile go bhfuilim mór leo.

Satharn 12 Meán Fómhair

Chaitheas tamall den mhaidin ag pacáil agus tamall eile ag cur fráma nua a fuaireas, faoi mo dhiallait.

Dinnéar ar ball agus ó bhí scata ag dul go Ros Muc i bpúcán, chuas leo. Tháinig an chailm agus bhí orainn iomramh soir an bealach uilig. I Ros Muc ar a seacht agus é tar éis a hocht ar scarúint dúinn.

Domhnach 13 Meán Fómhair

Ní raibh m'amhránaí sa bhaile deireadh na seachtaine. An tráthnóna ag caitheamh róintí[52] i mbád rámhaíochta le beirt mhac Phádraig Óig [Uí Chonaire][53] agus an oíche i dtigh Stiofáin Uí Oisín le sagart agus Dr [Tess] O'Shea (Fr [Tomás] Keys, Dr O'Brien (TCD) agus Fr Matthew Kenny).

Luan 14 Meán Fómhair

An lá go dona le clagarnach bháistí. Shocraíos ar dhul abhaile amárach. Tá an aimsir briste arís tar éis dhá lá a bhí ar an bpéire ba thiorma, ba theo agus ba chiúine i mbliana. Níl dealramh ar bith go socróidh sí arís, deir Máirtín Ó Mainín, fear an tí a bhfuil curtha fúm agam ann agus tá meabhair mhaith ar aimsir aige, tá a fhios agam féin cheana. Mar sin, cuirim deireadh leis seo, dialann mo chéad chuairte ó bhaile ag obair do Choimisiún Béaloideasa Éireann. Gabhaim mo bhuíochas do Dhia na Glóire a chuir oiread ceoil i mo bhealach agus oiread sin dea-dhaoine ar m'eolas an chuairt seo, agus a chumhdaigh saor ó gach uile mhí-ádh mé le linn mé a bheith ó bhaile.

Deireadh[54]

1 1295: 1–70.

2 Ar rothar a rinne sé an t-aistear seo, is dóigh. Tá cur síos ar an turas aige i litir chuig Seán Ó Súilleabháin (8 Iúil 1942) ina ndeir sé: 'Bhuail mé liom ar mo sheanluas gur stríocas Cill Bheagáin gar don seacht. Chaitheas tae ansiúd agus ligeas mo scith. Chuir mé chun bóthair arís go dtáinig mé i mBéal Átha na Sluaighe ar a 11.30 p.m.'

3 Órán Mór.

4 Deir Mac Aonghusa i litir chuig Seán Ó Súilleabháin (8 Iúil 1942) gur bhuail sé: 'in Órán Mór le seanduine a chas amhrán ar phionta dhom.' Dúirt sé freisin nach raibh nóta ceoil ina cheann aige. Tá cur síos ar an eachtra seo ag Mac Aonghusa, agus an cheathrú den amhrán á rá aige ar *The Seamus Ennis Story* RTE Radio Series, RTE MC 115 1988.

5 Mhic Coisdealbha 1923. Dhéanadh an bailitheoir comórtas idir na leaganacha a bhailigh sé féin agus na leaganacha sa leabhar. Chuir sé an nóta seo a leanas in CC 015.002, mar shampla, le ceathrú de 'Caisleán Uí Néill' a bhailigh sé sa Spidéal: 'leagan é den cheol atá in *Amhráin Mhuighe Seóla* (p. 136).'

6 Ó Máille 1905.

7 Tá nóta leis an bport seo ag Mac Aonghusa: 'Ceol amhráin nach bhfuil ar eolas aige, a scríobhas ó Mhicheál Ó hOisín a bhíodh ina chónaí in aice le Béal Chláir, Tuaim. Tá sé ina chónaí ar Bhóthar na Trá, Gaillimh anois. Dearthbráir é leis an Miss Maggie Hession a chas cuid de *Amhráin Mhuighe Seóla*. Ní fios dó fiú ainm an amhráin (6 Iúil 1942).' CC 015.001a.

8 An Caisleán Nua.

9 New Line a thugtaí ar an áit a bhfuil Bóthar Mhuire anois. Ní raibh aon tógáil ann go dtí tús na haoise seo caite.

10 Is dóigh gurbh é seo an t-alt atá luaite ag Mac Aonghusa i litir chuig Seán Ó Súilleabháin, *c.* 16 Iúil 1942 ina ndeir sé: 'Tá alt scríofa anseo agam do *Comhar*. Níl a fhios agam an fiú a chur chun cinn. Léigh é agus déan athrú ar bith is dóigh leat is gá, agus seol ar aghaidh nó dóigh é de réir mar a thuilleas sé. Ba mhaith liom do thuairim mhacánta a fháil air.' Ní cosúil gur foilsíodh an t-alt seo.

11 Is dóigh go raibh Gráinne ar dhuine de na hiníonacha a bhí i láthair mar gur bhailigh Mac Aonghusa amhráin uaithi samhradh 1942. Féach CC 015.002–003, 009–010.

12 Is dóigh gur ón bhfocal Béarla *'birl'* é – '*a whirl, a spin, a "turn" at dancing, a whirring sound*' Macafee 1996, 25. Cineál ornáidíochta a shamhlófaí leis. Fuaimfhocal atá ann a chuireann crith nó rothlú in iúl. Sheinneadh an ceoltóir Mrs Crotty '*The Reel with the Beryl*' ar an gconsairtín.

13 Bhí Céideach as Seanadh Gharráin ann a bhíodh ag amhránaíocht ag bainíseacha agus ag an Oireachtas.

14 Ba é seo tigh Bhríd agus Mheait Diolún, An Teach Mór, Indreabhán (tigh Jude Mhcait); féach de Bhaldraithe 1966, xii; Cuntas an Bhailitheora Séamus Mac Aonghusa (11 Iúil 1942).

15 Tá nóta ag Mac Aonghusa leis an gceol do cheathrú den amhrán ó Pheadar Mac Fhualáin (33) in CC 015.004: 'Leagan i bhfad amach é de "An Draighneán Donn".' Faoi mar a dúirt Peadar: 'Fear bocht a bhí ann agus fear saibhir. Maraíodh beithíoch leis an bhfear saibhir agus leag sé an éagóir ar an bhfear bocht agus bhí sé ag gabháil á chrochadh san éagóir. Rinne sé an t-amhrán roimh bás dó agus fuair sé saor.' 1280: 4–7.

16 Tá '25/-' (€1.35) scriosta agus '30/-' (€1.90) curtha anuas air.

17 An Coireán.

18 Tá an bhunlámhscríbhinn seo agus an chóip a rinne Mac Aonghusa de in CC 030. Fiche leathanach atá ann ina bhfuil poirt, cornphíopaí, seiteanna, amhráin, foinn mhalla agus máirseáil. Ba é Eugene O'Sullivan (80), Meall Corr, An Dromaid, An Coireán, a scríobh amach an bhunlámhscríbhinn. Tá nóta ag an Ath. Ó Raghallaigh: '*I met him in Cahirciveen 1926 in good health.*'

19 Moyascragh atá ar learscáileanna na Suirbhéireachta Ordanáis. I mbaile fearainn, Pollach, timpeall ceithre chiliméadar ó Ros Cathail atá sé suite. Seanainm is ea é ó Maigh Eascrach na Gaeilge. 'Eiscir' a deirtear sa chaint.

20 Ba nós le Coimisiún Béaloideasa Éireann ceistiúchán ar ábhar béaloidis a scaipeadh go rialta ar dhaoine ar fud na tíre. Chuireadh na daoine seo an t-eolas mar fhreagra ar na ceisteanna ar ais chuig an gCoimisiún. Obair dheonach a bhí inti. Scaipeadh ceistiúcháin faoin ngabha in 1941 agus faoin gcailleach (leaba sa chlúid) sna daichidí. Féach Ní Fhloinn 2001.

21 Níor tháinig taifeadadh di chun solais i gcartlann fuaime RTÉ.

22 Ba é an seoladh a chuir Seán Ó Súilleabháin chuige, tigh Phádraig Uí Chonaola, Cloich Mhóir, An Tulach. Níl aon rian den teach fágtha agus tá an chlann uilig imithe anois. Tigh Chon a thugtaí air.

23 Bealach chun airgead a sheachadadh go sciobtha trí chóras na hoifige poist.

24   Is ionann 'ceardoideachas' agus 'gairmoideachas'. Ba é Seán Ó Dochartaigh *q.v.* an Príomhoifigeach Feidhmiúcháin ag Coiste Gairmoideachais Chontae na Gaillimhe san am.

25   Féach fonóta 18.

26   Dúirt MacAonghusa i litir chuig Seán Ó Súilleabháin (24 Iúil 1942): 'uaigneas mór ar an áit i ndiaidh an tsagairt, agus go mórmhór orm féin'. Dúirt sé go raibh an tAth. Keys ag aistriú go Bóthar na Trá.

27   Ní raibh aon cheol ná fonn neamhchoitianta aige is dóigh an chiall atá leis seo.

28   Níl an fhoirm 'Baile an Dúin' ag an mBrainse Logainmneacha. 'An Dún' an leagan oifigiúil.

29   Is dóigh gurbh iad seo rásaí na Gaillimhe a bhíodh agus a bhíonn ar siúl an t-am seo de bhliain. I saol na rásaí capall tá cáil ar rásaí na Gaillimhe leis na céadta bliain. In 1869 a osclaíodh cúrsa Bhaile an Bhriotaigh nuair a tháinig 40,000 duine chuig an ócáid. I 1959 rinneadh cruinniú trí lá de Chruinniú Fhéile an tSamhraidh.

30   Tá nóta le CC 015.037 á rá go bhfuair Gearóid Ó Laidhigh é ó athair Pat Lee, seanduine (?uncail) a chónaíonn leis. James Lee, a bhí air. '15 yrs dead aged 77. Probably got it from his father who used sing'.

31   Tomhas débhríoch atá anseo mar go bhfuil an chiall *crotch* an Bhéarla le gabhal.

32   'Cuilleán' an leagan oifigiúil. Féach freisin Robinson 2002, 379.

33   Tá nóta ag Mac Aonghusa le CC 015.029: *'This tune is well-known throughout the west. Many variants of it are to be found.'*

34   'Arabhlach' atá sa lámhscríbhinn agus 'Eiliúrach' idir luibíní. Is é 'Oiriúlach' an leagan oifigiúil ag an mBrainse Logainmneacha.

35   Seo tagairt do chomhartha ama an phoirt.

36   Seo í príomhfhéile na Maighdine Muire lena ndéantar ceiliúradh ar a himeacht ón saol seo go sona agus ar a corp a dheastógáil ar neamh. San Eaglais Chaitliceach is iad na laethanta saoire fógartha de chuid na hEaglaise na laethanta, seachas an Domhnach, a bhfuil dualgas ar Chaitlicigh dul chuig an aifreann. De réir chóda an dlí chanónta 1983 cinneadh ar dheich lá ainmnithe den chineál seo a bheith ann in aghaidh na bliana.

37   Is dóigh gurbh é seo Peaitín William Ó hUaithnín *q.v.*

38   Ceol a sheinntear go han-mhinic atá i gceist anseo.

39   Ba é seo Vail Bheairtle nó Maidhcil Bheairtle Ó Donncha *q.v.*

40   Ní léir cé a thug an t-ainm dó.

41   'Dumhaigh Ithir' an leagan ag an mBrainse Logainmneacha.

42   Is dóigh gurb iad an Aird Thoir agus an Aird Thiar atá i gceist anseo.

43   Tá '(Donncha, sílim)' ag Mac Aonghusa ach is dóigh gur Mac Giolla Mháirtín an sloinne atá i gceist. Is dóigh gurbh í Neain Mháire Mhic Giolla Mháirtín *q.v.* atá i gceist agus a fear céile Joeín an Ghabha Mac Giolla Mháirtín *q.v.*

44   De réir Met Éireann, bhí múranna troma san iarthar an lá sin.

45   An Aird Mhóir, Cill Chiaráin ba cheart a bheith anseo.

46   Bun an tSrutháin i Roisín na Mainiach is dóigh, atá i gceist anseo.

47   Tá cáil i bhfad siar ar chapaillíní Chonamara. I 1923 bunaíodh Cumann Lucht Capaillíní Chonamara agus i 1924 a cuireadh an chéad seó capaillíní ar bun i gCloch na Rón. Idir 1925 agus 1935 bhí an seó ar siúl in áiteanna éagsúla – Carna, An Clochán, Sraith Salach, Cloch na Rón agus Uachtar Ard. Idir 1935 agus 1946 i gCarna a bhí sé agus i 1947 aistríodh go dtí an Clochán é. Is ann atá sé ó shin. Ba é seó 1942 i gCarna an 19ú seó. I measc na gcapall a bhain cáil amach an bhliain sin bhí 'Carna Dolly', 'Cuach na Coille' agus 'Draighneán Donn'. Féach freisin dialann Mhic Aonghusa do 23 Lúnasa 1943.

48   Is dóigh gurbh é seo Cólaí Bán Mac Donncha, mac le Seán Choilm *q.v.*

49   Féach fonóta 18.

50   Ceiliúradh é an 'pátrún' ar naomhphátrún áitiúil. Go hiondúil tugtar cuairt ar thobar beannaithe san áit nó a leithéid agus déantar turas ann. Bíonn ceol agus siamsaíocht faoin aer ar siúl ina dhiaidh sin. Is minic comórtais agus geallta bád i gceist freisin.

51   Is dóigh gurb í Máire Sheáinín Choilmín atá i gceist anseo agus gur shíl Mac Aonghusa go n-éireodh leis ábhar a thógáil uaithi dá dtiocfadh sí as Fínis chuig an bpátrún.

52   Dhéantaí foghlaeireacht ar rónta, a bhíodh ag déanamh dochair do na bradáin ag béal na n-aibhneacha. Bhaintí an craiceann díobh agus dhéantaí é a ghlanadh agus a shailleadh. D'fhéadfaí an craiceann a chur ar an urlár mar mhata. Bhaintí leas as an ola le haghaidh pianta cnámh agus d'fhaightí £1.00 (€1.70) ar smut róin.

53   Níl cuimhne ar an ócáid seo.

54   Tá nóta ina dhiaidh seo: '136 ceolta. 40 i bhFínis.'

Ballinagh,[1] Co. Cavan

October 1942[2]

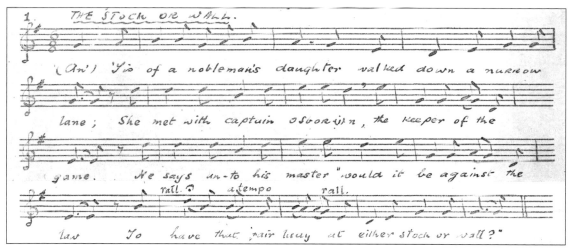

CBÉ CC 022A.001. Ó Phete Galligan.

Whilst on a week's holiday in Ballinagh, Co. Cavan, staying in the house of friends of mine – the Galligan family of Corstruce House, Ballinagh – I took two working days and noted six songs and their times from my host, Pete Galligan, a native of the townland of Pollakiel[3] – midway between Cavan town and Crosskeys.[4] He claims to have known 500 songs at one time.

On a visit to the house of the McGaherns (spelt McGowran) in the townland of

Pete Galligan agus a bhean Bridget.
(Le caoinchead Eileen Brady.)

Rosie McGahern.
(Le caoinchead Gerry McGahern.)

Bruskey,[5] four miles west of Ballinagh, I discovered that Mrs [Rosie] McGahern was very interested in the old ballads *et cetera* and found her to be a very sweet traditional singer. She gave me later a manuscript of old songs written down by her in her youth from her parents and friends, so that I might copy any song therefrom which I thought to be of value, which I subsequently did, copying songs. As I was going home then I had no opportunity to write tunes from her, but hope to do so at a later date.

Co. Cavan is very rich in ballads and instrumental dance music, which latter, however, is for the most part very well known. I have heard of several old singers whom I hope to contact soon, who are reputed to be those with the best repertoire of old material.[6]

Tigh Rosie McGahern.

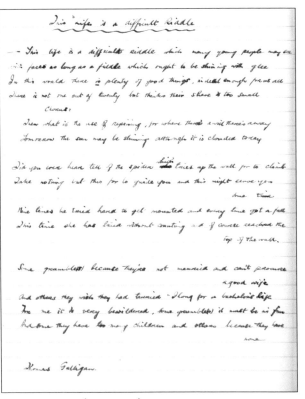

CBÉ 1282:40. Ó Rosie McGahern.

1   Baile na nEach.

2   1295: 71–2.

3   Poll an Chaoil

4   Carraig an Tobair.

5   An Bhroscaigh.

6   Tá sé amhrán is daichead a chóipeáil Mac Aonghusa as lámhscríbhinn Rosie A. Gorman (1905) in 1282: 419–509 maille leis an gcuntas seo a leanas: '*The following songs I copied from an old MS written by Miss Rosie A. Gorman, Ballynamony, Ballynarry, Co Cavan now Mrs McGouran (McGahern) (?55) living with her husband and son at Bruskey (Ballinagh). One night in company with some friends from Ballinagh, I attended a spree in her house at Bruskey. My turn came to sing a song several times during the night. I happened to render a song which was very much to her liking and after a while she sat down beside me and commenced to ask me about songs – did I know or ever hear such a song etc. I found her to have a great love for these ballads and Anglo-Irish songs. She knew many of them at one time but only remembered snatches of them and I discovered that she had a very sweet singing voice, with the real traditional singer's alluring touch. She then told me she had some songs written out in an old copybook, which she gave to me the following night when I visited her again. She sang some of them for me and has some very captivating turns in her tunes. As I was going home next morning I had no opportunity to record her tunes, but hope to do so at a later date. . . . I have heard that since my visit she does nothing but sing and lilt all day at her work and is as blithe as a lark, now that her interest in these grand old songs has been reawakened. . . . The date given on front cover of MS is 9th Jan. 1902, maybe not the date of commencement of MS. (Several dance cards and souvenirs of festive gatherings of one kind or another, which were here and there throughout the MS are dated 1905 or thereabouts, and were collected by Mrs McGahern at that time, when she was in America.) Many of the songs are in the handwriting of friends of hers – given as mementos and autographs, it would seem. Songs apparently in her own handwriting also have a name after each – the person from whom she learnt or wrote down the song. I have given these references where they occur. S. Mac A. Aibreán 1943.*'

    Rinne MacAonghusa an t-ábhar seo a chóipeáil in oifigí Choimisiún Béaloideasa Éireann i mBaile Átha Cliath ar theacht abhaile dó.

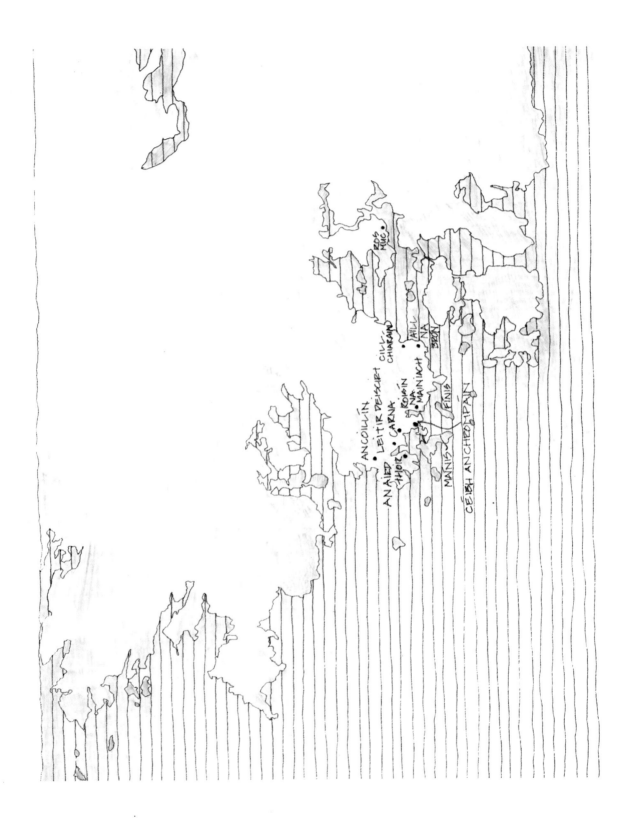

ANCOILLÍN

AN AIRD THOIR

LEITIR DEISCIRT

CILL-CHIARAIN

CARNA

ROINN NA MAINIACH

AILL NA BRON

MAINIS

FINIS

CÉIBH ANCHEODPAIN

ROS MUC

Cuairt ar Chonamara

7 Samhain–14 Nollaig 1942[1]

Satharn 7 Samhain

Taisteal agus teacht go Cill Chiaráin. Cur fúm ann go ceann coicíse. Liam Mac Coisdeala ann romham. Drochscéala freisin – Éamon de Búrca ar shlí na fírinne ó inné 11.00 a.m.

Domhnach 8 Samhain

Aifreann 11. Sochraid Éamoin Liam [de Búrca] agus slua mór air. Bhíomar ag Aill na Brón ar a haon agus chonaic muid an tsochraid imithe romhainn. Ar rothair a bhíomar agus níorbh fhada go raibh muid suas leo. Capall mór láidir agus cairt buídhearg gan chúl á tharraingt ina dhiaidh aige. Caolchónra chláir, ó láimh Williamín McDonagh – is ann a bhí Éamon, scéalaí, ag déanamh a thurais dheireanaigh, agus an chónra ag luí ó thoiseach deiseal go deireadh tuathail an chairt. Bhí bean a dhearthára, Sarah Burke, agus Cóilín Liúc [Ó Nia] ina suí ar an gcónra. An pobal ag siúl ina ndiaidh go ciúin stuama. Corrfhocal i bhfad ó chéile á rá os íseal. Bhreathnaigh Cóilín ina dhiaidh – chonaic sé Liam Mac Coisdeala le strainséar taobh thiar. Labhair sé. Bhreathnaigh Sarah thart. Stán sí orm agus tá a fhios agam gur aithin sí mé. Bhreathnaigh corrdhuine thart agus níorbh fhada gur bhreathnaigh a gcuid comrádaithe thart. D'aithin cuid acu mé, níor aithin cuid eile.

Siúd linn. Triúr nó ceathrar ag gach uile bhóithrín ag titim amach uainne agus triúr nó ceathrar, scaití seisear, ag teacht linn. An tsochraid ag méadú i gcónaí. An chaint ag teacht níos líofa anois ag an slua agus monúr le cloisteáil i gcónaí. Stad beag dhá uair. Níl a fhios agam cén fáth.

Shroicheamar reilig Mháínsc amuigh ó dheas os cionn farraige agus gaoth seacaithe ag séideadh trí bhréidín an chomhluadair. Naoi[2] míle ó bhaile tháinig an tsochraid go dtí seo.

An uaigh lena déanamh anois. An ghrian íseal go maith sa spéir agus í sin chomh glan le drúcht. Seisear fear ag tochailt – bhaineadar na fóid agus siúd ag caitheamh an ghainimh ghil in airde iad. Dhearg muid píopaí agus rinne greas comhrá i bhfoscadh an bhalla. Chonaic muid daoine anseo is ansiúd sa reilig ag guí Dé agus iad umhlaithe san áit a raibh a gcuid marbh leagtha faoin bhfód. An sagart thuas ag barr na reilige sa ngaoith agus é ag léamh a leabhairín.

Chuaigh fear go dtí é agus d'ardaigh a chaipín. Rinne siad ar an uaigh. Thug ceathrar fear mór cónra Éamoin leo gur leag siad ag béal na huaighe é.

Chuamar ar ghlúnaí agus choisric muid féin. Thosaigh an sagart ag léamh Laidne agus fear á fhreagairt. Síneadh buidéal uisce coisricthe chuige. Dhóirt sé ar an gcónra é ag rá na bhfocal. Chuir beirt an chónra go tóin na huaighe. Dúirt an sagart tuilleadh paidreacha agus chaith a raibh fágtha sa bhuidéal ar an gcónra agus an buidéal go tóin na huagha, mar ar fhan sé ag gualainn Éamoin. Tuilleadh paidreacha agus b'in deireadh. D'imigh an sagart tar éis trí rámhainn den ghaineamh[3] a chur ar an gcónra.

Moill bheag. Rug beirt ar rámhainneacha. Siúd orthu ag líonadh na huaighe. Muidne ag stánadh agus monabhar cainte ag toisiú arís. An uaigh ag líonadh. 'Tá an scéal deireanach insithe ag Éamon, an créatúr!' An uaigh líonta. Na fóid á leagan arís os a chionn. Beirt ag baint dhá fhód eile le cur ar thaobh na huagha. 'Ní baol anois go scuabfaidh an ghaoth an phluid ghlas d'Éamon. Abraígí paidir bheag ar a shon anois.' Go glúnaí linn arís. Dúirt paidir go ciúin, choisric muid féin, scaip agus chuaigh abhaile. An tráthnóna ag seanchas le Liam agus chuaigh muid go céilí Chill Chiaráin san oíche.

Luan 9 Samhain
Go Fínis sa tráthnóna. Scríobhas beagán, ach is mó seanchais a rinneadh. Bhí sé ag éirí fiáin agus bhí orm imeacht go tír sul má thit an oíche.

Máirt 10 Samhain
Go Fínis arís. Scríobh beagán agus a lán le rá acu. Thugas cúnamh dhóibh le poll fataí a dhéanamh.[4] Abhaile ag a hocht chun dinnéir.

Céadaoin 11 Samhain
Chuas go Carna ar maidin. Fínis ar a dó. Dinnéar agus scríobh. Abhaile le titim oíche chun dinnéir eile. Scríobh litreacha.

Déardaoin 12 Samhain
Ag scríobh dialainne ar maidin agus ag athscríobh nótaí beaga ó ruainní páipéir go leabhar nótaí.

Le Vail agus Maidhcil Bheairtle Ó Donncha san oíche ag scríobh. Comhluadar mór acu, agus mar sin a lán seanchais déanta.

Aoine 13 Samhain
Le Vail agus Maidhcil Bheairtle tráthnóna agus oíche ag scríobh agus seanchas go leor ag comhluadar san oíche.

Satharn 14 Samhain
Ag scríobh ó John Geary, Aill na Brón, i gcaitheamh an tráthnóna uilig.

Chuas go Carna ar a hocht le Peait Canavan agus bhí oíche mhór ag seinm ceoil ann. Bhí cúigear ceoltóirí ann. Tigh Mhaidhcilín Choilmín [Mhic Fhualáin].

Domhnach 15 Samhain
Ag scríobh litreacha tráthnóna. Chuas go Ros Muc san oíche ag cuartaíocht chuig cairde liom.

Luan 16 Samhain
An tráthnóna agus an oíche le John Geary ag scríobh.

Máirt 17 Samhain
An lá i bhFínis. Cruóg ar dhaoine. Scríobhas cuid sa tráthnóna. Abhaile le titim oíche chun dinnéir.

An oíche le clann Bheairtle Dhonncha ag scríobh agus Paddy Greene liom.

Céadaoin 18 Samhain
Scríobhas dhá litir ar maidin agus chuas go Carna ansin. Chuas go tigh na Máilligh i Leitir Deiscirt agus chaitheas tamall ann ag comhrá – bhíos ag iarraidh orthu lóistín a thabhairt dom feasta, ach níor éirigh liom – níl na cailíní sa bhaile anois agus tá a dóthain mór le déanamh ag bean an tí. Ní choinníonn siad daoine ach sa samhradh. Bhí orm tae a ól leo agus píosa cainte a dhéanamh agus bhí sé an cúig nuair a fhágas slán acu.

Bhuaileas le Fr [Austin] Burns ansin agus leis an Máistir [Seán] O'Connor. Píosa seanchais leo araon agus abhaile.

An oíche le clann Bheairtle [Uí Dhonncha] mar bhí sé rómhall le dhul go Fínis mar a bhí beartaithe agam.

Déardaoin 19 Samhain
Cúpla litir agus dialann le scríobh ar maidin agam. Cuairt ar an gCoillín agus socrú déanta le muintir Chon Iomaire mé a choinneáil. Oíche le clann Bheairtle [Uí Dhonncha] ag scríobh.

Aoine 20 Samhain
An lá agus an oíche le Seán Geary agus go leor focla á scríobh agam.

Satharn 21 Samhain
An lá le John Geary. Go Gaillimh ar an rothar tar éis an tae. Chodlaíos tigh Keys.

Domhnach 22 Samhain
Aifreann a dó dhéag. Cuairt ar Shéamus Ó Roideacháin, Prospect Hill, Gaillimh, ainm a thug S. Ó Casaide[5] dhom ag an Oireachtas 28.10.42. Ní raibh sé ann, ach imithe ag cuartaíocht; ní dhearna mé aon choinne.

Luan 23 Samhain

Ag déanamh mo chuid gnóthaí féin ar maidin agus abhaile tráthnóna go Cill Chiaráin chun tae. Cuairt ar Sheán Geary agus siar go dtí an Coillín ar a deich. Soir go Cill Chiaráin arís agus chodlaíos ann.

Máirt 24 Samhain

Thugas an mhaidin le Seán Geary agus tar éis dinnéir ceathair a chlog chuas siar go dtí an Coillín. Shocraigh mé féin agus d'fhan istigh an oíche sin le Pádraig [Mac Con Iomaire] agus Liam Mac Coisdeala ag éisteacht le seanchas.

Céadaoin 25 Samhain

Ag scríobh agus mar sin de go ham dinnéir (4 a chlog).

Isteach liom féin agus le Ciarán [Mac Con Iomaire] go Fínis, 5 a chlog. D'fhan ann go dtína 10. Thugamar bád sinn féin agus bhí an oíche an-dubh agus é tráite go mór. Theip orainn an chéibh ag Roisín na Mainiach a fháil agus bhí orainn iomramh siar go Maínis agus dul i dtír ag céibh an Chrompáin, 12.15.[6] Soir trí mhíle ag fáil na rothar agus abhaile go dtí an Coillín ar a dó.

Pádraig Mac Con Iomaire.
(Le caoinchead CBÉ.)

Déardaoin 26 Samhain

Éirí le lá agus an bád le tabhairt soir go Roisín na Mainiach sul má thráfadh sé mórán. (Bheadh an chéibh sin tirim ag leath-trá.).

Níor tháinig Beairtle Beag [Ó Conaola] agus bhíos ag scríobh ó Phádraig [Mac Con Iomaire] san oíche.

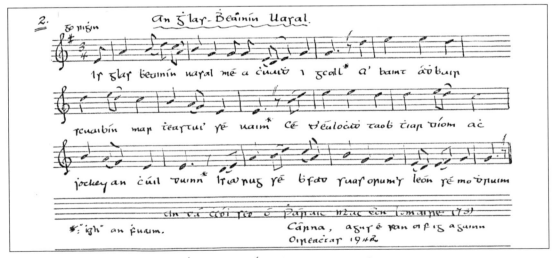

CBÉ CC 016.002. Ó Phádraig Mac Con Iomaire.

Aoine 27 Samhain
An lá iomlán i bhFínis ag scríobh. Seanchas san oíche.

Satharn 28 Samhain
Duine de mhuintir Fhínse le theacht anseo sa tráthnóna. Níor tháinig (Johnny) [Sheáinín Choilmín Mac Donncha].

Go teach Neanach Conroy de chlainne Mulkerrins, Coillín, le Ciarán [Mac Con Iomaire]. Amhráin scoile go leor ag an iníon, ní dhéarfadh Neanach ach ceann – 'An Cóta Mór Stróicthe' mar atá fairsing. Dúirt sí nach raibh sí in ann cuimhneamh orthu.

Domhnach 29 Samhain
Lá díomhaoin, agus an oíche ag scríobh ó Phádraig [Mac Con Iomaire]. Bhí ceathrar cailíní istigh ins an tráthnóna, iad ag rá amhráin, ach ní raibh acu ach a bhfuil agam.

Luan 30 Samhain
Ag réiteach ceolta, agus araile, Fhínse ar maidin. An oíche ag spraoi tigh Pheaitín Greene (William) i Maínis. Veidhleadóir é. Ní raibh aon cheo aige le scríobh. Amhráin ann freisin. Gan aon rud le scríobh orthu.

Máirt 1 Nollaig
An mhaidin leis an Máistir [Seán] O'Connor sa scoil ag éisteacht leis na gasúir ag canadh. Neart amhrán acu ach gan aon mhaith dhom, feicthear dhom, ach i nduine – agus cuirfead aithne ar a athair siúd go luath, Seán Choilm Mac Donncha, An Aird Thoir.

An oíche le Ciarán [Mac Con Iomaire] tigh Éanaí.

An 'Residence' agus Scoil na hAirde.

Céadaoin 2 Nollaig
Tháinig Seosamh Ó hÉanaí isteach sa teach timpeall a dó dhéag ag cuartaíocht. Thugas siar sa seomra é agus scríobhas uaidh (trí huaire an chloig).

Ag athscríobh ceoil tar éis dinnéir.

Beairtle Beag [Ó Conaola] le theacht tar éis tae ach níor tháinig – drochoíche a bhí ann, le gála láidir aniar agus báisteach. Ag éisteacht le seanchas Phádraig [Mhic Con Iomaire] le Liam [Mac Coisdeala] dúinn uilig i gcaitheamh na hoíche.

Déardaoin 3 Nollaig
Thugas an lá go dtí titim oíche le Seán Geary, Aill na Brón. Bhí orm siúl abhaile – i gcarr a chuas ann ar maidin agus bhí sé imithe siar i ngan fhios dom faoi sin. Baile ag a hocht. Dinnéar agus tae agus an oíche caite. Ag éisteacht le Liam [Mac Coisdeala] agus Pádraig [Mac Con Iomaire] ansin.

Aoine 4 Nollaig

Lá crua roinnt gaofar. Rinneas iarracht ar Fhínis ach ní raibh fear an bháid[7] sásta í a thabhairt dom lá fiáin – b'fhéidir go mba fearr mar sin é – agus ní raibh an leaid óg[8] sa mbaile le mé a thabhairt isteach (fear an bháid ar leathlámh). Mar sin níor chuaigh mé ann. Beairtle [Ó Conaola] le theacht san oíche – teachtaireacht a chuir sé inné anseo agus mé ó bhaile. D'fhanas istigh, ach má d'fhan níor tháinig sé. Shiúileas féin agus Ciarán [Mac Con Iomaire] ag triall ar fhliúiteadóir, Séamus Greene, seanduine go bhfuil seanphoirt aige, ach ní bhfuaireamar ann é – cónaíonn sé ina aonar agus ní raibh tuairisc le fáil air.

Abhaile arís agus scríobhas cúpla amhrán ó Phádraig [Mac Con Iomaire].

Dheasaíos mo rothar sa tráthnóna.

Satharn 5 Nollaig

An mhaidin ag athscríobh ceoil agus ag scríobh cúpla litir abhaile.

Go Cill Chiaráin tráthnóna ag íoc mo bhille le [Eibhlín] Bean Chlancy. Abhaile chun tae agus siar go tigh Éanaí le Ciarán [Mac Con Iomaire]. Oíche cheoil agus amhrán. Bhí Seán Choilm [Mac Donncha] le bheith ann, ach ní raibh. Fuaireas amach cúpla ceann eile atá ag muintir Éanaí agus tá Seosamh [Ó hÉanaí] chun glaoch tar éis an aifrinn orm Dé Máirt go scríobhfad uaidh iad. Scríobhas ceann amháin uathu, leagan deas ceoil de 'Bhródach Uí Ghaora' – ráiméisín a fuaireas le gairid i bhFínis. Thángamar abhaile ar a dó ar maidin. Ní raibh aon chaoi agam bheith ag scríobh tuilleadh, le neart comhluadair a bhí istigh.

Domhnach 6 Nollaig

Casadh Beairtle Beag [Ó Conaola] orm tar éis an aifrinn. Mhínigh sé cruóg, drochaimsir agus cos tinn atá air, a choinnigh ó theacht chugainn é agus thug sé cuireadh dhom dul siar anocht. Dúras go rachainn. Ach tháinig an oíche ina stoirm agus ina chlagarnach agus ina cheo agus níor chuas ann, mar tá drochbhóithríní agus cosáin chlábair siar uaidh seo. Dúirt Ciarán [Mac Con Iomaire] go mb'fhearr gan dul, agus tá a fhios agam gur fliuch báite a bheimis ar chuma ar bith. Chaitheas an oíche istigh le Pádraig [Mac Con Iomaire] agus an líon tí.

Oíche airneáin, tigh Mhic Con Iomaire, An Coillín.
(Le caoinchead Sheáin McKiernan.)

Luan 7 Nollaig

An mhaidin ag scríobh, agus an oíche tigh Bheairtle [Uí Chonaola]. Bhí píosa ceoil, 'trump'[9] ag Beairtle agus fliúit agamsa. Ansin bhí suipéar againn agus ansin thosaigh an chaint ar na hamhráin, Beairtle ag lua píosaí agus mise ag déanamh nótaí dhíofa. Ní raibh aon chosúlacht ann go ndéarfadh sé le scríobh dhom iad agus mar sin shocraigh mé leis go dtiocfadh sé chugam an chéad tráthnóna eile, lá saoire. Bhí sé mall go maith (1.30) nuair a d'fhág mé, agus gan tada agam ach liosta fada amhrán.[10]

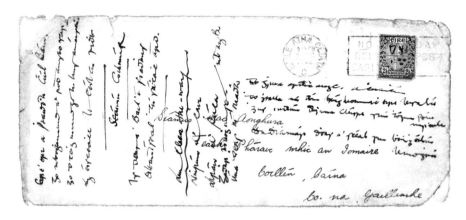

Breacnótaí ar chlúdach litreach. (CBÉ.)

Máirt 8 Nollaig

Lá saoire. Athscríobh ceoil tar éis an aifrinn. D'fhanas tar éis an dinnéir ar Bheairtle [Ó Conaola] agus níor tháinig. Chuas go Ros Muc leis an dochtúir (a bhí ag dul ina charr ann) le cairde liom a fheiceáil ann. Níl a fhios agam an é an oíche fhliuch a choinnigh Beairtle sa mbaile nó céard. Ní raibh an oíche go rómhaith, chor ar bith.

Céadaoin 9 Nollaig

Chaitheas an lá le litreacha agus athscríobh ceoil agus araile. É beartaithe agam dul go Glinsce go dtí Colm an Bhlácaigh (Colman Keane), fear a mhol Seán Geary, Aill na Brón, dhom. Tháinig an oíche ina stoirm agus ina chlagarnach agus bhí orm é a chaitheamh in airde. Tháinig Liam Mac Coisdeala ar an mbus anocht agus é báite. Mar sin is beag a d'fhéadfadh aon duine a dhéanamh. Comhluadar istigh agus Pádraig [Mac Con Iomaire] ag inseacht scéalta, agus é i bhfad rófhliuch le dhul amach ag cuartaíocht.

Déardaoin 10 Nollaig

Lc Seán Geary (Aill na Brón), cuid mhór den lá.

Lá eile ag clagarnaí, i gcaitheamh an lae beagnach. Ach ainneoin doininne chuas siar go tigh hÉanaí agus bhí Seán Choilm [Mac Donncha] ann. B'fhiú dhom é. Thug sé dhom agus fáilte. Scríobhas cuid mhaith uaidh agus is suimiúil an mála amhrán atá aige. Roinnt seanstuife nár chuala mé cheana. Abhaile ar a 4.30 ar maidin.

Aoine 11 Nollaig

An lá sean go maith nuair a d'éiríos. Scríobhas dhá litir agus roinnt ó Phádraig [Mac Con Iomaire]. Cuairt ar Mháínis arís ag spraoi a bhí ann. Bhí veidhleadóir ann agus scríobhas trí sheancheolta uaidh.[11] Thart ar a 3 a.m.

Satharn 12 Nollaig

Lá báistí. Cúpla uair ag scríobh agus ag athléamh.

Go dtí an Aird Thoir (tigh Uí Éanaí) arís tar éis tae. Seán Choilm [Mac Donncha] ann. A lán scríofa.

CBÉ CC 018.013. Ó Sheán Choilm Mac Donncha.

An-stoirm agus clagarnach ar a dó agus muid ag teacht abhaile – báite.

Scríobhas trí cheolta sa tráthnóna ó Mhicheál Choilmín Mac Fhualáin (veidheal), Carna.

Domhnach 13 Nollaig

Méadú ar an stoirm a tharla aréir. Shéid sé i gcaitheamh an lae agus é an-dona le báisteach agus clocha sneachta measctha. Timpeall 25 dhuine ar aifreann! Murach an dochtúir agus a charr ní dócha go mbainfimis amach é.

Scríobhas roinnt sa tráthnóna. Thairis sin ní fhéadfá corraí amach.

Luan 14 Nollaig

An stoirm ag séideadh i gcónaí, agus mise ag súil le cuairt ar Fhínis inniu. Chaitheas an mhaidin ag athscríobh cuid den cheol atá bailithe le cúpla oíche anuas agam. Tháinig comhluadar san oíche agus bhí píosa siamsa, ceol, damhsa agus amhráin ann. Chuir Beairtle [Ó Conaola] scéala chugam go raibh sé ag teacht aniar chugam anocht. Chuireas dhá cheol ó Mhicheál Choilmín Mac Fhualáin, veidhleadóir as Carna a bhí i láthair, agus dhá amhrán eile ó Joe hÉanaí ar an éideafón. Bus abhaile[12] ar maidin agus deireadh.

Nóta:

Is ag Seán Choilm [Mac Donncha] agus muintir Uí Éanaí atá an ceol is fearr agus is údarásaí de chuid Chonamara a tháinig i mo threo go fóill, gan Fínis a áireamh. Thóigeas roinnt uathu atá an-aosta, táim cinnte, agus thairis sin is acu a fuaireas na ceolta ba chasta a fuaireas i gConamara – is mó atá siad cosúil le ceol maith na Mumhan mar tá ag Cáit Ní Mhuimhneacháin agus Labhrás Ó Cadhla.[13]

1 1295: 73–101.

2 Tá an focal 'naoi' scríofa anuas ar an bhfocal 'deich'. Thart ar naoi míle atá sé ó Aill na Brón go Maínis.

3 Ba é an gnás trí shluasaid lán de ghaineamh nó de chréafóg a chur ar an uaigh lena mheabhrú go rachaidh gach duine faoin gcré.

4 Is éard atá i gceist anseo poll triantánach éadomhain déanta sa gharraí fataí a bhfuil thart ar dheich dtroithe d'imlíne leis agus é faoi chlúdach raithnigh nó seanbharranna agus créafóg, le fataí a stóráil le linn an gheimhridh.

5 Is dóigh gurbh é seo Séamus *q.v.* nó Seán *q.v.* Ó Casaide.

6 Tá an chéibh seo idir Roisín an Chalaidh agus Roisín an Bholgáin.

7 Ba é seo Joe Choilm Liam Ó Loideáin, Roisín na Mainiach.

8 Is dóigh gurbh é seo mac fhear an bháid.

9 Is é an gléas ceoil an trumpa béil nó an *Jew's Harp* atá i gceist anseo.

10 Tá an liosta seo le nótaí taistil Mhic Aonghusa (comhad 15) ar chúl chlúdach litreach agus ainm cúig cinn déag d'amhráin air.

11 Ní léir cérbh é an ceoltóir ná cén ceol a scríobh Mac Aonghusa uaidh.

12 Is é sin, go Baile Átha Cliath.

13 Tá leathanach a ceanglaíodh isteach leis an leabhar dialainne anseo ar a bhfuil an teideal 'Loirg Aniar' agus dhá cheathrú a bhí ag athair Shorcha Ní Ghuairim. Dúirt Sorcha gur as Árainn a tháinig sé. I bpeann luaidhe a scríobh Mac Aonghusa an t-ábhar.

> 'Nach tuirseach í m'obair ó mhaidin go raibh sé ina oíche,
> Ar stuaic na haille seo is mé (ag) breathnú uaim siar go grinn,
> Mar shúil is go bhfeicfinn chugam aniar an fhoireann a chráigh mo [chroí ?]
> Athair mo linbh is deartháirín ó mo chroí.
>
> Ag rá leis an bpáiste éirí,
> Ag féachaint a bhfeicthearse[?] chuige,
> An fhoireann a chráigh mo chroí,
> *And all sweet bottles*, a dheartháirín ó mo chroí.'

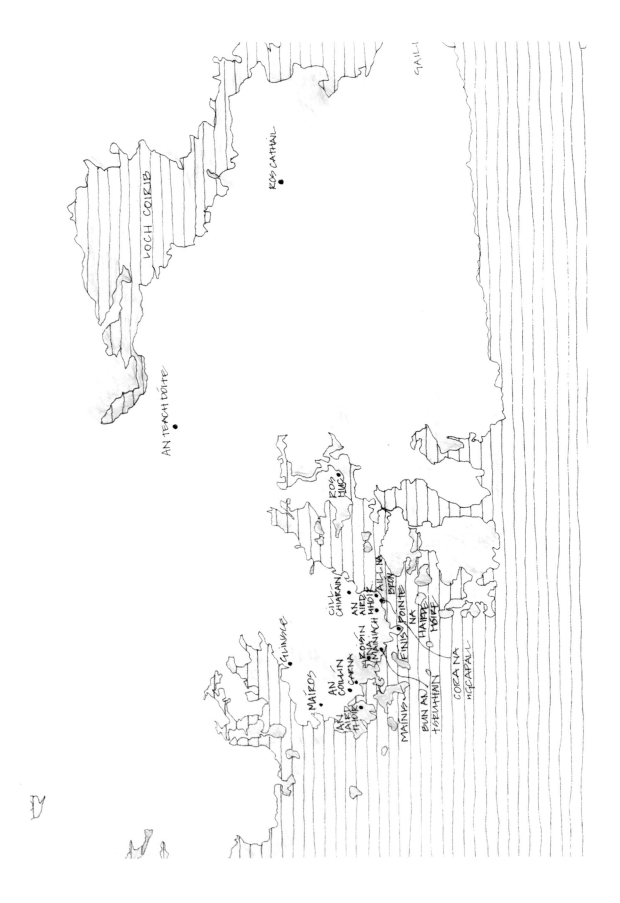

Cuairt ar Charna

8–28 Bealtaine 1943[1]

Satharn 8 Bealtaine

Turas traenach go Gaillimh. Gaoth sheaca ag séideadh i nGaillimh. Chuas ag caitheamh béile, agus ó bhí an tráthnóna chomh dona agus chomh fuar d'fhanas ann. Cuairt ar mhuintir Keys. Tá siad uilig go maith, agus chuireadar an-fháilte romham. Choimeádadar an oíche sin mé.

Domhnach 9 Bealtaine

Chuas chun an chéad aifrinn mar bhí uaim dul chun na haltórach.[2] Bhí an mhaidin an-fhuar le múraíl bháistí. Shocraigh sé ina thréanbháisteach ar a 11 agus lean go dtína trí. Bhí fúm dul amach go Conamara inniu ach ní raibh an aimsir róchóiriúil; bhí gaoth fhuar, láidir aniar aduaidh ann. Chuas amach go Ros Cathail – mé féin agus Kitty Keys – le Gearóid Ó Laidhigh, O.S., a fheiceáil. Tá sé féin is a chúram ar fheabhas. Ghabhas buíochas leis ar son an Choimisiúin as ucht an leabhar béaloideasa[3] a chuir sé ag triall orainn tamaillín ó shin. Chaitheamar cuairt fhada ann agus chuamar ar ais go Gaillimh. Ba mhaith an rud nach ndearna muid mórán eile moille mar tháinig an oíche ina chlagarnach tar éis an teach a bhaint amach dúinn.

Gearóid Ó Laidhigh.
(Le caoinchead an Ath. Roibeard Ó Laidhigh.)

Luan 10 Bealtaine

Lá fuar, gaofar. Sneachta ar na bóithrí i nGaillimh ach ní fada a sheas sé.[4] Bhuaileas an bóthar amach. Casadh Gearóid Ó Laidhigh dhom ar an mbóthar agus chaitheas píopa in

Tigh Mhic Con Iomaire.

éindí leis. Ach ní fada a sheasamar, mar do reodh an ghaoth duine. Chaitheas dinnéar ag Crois an Mháma [An Teach Dóite] agus thugas cuairt ar Stiofán Ó hOisín i Ros Muc. Chaitheas tae leis agus rinneamar roinnt comhrá lena chéile. Thug sé ainm duine amháin dom gur dóigh leis go bhfuil amhráin aige (i Ros Muc). Tabharfad cuairt air uair eicínt eile.

Chuas ar aghaidh go dtí Cill Chiaráin. Ní choinneodh [Eibhlín] Bean Thomáis Mhic Fhlannchaidh mé (toisc, sílim, í bheith ag súil le breis clainne). Chuireas fúm ar an gCoillín, Carna. Tá siad go maith anseo agus an dea-fhocal acu do Sheán Ó Súilleabháin agus Séamus Ó Duilearga i gcónaí. Teach deas compórdach é, sách ciúin agus neart comhluadair ann. Tá an Dochtúir [Pádraic] Ó Beirn agus Uinseann de Brún, O.S., ag fanacht ann i gcónaí. Tá Pádraig go láidir (Mac Con Iomaire) agus é ag trinseáil fataí anois. A mhac Ciarán atá sa mbaile ag cuidiú leis.

Máirt 11 Bealtaine

Bhí sioc mór aréir in áiteanna, ag bun Chnoc an Choillín go háirid. Loisceadh go leor de bharranna na bhfataí aige. Thoisigh báisteach ar a 10 a chlog – ceobháisteach agus gaoth reoite aniar aduaidh. Scríobhas cúpla litir agus chuas tar éis dinnéir síos go Carna go dtí an post. Fuaireas an dá bheart páipéirí agus araile ón oifig.

Chuas tar éis an tae go dtí clann Bheairtle Dhonncha, Cora na gCapall, Aill na Brón. Dheineas athléamh leo ar a lán dár scríobhas cheana uathu. Thángas anoir arís ar a dó dhéag chun codlata.

Céadaoin 12 Bealtaine

Lá tirim gréine agus é an-ghaofar. Scríobhas litir go dtí Seán Ó S. [Ó Súilleabháin] roimh dinnéar. Chaitheas an tráthnóna le Máire (Williamín) McDonagh, An Aird Mhóir. Thug sí roinnt ceolta dhom cheana anuraidh, ach níorbh fhiú a cuid focla a scríobh mar tá léann agus leabhair aici agus ní ó bhéaloideas a d'fhoghlaim sí na focla. Focla 'Mháilsín Chnoc ar Easair' a scríobhas cheana uaithi; feicim anois gur as *Ceol na n-Oileán*[5] a fuair sí iad, agus go leor eile nach iad.

Chuas isteach go Maínis tar éis an tae in éindí le Maidhcilín (Choilmín) Folan, Carna, go dtí teach Pheaitín William Greene, veidhleadóir. Ní raibh sé istigh romham, ach tháinig sé abhaile

Tigh Shéamuis Sheáin Bhille Uí Uaithnín.

ar a deich. Chasamar roinnt ceoil. (Bhí an fhliúit agamsa.) Ach ní fada an chuairt a bhí againn an t-am sin d'oíche. Bheartaíomar teacht oíche eile agus Séamus (Sheáin Bhille) Greene a iarraidh isteach agus roinnt dhá sheancheolta a scríobh.

Déardaoin 13 Bealtaine

Lá fliuch, gaofar. Ceobháisteach throm go dtí luí gréine. Chuas go dtí teach Sheáin Geary sa tráthnóna. Rinneadh a lán cainte mar bhí cuairteoirí istigh aige. Níor scríobhas aon rud uaidh, mar is é an chaoi ar éirigh sé as a leaba nuair a tháinig mé. Slaghdán trom air. Chuas go tigh Chlancy ar cuairt agus chaitheas tae leo. D'fhágas go luath san oíche iad agus chuas arís go dtí Seán. Bhíos ag athléamh stuife a scríobhas cheana uaidh dhó go gceartódh sé é as sin go dtí titim oíche. Chuas abhaile ansin. Tolladh mo rothar ar an mbealach agus mar sin bhí an meán oíche caite go maith nuair a bhaineas an Coillín amach.

Aoine 14 Bealtaine

Dheasaíos an rothar agus scríobhas litir go dtí Séamus [Ó Duilearga] faoi Annie [Nic Con Iomaire] anseo agus post atá sí ag iarraidh a fháil. Scríobhas dhá litir eile agus chuas tar éis dinnéir go Fínis. Bhí an-áthas ar mhuintir Sheáinín (Choilmín) McDonagh mé a fheiceáil agus bhí áthas orm féin bheith in ann cuairt eile a thabhairt orthu, mar is iad an dream is gealgháirí sa tír seo iad. Tá siad ar fad go maith. Pósadh duine de na buachaillí ó shin (Johnny) [Sheáinín Choilmín Mhic Dhonncha] agus bhí an-chur síos acu air sin. Léas a lán den stuif a scríobhas cheana uathu agus

Pádraig Ó Nia agus Seáinín Choilmín Mac Donncha ar dheis. (Le caoinchead Jackie Mhic Dhonncha.)

cheartaíodar dom é áit ar bith ba ghá. Chaitheas blogam tae leo agus thángas abhaile ar a sé. Chuas go dtí Seán Geary, Aill na Brón, Cill Chiaráin, tar éis tae agus chaitheas an oíche ag scríobh uaidh.

Satharn 15 Bealtaine

Ar a ceathair a chlog chuas go dtí Seán Geary arís agus scríobhas cuid mhaith. Chruinnigh comhluadar isteach san oíche agus bhí an-phíosa seanchais acu ann. Chuas abhaile ar a 11 a chlog.

An dá lá seo caite go soilseach, ciúin, brothallach.

Domhnach 16 Bealtaine

An dara haifreann. Cruinniú na nGardaí, múinteoirí, dochtúir is mé féin tar éis an aifrinn ag seanchas agus ag luí faoin ngréin. An lá chomh breá agus bhí in Éirinn riamh. Dinnéar ar a 2.30 agus chuas féin agus an dochtúir agus an Garda Tomás Ó Loinsigh ar ghlaoch a bhí ag an dochtúir go Doire Iorrais. Ó bhíomar chomh fada sin ó bhaile, chuamar ar aghaidh go Ros Muc agus bhí tráthnóna deas ag snámh agus ag cuartaíocht againn.

Luan 17 Bealtaine

Lá breá brothallach arís. Chuas amach go Fínis ar a dó a chlog agus thángas abhaile ar a 8.30. D'athléas a lán den stuif a fuaireas cheana uathu agus chríochnaíos a lán den cheartú. Dheineas seiceáil ar roinnt den cheol. Dúradar roinnt amhrán dom. Chuas ag snámh taobh thiar den teach agus chaitheas tae leo. Rinneadh a lán seanchais ansin agus bhí sé in am agam dul abhaile. Go deimhin bhí sé thar am mar is ar éigean a bhí snámh ag an gcurach ag céibh an oileáin ná ag céibh Bhun an tSrutháin, Roisín na Mainiach. Chuas a chodladh go luath mar bhíos tuirseach tar éis an iomartha, bhí an lá chomh brothallach sin.

Máirt 18 Bealtaine

Lá breá brothallach, gaofar. Chuas go dtí Peait (Pheait) Canavan, an píobaire, ar an Aird Mhóir, roimh dhinnéar chun iarraidh air eolas a dhéanamh dom faoi Learaí Churraoin, fear ar mhol Sorcha Ní Ghuairim dom dul chuige. Dúirt sé go réiteodh sé an bealach dom ach é a fhágáil faoi féin.

Bhí orm slabhra an 3-*speed* a dheasú ar an rothar tar éis an dinnéir mar bhriseas ar maidin é. Idir é sin agus scríobh litreacha abhaile dhom, d'éalaigh an tráthnóna. Chuas go tigh chlann Bheairtlí Dhonncha san oíche agus bhíos ag scríobh uathu. Bhí Peait (Pheait) Canavan ann (an píobaire). Rinneadh neart cainte agus cuimse gáirí. Teachín beag atá acu gan aon fhuinneog ann agus mar sin is luath san oíche a éiríonn sé ródhorcha chun an peann a oibriú ann. Ní mórán a scríobhas.

Céadaoin 19 Bealtaine

Chuas go Fínis tar éis an dinnéir agus thugas liom an ceistiúchán a chuir an Coimisiún amach ar na hamhráin anuraidh.[6] Chromas ar iad a cheistniú faoi na teidil atá ann agus

Tigh Mhic Dhonncha, Fínis. (Le caoinchead Jackie Mhic Dhonncha.)

fuair mé cuid mhaith ó Sheáinín Choilmín [Mac Donncha] ina dtaobh. Dhealródh sé gur fear é a théadh ar go leor bainseacha agus araile i gcaitheamh a shaoil mar chuala sé neart acu nach bhfuil focal ar bith díofa aige. Thángas abhaile chun tae ar a hocht.

Chuas isteach go Maínis tar éis tae agus chaitheas an oíche tigh Pheaitín William Greene. Bhí Peait Canavan ann, Maidhcilín (Choilmín) Folan agus Maidhcil Greene (comharsa béal dorais le Peaitín) ach níor tháinig Séamus Sheáin Bhille [Greene] tar éis gur dhúirt sé go dtiocfadh. Scríobhas cúpla port ó Pheait Canavan agus ó Mhaidhcil Greene (poirt bhéil). Chuas abhaile ar a dó tar éis oíche mhór cheoil.

Déardaoin 20 Bealtaine

Scríobhas litir tar éis bricfeasta go dtí m'athair. Chaitheas tamall ansin ag athléamh an mhéid a scríobhas cheana go dtí seo. Chuas go Fínis tar éis an dinnéir agus scríobhas tuilleadh de thoradh an cheistiúcháin a bhí liom arís inniu. Chaitheas an tráthnóna ar fad ag gabháil dó agus bhí sé a 9.30 nuair a d'fhágas an t-oileán. Chaitheas tamall ag líonadh bearnaí agus á athléamh sin sul má chuas a chodladh.

Aoine 21 Bealtaine

Chuas go dtí Peait Canavan, píobaire, An Aird Mhóir, tar éis dinnéir. Dúradh liom go raibh sé amuigh ag Pointe na hAirde ag lánú fataí[7] atá curtha amuigh ansin aige. Theastaigh uaim fios a fháil ar labhair sé go fóill le Learaí Churraoin, fear, creidim, go bhfuil roinnt de na fíor-sheanamhráin aige. Fuaireas Peait amach tar éis an Aird Mhóir ar fad a shiúl. Is é an áit a raibh sé thíos i ngleann doimhin atá amuigh in aice an chladaigh. Tá an garraí is deise fataí aige a chonaic mé i gConamara, agus é an-mhór ar fad – beagnach acra ann, déarfainn. Bhí sé tar éis a cúig nuair a tháinig mé air. Dúirt sé gur shíl sé go mbeadh Learaí roinnt coimhthíoch agus gan a dhul go fóill chuige. Shuigh mé síos ag seanchas leis agus tháinig an chaint timpeall ar phoirt againn. Thoisigh sé ag feadaíl seanphoirt dhom agus scríobhas trí cinn uaidh agus ba mhilis binn uaidh feadaíl a dhéanamh.

Bhaineas an-taitneamh as an uair go leith a chaitheas in éindí leis. Chuas abhaile go dtí an Coillín chun tae agus shocraíos ar dhul siar ina dhiaidh sin go dtí Joe Nóra McDonagh i Maíros. Fear é seo a ndúirt Seáinín Choilmín McDonagh, Fínis, liom dul chomh fada leis. Dúirt sé liom go mbíodh neart amhrán ag a athair seo fadó agus go mbeidís aige féin. Chuas go dtí Aodh Ó Domhnaill, Maíros, múinteoir scoile Mhaínse, agus mhúin sé sin an t-eolas dhom go dtí Joc Nóra.

CBÉ CC 018.066. Ó Pheait Canavan.

Tá deis mhaith ar Joe. Teach sách galánta, agus beirt mhac is iníon agus a bhean in éindí leis. Fear lách é, feicthear dhom.

Bheannaíos dhó nuair a chonaic mé taobh amuigh den teach é agus chuir mé caint air agus d'insíos fáth mo chuarta dhó. Ní mórán a bhí le rá aige ansin agus thosaíos ag fiafraí dhe faoi airdeanna tíre is crompáin farraige is oileáin a bhí le feiceáil ón áit a raibh muid inár seasamh. Dúirt sé liom go fonnmhar gach uile shórt fúthu agus d'inis sé dhom faoin obair a bhíonn ar siúl aige féin faoi láthair – ag baint choirlí (feamainn le haghaidh ceilpe). Cúig phunt[8] an tonna[9] atá le fáil air agus bhainfeadh siad tonna dhe sa lá go réidh le púcán.

Chuamar isteach sa teach le titim na hoíche agus casadh dhom a bhean is a iníon agus a bheirt mhac. Deineadh caint agus thugadar amach fideog bheag (*fife*) agus ba bhinn í. Chasas ceol uirthi. Dúirt Joe agus a mhac amhrán. Chaitheas tae leo. Bhí sé ina mheán oíche faoi seo agus bhí orm a dhul abhaile. Gheallas go dtiocfainn arís mar tá cúpla rud aige ba mhaith liom a scríobh.

(Lúnasa 1943: ní bhfuair mé caoi ar dhul chomh fada leis ó shin.)

Satharn 22 Bealtaine

Thugas cuairt ar Sheán Choilmín [Choilm] Mac Donncha, An Aird Thoir, fear a thug amhráin cheana dhom. Rinneas athléamh agus ceartú orthu leis. Bhí an-fháilte aige romham agus chaitheas óna cúig go dtína haon déag leis. Fear mór spóirt agus gáirí é agus ba mhór a thaitin mo thráthnóna liom ina chuideachtan.

Domhnach 23 Bealtaine

Chuas ar thóir Choilm an Bhlácaigh (Colman Keane (45), Glinsce, Caiseal, Conamara) i nGlinsce, ach bhí sé imithe ag iascach. Chaitheas dinnéar ar a cúig agus chuas go Ros Muc ar cuairt tigh Stiofáin Uí Oisín, oide scoile atá ann.

Luan 24 Bealtaine

Chuas amach go bhfeicfinn Peait Canavan arís faoi Learaí Churraoin. Bhí sé amuigh ar Phointe na hAirde ag lánú fataí arís. Dúirt sé liom gur labhair sé arís le Learaí. Chaitheas tamall seanchais le Peait agus chuas ar cuairt go dtí Peadar Guairim (72?), Roisín na Mainiach; bhí Sorcha Ní Ghuairim á rá liom go raibh 'Fiach an Mhada Rua' aige, ach níl. Seanrud a cumadh faoi shionnach ar an Aird Mhóir tamall ó shin a bhí aige agus scríobhas síos uaidh é. Chuas abhaile chun tae ar a 6.30.

Stiofán Ó hOisín agus a bhean Ellen.
(Le caoinchead Éanna Uí Oisín.)

Tháinig mé an bealach céanna arís ar ball agus casadh Learaí Churraoin ar an mbóthar dhom. Bheannaíos dhó. Dúirt sé liom nach raibh aon amhrán riamh aige. Chuir sé sin an-ghruaim orm féin.

Chuas soir chomh fada le clann Bheairtlí [Uí Dhonncha], Aill na Brón, agus rinneas píosa gearr cainte leo. Chuas siar abhaile ar a 10.30 agus a chodladh.

Máirt 25 Bealtaine

Chuas ar cuairt go dtí Seán Geary, Aill na Brón, ar maidin. Scríobhas amhráin agus foinn uaidh go ceann cúpla uair. Rinneamar píosa ceoil ar veidheal Sheáin ansin agus chuas chun dinnéir ar a ceathair.

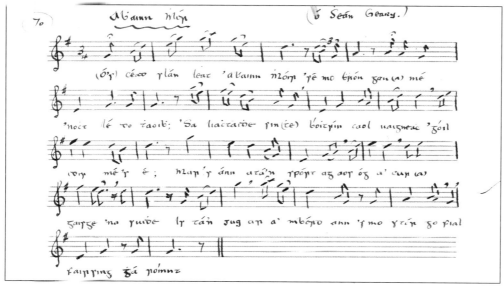

CBÉ CC 015.070. Ó Sheán Geary.

Chuas amach go Glinsce in éindí le Maidhcilín (Choilmín) Mac Fhualáin (veidhleadóir). Bhí Colm an Bhlácaigh ag súil linn toisc teachtaireacht a chuir Maidhcilín chuige. Thugamar na gléasanna ceoil linn. Fearadh an-fháilte romhainn, agus rinneadh ceol agus damhsa agus amhráin. Dúirt Colm amhráin agus poirt bhéil agus rinne sé damhsa freisin. (Tugtar *breakdown*[10] ar dhamhsa aonair i gConamara.) Chaitheamar an oíche ag piocadh Choilm agus fuaireas go bhfuil cuimse go deo port aige agus amhrán.

Cur síos ar an oíche i gcuideachta na n-amhrán sa leabhar 'Amhráin Ghlinsce'.[11]

Céadaoin 26 Bealtaine

Chaitheas an tráthnóna agus an oíche (lá fliuch) le Colm an Bhlácaigh [Ó Caodháin] agus scríobhas slám mór seanphort uaidh. Fear an-ghnaíúil é agus fonn gáirí i gcónaí air. D'iarr sé arís amárach mé.

CBÉ CC 018.070. Ó Cholm Ó Caodháin.

Déardaoin 27 Bealtaine

Chuas amach ar a dó dhéag a chlog go dtí Colm [Ó Caodháin]. Bhí sé imithe ag iascach ó bhí an lá chomh breá. Chuas abhaile chun dinnéir.

Chuas isteach go Maínis go bhfágfainn slán ag Peaitín William Greene, fear go bhfuilim an-mhór leis. D'iarr sé ag fanacht leis mé nuair a thiocfainn arís agus dúirt mé go rachainn ann. Chuas go dtí Seán Choilm Mac Donncha ina dhiaidh sin agus d'fhágas slán aige sin agus ag muintir hÉanaí, comharsana béal dorais leis.

Aoine 28 Bealtaine

Bus ó Charna ar a hocht agus an traein abhaile ar a 11.15 go Baile Átha Cliath.[12]

Nótaí agus Tagairtí

1. 1295: 103–23.
2. Is é an nós ag Caitlicigh comaoineach naofa a ghlacadh ag aifreann an Domhnaigh agus laethanta saoire eaglasta. Go dtí caogaoidí na haoise seo caite bhí orthu sin a raibh ar intinn acu dul chun na haltóra le comaoineach a ghlacadh, a bheith ina dtroscadh ó mheán oíche, an oíche roimh ré. Faoi réimeas an Phápa Pius XII athraíodh an riail seo go trí huaire an chloig agus faoin Dara Comhairle de chuid na Vatacáine, laghdaíodh go dtí uair an chloig é faoin bPápa Pól VI.
3. Ní léir cén leabhar atá i gceist.
4. De réir Met Éireann, bhí tréimhse an-fhuar ann agus sneachta in áiteanna.
5. Ó Ceallaigh 1931.
6. Tharlódh gurbh é seo an ceistiúchán a chuir Coimisiún Béaloideasa Éireann amach mí Iúil 1942 faoi ainmneacha na méar agus faoi chluichí a bhfuil cuid mhór rann sna freagraí. (CBÉ 896–898).
7. Mí nó cúig seachtaine tar éis na fataí a bheith curtha an t-am a thosaíonn na bachlóga ag briseadh aníos tríd an gcréafóg. Sin é an t-am a thosaíonn daoine ag lánú nó ag trinseáil. Cartar aníos an chréafóg atá ar íochtar an ghlaise agus ar thaobh an ghrua. Déantar mín é leis an lái. Maralán a thugtar ar an gcréafóg seo. Scaiptear thart le sluasaid é ar thaobh agus bharr an iomaire ag clúdú gach páirt den iomaire ach an bhachlóg. Is é an fáth a ndéantar é seo le tuilleadh leasú a chur ar an bhfata agus sop agus salachar a choinneáil síos.
8. €6.35.
9. 1,000 cg.
10. Seanainm é *breakdown* ar an gcineál damhsa 'sean-nóis' a dhéanadh an seandream mar a scríobh Mac Aonghusa in 'Cuntas ar Dhamhsa' 1280: 411. Is é bunchiall an fhocail *'breakdown'* port in am rialta a bhfuil rithim chinnte maille le luas sciobtha aige. Is dóigh gurbh as Meiriceá Thuaidh a tugadh an téarma go hÉirinn. Féach: *'Break down to dance or perform (a dance), in a violent, stamping manner.' 'Breakdown. {1832– } + a noisy rollicking dance of rustic origin.'* Craigie & Hulbert 1938, 310, 311.
11. Tá an cuntas seo in 1280: 701. Thug Mac Aonghusa 'Amhráin Ghlinsce' ar an gcuntas.
12. Tá an nóta seo a leanas scríofa ag Mac Aonghusa ina dhiaidh seo sa dialann: 'Satharn 29.5.43: D'imíos ó bhaile ar a deich go dtí Gormanstown L.D.F. Training Camp go ceann seachtaine. (Seachtain san oifig agus seachtain saoire ag baile agus ar an mbóthar agus i Ros Muc.)'

Conamara

23 Meitheamh–8 Lúnasa 1943[1]

Céadaoin 23 Meitheamh

Chuas ó Ros Muc go Maínis, Carna. Bhíos ag caitheamh cúpla lá roimhe seo a bhí ag dul dom ar shaoire seachtaine in éineacht le Stiofán Ó hOisín i Ros Muc.

Thugas cuairt ar theach Chlancy, Cill Chiaráin. Tá siad go maith agus tá duine eile clainne anois acu. Ghlaos ar Sheán Geary, Aill na Brón, agus fuair mé go maith é agus muintir an tí. Ghlaos isteach ar chlann Bheairtlí Dhonncha, Cora na gCapall, freisin le hiad a fheiceáil. Bhíodar go maith.

Tháinig mé go Maínis ar a hocht agus chuireas fúm ann, tigh Pheaitín William Greene. Chasamar ceol san oíche.

Déardaoin 24 Meitheamh

Maidin an-fhliuch. Aifreann a 11 i gCarna agus muid báite. Bhíos ag scríobh istigh óna 3 go dtína hocht. Comhluadar istigh san oíche.

Aoine 25 Meitheamh

Thugas cuairt siar sa tráthnóna go dtí an Coillín agus chonaic mé Pádraig Mac Con Iomaire agus muintir an tí. Tá siad uilig go maith. Chaitheas tae leo. Chuas siar agus amach go dtí an Aird Thoir ar ball ar thóir Sheáin Choilm Mhic Dhonncha. Ní raibh sé ann, ach imithe soir áit eicínt. D'fhanas tamall ann agus chonaic mé muintir Éanaí ann. Bhíodar an-chineálta liom cheana ann. Chaitheas tamall leo. Tá Joe [Ó hÉanaí], an fear a bhuaigh duaiseanna ar amhránaíocht ag Oireachtas 1942, imithe go Cill

Pádraigín Mhacaí Mac Con Iomaire agus a bhean Máirín Pháidín.
(Le caoinchead Sheáin McKiernan.)

Dara ag obair ar mhóin. Níor tháinig Seán Choilm roimh a haon déag agus chuas abhaile.

Colm Ó Caodháin agus Séamus Mac Aonghusa.
(Le caoinchead CBÉ.)

Satharn 26 Meitheamh

Lá an-mheirbh gréine. Glinsce. Chuas amach ar a trí ann (cúig mhíle). Bhí Colm [Ó Caodháin] ar an bportach, dúirt a mháthair liom. Soir míle go leith eile, an-fháilte aige romham. Is é Colm Ó Caodháin an fear is mó a dtaitníonn liom a bheith ag obair leis a casadh liom fós. An-fháilte aige romham agus an-áthas orm é a fheiceáil arís. Chaitheas tamall fada ag labhairt leis agus chuas ag scríobh uaidh fad a bhí sé ag baint mhóna.[2] D'fhágas ar a 9.30 é. Dúirt sé nach mbeadh sé amárach ann, go raibh sé ag dul soir go dtí an Aird Mhóir ag cuartaíocht agus 'b'fhéidir,' a deir sé, 'le *round* beag óil a dhéanamh.'

Domhnach 27 Meitheamh

Scal an lá gan scamall ar an spéir agus ní raibh scamall le feiceáil arís go ndeachaigh an ghrian faoi. Chaitheas an tráthnóna ag snámh ag an Trá Mhór le scata a tháinig isteach ó Charna ann. Chuas a chodladh go luath.

Luan 28 Meitheamh

Lá eile gréine. Chuas ar maidin go Ros Muc. Bhí cúpla rud uaim a d'fhág mé i mo dhiaidh ann agus fuaireas iad agus thug abhaile liom iad. Chaitheas dinnéar ann agus bhíos anseo[3] arís ar a ceathair agus i nGlinsce ag scríobh ó Cholm [Ó Caodháin] óna cúig go dtína deich.

Máirt 29 Meitheamh

Lá Fhéile Peadar is Pól.[4] Aifreann a 9. Bricfeasta agus amach go céibh an Chrompáin. Bhí bád mór dhá chrann le clann Cheoinín i bhFínis ag dul go hÁrainn ar an bpátrún.[5] D'fhág an bád Maínis ar a 1.30 agus bhí sí in Árainn ar a 4.30. Fuaireamar béile agus chuas féin agus fíodóir as Maínis, Peait Pháidín [Greene], siar ar rothair ag cuartaíocht agus ag tóraíocht amhrán is port. Bhíomar leis sin go dtína deich. Thángamar scacht míle soir go Cill Rónáin arís. Bhí béile eile againn agus chuamar tamall go dtí ceol agus damhsa a bhí i m*ballalley* Chill Éinne. Chaitheamar an oíche chomh maith is d'fhéadamar agus chuamar sa mbád arís ar a ceathair. Bhíomar sa mbaile ag a seacht – bhí inneall sa mbád agus bhí cóir bhreá abhaile againn. Lá an-taitneamhach ach gan aon cheol faighte agam.

Céadaoin 30 Meitheamh

Chuas a chodladh ar a seacht agus d'éiríos ar a dó dhéag. Bhíos ag scríobh istigh go dtína trí. Chuas amach tar éis lóin go dtí Glinsce agus chaitheas an tráthnóna le Colm [Ó Caodháin]. Thángas abhaile ar a deich.

Déardaoin 1 Iúil

Bhíos ag scríobh istigh óna deich go dtína 1.30 agus chuas go dtí Dudley Cloherty i bPortach Mhaínse sa tráthnóna ag scríobh port uaidh. Seanfhear é atá beagán le cois 70 mbliana d'aois agus guth an-bhinn aige. Bíonn sé ag rá port lena bhéal agus maide siúil aige ag déanamh aithrise ar veidheal agus ar fhideog agus ag baint gháirí amach. Is é an cleas is greannmhaire atá aige a chos chlé d'ardú ar a ghlúin dheis ag aithris ar phíobaireacht. Chaillfí thú

An radharc ó Phortach Mhaínse.

ag breathnú ar a chuid geáitsí. Amuigh fén aer ag binn an tí a bheadh sé ina shuí agus chluinfeá a chuid ceoil i bhfad uait. Tá seanphoirt aige a fuair sé ó bhéal a athar roimhe agus ó cheoltóirí siúil fadó. Chromas ar scríobh na bport anaithnid uaidh go dtí go raibh orm imeacht abhaile.

Aoine 2 Iúil
Ag scríobh istigh ar maidin. Amach go dtí Colm Ó Caodháin, Glinsce, óna 4 go dtína 9.30.

Satharn 3 Iúil
Ag scríobh istigh go dtína dó, agus chuas ar cuairt siar go dtí an Aird[6] sa tráthnóna. Níor bhailíos tada.

Domhnach 4 Iúil
Ag casadh ceoil le Maidhcil Mac Fhualáin a tháinig isteach chugainn sa tráthnóna. Céilí i gCarna san oíche agus chuas ann. Bhí an-oíche spóirt ann – an céilí is fearr a raibh mé riamh aige.

Luan 5 Iúil
Ag scríobh ar maidin agus an lá i nGlinsce ina dhiaidh sin óna 4 go dtína 12.30 san oíche.

Máirt 6 Iúil
Ag scríobh óna 11 go dtí a dó. Chaitheas an tráthnóna ag baint fhéir agus an oíche le Dudley Cloherty ag plé le poirt.

Céadaoin 7 Iúil
Ag scríobh óna 10–12.30. I nGlinsce le Colm [Ó Caodháin] óna 4 go dtí 9.30.

Déardaoin 8 Iúil
Ag scríobh óna deich go dtí 1.30. Chuas go Glinsce go dtí Colm [Ó Caodháin]. Bhí sé imithe ag iascach toisc an lá a bheith feiliúnach.
    Chaitheas óna naoi go titim oíche le Dudley Cloherty ag scríobh port.

Aoine 9 Iúil
Ag scríobh ar maidin, agus ag déanamh féir sa tráthnóna, agus an oíche le Dudley Cloherty.

Satharn 10 Iúil
Chuas go Gaillimh ar an rothar agus dheineas cúpla rud beag ann a bhí le déanamh agam – bearradh gruaige, níochán agus siopadóireacht. Abhaile ar a naoi.

Domhnach 11 Iúil

An tráthnóna ag ceol le Maidhcilín Choilmín Folan agus Peaitín William Greene. Céilí san oíche i gCarna agus é beagnach chomh maith le céilí na seachtaine seo caite.

Luan 12 Iúil

Tráthnóna agus oíche le Dudley Cloherty. Fear iontach é agus cuimse port aige.

Máirt 13 Iúil

I nGlinsce óna 4 go dtína haon déag.

Céadaoin 14 Iúil

Ag scríobh istigh ar maidin agus i nGlinsce le Colm Ó Caodháin tráthnóna agus oíche.

Déardaoin 15 Iúil

Amuigh le Colm [Ó Caodháin] óna ceathair go dtína naoi. Ag déanamh féir ar maidin.

Aoine 16 Iúil

Ag scríobh ar maidin. Chuas amach go dtí Colm [Ó Caodháin] tráthnóna. Ní raibh sé sa mbaile, ná ní bheadh go mbeadh sé mall san oíche. Chaitheas an oíche le beirt mhúinteoirí Charna[7] atá ag imeacht ar saoire amárach.

Satharn 17 Iúil

I nGlinsce le Colm [Ó Caodháin] óna 4 go dtína 9.30. Thugas cuairt ar chlann Choilmín Folan i gCarna ina dhiaidh sin ag casadh ceoil go dtína haon ar maidin.

Domhnach 18 Iúil

Sports[8] i Ros Muc inniu. Chuas ann. Bhí an-lá ann agus céilí san oíche nach bhfaighfeá áit ann le cos a chur ar urlár. D'fhanas ann go dtí a haon déag agus chuas abhaile. 18 míle ó bhaile atá Ros Muc ó Mháinis.

Luan 19 Iúil

I nGlinsce dhom tráthnóna agus oíche. Neart stuif ag Colm [Ó Caodháin] i gcónaí ach an obair ag dul go mall mar is fear é a dhéananns a lán seanchais ar ábhair ar bith a thaganns suas. Is deas a bheith ag obair leis in ainneoin na moille a dhéanann sé ag caint. Ní maith liom a bheith dhá dheifriú, mar tá sé an-chineálta liom agus tá sé socraithe agam nach bhfuil leigheas air ach oiread aimsire is fhéadfas mé a chaitheamh in éindí leis. Bíonn sé ag caint ar nithe an tsaoil uilig agus ag déanamh fealsúnachta fúthu.

Máirt 20 Iúil

Le Colm [Ó Caodháin] arís tráthnóna agus oíche. Ag déanamh féir ar maidin.

Céadaoin 21 Iúil

An aimsir go hálainn faoi láthair. Chuaigh Peait [William Ó hUaithnín] agus Willie [Ó hUaithnín] ar maidin ar 8.30 go hInis Srathair – leathmhíle siar uaidh seo idir seo agus Carna – i mbád le tosaí ar an bhféar a bhaint ann. Chuaigh mé leo agus trí speala againn. Shnámh mé an leathmhíle in éindí leis an mbád agus bhain féar in mo chulaith shnámha go dtína haon. Chuamar chun lóin ar a haon agus shnámh mé abhaile arís. Chuas amach go dtí Colm [Ó Caodháin] arís sa tráthnóna agus chaitheas an lá leis go dtína deich.

Déardaoin 22 Iúil

In Inis Srathair arís dom ag snámh agus ag baint fhéir go dtína haon. An tráthnóna ag scríobh agus an oíche le Dudley Cloherty, fear na bport.

Aoine 23 Iúil

An lá le Colm [Ó Caodháin] óna haon go dtína seacht. Abhaile go Carna agus amach arís 19 míle go Ballinafad.[9] Bhí slua de cheoltóirí Charna ag dul go dtí céilí mór ann agus chuas leo. Abhaile ar a cúig tar éis an-oíche spóirt.

Satharn 24 Iúil

Chodlaíos go dtína haon déag. Ag scríobh uaidh sin go dtína cúig. Ag cuartaíocht tigh Choilmín Folan i gCarna san oíche.

Domhnach 25 Iúil

Drochlá. Bhíos ag súil le Colm Ó Caodháin go ndéanfadh muid roinnt oibre tráthnóna – an lá is saoire a bhíonn is é an Domhnach é – ach níor tháinig sé mar gheall ar an mbáisteach.

Luan 26 Iúil

An tráthnóna agus an oíche le Colm [Ó Caodháin] i nGlinsce.

Máirt 27 Iúil

Ag scríobh ar maidin agus an chuid eile den lá le Colm [Ó Caodháin] i nGlinsce go dtí a deich istoíche.

Céadaoin 28 Iúil

Thógas ceithre lá saoire le haghaidh Rásaí na Gaillimhe: Déardaoin 29.7.43; Aoine 30.7.43; Satharn 31.7.43.

Domhnach 1 Lúnasa

Bhíos ag súil le Colm [Ó Caodháin] tráthnóna arís. Casadh dhom ar an aifreann é agus dúirt sé liom go dtiocfadh sé tráthnóna.

Luan 2 Lúnasa

Chaitheas an lá óna dó dhéag go dtína naoi le Colm [Ó Caodháin] i nGlinsce.

Máirt 3 Lúnasa

Ag scríobh ar maidin. An lá óna ceathair go dtína haon déag le Colm [Ó Caodháin].

Céadaoin 4 Lúnasa

An lá óna haon déag go dtína hocht le Colm [Ó Caodháin] arís. Níor scríobhas a chuid uilig fós. Tháinig sé go Carna liom ar a ghraithe féin. Sheas mé cúpla deoch dhó agus faid a bhí muid istigh chuimhnigh sé ar sheanamhrán beannaithe – 'Focla Chríost ag an Suipéar Deireanach'. Scríobhas uaidh é. Thug sé liosta dhom ansin de roinnt amhrán atá aige nár scríobhas go fóill. D'fhágas slán aige mar tá sé socair agam bualadh soir agus ó thuaidh go Tír Chonaill amárach. Bhí an-chumha orm ag imeacht uaidh agus air féin freisin, mar tá an bheirt againn an-mhór lena chéile. Is fear é Colm atá garbh, croíúil ina bhealach, ach d'fhéadfadh sé suí i gcomhluadar ag féasta mór, cuirim i gcás, in Áras an Uachtaráin agus gan náire riamh ná cúis náire a thabhairt don duine a bheadh in éindí leis, tá sé chomh múinte sin. Thig leis comhrá cliste a dhéanamh ar ábhar ar bith. Bhí brón orm ag imeacht uaidh agus tá súil in airde agam é a fheiceáil arís.

Déardaoin 5 Lúnasa

Chaitheas an mhaidin ag pacáil agus ag fágáil slán ag daoine. Bhuail mé bóthar ó Charna ar an rothar ar a ceathair agus ghlaos ar Pheait Canavan, píobaire, Seán Geary agus tigh Chlancy i gCill Chiaráin le slán agus beannacht a fhágáil acu. Chuas bóthar Chois Fharraige go Gaillimh. Istigh ar a naoi san oíche. Chuireas fúm san Imperial[10] mar ní maith liom a bheith ag cur isteach ar mhuintir Keys rómhinic.

Aoine 6 Lúnasa

An chéad rud a rinne mé féachaint le mo bhróga a fháil deisithe. Chaithfinn fanacht go dtí tráthnóna amárach. Ó theastaigh sin go géar ó mo bhróga, shocraigh mé ar fanacht. Chuas ar cuairt tráthnóna go dtí Nóra Greene, Long Walk,[11] Gaillimh. Mhol Colm Ó Caodháin dom dul chuici, go raibh neart amhrán aici fadó. Chuireas aithne uirthi – bean deas, timpeall 56 bliana, agus chuir sí iachall orm tae a ól láithreach. Chuala sí caint orm cheana ag muintir Chonamara a bhí istigh aici. Dúirt sí liom go mbíodh stuif aici fadó ach gur lig sí i ndearmad é agus go mbeadh sí ag cuimhneamh feasta orthu arís dom. Chas mé roinnt ceoil ar an veidhlín dófa agus rinne muid seanchas fada. D'fhágas ar a hocht í – bhíos ann ón trí – agus chuas go dtí pictiúir.

Satharn 7 Lúnasa

Bhailíos mo chuid níocháin. Bhí mála le fear i nGaillimh – Seán Breathnach, an Maor Talmhaíochta a bhí – a bhí ar iasacht ag m'athair uaidh. Thug mise liom é agus mé ag fágáil an bhaile ag iompar mo chuid éadaigh agus araile. Bhí orm mála nua a cheannach inniu agus bheith réidh leis an gceann eile a thabhairt do Sheán ar ais arís. Scríobhas cúpla litir agus fuair mo lón agus chuas ag fáilt mo bhróga deasaithe. Ní raibh agam ach iad agus dheasaigh sé dhom iad faid d'fhanas air. Chuas amach sa tráthnóna go dtí John Geoghegan as Tullamore,[12] Uíbh Fhailí – Garda Síochána amuigh ag Bóthar na Trá atá ina phíobaire. Chaitheas ón cúig go dtí an haon déag leis ag seinm agus ag seanchas. Scríobhas ríl amháin uaidh.

Domhnach 8 Lúnasa
Aifreann a 11. Lón. Chuas amach go Taylor's Hill[13] leis an mála a luas thuas a thabhairt do Sheán Breathnach. Chaitheas píosa den tráthnóna leis agus chuas ar ball ar cuairt go dtí muintir Keys. Pictiúir san oíche.

Nótaí agus Tagairtí

1 1295: 124–45.

2 Tá an nóta seo a leanas ag Mac Aonghusa ina dhialann oifige don 14 Feabhra 1945: 'Thosnaíos ar léamh agus ar cheartú an téacsa ó Cholm Ó Caodhain. Toisc mé ag scríobh tosach an bhailiucháin ó bhéal Choilm isteach ins an gcóipleabhar ar mo ghlúin amuigh i ngarraí agus ar an bportach, ní go rómhaith atá sé scríofa agus táim dhá fhágáil soléite anois do chlódóir.' 1296: 299.

3 Is dóigh gurb é seo tigh Pheaitín William Uí Uaithnín, Maínis.

4 De réir an Fhéilire Liotúirgigh, déanann an Eaglais Chaitliceach in Éirinn agus i dtíortha eile féile na n-aspal Peadar is Pól a cheiliúradh ar an 29 Meitheamh gach uile bhliain.

5 Samhlaítear an fhéile seo le hÁrainn faoi mar a léirítear sa cheathrú thraidisiúnta seo a leanas:

> 'Lá Fhéile Caomháin in Inis Oírr
> Lá San Seáin in Inis Meáin
> Lá Peadar is Pól in Árainn Mhór
> Lá Mhic Dara i gConamara.'

Féach Robinson 1990, 207.

6 Ní léir arb í an Aird Thoir nó an Aird Thiar atá i gceist, nó an dá áit.

7 Ní léir cérbh iad. Scoil aon oide a bhí i scoil na mbuachaillí i gCarna. Théadh na buachaillí beaga ar scoil go dtí an clochar agus ansin ar aghaidh go dtí scoil na mbuachaillí. B'fhéidir gurbh iad Seosamh Ó Caola (Carna) agus Aodh Ó Domhnaill *q.v.*, Maínis, a bhí i gceist.

8 Sraith comórtas lúthchleasa atá anseo a chuirtear ar siúl in aon iarracht. Taispeántas agus ócáid mhór shóisialta a bhíonn ar siúl. Tá cur síos ag Mac Aonghusa ar a leithéid don 15 Lúnasa 1943.

9 Béal an Átha Fada.

10 Tá Óstán an Imperial ar an óstán is sine i gcathair na Gaillimhe. Bunaíodh é in 1810 faoin ainm Victoria Hotel, ag breathnú amach ar an bhFaiche Mhór. Is minic gur ann a thagann cuairteoirí ó áiteanna eile i gContae na Gaillimhe le bualadh le chéile.

11 An Balla Fada.

12 Tulach Mhór.

13 An Bóthar Ard.

CIONN
DROMA

ABHAINN
RAITHE
MÍN   •AN FÁL CARRACH/
LARÁCH   NA CROISBHEALAI

•GORT AN CHOIRCE

•AN CAISEAL

•AN BHEALTAINE

RANN   •GAOTH DOBHAIR
NA
FBIRSTE   LEITIR
                                          CEANAINN

•LEITIR CATHA
•AN ARDMHÍN

•AN CLOCHÁN LIATH

                                          CONMHAIGH

•NA GLEANNTA

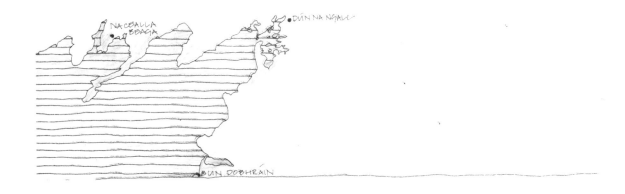

NA CEALLA   •DÚN NA NGALL
BEAGA

BUN DOBHRÁIN

Tír Chonaill

9 Lúnasa–20 Meán Fómhair 1943[1]

Luan 9 Lúnasa

Bus chomh fada le Caisleán Riabhach,[2] Co. Roscomáin, ar a ceathair, ann dom ag a 8.30. Béile, pictiúir agus an leaba.

Máirt 10 Lúnasa

Bus ar a 9 go dtí Sligeach. Ann ar a 12.30. Cuairt ar thigh Mháirtín Uí Oisín. Lón. Bus ar a ceathair go dtí Convoy[3] *via* Bundoran[4] agus Donegal. I gConvoy ar a hocht agus traein[5] as sin go Leitir Ceanainn. Teach ósta ansin go maidin agus gan tada le déanamh sa mbaile sin an oíche sin ach pictiúir agus bhí mé ródhéanach lena n-aghaidh.

Céadaoin 11 Lúnasa

Bus ó Leitir Ceanainn go Gort an Choirce ar a naoi agus bhíos ag ceann cúrsa ar a haon déag. Chuircas tuairisc Sheáin Uí Eochaidh agus fuair mé an teach. Shiúil mé fad leis agus chuir Seán fáilte mhór romham. Shuigh muid chun boird agus tugadh tae dhom agus bhíomar ag caint ar obair is ar thaisteal, ag cur aithne ar a chéile nuair a shiúil Rodney Greene – Éamon Ó Grianna – isteach.

Ar ball thugadar go dtí an teach lóistín mé – teach Mhic Gabhann ar an gCaiseal – timpeall dhá mhíle siar ó dheas ó Ghort an Choirce féin. Bhí dinnéar againn agus scríobhas fonn suantraí a bhíodh ag a sheanathair[6] ó Sheán Ó hEochaidh. Chuas féin agus Éamon ag snámh trí mhíle ó bhaile mar bhí an tráthnóna go hálainn agus chuaigh muid go dtí teach Johnny Mhic Fhionnlaoich, múinteoir scoile.

Chaitheamar píosa den tráthnóna in éindí leis sin ag caint ar an obair agus nithe eile. Tá a bhean [Eibhlín] ag scríobh drámaí le haghaidh na bpáistí scoile ag Johnny agus tá Johnny á mhúineadh do na gasúir faoi láthair – dhá dhrámaín beag deas. D'fhanas féin agus Éamon tamall ag faire orthu ag cleachtadh agus chuamar abhaile ar a hocht chun tae. Tá slua ag fanacht sa teach agus chuas síos le mo chuid páipéirí go dtí an seomra a n-oibríonn Seán ann i nGort an Choirce, le go bhféadfainn toisiú ar an obair. Bhíomar ag scríobh go dtí a deich agus shiúil mé féin is Seán ar ais go dtí an teach seo arís. Rinne roinnt seanchais agus chuaigh gach uile dhuine a luí.

Déardaoin 12 Lúnasa

Agus mé ag dul síos go dtí 'oifig'[7] Sheáin [Uí Eochaidh] ar maidin tháinig Éamon [Ó Grianna] liom. Rinne muid roinnt oibre ach thoisigh an chaint agus chuamar abhaile ar a haon chun dinnéir. Chuas i m'aonar tráthnóna agus bhí píosa deas déanta agam nuair a tháinig Éamon arís. Thoisigh an chaint agus bhí togha díospóireachta ag an triúr againn ar chúis na Gaeilge sa nGaeltacht agus sa nGalltacht. Ba é a thoradh gur chuir muid Éamon ag scríobh cuntais ar an scéal uilig (lena choinneáil ciúin) tar éis an tae.

San 'oifig' arís ar a 7.30 agus tháinig Éamon ar a deich agus chuaigh muid isteach tamall go dtí céilí a bhí sa Choláiste.[8]

Aoine 13 Lúnasa

An mhaidin san 'oifig' arís agus tamall tar éis an dinnéir ann go dtí tar éis am scoile. Chuamar amach ansin, mé féin is Seán [Ó hEochaidh], agus chuireas aithne ar Dinny Boyle nó Donncha Ó Baoill, múinteoir scoile atá lán go muineál le ceol na háite seo. Gheall sé dom go dtabharfadh sé gach uile shórt dom agus fáilte. Chuir sé in aithne mé do Tom Kindlon, cigire ceoil sna scoltacha, as Dún Dealgan – fear go bhfuil roinnt tuairimí aisteacha aige faoi cheol agus faoi shean-nós, cé go mbíonn sé ag breith comórtas sean-nóis cheoil . . . Fear deas, áfach. Bhí an-díospóireacht againn ar an gceol Gaelach, idir fháistine agus chaite. Chuas abhaile chun tae ar 6.30 agus chuas féin is Éamon [Ó Grianna] ar cuairt go dtí Niall Ó Dufaigh – an fear atá ag scéalaíocht do Sheán le fada – mar dúirt Seán liom gur fear ceoil é. Is ea freisin. Feairín beag aosta go maith agus an-deas ar fad é. Ní iarrfadh sé go deo ach a bheith ag caint, déarfainn. Tá guth an-bhinn aige agus Gaeilge an-bhlasta. Thug sé dream buachaillí óga, páistí, le chéile anseo agus mhúin sé ceol fideoige dhóibh agus tá siad ina mbuíon ceoil sa bparóiste faoi láthair, ach, mo léan, níl aige ach ceol na mbuíonta ceoil agus níl tada acu sin nach raibh i gcló. Chaitheas an oíche leis go dtí a haon déag agus chasas roinnt de cheol na bpíobaí dhó ar an bhfideoig atá aige, a chroch a chroí go cinnte, mar fuair sé an-phléisiúr ann.

Satharn 14 Lúnasa

Thugas an mhaidin le Seán [Ó hEochaidh] san 'oifig' ag scríobh agus thugas liom mo chuid páipéirí abhaile agus thugas píosa den tráthnóna ag scríobh ann. Tháinig Seán ar ball agus chuaigh muid trasna an chnoic go dtí Charlie Dunleavy, bearbóir, ceoltóir agus 'gach uile -eoir'. Bearradh gruaige a bhí ó Sheán agus chas Charlie ar an veidheal dúinn. Ní raibh tada aige ach na gnáthphoirt a bhíos ag na múinteoirí damhsa, déarfaidh mé. Bhí muid leis go dtí a hocht agus chuaigh muid ar ais go tigh Mhic Gabhann ag caitheamh tae agus bhí ceol is amhráin againn agus seanchas ann go ham luí.

Domhnach 15 Lúnasa

Lá mór i nGort an Choirce inniu – *sports*. Chuas ar an gcéad aifreann. Chuas síos go dtí Seán [Ó hEochaidh] tar éis bricfeasta agus bhíos leis go dtí a haon. Dinnéar agus gach uile dhuine ag tarraingt ar an bpáirc. Bhí comórtais damhsa ann óna 3 go dtína 8.30 mar is gnách lena leithéid de lá. Cluiche peile, seó capall, *tug of war*, rás na seanóirí agus araile mar is gnách.

Chuaigh muid go léir chun an tí lóistín san oíche agus chaith muid spraoi mhór ann go dtí 2.30 a.m.

Luan 16 Lúnasa

Síos go dtí Seán [Ó hEochaidh] (10).[9] Níor éirigh sé go dtí a dó dhéag. Chuamar ar a 1.30 go dtí Dinny Boyle sa scoil agus chaith muid tamall leis ag caint. Theastaigh uaim dul ag scríobh uaidh ach bhí sé ag dul siar abhaile go Leitir Catha i nGaoth Dobhair[10] go dtí faire Bhean Mhic Mhonagail [Gráinne]. D'iarr sé leis mé le dul ag scríobh óna dheirfiúr [Lizzie]. Chuas ann. Ghlaos isteach ag teach na faire agus chuireas mo bhrón in iúl dófa ar son an Choimisiúin – bhí S. Ó D. [Séamus Ó Duilearga] mór leo – agus chuireas paidir leis an

Muintir Mhic Mhonagail.
(Le caoinchead CBÉ.)

anam a bhí imithe. Chaitheas an oíche óna hocht go dtína dó le Dinny agus a dheirfiúr agus scríobhas slám amhrán uathu. Níl na focail ach go breac acu ach tá siad scríofa síos ag Dinny, deir sé. Fonnadóirí an-bhinn é féin agus Lizzie, a dheirfiúr.

Bhí sé ag cur go trom óna cúig a chlog tráthnóna agus fliuchadh go maith muid ar an mbealach. Bhí sé ar intinn againn dul abhaile arís san oíche, ach ó bhí sé ag báisteach go trom chodlaigh muid ann.

Máirt 17 Lúnasa

Éirí ar a seacht agus bhí muid i nGort an Choirce ar a 9.30. Maidin agus lá an-bhreá. Thóg Seán [Ó hEochaidh] mo rothar agus chuaigh sé féin agus Éamon [Ó Grianna] siar chun na sochraide. Chaitheas an lá ag scríobh óna 11 go dtí a ceathair. Bhí an tráthnóna an-te agus chaitheas le Dinny [Ó Baoill] ina gharraí féin é faoin ghrian ag seanchas. Chaitheas an oíche óna hocht go dtí a dó dhéag i dteach Dinny ag plé leis an obair.

Céadaoin 18 Lúnasa

An mhaidin ag scríobh agus tar éis an dinnéir go dtí a ceathair. Chuas ar thóir Dinny

Boyle ansin ach bhí sé imithe ag iascach. Thugas cuairt ar Sheán [Ó hEochaidh] agus chuireas cúpla litir sa bposta a scríobhas ar maidin. Bhí tae agam ar a seacht agus chuas ar chéilí mór sa Choláiste in éindí le Seán, Éamon [Ó Grianna] agus Dinny. Bhí oíche thaitneamhach againn ann. Iarradh orm amhrán a rá agus dúras 'Fill, Fill, a Rúin Ó' (Spidéal).[11] Crochadh an teach agus dúras 'Whiskey Ó Rowlaway, Rowlaway' (Fínis)[12] agus crochadh an teach arís. Dúras 'Dó-ín Dú Ó Deighdil Ó' (Fínis)[13] agus chuaigh siad fiáin uilig. Is maith an scéal sin d'amhráin Chonamara. Abhaile ar a ceathair a.m.

Déardaoin 19 Lúnasa

Chodlaíos go dtí a dó dhéag. D'itheas bricfeasta agus chromas ar athscríobh ceoil. Chuas go teach Dinny Boyle ar a ceathair agus bhíos ag obair ann leis go dtína naoi. Bhí air dul go dtí cruinniú den L.D.F. ansin. Shiúileas síos go Gort an Choirce leis agus thugas cuairt ar Sheán Ó hEochaidh.

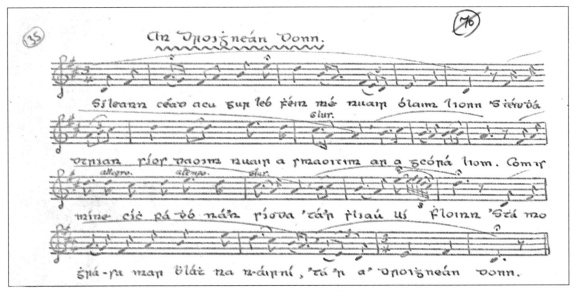

CBÉ CC 020.135. Ó Dhonncha Ó Baoill.

Aoine 20 Lúnasa

Bhíos ag scríobh óna 12 go dtína 4.30. Ghlaos isteach tigh Dinny Boyle arís agus bhí sé ag dul ag iascach. Bhí cúpla litir le cur sa bposta agam agus d'fhágas é. Chuas isteach ar cuairt go dtí Seán [Ó hEochaidh] tamall agus ar ais chun tae. Bhí Dinny le teacht abhaile ar a seacht agus chuas ann ar a 7.30 ach ní raibh sé ann. D'fhanas ag comhrá le muintir an tí go dtína 9.30 ach níor tháinig sé. D'fhágas an teach agus thángas ar ais anseo ag scríobh dialainne agus ag athscríobh ceoil go ham luí.

Satharn 21 Lúnasa

Chuas ag snámh le Dinny [Ó Baoill] ar a dó dhéag tar éis an mhaidin a chaitheamh le peann istigh. Tháinig na milliúin scadáin bheaga (dhá orlach)[14] isteach ar an lán mara agus mharaigh uisce úr na hAbhann Réidh[15] iad, áit a ritheann sí chun farraige, agus bhíodar ina gcarnaibh troigh[16] ar dhoimhneacht ag béal na habhann. Na faoileáin a thug orainn dul síos ann féachaint céard a bhí ar bun. Chuireamar suim iontu agus thugamar suas le leathchloch[17] meáchain díofa linn inár gcuid ciarsúirí. (Thit Dinny san uisce.)

Chaitheas an tráthnóna le Dinny ag scríobh agus d'itheamar béile mór de na scadáin bheaga agus bhíodar thar cionn. Thugamar cuairt ar Sheán Ó hEochaidh ina dhiaidh sin.

Domhnach 22 Lúnasa
Aifreann a 11. Slaghdán orm a fuaireas ó Sheán [Ó hEochaidh] aréir, déarfainn. Chuas soir go Falcarragh [An Fál Carrach] sa tráthnóna agus thugas an tráthnóna leis an nGarda Micheál Linney as Co. Mhaigh Eo – comharsa le Tomás de Búrca. Tháinig beirt deirfiúr[18] do Thomás isteach ina dhiaidh sin agus bhí an-phíosa seanchais againn. Chuala siad caint orm ó Thomás ach ba bheag a cheap siad go bhfeicfidís sa tír seo chomh luath mé.

Chuamar uilig ar chéilí i nGort an Choirce ar a deich.

Luan 23 Lúnasa
D'éiríos ar a 11, agus an slaghdán briste agam le hallas an chéilí agus le codladh fada. Litir ó Shorcha Ní Ghuairim agam faoin Oireachtas agus fonnadóirí Charna ag Seó na gCapaillíní,[19] ach tá sé rófhada ó bhaile le dul ann arís (Carna). Thugas freagra uirthi agus chuireas litir eile go dtí m'athair. Chuas síos le breith ar Dinny [Ó Baoill] agus bhí sé ag dul ag iascach agus chuaigh; chuireas an péire litreacha (agus ceann don seirbhís forleathan)[20] i bpost agus thugas cuairt ar Sheán [Ó hEochaidh]. Scríobhas amhrán uaidh. Chun dinnéir ansin.

Thugas an tráthnóna ag scríobh go dtína 6.30 agus chuas síos go dtí Seán arís. Bhí Éamon Ó Grianna ann agus Dinny. D'ólamar deoch le chéile agus chuamar ag caitheamh tae le chéile san *Hotel*.[21] Bhí sé tar éis a naoi nuair a bhí muid réidh leis sin agus ó bhí an oíche briste chomh mór chuamar uilig go dtí an céilí gearr[22] sa Choláiste go dtí a 11, mar bhí sé rómhall againn tosaí ag scríobh.

Máirt 24 Lúnasa
Ag éirí ar a hocht agus maidin álainn ann. Scríobhas isteach mo dhialann le cúpla lá agus rinneas athscríobh ar roinnt ceoil. Chuas síos go Dinny Boyle le mo leabhar agus shocraigh muid ar dhul amach go dtí an trá agus a bheith ag scríobh is ag snámh. Casadh Seán Ó hEochaidh i nGort an Choirce dhúinn agus shuigh mise síos ar shuíochán an

Óstán Mhic Pháidín. (Buíochas do Lillis Ó Laoire.)

Hotel[23] ar a 11 a.m. le hamhrán a scríobh uaidh fán ghrian. Shuigh Dinny síos agus bhíodar araon ag tabhairt amhrán uathu go dtí a trí a chlog. Chuamar chun dinnéir agus chuas go dtí Dinny arís ina dhiaidh sin agus scríobhas tuilleadh uaidh go dtí a seacht. Chaitheamar tae in éindí agus chuamar síos go dtí Seán agus chaitheamar an oíche go dtína haon déag i gcistin an *Hotel* ag caint is ag ceol le Nelly McGee – cailín atá ag obair ann. Tá sí pioctha le dhul ag iomaíocht san Oireachtas.

Céadaoin 25 Lúnasa
Chuas go dtí Dinny [Ó Baoill] ar a haon déag agus bhíos ag scríobh uaidh tamall. Chaitheas dinnéar ar a trí agus scríobhas cúpla litir. Bhí orm ansin mé féin a fháil réitithe agus dul siar go Mín Lárach ag caitheamh tae le hÉamon Ó Grianna. Bhíomar ann go dtí a deich agus bhí aos óg an tí ag teacht aniar le dul ar chéilí mór sa Choláiste. Tháinig muid leo.

Déardaoin 26 Lúnasa
Scríobhas litreacha agus beagán ceoil agus dialann na gcúpla lá seo caite – tar éis bricfeasta.

Chuas síos go dtí Gort an Choirce go dtí an post agus thugas cuairt ar Sheán [Ó hEochaidh]. Bhí a chara Niall Ó Dufaigh istigh – an seanchaí a bhfuil sé ag obair leis le dhá bhliain. Tar éis pinsin a fháil ó Albain a bhí sé agus suim mhór airgid chúil agus bhí sé á chomóradh sin. Feairín beag tanaí é gan neart luchóige aige agus ó bhí faitíos orainn go n-éireodh rud eicínt dó, thug mé abhaile é – ó bhí sé sin ar mo bhealach beagnach.

Chaitheas dinnéar agus chuas go dtí Dinny [Ó Baoill] agus chuamar siar go dtí muintir[24] — ag tóraíocht ceoil uathu. An bhean a bhí i gceist ag Dinny, ní raibh sí ann agus ní raibh aon cheol ag a deirfiúr ná a deartháir a bhí istigh. Chuamar suas an cnoc go dtí comharsa, Hiúdaí McGowan (57). Bhí fonn air neart a thabhairt dúinn ach bhíodar ar fad dearmadta aige má bhí mórán riamh aige. Scríobhas amhrán uaidh a chum sé féin – ar an teanga – i 1907 agus cúpla giota eile. Thángamar abhaile ar a deich agus chaitheas an oíche ina dhiaidh sin go dtí 12.30 ag scríobh.

Aoine 27 Lúnasa
Thugas cuairt ar Dinny [Ó Baoill] ar a deich tar éis bheith ag scríobh óna naoi. Dúirt sé liom go raibh carr ag dul siar go Rann na Feirste inniu chuig Comórtas an Oireachtais[25] agus go raibh Seán [Ó hEochaidh] agus é féin le dul ann ach nach mbeadh sé féin in ann anois toisc gnó a bheith aige tráthnóna i nGort an Choirce. Thug sé a áit sa charr dom. Chuas síos go dtí Seán agus fuaireas amach gur ar a 3.30 a bheidís ag imeacht. Chuas ansin go dtí fear *garage* ag fáil ola ar mo rothar agus le cúpla rud beag leis a fháil deasaithe. Chaitheas tamall ina dhiaidh sin ag scríobh ó Dinny agus chuas chun dinnéir agus síos go dtí an carr ar a 3.30. Bhíomar i Rann na Feirste ar a 4.30. Chuas féin is Seán ag snámh agus ar ais arís go dtí an Coláiste. Thosaigh an comórtas agus go deimhin bhí iontas orm a bhoichte atá ceol ar an sean-nós sa tír seo más eisiompláir dá chaighdeán an comórtas sin. Bhí an chuid ba mhó acu ag déanamh aithrise ar cheol múinte agus iad sin nach raibh múinte ba chóir dófa feabhas a chur orthu féin ar bhealaí. Bhí beirt ann, áfach, a bhí go maith – Neilí Nic Aoidh as an mBealtaine anseo i gCloich

Chionnaola agus cailín beag de chlainne Ghallchóir as Dobhair sílim.[26] Í sin a thug an dá chéad duais léi[27] agus thug Neilí an tríú háit léi i gceann de na comórtais.

Bhí Seán Ó Baoill ag moltóireacht agus go deimhin bhí a lán le rá aige ar an ábhar nach n-aontóinn féin ná Seán [Ó hEochaidh] leis.

Chaitheamar tae agus chuamar ar céilí plúchta pacáilte [lán le?] dusta ins an gColáiste. Chaith muid tamall amuigh agus tamall istigh gur chuireamar an oíche isteach go dtína haon. Ní raibh mé in ann teacht ar aon duine de na hamhránaithe san oíche ach duine nach raibh aige ach cúpla ceann a bhí agam agus ní raibh siad go dúchasach aige.

Satharn 28 Lúnasa

D'éiríos ar a 10.30 agus chuas ag scríobh go dtína 12.30. An bháisteach anuas go hantrom ar maidin. Tháinig Dr Bradley anseo aréir as Gabhla.[28] Chuas síos go dtí Seán [Ó hEochaidh] agus chuamar isteach go dtí Nelly McGee san *Hotel* [Mac Pháidín] agus rinne mé coinne léi féin is lena máthair le scríobh uathu tráthnóna amárach – Domhnach. D'fhanas istigh ag athscríobh ceoil sa tráthnóna. Tháinig Seán chugam ansin agus ar ball beag bhí Éamon [Ó Grianna] agus an dochtúir sa mhullach orainn ag caint. Scríobhas fonn ó Sheán. Chaitheamar tae agus thosaigh díospóireacht idir an ceathrar againn ar chúis athbheochana na teanga agus ar fhorbairt na Gaeltachta. Bhíomar ag gabháil dó sin go dtí a deich agus mise ag scríobh as sin go meán oíche. Síorbháisteach.

Domhnach 29 Lúnasa

Chuas ar an dara haifreann. An mhaidin fliuch, salach gan mórán cosúlachta air triomú.[29] Chaitheas tamaillín le Seán [Ó hEochaidh] agus thángas abhaile agus thugas fén bhfideoig tar éis an dinnéir gur chuireas caoi air le hola agus le glanadh. Tháinig Seán ar ball agus chuamar go dtí Niall Duffy, an seanchaí. Tháinig a dheirfiúr [Máire Bean Mhic Aoidh] isteach ar a seacht agus chuir muid ag gabháil fhoinn í agus go deimhin tá seanamhráin aici. Ba mhaith liom fanacht ag scríobh uaithi ach bhí socraithe agam féin dul siar go Gaoth Dobhair go dtí coirm cheoil agus drámaí a bhí ann agus chuaigh. Thaitin an oíche go mór linn. Bhí mise ag ceol ann agus rinne an tAthair [Seán] Mac Eiteagáin bolscaireacht ar mo chuid oibre dóibh agus d'iarr orthu cabhrú liom, rud a bhí fónta, má nítear sin. Síorbháisteach.

Luan 30 Lúnasa

Dhá litir ar maidin, agus ag athscríobh ceoil go dtí a haon. Chuas síos go dtí Seán [Ó hEochaidh] tamaillín, chuireas dhá litir sa bpost agus abhaile chun dinnéir. Ag scríobh ceoil go dtína 4.30. Tháinig Seán agus chuamar go dtí Niall Ó Dufaigh, Seán ag obair le Niall agus mise lena dheirfiúr Máire Bean Mhic Aoidh,[30] atá ina comharsa béal dorais aige. Ansin go dtína 11 a chlog ach briseadh chun tae. Báisteach i gcónaí.

Máirt 31 Lúnasa

Maidin bhreá. Scríobhas agus chuas siar ar a 11 a.m. go dtí Charlie Dunleavy le bearradh gruaige a fháil. Síos go Gort an Choirce le hÉamon [Ó Grianna] a bhí ag dul abhaile inniu. D'fhágas féin agus Dinny [Ó Baoill] agus Seán [Ó hEochaidh] slán aige ar a 12.30 agus abhaile chun dinnéir. Ag báisteach go trom arís ar a 11 a.m. Scríobhas tamall ina dhiaidh sin go dtáinig Seán agus chuamar suas tigh Niall Duffy arís. Bhíos ann go dtína haon déag agus scríobhas a lán ó Mháire Bean Mhic Aoidh. Amhránaí maith ar an sean-nós í. Báisteach go hoíche.

Céadaoin 1 Meán Fómhair
Ag scríobh ar maidin tamall agus cuairt ar Sheán [Ó hEochaidh] ar a 12 p.m. Dinnéar ar a haon agus ag scríobh go dtí a trí. Chuas siar ansin go dtí Máire Bean Mhic Aoidh, agus bhíos ag scríobh uaithi go dtína sé. Thugas féin agus Seán cuairt soir go dtí na Croisbhealaí[31] tar éis an tae.

Déardaoin 2 Meán Fómhair
Bhíos ag scríobh ar maidin. Chuas soir ar a 11.30 go dtí an Fál Carrach ag fáil mo leabhar nótaí a d'fhágas i mo dhiaidh aréir ann trí dhearmad. Abhaile ar a 12.30 arís.

Tigh Pháidí Duncaí.

Bhí orm dul síos go dtí teach Dinny Boyle le bia a thabhairt don ghadhar – tá Dinny thiar sna Rosa ó aréir agus a chlann leis – d'iarr sé orm sin a dhéanamh inniu. Dinnéar ansin.

Chuas siar go dtí Dinny Boyle, Leitir Catha, Loch an Iúir, Na Rosa.[32] Chaitheas an tráthnóna leis agus chaitheamar an tráthnóna ag déanamh cúpla cuairt sa chomharsanacht ar lorg ceoil agus amhrán. An duine ab fhearr a mheas Dinny, tá mac leis ina luí an-tinn agus níor mhaith leis mé a thabhairt ann ar an ngnó seo faoi láthair. Ní bhfuair muid tada ach scríobhas dornán ó dheirfiúr Dinny [Lizzie].

Aoine 3 Meán Fómhair
Chaitheas an mhaidin ag iascach le Dinny [Ó Baoill] i mbád ar Loch an Iúir – cúig bhric bheaga. Bhí orm dul go dtí an Clochán Liath ansin – chlis an 3-*speed* ar mo rothar inné ag teacht anoir – agus fuair mé deasaithe ansin é. Abhaile chun tae. Chuas féin agus Dinny go dtí aint leis agus scríobhas dornán uaithi istoíche. Peig Ní Dhufaigh a hainm, An Airdmhín, Loch an Iúir, agus í dall, an bhean bhocht. Timpeall 56 a haois. Fuair mé tuairim mhaith ar chuid de na foinn.

Satharn & Domhnach 4 & 5 Meán Fómhair

Thángas aniar ar an rothar go Gort an Choirce agus é ina stoirm ghaoithe agus clagarnaí. Chaitheas dinnéar agus scríobhas dialann agus dhá litir. Chuas go Gort an Choirce ansin ag fáilt sinseáil mo sheic. Socair ag Seán [Ó hEochaidh] agus agam féin dul go Cionn Droma, Fánaid, le deireadh na seachtaine a chaitheamh ann. Chuaigh ar bhus a sé. Bhí oíche mhór stoirme ann – ní raibh a leithéid ann ó mhí na Nollag seo caite nuair a bhí mé i gConamara.

Chaitheamar deireadh na seachtaine go suaimhneach le muintir Challaghan ann, daoine fíordheasa. Creidim nach mórán ceoil atá ann chor ar bith. Chuamar ar cuairt go dtí cúpla teaghlach a raibh aithne ag Seán orthu maidin Dé Domhnaigh, ach ní raibh ceol ar bith acu. Lean an stoirm i gcaitheamh an Domhnaigh.

Luan 6 Meán Fómhair

Ní thóigfeadh fear an bhus mo rothar, mar bhí sé luchtaithe le málaí agus rothair cheana. Ní dhearna mise ach dul siar ar mo rothar agus bhuaileas liom in éadan gaoithe agus báistí go Gort an Choirce. Bhaineas amach ar a trí é. Chaitheas an tráthnóna istigh ag scríobh agus chuas ar cuairt go dtí Máire Bean Mhic Aoidh arís tar éis an tac. Mo léan, bhí slua de na comharsain istigh agus ós rud é nach maith le Máire a bheith ag gabháil cheoil i gcomhluadar, oíche gan blas tairbhe a bhí agam. Chuas a luí ar a 11.30.

Máirt 7 Meán Fómhair

Bricfeasta ar a naoi agus an mhaidin istigh ag scríobh dialainne agus litreacha agus ag cóiriú mo chuid ceoil.

Thugas an tráthnóna le Máire Bean Mhic Aoidh go dtína seacht. Chuas soir go dtí na Croisbhealaí san oíche agus thugas cuairt ar Dan Coyle, fear ar chuala mé go raibh na sean*bhallads* aige. Ní raibh ach cúpla giota aige agus níor scríobhas uaidh iad mar d'fhoghlaim sé ó sheanfhear, Manus McGinley (70), atá ina chomharsa aige, iad. Dúirt sé go gcuirfeadh sé ina luí ar Mhanus iad a thabhairt dom nuair a thiocfainn arís. B'fhéidir gur luaithe a thabharfadh sé domsa iad ná dhá chlann féin. Mhíníos mo chuid oibre don Dan Coyle seo agus go deimhin is maith éirimiúil a thuig sé mé. Bhíos in éindí leis go dtína haon déag agus chuas abhaile a chodladh ansin. Bhí an lá seo ciúin, fliuch. Ghlan sé ar a sé agus bhí oíche bhreá gealaí ann.

Céadaoin 8 Meán Fómhair

Ag éirí ar a 9. Ag pacáil le Gort an Choirce a fhágáil inniu. Mála le cur ar bhus a dó dhéag agam go dtí an Clochán Liath. Dinnéar agus beannacht ag muintir na Bealtaine. Rothar go Loch an Iúir agus go teach Dinny Boyle am tae. Chaitheamar, mé féin is Dinny, an oíche le Peig Ní Dhufaigh, An Airdmhín, arís. Scríobhas dornán eile amhrán uaithi.

Déardaoin 9 Meán Fómhair

Chaitheas an lá ag iascach ar Loch an Iúir agus an oíche i dteach Sweeneys, suas ins na cnoic[33] le Dinny [Ó Baoill]. Bhí orainn an bóthar a shiúl mar ní fhéadfá aon rothar a thabhairt ann – ní bheadh tairbhe ar bith ann. Tá seanbhean sa teach (90), Róise Ní Dhúgáin, a bhfuil seanamhráin aici – ach bhí sí ina luí tinn. Bhí buachaill óg ann, Joe Sweeney, agus bhí leagan de 'An tOileán Úr'[34] aige. Ní raibh le déanamh agam ach an tseanbhean a fhágáil go dtí oíche eicínt eile nuair a thiocfainn aríst ann. (Scríobhas 'An tOileán Úr' ó Joe i ndeireadh oíche cheoil an oíche a bhí chugainn (Aoine) i dteach Dinny Boyle, Leitir Catha.)

Joe Sweeney. (Lena chaoinchead.)

Aoine 10 Meán Fómhair

An mhaidin ag iascach le Dinny [Ó Baoill] agus an tráthnóna ag scríobh uaidh. Chruinnigh comhluadar san oíche chun ceoil agus seanchais. Níor tharla tada le scríobh ach ceann ó Joe Sweeney, 'An tOileán Úr'.

Satharn 11 Meán Fómhair

Chaitheas an mhaidin ag iascach le Dinny [Ó Baoill] agus thugamar cuairt ar Niallaí Boyle, veidhleadóir, taobh amuigh den Chlochán Liath. Tá seanaithne agam féin air agus scríobhas dhá ríl uaidh. D'fhágamar in am tae é agus chuamar ar ais abhaile. (Fear óg a tháinig abhaile ó Shasana ar laethe saoire, bhí socair aige muid a thabhairt ar charr go Leitir Ceanainn go dtí pictiúirí agus suipéar – an teaghlach uilig. Bhí an-oíche againn.)

Domhnach 12 Meán Fómhair

Chuas ar an gcéad aifreann le Dinny [Ó Baoill] is bhí lá maith ann. Chaitheamar an lá uilig ag iascach agus chruinnigh slua arís san oíche. Tháinig seanbhean, Máire McCafferty (57), Cró Bheithe, An Clochán Liath, isteach le codladh tigh Dinny agus scríobhas cúpla sean*bhallad* uaithi tar éis don slua imeacht.

Luan 13 Meán Fómhair

Fuaireas bus ar a 12.30 ar na Gleannta (22 mhíle ó theach Dinny [Uí Bhaoill]) agus chuas go dtí na Cealla Beaga agus bus ar a 9 go dtí an Charraig; amach ansin ar an rothar go Teileann agus shocraíos i mo theach lóistín.[35]

Máirt 14 Meán Fómhair

Scríobhas litreacha ar maidin agus chuireas sa bpost iad – imíonn an post ar a dó agus níor mhór dhom dhá mhíle go leith a shiúl go dtí an Charraig le hiad a phostáil. Bhí aonach mór ar an gCarraig inniu agus casadh Seán Ó hEochaidh dom ann agus d'fhanamar tamall thart ag casachtáil le daoine – veidhleadóirí agus scéalaithe agus seanchaithe Sheáin. Chuas chun dinnéir ar a ceathair agus chuas féin agus Seán go dtí teach a uncail[36] tar éis an tae mar a raibh beirt fhear romhainn a raibh poirt acu. Chromas ar scríobh go dtí a haon déag agus ansin chuamar go dtí teach Mháire agus Pheadair, de mhuintir Uí Bheirn, agus scríobhas giotaí ceoil, poirt, agus amhráin go dtí a cúig ar maidin!

Muintir Theilinn agus Máire Ní Bheirn (leis na spéacláirí).
(Le caoinchead CBÉ.)

Céadaoin 15 Meán Fómhair

Chodlaíos go dtí a dó dhéag. Scríobhas trí litreacha agus chuireas chun bealaigh iad le bean den teach seo a bhí ag dul chuig an gCarraig. Chuas soir tar éis an tae go teach uncail Sheáin [Uí Eochaidh] agus scríobhas ríl uaidh.[37] Ghlaos féin agus Seán isteach ar fhear eile – veidhleadóir – agus thugamar linn é go dtí teach Uí Bheirn arís. Scríobhas seanfhonn, 'Tiarna Mhaigh Eo', uaidh le feadaíl. (Frank Cassidy is ainm dó.)

CBÉ CC 020.009. Ó Frank Cassidy.

Chuamar suas go dtí teach eile agus chualamar caint Sheáin Uí Shúilleabháin, '*Three Months in Sweden*'[38], agus ba mhaith uaidh. Tugadh veidhlín do Frank agus cé go raibh sé cúthail faoi nár chas sé veidheal le blianta, rud a n-aithneofaí gur fíor é, tá a shárú le cloisteáil agamsa le veidheal fós. Chas sé seanphoirt a bhogfadh croí an mhairbh agus seanfhoinn nach bhfuil a leithéidí ach ag sióga, más fíor an seanchas. Níor scríobhas tada uaidh faoi go raibh sé róchúthail os comhair an

Tigh Uí Bheirn. (Le caoinchead Ronan Galvin.)

tslua mhór a chruinnigh isteach sa teach inár ndiaidh. Chuamar ar ais ar a haon déag go teach Uí Bheirn agus scríobhas poirt agus araile ó Pheadar agus ó Mháire go dtí a trí ar maidin. D'éalaigh Frank abhaile roimhe sin.

Déardaoin 16 Meán Fómhair

Ag éirí ar a haon déag agus soir go teach Frank [Cassidy] – ach bhí sé imithe go tráthnóna. Shuíos isteach arís agus chóiríos ar bhailíos de cheol le dhá lá agus is mór an méid sin. Scríobhas dialann na gcúpla lá seo caite agus chuas soir chun Frank Cassidy a fheiceáil le socrú eicínt a dhéanamh leis faoi scríobh uaidh ach bhí sé ó bhaile. Thángas ar ais agus chuas i mbun scríobh. Thugas cuairt eile soir ar a 5 ach ní raibh sé ann fós.

Tigh Frank Cassidy. (Le caoinchead Ronan Galvin.)

Scríobhas liom. Cuairt eile ar a seacht agus bhí sé ann. Chuas chun cainte leis ach ní raibh a veidheal sa mbaile agus bhí air dul chun na Carraige ar ghraithe dhó féin agus d'fhéachfadh sé leis an veidheal a fháil, dúirt sé. Tháinig Seán Ó hEochaidh ina dhiaidh sin agus chuas leis go dtí teach a mháthar [Máire Nic Seáin] i gCruachlann mar a raibh seanfhear ag fanacht orm – ní raibh ceol aige ach bhí seanchas roinnt amhrán aige agus roinnt dá bhfocla. Bhíomar ann go dtí a trí ar maidin.

Aoine 17 Meán Fómhair

Ag éirí ar a 9.30. Chuaigh mé soir go teach Frank Cassidy. Ag a bhricfeasta a bhí sé agus ó bhí an mhaidin fliuch, bhí sé ag dul ag fanacht istigh. Rug sé ar a veidheal tuairim a dó dhéag agus thoisigh sé ag ceol, agus dá mbeadh sé ag ceol as seo go deireadh na seachtaine, cos ní chorróinn amach as an gcistineach sin go dtí sin. Rinneas nótaí dá cheolta.

Bhí orm dul go dtí an Charraig le litreacha a chur sa bpost. Rinneas sin agus chuas chun dinnéir. Ghlaos isteach ar Sheán Ó hEochaidh tamall agus chuas isteach go dtí Frank arís ach bhí sé imithe amach in áit eicínt. Chuas ar ais chun an tí lóistín (céad slat)[39] agus chromas ar scríobh agus ag gléasadh mo chuid ceolta agus thugas cuairt soir gach uair nó mar sin féachaint an dtáinig Frank agus níor tháinig go meán oíche, ach bhí sé rómhall dul ag obair ansin. Chas sé cúpla port dom.

Ó chlé: John Doherty, Frank Cassidy, Fionnuala Nic an Bhaird agus Alfonsus Mac an Bhaird. (Le caoinchead Chití Sheáin Uí Chuinneagáin.)

Satharn 18 Meán Fómhair

Ag éirí ar a 8.30 agus bricfeasta. Ag scríobh go dtáinig Seán [Ó hEochaidh]. Soir liom go dtí an Charraig agus chuireas glao go Baile Átha Cliath a bhain uair díom nó tuilleadh. Thángas ar ais agus thugas cuairt ar Frank [Cassidy] agus d'fhostaíos don tráthnóna é agus chuas chun dinnéir. Chaitheas an tráthnóna go dtí a seacht ag scríobh uaidh agus chuamar suas an cnoc go tigh Pháidí Seáin [Mac Seáin] ag éisteacht le veidhleadóir ón gClochán Léith ar an gcraolachán ar 7.05[40] a chlog. Chuamar siar ar a naoi go dtí Conny Cassidy, veidhleadóir eile, ach ní raibh fidil aige agus gheall sé dom go seinnfeadh sé aríst dom. Fear óg é.

Domhnach 19 Meán Fómhair

An dara haifreann. Cuairt ar Frank Cassidy agus ag scríobh. Tháinig *reporter* ón *Derry Journal* chugam féin is Seán [Ó hEochaidh] tráthnóna agus thugamar stiall fada de fá cheol agus agus fán obair atá ar siúl agam féin. Ní rabhamar réidh leis – Liam Ó Cuinneagáin [Connacháin] – go dtí a hocht. Bhí an oíche ina scréach báistí. Chuas go teach Pheadair agus Mháire [Uí Bheirn] agus scríobhas dhá phort ó Pheadar agus dhá cheann ó sheanfhear a bhí istigh.[41]

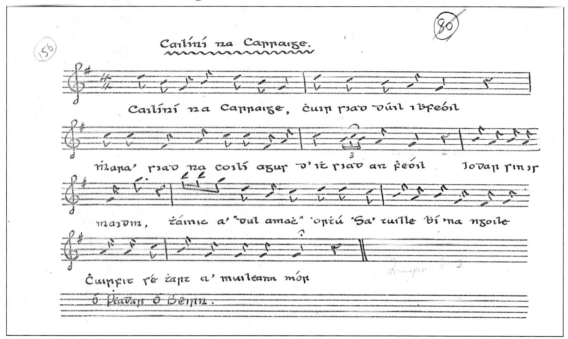

CBÉ CC 020.156. Ó Pheadar Ó Beirn.

Chuas go teach Frank ar a deich agus d'fhan go dtína haon déag air le cúpla port eile a bhreacadh uaidh, mar ní raibh sé istigh. Chuas chun suipéir agus chuas ar ais ar a 12 ach bhí an teach gan solas agus chuas a luí.

Luan 20 Meán Fómhair

Chaitheas an mhaidin le Frank Cassidy ag breacadh ceoil uaidh agus phacáileas le dul abhaile. Táim ag tógáil seachtaine saoire ó inniu agus ag bualadh ó thuaidh go Gort an Choirce ar an rothar, ag tarraingt ar bhainis Sheáin Uí Eochaidh a bheas ann ar maidin Dé Céadaoin. Buailfead romham go teach Dinny Boyle arís anocht in aice an Chlocháin Léith agus chífead Glengesh[42] ar an rothar, le cúnamh Dé.

Slán le Teileann, go fóill, agus Tír Chonaill![43]

Nótaí agus Tagairtí

1 Téacs leanúnach atá sa dialann taistil gan aon cheannteideal a thabharfadh athrú áite le tuiscint ó 23 Meitheamh 1943 go 20 Meán Fómhair 1943. 1295: 145–86.

2 Is gnách an t-alt roimhe i bhfoinsí staire – An Caisleán Riabhach.

3 Conmhaigh.

4 Bun Dobhráin.

5 Ag tús an fichiú haois bhí iarnród á oibriú ag an Londonderry and Lough Swilly Railway Company ó chathair Dhoire go Leitir Ceanainn agus go hAilt an Chorráin. Osclaíodh líne Shrath an Urláir i 1909. Ós rud é gur chuir Midland and the Great Northern Railway, ar leo an County Donegal Railway Joint Committee ó 1906, cuid mhór den scairchaipiteal ar fáil, chuaigh an Joint Committee i mbun an líne a oibriú mar bhrainse. Nuair a osclaíodh brainse Leitir Ceanainn, shroich míleáiste iomlán an iarnróid chaoil a bhí á oibriú ag an Joint Committtee uasmhéid 124 $\frac{1}{2}$ míle. Ba leis an Joint Committee 91 míle. Ba leis an Strabane and Letterkenny Railway an 19 $\frac{1}{4}$ míle a bhí sa phíosa ón Srath Bán go Leitir Ceanainn agus ba leis an Midland Railway 14 $\frac{1}{2}$ míle. De réir mar a tháinig feabhas ar chaighdeán na mbóithre agus gur cuireadh seirbhís busanna ar fáil in áit na dtraenacha, tháinig deireadh leis an tseirbhís traenach i 1959. Thart ar chúig nóiméad is fiche a ghlac an turas ó Chonmhaigh go Leitir Ceanainn. Féach Patterson 1969, 59–63, 101–3, 118–19.

6 Is dóigh gurbh é seo athair a mháthar, Tomás Mac Seáin. Féach CC 020. 168.

7 Tharlódh gur seomra é seo sa teach ina raibh Seán Ó hEochaidh ag fanacht. Sa réamhrá le *Rotha Mór an tSaoil* le Micí Mac Gabhann, dúirt Ó hEochaidh agus é ag tagairt don uair ar casadh Micí Mac Gabhann ar an chéad uair, lá aonaigh Ghort an Choirce: 'Bhí mise ag baint fúm i dteach Sheáin Mhic Suibhne atá tógtha ar imeall phanc an aonaigh . . .' Ba é seo sa bhliain 1941. Fómhar na bliana 1943 a phós Seán iníon Mhicí agus chuaigh sé chun cónaithe tigh Mhicí.

8 Ba i 1906 a cuireadh Coláiste Ghort an Choirce ar bun. Ba é an chéad choláiste samhraidh a bunaíodh i gCúige Uladh é agus an dara ceann a bunaíodh in Éirinn. I 1909 aistríodh an coláiste go dtí halla an pharóiste ach i 1920 dhóigh na Dúchrónaigh é. Bhí na ranganna ar siúl ar an bhFál Carrach go dtí gur deisíodh an coláiste i 1923. Osclaíodh coláiste nua i 1968.

9 Is dóigh gurb é a deich a chlog ar maidin atá i gceist anseo.

10 Leitir Catha, Na Rosa, is ceart a bheith anseo.

11 Féach 1280: 9; CC 015.003 ina bhfuil an ceol agus ceathrú a scríobh sé ó Cháit Bean Uí Chonláin *q.v.* agus óna hiníon Gráinne *q.v.*

12 Cé nach cosúil go bhfuil leagan Fhínse tugtha síos ag Mac Aonghusa, scríobh sé leagan ó Phádraig Mac Con Iomaire *q.v.* in 1942, 'Whiskey O Roudleum Roudleum'. 1280: 44–7.

13 Féach 1280: 220–21 ina bhfuil an t-amhrán mar a scríobh Mac Aonghusa ó Mháire, ó Mheaigí agus ó Sheáinín Choilmín Mac Donncha *q.v.*

14 50.8 mm.

15 Abhainn Ráithe an leagan atá ag an mBrainse Logainmneacha.

16 30.48 cm.

17 3.178 cg.

18 Bhí cúigear deirfiúracha ag Tomás – Bríd, Nóra, Máire, Anne agus Katie.

19 Féach iontráil 27 Lúnasa 1942. I 1943 bhí an seó ar siúl ar an 26 Lúnasa agus bhí 214 iontráil ann.

20 Is dóigh gurb é Raidió Éireann atá i gceist anseo.

21 Ba é seo Óstán Mhic Pháidín, Gort an Choirce, a bhfuil tagairt dó i Griffith's Valuation 1857. Bhí cúig ghlúin de mhuintir Mhic Pháidín i mbun an óstáin. Bhí an Piarsach, Ruairí Mac Easmuinn, Seosamh Laoide agus Énrí Ó Muirgheasa orthu sin a d'fhan ann. Bhí siopa, teach tábhairne agus oifig poist ag dul leis an ngnó ar feadh tamall de bhlianta. Sna daichidí, ba le Sally Nic Pháidín an t-óstán agus bhí sí féin agus a fear Micheál Mac Giolla Chearra ina bhun go dtí 1957. Díoladh é i 1994 agus athbhaisteadh Óstán Loch Altáin air. Féach Ó Laoire in Ó Gallchóir 2003, 115–19.

22 Sé pingine (€0.03) a bhí ar an 'damhsa gairid' nó céilí gearr ón 9 go dtí an 12 agus scilling (€0.06) ar an 'damhsa fada' óna 9 go dtí a 3 a.m.

23 Óstán Mhic Pháidín é seo.

24 Tá seo bán sa dialann.

25 Nuair a athbhunaíodh Oireachtas na Gaeilge i 1939 ba bheag aitheantas a tugadh don Ghaeltacht ach tosaíodh ar na hOireachtais Chúigí ina dhiaidh sin, a raibh réamhbhabhtaí ina gcuid díobh. Bhíodh réamhbhabhtaí i gceist sna Gaeltachtaí do chuid de chomórtais amhránaíochta an Oireachtais. Théadh buaiteoirí na mbabhtaí sin ar aghaidh go dtí na príomhchomórtais nó comórtais 'eadar-chúigí' i mBaile Átha Cliath.

26 Ba í Cití (Caitlín) Ní Ghallchóir *q.v.* a bhí i gceist.

27 I 1943 bhí dhá chomórtas ann do 'amhránaíocht mhallcheoil' agus do 'amhránaíocht mhearcheoil'. Tá ainm Chití i gClár an Oireachtais don dá chomórtas i dTeach an Ard-Mhéara, 25 Deireadh Fómhair 1943. Ar leathanach 'Toradh na gComórtaisí Ardán', deirtear gur ghnóthaigh sí an chéad duais don mhallcheol agus gur roinn sí an dara duais don mhearcheol. Is dóigh go raibh siad seo ag teacht le torthaí réamhbhabhta Rann na Feirste.

28 Tá oileán Ghabhla timpeall míle ó Mhachaire Gathlán agus timpeall dhá mhíle amach ó ché an Bhun Bhig. Carraig eibhir thart ar 500 acra atá ann. Daonra 68 a bhí ann in 1841 agus 169 in 1911 ach thit sé as sin amach agus ní raibh cónaí buan ann ó sheachtóidí na haoise seo caite.

29 De réir Met Éireann bhí an lá dorcha agus báisteach nó múrtha san iarthuaisceart.

30 Is í deirfiúr Néill Uí Dhufaigh atá i gceist.

31 Ainm eile é na Croisbhealaí ar an bhFál Carrach. Thugtaí Robinson's Town freisin air. Bhí an baile a bhí i dtosach ann suite ag bun an chnoic ar an bhFál Carrach ach de réir a chéile tógadh tithe ag an gcrosbhóthar do na hoibrithe agus ceardaithe a bhí fostaithe ag eastát mhuintir Olphert i mBaile Chonaill.

32 Leitir Catha, Na Rosa, is ceart anseo.

33 Is iad Loch Caol, An Tor, Mín Corrbhaic, Srath an Arbhair, Bun an Bhaile, Rosan, Loch Achair, Leitir Catha agus Cruach Phádraig atá sa cheantar seo. Thugtaí 'Séamus Fada' ar Mhac Aonghusa sa cheantar seo.

34 I dTír Chonaill, seo ainm ar Mheiriceá Thuaidh.

35 Ba é seo tigh Mháire Bean Uí Éigeartaigh, Ceapach, Teileann. Is ann a d'fhan Mac Aonghusa.

36 Is dóigh gurbh é seo tigh Phádraig Mhic Seáin (Páidí Mháire).

37 Is dóigh gurbh é seo Pádraig Mac Seáin (Páidí Mháire). Féach CC 020.177.

38 Craoladh caint faoin tSualainn ó Sheán Ó Súilleabháin ag 7.50 an tráthnóna sin. Sa bhliain 1960, craoladh an chaint chéanna, clár leathuaire, *I Lived in Sweden,* ar Raidió Éireann. Rinne Seán Ó Súilleabháin *q.v.* cur síos ar an tréimhse a chaith sé i Lund agus in Uppsala na Sualainne i Márta 1935 le hoiliúint a fháil i gcartlann an bhéaloidis. Sa chlár thug sé cuntas ar an aistear féin, ar mhuintir na Sualainne, ar an teanga, ar an timpeallacht, agus ar a thuras go Kiruna na Laplainne a chuaigh i bhfeidhm go mór air. RTÉ Talk Script 5271. Tharlódh gurbh é an clár seo a ndearnadh athchraoladh air i 1960 an clár atá luaite ag Mac Aonghusa anseo sa dialann. Ba iad na huaireanta craolacháin ón sé go dtí a deich sa tráthnóna.

39 91.4400 m.

40 Craoladh cláracha ar Raidió Éireann idir 6.00 agus 11.00 p.m. Orthu sin bhí clár ó 7.05 go dtí 7.25 leis na ceoltóirí Tom Brazil (píobaí) agus Danny O'Donnell (fidil) arbh ón gClochán Liath é.

41 Is dóigh gurbh é seo Peait Rua (Chití Pháidí Bhig) Mac Seáin (55), Iomaire Mhuireanáin, Teileann, ar scríobh Mac Aonghusa cúpla port óna chuid feadaíola. Féach CC 020.174–6.

42 Gleann Gheise.

43 Tá an nóta seo a leanas ag an bpointe seo sa dialann: 'Sa mbaile, san oifig [Baile Átha Cliath] ó 27.9.43 go 5.11.43. Freastal an Oireachtais. Ag scríobh ó chuairteoirí agus ag cur slacht ar an méid a bhreacas sa samhradh.'

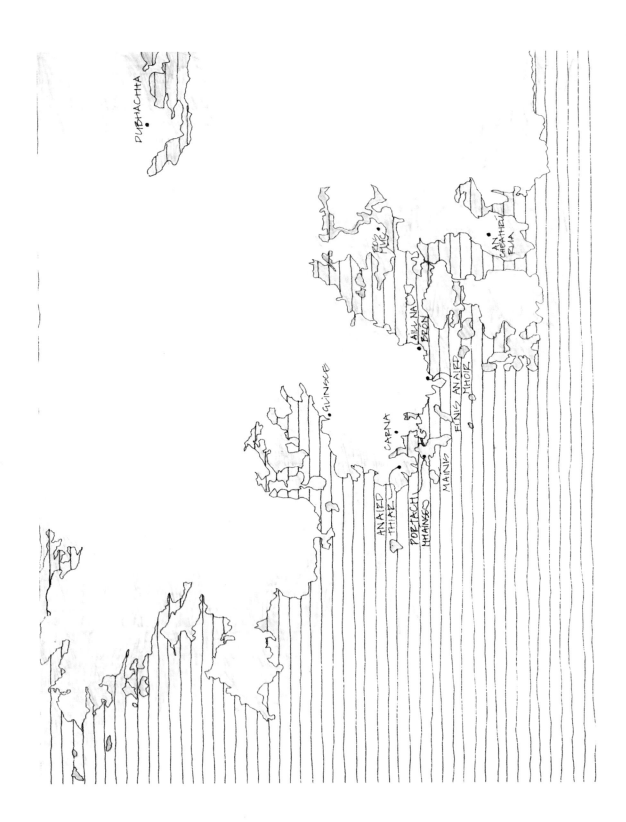

Carna

5 Samhain–15 Nollaig 1943[1]

Aoine 5 Samhain
Traein agus bus go Carna (ó Bhaile Átha Cliath). Socrú agam fanacht ar an gCoillín mar a rabhas cheana ach ní raibh aon áit acu dhom. Chuireas fúm an oíche seo i dteach ósta Uí Mhongáin,[2] Carna.

Satharn 6 Samhain
Chuas amach go dtí fear i Maínis mar ar chaitheas tamall sa samhradh ach ní fhéadfadh sé socrú lóistín a dhéanamh dhom, faoi chúrsaí beatha agus araile a bheith gann agus é féin a bheith ag brath ar dhul go Sasana go luath.[3] Thriaileas cúig cinn eile de na tithe lóistín gan tada dá bharr agam, agus nuair a shíl mé nach raibh áit ar bith eile dhom ann, dúradh liom go raibh bean i Roisín na Mainiach a thóigfeadh mé. Chuas soir chuici[4] agus shocraigh mé léi, an oíche seo, timpeall a naoi.

Domhnach 7 Samhain
Chuas ar an dara haifreann agus casadh Colm Ó Caodháin as Glinsce, m'fhear ceoil féin, orm. Casadh an Máistir [Seán] Ó Conchúir liom as an Aird agus d'iarr sé siar mé oíche amárach. Chuas soir le mo chuid [málaí] go dtí [Sorcha] Bean Uí Iarnáin – mo theach lóistín – agus chuireas fúm ann. Teach tíre é agus é breá fairsing, socair, gan ann ach an bhaintreach agus mac agus beirt iníon léi. Beidh seans agam neart oibre a dhéanamh ann, *D.V.*

Chaitheas an tráthnóna ann agus chuas go dtí céilí mór i gCarna istoíche – oíche thaitneamhach.

Luan 8 Samhain
Ag éirí ar a 10 (céilí thart ar a 3). Chaitheas píosa den mhaidin ag cur mo chodach (éadaí agus araile) in eagar tar éis iad a bhaint as mo mhála, agus tamall eile ag cabhrú

le Pádraig [Ó hIarnáin] (an tí seo) ag baint fhataí, agus chuas siar ansin ar lorg mo bheart páipéirí a bhí le theacht tríd an bpost chugam. Fuaireas iad ar a 3.30 san oifig agus thugas aniar liom iad agus scríobhas isteach cúpla lá dialainne, agus litir abhaile. Chuas ar mo chuairt ansin go dtí an Máistir Seán Ó Conchúir san Aird [Thiar] mar a d'iarr sé orm inné agus chaitheas tae leo – é féin is a bhean [Bríd]. Beirt bhreá iad agus bhí oíche an-tsuimiúil agam ag seanchas leo. Tá a bhean thar aois

Seán Ó Conchúir, ar clé, agus a bhean Bríd.

múinteoireachta anois agus í éirithe as. Tá Seán 63 bliana d'aois. Níor airíos an oíche ag imeacht go bhfuaireas amach go raibh meán oíche orainn.

Máirt 9 Samhain

Chaitheas an mhaidin le Peait Canavan, An Aird Mhóir – thugas *set* nua píobaí ó Bhaile Átha Cliath chuige, agus caithfidh mé cuairteanna a thabhairt air le hiad a choinneáil i dtiúin dó go dtí go mbeidh sé féin cleachtach orthu. Scríobhas dialann agus cúpla litir tráthnóna agus chuireas sa bpost na litreacha. Chuas isteach go Maínis le Dudley Cloherty, fear na bport, a fheiceáil, agus chonaic. Bhí sé go maith agus go héadromchroíoch mar ba ghnách leis agus áthas air mé a fheiceáil. Ní raibh aon tsolas aige sa teach agus cé go ndúirt sé roinnt port dúinn (mé féin agus Maidhcil Pheadairín Greene), ní raibh solas agam le haon scríobh a dhéanamh. Shocraíos leis teacht go teach Mhaidhcil Pheadairín Déardaoin. Chuas go dtína theach féin le Maidhcil Pheadairín. Tamall comhrá agus abhaile.

Céadaoin 10 Samhain

Drochmhaidin fhliuch stoirme. Scríobhas nóta go dtí Sorcha Ní Ghuairim (agus ceann eile go dtí [Michael] Bowles, ar mo ghraithe féin). Chuas amach go Glinsce ar cuairt go dtí Colm Ó Caodháin. Bhí a líon tí uilig go maith agus togha cuma air féin. Chaitheas an oíche óna cúig go dtí a haon déag ag cur síos ar an saol, ar amhráin agus ar sheanchas. (Dúirt sé 'An Mharthain

Máthair Choilm Máire, a bhean Bairbre, a gclann, agus Colm Ó Caodháin.
(Le caoinchead CBÉ.)

Phádraig'[5] dom.) Chuireas síos liosta beag eile d'amhráintí atá go fóill aige agus dúirt sé dhom iad. Níor scríobhas tada ach cúpla giota beag seanchais agus seanfhocla.

Déardaoin 11 Samhain

Dheineas amach roinnt nótaí ar stuif a fuaireas ó Dharach Ó Clochartaigh, Portach, Maínis, le bheith réidh chun gnó a dhéanamh leis anocht. Chuas ar cuairt go dtí Peait Canavan, An Aird Mhóir, mar dúradh liom go raibh a chuid píobaí nua ag imeacht as tiún. Bhí beagán. Chuireas caoi orthu. Thugas cuairt ar oifig an phosta, Carna. Chaitheas dinnéar ar a cúig agus chuas isteach go Maínis. Drochoíche agus mar sin níor tháinig Darach tigh Mhaidhcil Pheadairín [Ó hUaithnín] mar a bhí socair, agus chuas siar go dtína theach féin chuige. Scríobhas cúpla port uaidh agus seanchas ar na ceoltóirí ba chuimhin leis a bheith thart fadó. Chuireas síos roinnt nótaí ar dhamhsa freisin uaidh. Bhí oíche ana-thaitneamhach agam cois tine leis. Gheallas dó go dtiocfainn arís, mar tá tuilleadh port aige.

Aoine 12 Samhain

Ag scríobh dialainne agus litreach ar maidin. Chuas soir sa tráthnóna go dtí Seán Ó Gaora, Aill na Brón, fear ar scríobhas go leor amhrán cheana uaidh. Scríobhas cuntas ar a bheatha uaidh agus cuntas ar aighneas filíochta idir Aill na Brón agus Coill Sáile faoi dhrár a goideadh fadó ó fhear as Aill na Brón. Chuireas ráiméis a cumadh ar an Aird Mhóir faoi bhó a d'éag ann, síos uaidh freisin.[6]

Chaitheas féin agus Pádraig Ó hIarnáin (an tí lóistín seo) an oíche in éineacht le Peait Canavan agus na píobaí i dteach Chlann Bheairtle [Uí Dhonncha], Aill na Brón, ag ceol is ag seanchas. Ní raibh Maidhcil sa mbaile; i gCo. Chill Dara dhó ag obair ar mhóin. Bhí Vail is a dheirfiúr [Winnie] ann.

Satharn 13 Samhain

Chaitheas an mhaidin i mo chodladh – drochlá báistí agus stoirme chruaidh aniar aduaidh. Scríobhas dhá litir gnó dhom féin agus chuas go Carna á bpostáil is ag lorg tobac. D'itheas dinnéar ar a cúig agus bhuaileas umam m'éide doininne agus chuas go dtí Colm Ó Caodháin i nGlinsce. Bhí an gála chomh dona sin gur chaitheas dul ar foscadh cúpla uair ó chloichshneachta agus an bealach uilig a shiúl de mo dhá chois (ceithre mhíle go leith). Chaitheas an oíche go dtí a haon déag ag scríobh is ag seanchas le Colm. An stoirm agus an bháisteach go tréan gan lagan an t-am sin, ach buíochas le Dia bhí sé ina chóir abhaile liom. Mar sin féin ba dheacair rothar a choinneáil ar an mbóthar, bhí an ghaoth chomh láidir sin agus é uafásach fuar reoite. Mar a dúirt Colm – ba daor a cheannaigh mé na hamhráin a scríobhas uaidh an oíche seo.

Domhnach 14 Samhain

Céad aifreann. Gaoth fhuar ach é níos laige ná inné. Múranna báistí go minic. Misiún[7] ag tosaí i gCarna an tseachtain seo, An tAthair [Stiofán] Ó Conghaile ina bhun – 'fear an phoitín'.[8] Cainteoir breá é ach ní maith leis na daoine é, de réir mar chluinimse, mar gheall ar an gcaint mhaslaíoch a bhíonn aige ón altóir leo. Tá neart cloiste agam faoi le cúpla lá.

Chaitheas an mhaidin le Peaitín (William) Greene, m'fhear lóistín sa samhradh, ag cur caoi ar veidheal dó.

Tháinig an tráthnóna ina thréanbháisteach agus d'iompaigh sé ina shneachta trom ar a cúig a chlog. Chaitheas píosa den tráthnóna ag scríobh dialainne, agus bhíos ag seanchas tamall le muintir an tí. Chuas féin agus Pádraig [Ó hIarnáin] (an tí seo) siar go Carna ag siúlóid ar a 9.30 nuair a ghlan an spéir. Bhí Conamara faoi bhrat bán sneachta i solas na gealaí agus b'álainn an feic í. Chaitheamar tamall tigh Mhaidhcilín Mhic Fhualáin ag veidhleadóireacht agus chuamar abhaile ar a haon déag.

Luan 15 Samhain

An mhaidin istigh ag scríobh. Cuairt siar go Carna agus an tráthnóna ag scríobh istigh. Gaoth fhuar oighreata ós na cnoic ó thuaidh ar feadh an lae agus iad clúdaithe le brat bán sneachta. Beartaithe agam dul go Glinsce ach ní bheadh ann ach dála oíche an tSathairn agam le gaoth. D'fhanas istigh ag scríobh amhrán ó bhean an tí seo.[9] Chualas freisin go raibh misinéir le bheith i dteach scoile Ghlinsce anocht agus is dócha go ngabhfadh Colm Ó Caodháin ann is nach mbeadh sé sa mbaile romham dhá dtéinn amach. Tháinig cóipleabhar ón oifig inniu.

Máirt 16 Samhain

An mhaidin fuar, báistiúil. Ní fhaca mé riamh a leithéide de dhrochaimsir sheasta. Cúpla rud a bhreacas ó Dharach Ó Clochartaigh agam, agus ó Sheán Ó Gaora, lena n-athscríobh isteach sa gcóipleabhar a tháinig chugam ón oifig inné – scríobhas cuid Uí Chlochartaigh isteach. Ag athscríobh ceoil ina dhiaidh sin.

Chuas go Carna tar éis an dinnéir ar mo bhealach go Glinsce agus casadh Colm [Ó Caodháin] liom. Bhí sé ag dul ag fanacht ar an misiún – 7 p.m. Chaitheas tamall ag

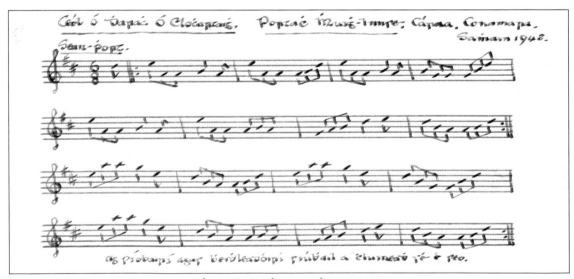

CBÉ CC 018.081. Ó Dharach Ó Clochartaigh.

114

seanchas leis agus chuas soir abhaile chun tae. Tháinig beirt leaids de chuid an bhaile, nach eol dom a n-ainmneacha, isteach le titim oíche agus chuir bean an tí ag gabháil fhoinn dom iad. B'fhéidir go mbeadh rud eicínt acu dhom ach bhí orm rith ar a hocht agus breith ar Cholm. Rugas air agus chuamar go Glinsce in éineacht. Chaitheas an oíche go meán oíche leis ansin. Oíche bhreá spéirghealaí.

Céadaoin 17 Samhain

Maidin chiúin, dhorcha. Chaitheas í ag cur caoi ar chúpla rud beag ar mo rothar. Scríobhas litir go dtí Seán Ó S. [Súilleabháin] agus m'athair. Chuas amach go Glinsce ar a cúig agus chaitheas an oíche ann go dtí a 11. Lá tirim, cúpla múr.

Déardaoin 18 Samhain

Maidin chiúin, dhorcha eile. Ag athscríobh ceoil, agus litir faoi sheol báid go Tír Chonaill do Cholm Ó Caodháin. Litir eile chuig Seán Ó Súilleabháin faoi *tongue-twisters* Gaeilge.[10] Ag athscríobh ceoil go dtí a dó.

Tháinig Maidhcilín Choilmín Mac Fhualáin chugam le cúpla tiún d'fhoghlaim ar an veidheal. D'imigh arís ar a cúig. Chuas amach go dtí Colm Ó Caodháin ar a sé agus chaitheas an oíche leis go dtí beagnach meán oíche. Lá tirim, cúpla múr.

Aoine 19 Samhain

Maidin chiúin cheobháistí. Ag scríobh amach ceoil. Cuairt sa tráthnóna ar Phádraig Ó Ceannabháin, píobaire na hAirde Móire, le feiceáil cé mar bhí a chuid píobaí nua. Cúpla rud le déanamh leo agus rinne. Ar ais chun tae agus siar go dtí misiún Charna. Bhí an tAthair [Stiofán] Ó Conghaile as Árainn ag labhairt. Cainteoir maith é agus beagán locht ar a chuid Gaeilge. Chuas féin agus Colm Ó Caodháin le chéile amach go Glinsce

Tigh Uí Cheannabháin.

agus chaitheas an oíche leis go dtí a dó. Bhí a lán seanchleasanna aige á dtaispeáint dom. Scríobhas ceol uaidh do chuid de na hamhráin ar scríobhas a bhfocla cheana.

Satharn 20 Samhain

Chuas ag snámh leis an nGarda Tomás Ó Loinsigh ar maidin, Ciarraíoch. Maidin bhreá ghréine – shílfeá gur maidin mhoch shamhraidh í. Thugas cuairt ar bhaitsiléaraí Mhaínse;[11] bhíodar ag cur tuí ar theach na comharsan béal dorais. Chuas go dtí an posta agus abhaile chun dinnéir. Fuaireas dhá *tongue-twister* i nGaeilge ó fhear a bhí istigh romham.[12] Chaitheas óna cúig go dtí a naoi ag scríobh agus tháinig roinnt de leaids an bhaile seo isteach ag airneáil san oíche tar éis an mhisiúin. Dúradar baisc mhaith amhrán ach bhíodar go léir scríofa cheana agam.

Tráthnóna fliuch.

Domhnach 21 Samhain
Aifreann a 11. Cuairt ar Mhaidhcilín Mac Fhualáin agus ceoltóireacht veidhle go dtí a ceathair. Dinnéar agus bearradh gruaige ón nGarda Tomás Ó Loinsigh. Cuid den oíche ag léamh agus cuid ag caint le comharsain a tháinig isteach ag airneáil.

Lá fliuch.

Luan 22 Samhain
Maidin ghaofar agus múranna troma. An lá ag scríobh istigh go dtí tar éis dinnéir (4). Amach go Glinsce agus chaith an oíche le Colm Ó Caodháin ag scríobh cheoil. Litir ó S. Ó D. [Séamus Ó Duilearga] agus S. Ó hE. [Seán Ó hEochaidh].

Máirt 23 Samhain
Is beag lá fós chomh fuar, gaofar.

Chaitheas istigh ag scríobh é agus ó bhí Colm [Ó Caodháin] ag an misiún san oíche agus é ag dul a chodladh go luath le héirí moch ar maidin, chuas ar cuairt go dtí Pádraig Mac Con Iomaire. An oíche ina stoirm le cloichshneachta agus báisteach.

Céadaoin 24 Samhain
An aimsir chéanna inniu is inné. Chaitheas istigh ag scríobh é agus chuas go Glinsce san oíche óna 6 go dtí 11.15. Scríobhas, i measc rudaí eile, cúpla giota seanchais agus dánta faoin Mhaighdean Mhuire agus Pháis Chríosta ó Cholm [Ó Caodháin].

Déardaoin 25 Samhain
Meaigí Sheáinín Choilmín [Nic Dhonncha] anseo ar maidin. Scríobhas dhá amhrán uaithi tar éis go leor den mhaidin a chaitheamh ag plé le ceol is amhráin. Chaitheas an tráthnóna ag scríobh istigh – cúpla litir. Chuas amach chun Glinsce ar a sé agus casadh Colm [Ó Caodháin] dhom leath bealaigh. Bhí sé ag teacht chun an mhisiúin agus chuas leis. Thart ar a 9, agus dúirt Colm liom ó bhí sé chun éirí go luath ar maidin le teacht ar an gcéad aifreann, go mbeadh sé ag dul a chodladh feasta agus nárbh fhiú dhom dul leis go Glinsce ar son leathuaire nó mar sin. B'fhíor dhó agus chuas isteach tamall cois tine chlann Choilmín Mhic Fhualáin – na ceoltóirí – roimh dul abhaile dom. Seanchas cois tine a rinneadh. Lá fuar gaoithe agus múraíleach.

Bríd, Feichín agus Meaigí Fhínse.
(Le caoinchead Jackie Mhic Dhonncha.)

Aoine 26 Samhain

An mhaidin le Peait Canavan, An Aird Mhóir. Port amháin scríofa uaidh agus a phíobaí tiúineáilte arís. Casadh cailín orm – Meaigí (Eoin) Ní Neachtain agus bhí cloiste agam go raibh an sean-'Chailín Deas Crúite na mBó' ag a hathair.[13] D'iarras uirthi é a fháil dom agus dúirt sí go ndéanfadh sí iarracht air – tá sé bodhar gan mórán meabhrach anois.

Chaitheas an oíche (fliuch) i nGlinsce ag scríobh ó Cholm [Ó Caodháin]. Ó chuaigh sé a chodladh go luath arís anocht (ar an ábhar céanna), thángas abhaile ar a 10.30.

Satharn 27 Samhain

Cuntas ar m'obair dhá scríobh agam ar maidin do *bulletin*[14] na Nollag ag an gCoimisiún agus litir chuig Seán [Ó Súilleabháin]. Roinnt ceoil dhá athscríobh agam tar éis an dinnéir agus siar chun an phosta.

Amach go Glinsce agus casadh Colm [Ó Caodháin] liom ag fágáil an tí – le dul ar an misiún aríst. Beannú mór le fáil anocht agus níor chuimhnigh sé ar é rá liom aréir. Chuas leis agus ní raibh an misiún thart go dtí 9.40 (óna seacht) agus níorbh fhiú dul amach. Lá an-bhog, báisteach bhog i gcónaí.

Domhnach 28 Samhain

Aifreann a 9.30. Drochlá stoirme agus báistí. Chuas ar mo chuairt go Maínis go dtí na baitsiléaraí[15] agus chaitheas an lá agus an oíche ann. Tháinig ina stoirm agus ó nach raibh *cape* is *pullups* liom, d'fhanas i mo chodladh tigh Mhaidhcil Pheadairín [Ó hUaithnín].

Tigh Uí Uaithnín.

Luan 29 Samhain

Thánag amach ar maidin ar a deich. Ag scríobh dialainne agus ceoil agus araile. Litir chuig Seán [Ó Súilleabháin] faoi cheist dhá ghealach na gcoinleach.[16] Drochlá stoirme agus báistí; mé ag brath ar dhul go Glinsce dhá gciúiníodh sé ach ba mheasa a bhí sé le titim oíche. Tháinig Cóilín Mac Donncha as Fínis sa teach leis an oíche a chaitheamh ann. Chuas siar go dtí an post agus thángas ar ais díreach. Scríobhas dhá amhrán ó Chóilín. A chodladh ar a 3 a.m.

Máirt 30 Samhain

Ag éirí ar a haon déag. Lá gaofar agus cúpla múr. Chuireas an t-am isteach go dtína 2 ag scríobh dialainne agus ag athscríobh ceoil. Siar ansin le beart níocháin a chur sa phost.[17] Ar ais chun dinnéir is amach go Glinsce ar a sé. Chaitheas an oíche ann go dtí a dó dhéag – oíche fhliuch. Ba mhór an sult a bhí agam as Colm [Ó Caodháin] agus a dhearthair,[18] a bhí ann anocht. Ag sárú ar a chéile faoi phoirt agus amhráin. Scríobhas dornán eile port anocht agus ceolta cúpla amhrán.

Céadaoin 1 Nollaig

Scríobhas dialann agus ceol ar maidin. Réitíos cúpla guth amhrán le peann luaidhe le seiceáil aríst le Colm [Ó Caodháin]. Tá cluas an-ghéar aige ag ceartú na n-amhrán nuair a chanaim aríst dhó iad agus is mór an chabhair dhom é sin. Bhí mo sháith le déanamh agam le 'Ceaite na gCuach' agus 'Úna Bhán' a fháil aréir ceart agus tá siad le seiceáil arís anocht. (Ceann eile a thug trioblóid cheana dhom ar an mbealach céanna 'A Labhráis an Drabhláis'.) Drochlá garbh báistí.

CBÉ CC 018.064. Ó Cholm Ó Caodháin.

Déardaoin 2 Nollaig

An mhaidin ag scríobh agus an oíche le Colm Ó Caodháin i nGlinsce arís. Bhí a dhearthář[19] agus leaid eile istigh agus thosaigh siad ag déanamh cleas. 'Ara, a dhiabhail,' a deir Colm liomsa, 'caith uait do chuid leabhar agus déanfaimid oíche le cleis dhi.' Agus rinne. Bhí sé de thairbhe san oíche agam go bhfuaireas suas le sé nó seacht de na cleasa a bhíodh ag na seandaoine. Rinneas nóta dhíobh. Báisteach inniu.

Aoine 3 Nollaig

Chaitheas an mhaidin le litreacha agus píosa den tráthnóna i gCarna ag cur orduithe poist agus araile chun bealaigh ag íoc billí dom féin.

Chaitheas an oíche aríst i nGlinsce ag scríobh.

(An chéad lá tirim ó tháinig mé anseo.)

Satharn 4 Nollaig

Nuair a thángas abhaile aréir bhí triúr leaids istigh cois tine, agus d'fhan muid ann ag ceol is ag seanchas is ag gabháil fhoinn go dtí a 2.30. Mar sin níor éiríos ar maidin go dtí a 10.30. Go díreach nuair a chaitheas bricfeasta tháinig Peait Canavan isteach

118

chugam mo thabhairt soir ag cur caoi ar dhos bheag a phíobaí. Fuaireas eolas ar sheanfhear ar an Aird Mhóir a bhfuil seandamhsa aige[20] agus shocraíos go gcasfainn port dó oíche Dé Luain ann.

Chaitheas an tráthnóna istigh ag scríobh agus chuas siar go bhfeicfinn Pádraig Mac Con Iomaire le fios a fháil uaidh faoi cheist úd an dá ghealach na gcoinleach,[21] ach ní raibh sé istigh romham – tá sé i nGaillimh le seachtain. Chuas go Glinsce aríst agus chaitheas tamall ann ag scríobh ó Cholm Ó Caodháin.

(Lá breá fuar, cruaidh.)

Domhnach 5 Nollaig

An chéad aifreann agus soir go dtí Ros Muc leis an Dr [Pádraic] Ó Beirn. Lá rídheas againn ann, é ciúin, tirim. Roinnt báistí san oíche. Bhí slua ag dul go dtí an Cheathrú Rua ar chéilí mór agus chuamar leo. Deireadh leis an gcéilí ar a 3.30 a.m. Abhaile ar a sé a chlog tar éis cúpla *puncture* a dheisiú.

Luan 6 Nollaig

Ag éirí ar a dó dhéag agus ag scríobh istigh go dtí a ceathair. Siar chuig an bposta agus dinnéar ar a cúig. Scríobhas cúpla litir agus tháinig Maidhcilín Mac Fhualáin agus chuamar soir go teach Pheait Canavan, An Aird Mhóir. Bhí Tomás Breathnach (60) ann romhainn agus chuamar ag ceol le píobaí agus veidheal agus chuaigh sé ag damhsa. *Well,* gan bréag ar bith tá seandamhsa

Tomás Cheaite ag damhsa. (Le caoinchead Lensmen.)

breá aige agus b'fhiú do dhuine staidéar a dhéanamh air.

Abhaile 1 a.m. Lá an-bhreá.

Máirt 7 Nollaig

Ag scríobh istigh ar maidin.

Thugas cuairt ar Sheáinín Choilmín [Mac Donncha] i bhFínis tráthnóna. Fuair mé Máire [Sheáinín Choilmín Nic Dhonncha] istigh romham agus neart le rá aici liom. Briseadh an teach ó shin orthu – caitheadh clocha tríd fhuinneoga agus doirse agus cuireadh droch-chaoi air. Tá na fuinneoga líonta le clocha agus moirtéal agus an teach an-dorcha.[22]

Tá siad chomh haerach is bhí siad riamh – chaith Máire cártaí agus cupáin[23] dhom féin is do Phádraig Ó hIarnáin a bhí liom. (Dúirt sí go leor den fhírinne liom féin agus le Pádraig.) Bhí Seáinín agus Stiofán [Sheáinín Choilmín Mac Donncha] amuigh ag iascach agus thángadar isteach agus 49 breac acu (agus iad trí huaire amuigh). Thugadar slám éisc dhúinn le tabhairt abhaile agus thug Seáinín ceathrú de 'An Draighneán Donn' dhom. Sin é an méid a scríobhas ann.

Chuas go Glinsce tráthnóna agus fuair mé Colm [Ó Caodháin] agus slaghdán trom air. Chaitheas píosa den oíche ag scríobh uaidh, agus píosa eile ag seanchas agus ag cur leis an liosta. Abhaile 12.20. Lá breá – snámh i bhFínis agus báisteach istoíche.

Céadaoin 8 Nollaig
La Fhéile Muire Gan Smál.[24] Aifreann 10 a.m. Maidin ghréine agus múranna sa spéir. Ag scríobh tar éis an aifrinn – litir chuig Seán [Ó Súilleabháin]. Cuairt soir ar Pheait Canavan lena chuid píobaí a fhéachaint dhó. Cuairt isteach go Maínis le Darach Ó Clochartaigh a fheiceáil, agus ní raibh sé ann. Scríobhas beagán ó Mhaidhcil (Pheadairín) Greene.

Chuas amach go dtí an Aird [Thiar] ar cuairt go dtí Seán Mac Donncha, fear duaise an Oireachtais.[25] Níl aon amhrán eile aige, déarfainn.

Déardaoin 9 Nollaig
Chuas go Maínis arís agus chonaic Darach [Ó Clochartaigh]. Scríobhas cúpla port uaidh agus fuaireas beagán fáirnéise faoina bheatha. D'fhágas slán aige. Chuas ar ais go dtí an teach lóistín ar a sé, agus bhí orm fanacht go dtí a seacht le haghaidh mo dhinnéir. Mar sin ní raibh mé i nGlinsce go dtí tar éis a hocht. Bhí Colm [Ó Caodháin] ag dul a chodladh nuair a tháinig mé ann, mar bhí air éirí le deireadh oíche arís ag coimhlint le taoille mhoch, le dhul amach ag tóigeáil muiríní. D'fhanamar tamall ag caint is ag comhrá agus chuas abhaile gan aon obair a dhéanamh.

Aoine 10 Nollaig
Chuas go Fínis ar a trí. Chaitheas an tráthnóna istigh ann leo, ag amhránaíocht is ag seanchas is ag bádóireacht. Thángas amach arís ar a 6.30 agus d'fhágas slán acu.

Darach Ó Clochartaigh agus a bhean Bairbre.
(Le caoinchead CBÉ.)

Chuas siar san oíche ar cuairt go dtí Pádraig Mac Con Iomaire, Seán Jeaic Mac Donncha, muintir Éanaí, Seán Choilm Mac Donncha agus an Máistir Seán Ó Conchúir. (*Tour of Goodwill!*) Sílim go bhfuil cuid mhaith fós ag Seán Choilm nach bhfuil scríofa agam, agus is é ba mhó ba mhian liom a fheiceáil. Tá socraithe agam cuairt a thabhairt air ag scríobh uaidh nuair a bheas mé i gCarna aríst.

Satharn 11 Nollaig
Chaitheas an mhaidin le Seán Ó Gaora, Áill na Brón. Scríobhas amhráin a shíleamar nár scríobhas cheana ach feicim gur scríobh. Chas mé cúpla port ar an veidheal dó agus d'fhág slán acu.

Bhí Cóilín (Sheáinín Choilmín) McDonagh le theacht chugam as Fínis tráthnóna le hamhráin a chur síos de réir socrú a rinneamar le chéile, agus bhí muid le dul soir go dtí Peait Canavan go gcloisfeadh sé ceol píobaí – níor tháinig sé chor ar bith agus chuas soir go dtí Peait ins an oíche le Maidhcilín Mac Fhualáin agus leaid eile.

Pádraig Ó Ceannabháin agus Seán McKiernan.

Domhnach 12 Nollaig

Chuas féin agus Maidhcilín Mac Fhualáin amach go dtí Muintir Chadhain, Dooghty,[26] [Dubhachta] Corr na Móna, Dúiche Sheoigheach, ar rothair. Rinneamar oíche mhór cheoil ann agus chruinnigh an tír uilig isteach. Gaeilgeoirí uilig.

Luan 13 Nollaig

D'fhágamar Dooghty [Dubhachta] ar a dó. (Thugas cuairt ar theach Phroinsias de Búrca ach ní raibh sé sa bhaile faoi láthair. Chuireas tuairisc amhrán agus araile ar dhaoine ach dúirt siad nach raibh rud ar bith le fáil.)

Ghlaomar isteach go dtí Stiofán Ó hOisín, Ros Muc, san oíche agus chaitheamar tamall leis, ag gáirí faoina chuid grinn agus araile. Chasamar cúpla port dó, rud a thaitnigh go mór leis. Carna ar a 12.

Máirt 14 Nollaig

Chaitheas an mhaidin ag socrú páipéirí agus araile i mbeart le cur thríd an bpost; agus ag socrú mo chodach féin chun pacála agus ag socrú cuntais le bean an tí. Thugas cuairt ar chara liom i Maínis – duine de na baitsiléaraí lena rabhas ag fanacht sa samhradh.[27] Chaitheas an oíche i nGlinsce le Colm Ó Caodháin ag scríobh agus ag seanchas.

Céadaoin 15 Nollaig

Bus ó Charna ar a 8 a.m. go Gaillimh agus traein go Baile Átha Cliath, abhaile. Bhíos sásta leis an obair a rinneas an chuairt seo.

121

1   1295: 187–219.

2   Ba é Seosamh Ó Mongáin *q.v.* agus a dheirfiúracha a bhí i mbun Tigh Mhongáin i sráidbhaile Charna agus tháinig deireadh leis an óstán ag tús na gcaogaidí go luath i ndiaidh bhás Sheosaimh. Teach ceann tuí a bhí ar an láthair i dtosach. Tugadh gaineamh as Fínis, Loch an Óir agus Loch Síodúch. Daichead seomra a bhí san óstán. Chuir Seosamh cóir ar an teach eile ar chúl an óstáin agus bhí dhá sheomra dhéag ansin nuair a bhí sé críochnaithe. Bhí uisce reatha agus teas lárnach ann. Bhíodh sé oscailte ar feadh na bliana. Bhí cúirt leadóige agus cróice ann. D'fhan John McCormack, W. T. Cosgrave, Hilton Edwards, Micheál Mac Liammóir agus James Dillon ann. D'fhan an scríbhneoir Pádraic Ó Conaire ann. Bhí faitíos ar Josie Mongan go lasfadh Pádraic an t-óstán mar go mbíodh sé ag scríobh san oíche agus píosa de choinneal leagtha ar a chliabhrach aige. Roimh an Dara Cogadh Domhanda ba mhó a thagadh daoine ann.

3   Is dóigh gurbh é seo Peaitín William Ó hUaithnín *q.v.* Féach an dialann don 27 Bealtaine, 23 Meitheamh, 14 Samhain 1943.

4   Sorcha Bean Uí Iarnáin *q.v.*

5   De réir an tseanchais, paidir nó marbhna atá ann a dúirt Naomh Pádraig tar éis cailín freastail dá chuid bás a fháil. Sa mharthain dúirt Pádraig go raibh cosaint inti ag an té a déarfadh í.

6   Is dóigh gurb é seo an t-amhrán 'Seanbhó Cheaite Seoighe'. Féach 1280: 416–19.

7   Is é atá anseo sraith seirbhísí eaglasta a chuireann an Eaglais Chaitliceach ar siúl ó am go chéile.

8   Bhí an cháil ar an sagart go mbíodh sé ag tabhairt amach faoi phoitín.

9   Sorcha Bean Uí Iarnáin *q.v.*

10   Tá litir i gcomhfhreagras Mhic Aonghusa, a scríobh sé ar an 18 Samhain 1943, chuig Seán Ó Súilleabháin ina bhfuil casfhocail ó Cholm Ó Caodháin, ó Mhaidhcil Mac Fhualáin agus ó Shorcha Bean Uí Iarnáin *q.v.*

11   Maidhcil Pheadairín agus Peaitín William Ó hUaithnín *q.v.* is dóigh.

12   I litir chuig Seán Ó Súilleabháin a scríobh Mac Aonghusa an 23 Samhain 1943, tá tuilleadh casfhocal ó Cholm Ó Caodháin, ó Mhaidhcil Mac Fhualáin, ó Shorcha Bean Uí Iarnáin agus ó Phádraig Ó hIarnáin *q.v.* agus ó Sheán Choilm Ó hUaithnín (48), Roisín na Mainiach. Is dóigh gurbh é Seán Choilm Ó hUaithnín a bhí tigh Iarnáin roimhe nuair a chuaigh Mac Aonghusa abhaile tigh Iarnáin an tráthnóna sin.

13   Eoin Ó Neachtain.

14   Chuir an Súilleabhánach litir chuig Mac Aonghusa ar an 24 Samhain 1943 agus an t-iarratas seo a leanas inti: 'Tá *bulletin* beag á ullmhú againn fé láthair le cur amach chun na Nollag go dtí na daoine a bhíonn ag freagairt cheistiúchán dúinn etc. An ceol an mhóitíf a bheidh mar bhunús leis.' Mhínigh sé don bhailitheoir gur mhaith le Séamus Ó Duilearga achoimre leathanaigh ar obair Mhic Aonghusa – na daoine a casadh air, an t-ábhar a bhailigh sé, na háiteanna a raibh sé ag bailiú iontu – agus go roghnófaí ábhar as le cur sa *bulletin*. I litir chuig Mac Aonghusa an 8 Nollaig 1943, dúirt Seán Ó Súilleabháin go raibh an *bulletin* beagnach réidh agus gur phictiúr de sheanveidhleadóir a bheadh ar an gclúdach.

15   Maidhcil Pheadairín agus Peaitín William Ó hUaithnín, *q.v.* is dóigh arís.

16   Dúirt Mac Aonghusa i litir chuig Seán Ó Súilleabháin ar an 28 Samhain 1943: 'I dtaobh na ceiste úd ar "Dhá Ghealach na gCoinleach", níor chuala mé aon tuairisc ach go raibh a leithéide á rá ag seandaoine – sin é go mba dhrochchosúlacht aimsire é.' Rinne sé plé ansin ar eolas i *Moore's Almanac* faoi dhá ghealach na gcoinleach a bheith ann mí Lúnasa agus Mheán Fómhair mar gur chosúil dhá ghealach i mí Dheireadh Fómhair luaite san fhiosrú a chuir an Súilleabhánach chuige. Scríobh an Súilleabhánach ar ais chuig an mbailitheoir an 8 Nollaig 1943, ghlac buíochas leis as an

eolas agus á rá go raibh roinnt mhaith eolais bailithe ag an gCoimisiún faoin scéal. Dúirt sé gur aontaigh go leor daoine le Mac Aonghusa nach raibh dhá ghealach ann i nDeireadh Fómhair.

17 Is dóigh gur go dtí an Connacht Laundry é seo ó tharla é luaite ina dhiaidh seo, 23 Iúil 1945. Chuirtí bearta éadaigh le tirimghlanadh nó le níochán tríd an bpost chuig an Connacht Laundry agus sheoltaí ar ais ansin chuig oifig poist an chustaiméara iad. Bhailíodh an custaiméir an beart éadaigh ansin ó oifig an phoist agus d'íocadh an bille a bheadh in éineacht leis an mbeart ar lipéad ón gcomhlacht níocháin. Bhíodh ar an gcustaiméir an postas a íoc. Níor bhain oifig an phoist aon airgead amach ar an tseirbhís a chuir siad féin ar fáil. Bunaíodh an Connacht Laundry i Sráid Anraí, Gaillimh, i 1908. Cheannaigh an Court Laundry é i 1958 agus athraíodh an t-ainm dá réir i 1968. Tá an comhlacht i Sráid Anraí i gcónaí ach iad ag plé le teicstílí a chur ar cíos den chuid is mó.

18 Is dóigh gurb é Pádraig Ó Caodháin atá i gceist anseo. Tá tagairtí dó ina dhiaidh sin, 14, 23 Samhain 1944.

19 *idem.*

20 Is dóigh gurb é seo Tomás Chcaite Breatnach *q.v.* Féach an dialann don 6 Nollaig 1943.

21 Féach fonóta 16.

22 Tá cuntas ar an eachtra seo in *The Connacht Tribune*, 6 Samhain 1943.

23 Déantar fáistine nuair a léitear comharthaí i gcártaí imeartha agus is féidir é a dhéanamh freisin nuair a léitear na billeoga tae a bheadh fanta i gcupán agus an tae ólta as.

24 Lá Saoire Eaglasta é. Ceapadh amhlaidh é mar cheiliúradh ar ghiniúint na Maighdine Muire gan peaca an tsinsir. Cé go raibh an coincheap seo á theagasc ag an Eaglais roimhe sin, d'eisigh an Pápa Pius IX dogma deifnídeach ina leith sa bhliain 1854.

25 Ghnóthaigh Seán Jeaic Mac Donncha duais sa chomórtas amhránaíochta ag an Oireachtas i 1943.

26 'Dooghta' atá sa *General Alphabetical Index to the Townlands and Towns, Parishes and Baronies of Ireland* (Dublin, 1861), bunaithe ar an nGaeilge agus faoi mar a deir lucht labhartha na Gaeilge, ach 'Dooghty' atá go háitiúil air i measc lucht an Bhéarla.

27 Is dóigh gurb é seo tigh Pheaitín William Uí Uaithnín *q.v.*

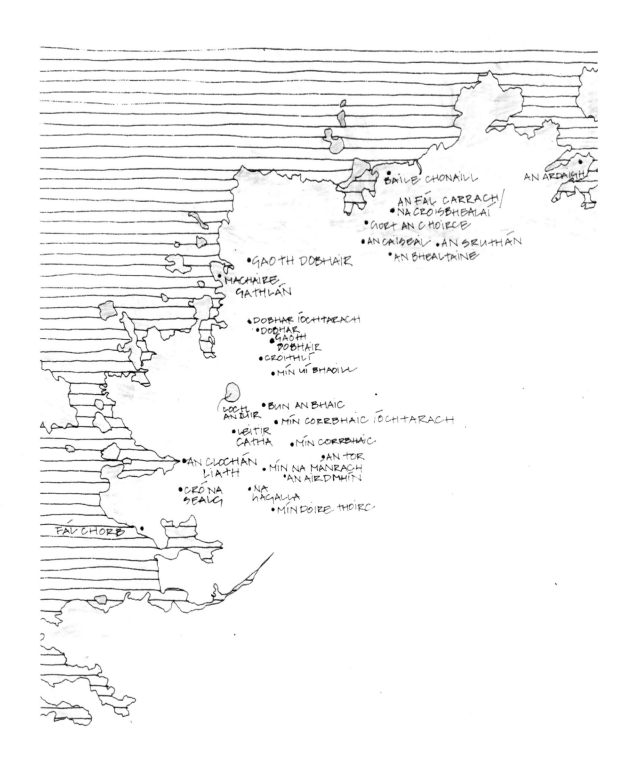

BAILE CHONAILL

AN ARDAIGH

AN FÁL CARRACH/
NA CROISBHEALAÍ

GORT AN CHOIRCE

AN CAISEAL · AN SRUTHÁN

AN BHEALTAINE

GAOTH DOBHAIR

MACHAIRE
GATHLÁN

DOBHAR ÍOCHTARACH

DOBHAR
GAOTH
DOBHAIR

CROITHLÍ

MÍN UÍ BHAOILL

LOCH
AN IÚIR

BUN AN BHAIC

MÍN CORRBHAIC ÍOCHTARACH

LEITIR
CATHA

MÍN CORRBHAIC

AN TOR

AN CLOCHÁN
LIATH

MÍN NA MANRACH

AN AIRD MHÍN

CRÓ NA
SEALG

NA
hAGALLA

MÍN DOIRE THOIRC

FÁL CHORB

Tír Chonaill, Bliain Úr

15 Eanáir–5 Aibreán 1944[1]

Satharn 15 Eanáir

D'fhág mé an baile ar an traein (9 a.m.) agus chuas go Doire.[2] Ocras agus tuirse, agus chuireas fúm i gcaitheamh na hoíche ann.[3] Fuaireas faoistin ann agus chonaic mé pictiúr, *Hitler's Children*, ab fhiú a fheiceáil. Pictiúir de *phropaganda* Shasana a bhí ann, ach léirigh sé an *Reich* sa nGearmáin ó thús.[4]

Domhnach 16 Eanáir

Fuaireas aifreann a 7 a.m. agus bricfeasta a hocht, agus bus ar a naoi[5] go dtí Gort an Choirce. Chuas go teach Mhic Gabhann, An Caiseal, Gort an Choirce, mar ar cuireadh fáilte mhór romham. Bhí Seán Ó hEochaidh romham ann agus a bhean [Annie] (iníon fhear an tí). Is ann atá Seán ag cur faoi faoi láthair.[6] Chaitheamar dinnéar agus chuamar ag siúlóid síos go dtí Dinny Boyle. Chuaigh an triúr againn ar ball síos go Gort an Choirce le dhá mhála liomsa a thabhairt linn aníos as.

Tigh Mhic Gabhann.

Chaitheamar tae ansin ar fhilleadh dhúinn agus chaith muid an oíche ag seanchas, agus chuas ag píobaireacht tamall do mhuintir an tí.[7]

Luan 17 Eanáir

Thug mé an lá uilig istigh ag scríobh. Cúpla litir agus ag athscríobh ceoil Chonamara.

An oíche istigh le cártaí le muintir an tí.

Stoirm is báisteach ó d'fhág mé Baile Átha Cliath.

Máirt 18 Eanáir

Chaitheas an mhaidin istigh ag scríobh.

Chuas siar ar cuairt go dtí Niall Ó Dufaigh sa tráthnóna. Fuair mé é féin agus a bheirt deirfiúr go maith – duine acu Máire Bean Mhic Aoidh, a thug dornán amhrán dom sa bhfómhar. Bhí áthas orthu mé a fheiceáil arís. An oíche istigh ag seanchas.[8]

Niall Ó Dufaigh agus gaolta. (Le caoinchead Bella Mhic Aoidh.)

Céadaoin 19 Eanáir

Drochlá stoirme. Chaitheas an lá uilig ag scríobh liom as bailiúchán Chonamara.

Déardaoin 20 Eanáir

An lá istigh le litreacha agus athscríobh. An oíche ag casadh ceoil ar na píobaí.

Aoine 21 Eanáir

Chaitheas an lá istigh ag scríobh dialainne, litreacha agus ceoil. An oíche le Niall Ó Dufaigh ina theach féin ag seinm ceoil dá chairde agus dá dheirfiúracha agus a gclann a d'iarr sé ann.

Niall Ó Dufaigh agus a dheirfiúr Lena.
(Le caoinchead Bella Mhic Aoidh.)

Bhí seanbhean, Máire Nic Pháidín (Máire Mhór) (87), ann, as an mBealtaine, agus bhí sí chomh bródúil as an gceol a chas mé go ndúirt sí amhrán dúinn – 'Seachrán Sí a Bhain Domh san Oíche' – agus ceann eile – amhrán buailteachais[9] é. Shocraigh mé léi a dhul ag scríobh uaithi oíche amárach. Seanbhean í atá crom, ramhar agus gearranálach leis an aois, ach tá cuid mhaith ceoil ina guth go fóill. Tá cuntas níos míne agam uirthi sa leabhar amhrán.[10]

Satharn 22 Eanáir

Chaitheas an tráthnóna istigh ag scríobh agus chuas go dtí Máire Mhór Nic Pháidín tar éis an tae. Scríobhas cúig nó sé amhráintí uaithi agus ó bhí oiread sin saothair uirthi dhá gceol, shocraigh mé ar úsáid a bhaint as *Ediphone* Sheáin [Uí Eochaidh], mar is fearr go mór é a úsáid ina leithéide seo de chás. Níor mhaith liom bheith i mo shiocair le saothar rómhór a chur ar chroí sheanmhná mar Mháire.

CBÉ CC 020.016. Ó Mháire Mhór Nic Pháidín.

Domhnach 23 Eanáir

Bhí Seán [Ó hEochaidh] ag caint cúpla lá ó shin ar choirm ceoil a chur ar bun le píobaireacht a chur ar fáil do mhuintir na háite agus shocraigh sé ar chraobh na háite seo de Chomhaltas Uladh[11] – na baill a thabhairt le chéile inniu ar na Croisbhealaí agus socrú a dhéanamh.

Tháinig siad le chéile – chuas féin agus Seán agus Donncha Ó Baoill soir tráthnóna agus socraíodh ar choirm ceoil a rith seachtain ó inniu. Socraíodh dráma agus nithe cile a chur ann agus cuireadh ormsa is ar Sheán is ar Dinny is ar Mháire Nic Suibhne (cailín de mhuintir na gCroisbhealach) an dráma a dhéanamh.

Shiúlamar abhaile agus chaitheamar tae tigh Mhic Gabhann agus scríobhamar amach leagan Ultach de dhráma gearr, 'Troid' le Seán Ó Cuív.[12]

Chuas síos an bealach tamall den oíche le Dinny ag cuartaíocht tigh Mhaguire, cairde linn.

Luan 24 Eanáir

Chaitheas an lá uilig istigh ag scríobh amach na n-amhrán a bhreacas ó Mháire Mhór [Nic Pháidín] oíche Shathairn (focail) agus ag cur cúpla litir dhíom agus ag athscríobh ceoil. Bhí an aimsir an-doineanta ó tháinig mé anseo le stoirm agus báisteach ach sháraigh an lá inniu aon lá go fóill acu le doineann. Báisteach agus gaoth ó mhaidin go hoíche inniu agus d'ardaigh ina stoirm san oíche. Ní ligfeadh faitíos d'fhear an tí [? Micí Mac Gabhann] dul a chodladh go dtí i dtrátha an dó ag ceapadh go ndéanfadh an stoirm damáiste don teach nó dos na cróite amuigh, ach seanfhear anois é agus creidim go raibh an-iomarca faitís air. Níor bhac muintir eile an tí leis an stoirm ach oiread is dá mb'oíche chiúin a bhí ann. Shuíodar sa gcisteanach píosa mór den oíche leis an seanchas. Duine crua den tseansaol é.[13]

Máirt 25 Eanáir

Chuas siar tráthnóna go teach Néill Uí Dhufaigh leis an *Ediphone* agus chuireas síos air ceol uilig Mháire Mhór Nic Pháidín, iomlán dhá *record*[14] de phíosaí. Thángas abhaile chun tae agus ansin soir na gCroisbhealach ag cleachtadh an dráma.

Ediphone. (Le caoinchead CBÉ.)

Céadaoin 26 Eanáir

Chaitheas píosa mór den lá ag athscríobh ceolta Mháire [Nic Pháidín] ón *Ediphone* nuair a bhí Seán [Ó hEochaidh] ag plé le hobair eile. Chuas siar tráthnóna go dtí Annie Roarty (Rabhartaigh), bean óg ar dúradh liom amhráin a bheith aici. Bhí go leor aici de na cinn a scríobhas cheana anseo sa bhfómhar, agus bhí ceann amháin agam uaithi nach gcuala mé cheana. Nuair a d'fhiafraíos di an raibh aon cheann de na seandánta diaga aici dúirt sí nach raibh ach go raibh giotaí ag a máthair, agus shocraigh mé léi go ngabhfainn chuici sin amárach.

Bhí an tAthair [Seán] Cunningham le bheith tigh Mhic Gabhann anocht leis na píobaí a chloisteáil agus chaitheas píosa mór den oíche ag seinm dó. Bhí sé an-mhór le Tarlach Mac Suibhne fadó – bhí sé ar láthair a bháis[15] – agus tá súil agam le roinnt de phoirt Tharlaigh a fháil uaidh maille le seanchas ar bith atá aige faoi. Tá corramhrán aige freisin.

Déardaoin 27 Eanáir

Chuas siar sa tráthnóna go dtí Mrs Mickey Roarty, Bealtaine,[16] agus cuireadh fáilte mhór romham ann. Bhíodar an-lách agus an-fhonn orthu cuidiú liom. Thug bean an tí (55) giotaí de 'Dán na hAoine' agus 'Na Seacht Suáilcí' uaithi chomh maith is d'fhéad sí, ach ina dhiaidh sin dúirt siad liom go raibh seanaint léi beo, Nóra Ní Ghallchóir (84), Sruthán,[17] leathmhíle nó mar sin siar as sin. Dúirt Mickey [Roarty] go ndéarfadh sé léi bheith réidh dhom tráthnóna amárach.

D'fhágas tamall i ndiaidh a sé iad agus crap maith scríofa agam agus mé ag súil le go leor ó Nóra amárach.

Soir go Croisbhealaí san oíche ag cleachtadh an dráma údan.

Aoine 28 Eanáir

Chaitheas an mhaidin uilig ag scríobh istigh agus chuas siar chun Néill Uí Dhufaigh tar éis an dinnéir. Thug sé siar mé go dtí an tseanbhean seo, Nóra Gallagher (84), Sruthán. Bhí stoirm gaoithe cruaí inár n-éadan agus suas le míle bealaigh le siúl againn, ach ba ghearr liom é i gcuideachtain Néill. Chuaigh sé ag cur síos dom ar an tír thart timpeall orainn – na cnoic agus na sléibhte, gur thit eiteallán anseo cúpla bliain ó shin, gur loisceadh í féin agus na paisinéirí, nó pébrí cé hiad a bhí inti, agus go raibh an L.D.F. ag cuidiú san obair a bhí léi. Thaispeáin sé dhom an srutháinín atá ina teorainn idir baile fearainn na Bealtaine agus an Sruthán. Mhínigh sé cuid d'ainmneacha na gcnoc, agus anoin bhí muid ag an teach. 'Dia insa teach,' a dúirt Niall, ar shiúl isteach dhó. Freagraíodh é agus cuireadh fáilte romhainn. Síneadh cathaoireacha chugainn agus shuigh muid fúinn. Beirt a bhí istigh – an tseanbhean Nóra agus leasmhac (*stepson*) léi (sin é a dúirt Niall). Shílfeá gur seanbhean rialta í Nóra ina suí ar stól cois tine agus a droim le leaba na clúide aici.

Bhí éadach dorcha thart fána ceann uilig aici agus a héadan leathan ina chiorcal aigesean ó smig go clár éadain, agus í gléasta in éadach dorcha an tseansaoil – sciorta go bróig agus seaicéad olna uirthi agus naprún geal. Í ar leathshúil – an tsúil dheis agus í mór cruinn glas agus beagán dall. Bean mhór chearnógach, leathanghuailleach. 'Dé do bheatha, a dhuine uasail,' a dúirt sí, is í ag croitheadh lámh liom.

'Go maire tú, a bhean mhaith,' a dúirt mé féin, agus ní luaithe bhí sé ráite agam ná go raibh Niall ag caint chomh tréan is bhí aige ar an obair a bhí mé a dhéanamh agus ag rá léi céard a bhí ag teastáil uaim léi, cé go raibh scéala inné aici go mbeinn ag teacht.

'Leoga, a thaisce,' a deir sí, 'chan mórán atá agam, ach an méid atá, déanfaidh mé mo dhícheall smaointiú orthu agus iad a ráit dó.' 'Tá ceann amháin agam agus tá sé uilig agam,' a deir sí. 'Dán beannaithe é, "Gol na dTrí Muire", má tá maith ar bith ann dó,' agus thosaigh sí air.

Choisric sí í féin go mall ómósach: 'In ainm an Athar, an Mhic agus an Spioraid Naoimh, Áiméan.'

Bhain mé féin agus Niall agus an fear a bhí istigh na bairéid dhínn agus chuir ar ár nglúnaí iad. Bhí mise in mo shuí os coinne na tine amach agus Nóra ar mo láimh chlé cois tine. Bhí Niall idir mé agus Nóra, agus an fear eile ar an mbord taobh istigh den bhfuinneoig ar mo thaobh dheis. Bhí leaba na clúide, dreisiúr agus bord eile fan an bhalla uilig ar mo thaobh chlé – an taobh ó thuaidh den teach. Teach beag ceann tuí é agus fad siar as, a bhfuil slinn air. Ballaí buí le doineann agus póirse bheag ar an doras. Thoisigh sí ar an dán ina fhocla agus tar éis di cúpla líne a rá chuaigh na focla amú uirthi agus dúirt sí: 'Cha dtig liom é a ráit dhaoibh mura gceolfaidh mé daoibh é. Tá na focla ag dul amú orm.'

Bhí áthas uirthi nuair a dúirt mé léi gur mar sin ab fhearr liom é agus thoisigh sí ar an gceol, go mall righin soiléir, agus gach aon bhéim ann láidir; ní raibh a guth róbhinn, ach bhí sé láidir agus beagán de bhriseadh na haoise ann. Ach ní raibh siolla ná nóta ná focal dár dhúirt sí nár thuig mé. D'oibrigh sí léi tríd na ceathrúna uilig agus í ina suí ansin mar bheadh íomhá naoimh eicínt den seanreacht. Tháinig sí ar ainm Íosa amach ina lár agus chrom sí a ceann is thóg aríst é go tobann agus san am céanna bhuail sí a hucht, agus d'fhill na lámha ar a chéile ar a glúine mar bhíodar ó choisric sí í féin. Tháinig sí go dtí an deireadh agus choisric í féin chomh tobann is a thoisigh sí ar an dán. Choisric muide muid féin in éineacht léi agus chrom muid á moladh agus ag moladh an dáin, rud a thaitin go mór léi; thug mé féin faoi deara faoi seo go raibh Nóra bhocht beagán páistiúil, nó b'fhéidir leanbaí ina bealach, agus fuair mé amach ó shin gur mar sin atá. Thig meabhrán ina ceann amanna agus ní bhíonn sí i gceart uilig. Dúirt sí ansin píosa cainte faoin údar a gcoisriceann duine é féin.

Ar ball dúirt sí dhúinn 'Dán na hAoine', 'Dán an Bháis', 'Na Seacht Suáilcí', amhrán faoi mhada rua a bhí ag slad ar lachain,[18] 'Is Fada mo Chosa gan Bróga' agus 'Na Seacht Sailmide' ar deireadh thiar, an ceann ab iontaí uilig orthu, ach go ndúirt sí nach raibh sé uilig aici.

De bhrí nach raibh sí in ann iad a rá dhom gan iad a cheol, agus de bhrí go raibh sí chomh haosta agus an oiread sin saothair uirthi á rá, shocraigh mé go mb'fhearr glaoch ar *Ediphone* Sheáin arís agus dúirt mé go dtiocfainn ar ais chuici tráthnóna eicínt i dtoiseach na seachtaine leis an *Ediphone*. Chuala sí caint go minic ar an *Ediphone*, ach chuir sé an-lúcháir uirthi go bhfeicfeadh sí é agus go gcloisfeadh sí í féin ag ceol ann!

Rinne mé iarracht socrú léi do thráthnóna Dé Máirt agus dúirt sí go bhfeilfeadh sé dhi.

'Ach,' deir sí, 'thig meabhrán in mo cheann in amanna agus cha dtig liom ansin smaointiú ar na dánta.'

Dúirt mé léi go dtiocfainn chuici Dé Máirt, agus d'fhág mé féin agus Niall iad ag gabháil buíochais leo. Bhí sé ina oíche dhubh faoi seo, i bhfad, agus muid araon mall don tae. Ach má bhí, bhí muid tar éis an tráthnóna a chaitheamh insa tseansaol, i measc leithéide ár sinsear agus faoi anáil chráifeachta agus chultúrtha ár sean, na Gaeil a thuill d'Éirinn an t-ainm 'Oileán na Naomh is na nOllamh'.[19]

Satharn 29 Eanáir
Chaitheas an lá uilig istigh ag scríobh agus chaitheas an oíche ag glanadh mo phíobaí agus á gcur i dtiúin le haghaidh an choirm cheoil oíche amárach ar na Croisbhealaí.

Domhnach 30 Eanáir
An chéad lá breá ó tháinig mé – neart gréine agus gaoithe.

An chéad aifreann, píobaireacht agus dinnéar agus soir go Croisbhealaí. Oíche bhreá spóirt againn agus lán an halla[20] ann. An t-airgead le haghaidh Shéamuis Mallon a bhí ag múineadh damhsa anseo agus £11[21] tuarastail aige ar Chomhaltas Uladh nuair a d'fhág sé.

Luan 31 Eanáir
Ag scríobh istigh ar maidin agus mé réitithe le cuairt siar a thabhairt ar Nóra Gallagher arís leis an *Ediphone* ach é faoi ghlas ag Seán [Ó hEochaidh] dom agus na heochracha ina phóca agus é imithe síos go Gort an Choirce! Bhí orm fanacht istigh.

Chaitheas an tráthnóna agus cuid den oíche istigh ag scríobh.

Máirt 1 Feabhra
Thugas an mhaidin le litreacha. Chuas suas go [dtí an] Sruthán sa tráthnóna leis an *Ediphone* agus bhí tráthnóna an-taitneamhach agam le Nóra [Ní Ghallchóir] agus

cúigear nó seisear fear a tháinig ann. Chuireas síos ceithre cinn de na dánta údan ar an *Ediphone*, agus le seanchas agus caint níor airigh mé píosa den oíche ag imeacht. Bhí orm cúpla amhrán a rá do Nóra agus an mhuintir a bhí istigh.

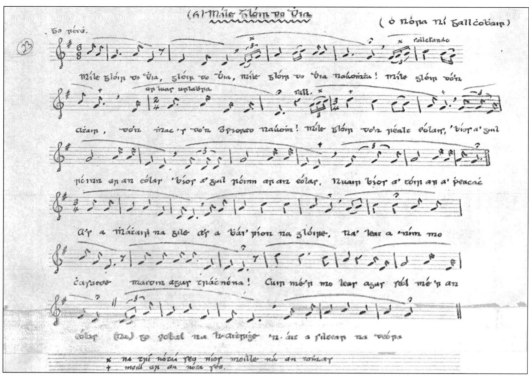

CBÉ CC 020.023. Ó Nóra Ní Ghallchóir.

Céadaoin 2 Feabhra

An mhaidin istigh ag scríobh, ón *Ediphone*, deireadh le ceolta Mháire Nic Pháidín. Scríobhas focla na n-amhrán, a bhreacas uaithi féin, isteach sa leabhar tráthnóna agus cuntas uirthi féin. An oíche ag seanchas agus ag píobaireacht. Bhí Frank McLoughlin, cara do Sheán [Ó hEochaidh], againn ar cuairt.

Déardaoin 3 Feabhra

Chaitheas an mhaidin ag scríobh beagnach coicís den dialann seo isteach ó bhreacnótaí. An tráthnóna ag athscríobh cheol Chonamara. Bhí ar Sheán [Ó hEochaidh] dul soir go cruinniú ar na Croisbhealaí agus chuas leis san oíche ar son siúlóide.

Aoine 4 Feabhra

An mhaidin ag athscríobh ón *Ediphone*. Scríobhas ceol agus focla 'Gol na dTrí Muire' le Nóra Gallagher an tSrutháin. Píosa álainn é.[22]

An tráthnóna ag scríobh focla a fuaireas ó Mrs Roarty isteach in mo leabhar, agus ag scríobh litreach abhaile. Ag seiceáil ar cheolta a scríobhas ó thánag anseo, tamall den oíche, agus síos go Gort an Choirce le Seán [Ó hEochaidh] agus Dinny Boyle ag imirt *darts* tigh McFadden.[23]

Satharn 5 Feabhra

Maidin iontach ach é fuar. Uair leis an *Ediphone* le cuid Nóra Gallagher agus ag athscríobh cheol Chonamara ina dhiaidh sin go dtí am dinnéir.

Tráthnóna ag seanchas agus ag píobaireacht agus an oíche ar na Croisbhealaí tigh an Gharda [Micheál] Linney, cara liom. As Port an Chlóidh é, Co. Mhaigh Eo. Gaeilgeoir breá.

Domhnach 6 Feabhra

An dara haifreann – báisteach is gaoth. Dinnéar agus seanchas, agus soir i gcarr go dtí na hArdaí Beaga[24] in aice an Chraoslaigh le Seán [Ó hEochaidh] agus Dinny [Ó Baoill], Hughie Curran N.S., Billy Dobbin[25] agus Frank McLoughlin. Oíche cheoil ansin a thaitin go mór liom, agus abhaile 2 a.m. (18 míle).[26] An oíche doininne ba mheasa ó thánag.

Luan 7 Feabhra

An mhaidin leis an *Ediphone*. Scríobhas dhá dhán de chuid Nóra [Ní Ghallchóir] agus a gceolta. Ansin go dtína trí le litreacha. (Drochlá gaofar le báisteach an-trom ó am go ham).

Chaitheas an tráthnóna go dtí a sé ag léamh, agus chaitheas an oíche uaidh sin go dtí a haon déag le Nóra Gallagher (77), An Sruthán, leis an *Ediphone* agus mo pheann. Chuireas síos anocht iomlán dá bhfuil aici agus chualas cúpla scéal maith do Sheán [Ó hEochaidh]. Cuairt amháin eile ag ceartú an stuif atá tógtha agam uaithi agus sílim nach mbeidh a thuilleadh aici dhom. Tá sí go han-mhaith mar gheall ar na hamhráin agus deineann sí a dícheall dom i gcónaí, agus dícheall maith é sin. Tá a guth ag feabhsú ó chleachtadh a bheith ag ceol arís, ach bhuail cúpla taom casachtaí anocht í agus shíl mé go raibh sí réidh leis an gceol don oíche seo, ach d'ól sí cupán uisce agus chuaigh sí ar aghaidh go breá arís. Rinne an bheirt againn obair mhór anocht, a bhuí uilig do Nóra.

Máirt 8 Feabhra

Chaitheas an mhaidin leis an *Ediphone* ag athscríobh cheolta Nóra [Ní Ghallchóir]. An tráthnóna le focla na n-amhrán agus le dhá litir eile.

Chuas soir ar a sé le Donncha Ó Baoill go dtí Baile Chonaill,[27] clochar ullmhúcháin[28] do mhná-oidí, le port a chasadh ar na píobaí dófa. Dinny a d'iarr orm é a dhéanamh agus rinne mé le fáilte é. Áit iontach Baile Chonaill – seaneastát mór fairsing de leithéide na nArdaí.[29] Abhaile ar a deich.

Céadaoin 9 Feabhra

An mhaidin leis an *Ediphone* agus an tráthnóna le dialann, litreacha, focla amhrán agus aistriú go Béarla ar mo chuid de dhíospóireacht ar cheol na Gaeltachta a bhí agam ar chraolachán 8.1.44 – mé féin is Sorcha Ní Ghuairim agus araile.[30] Litir agam uaithi an lá fá dheireadh á iarraidh seo orm. Rinne mé cuid de inniu.

Chuas siar san oíche go Leitir Catha le Donncha [Ó Baoill] sa bhus agus rinneas socrú leo thiar mé a choinneáil tamall. (Ar ais ar bhus a deich ar maidin.)

Déardaoin 10 Feabhra

Thánag anseo ó Leitir Catha ar a 12. Dinnéar agus an tráthnóna leis an *Ediphone* le ceolta Nóra [Ní Ghallchóir].

Chuas féin agus Seán [Ó hEochaidh] san oíche go dtí Nóra Ní Ghallchóir féin, i Mín an Mhadaidh,[31] Sruthan. Fuair Seán roinnt seanchais uaithi agus fuaireas dhá amhrán eile agus beagán seanchais ar cheol agus amhráin. Cheartaíos léi gach ar scríobhas ón *Ediphone* ó shin. Oíche an-phléisiúrtha agam féin is í sin, agus dúirt sí go raibh 'oíche ar dóigh againn. Cha bhíonn an darna oíche chomh pléisiúrtha agam an fhad is mhairfeas mé,' dúirt sí ar deireadh. D'fhág muid ar a 11.30 í[32] (sean am).[33]

Aoine 11 Feabhra

Fuaireas litir agus roinnt amhrán ar maidin ó Chaitlín Ní Ghallchóir, Dobhar Láir – cailín a bhí ag an Oireachtas anuraidh. Ní mór dhom iad a cheartú léi féin aríst nó le pébrí seanbhean a bhfuair sí uaithi iad, nuair a bheas mé thiar ansiúd. Chaith mé an mhaidin ag aistriú ábhar díospóireachta go Béarla do Shorcha Ní Ghuairim – litir a bhí agam uaithi.

Chaith mé an tráthnóna leis an *Ediphone* le ceolta eile a fuaireas ó Nóra [Ní Ghallchóir] aréir – go dtí a naoi istoíche. Seanchas agus codladh.

Charlie Beag Dunleavy chun tosaigh sa lár, agus a ghaolta. (Le caoinchead Martha Baskin.)

Satharn 12 Feabhra

An mhaidin go dtí a trí ar obair ón *Ediphone* agus athscríobh ó bhreacnótaí.

An tráthnóna go titim oíche le Charlie Beag Dunleavy thiar sa chnoc ag a theach féin ag deasú *mudguard* mo rothair a bhriseas ar dhrochbhóthar seo an Chaisil cúpla lá ó shin.

An oíche ag spaisteoireacht síos fá Ghort an Choirce ag caint agus ag cadráil agus ag imirt *darts* leis na leaids thíos.

thitim na hoíche agus bhí Lizzie [Ní Bhaoill] (deirfiúr Dinny) ar an gClochán Liath agus b'éigean dom dul ina haircis – bhí ualach léi agus ba dheacair do chailín ar bith dul in éadan na stoirme.

An oíche istigh ag scríobh amach focla na n-amhrán a bhreacas ar an Tor.

Domhnach 27 Feabhra

Ina stoirm thirim ar maidin agus é an-fhuar. Sneachta domhain ann agus é ina luí ard in áiteanna. Ceathach, sneachta i gcaitheamh an lae. Bhí an-spórt againn tráthnóna ag caitheamh sneachta – chruinnigh na fir óga go léir anseo agus rinneamar dhá fhoireann dínn féin agus bhí ina dhearg-ár go ceann cúpla uair.

An oíche istigh. Tháinig fidléir ar cuairt agus chaitheamar an oíche le ceol. Ní raibh dada aige dom – ceol na leabhar atá aige – fear bhanna céilí é.

Luan 28 Feabhra

Chaitheas an mhaidin ag tabhairt *overhaul* don rothar – rud a theastaigh go géar uaidh le tamall, de dheasca na ndrochbhóithre.

An tráthnóna istigh ag scríobh agus an oíche ar an Airdmhín. Scríobhas giota amháin ó Pheig [Ní Dhufaigh] agus chruinnigh an saol mór isteach. Níor fhéadamar níos mó a dhéanamh, mar a tharla an oíche dheireanach dá raibh mé aici. Bhíomar go léir ag seanchas is ag ceol go dtína haon. Chuala mé fonn eile de 'Tiocfaidh an Samhradh' ag na Baoilligh a bhí liom agus cúpla amhrán eile.

Máirt 29 Feabhra

Chaitheas an tráthnóna ag scríobh ó Shibéal Ní Bhaoill an tí seo agus a deirfiúr Róise. Chuas siar ar cuairt go dtí Sarah Gallagher (*c.* 30) cúpla míle as seo ar bhealach an Chlocháin Léith. Scéala agam go raibh roinnt ceoil aici óna máthair, ach creidim nach bhfuil; níor chuimhin léi aon chuid dó, dúirt sí. Tá a máthair beo ar an Tor, deir sí, agus b'fhéidir go mbeadh ceol go fóill aici. Bhí sí an-deas agus an-lách liom. Chaitheas cuid mhór den oíche sa teach ag seanchas.

Sibéal Ní Bhaoill, chun tosaigh.
(Le caoinchead Thomáis Uí Bhaoill.)

Céadaoin 1 Márta

Chuas soir go dtí an Airdmhín – go dtí Peig Ní Dhufaigh agus chaitheas ón trí go dtí 9.30 léi ag scríobh is ag plé leis na hamhráin agus giotaí a bhí aici (ag plé le páipéar agus ceol ar maidin).

Déardaoin 2 Márta

Chaitheas an mhaidin istigh ag scríobh agus chuas amach go dtí Máire Shiobháin Ní Dhúgáin (76) i mBun an Bhaic. Seanbhean shoineanta í, ina cónaí lena mac is a hiníon i dteach beag sócúil thíos ag bruach thoir Loch an Iúir. Chuir siad na céadta fáilte romham, agus ar éigin a bhí faill agam suí go raibh cupán tae réidh dhúinn uilig. Agus d'ól muid sin agus thoisigh an seanchas. Scríobhas ceithre amhrán ó Mháire agus thug sí uaithi le lán a croí iad, cé go rabhadar bearnach go maith. Níor scríobhas aon nóta ceoil uaithi, ach b'fhéidir go bhfaighinn an ceol níos fearr aici arís.[41]

(Tom, mac óg le Dinny Boyle, a bhí liom).

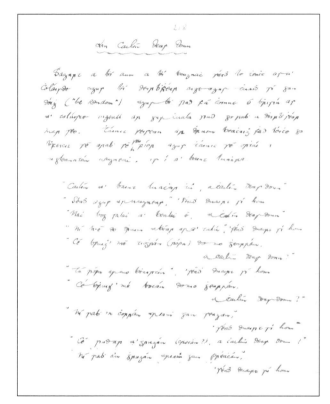

CBÉ 1282: 218. Ó Mháire Ní Dhúgáin.

Páidí Bhidí agus a bhean Síle.
(Le caoinchead Cissie Uí Dhuibheannaigh.)

Aoine 3 Márta

Chuas soir chun an Toir ar a dó agus chaitheas giota den tráthnóna ag Maighréad Sweeney arís. Fuaireas fonn deas do 'Chuaigh mé Seal Tamallt ar Cuairt' agus ceann eile do 'Tiocfaidh an Samhradh' uaithi. Tháinig fear an tí agus a iníon liom ansin (sé a chlog) go dtí Páidí Bhidí Ó Connacháin (70) ar an mbaile céanna. Chuaigh muid isteach agus bhí a fhios aige cé mé féin. Fear caol leathard é agus croiméal air, é liath, bratógach agus leathainniseach ina dhealramh go dtí go gcuireann tú aithne air. Óg dá aois – barúil agam féin gur fear tuairim is 56 é le breathnú air. Rinne muid neart cainte agus seanchais. Shéan sé ar dtús amhrán ar bith a bheith aige agus ar ball bhog sé amach agus d'éirigh sé an-chairdiúil liom. Guth fíor aige. Scríobhas dhá amhrán uaidh nár chualas riamh cheana agus a gceolta. D'fhágas ar a haon déag é agus sílim anois go dtabharfaidh sé dhom lán an mhála – bíodh sé sin beag nó mór. Cuid de stíl Chonnachta aige ina cheol – an crónán.[42]

Céadaoin 22 Márta

An oíche ar an spraoi tigh Sweeney (cliamhaineacha Néillí Uí Bhaoill). Scríobhas cúpla giota ceoil ó Niallaí nuair a bhí sos againn. Chaitheas an lá istigh ag obair ar cheol agus amhráin roimhe sin.

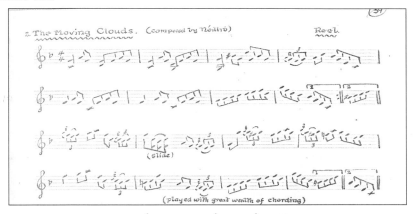

CBÉ CC 202.069. Ó Niallaí Ó Baoill.

Déardaoin 23 Márta

Chaitheas an tráthnóna ag scríobh agus ansin bhí coinne agam le buachaill de chuid na gcomharsan le dhul liom go Bun an Bhaic anocht. Chuas chuige agus bhí orm fanacht air go dtí i ndiaidh a hocht – ní raibh sé réidh nuair a chuas ann. Chuamar síos go dtí Máire Shiobháin Ní Dhúgáin arís agus scríobhas giotaí uaithi ar smaoinigh sí ó shin orthu. Mo léan, níl cuimhne maith aici nó d'fhéadfadh sí lear mór a bheith aici dhom. Is mór an trua nach bhfuil mar bhí lear ceoil thart uirthi ag fás suas di, creidim. Oíche an-phléisiúrtha a chaitheamar léi, mar is seanbhean an-tsoineanta í, agus thabharfadh sí dhá chéad amhrán dom ach iad a bheith aici.

Aoine 24 Márta

Léimeas ar mo rothar ar a haon déag agus bhuaileas bóthar amach go Gaoth Dobhair (8 míle) go dtí teach Chití Uí Ghallchóir, an cailín a fuair an chéad duais ag an Oireachtas anuraidh. Thug sí chomh fada le Síle Gallagher mé, an tseanbhean a bhfuair sí a cuid amhrán uaithi. Seanbhean bheag mheáite í atá 82 bhliain d'aois, ach í chomh haicillí le páiste. Ag féachaint i ndiaidh eallaigh a bhí sí – bó a rug cúpla lá ó shin – nuair a tháinig muid. Thug sí isteach chun tí mé nuair a tháinig muid agus bhí seanchas agus gáirí againn léi go cionn tamaill. Tháinig caint ar na hamhráin againn agus dúirt sí go dtabharfadh sí neart amhrán dom ach teacht ar ais san oíche, mar bhí sí an-ghnóthach ag obair an tí inniu. Shiúil muid linn amach go droichead Ghaoth Dobhair[48] agus bhí ag Cití le dhul chun siopa i gcomhair na *rations*, mar a deir siad anois, agus chuartaíos féin beagán tae – rud a fuaireas ar deireadh ó sheanbhean i gcomhair mhuintir Leitir Catha – é ag teacht gann orthu. Chuas ar m'ais ansin go Dobhar i gcomhair tae tigh Chití (tigh Eoin Éamoinn) agus isteach tigh Shíle arís ar a 7.30.

Tá teach beag fairsing ag Síle, teach cinn slinne agus é glan, réitithe. Tá a clann tógtha agus iad ar shiúl ar fad uaithi in Albain agus i Meiriceá. Tá a fear, Peadar, go fóill aici agus é cúpla bliain níos aosta ná í, creidim. Seanduine mór láidir, crom é a ghlacann an saol go righin réidh dáltha a chuid cainte féin, mall fadálach. Duine breá chun cainte, ach chaith sé cuid mhór dá shaol in Albain, sin nó bheadh níos mó de sheanchas Ghaoth Dobhair aige.

Chaith Síle cuid mhór dá saol in Albain – is ann a thóg sí a clann, creidim. Shiúil sí cuid mhór de na bailte móra agus tá tuiscint mhaith aici ar an saol amuigh. Ní mórán de radharc na súl atá fanta aici, deir sí, rud a chuir iontas orm, mar ní léir aon laige sa radharc aici le féachaint uirthi ag imeacht thart. Tá nós aici nuair a bhíonn sí ag caint, na lámha a chuimilt ar fud a haghaidhe anois is arís agus trasna ar na súile agus clár a héadain. Is é a shílfeá di, í bheith tuirseach ar fad – agus b'fhéidir tuirseach den tsaol seo ar chaith sí 82 bhliain ann. Ina dhiaidh sin arís, tiocfaidh sí amach le greann agus dea-chaint is shílfeá í bheith i bhfad ó thuirse den tsaol.

Nuair a dhéarfas sí amhrán duit canfaidh sí go leisciúil, neamhshuimiúil é, amhail is go dtuigeann sí go bhfuil sí ró-aosta le bheith ag ceol, ach le rud a dhéanamh ort agus tú a shásamh ag an am céanna. Ar nós mar déarfadh sí leat: 'Sin é an t-amhrán – má tá sé de dhíth ort, bíodh sé agat agus fáilte, mar atá sé – tá mise róthuirseach le feabhas a chur air duit, agus ní miste liom dóigh ná andóigh'.

Cheartaigh mé na hamhráin inniu a bhreac Cití amach dhom roimhe, ó chaint Shíle (*v.* 11.2.44). Scríobh mé liom go raibh ocht gcinn uilig agam agus rinne muid oíche mhór chainte – mé féin is Cití, Síle agus Peadar – ar chúrsaí an tsaoil agus ar chúis na teanga agus araile. Fuair mé amach gur bean an-ghéarchúiseach í Síle, sean uilig is atá.

Fhliuch Síle blogam tae dhom – tae Mheiriceá, agus is é bhí blasta – roimh imeacht abhaile dhom. Mé le teacht Dé Domhnaigh.

Satharn 25 Márta

Chaitheas an mhaidin ag scríobh istigh agus an oíche ag Páidí Bhidí [Ó Connacháin] ar an Tor. Thugas liom leabhar liom féin d'amhráin Thír Chonaill agus phléamar go leor díofa – leaganacha agus araile. Scríobhas cúpla rud eile a tháinig i gcuimhne Pháidí. D'fhágas ar uair an mheán oíche é agus deireadh scríofa agam uaidh.

(Thugas an tráthnóna le Danny Roarty ag seanchas is ag obair láí. Fear óg aerach é a bhfuil mé mór leis.)

Séipéal Mhín Uí Bhaoill.

Tigh Fheargail Uí Bhaoill.

Domhnach 26 Márta

Chuas soir go Mín Uí Bhaoill chun aifrinn (11). Chaitheas cúpla uair le cara liom, Feargal Ó Baoill, i gCroithlí agus amach liom síos go Dobhar chun dinnéir le muintir

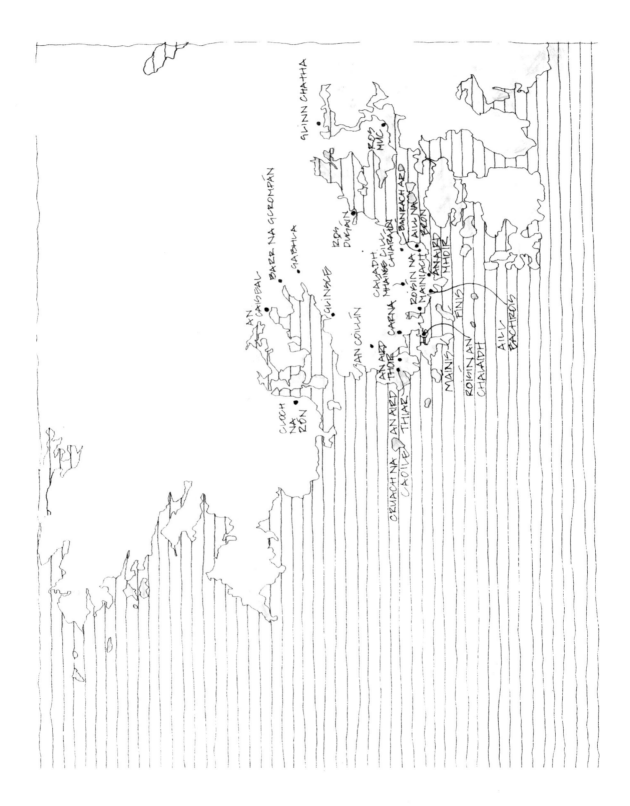

Cuairt Eile ar Charna

15 Bealtaine–1 Lúnasa 1944[1]

Luan 15 Bealtaine

Traein ó Bhaile Átha Cliath go Gaillimh agus bus ó Ghaillimh go Carna (10 ar maidin go dtí a hocht san oíche). Cuairt ar mo chairde, muintir Chlochartaigh i gCarna, istoíche, tar éis dhom cur fúm ag Mrs [Sorcha] Hernon (tigh Chóilín Bhríd Mhurcha), i Roisín na Mainiach. Lá breá, fuar.

Máirt 16 Bealtaine

Codladh maith ar maidin agus as sin go ham dinnéir ag cur caoi ar lampa agus cúpla rud beag a d'fhágas gan déanamh is mé ag tabhairt *overhaul* don rothar sa mbaile, deireadh na seachtaine.

An tráthnóna istigh i Maínis ag tabhairt cuairte ar mo chairde uilig ann, idir cheoltóirí agus eile. Chaitheas an oíche tigh Choilmín Mhic Fhualáin. ('*musical academy*' Charna!) Mo chara Micheál [Mac Fhualáin] ó bhaile ag obair, ach súil leis san oíche amárach.

Céadaoin 17 Bealtaine

An mhaidin ag cur caoi ar chlog an tí seo; d'éirigh liom.

An tráthnóna: siar go Carna ag fáil mo chuid páipéirí. Thugas liom chun an tí lóistín iad agus chaitheas tamall le dialann agus le litreacha a chuireas ar athló sa mbaile, go bhfaighinn mo shuaimhneas anseo le hiad a scríobh.

Chuas siar go Carna ar a 9.30, ag dul ó sholas dhó, agus chaitheas uair nó mar sin san '*musical academy*' a luas thuas.

Déardaoin Deascabhála[2] 18 Bealtaine

Aifreann a naoi agus bricfeasta ar a deich. Litreacha, dialann agus athscríobh ceoil go ham dinnéir. An tráthnóna i Maínis. Scríobhas dhá phort ó Mhaidhcil Pheadairín

Máirt 6 Meitheamh

Thugas foirm Choilm [Uí Chaodháin] liom go dtí máistir scoile na hAirde Móire[16] lena shíniú a fháil air agus chuas go dtí Seán Ó Gaora, Aill na Brón, agus scríobhas 'An Draighneán Donn' uaidh (17 véarsa). Scríobhas litir go dtí Liam Mac Coisdeala dhó.

Amach go dtí Colm tráthnóna, é ar an bportach. Chaitheas an tráthnóna leis ag coinneáil chainte leis – bhí sé rófhuar agus róghaofar le suí síos ag scríobh.

Scríobhamar píosa den oíche sa teach ina dhiaidh sin nuair a bhí na beithígh blite agus araile aige.

Céadaoin 7 Meitheamh

An lá istigh ag scríobh idir litreacha, cheol is fhocla amhrán.

An oíche ag Padraig Mac Con Iomaire – scríobhas píosa uaidh a d'iarr Séamus Ó Duilearga orm a fháil uaidh.[17]

Déardaoin Chorp Chríost[18] 8 Meitheamh

(An chéad aifreann.)

An mhaidin ag tabhairt *overhaul* don rothar. (Poll ar bhonn agam agus paiste le cur taobh istigh air agus araile.)

An tráthnóna istigh le litreacha agus ag athscríobh cainte Phádraig Mhic Con Iomaire – 'mar chinn an fhoighid ar an gcinniúint.'[19] An oíche le Colm Ó Caodháin agus scríobhas trí phíosa eile uaidh. Bhí seanchas fada againn ar sheoltóireacht ó Chuan an Fhir Mhóir go hÁrainn, thart faoi chósta Chonamara, Caoláire na Gaillimhe agus Co. an Chláir. An-eolas ag Colm ar mhaidhmeanna, sruthanna, agus mulláin bháite atá sna farraigí sin. Ní iarrfadh Colm go deo ach ag cur síos orthu agus mar sin lig mé leis. Bhí suim mhór agam ina chuid eolais, mar tá go leor de na hamhráin agus theastódh an t-eolas seo uait le hiad a thuicsint i gceart. Is é 'Amhrán Tom Neansa' a tharraing an chaint orainn.

Aoine 9 Meitheamh

Cuairt ar Thobar Cholm Cille[20] ar maidin le Colm Ó Caodháin, cuairt ar dhá theach – Máire Ní Éanaí agus Peait Bhillí [Mac Donncha] ag scríobh amhrán agus Colm dhá bpiocadh dhom. Chaitheamar an lá leis an obair go dtí a sé tráthnóna. Daoine muinteartha do Cholm iad agus thug seisean leis mise.

Chuas soir go dtí Seán Ó Gaora tráthnóna agus fuaireas píosa eile uaidh. Dúirt sé liom go raibh Vail Bheairtlí Donoghue ag dul go Cill

Tobar Cholm Cille, Maíros.

160

Dara Dé Luain agus go raibh sé ag cur mo thuairisce. Chuas síos chuige sin agus chaitheas an chuid eile den oíche leis. Duine é seo den bheirt deartháir a chumanns na hamhráin (Aill na Brón). Cúpla ceathrú aige cheana féin faoi 'fhágáil an bhaile le dul go Kildare'. Ní thabharfadh sé dhom iad go mbeadh 'slacht' curtha aige orthu. Scríobhas ceann deas uaidh faoin gcogadh, a chum sé féin, agus cúpla ceann eile nár chum sé féin.

Satharn 10 Meitheamh

Tháinig bosca eiteán aréir agus litir ó Liam Mac Coisdeala agus an *Ediphone* ar an mbus. 2/6[21] bus, 1/-[22] post (eiteáin). Chuireas an *Ediphone* go Glinsce ar charr an phosta agus bhíos féin le dul amach ina dhiaidh. Cúpla uair agam go tráthnóna ag scríobh. Tháinig an oíche fliuch, anróiteach agus níor bhacas le dul in áit ar bith.

Domhnach 11 Meitheamh

An chéad aifreann. Mórshiúl i ndiaidh an darna haifreann.[23] Dinnéar. Cuairt ar theach na gCualánach i gCarna agus mé féin agus Maidhcil [Mac Fhualáin] ag spaisteoireacht go Maínis go dtí Peaitín [William Ó hUaithnín]. Tharraing muid aníos a bhád chun péinteála agus thug muid siúl amach ó dheas ar an gcladach agus fuair muid trí phíosa raice i dtír – adhmad.

Luan 12 Meitheamh

Chuas soir ar maidin le hábhar chulaith éadaigh dhom féin chuig táilliúir i nGlinn Chatha – soir ó Ros Muc.[24] Ar ais chun dinnéir. An tráthnóna agus an oíche againn leis an *Ediphone* tigh Choilm [Uí Chaodháin]. An-scáth ag Colm roimh an *Ediphone* ar dtús agus go ceann i bhfad ní chuirfeadh sé ceart lena bhéal é agus ní labharfadh sé ceart isteach ann. Dúirt sé cúpla píosa nár tháinig ach go fíorbhocht.

Ar deireadh chuir sé ar a smig é agus chuaigh sé ag labhairt agus d'fhiafraigh sé dhíom céard a déarfadh sé.

'Abair: "meastú dhá gcuirfinn faoi mo smig é nach amhlaidh is fearr,"' agus araile, arsa mise.

Thosnaigh sé ansin d'aon sruth amháin cainte agus dúirt sé:

'Meastú dhá gcuirfinn faoi mo smig mar seo é nach amhlaidh is fearr a bheadh glór aige? Ní thaitníonn liom an glór atá ag teacht amach – feictear dhom go bhfuil sé an-bhodhránta,' agus araile (féach Leabhar Ghlinsce).[25]

Chuir muid cúpla amhrán is cúpla píosa seanchais isteach ann roimh am chodlata. Bhí an-sult ag Colm ag éisteacht lena ghuth féin ag teacht amach arís ag rá na n-amhrán agus na gcainteanna.

Máirt 13 Meitheamh

An tráthnóna istigh ag scríobh agus an oíche le Colm [Ó Caodháin] ag oibriú an *Ediphone*.

gConamara – 'Caitlín Triall' – trí véarsa agus fonn. É a haon déag nuair a d'fhágamar agus geallta ag Seáinín teacht chugam go luath.

CBÉ CC 021.011. Ó Shéainín Choilmín Mac Donncha.

Satharn 15 Iúil
An mhaidin leis an *Ediphone*.

Tráthnóna agus oíche le Colm Ó Caodháin i nGlinsce. A dheirfiúr Neansa ann agus chuir sí cúpla rud nua i gcuimhne dhó agus píosa de rudaí a bhí as cuimhne air féin.

Domhnach 16 Iúil
An lá le Colm Ó Caodháin i gCloch na Rón – seoltóireacht, deoch is béile. É ina chalm agus ina cheo san oíche agus iomramh abhaile gan gaoth. Glinsce ar a 1 a.m. Anseo 1.30 agus *crowd* istigh ag *time* ann – ceol is damhsa go dtí a ceathair – i mo theach lóistín.[33] Lá mór spraoi. Baile álainn é Cloch na Rón agus chuir Colm in aithne mé ann.

Luan 17 Iúil
An lá leis an *Ediphone* agus an tráthnóna ag snámh i Maínis.

Máirt 18 Iúil
An lá leis an *Ediphone*. Lá báistí, agus an oíche ag snámh i gCaladh Mhaínse agus ag cuartaíocht.

Céadaoin 19 Iúil
An mhaidin le litreacha agus an tráthnóna leis an *Ediphone* ag athscríobh ceoil. An oíche ag snámh agus ag seanchas cois tine sa teach seo.

Déardaoin 20 Iúil
Coinne agam anocht dul tigh Thomáis Cheaite [Breathnach] ar an Aird Mhóir le ceol arís, mar shúil is go mbeidh Learaí Churraoin ann. (Chaitheas an mhaidin ag deasú péire bróg agus an tráthnóna ag athscríobh roinnt nótaí a bhreacas ó Cholm [Ó Caodháin] san oíche Dé Sathairn.)

Tomás Cheaite Breathnach agus Séamus Mac
Aonghusa. (Le caoinchead Marian Ridge.)

Tomás Cheaite, ar clé, agus gaolta.
(Le caoinchead Marian Ridge.)

Chuas féin agus Pádraig Ó hIarnáin soir i gcurach go dtí an Aird Mhóir agus é tagtha
ina chlagarnach le toirneach agus muid leath bealaigh. Bhaineamar dínn agus
chuireamar na héadaigh faoi fhallaing báistí a bhí linn. Chuireamar orainn arís ag teacht
chun na céabhach dhúinn agus bhíomar breá tirim. Chuamar in éindí le Tomás Cheaite
(Breathnach é atá pósta le [Nóra] deirfiúr Learaí Churraoin) chun tigh an óil agus
chuaigh Tomás ar ball go bhfaigheadh sé Learaí. Dúirt sé [Learaí]: 'Ní eiteoinnse fear
fiúntach ar bith, ach ní sa mbaile atá mé.' Dúirt Tomás é seo uilig liom nuair a tháinig
sé arís. Bhí an-oíche cheoil againn.

Tháinig muid abhaile ar a sé ar maidin.

Aoine 21 Iúil
An mhaidin i mo chodladh go dtí a dó dhéag. Páirc fhéir le cocáil anseo ag an teach agus
faitíos báistí orainn agus thug mé cúnamh dhóibh. É ina chocaí againn tirim, buíochas
le Dia.

An tráthnóna leis an *Ediphone* ag athscríobh ceoil agus an oíche le Cóilín (Taimín
Stiofáin Mhóir) de Búrca as Roisín na Mainiach. Amhrán aige ar an spraoi aréir agus
tháinig sé á thabhairt dom. Amhráin ag a athair, deir sé liom.

Satharn 22 Iúil
An mhaidin leis an *Ediphone*. Deireadh athscríobh ar bhosca eile le Colm Ó Caodháin.
Litir faoi *chalico* go McBirneys do Cholm Ó Caodháin.[34]

An tráthnóna soir ar thóir Taimín Stiofáin Mhóir [de Búrca]. Chuas ar cuairt go dtí Williamín McDonagh, seanchara liom a thug amhráin cheana dhom. É go maith. Thángas ansin ar Chóilín Taimín [de Búrca] agus é ag baint fhéir. Dúirt sé liom go raibh a athair thíos ag an gcladach ag plé le garraí fataí thíos ann agus chuas síos. Lorgaíos píosa mór é agus chinn sé orm duine ar bith a fheiceáil ach cluiche mór mná rialta a bhí ag snámh! Chonaic mé Taimín ar deireadh i bhfad soir ag púcán atá aige agus é dhá thaoscadh – creidim gurbh é a bhí ann. Chuaigh sé trasna ar chuisle farraige tamaillín roimhe sin agus bhí an-iomarca tuilte aige anois le mise a ligean trasna. Níor mhór dhomsa timpeall de mhíle timpeall a chur orm féin le theacht air, agus ó bhí an tráthnóna beagnach caite d'fhág mé mar sin é – mo dhinnéar ag fanacht orm. Chuas suas go dtí Cóilín arís agus d'inis mé an scéal dó. Thugas m'aghaidh siar abhaile ansin chun dinnéir (6.30). An oíche le clann Choilmín [Mhic Fhualáin] i gCarna.

Domhnach 23 Iúil
An lá ag aeraíocht[35] agus céilí i Ros Muc. Abhaile 5.30[36] a.m.

Luan 24 Iúil
An lá ag scríobh ón *Ediphone*. An oíche ag *time* tigh Taimín Stiofáin Mhóir [de Búrca] a tionóladh in onóir dhomsa. An teach pacáilte – oíche mhór allais. Chualas amhrán deas ag Búrcach [Pádraig] as an Aird Mhóir – 'Cailín an Taoibh Thall'.

Máirt 25 Iúil
An mhaidin le litreacha agus *Ediphone*. An tráthnóna leis an Máistir [Seán] Ó Conchúir ar an Aird Thoir. An oíche le Neain Mháire Uí Ghríofa (*c*. 57) [Mhic Ghiolla Mháirtín] ar an Aird Thoir. Scríobhas píosa mór uaithi i gcaitheamh na hoíche. Stumpa beag leathan de bhean í. Cloigeann mór leathan uirthi agus í liath. Í an-ghnaíúil agus spraíúil – a cháil sin uirthi. Trí dhán beannaithe aici le ceol agus go leor seanphaidreacha aici. Bhreacas gach uile shórt a chualas agus 'Amhrán na Speile' agus 'Amhrán an Phríosúin' ina dhiaidh. Mé ann go dtí a haon déag agus mo lámh tinn ó scríobh scafánta. A fear agus a mac aici. Iad bocht go leor – ag plé le farraige i gcónaí, ach gan aon chuma mhíshástachta ina mbealach.

CBÉ CC 021.025. Ó Neain Mháire Uí Ghríofa.

Céadaoin 26 Iúil

An mhaidin leis an *Ediphone*. Deireadh le hamhráin Chóilín Sheáinín Choilmín [Mac Donncha]. Cuid den tráthnóna ag athscríobh roinnt dár bhreacas ó Neain Mháire Ní Ghríofa [Mhic Ghiolla Máirtín] aréir. Siar chuig an bposta agus chun dinnéir anseo ar a sé a chlog.

An oíche le Colm Ó Caodháin. Chuir sé 'Amhrán an Phríosúin' le chéile dhom agus scríobhas é. Chuimhnigh sé ar chúpla rud beag eile a chuireas síos láithreach uaidh agus ar amhrán, 'Mainistir na Búille', nach raibh a fhios agam go dtí anocht go raibh sé aige. Fonn álainn aige leis nár chualas cheana. Abhaile ag a dó dhéag – dream istigh ag súil le píobaireacht. A chodladh ar 2.30.

CBÉ CC 019.103. Ó Cholm Ó Caodháin.

Déardaoin 27 Iúil

Litir ar maidin agus ag scríobh istigh. Soir go dtí Pádraig de Búrca (27) le 'Cailín an Taoibh Thall' a fháil uaidh (An Aird Mhóir). Nuair a bhí sé scríofa agam fuair mé amach gur duine de Chlann Dhonncha Chora na gCapall a chum agus mar sin is dócha go bhfuil sé cheana ag an gCoisdealach.[37]

Chuas go Cill Chiaráin ansin le litir a chur go dtí M. [Máire] Nic Néill in Árainn le bád spairtí[38] an áit ar iarr sí isteach mé go ceann cúpla lá agus ní fhéadaim a dhul.

An oíche le Colm Ó Caodháin ag ceartú an mhéid a scríobhas ón *Ediphone*.

Aoine 28 Iúil

An mhaidin ag scríobh agus ag feistiú báid íochtarach le haghaidh taoille trá go Fínis tráthnóna.

An tráthnóna i bhFínis. Seáinín Choilmín [Mac Donncha] gaibhte go Maínis chuig sáibhéir agus d'fhan mé go dtáinig sé ar a 7.30. Amhrán ó Chóilín [Sheáinín Choilmín Mac Donncha] faid is bhíos ag fanacht. Amhrán ó Sheáinín nuair a tháinig sé – 'Souphouse Mhaírois'.

Satharn 29 Iúil

Seáinín [Choilmín Mac Donncha] agam ar maidin as Fínis ar a bhealach ar an bportach. Scríobhas tuairisc ar 'Eileanóir na Ruan' uaidh agus cuntas beag ar a bheatha.[39] Chuireas in aithne don *Ediphone* agus do na píobaí é agus thaitin an mhaidin go mór leis.

An tráthnóna tigh Choilmín [Mhic Fhualáin] i gCarna. An oíche tigh Chlochartaigh i gCarna ag seinm ceoil.

Domhnach 30 Iúil

An chéad aifreann. An mhaidin ag réiteach páipéirí agus boscaí eiteán don phost. An tráthnóna i Ros Muc ag glaoch ar chairde agus ag fágáil slán acu.

Luan 31 Iúil

An mhaidin ar an Aird Thoir ag fágáil slán ag Neain Mháire Ní Ghríofa [Mhic Giolla Mháirtín] agus an Máistir [Seán] Ó Conchúir agus daoine eile a bhfuilim mór leo ann.

An tráthnóna ag tabhairt chuairte ar Mháínis agus ar mo chairde uilig i gCarna ina dhiaidh sin. An oíche i nGlinsce ag fanacht ar Cholm Ó Caodháin. Pósadh a dheirfiúr Neansa ar maidin agus bhí sé ar an mbainis i mBarr na gCrompán. B'éigean dhom a dhul amach ann ar deireadh nuair nach dtáinig sé (9 míle ó bhaile) agus bhí an-oíche mhór ceoil is damhsa is amhrán ann go maidin nár fhéadas imeacht uaidh. An-chumha ar Cholm mé bheith ag imeacht. Deirfiúr eile leis ann, Máire, as Inis Ní.

Máirt 1 Lúnasa

Bus 8.15 a.m. go Gaillimh ar na rásaí agus abhaile Dé Sathairn, an 5ú. Seachtain saoire tógtha agam.[40]

Nótaí agus Tagairtí

1   1296: 23–69.

2   Ceann de na deich lá saoire fógartha é Déardaoin Deascabhála sa chreideamh Caitliceach. Daichead lá i ndiaidh Dhomhnach Cásca a tharlaíonn sé agus ceiliúradh ata ann ar dheascabháil Íosa Críost ar neamh.

3   Ar an 18 Bealtaine 1944 chuir Seán Ó Súilleabháin litir chuig Mac Aonghusa ag iarraidh air eolas a chur chuige faoi : '(a) na ceantair gur bhailís ceol iontu ó 1.4.1943–31.3.1944, (b) an méid píosa ceoil, amhrán etc. do chuiris síos i ngach ceantar acu, (c) aon tsaghas eile oibre (e.g. ag déanamh cóipe de cheol san oifig) do dheinis idir amanta fén dtuaith.' Bhí an t-eolas seo ag teastáil do thuarascáil don rialtas a chuir Coimisiún Béaloideasa Éireann faoina bhráid.

4   An Coláiste Ollscoile, Baile Átha Cliath.

5   B'fhéidir go ndeachaigh sé chuig an dochtúir agus ansin chuig a chuid cairde i Maínis.

6   Oíche shiamsaíochta atá anseo ina mbíonn ceol, amhráin, spraoi agus seanchas ar siúl sa teach.

7   Ba lá saoire eaglasta é Luan Cincíse go dtí gur aisghairmeadh é in 1829. Lá mór pátrúin agus féile mhór a bhí ann roimhe sin. Lá saoire poiblí anois é a tharlaíonn lá agus caoga i ndiaidh na Cásca.

8   Seo mar a leanas cuntas dialainne an Duileargaigh don 25 Bealtaine 1944: *'Arrived Maam, cycling from Maam Cross. Night very wet. Cycled 7 miles.'* Tá mé faoi chomaoin ag Caitríona Miles, iníon Shéamuis Uí Dhuilearga, as cead a thabhairt dom leas a bhaint as an ábhar seo agus as ábhar dialainne eile.

9   Deir Ó Duilearga ina chuntas dialainne don 31 May 1944: *'Cycled Maam Cross & to Recess. Met Séamus Ennis at Cashel Crossroads (he is working with a singer at Glinsce). Called on Colm Ó Caodháin, Glinsce, and took photos. Night turned out bad. Stayed Mongan's Hotel, Carna. Cycled 27 miles.'*

10   Tigh Mhongáin atá i gceist anseo.

11   Tá an cuntas seo a leanas ina dhialann ag Ó Duilearga don 1 Meitheamh 1944: *'Cycled with Séamus Ennis to Carna to where we got a curach to Fínis island. Stormy. Called on McDonagh's of Fínis from whom Séamus Ennis has got a great number of songs. Coming back, the pulling at oars exhausted me, against wind & tide.'*

12   Tigh Shorcha Bean Uí Iarnáin *q.v.*, Roisín na Mainiach.

13   Gach seans go ndeachaigh Mac Aonghusa ar rothar in éineacht leis an Duileargach a fhad le Ros Dúgáin leis an aistear a ghiorrú.

14   Biatas mór é an *mangel (mangel-wurzel)* a bhfuil a phréamh níos mó ná an gnáthbhiatas baile. Mar bhia ag beithígh a chuirtear ag fás é.

15   Bairbre Ní Chualáin.

16   Bhí beirt fhear ag múineadh i Scoil na hAirde Móire, uimh. rolla 10591, san am. Ba iad sin Micheál Loibhéad agus Pádraig Ó Gleasáin.

17   Féach cuntas 8 Meitheamh 1944.

18   Tharlaíodh an fhéile eaglasta seo ar an Déardaoin i ndiaidh Dhomhnach na Tríonóide Naofa agus is ceiliúradh é ar an tsacraimint naofa a adhraítear ag an aifreann agus ag mórshiúlta. In Éirinn agus i Stáit Aontaithe Mheiriceá is ar an Domhnach i ndiaidh Dhomhnach na Tríonóide a dhéantar é a cheiliúradh sa lá atá inniu ann.

19   Tá an cuntas seo leis an gcomhfhreagras. Scríobh Mac Aonghusa é 'focal ar fhocal mar a d'inis Pádraig dhom é le scríobh' ar an 7 Meitheamh 1944. 'Nuair a bhíodh na seandaoine ag tosaí ar scéalaíocht i láthair daoine óga thugaidís teagas beag i gcónaí uathu do lucht éisteachta scéil. B'fhéidir go ngéillfeadh cuid acu don teagas – teagas maith a thugaidís uathu. Faitíos go ndéanfadh na daoiní óga tada contráilte as bealach ar aon duine ar an mbealach abhaile nó in aon am. Dhá gcuimhnídís ar an teagas a gheobhaidís ón seanfhear a bheadh ag scéalaíocht nó ag seanchas. Seo ceann acu:

Na trí bhua is fearr a bhí ag aon duine riamh: geanúlacht, carthanas agus foighid. Mar tá se ráite gur chinn an fhoighid ar an gcinniúint agus tá údar leis. Scéal atá ann faoi scoláire bocht a d'fhág litir a bhí scríofa aige ag máthair gasúir. Thug an mháthair don ghasúr é nuair a bhí sé dhá bhliain déag. De réir na litreach mharódh an chinniúint é in aois a bhliain is fiche. Thóg athair an ghasúir teach dhó nach bhféadfadh tada a dhul isteach ann ach an gasúr féin. Teach gloine le frámaí adhmaid a bhí ann. Bhí bord agus cathaoir ag an bhfear óg agus é faoi ghlas istigh ann. Bhí péist bheag ann a rinne poll di féin tríd an bhfráma. Shiúil sí ar a chuid éadaigh, suas isteach ina bhéal, sna polláirí, faoi gach aon tsúil, isteach is amach as na cluasa agus níor chuir sé láimh léi. Tháinig sí ansin ar an urlár agus sheas i gcosúlacht fir. "Mise an chinniúint a bhí le thusa a mharú inniu. Marach chomh foighdeach is bhí tú, bhí tú le beith maraithe agamsa chomh luath agus chuaigh mé in do bhéal, dhá gcuirteá aon lámh do mo stopadh agus le feabhas d'fhoighde, an fhoighid a bhí agat liom, tá saol fada ag gabháil duit de bhríthin agus gur chinn d'fhoighid ar an gcinniúint."

20   Is dóigh gurb é seo an tobar atá ar thaobh Leitreach Ard den teorainn idir é agus Maíros. Tá an tobar thíos sna carraigreacha le cladach agus tugtar an turas le lag trá agus is féidir an turas a thabhairt faoi dhó an lá áirithe seo mar go mbíonn dhá lag trá ann.

21   €0.16.

22   €0.06.

23   Thart ar Fhéile Chorp Chríost, bhíodh mórshiúl i ndiaidh an dara haifreann go dtí an Clochar i gCarna agus beannú na naomhshacraiminte ina dhiaidh sin agus paidreacha agus iomainn mar chuid de. Bhíodh an mórshiúl ar siúl roinnt Domhnaí eile chomh maith. Am éigin sna 1980idí a tháinig deireadh leis an nós.

24   Ba tháilliúirí iad Seán Ó Loideáin agus a dhearthair Máirtín i nGlinn Chatha. Bhídís ag déanamh na gcultacha do na Gardaí. Ba as Leitir Móir na Coille ó cheart iad.

25   Tá an cuntas seo in 1281: 233–4. Mar seo a leanas na réamhleathanaigh ag Mac Aonghusa maidir le hábhar a bhailigh sé i nGlinsce: 'Bailiúchán Ghlinsce' 1280: 621–7 [ina bhfuil liosta den ábhar a bhailigh sé]; 'Amhráin Ghlinsce' Meitheamh–Iúil 1943, 1280: 701–54; 'Amhráin Ghlinsce (2), Samhradh 1943,' 1281: 1–147; 'Amhráin etc. ó Ghlinsce, Geimhreadh 1943'; Bealtaine–Meitheamh 1944, 1281: 148–240; 'Amhráin etc. ó Ghlinsce, Meitheamh–Iúil, 1944; Samhain 1944', 1281: 241–341; 'Amhráin Ghlinsce, Samhain 1944–Samhradh 1945', 1281: 342–460.

26   Tá an méid seo a leanas i litir ó Mhac Aonghusa chuig Séamus Ó Duilearga ar an 28 Meitheamh 1944: 'tá súil agam é a mhealladh chugam le píobaireacht, tobac agus deoch, mar is fiú cúpla amhrán atá aige an méid sin.'

27   De réir an tseanchais, tá trí leagan den amhrán 'Cúirt an tSrutháin Bhuí' ann. Deirtear gur chum Colm de Bhailís i dtosach é agus ina dhiaidh sin gur chum Seán Ó Guairim, (Seán Bacach) agus Micheál Ó Clochartaigh tuilleadh. Féach uí Ógáin 1999, 94–9; Denvir 1996, 100–104.

28   Féach fonóta 24.

29   Bhíodh an Fheis ar siúl gach uile bhliain sa pháirc imeartha i gCarna. Comórtais scéalaíochta, amhránaíochta, damhsa agus siamsaíocht eile a bhíodh ar siúl ó na fichidí ar aghaidh. Aistríodh an Fheis go scoil na mbuachaillí ag tús na gcaogaidí. Ba mhinic a thugadh a athair Séamus ann agus é ina ghasúr.

30   Is minic an t-anm 'Donnmhac agus Dubhmhac an Díthreabhaigh' ar an scéal seo. Ní scéal é a bhaineann le Fianna Éireann agus Fionn Mac Cumhaill ach scéal idirnáisiúnta iontais faoi bheirt dheartháireacha. Féach Ó hÓgáin 1990, 422. Sa chaint, ba mhinic a thugtaí 'scéal Fiannaíochta' ar scéal fada gaisce.

31   Caitheamh aimsire ag stócaigh na háite ba ea meáchan leathchéid a mbeadh rópa ceangailte de a chaitheamh. Tharlaíodh sé seo Lá Fhéile Mhic Dara (16 Iúil) go háirithe. Bhíodh comórtais ann féachaint cé is faide a chaithfeadh an meáchan. Suas le 56 punt a bhíodh sa meáchan agus d'oibríodh an rópa mar luascadán.

32 Muintir Uí Iarnáin, Roisín na Mainiach, atá i gceist.

33 Tigh Iarnáin, Roisín na Mainiach, atá i gceist.

34 Ba éard a bhí in McBirneys, siopa mór éadaigh agus araile a bhí ar Ché Aston. Scríobh Mac Aonghusa litir ar an 19 Eanáir 1944 chuig Seán Ó Súilleabháin á rá go raibh an fear i McBirneys le fiche cúpón a chur ar fáil leis an mbealach a réiteach do Sheán Ó Súilleabháin le ccailcaíó a cheannach do bhád seoil Choilm.

35 Siamsaíocht faoin aer is ciall leis.

36 Níl sé seo soiléir sa lámhscríbhinn.

37 Ciallaíonn sé seo go raibh Mac Aonghusa den tuairim go raibh sé bailithe cheana féin ag Liam Mac Coisdeala.

38 Bád móna atá i gceist anseo. Is ionann spairteach agus móin thais nach mbeadh mórán teasa uaithi. Leasainm é ar bhád a bheadh ag iompar móna thairis paisinéirí nó earraí.

39 1280: 297–9.

40 Tá litir ó fhear as Leitreach Ard, Carna, chuig Mac Aonghusa ceangailte leis an lámhscríbhinn anseo. Scríobh an fear ag tairiscint amhrán a thabhairt do Mhac Aonghusa, cinn a chum sé féin agus cinn eile. Ní dheachaigh an bailitheoir ní b'fhaide leis an scéal.

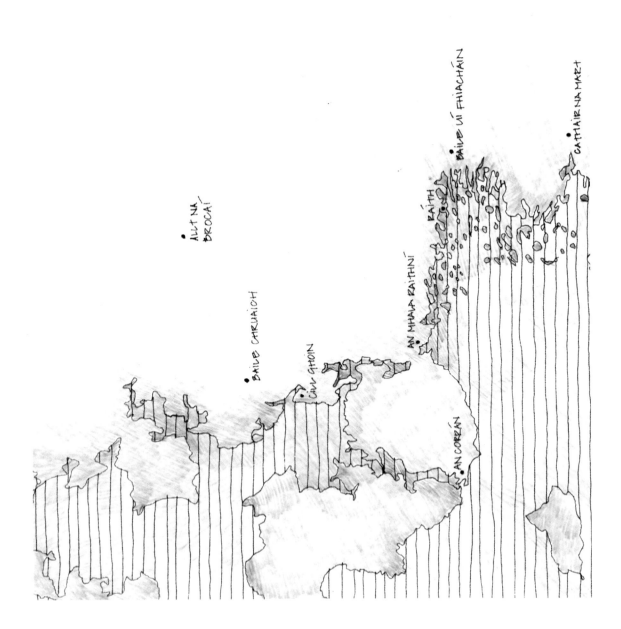

BÉAL AN ÁTHA

ALT NA BROCAÍ

BAILE UÍ FHIACHÁIN

CATHAIR NA MART

BAILE CHRUAÍCH

CILL GHOIN

AN MHALA RAITHNÍ

RÁITH

AN CORRÁN

Contae Mhaigh Eo

10 Lúnasa–4 Meán Fómhair 1944[1]

Déardaoin 10 Lúnasa

Traein go Cathair na Mart ar a deich agus bus as sin go Mulrany.[2] Mé ann ar a deich istoíche, tuirseach go leor. Casadh an Máistir Pádraic Ó Moghráin orm ag an mbus agus thug sé go dtí Mrs [Katie] Clarke mé chun lóistín – bean dheas agus teach deas.

Aoine 11 Lúnasa

Tháinig P. [Pádraic] Ó Moghráin liom ar maidin agus thugamar cuairt ar Mhártan Ó Máille ar an mbaile seo. Seanfhear lách a dúirt cúpla amhrán dúinn go fáilteach. Na hamhráin measctha aige agus ceithre cinn uilig aige – gan iad slán iomlán.

Chuamar ansin chuig Máire Mulgrew (73), seanbhean atá soir as seo píosa. Fonnadóir binn í agus amhrán ar bith atá aici, tá sé go cruinn aici. Dúirt sí suas le sé cinn dhúinn agus ba deas iad. Í fíorfháilteach romhainn.

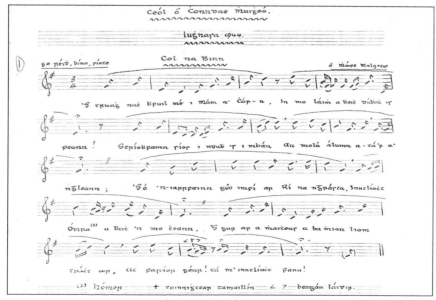

CBÉ CC 014.001. Ó Mháire Mulgrew.

Chuamar chun dinnéir ansin agus isteach go Newport[3] ar bhus a trí. Bhí graithe ag an Máistir [Pádraic Ó Moghráin] istigh ann agus chuas leis go bhfeicfinn 'An Paorach' [Risteard de Paor] ó bhí an Máistir ag dul chomh fada leis. Duine suimiúil é an Paorach agus tuairimí fiúntacha aige ar chúrsaí ceoil is Gaelachais. D'iarr sé leis mé ag iascach i gcaitheamh na seachtaine seo chugainn ina bhád seoil.

Bus abhaile ar a seacht go Mulrany agus chaitheas an oíche ag seanchas i mo theach lóistín leis an Máistir agus le beirt bhan a tháinig ag caitheamh deireadh na seachtaine ann – Ita O'Connor (cigire árachas sláinte náisiúnta) agus Agnes McCarthy (cara léi) as Baile Átha Cliath. Tháinig fear eile, Jack Ball, as Béal Feirste ann chun cúpla seachtain a chaitheamh ar saoire ann.

Satharn 12 Lúnasa

An bheirt bhan seo ag dul go hAcaill inniu ina gcarr ar ghraithe agus chuas ann leo ag fiosrú i gCaol agus i nDumha Acha. Casadh fear rídheas orm, John McHugh, de chuid Dhumha Acha agus bhí seanchas fada i nGaeilge agam leis – níl mórán Gaeilge ar bith thart na bealaí seo, rud a chuir iontas orm – ach ní raibh aon tuairisc le fáil agam ar amhráin.

Chuamar suas ar ball go dtí Corrymore House.[4] Casadh Bridie Gunning cheana orm i mBaile Átha Cliath agus bhí aithne agam uirthi – bean tís ann í – agus chuir sí in aithne muid don *Major* Dermot Freyer, fear an tí. Teach aíochta é agus bhí béile againn ann agus thaispeáin an *Major* an *'Open-air Theatre'* atá aige dúinn, go raibh a cháil ar fud na tíre cúpla bliain ó shin. Duine iontach suimiúil é – níl aon Ghaeilge aige

Bridie Gunning.
Ó *Portrait of Ireland*, Adolf Morath (1946).

– agus fear mór grinn é. Duine beag é agus seanéadach caite stróicthe lán paistí é (gan a bheith ag breathnú gur fear siúil é) agus creideann sé gur fearr a bheith éagcosúil le gach uile dhuine eile. Chaith muid tráthnóna aoibhinn ina chomhluadar agus chuas-sa síos ag snámh ar ball. D'ól muid cupán tae aríst agus bhuail muid abhaile go Mulrany. Lá é seo nach ndéanfad dearmad de go luath.

Domhnach 13 Lúnasa

An darna haifreann 9.30. Bricfeasta ina dhiaidh agus litreacha. An tráthnóna ag snámh agus an oíche ag seanchas.

Luan 14 Lúnasa

An mhaidin le dialann. Tháinig mo dhá bheart páipéirí ar maidin. Cuireadh go Béal an Átha iad agus chuir sé sin moill chúpla lá orthu. Chuig an máistir a tháinig siad agus thug sé chugam iad is mé ag ithe mo bhricfeasta ar a 9.30. Chaitheas an tráthnóna le Máire Mulgrew agus san oíche scríobhas focail cheithre amhrán uaithi agus rinneamar go leor seanchais le chéile. Bean í a tógadh in Acaill agus a phós fear anseo. Fíodóir a bhí ann, nach maireann. Bhí sí féin agus a clann i Meiriceá, deir sí liom, agus thángadar abhaile 1930. Tá beirt mhac aici, duine i Londain agus duine sa mbaile. Duine nó beirt eile i Meiriceá agus beirt iníon pósta ann. Thug sí ainm agus seoladh seanmhná eicínt dhom in Acaill agus deir sí go mb'fhéidir go mbeadh a cuimhne ar na hamhráin caillte aici. Tá neart Gaeilge ag Máire ach tá fonn uirthi Béarla a labhairt. Is é a chleacht sí ó d'fhág sí Acaill. Í an-toilteanach na hamhráin a thabhairt uaithi. '*That is a dandy song*,' a dúirt sí fúthu, agus, '*He is a dandy man*,' aríst ag caint ar dhuine eicínt. Rian Mheiriceá ar a cuid Béarla. Í marbh ag dathacha.

'*Putting tidings*', – ag cur tuairisce – (dúirt Máire é).[5]

Máirt 15 Lúnasa

Sports agus rásaí capall anseo inniu. Chuas ann. (Snámh ar maidin tar éis an aifrinn). Casadh beirt as Acaill liom agus triúr as Baile Chruaich agus fear as an gCorrán – máistir scoile – Seoigheach [Pádraig]. D'ól muid cúpla deoch agus fuaireas seoladh beirte nó triúir i mBaile Chruaich agus b'fhiú dul chucu, creidim. Gheallas don Seoigheach go nglaofainn air chun cúnamh a fháil uaidh. Chuireamar isteach píosa den oíche le chéile agus scaramar.

Céadaoin 16 Lúnasa

An mhaidin ag snámh agus an tráthnóna agus an oíche ag scríobh ó Mháire Mulgrew. Focail dhá amhrán eile agus fonn cheithre cinn agam uaithi. Is beag eile atá aici – cúpla ceathrú agus a bhfonn – 'Saileog Rua' agus ceann cile, agus dhá fhonn eile d'amhráin a scríobhas uaithi.

Déardaoin 17 Lúnasa

Lá fliuch. Píosa den mhaidin ag cóiriú na gceolta ó Mháire [Mulgrew]. Ag scríobh litreacha go ham dinnéir agus tamall ina dhiaidh agus cuairt ar Mháire Mulgrew arís. An dá fhonn eile agam uaithi agus ar ais chun tac. Dialann chúpla lá agam le scríobh ina dhiaidh. Chaitheas an oíche le Máire Mulgrew arís ag seanchas agus fuaireas a raibh aici dhom. Bhí ceathrú aici 'Má théann tú chun an aonaigh . . .' agus fonn leis, an-ghar do leagan [Choilm] Uí Chaodháin i nGlinsce.

Aoine 18 Lúnasa

An mhaidin ag an Máistir [Pádraic] Ó Moghráin ag léamh lámhscríbhinní leis, a raibh amhráin, dánta agus béaloideas de chuile chineál iontu. Maidin an-taitneamhach.

Chuamar soir tar éis an dinnéir go dtí seanfhear – Micí Bhillí Loftus (*c.* 75) – fear a bhfuil amhráin aige, deir an Máistir liom, ach ní raibh sé ann romhainn. Bhí sé imithe amach fud na ngarrantaí in áit eicínt agus ní raibh amharc le feiceáil air. Chaith muid tamall fada á thóraíocht (agus ag tóraíocht an tí atá in áit an-iargúlta) agus ag fanacht air, ach d'fhág muid ar deireadh é go dtí lá eile.

Thug an Máistir leis mé ag breathnú ar an reilig ansin tamall, agus ó bhí sé an sé a chlog tráthnóna faoi seo, bhí air féin dul chuig sochraid. Thángas féin ar ais chun tae agus tháinig beirt leaids ar a mbealach go hAcaill as Baile Átha Cliath ar dhá rothar – aithne agam orthu. Frank McKenna agus Justin Tallon. Chaitheadar tae anseo agus chuamar síos ag snámh ar a naoi, tar éis píosa mór seanchais a dhéanamh ag an mbord. Seanchas arís agus codladh.

Satharn 19 Lúnasa

An mhaidin ag scríobh cuntas beag ar Mháire Mulgrew, agus go dtí 4.30 ag athscríobh focail amhrán agus paidreacha a bhreacas ó Neain Mháire Ní Ghríofa, An Aird Thoir, Carna, i mí Iúil. Ruaig snámha ansin go ham tae. An oíche le muintir Johnson as Cathair na Mart – daoine ar chuireas aithne orthu anseo agus thugadar cuireadh dhom.

Domhnach 20 Lúnasa

An lá go léir ar an dtrá ag snámh is ag léamh.

An oíche ag seanchas le cuairteoirí sa teach ósta [Clarke's].

Luan 21 Lúnasa

Lá an-bhreá gréine. An mhaidin ag snámh. An tráthnóna ar cuairt go dtí Tommy Kelly (*Raigh, between here and Newport*); scríobhas focail chúpla amhrán uaidh. Níor chuir mé chun foinn anocht é – níor shíl mé go raibh fonn ceoil air agus mar sin ní dhearna mé aon tréaniarracht.

Tommy Kelly. (Le caoinchead Mary Hughes.)

An oíche le Mártan Ó Máille (86), soir as seo, agus scríobhas focail trí amhrán uaidh. Ní raibh fonn foinn air anocht agus mar sin níor bhreacas aon cheolta uaidh.

CBÉ CC 014.008. Ó Mhártan Ó Máille.

Máirt 22 Lúnasa

Lá an-bhreá gréine. An mhaidin ag snámh. Chuas féin agus Pádraic Ó Moghráin go Baile Chruaich. Scrúdaíomar na leachta ag Cille Ghoin (Kildun) agus leachta eile tamall uathusan ó thuaidh.[6] Chuamar go dtí Pat McMeanman (88) agus chaitheamar tamall fada ag seanchas leis. De bhunadh Thír Chonaill é agus cé gur i mBaile Chruaich a tóigeadh é féin agus a athair mór, tá cuid mhór de chanúint Thír Chonaill aige go fóill. D'aithin mise ar a chaint é agus fuair mé amach é seo uaidh nuair a cheistigh mé faoi é. Ní raibh ceol riamh aige ach focla amhráin a chuir sé de ghlanmheabhair as leabhraí.

Chuamar as sin go dtí Brian Ó Dónaill (77), a fuair muid ina leaba le seanaois. Fear an-suimiúil é agus togha seanchaí, ach gan aon cheol aige ach oiread. Chaith muid tamall ag seanchas ann agus thug sé cuntas breá dhúinn ar dhéantús an lín a bhíodh ann le linn a óige, é bocht go leor, ach togha na Gaeilge aige.

Bhí sé ag tarraingt ar a naoi nuair a d'fhág muid eisean agus bhuail muid bóthar abhaile. Bhí sé tar éis a deich nuair a shroich muid an Mhala Raithní agus muid sásta go leor leis an tráthnóna a chuir muid isteach leis an mbeirt seanóir. Bhí tairbhe don Mháistir [Pádraic Ó Moghráin] ann – cúpla rud a hinsíodh dhó tríd an gcomhrá a raibh suim aige iontu, agus bhí a fhios agamsa dá bharr nach mórán ceoil a bhí le fáil i mBaile Chruaich, ach fuair mé tuairisc go bhfuil ceol ag muintir Inis Bigil, atá idir é agus Acaill.

Seán Ó Súilleabháin. (Le caoinchead CBÉ.)

Tigh Phádraic Uí Mhoghráin.

Céadaoin 23 Lúnasa

Báisteach ó aréir go hanocht, an-trom. Gan seans dul in áit ar bith. Chaith mé an mhaidin le litreacha. Litir agam ó S. Ó S. [Seán Ó Súilleabháin]. Chaitheas formhór an lae leis an Máistir [Pádraic] Ó Moghráin, ag léamh a chuidsean nótaí – amhráin, seanchas, paidreacha agus seanchainteanna agus dánta a bhreac sé anseo is ansiúd. An oíche anseo sa teach ag léamh agus ag seanchas le muintir an tí.

Déardaoin 24 Lúnasa

An mhaidin ag snámh. An tráthnóna 3–8 le Mártan Ó Máille (86). Rinne muid píosa mór seanchais agus bhreacas cúpla rud eile uaidh agus cúpla fonn nó trí. Bhí an-saothar air ag obair liom agus níor mhór dhó scíth agus seanchas idir gach píosa. É ag cur allais ag rá an amhráin agus ag cuimhneamh ar fhocla. Ba leisc liom bheith ag cur as dó chor ar bith, ach ní bheadh sé sásta go dtí go raibh gach uile shórt faighte agam. Duine lách, álainn é agus ba bhrón leis nach raibh sé in ann i bhfad níos mó a bheith aige dhom.

Aoine 25 Lúnasa

Chuas tar éis an dinnéir go dtí an Corrán le Micheál Enright, Garda óg Síochána, atá sa Mhala Raithní. As Co. an Chláir dhó agus an-suim i nGaeilge aige agus i mo chuid oibrese aige. Thug sé isteach mé chuig gréasaí go gcuirfeadh muid tuairisc na n-amhránaithe agus ní dheachaigh muid níos faide. Ní raibh sé i bhfad gur chuir mé síos amhrán uaidh agus ceann eile agus an tríú ceann. Bhí sé i bhfad, áfach, gur chuir sé fonn le ceann dhom – agus bhí fonn amháin aige dhom le scríobh.

Micheál Ó Maidín a ainm (*c*. 38) agus rugadh is tógadh ar an gCorrán é. Chaith sé a shaol le gréasaíocht nó go dtáinig an ganntar leathair air agus b'éigean dó dul i muinín an iascaigh ansin. Ní choinníonn an leathar ach trí lá ag obair é sa mhí.

Phléigh muid ceist na n-amhrán atá ar an gCorrán agus de réir mar a thuig mé uaidh, is beag atá le fáil ann. Ach thug sé ainm beirte nó triúir dhom atá ina bhfonnadóirí agus d'fhág muid ár gcuairt orthu ar athló mar d'ól muid tae le Maidín agus bhí ar Enright a bheith sa mbeairic arís ar a naoi. Agus ó bhí 7 míle le déanamh againn níorbh fhiú dhom fanacht ní b'fhaide.

Micheál Ó Maidín.
(Le caoinchead Sheáin Uí Ghallchóir.)

Satharn 26 Lúnasa

Chuas soir tráthnóna go dtí Tomás Ó Ceallaigh, Raigh (Ráith), agus mé ag brath tuilleadh a phiocadh as agus b'fhéidir é a chur chun foinn. Ghlaos ar theach eile sa gcomharsanacht agus dúirt muintir an tí (O'Grady's) liom gur cailleadh bean dearthár leis aréir. Mar sin, ní raibh mo ghraithese ann agus b'éigean dom filleadh arís folamh. Oíche fhliuch agus mé báite.

Domhnach 27 Lúnasa

Lá báistí. An tráthnóna agus an oíche leis an Máistir [Pádraic] Ó Moghráin ag seinm ceoil agus ag seanchas.

Luan 28 Lúnasa

An mhaidin le litreacha agus le hathscríobh cúpla rud a bhreacas ar an gCorrán agus ó Thomás Ó Ceallaigh. Ag scríobh dialainn na seachtaine (ligeas ar gcúl é), tar éis an dinnéir. Litir agam ar maidin ó Sh. Ó D. [Séamus Ó Duilearga] do m'iarraidh go hAllt na Brocaí, Béal an Chomhraic,[7] ach ó tá an aimsir briste inniu ní thabharfad faoi go dtí amárach, má ghlanann sé. Ghlaoigh an Máistir [Pádraic Ó Moghráin] isteach tráthnóna agus d'iarr sé orm teacht chuig a theach anocht. Cailín as Baile Átha Cliath ag teacht ar cuairt chuige, Miss Nancy Pearson, R.I.A.[8] Chaitheas oíche sheanchais agus cheoil ann.

Máirt 29 Lúnasa

Chuas ar an rothar go hAllt na Brocaí agus chaitheas Céadaoin 30, Déardaoin 31, Aoine 1.9.44, ann le S. [Séamus] Ó Duilearga ag comhrá, ag iascach is ag breathnú ar lámhscríbhinní. Thángas abhaile go dtí an Mhala Raithní arís oíche Dé hAoine.[9]

Allt na Brocaí 2006.
(Le caoinchead Richard Hewat.)

Allt na Brocaí *c.* 1940
(Le caoinchead CBÉ.)

Satharn 2 Meán Fómhair

An mhaidin agus cuid den tráthnóna ar cuairteanna chuig Máire Mulgrew, Mártan Ó Máille, Micí Bhillí Loftus – ní raibh sé ann romham.

Tháinig an oíche ag séideadh báistí agus d'fhanas istigh ag seanchas.

Na cuairteanna seo inniu ag fágáil slán acu, mar gheall ar mé bheith ag imeacht go Tír Chonaill Dé Luain.

Domhnach 3 Meán Fómhair

Lá clagarnaí. Ag scríobh dialainne agus ag léamh agus ag seanchas a chaitheas an lá.

Luan 4 Meán Fómhair

Ag pacáil agus ag cur páipéirí sa bpost. Marcaíocht i gcarr ó Josie Moran go Cathair na Mart agus rothar as sin 40 míle go Béal an Átha.

Nótaí agus Tagairtí

1. 1296: 74–91.

2. An Mhala Raithní.

3. Baile Uí Fhiacháin.

4. Timpeall 1856 a tógadh an teach. Tá cáil ar leith air mar gur mhair an Captaen Charles Boycott (1832–97) ann ar feadh tamaill. Tá sé sé mhíle siar ó Dhumha Acha.

5. Tá sé seo scríofa i bpeann luaidhe.

6. Tá dhá ghallán agus leachta i gCill Ghoin. Tá crois le stuanna ciorcail mar mhaisiú ar cheann den dá ghallán. De réir an tseanchais, is in uaigh ansin atá Donn Mac Míle curtha. Féach Müller-Lisowski 1945, 181–9 agus Moran 1942, 149–51.

7. Ba le muintir Bingham an teach atá anseo a bhí ina ghrianán seilge agus iascaireachta acu. Tógadh é thart ar 1848. Ó 1863 i leith, tá muintir Mhic Aindriú ina n-airígh agus ina bhfeirmeoirí ann. Sa bhliain 1904 a rinneadh an chéad bhóthar isteach chuige. Go dtí sin, ar dhroim capaill amháin a bhí teacht air. Thugadh Séamus Ó Duilearga agus a theaghlach cuairt ar an teach agus d'fhanaidís ann. Anseo a rinneadh cuid de na lámhscríbhinní ag Coimisiún Béaloideasa Éireann a stóráil ó 1940 go dtí Meán Fómhair 1945 ar fhaitíos go ndéanfaí dochar dóibh i mBaile Átha Cliath le linn an chogaidh. Sa bhliain 1993 cuireadh aibhléis i gcuid den teach.

8. Acadamh Ríoga na hÉireann nó an Royal Irish Academy a bunaíodh i 1785 le cúrsaí léinn a chur chun cinn.

9. Tá nóta ag an Duileargach sa dialann don 29 Lúnasa agus an 1 Meán Fómhair 1944 mar seo a leanas: 'Séamus Ennis arrd. from Malranny', agus 'Séamus Ennis returned to Malranny', faoi seach.

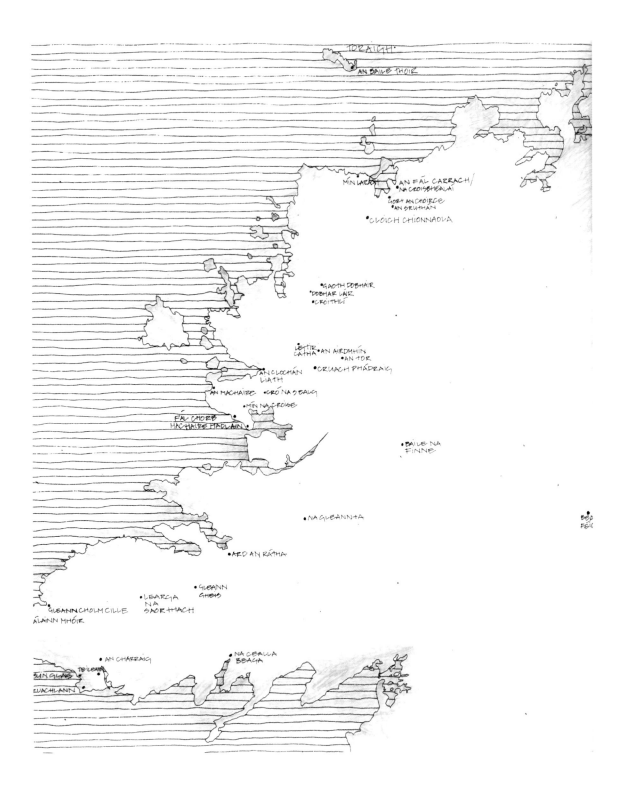

TORAIGH•
•AN BAILE THOIR

MÍN LARACH• •AN FÁL CARRACH/
        •NA CROISBHEALAÍ
    GORT AN CHOIRCE•
    •AN SRUTHÁN
•CLOICH CHIONNAOLA

•GAOTH DOBHAIR
•DOBHAR LÁIR
•CROITHLÍ

LEITIR• •AN AIRDMHÍN
CATHA   •AN TOR
    •CRUACH PHÁDRAIG

AN CLOCHÁN•
    LIATH
AN MACHAIRE• •CRÓ NA 5 BALG

•MÍN NA CROISE
FÁL CHORB•
MACHAIRE MAOLÁIN•

        •BAILE NA
            FINNE

•NA GLEANNTA

•ARD AN RÁTHA

•GLEANN
    GHBIS
•LEARGA
    NA
GLEANN CHOLM CILLE SAOR THACH
ÁLAINN MHÓIR

•AN CHARRAIG •NA CEALLA
            BEAGA
BUN GLAS
TEILEANN
CUACHLANN

Tír Chonaill

5 Meán Fómhair–19 Deireadh Fómhair 1944[1]

Máirt 5 Meán Fómhair
Bus ar a haon go Sligeach. Ar a ceathair go dtí na Ccalla Bcaga agus ar a 8.40 go dtí an Charraig. An oíche ansin, teach ósta Shléibhe Liag[2] (Ó Maoldhomhnaigh). Fear óg an tí, Seán. Casadh Jim Boyle orm (O.S., Liatroim). Seanchas leo agus codladh.

Céadaoin 6 Meán Fómhair
Codladh go 10. Scríobhas cúpla litir

Óstán Shliabh a Liag. (Le caoinchead Ronan Galvin.)

agus tháinig Seán Ó hEochaidh. Seanchas tamall agus dinnéar. Chuas go Teileann ar an rothar agus chaitheas an tráthnóna le Frank Cassidy. Ní raibh sreanga sa veidheal aige agus fuaireas iad ar an gCarraig nuair a bhuaileas leis an mbus istoíche chun mo mhála a fháil. Nuair a thánag go Teileann arís, bhí Frank imithe agus gan tuairisc air. Chuas a chodladh 11.30 tar éis uair go leith a chaitheamh ag fanacht air, is ag cur na sreang sa veidheal dó.

Déardaoin 7 Meán Fómhair
An lá istigh ag scríobh litreacha agus nótaí eile faoi chuairt Mhala Raithní agus ag athléamh mo chodach as Maigh Eo. An oíche ag fanacht ar Frank Cassidy, agus nuair a tháinig sé, ní raibh aige ach greim a ithe arís agus rith chun na Carraige arís. É féin agus a dhearthair Páidí ag cur caoi ar halla na Carraige[3] faoi dheifir.

Aoine 8 Meán Fómhair
Dialann ar maidin tar éis bricfeasta agus cuairt eile ar Frank Cassidy. É ag dul chun na Carraige faoi dheifir go hoíche.

Chuas go Cruachlann agus chaitheas an tráthnóna ag siúlóid le Seán Ó hEochaidh amach go Bun Glas agus ar ais. An oíche ina theach, veidhleadóir ann – Con Cassidy (c. 32) – agus scríobhas trí phort uaidh i gcaitheamh na hoíche. Ceathrú eile ag a mháthair (máthair Sheáin) [Máire] de 'Eoinín Ó Ragadáin'. Chuireas síos é.

(Ghlaos ar go leor de mo chairde i gcaitheamh an lae, roimh dinnéar agus ar mo bhealach go Cruachlann.)

CBÉ CC 202.178. Ó Con Cassidy.

Satharn 9 Meán Fómhair

An chéad lá tirim ó d'fhágas Mulrany.[4] An mhaidin le litreacha. An tráthnóna ag siúl síos chun na céabhach agus ar cuairt chuig Connie Haughey, veidhleadóir. Ní sheinnfidh sé. Chuas amach timpeall an phointe ó dheas de Theileann ag spaisteoireacht. An oíche tigh Frank Cassidy ag fanacht air.

Domhnach 10 Meán Fómhair

An mhaidin le Frank [Cassidy] ag seanchas, tar éis aifreann a naoi ar an gCarraig. Maidin álainn ghréine. Tuairisc ag Frank dhom ar veidhleadóir siúil as Inis Eoghain ab fhiú dhom a fheiceáil, a bheith istigh i Málainn Mhóir (Malinmore) sé mhíle siar. Chuas siar i ndiaidh an dinnéir. Bhí Frank ag dul chun na gCealla Beaga ag obair agus ní raibh feidhm dom fanacht air. Chuartaíos Malinmore agus ní raibh tuairisc ar an veidhleadóir seo – John Doherty. Chuas ag spaisteoireacht isteach go Gleann Cholm Cille agus amach soir abhaile arís – súil agam le Frank ar a hocht. D'fhanas go dtí meán oíche.

Luan 11 Meán Fómhair

Frank [Cassidy] gnóthach i gcónaí ag obair ar halla na Carraige. Chuas go dtí Bealach Féich ar thóir John Doherty. Tar éis go leor cuardaigh agus fiosraithe, tháinig mé ar fhear a raibh aithne mhaith aige air a dúirt liom go raibh sé imithe ó mhaidin ar Aonach na nGleannta amárach.[5]

Chaitheas an oíche ansin le cairde liom i Srath an Urláir agus chodlaíos i Kee's Hotel[6] ann.

Máirt 12 Meán Fómhair

Chuas ar ais ar an rothar go Teileann. Phacáileas mála agus chuireas ar siúl é chun na nGleannta. Mé anseo le beagnach seachtain agus fíorbheagán déanta ann – [Frank] Cassidy gnóthach agus gan mórán eile ann dom.

Socrú cinnte agam le Cassidy anocht. Níor tháinig sé. Socrú le Seán [Ó hEochaidh] dul go Learga na Saorthach amárach.

Céadaoin 13 Meán Fómhair

Bhuaileas bóthar in éindí le Seán [Ó hEochaidh] go Learga na Saorthach ar a haon. Chaith muid an tráthnóna le Jimmy Heeney ann agus scríobhas 'Laoi na Mná Móire'[7] uaidh.[8] 'Eochaill' uaidh freisin.

Jimmy Heeney. (Le caoinchead CBÉ.)

D'fhágas slán ag Seán. Muid ag cuimhneamh ar rása cúpla lá a thabhairt timpeall, ach bhí na pócaí fann. Chuas bealach Ghleann Gheise go hArd an Rátha agus chun na nGleannta. Fuaireas tuairisc ansin ar a naoi nach raibh John Doherty chor ar bith ann agus shocraíos ar Leitir Catha a shroichint, rud a rinne c. 11.30 p.m. Tuirseach go leor. Bhí beagán báistí ar an mbealach agam, ach ar an iomlán bhí an t-ádh orm a bheith tirim mar rinne sé oíche mhór bháistí i ndiaidh dhom a theacht ann. Iad go léir go maith anseo[9] agus fáilte mhór acu romham.

Déardaoin 14 Meán Fómhair

Chaitheas an mhaidin le dialann agus le cúpla litir agus an tráthnóna le muintir Dhufaigh ar an Airdmhín. Thug Peig [Ní Dhufaigh] (dall) ansin cuimse amhrán dhom cheana le scríobh agus chuas dá feiceáil. Iad uilig go maith agus chomh spóirtiúil is fuair mé riamh iad.

An oíche le muintir an tí seo agus lucht airneála.

Aoine 15 Meán Fómhair

Lá fada báistí agus é an-trom. Chun an Chlocháin Léith tráthnóna tar éis litreacha a scríobh don phost. Rún agam dul go Niallaí (Pháidí Néillí) Ó Baoill, veidhleadóir, ach mé rófhliuch le suí i dteach ar bith. Thángas abhaile arís ar a sé, tar éis cúpla cara a fheiceáil ar an gClochán Liath. An oíche le lucht airneála sa tigh.

Satharn 16 Meán Fómhair

Tráthnóna agus oíche le Niallaí [Pháidí Néillí Ó Baoill]. Chas sé ceol dom ó chuas isteach gur fhágas é, gan aon smaoineamh aige ar scríobh. An-fháilte aige féin is ag a mhnaoi [Annie] romham. D'fhágas ar a deich é – bhí mála mór agam le tabhairt as an gClochán Liath go Leitir Catha agus ba mhaith liom cur chun bóthair go luath leis.

Domhnach 17 Meán Fómhair

Aifreann 11 an Chlocháin Léith. An tráthnóna ag déanamh cruach choirce le Joe (Shéamuis) Gallagher i Leitir Catha. An oíche istigh ag seanchas.

Joe Shéamuis an Bhordáin Ó Gallchóir. (Le caoinchead Mháire Halpin.)

Luan 18 Meán Fómhair

An mhaidin istigh ag scríobh. An tráthnóna ar cuairt siar ag muintir Dhúgáin, Cruach Phádraig. An oíche ar cuairt chuig clann (Mhéirí) Breathnach soir as seo. B'éigean dom an dá chuairt seo a dhéanamh nó ní bhfaighinn aon tsíocháin uathu. Danny Roarty ann, fear óg aerach (33) (ó Mhín na Mánrach), a bhfuil mé mór leis. Scríobhas trí hamhráintí Béarla uaidh.[10]

Máirt 19 Meán Fómhair

An tráthnóna le Niallaí Ó Baoill ag dul do chruach féir agus an oíche ag scríobh uaidh.

Céadaoin 20 Meán Fómhair

Chun an Chlocháin Léith ar maidin le litreacha. An tráthnóna agus an oíche ar an Tor ag Páidí Bhidí (Mac Connacháin) (71), é lag ag a chroí i gcaitheamh an tsamhraidh. Thugas an oíche ag seanchas leis go dtí an deich. Thug sé dhá phunta dhom le fios a chur ar phéire bróg dó.

Chuas tigh Doulty Sweeney ar mo bhealach anonn thar an abhainn chun mo rothair. Tá Doulty féin in Albain anois agus tá a bhean, Meairgit O'Brien, léi féin. Thosaigh sí ag ceol dhom nuair a shuigh mé síos agus scríobhas dhá fhonn uaithi ar amhráin fhairsinge a raibh athrú aicise iontu.

Bhí sé an haon nuair a bhaineas Leitir Catha amach, ar bhóthar nach bhfaca mé go fóill a shárú le donacht.

Déardaoin 21 Meán Fómhair

Litir faoi bhróga Pháidí Bhidí [Mac Connacháin] an chéad rud ar maidin. Siar chun an Chlocháin Léith ar ball chun é a chur sa bpost. An tráthnóna ag athscríobh amhrán agus ag gléasadh ceoil. Istigh ag scríobh agus ag léamh san oíche.

Aoine 22 Meán Fómhair

Chaitheas an lá istigh ag athscríobh ceoil agus ag cur roinnt nótaí a chruinnigh mé (seanchas) le chéile le cur chuig Seán Ó Súilleabháin. Cúpla litir agam freisin. Damhsa ar an Chlochán Liath agus mé ag scríobh istigh nuair a tháinig beirt do m'iarraidh ann. Chuas.

Satharn 23 Meán Fómhair

Fíor-dhrochlá. Thugas leathlá le dialann agus le hathscríobh ceoil. An chuid eile ag léamh agus ag scríobh cois tine. A chodladh go luath.

Domhnach 24 Meán Fómhair

Fíor-dhrochmhaidin stoirme. Mar sin féin, chuas chun an Chlocháin Léith chuig an aifreann. Mé báite ag teacht dom. Ghlan an tráthnóna beagán ina cheatha agus ós rud go rabhas tuirseach i mo shuí istigh le cúpla lá de dheasca drochaimsire, bhuaileas bóthar amach go Croithlí, Bealach an Toir agus amach fhad le Feargal Ó Baoill, ar bhealach Ghaoth Dobhair. Chuala muid cluiche Chiarraí *v.* Ros Comáin[11] ar an *wireless* agus chaitheas tae leo. Chuas isteach go Dobhar Láir ag feiceáil Chlann Ghallchóir (Cití Ní Ghallchóir a bhuaigh an ceol ar an Oireachtas 1943).

Cití Ní Ghallchóir. (Lena caoinchead.)

Chaitheas tamall leo agus chuas ar ais chuig Feargal Boyle. Ní raibh mé i bhfad ann nuair a shiúil Donncha Ó Baoill isteach le Dan Gallagher (mac le píobaire a dtugas cuairt air roimhe) atá le pósadh maidin amárach. D'iarr siad mise chuig an mbainis – i Leitir Ceanainn ach ní dheachaigh mé ann. Chuaigh mé féin agus Dinny chun an tí le Dan agus chas an seanfhear ceol ar na píobaí dhúinn. (Ceol na leabhar atá aige – Albanach.) Chuaigh muid go Leitir Catha ar a 12.

Luan 25 Meán Fómhair

Chuaigh Dinny [Ó Baoill] go Leitir Ceanainn agus d'fhan mise. Chuas go Gaoth Dobhair tráthnóna chuig Síle Mhicí Ní Ghallchóir (84), bean a bhfuil neart amhrán aici. Rinneas seanchas fada léi. Dúirt sí nach raibh fonn ceoil uirthi agus dúirt mise nach shin a thug chuici mé anocht, ach ag caitheamh oiread seo ómóis léi go dtabharfainn cuairt uirthi oíche amháin lena feiceáil shula n-iarrfainn amhrán uirthi. Thaitin sé sin léi. Dúirt sí liom teacht arís lá eile.

Chuas abhaile ar a deich.

Máirt 26 Meán Fómhair

Litreacha ar maidin. Chuas amach go dtí Hughie Bonar tráthnóna – Falchorrib[12] – siar ó dheas ón gClochán Liath. Casadh a bhean [Nellie] agus a iníon [Alice] orm Déardaoin ar an gClochán Liath agus chuir siad orm a ghealladh cén lá a thabharfainn cuairt orthu. Chaitheas an oíche leo – Hughie agus mé féin ag dul don fhidil. Ní raibh port ar bith aige le scríobh dhom, cé gur scríobhas

Tigh Hughie Bonar. A chol seisir Packie Molloy ar clé.
(Le caoinchead Ronan Galvin.)

suas le deich gcinn nuair a bhí mé aige go deireanach.

Céadaoin 27 Meán Fómhair

Bhí Dinny [Ó Baoill] sa mbaile aréir nuair a tháinig mé. Chaith muid an lá inniu ag iascach. Ní bhfuair muid ach cúpla breac geal. Bhí éirí ar bhradán amháin ach chaill sé é.

Déardaoin 28 Meán Fómhair

Chaitheas an lá istigh le litreacha agus le ceol is dialann. Chuas go Gort an Choirce ar a sé le Dinny [Ó Baoill]. (An lánú údan a pósadh Dé Luain ag filleadh anocht agus oíche mhór thoir acu. Gan éalú againn as.) Oíche mhór go maidin ann.

Aoine 29 Meán Fómhair

An lá ag iascach agus an oíche ar cuairt ag cairde linn, Maguires.

Satharn 30. Meán Fómhair

An lá ag tabhairt cuairte thart ar mo chairde ann. Iad uilig go maith ach Nóra Gallagher, An Sruthán. Cuireadh an ola uirthi[13] tá seachtain ó shin ann agus níl a ciall i gceart aici. Moladh dhom gan dul chuici. Chaill sí mac sa samhradh agus tá siabhrán uirthi ó shin.

Domhnach 1 Deireadh Fómhair

An lá ag iascach le Dinny [Ó Baoill]. An oíche ag damhsa i halla Chloich Chionnaola leis.[14]

Luan 2 Deireadh Fómhair

Siar go Gaoth Dobhair tráthnóna ag Síle Mhicí Ní Ghallchóir. Í ag bleán an eallaigh agus araile go ceann i bhfad agus d'fhanas uirthi – agus ní raibh fonn uirthi mórán aimsire a chaitheamh liom ansin, mar bhí tincéirí tar éis a theacht go híochtar baile agus bhí sí ag dul síos chucu le cúpla sáspan a fháil déanta agus deasaithe. Rinneas coinne léi i gcomhair oíche Chéadaoine. Mo thráthnóna amú agus gan neart air. Tá Síle cairdiúil go leor, ach tá sí neamhspleách ar dhuine ar bith, agus sin é a deir sí féin. Is cuma léi daoine a bheith buíoch di nó gan a bheith. Chan sí cúpla amhrán dom.

Máirt 3 Deireadh Fómhair

An lá ag cuidiú le muintir an tí seo i Leitir Catha ag tabhairt isteach móna. An oíche le Niallaí Ó Baoill, Cró na Sealg, veidhleadóir. Scríobhas dhá phort uaidh. Chuireas nóta go dtí Micheál Bowles, Raidió Éireann, le hainm Néillí a chur síos chun craolta. Rud a rinne sé, agus bhí litir agam uaidh a thug mé do Niallaí anocht a chuir ríméad ar an bhfear bocht. Níor chraol sé anois le ceithre bliana.

Céadaoin 4 Deireadh Fómhair

An mhaidin le dialann agus nótaí do Sheán Ó Súilleabháin ar bheagán seanchais a fuaireas. An tráthnóna ag gabháil do cheol agus ag dul amach síos go Dobhar Láir. Chaitheas an oíche tigh Shíle Mhicí [Ní Ghallchóir] arís. Bhí coinne déanta agam ó Luan léi. Cúpla amhrán a chan sí dhom Dé Luain. Dúirt sí liom gur amhráin iad nach bhfaighidh duine ar bith uaithi, go deo deo. Níor thug sí fáth ar bith leis seo. (Tá nóta ar cheann acu in éindí lena cuid agam, *q.v.*)

Bhí sí amuigh in áit eicínt nuair a tháinig mé agus níor fhill sí isteach arís go raibh sé an naoi nó mar sin. Shuigh sí cois na tine agus rinne muid ár gcomhrá tamall agus dúirt sí liom ansin suí chun boird agus a bheith ag scríobh, ní nár leisc liom nuair a bhí an fhaill agam ar deireadh thiar.

CBÉ CC 020.090. Ó Shíle Mhicí Ní Ghallchóir.

Chuir sí cúpla amhrán chugam – nithe nár chualas riamh aicise ná ag duine ar bith agus lom orm gur chuir mé síos iad focal ar fhocal agus nóta ar nóta uaithi. Lom uirthi ansin 'Ag Gabháil go Baile Átha Cliath Domh' agus chuir mé síos é, nó bhí sí ag meas go mba cheann breá é agus níor mhaith liom a rá léi go raibh sé roimhe agam. Nuair a bhí sin agam dúirt sí: 'Bhuel, sin deireadh a fhoghlaimeoidh duine ar bith go deo uaim, nó tá mé tuirseach ag foghlaim amhrán daoibh; is beag lá nach dtig duine éiginteacht mo bhadráil. Cha dtiocfadh le seanbhean de mo leithéide bheith leo. Ní bheinn gaibhte leis.' Ní raibh ach sin ann agus dúirt sí liom gan a theacht ar ais. D'fhág mé slán aici agus dúirt mé léi go mb'fhéidir go gcuirfeadh sí síos amhrán eile dhom dá dtagainn an chéad bhliain eile. Dúirt sí go mb'fhéidir.

Tuig nach le droch-chroí dhom ná tada a dúirt sí an méid seo. Scar muid ó chéile chomh cairdiúil is bhí riamh (ach mise a bheith beagán míshásta dá thairbhe). Ní raibh ann ach go mba léir do Shíle go raibh an-iomarca saothar intinne uirthi ag cuimhneamh ar fhocla amhrán, agus nach raibh an fhoighid aici le bheith á *word*áil dom, mar a dúirt sí féin. Is mór an trua é, ach níl neart ar bith faoi láthair air mar scéal. Féachfad arís léi, más beo dhúinn uilig, nuair a thabharfad rása go Tír Chonaill arís. Tá rud amháin cinnte: go bhfuil neart ceoil ina cloigeann aici.

Tá sí bréan de lucht Choláiste Ghaoth Dobhair[15] ag teacht chuici sa samhradh ag iarraidh na gceolta uaithi, creidim.

Creidim go bhfuil neart scéalta aici, ach níor inis sí riamh aon cheann dhom – le heagla go mbeadh tuilleadh saothair uirthi á *word*áil dhom le hiad a scríobh, is dócha.

Déardaoin 5 Deireadh Fómhair

Tháinig péire bróg chugam inné do Pháidí Bhidí Mac Connacháin, An Tor. Chuir sé fios orthu thríomsa agus thrí m'athar go Baile Átha Cliath, agus thugas soir chun an Toir inniu ar a haon déag a chlog iad. Chuas isteach chuige agus is air a bhí an lúcháir agus an ríméad nuair a chuir sé ar a chois leathbhróg acu. Bhí tairní bróg liom freisin faoina chomhair, agus d'fhág sin i riocht é go dtabharfadh sé a leathlámh dhom.

Scríobhas cúpla nóta seanchais uaidh agus tháinig caint ar 'dhubh-bhuaraigh'[16] fríd an seanchas agus rinne sé ceann dom. Nuair a dúirt mé leis go dtabharfainn liom é, chaith sé uaidh é agus rinne sé ceann ní b'fhearr dhom – dubh-bhuarach an ghamhna. Is éard é féin rópa déanta as luachair buailte briste. Tá sé an-láidir.

Fiuchadh bolgam tae agus smaointigh Páidí ar amhrán a chum sé féin agus fear eile ar an mbaile fadó faoi bhanais a bhí ann. Chuireas síos é agus rinne muid seanchas go dtí a sé a chlog. D'fhág mé slán aige agus tháinig Páidí liom go dtí an droichead agus deich mbliana bainte dá aois ag na bróga úra. Bhí cumha air ag fágáil slán agam, agus níor thaise dhom féin é, mar is fear é a bhfuil ardmheas agam air, agus ní raibh oíche ar bith dhár chaith mé riamh leis nach raibh an-phléisiúr agam.

Chaith mé an oíche le Niallaí Pháidí Néillí [Ó Baoill] ar an Chlochán Liath – an fidléir. Scríobhas poirt agus foinn uaidh. Abhaile ar a haon.

CBÉ CC 020.054. Ó Pháidí Bhidí Ó Connacháin.

Aoine 6 Deireadh Fómhair

Litreacha ar maidin agus dialann. An Clochán Liath le mo sheic a bhriseadh agus cúpla rud a tháil a bhí ag teastáil uaim. Péire nua *mudguards* don rothar. Chaitheas an tráthnóna go dtí a sé le Niallaí Ó Baoill. Scríobhas cúpla rud eile uaidh. Chuas go Leitir Catha ar a seacht chun mo dhinnéir. An oíche ag damhsa ar an Chlochán Liath le buachaillí na gcnoc.[17]

Satharn 7 Deireadh Fómhair

Ag pacáil ar maidin. Go Gort an Choirce ar an rothar agus mo mhála ar charr i gCroithlí. An oíche le Donncha Ó Baoill. Chodlaíos aige.

Cárta poist chuig Seán Ó Súilleabháin. (CBÉ.)

Domhnach 8 Deireadh Fómhair

Aifreann 11 a.m. An tráthnóna ag Dinny [Ó Baoill] le cúpla litir agus seanchas. Cuairt ar chairde liom ar na Croisbhealaí [An Fál Carrach] san oíche agus d'fhéachas isteach ag damhsa i halla Chloich Chionnaola ar mo bhealach go tigh Dinny. Chonaic mé Seán Ó hEochaidh sa tráthnóna agus shocraigh muid ar dhul go Toraigh amárach más féidir.

Luan 9 Deireadh Fómhair

Mé ag scríobh dhá litir eile ar maidin nuair a ghlaoigh Seán [Ó hEochaidh]. An bád ar a bealach amach, le feiceáil. Chuaigh muid síos go Gort an Choirce chuig an bpost, ag ceannach tobac is toitíní is rudaí a bhí ag teastáil uainn.

Tigh Dixon Mín Lárach. (Le caoinchead Kelly Fitzgerald.)

Go Mín Lárach ar a haon. Cupán tae tigh Dixon.[18] Ag fanacht go seolfadh an bád. Deoch don fhoireann.

Amach chun an bháid i gcurach 'chéaslaigh'.[19] 27',[20] an bád – inneall agus crann seoil – seol mór agus seol tosaigh uirthi. Línte galánta aici. (Fir Thoraí a rinne í – Dixons.) Deich míle farraige in uair agus chúig nóiméad, gan trioblóid. Lá gréine againn agus an fharraige suaimhneach go leor.

Toraigh cosúil le hoileán ar bith eile: ard thoir agus íseal thiar, ard ó thuaidh agus íseal ó dheas, teach solais thiar. Dhá bhaile taobh ó dheas di [den oileán] – Baile Thoir agus Baile Thiar.[21] Gan cosúlacht ar na tithe go bhfaca siad aol amuigh le blianta. Siopa ag ceann na céabhach, gan mórán ar díol ann – Ward's.[22] Páistí agus seisear nó mórsheisear fear ar an gcéibh ag fanacht orainn. An bád, *Ave Maria*,[23] ar ancaire ar an bpoll agus muide chun na céabhach sa gcurach a tugadh linn sa mbád.

Chuaigh muid suas chuig teach leis an fhoireann uilig – shocraigh Seán lóistín le ceathrar dearthár acu. Chaith muid tamall le seanchas, tamall le tae agus chuas féin agus Hughie an tí seo (Dixons) go dtí teach an tsolais.[24] Taispeánadh thart air mé – solas agus *code*. [Peter] Roddy ainm an *light keeper* ann. Triúr acu ann.[25]

Tháinig muid ar ais chun an tí agus iarradh orm port a bhualadh ar fhidil ann a rinne Jimmy, deartháir Hughie. Bhuail mé liom giota mór den oíche agus chruinnigh muintir an bhaile isteach go dtí nach raibh áit do m'uillinn sa teach. Ní fhaca mé riamh teach chomh pacáilte. Iad an-oilte in imeachtaí an chogaidh. Eolas an-chruinn ag Hughie ar innill agus ar aibhléis, *dynamo* agus mótar aibhléise. Aithníonn sé na heitleáin uilig ó chéile agus na soithí. An chuid is mó acu, ámh, gan mórán le rá acu, cúthail, tostach.

Dúirt cailín óg amhrán, *'Inishfree'*, agus chuireas síos é – amhrán deoraíochta é ó oileán (Inis Fraoigh) thiar sna Rosa. Fonn deas air.

Seanchas agus a chodladh ar a dó.[26]

Máirt 10 Deireadh Fómhair

An mhaidin le dialann. Snámh ag an chéibh tráthnóna[27] – níor tháinig fuacht ar bith sa bhfarraige go fóill. Cuairt ar Sheán Mac an Ghoill, N.S., máistir an oileáin. Fear óg é, gan suim aige i rud ar bith.

Seán Ó hEochaidh ag dréim go mbeidh duine nó beirt de na ceoltóirí a chuala seisean sa samhradh, istigh anocht. An oíche le fidléireacht agus ceol ach níor tháinig duine ar bith acu siúd ach an dream tostach céanna.

Chuaigh Seán a chodladh go luath agus chualas cúpla scéal maith a ndearnas nóta díofa do Sheán.

Céadaoin 11 Deireadh Fómhair

Mé i mo luí – thug Seán [Ó hEochaidh] mo bhricfeasta chugam agus mé i mo chodladh agus mhúscail sé mé. Drochmhaidin bháistí a bhí ann agus rug mé ar leabhar is d'fhan mé á léamh go dtí meán lae.

D'éirigh mé is scríobh ceithre chárta posta le cur leis an mbád amárach. Dinnéar. Siúlóid siar an baile ag scrúdú an chloigthí agus as sin le cuid den chréafóg bheannaithe a fháil do bhean ar thír mhór fá choinne luchóga móra a ruaigeadh. Chuir muid tuairisc agus d'iarr muid 'beagán d'úir Thoraí, gheall ar Dhia'. (Tugadh chun an tí chugam é oíche amárach a bhí chugainn.)[28]

Caint is cadráil le dream a bhí ag baint phréataí i gcuibhreann le cois an bhealaigh mhóir agus bóthar soir abhaile nuair a chonaic muid cith mór aniar aneas ag teacht.

An oíche cois tine le lán an tí, ag fanacht arís go dtiocfadh duine nó beirt de na ceoltóirí. Níor tháinig duine ar bith díobh ach an dream céanna – lán an tí acu. Chuaigh Seán agus Aodh [Ó Diothcháin] chun seanchais ar chúrsaí trá agus feamainne – tháinig seanchas amach faoi chuid den *metric system*[29] a bheith acu ar an oileán fadó – cuntas ag Seán air seo.

D'éist muid leo, ag fiosrú agus ag cuidiú, agus ag foghlaim neathanna a bhí nua dhúinn go ceann i bhfad. Dúil mhór ag an gcruinniú sa gceol, is gan ceol ar bith acu. Ormsa mo lámh a thriail arís dhóibh ar an veidheal agus chas mé giota mór ceoil daofa. Níor luaithe an veidheal ina thost ná an teach folamh. Seanchas ansin. D'éalaigh Seán a luí mar a rinne sé achan oíche go nuige seo. Mise ag seanchas le Hughie faoi aibhléis agus innill agus mar sin. Ábhar é a bhfuil suim agam ann.

Déardaoin 12 Deireadh Fómhair

Maidin thirim, ghaofar. Seán [Ó hEochaidh] ina shuí ar a 10 – níor airigh mé ag éirí é agus mhúscail mise ar a 11.15. Bricfeasta, cóiriú ceoil, dinnéar. Ag iascach ballach ag an chéibh le crumhóga talún – gan mhaith.

Iarracht agamsa ar stíl Aoidh [Uí Dhiothcháin] ag insint scéil a chur síos ar pháipéar. Measaim nár éirigh go rómhaith liom, ach d'fhág mé ag Seán é 'cibé ar bith' mar a deir Aodh féin.

Seán Ó hEochaidh agus Hugh Ó Diothcháin. (Le caoinchead CBÉ.)

Mé féin agus Seán ag comhrá ar bhailiú, ar nithe a tharla dhúinn sa tsiúl, ar ghraithe an Choimisiúin agus ar shaol an bhailitheora i gcoitinne, i ndiaidh an tae. Seanchas fada.

Seán, Aodh agus Séamus [Ó Diothcháin] an tí seo chun seomra chugainn agus buidéal den stuif crua acu le cur thart. In aiseag ar an deoch a thug muide d'fhoireann an bháid é seo, sílim, agus muid ag teacht Dé Luain. Seanchas agus gáirí againn i gcaitheamh leathuaire ar an mbuidéal. Fear den fhoireann leo (mise thíos acu tráthnóna nuair a tháinig an bád ó thír mhór, ag cuidiú leo dhá tarraingt).

Mise ag bualadh na fidle sa chistineach. Tháinig an fear ab fhearr ceoil ar an oileán chugainn anocht, ach níor aithin mise é (John Meenan) agus bhí Seán thiar sa seomra ag scríobh ó Aodh is ó Sheán agus ní raibh sé sa chistineach faid bhí an boc seo istigh. Mar sin a tháinig sé is d'imigh sé i ngan fhios dom.

Chaith mé uair go leith le Seán an tí seo [Ó Diothcháin] leis an veidheal i ndiaidh don chruinniú scaipeadh agus fuaireas cúpla port uaidh. D'éalaigh Seán a luí romham. Port nó dhó eile b'fhéidir ag Seán Ó Diothcháin dhom. Mé le cúpla lá anseo anoir go mífhoighdeach, míshásta. Níl sé ag éirí liom aon aithne a fháil ar an dream thart. Gan agam ach fanacht agus feiceáil.

Aoine 13 Deireadh Fómhair

Maidin uafásach fearthainne. Mise amuigh faoi fhoscadh tamall ag comhrá le Jimmy [Ó Diothcháin] an tí seo, é ina chaiptín ar na *life savers*[30] ar an oileán. Cur síos suimiúil ar a ngraithe aige. Tamall eile istigh ag cóiriú ceolta Néill Uí Bhaoill an Chlocháin Léith. Tamall eile ag cur caoi ar phéire bróg. Cuairt soir ar an mBaile Thoir i ndiaidh an dinnéir, mé féin agus Seán [Ó hEochaidh], chuig Seán Meenan, an fear seo a bhí againn an oíche dheireanach, nár aithin mise. Ní raibh sé istigh. Bhí deirfiúr dó ann – Cit. Í ina habhac bheag, cruinn ina colainn, barúil aici go bhfuil gaoth ina cluais, agus ina ceann agus ina hucht agus ina géaga! A cuimhne caillte aici – níor chuimhin léi Seán sa samhradh. Níorbh fhada go raibh lán an tí cruinnithe inár ndéidh. Tháinig John le titim na hoíche.

'Cé seo? Cé seo? Cé seo?' a deir sé, is é ag teacht isteach.

'Strainséara,' a dúirt mé féin agus sheas mé is chraith mé lámh leis.

D'aithin sé Seán agus tháinig an *routine* céanna arís faoi aimsir is barranna is cogadh. Ní mórán focal a labhair sé liomsa chor ar bith. Chas mé poirt ar an bhfideog daofa ar ball agus d'iarr Seán Ó hEochaidh orm amhrán a cheol agus cheol. Ní i bhfad gur cheol Cit ceann agus ceann eile agus ceann eile gan stop, gan iarraidh – giotaí d'amhráin a bhí aici. Cheol mise 'An Draighneán Donn' agus cheol sise cúpla véarsa aici féin de. Cheol sí 'Óró na Buachaillí' – rud a d'iarr Seán Ó hEochaidh uirthi – chuala seisean sa samhradh é. Rud é, a déarfainn féin gan smaointiú, atá nuacheaptha, ceol agus focla, faoi bhuachaillí a chuaigh go hAlbain.

Ba é an píosa ba dheise den oíche amhrán a dúirt Seán Meenan – cuid mhór den 'Draighneán Donn' fríd – 'A Pháidí an Chúil Bhuí Dhaite(?)'[31] – amhrán agus amhránaí chomh binn agus chuala mé riamh ar an tír in áit ar bith. Níor scríobhas dada. D'fhág muid slán acu *c.* 7.45 agus tháinig muid anoir. Bhí mé ag dúil go mb'fhéidir go dtiocfadh Seán anoir linn ach níor tháinig, ná ní raibh rún ar bith aige a theacht anoir ar ball.

Fhad is bhí muid ag ól tae thiar sa seomra, chuala muid girseacha amuigh ar an tsráid ag gabhail fhoinn agus chuir muid deirfiúr chéile Sheáin[32] amach fána gcoinne (*v.* 12.10.44) le iad a thabhairt isteach chun go scríobhfainn ceann áirithe a bhí acu uathu, 'Mullaigh na Cruaiche'. Scríobhas é sin, agus ceann eile i mBéarla. An t-amhrán Gaeilge go measctha acu. Bhí sé beagnach a deich nuair a chuaigh Seán agus Johnny i gcionn an phinn arís. Agus chaith mise tamall ag veidhleadóireacht don mhuintir a chruinnigh isteach – lán tí acu arís. Comhrá againn go léir cois tine nuair a scaip an cruinniú agus a chodladh ar a dó.[33]

CBÉ 1282:300. Ó John Tom Ó Mianáin.

Satharn 14 Deireadh Fómhair

Dialann ar maidin – é fliuch agus garbh. Ghlan an bháisteach tráthnóna. Chuaigh Seán [Ó hEochaidh] síos chun na céabhach ag iascach ballán[34] le bairnigh. Leanas síos é ar ball agus chuas ag snámh. Bhí sé garbh i gceart ach mar sin féin thaitin an tsáile go maith liom. Ní raibh ann ach mé féin a chaitheamh isteach ag ceann na céabhach agus snámh liom go dtí an staighre, teacht amach agus é sin a dhéanamh arís agus arís eile. Ní raibh aon fhuacht ins an uisce, ach bhí

Tigh John Tom Uí Mhianáin.
(Le caoinchead Kelly Fitzgerald.)

beagán nimhe sa ngaoith. Agus cé go rabhas-sa ag snámh, níl a fhios agam cén chaoi a bhféadfadh Seán fanacht ina sheasamh ansin go ceann cúpla uair ar an gcéibh sin. Bheinnse préachta agus fleaite ag an bhfuacht.[35]

Chuas ar ais chun an tí agus bhuaileas ar an bhfidil (dom féin) go ham tae. Chuas soir chun an Bhaile Thoir i ndiaidh an tae liom féin – *taking the bull by the horns* – fhad le tigh John Tom (Meenan); ní raibh sé ann, ná Cit [Ní Mhianáin] – ach ní i bhfad go raibh agus iomlán an bhaile ina dhiaidh sin. Dúras leis go raibh mé i mo shuí thart thiar gan a dhath le déanamh agam agus gur bheartaigh mé go siúlfainn aniar is go scríobhfainn síos cuid dá chuid amhrán. Tar éis seanchais fhada chuireas peann ar pháipéar agus scríobhas trí amhrán uaidh agus ceann ó Chit – tháinig sise ar ball agus í lán grinn is leathgháirsiúlachta. Chasas ceol dóibh ar an bhfideoig agus chuas siar 11.45. Dúirt John liom go mbeadh sé agam thiar amárach – go raibh sé le dhul go teach an phobail ar maidin. Rún agam cúpla ceann eile a chur síos uaidh. Seanchas cois tine agus éisteacht le nuacht ón nGearmáin. A chodladh ar a 1.30.

Domhnach 15 Deireadh Fómhair

Maidin gheal, ghaofar.[36] Droch-chosúlacht air, dúirt Aodh [Ó Diothcháin] liom, cé nach bhfaca mise sin, ach b'fhíor dó. Tháinig sé ina dhoirteadh ar a 2 (agus lean go maidin Luain). Thug Jimmy [Ó Diothcháin] leis mé tráthnóna gur thaispeáin sé stór dhom a bhfuil éide agus gléasra na *life savers* ann. Thug sé sin uair spéisiúil thart. (Seán [Ó hEochaidh] ar an chéibh ag iascach go dtí gur thit an fhearthainn róthrom aige.) Siúd linn chun an tí arís. Bhí John Meenan ann go moch ar maidin ar a bhealach go teach an phobail agus dúirt sé go dtiocfadh sé arís tráthnóna. Níor tháinig – de dheasca na fearthainne, is dócha.

Tar éis an tae shocraigh muid go léir ar dhul tigh Hiúdaí Pháidí (? sloinne) [Ó Fuaruisce], fear beag greannmhar atá ina chónaí leis féin. Thug muid linn fideog agus veidheal, agus chuaigh muid go hiarthar an bhaile chun an tí. Isteach linn. Bhí ceathrar nó cúigear fear istigh ag comhrá – aosta agus meánaosta. Ní i bhfad gur ghlan a bhformhór sin leo, ach má ghlan bhí lán an tí istigh i gceann leathuaire inár ndiaidh, den aos óg, cé go raibh an oíche ar oíche chomh fliuch is chomh garbh is chonaic mé riamh. Seanchas ansin agus poirt ar an fhideoig. Chuas amach tamall san aer ar ball – bhí an teach an-phlúchta ag an gcruinniú a bhí istigh – agus casadh Johnny Dixon liom amuigh. Dúirt sé liom go raibh buidéal crua ina phóca aige agus go mba mhaith leis deoch a thabhairt don seanduine istigh, Hiúdaí.

Ar dhul isteach arís dhúinn rug mise ar an fhidil is dhamhsaigh duine eicínt port. Chuaigh Hiúdaí siar chun an tseomra agus tháinig aniar ar ball agus gunna aige. Chuir sé ar a ghualainn é agus d'iarr port orm agus thoisigh sé ag damhsa mar a bheadh fear mire ann agus é ag athrú an ghunna ó ghualainn go gualainn agus dá ghreadadh ar an urlár agus ag cur corr sheanbhéic as i rith an ama. Ní fhaca mé rud ar bith ba ghreannmhaire riamh ná an seanduine sin i lár an urláir an oíche údan – é ag damhsa leis agus é ag druileáil leis an ngunna. Tráth dá raibh sé ag dul faoi gcuairt agus an gunna ar a ghualainn bhuail béal an ghunna fear a bhí ina sheasamh taobh liom isteach sa leiceann. Cheap mé go mbeadh ina raic ach 'ní raibh a dhath dó', mar deir siad féin.

Ba bheag den oíche a bhí caite nuair a thug buachaill mileoidean isteach le sos a thabhairt dhomsa. Níor thaitin sé seo le leaid eile – b'fhearr leis an fhidléireacht, b'fhéidir – agus sciob sé an mileoidean uaidh agus thug go dtí seomra beag thoir é. Idir gach uile shórt bhí oíche shuilt againn. Nuair a scar muid uilig le chéile, bhí Hiúdaí féin amuigh ar an tsráid – agus an oíche 'ina ghagalaí' báistí mar deir muintir Thoraí.

Phléigh muid spórt na hoíche cois tine ansin, is chuaigh muid ag luí.

Luan 16 Deireadh Fómhair

Maidin dhoineanta ach chiúinigh sé ar a dó dhéag agus bhí sé in ann ansin ag bád a dhul amach. D'fhágas slán istigh acu agus chuas go tír mór. Níor tháinig Seán [Ó hEochaidh] liom – é ar intinn seachtain eile a chaitheamh istigh. Bhí spórt againn ag dul amach sa mbád le dea-chaint agus amhráin go dtáinig muid i dtír ag Meenlaragh [Mín Lárach]. Thugas *treat* don fhoireann agus bhíos ag iarraidh socrú a dhéanamh faoi lóistín na seachtaine le Hughie Dixon agus ní ghlacfadh sé pínn uaim is cuma céard a déarfainn leis. Thugas cúpla deoch eile dhóibh ansin agus chuireas leathphionta isteach leo don dream eile. D'fhág mé slán agus beannacht acu agus bhuail mé bóthar le mo rothar agus dhá mhála go Gort an Choirce. Chaitheas an oíche le Dinny [Ó Baoill] ar cuairt ag muintir Dhúgáin, Falcarragh [An Fál Carrach], agus chodlaíos le Dinny.

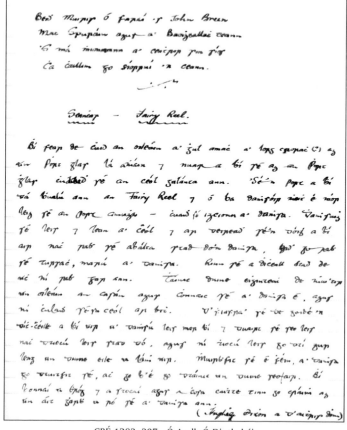

CBÉ 1282: 307. Ó Aodh Ó Diothcháin.

Máirt 17 Deireadh Fómhair

Maidin dhoineanta, é ina stoirm ó aréir. Fuaireas marcaíocht i gcarr chun an Chlocháin Léith le Joe McGinley, 'fear na ceilpe'. Mo rothar le mé a leanacht ar bhus a ceathair. Chuas le Joe chun dinnéir agus chaitheas an tráthnóna leis ar a chuairt timpeall ar Maghery[37] agus Maherameelin[38] agus Mín na Croise. Níor tháinig mo rothar ar an mbus agus bhí orm fanacht go dtáinig bus 10.30 air. Chuas go Leitir Catha ansin agus chodlaíos ann. Gheallas dóibh go rachainn chucu arís ar theacht as Toraigh dhom – sin é a thug ann mé. Bhíodar lách cineálta liom i gcónaí agus ba mhaith liom an méid sin ómóis a chaitheamh leo. Bhíos ar intinn cuairt a thabhairt ar Niall Ó Baoill inniu, ach dúrthas liom gur imigh sé in áit eicínt ar an mbus inniu agus mar sin níorbh fhiú liom dul amach go Cró na Sealg.

Céadaoin 18 Deireadh Fómhair

Éirí, pacáil, comhrá agus slán agus beannacht le muintir Leitir Catha. É ina stoirm le ráigeanna troma báistí. Chuas chun an Chlocháin Léith (agus bádh ar an mbealach mé) agus dheineas socrú leis an *mailcar* mé a thabhairt go dtí an traein ag Fintown [Baile na Finne] (17 míle) ar dhá dheoch agus 5/-[39]! Fuaireas béile agus bhuaileamar bóthar ar a ceathair. Cúpla beart agam, éadach agus páipéirí agus milleadh iad ag teacht ó Leitir Catha. Bhí orm páipéar a lorg is beartáin nua a dhéanamh díobh agus iad a chur sa bposta roimhe sin, agus mo chuid éadaigh féin a thriomú. Tolladh roth ar an *mailcar* míle ó Fintown agus an spéir ag doirteadh báistí orainn agus nuair a stop an bháisteach, b'éigean dom dul go Fintown ar mo rothar le fios a chur ar charr eile fá choinne na *mails*. Leis an deifir a bhí orm scaoileas a ceann le mo rothar ag dul le fána mhóir, agus is beag nach raibh mo phíosa deireanach ceoil bailithe agam don iarraidh sin. Bhí imill na rothaí fliuch ag an ráig agus nuair a theannas na coscáin le mo shiúl a laghdú fá choinne corradh a bhí ag bun na malacha, ní raibh laghdú ar bith ar mo shiúl de dheasca an fhliucháin sin. Bhíos faoi chúig slat don chorradh ag an am agus léim mé den rothar in ainm Dé, agus tráthúil go leor bhuail cos liom cloch agus chuaigh mé i mullach mo chinn isteach ar an bhféar a bhí le taobh an bhealaigh mhóir. Luigh mé nóiméad agus diaidh ar ndiaidh thriaileas mo ghéaga agus buíochas le Dia níor mhothaigh mé oiread is scríob talún orm féin! Bhreathnaigh mé thart orm agus bhí mo chloigeann i bhfoisceacht chúpla orlach don bhalla – bhí an t-ádh orm nár doirteadh m'inchinn ar an mballa údan – má tá a leithéide agam!

Chuas in airde ar an rothar arís agus mé craite go leor agus bhaineas Fintown amach agus an traein ag teacht chun cónaí ag an stáisiún. Chuireas an carr amach fá choinne na *mails* agus mo chuid málaí agus d'iarras ar an dtraein fanacht orthu agus d'fhan. Le scéal fada a dhéanamh gearr chuas isteach chun an tSratha Bháin ar a 7.30 agus d'ólas tae agus thugas leabhar ag luí liom.

Déardaoin 19 Deireadh Fómhair

Fuaireas traein ar a 10.20 a.m. go Baile Átha Cliath, mar ar thánag slán ar a 4.25 p.m. Ghlaos ar an oifig ar an bhfón agus chuas abhaile chun mo mhuintire.

Mé beagán míshásta le mo chuairt ó Iúil i leith; níor éirigh liom oiread a fháil is gheobhainn i gConamara, ach níl neart air sin.

1 1296: 91–136.

2 Ba le fear de mhuintir Uí Ghallchóir an t-óstán sular cheannaigh seanathair Sheáin Uí Mhaoldhomhnaigh *q.v.* é *c.* 1867. D'fhág Seán Ó Maoldhomhnaigh é i 1989. Tháinig Páidí Mac Fhionnlaoich ó Ghleann Cholm Cille abhaile as Sasana agus cheannaigh é. Bhíodh seaniascairí Theilinn ann ag seanchas.

3 Foirgneamh faoi dhíon dearg, roctha a bhí ann. Ba le muintir Cassidy an halla. Nuair a fuair Patrick Cassidy *q.v.* bás, cuireadh an halla in ainm Frank. Bhíodh cáil ar na damhsaí ann agus ceoltóirí móra an lae ag seinm ann. Bhaintí leas as an bhfoirgneamh mar theach cúirte freisin. Leagadh an halla sna seachtóidí.

4 An Mhala Raithní.

5 Is fada aonach fómhair ar siúl i Meán Fómhair sna Gleannta. Trí lá a bhíodh ann: an lá roimhe, an bailiú nó *gathering*; an t-aonach féin; agus an scaipeadh nó *scattering*. Caoirigh, capaill, muca agus beithígh ba mhó a bhíodh ar díol agus le ceannach ann. Aonach an Fhómhair a thugtar air agus bíonn sé ar siúl i gcónaí.

6 Bunaíodh an t-óstán in 1845 agus tá sé i seilbh mhuintir Kee le ceithre ghlúin.

7 Laoi fiannaíochta é a thaifead Caoimhín Ó Danachair, Coimisiún Béaloideasa Éireann agus Séamus Mac Aonghusa ó Shéamus Ó hIghne ar cheirnín aiceatáite i 1945. Tá an leagan sin foilsithe in Shields, Sealy & Goan 1985, 23–5 agus ar an gcaiséad, Goan, C. (eag.) (Dublin, 1985.)

8 Tá cuntas i litir ó Mhac Aonghusa ar an 14 Meán Fómhair 1944 chuig Seán Ó Súilleabháin faoin gcaoi ar scríobh sé an t-ábhar ó Jimmy Heeney: 'Dúirt sé an laoi dom le ceol. Ní raibh a fhios agam ar dtús céard é an barúil a bheadh agam de agus nuair a dúirt sé arís é, ba léir dhom *'motif'* cinnte a bheith ins an gceol aige; diaidh ar ndiaidh ba léir é seo dhom. Chuir mé síos na foclaí go bhfeicfinn an múnla agus le fírinne a rá ní múnla ró-rialta a chonaic mé ann. Thosaigh mé ar an gceol agus é ar intinn agam an ceol thríd síos a chur ar pháipéar. Tháinig cruth ar *stanza* agus leath-*stanza* anseo is ansiúd le cuidiú an cheoil agus nuair a bhí cúig nó sé de na *stanzas* agus na leath-*stanzas* le ceol agam, ba léir dhom an ceol a bheith agam uilig, ach ar ndóigh buille breise agus buille giortach a bheith anseo is ansiúd i bhfeiliúint do mhírialtacht pébrí meadrachta atá sa laoi. D'athraíodh sé an ceol anseo is ansiúd, líne íseal is ceann eile ard, gach aon chuairt ach ní fhágfadh sé an gléas ná an *motif* ginearálta ar chor ar bith sa laoi, thríd síos, ó fhaigheadh sé greim ceart ar an gceol.'

9 Tigh Dhonncha Uí Bhaoill atá i gceist, is dóigh.

10 Tá nóta ag Mac Aonghusa agus é ag cur síos ar an ócáid: '*I wrote these 3 songs from Danny Roarty when I met him in a house in Ardmeen beside Leitir Catha, one night. Danny is a jovial, sporting fellow who worked for years in Scotland. He is 33 and lives for nothing but sport, singing and dancing. I can still see him dancing through a reel in wellington boots. He is one of these rarely-met people who put me in good humour as soon as they come along and would cheer up a depressed company on arrival. He sings these songs, especially the first two, in rare swinging style, drawing the letter from his pocket and showing it around and doing diverse actions throughout the song to illustrate his theme. His main success is that he enjoys the songs himself even more than the listeners do, apparently. And laughs right through.*' 1281: 289–90.

11 Ba é seo Craobh Peile na hÉireann. Bhí an bua ag Ros Comáin 1–9 go 2–4, cé go raibh an dá fhoireann ar comhscór faoi thrí le linn an chluiche. Bhí 79, 245 duine i bPáirc an Chrócaigh don ócáid. B'in an slua ba mhó a bhí ag aon ócáid eagraithe spóirt in Éirinn go dtí sin. Tá cuntas ar atmaisféar an chluiche in Carey 2004, 95–8.

12 Fál Chorb.

13 Seo é an t-ungadh déanach a dhéantar nó an ola dhéanach a chuirtear ar dhaoine agus iad go dona tinn nó i gcontúirt bháis.

14 Is dóigh gurbh é an halla i nGort an Choirce a bhí i gceist. Tógadh an halla i 1910 agus rinneadh atógáil air sna 1920idí nuair a scrios tine é.

15 Seans gurbh é seo Coláiste Cholmcille a raibh dlúthbhaint ag an Ath. Seán Mac Eiteagáin leis.

16 Míniú a tugadh go háitiúil air seo go gciallaíonn 'buarach' ceangailte síos, nó faoi cheangal agus nach bhfuil san fhocal 'dubh' ach ag cur béime ar an bhfocal cosúil le 'dubhthinn' nó 'dubhdhóite'. Dá réir sin ciallaíonn 'dubh-bhuarach' ceangailte go han-docht. Tharlódh gurb é an comhfhocal 'tuí-bhuarach' é, cé nach bhfuil teacht air in aon fhoclóir

17 Is dóigh gurbh iad muintir Leitir Catha atá i gceist anseo aige, na Baoilligh agus a gcairde. Féach fonóta don 9 Meán Fómhair 1943 do 'na cnoic'.

18 Seo é an teach tábhairne i Mín Lárach gar don áit a dtéadh na báid go Toraigh. Bhí gaol ag muintir an tí le muintir Uí Dhiothcháin *q.v.* i dToraigh. Ó na 1970idí i leith ní raibh baint ag muintir Dixon le bainistiú an tí tábhairne.

19 Ní raibh cíle ar bith ag na curacha i dToraigh agus bhíodh céaslach acu in áit maidí rámha.

20 68.25 cm.

21 Is ar an gCeann Thoir den oileán a mheastar is mó a bhíodh amhráin ar siúl. Féach Ó Laoire 2002, 31.

22 B'as Ailt an Chorráin Niall Ward, a tháinig ag obair i dteach solais Thoraí. Rinne a mhac Séamus óstán, teach leanna agus siopa san áit a bhfuil an t-óstán anois. Dúnadh an teach leanna sna fichidí. D'fhág Séamus an t-oileán. Thart ar 25 bliain ina dhiaidh sin chuir Ellie Ward an siopa ar siúl arís.

23 Aodh Ó Diothcháin *q.v.* a rinne an bád leathbhoird. Bád innill idir 21 agus 30 troigh [6.4–9.1 méadar] í an bád leathbhoird a bhfuil an deic chun tosaigh inti. Thóg sé ocht mbliana an bád a dhéanamh ina gharraí cúil féin. Uirlisí láimhe ar fad a úsáideadh mar nach raibh aon aibhléis i dToraigh san am. Ba iad na deartháireacha – Aodh, Donncha, Séamus agus Seán [Ó Diothcháin] – an chéad chriú a bhí inti. Bád poist a bhí inti ní ba dheireanaí agus bhí sí fós in úsáid ar an mórthír in 1997. Ó Péicín 1997, Author's Note; Fox 1995, 151.

24 Ó 1828 go 1832 a bhíothas ag tógáil theach solais Thoraí, a bhí deartha ag George Halpin, ar chostas £16,563. Tá na ballaí 30 méadar ar airde agus 2.3 méadar ar tiús. Bhí daoine ag obair ann go dtí 1990.

25 Bhí foireann ceathrair ag obair i dteach solais Thoraí agus bhíodh triúr den cheathrar ar dualgas san am, fad is a bhí am saor ag an gceathrú duine. Ba iad seo a leanas na coimeádaithe cúnta a bhí ag obair i dToraigh, 1944: William Joseph Hamilton (Coimeádaí Teach Solais 334); William Frederick James (Coimeádaí Teach Solais 350); Patrick Joseph O'Donnell (Coimeádaí Teach Solais 360), agus mar sin gach seans gur bheirt den triúr sin a bhí in éineacht le Peter Roddy, an Príomh-Choimeádaí. Tá seans beag ann gur dhuine eile ar fad duine den bheirt a bhí le Roddy (Oifigeach Breise ó Theach Solais Dhún Criofainn) má tharla duine de Choimeádaithe Thoraí a bheith as láthair i ngeall ar thinneas nó a leithéid.

26 Tá cuntas ag Seán Ó hEochaidh ina dhialann ar an turas. Scríobh sé an méid seo a leanas faoin oíche: 'Thoisigh Séamus ar an cheol ansin, tamall ar fhidil agus tamall ar fhideoig a bhí leis agus bhí oíche mhór againn ó sin go ham luí.' 1108: 340.

27 Chuir an méid seo iontas ar Ó hEochaidh, faoi mar a scríobh sé: '. . . an fharraige tógtha i gceart ach ba mhaith le Séamus é féin a ní. Chuaigh muid chun na céabha le chéile agus chaith Séamus de achan shnáithe. Bhí ionglach ag teacht orm ag coimheád air a léimnigh.' 1108: 341.

28 Samhlaítear é seo go háirithe le Colm Cille, pátrún an oileáin. De réir an tseanchais, deirtear gur Dúgánach a bhronn an t-oileán ar Cholm Cille an chéad lá riamh agus mar chomhartha buíochais chuir an naomh an ruaig ar na francaigh. Bhronn Colm Cille an chumhacht chéanna sin ar an gcéad duine a d'iompaigh ina chreideamh. Tá an chumhacht in aghaidh na bhfrancach maille le cosaint de chineálacha eile sa chré a gheobhaidh an Dúgánach fir is sine ar an oileán, gar do Theampall an Mhórsheisir i dToraigh. Féach Picard 1998, 19–20; Therman 1989, 16–17, 50; Fox 1978, 6. Tá cur síos ar éifeacht na créafóige seo in Therman 1989, 87--99, 149.

29 Is dóigh gur ag tagairt do thomhas feánna a bhíodar. Tomhas a bhain le cúrsaí uisce a bhí ann do rópaí ancaire, rópaí eangach agus rópaí cléibh gliomach. Ba é an tomhas feá roimhe seo, ó bharr na méar ar láimh amháin go barr na méar ar an láimh eile agus an fhad ó bharr na méar go bun an cluaise.

30 Daoine ón oileán a bhí i gceist leis an lucht tarrthála seo a raibh oiliúint tugtha dóibh ar tharrtháil a thabhairt le cladach. Bhí seo dírithe go mórmhór ar bháid. Bhí Séamus Ó Diothcháin ina gceannas i dToraigh. Captaen Duggan ab ainm don té a thagadh isteach go Toraigh le cúrsa traenála a dhéanamh le fir na háite.

31 Gach seans gurb é an t-amhrán 'A Pháidí a Ghrá' atá i gceist anseo, amhrán a bhfuil baint ar leith aige

le Toraigh agus a bhailigh Mac Aonghusa ó Sheán Ó Mianáin in 1950 do RTÉ. Tá an líne seo a leanas san amhrán: 'A Pháidí do chúl buí daite is do bhéilín bhinn'. Féach Ó Laoire 2002, 212–13, 348–9, 352–3.

32 Is dóigh gurbh í seo Hannah Nic Gabhann, deirfiúr le Áine Uí Eochaidh *q.v.* Féach Ó Laoire 2002, 213.

33 Tá an cuntas seo a leanas ag Ó hEochaidh ar an ócáid: 'Rinn muid tamall comhráidh agus sa deireadh thrácht mé leis ar cheol Shéamuis agus chomh maith agus a bhí sé ag bualadh na fideoige agus araile. Chuir mé ceist ar Shéamus an raibh an fhideog leis. Bhí a fhios agam go maith go raibh, ach bhí mé fá choinne é chur ar an dóigh sin! Dúirt Séamus go raibh agus d'iarr mé air port a sheinm do mhuintir an toighe. Bhí a fhios agam gur seo an dóigh a mb'fhusa an ceol a chur ar obair. Mar is gnách, ní raibh sé le hiarraidh ar Shéamus an darna huair é seo a dhéanamh. Tharraing sé an fhideog amach as póca a chóta mhóir a bhí caite trasna ar a ghlúinibh. Chuir le hobair í agus thoisigh sé ar sheanríl. Bhí mé ag coimheád ar an mhuintir istigh go bhfeicfinn goidé mar bhí siad ag glacadh leis an cheol. Agus ní raibh dhá chor den phort buailte ag Séamus go raibh na súile ag damhsa istigh ina gcinn le mhéad is bhí de lúcháir orthu an ceol breá seo a chluinstean. Bhuail Séamus cúpla port breá agus bhí oiread lúcháire ar Chit ag éisteacht leis agus go dteachaigh sí féin ag portaíocht ina chuideachta. Bhí na portanna aici féin ach amháin go raibh athrú beag aici iontu. Nuair a bhí Séamus tursach den phortaíocht, chuaigh Cit ag ceol. Bhí cúpla giota greannmhar aici. Cheol Séamus 'An Draighneán Donn' agus nuair a bhí sé críochnaithe, thoisigh Cit ar an leagan de a bhí aici féin agus an méid de a raibh dearmad déanta aici dó, chuir John agus a dheirfiúr Sorcha ina béal é. Lean siad orthu le píosaí mar sin ar feadh i bhfad agus scríobh Séamus cúpla píosa. Chuir mé ceist uirthi an raibh amhrán aici a chuala mé ar an oileán nuair a bhí mé ann sa tsamhradh, 'Óró na Buachaillí', agus gan níos mó a rá thoisigh sí air. Níor chuimhneach léi an véarsa deireanach ach chuir Sorcha na focla ina béal daoithe.

Bhuail Séamus cúpla seanphort eile agus ansin hiarradh ar John é féin amhrán a rá. Bhí sé ag ligean air nach raibh amhrán ar bith aige, agus ansin d'iarr sise air giota den amhrán ghalánta a chuala mé aige sa tsamhradh a rá, 'A Pháidí an Chúil Bhuí Daite'. Thoisigh sé air ansin agus is é a dúirt é go binn blasta.

Bhuail Séamus cúpla port eile, agus ansin bhí an t-am againn tarraingt ar an tae. Bhí sé dorcha go maith, agus nuair a d'fhág muid slán agus beannacht ag muintir an tí, agus fuair John an lampa gur chuir sé thar choirnéal an tí sinn. Bhí fear eile linn a bhí ag teacht anoir an baile, fear a dtugadh siad John Dhonnchaidh air. Ach cha dtig liom a rá goidé an sloinne a bhí air. Ag teacht anoir dúinn bhí an spéir uilig lasta, amach *c.* 20 míle ó Thoraigh ag *parachute flares* mar bheir muintir an oileáin orthu. Bhí oiread solais orthu seo agus go dtógfá pionnaí den talamh in amannaí leo.

I ndiaidh an tae, chuaigh Séamus ag scríobh cúpla amhrán ó chailín a tháinig isteach, agus nuair a bhí sé le hobair tháinig mise chun an tseomra, agus scairt mé aníos ar Sheán Ó Diothcháin. Ba mhaith liom tuilleadh den tseanchas a bhí aige fá ainmneacha na n-áiteanna a chur síos. Bhí píosa amháin iontach suimiúil seanchais aige ag baint le marú éanacha fiáin ar an Tor Mhór – dóigh a bhí acu a dtugadh siad an 'ríbeadh' air. Tá cuntas scríofa agam ins an chóipleabhar fá seo, agus ní bhacfaidh mé leis anseo.

D'éirigh sé chomh fuar insan tseomra sa deireadh agus go mb'éigean dúinn teicheadh chun na cisteanaí. Bhí an teach boglán i rith an ama agus iad ag comhrá, agus Séamus ag inse scéalta taibhsí agus sióg daofa.' 1108: 360–4.

34 Iasc cnámhach farraige é an ballán agus beola tiubha air. Baineann sé leis an gcineál éisc ar a dtugtar *wrasse* i mBéarla.

35 Tá an cuntas seo a leanas ag Ó hEochaidh ar an ócáid: 'Ní raibh mé i bhfad ansin go dtáinig Mac Aonghusa chugam, agus éadach láimh leis, agus gach uile chosúlacht air go raibh súil aige é féin a ní. Ins an am sin bhí an tráthnóna chomh fuar agus go raibh mo chársa ag greadú ar a chéile agus cóta mór trom orm. Chaith sé de gach uile shnáithe agus léim isteach. I ndiaidh a theacht amach chuaigh sé isteach athuair, agus ní raibh a dhath cotaidh air ach oiread agus dá mbeadh sé ag dul isteach in uisce the! ' 1108: 368.

36 De réir Met Éireann, is beag eolas atá ar fáil ach go raibh 6.9 mm báistí ag stáisiún i nDún Fionnachaidh an lá sin; ní fios cén uair go díreach a thit sí.

37 An Machaire.

38 Machaire Maoláin. Murroughmullin an gnáthleagan Béarla.

39 €0.32.

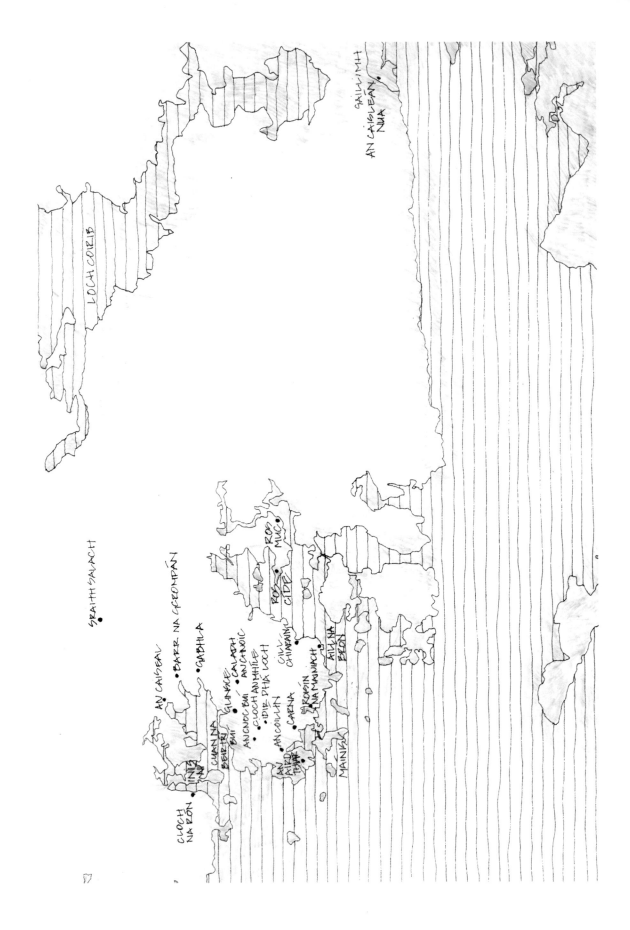

Cuairt Eile ar Charna

9 Samhain–18 Nollaig 1944[1]

Déardaoin & Aoine 9 & 10 Samhain

An traein ó Bhaile Átha Cliath go Gaillimh. Gan aon mhoill roimh an mbus go Carna, agus ó bhí mé ag troscadh ó mhaidin, shocraigh mé go gcuirfinn fúm i nGaillimh. Fuaireas béile agus chuas amach go dtí an Caisleán Nua go bhfeicfinn Liam Mac Coisdeala – ní raibh sé istigh. Isteach go Gaillimh arís agus chuas chuig pictiúir agus ansin a chodladh. D'fhágas mo mhálaí don bhus ar maidin agus bhuaileas bóthar siar go Carna ar an rothar – lá bog, ciúin – beagán ceobháistí anois agus arís.

Bhaineas Carna amach in am tae. Chuas díreach go dtí mo theach lóistín – Mrs [Sorcha] Hernon, Roisín na Mainiach. An-fháilte romham, béile mór agus seanchas go ham codlata ar a dó dhéag.

Satharn 11 Samhain

Chuas siar go Carna ar maidin agus chonaic mé mo chairde ann agus ar an mbealach. Is é an rud is mó a bhuail isteach idir an dá shúil mé an chuairt seo, nach raibh duine ar bith a casadh liom, bíodh aithne agam orthu nó ná bíodh, nach raibh aoibh gháirí orthu romham agus 'Dia dhuit' is 'Cén chaoi bhfuilir?' in éineacht acu dhom. Tá aithne ag iomlán an phobail anois orm.

Chaith mé an tráthnóna istigh le muintir an tí [Iarnáin] – gan aon pháipéirí go fóill agam – agus an oíche le mo chairde i Maínis.[2]

Domhnach 12 Samhain

An chéad aifreann, cuartaíocht, dinnéar, cuartaíocht, paidrín i dteach an phobail[3] agus an oíche i Maínis.

Luan 13 Samhain

An mhaidin ag baint tairní agus boinn de phéire bróg mór liom – iad lofa, caite, ag ligean isteach agus caithfead leathar a fháil is caoi a chur orthu. Fuaireas mo pháipéirí ar an bposta agus d'fhanas istigh (oíche chlagarnaí) ag scríobh go ham codlata.

Máirt 14 Samhain

Dhá litir ar maidin agus dialann. Sin agus dul i gcomhairle le Pádraig [Ó hIarnáin] an tí seo faoi mo bhróga. Deir sé liom go mb'fhiú dhom iad a dheasú ar an mbealach atá i gceist agam agus chuamar i gcomhairle faoi leathbhróg leis féin.

Chuas amach tar éis an dinnéir go dtí Colm Ó Caodháin. Is é an áit a bhfuair mé é thíos ag an gcaladh ag gléasadh a bháid seoil le haghaidh iascach muiríní – an séasúr ag tosaí amárach (ó lár Samhna go deireadh Meithimh).[4] Bhí sé ina 'néigear' ag tearra an bháid ó bhonn go baithis – a lámha dubh, smeartha – agus bhí sé ag caitheamh ina dhiaidh nach bhféadfadh sé lámh a chroitheadh liom mar ba chóir. Bhí a dheartháir Pádraig in éindí leis ar an obair agus chaith muid cúpla uair go pléisiúrtha idir sin agus titim oíche ag sioscadh is ag gáirí is ag sciollaíocht ar a chéile. Bhí an bád le tarraingt siar ansin chun an chalaidh mhóir acu ar an lán mara le curach. Thóg mé féin is Pádraig péire maidí an duine sa gcurach agus lom orainne ag iomramh agus lom ar Cholm ag stiúradh an bháid mhóir is ag gabháil fhoinn. D'fheistigh muid an bád agus tháinig muid ar ais ag feistiú an churaigh agus suas chun an tí ansin. Bhí mise istigh cheana agus fuair mé iad go maith agus fáilte mhór acu romham. (Ráigeanna uafásacha báistí agus muid fliuch.)

Bheannaigh Colm isteach ann (beannaíonn sé i gcónaí isteach ina theach féin) agus beannaíodh dhúinne mar ba chóir agus shuigh muid fúinn. Chuaigh Colm is Pádraig i gcionn na bhfataí ar an bpointe is cuireadh síos bolgam tae dhúinn. Nuair a bhí sé sin caite againn, tharraing muid aníos cathaoireacha chun na tine agus thosaigh muid ag gearradh tobac is ag líonadh is ag lasadh píopaí is ag seanchas. Ar ball arís a chonaic mé ná raibh obair an lae críochnaithe – chuaigh Colm is Pádraig i gcionn an tseoil nua a rinneadar den g*calico* a chuir an Coimisiún chuig Colm.[5] Bhí sí déanta críochnaithe acu ach go raibh tearra le cur ar a téad agus ar a ciumhais agus 'snaidhm an ribín' le cur ar a cuid ruóga cúrsaí uilig. Múineadh dhomsa le snaidhm an ribín a chur – snaidhm é le cur ar chloigeann ruóige lena coinneáil ó sceitheadh go deo. Chuir mé an snaidhm sin ar gach uile cheann de leithchéad ruóg!

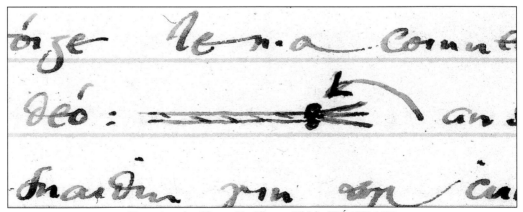

Mar a tharraing Séamus 'Snaidhm an Ribín'. (CBÉ 1293:142.)

Nuair a bhí sé sin déanta agam bhí sé ina mheán oíche agus é in am deireadh a chur le mo chéad chuairt, don iarraidh seo, ar Cholm. Bhí Colm ag caint is ag gabháil fhoinn is ag scéalaíocht i gcaitheamh na hoíche dhúinn agus an deartháir Pádraig ag sárú air go raibh seo contráilte aige agus seo arís an bealach ar cheart é sin a rá is mar sin de i riocht is go ndéarfadh Colm leis a bhéal a dhúnadh, is ná raibh a fhios aige céard a bhíodh aige dhá rá, go dtí go dtiocfadh lagar orainne a bhí ag éisteacht le gáirí. Creidim gur ag Colm atá an ceart ins go leor de na hargóintí seo, mar is minic a admhaíonn Pádraig é i ndeireadh báire.

D'fhág mé slán agus beannacht acu go dtí amárach agus bhuail mé bóthar na ceithre mhíle go Carna agus soir abhaile go Roisín na Mainiach.

Céadaoin 15 Samhain

An mhaidin istigh ag scríobh. An tráthnóna ag ceannach leathair is ag tosaí ar *job* fada fuála. Bonn nua amuigh agus istigh á bhfuáil leis an uachtar ar mo bhróg agam – ar an bpéire.

An oíche i nGlinsce le Colm [Ó Caodháin] is lena chúram. Chaith sé an lá ag muirínteacht ar an gcuan. Bhí *Ceol na n-Oileán* (An tAth. T. Ó Ceallaigh) liom agus d'oibrigh mé leath bealaigh thríd an leabhar le Colm, dhá léamh dó agus eisean dhá rá liom go raibh an leabhar ceart anseo agus contráilte ansiúd. Chuir cúpla ceann ann rudaí i gcuimhne dhó nár dhúirt sé cheana dhom agus bhí toradh ar mo léitheoireacht agam.

Chaith muid an oíche mar sin ag léamh, ag scríobh is ag cardáil, go raibh sé tar éis a haon déag.

Déardaoin 16 Samhain

Maidin stoirme anoir agus é uafásach fuar. Thug mé iarracht a bheith ag scríobh in mo sheomra ach bhí mé préachta agus mo chosa leata. 'In ainm Dé,' arsa mé féin, 'tabharfaidh mé faoi na bróga agus ní éistfead leo go mbí siad seascair ar mo chosa', agus thug. Bhí mé leo as sin go 1 a.m. agus rinne uair amárach deireadh. Bhí péire bróg ansin agam a mb'fhiú lá crua oibre iad, mar bhíodar chomh maith le bróga nua.

Aoine 17 Samhain

Chríochnaigh mé na bróga ar maidin agus chuaigh mé i gcionn an phinn le cúpla litir a scríobh. Chuaigh mo pheann i ndísc agus fuair mé ná raibh aon dúch dubh liom – agus cuimhním anois nach bhfaca mé mo bhuidéal féin de ó bhí mé i dToraigh – ní foláir nó d'fhág mé ann é. Chuir mé fios ar bhuidéal de go dtí an oifig mar ní féidir liom aon cheol a athscríobh dhá uireasa.

D'éirigh mé amach tráthnóna ar gheábh siar go Carna chuig an bposta agus ag iarraidh tobac agus cipíní. Thug mé cuairt ar mo chairde ann – Clann Choilmín Mhic Fhualáin agus a mhná [Máire] agus chaith mé uair leo. Ar fhilleadh dhom ar a sé d'ól mé tae agus rinne mé réidh do Ghlinsce.

Colm [Ó Caodháin] ann romham. Chríochnaigh muid *Ceol na n-Oileán* ansin. Fuair mé cúpla píosa eile uaidh agus roinnt bheag eolais ar chuid de na hamhráin.

Bhí go leor siosctha ag gabháil agus níor airigh muid an oíche á caitheamh nó go raibh 'Buaile na mBodach'[6] go hard sa spéir agus é in am a dhul abhaile.

Satharn 18 Samhain

An mhaidin le dialann agus clár aibítre [innéacs] d'amhráin Uí Chaodháin – an oiread anois ina bhailiúchán is go bhfuaireas péire scríofa faoi dhó agam. Ag obair go dtí a trí. D'fhág Colm Ó Caodháin galún pairifín i gCarna maidin inné agus é ar theachtaireachtaí ann agus d'iarr sé orm é a thabhairt chuige anocht. Chuas chuige agus thugas liom an galún tar éis tae. Chaitheas an oíche leis ag sioscadh is ag caint ar nithe nach amhráin. Níor scríobhas tada uaidh, mar bhí sé an-tuirseach tar éis a lae ag muirínteacht. D'fhágas ar a 10.30 é.

Domhnach 19 Samhain

An chéad aifreann. (Peait Canavan, píobaire, agam ar a 12 p.m.) Casadh Seán (Joe Pheaitsín) 'ac Dhonncha liom, máistir óg an Chaisil, agus d'iarr sé chun an Chaisil mé tráthnóna. Dúras go ngabhfainn ann. Ghlaos ar Cholm Ó Caodháin ar a trí, agus thríd an seanchas dúinn scríobhas 'An Mharthain Phádraig'[7] uaidh. D'fhágas ar a 5 é agus ghlaos ar a dheirfiúr, Neansa, a pósadh ar Chlochartach [Josie] i mBarr na gCrompán 31.7.44. Seanchas agam leo agus cupán tae agus bóthar chun an Chaisil. Casadh Seán orm agus d'ól muid tae arís tigh Mholloy (a lóistín). Dúirt sé liom go raibh céilí i Sraith Salach agus seo linn amach ann ar a deich! Bhí oíche dheas spóirtiúil ann, ach b'fhada liomsa go rabhas i Roisín na Mainiach arís. An-spéis ag Seán i gceol.

Luan 20 Samhain

An mhaidin istigh le dialann agus le críochnú chlár bhailiúchán Ghlinsce. An tráthnóna ag spaisteoireacht soir faoi Charna agus an oíche i nGlinsce ag scríobh ó Cholm [Ó Caodháin]. Abhaile ar a 12.30.

Máirt 21 Samhain

An mhaidin ag cur uimhreacha ar leathanaigh bhailiúchán Ghlinsce agus ag cur na leathanach le hainmneacha na n-amhrán sa gclár a dheineas amach. Theastaigh sé seo go géar mar tá ós cionn 200 píosa anois idir gach uile shórt scríofa agam ó Cholm [Ó Caodháin].

An tráthnóna istigh. Tháinig Peaitín William Ó hUaithnín, veidhleadóir, isteach chugam ar cuairt ghearr. Ní raibh ann ach go raibh sé imithe nuair a tháinig Mrs [Bríd] Dirrane, atá pósta ar fhear talmhaíochta as Árainn, chun an tí agus *freewheel*[8] a rothair briste. Bhí ormsa, ó ba mé a raibh de na fir istigh, fáisceadh orm agus é a dheisiú. Thóg sé sin 40 nóiméad díom.

Chaitheas as sin go dtí an seacht ag athscríobh ó gharbhscríbhinn a bhí liom ag Colm le roinnt oícheanta anuas.

De réir mo shocraithe ansin chuas go Maínis – an tráthnóna ó 5 go 10 p.m. ina stoirm chlagarnaí anoir aneas as éadan – ar mo chuairt chuig Peaitín a bhí liom inniu. Ba leisc liom fanacht agus oíche bhreá a chur amú leis, mar bheadh fonn orm oíche bhreá ar bith a thiocfadh a chaitheamh ar aistear fada Ghlinsce. Chaith muid an oíche leis an veidheal – eisean ag foghlaim portanna uaimse go dtí a haon déag.

Céadaoin 22 Samhain

An lá istigh – dhá litir, cuid de chlár Ghlinsce, athscríobh ó gharbhscríbhinn, ag scríobh trí phort do Pheaitín [William Ó hUaithnín] – go dtína 4 p.m.

Bríd Uí Chonchúir, ar clé, agus cailín óg.

Coinne agam le máistir na hAirde, Seán Ó Conchúir – casadh orm tar éis an aifrinn é Dé Domhnaigh agus d'iarr sé mé chun dinnéir lá ar bith a d'fheilfeadh mé. Céadaoin a thoghas. Chuireas mo chuid litreacha sa bposta agus chuas siar chuige – lá salach ceobháistí ó mhaidin go hoíche. Bhí dinnéar againn ar a 5.30, agus d'fhéadfá dinnéar a thabhairt air. Shuigh muid tamall ag comhrá agus tharraing sé chuige *draughts* agus bhí muid ag bualadh a chéile sa gcluiche go dtáinig a bhean [Bríd] leis an mbord a leagan chun tae. Tháinig Máirtín Ó Flaithearta, as Camas, atá ina *ghanger*[9] ar obair bhóithre, agus Beairtle Beag [Ó Conaola] ar ball beag agus bhí comhrá breá ag an gceathrar againn os cionn an doiséinne buidéal leanna a thug an máistir as a chupard ina dhiaidh sin. Scar muid ar a haon agus bhí an oíche níos fliche an t-am sin ná bhí ó mhaidin.

Déardaoin 23 Samhain

An mhaidin le dialann agus as sin go dtína ceathair ag athscríobh ó gharbhscríbhinn Uí Chaodháin.

Dinnéar ar a 4.30 agus siar chuig an bposta go Carna. Tháinig buidéal dúigh chugam.

Casadh sagart óg Charna liom [Riocard] (Prendergast) agus tuigim uaidh go bhfuil an ghráin aige ar Ghaeilge. Casadh Micheál Mac Fhualáin orm agus chaitheas uair an chloig leis. É ar chuairt na hoíche abhaile. Chuas go Glinsce ar a seacht agus tháinig sé ina scréach báistí orm amuigh ar an gCnoc Buí. Bhí mé an-fhliuch nuair a tháinig mé isteach tigh Choilm [Uí Chaodháin]. Bhí muid tamall ag comhrá agus b'éigean do Cholm is do Phádraig [Ó Caodháin] dul síos chun an chalaidh timpeall a naoi nó roimhe leis an mbád a thabhairt aníos agus a fheistiú uachtarach, an áit a raibh sé ina thrá nuair a tháinig siad i dtír ó mhuirínteacht agus ní raibh aon snámh chun na céabhach acu. Bhí siad scaitheamh maith thíos agus chaith mise an t-am ag caint le bean Choilm [Babe] go dtáinig siad arís.

Scríobhas cúpla píosa ó Cholm ansin agus rudaí a tháinig tríd an seanchas. Cuireadh síos bolgam caifí dhúinn agus d'ól muid é. D'fhág mé iad ar 11.30, nó beagán ina dhiaidh. Cuireadh agam tráthnóna le dul chuig *time* ar an gCoillín oíche amárach.

Litir ó Cholm Ó Caodháin. (CBÉ.)

Aoine 24 Samhain

An mhaidin – go dtína 1.30 – ag críochnú chlár Ghlinsce (chuireas uimhreacha ar leathanaigh an bhailiúcháin agus líon isteach iad ar an gclár) – agus ag athscríobh ó gharbhscríbhinn Uí Chaodháin. Litir abhaile.

Chuas go Carna chuig an bposta agus isteach sa mbeairic go bhfuaireas bearradh gruaige ón nGarda [Pádraig] Ó Murchú – fear deas as contae Mhaigh Eo.

Casadh Colm Ó Caodháin orm i gCarna is é ag dul amach abhaile. Thugas deoch dhó agus chuaigh muid amach in éindí. Bhíos ag scríobh uaidh tar éis bolgam tae a ól agus d'fhágas ar a deich é agus chuas go dtí an Coillín chuig muintir Ghaora. Bhí *time* acu ann – iníon a pósadh ar mhairnéalach in Albain agus bhí an lánú sa mbaile ar laethanta saoire. Bhí muid ann go dtína 4 a chlog.

Satharn 25 Samhain

Codladh go 11.30. Dialann agus athscríobh ó gharbhscríbhinn Uí Chaodháin. Ag socrú liosta de rudaí le scríobh uaidh, ó sheanliosta agus nótaí a rinneas ó am go ham. Leis seo go dtí 4.30. Siar chuig an bposta agus aniar chun dinnéir. Tháinig Peait Greene agus Peait Canavan (ceoltóirí) agus chaith muid an oíche anseo sa teach le píobaireacht.

Domhnach 26 Samhain

Annie Molloy. (Le caoinchead Marian Ridge.)

Casadh Seán 'ac Dhonncha (25?), máistir an Chaisil, orm tar éis an chéad aifrinn agus d'iarr sé orm dul leis go dtí céilí i gCloch na Rón anocht. Dúirt mé go rachainn dhá mbeadh an tráthnóna go maith tirim, agus bhí.

Chuamar ar na rothair go dtí an Caiseal chomh fada le tigh Mholloy – lóistín Sheáin. Bhí tae ansin againn agus bhuail muid bóthar siar. Oíche bhreá chiúin, spéirghealaí a bhí ann agus b'álainn an turas a bhí siar againn fá chósta thuaidh na Beirtrí Buí, thar Inis Ní amach go Cloch na Rón. Sheas muid ag an bhFishery[10] – teach tábhairne le Mrs Clancy, bean lách, ghreannmhar, spraíúil (atá gaolmhar le Colm Ó Caodháin), agus d'ól muid deoch ann. Casadh seisear nó seachtar leaids ansin orainn agus chuaigh muid uilig siar in éindí. Bhí muid istigh i mbaile Chloch na Rón ar a naoi, agus ba deas a bhreathnaigh sé faoi sholas gealaí, an chéibh agus an cuan amach faoi thíos, agus Cnoc Iorrais Bhig ina charn mhór os a chionn.

Cuireadh in aithne mé do Mháirtín Pheait 'The Sailor' (Connolly) (55?) agus tugadh cupán tae dhúinn roimh an gcéilí agus ina dhiaidh, agus múchadh ár dtart i gcaitheamh na hoíche ina theach cúpla uair. Tríd an seanchas agam leis dúirt sé liom gur chuala an baile uilig caint orainn (mé

Máirtín Pheait 'The Sailor'.
(Le caoinchead Detta Conroy.)

féin is Colm) an lá a dtáinig muid ann as Glinsce i mbád seoil. Rinneadh iontas díomsa a bheith ag seoltóireacht is ag ól le Colm an lá úd agus fuair gach uile dhuine amach gur mé fear an cheoil. Ní bhfuair mé riamh oiread fáilte is fuaireas ó Mháirtín, agus go deimhin ó gach uile dhuine a casadh orm i gcaitheamh na hoíche. Dúirt Máirtín liom go mba mhaith leis mé a theacht agus tamaillín a chaitheamh ina theach, go bhfeicfinn an mbeadh aon mhaith dhom cuardach a dhéanamh in Inis Ní agus thart na bealaí sin – agus tá a fhios agam go mb'fhiú dhom é. Dúirt sé seanamhrán é féin dhom, ina fhocla, nár chualas riamh, ach ní ar scríobh a bhí ár n-aird ar ball ach ar spórt is ceol is ól. Níor luaithe istigh mé féin is Seán ag an gcéilí ná muid curtha ag gabháil fhoinn, nó go ndúirt muid trí cinn an duine don gcéad start (Caodháin) agus lom orainn ansin ag damhsa. Le scéal fada a dhéanamh gearr, phléasc muid linn go dtí a trí a chlog agus d'ól muid cupán eile tae tigh Mháirtín. Agus nuair a bhí ár seanchas déanta, bhuail muid soir ar an aistear spéiriúil fan an chuain abhaile faoi sholas na gealaí. Chodail muid le chéile ar an gCaiseal, mé féin is Seán.

Luan 27 Samhain
An mhaidin agus an lá iomlán ina scréach bháistí chomh dona is chonaic mé riamh. Chuaigh Seán ['ac Dhonncha] chun scoile agus chuas féin ag faire na haimsire i rith an lae is mé ag scríobh litreacha agus amhrán do Sheán. Ghlaos ar an nguthán go Carna agus chuireas scéala go dtí mo theach lóistín go dtiocfainn anocht dhá dtriomódh sé, agus mura dtriomódh go bhfanfainn mar a bhí. Rinne mé beagán seanchais le seanbhean an tí – Mrs [Annie] Molloy. Ní raibh aon tuairisc aici ar aon leigheas do

Annie Molloy.
(Le caoinchead Marian Ridge.)

bheith in arán a mbeadh an caonach liath sin air.[11] Ní raibh aon tuairisc aici ar aon cheann de na ceisteanna do chuireas uirthi, ach go deimhin ní mórán a bhí agam di. Bhí tuairisc aici go mba chóir do cheann an tí amháin duáin an ainmhí a ithe, ach ní raibh aon chúis aici leis.[12]

Tigh Mholloy.

Nuair a tháinig Seán ón scoil[13] chaitheas tamall tar éis dinnéir ag múineadh roinnt ceolta dó – an-tsuim aige in amhráin na Mumhan agus amhráin Mhuimhneacha a thugas dó. Mhúin Aindrias Ó Muimhneacháin ceol dó ar coláiste.

Chuaigh muid síos chuig an scoil san oíche – rang ag Colm Ó Gaora ann is iad ag cleachtadh dráma. Ba bhocht iad formhór na n-aisteoirí, go deimhin, agus an dráma le léiriú acu ar an 8.12.44. Déarfainn nach róshnasta a bheas sé.

Beagán seanchais le muintir Mholloy faoi thaibhsí ar filleadh dhúinn, agus dul a chodladh ar a 12.30.

Máirt 28 Samhain

Ag éirí ar a naoi le Seán ['ac Dhonncha] agus bóthar a bhualadh síos go Carna in éadan gaoithe agus ráigeanna troma. Go leor de de shiúl coise agus ar foscadh; ach rug ráig mhór orm ag an gCnoc Buí agus is é an chaoi a raibh mé báite ar theacht go Roisín na Mainiach dhom. Chaith mé an tráthnóna le litir chuig an oifig, dialann, beart níocháin agus réiteach le dul go Glinsce go scríobhfainn slám eile ó Cholm [Ó Caodháin]. Chaitheas dinnéar ar a sé (lón agam ar a 1.30 nuair a thánag) agus chuas siar chuig an bposta agus amach go Glinsce. D'fhágas Colm ar a dó dhéag. Litir agam ó Sheán [Ó Súilleabháin] inniu.

Céadaoin 29 Samhain

An mhaidin a chodladh go dtí a 10. Ag scríobh ceoil istigh agus dialann go dtína 4.30. Siar chuig Seán Ó Conchúir – Máistir na hAirde. Gach uile am dhá gcastar orm é bíonn cuireadh siar ann le fáil agam, agus ní maith liom gan dhul siar chuige corruair. Seo an dara cuairt ó tháinig mé. Chaith muid an oíche ag seanchas cois tine.

Déardaoin 30 Samhain

An lá istigh ag scríobh go dtína cúig. Coinne agam le Beairtle Beag Ó Conaola anocht i gCill Chiaráin. San Aird atá sé ina chónaí ach tá sé ag muirínteacht ar Chuan Chill Chiaráin agus tá sé ag fanacht tigh an bhádóra – Máirtín Ó Clochartaigh. Seanfhear sa teach, deir sé, agus cúpla amhrán aige dhom.

Chuas soir ar a cúig agus ghlaos ar Sheán Ó Gaora, táilliúir, Aill na Brón, é sin a bhí ina chónaí in aon teach le hÉamon de Búrca (R.I.P.) agus ar scríobhas neart amhrán uaidh. Chaitheas tamall ag comhrá leis féin agus le baintreach Éamoin [Sarah] agus chuas liom soir agus tháinig mé isteach tigh Mháirtín Uí Chlochartaigh i gCill Chiarain ar a seacht. Bhíodar istigh romham, é féin is Beairtle agus an seanduine – athair chéile Mháirtín, Séamus Thomáis Mac an Iomaire (75). Beirt iníon leis ann, bean Mháirtín agus a deirfiúr, agus gasúir óga Mháirtín. Ní i bhfad ag seanchas cois tine muid, tar éis do Bheairtle mé a chur in aithne dhóibh, nuair a chloisim an *pop* ar mo chúl agus céard a bheadh ach na buidéil leanna dhuibh á dtarraingt ag Máirtín. Ar Bheairtle a chuirfinn a milleán sin, mar is duine rófhiúntach é. hÓladh cúpla ceann agus tae ina ndiaidh. Tosaíodh ar na hamhráin a rá. Dúirt Séamus Thomáis ceann deas Gaeilge nach bhfuil cheana agam, 'Dhá mBeinn Trí Léig i bhFarraige'. Bhí ormsa cúpla ceathrú a rá ansin. Dúirt Beairtle 'Bean an Fhir Rua'. Tarraingíodh buidéal eile an duine agus siúd liomsa chun pinn. Chuir mé síos ceann Shéamuis agus 'Sláinte Chluain Meala' ó Bheairtle agus 'An Spailpín Fánach' i mBéarla ó Shéamus Thomáis. Bhí greadadh amhráin Bhéarla aige ach ní bheadh aon suim sa gcuid is mó acu agam. Dúirt sé an *'Lovers' Puzzle'* dhúinn, gan aon ní neamhghnách ann.

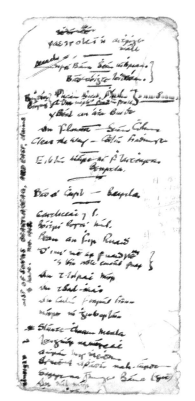

Liosta amhrán ó Bheairtle Beag scríofa ar chúl clúdach litreach. (CBÉ.)

Bhí an oíche ina scréach báistí ón hocht agus ní chuirfeá do ghadhar amach ar a dó dhéag. Bhí sé gar don dó a chlog nuair a d'fhág mé iad, agus bhí mé fliuch go craiceann ar theacht chun mo thí lóistín dhom ['Tigh Iarnáin] i Roisín na Mainiach in éadan stoirme thiar aneas.

Seanfhear lag, lách, é ard tanaí, Séamus Thomáis. Ní fhágann sé an tine anois mórán chor ar bith, ach déarfainn go mba fear láidir tráth é. Chaithfeadh sé go mba fonnadóir maith é ina óige mar tá guth an-fhírinneach ceoil aige má tá sé lag, garbh anois. Bhí

Beairtle Ó Conaola. (Le caoinchead CBÉ.)

muintir an tí an-lách liom ar gach uile bhealach agus ní raibh blas drogaill orm bheith i mo shuí leo. Maidir le Beairtle – is é Beairtle Beairtle i gcónaí – duine breá é.

Aoine 1 Nollaig

An lá istigh ag scríobh. Tháinig cóipleabhra nua chugam inné, agus chaith mé an lá ag lascadh rudaí a bhreac mé ó Cholm Ó Caodháin le cúpla oíche isteach i gceann acu.

Chaith mé an oíche i nGlinsce ag scríobh ceoil, cnámha scéalta agus ceathrúna fánacha amhrán.

Satharn 2 Nollaig

Chaith mé ceithre uaire an chloig – píosa den mhaidin agus píosa den tráthnóna – istigh ag scríobh – ag athscríobh tuilleadh ó Chaodháin agus ag athscríobh an mhéid a bhreacas i gCill Chiaráin oíche Déardaoin. Litir abhaile agus ag dó seanlitreacha ar ball. Siar go Carna gur chaith mé an oíche leis na Gardaí[14] – fir an-deasa – sa mbeairic ag seanchas cois tine.

Aimsir uafásach bháistí againn le seachtain. Bádh mé féin ceithre oíche ach tá mé ag éirí chomh cleachtach leis sin is nach fiú liom é a lua i ndialainn an lae! Ar éigean is féidir éirí amach ar rothar chor ar bith anseo anois, le stoirm, fuacht, fearthainn agus anachain. Go dtuga Dia go mbeidh na cairr ar bóthar arís roimhe an gheimhreadh seo chugainn! Ba mhór an cúnamh don obair ceann a bheith sa taobh seo tíre anois agam. Tá doineann sheasta agam anois ó d'fhág mé Allt na Brocaí, Co. Mhaigh Eo, i ndeireadh Lúnasa, cés moite de chúpla lá ar mo chuairt go Teileann is Bealach Féich i dtús Meán Fómhair.

Domhnach 3 Nollaig

É ina stoirm throm. An chéad aifreann. Slua de mháistrí scoile an pharóiste ag socrú faoi charr a thabhairt leo go Cloch na Rón anocht chuig dráma is coirm cheoil. Mo léan, bhí gach uile dhuine acu sásta dul agus bhí an-iomarca sa gcarr ar deireadh. Fear láidir rothaíochta a bhí orthu (Seán 'ac Dhonncha, máistir an Chaisil, mo chara féin), bhuail sé *challenge* ar an slua ná raibh duine againn a rachadh ar rothar ann in éadan na stoirme

Johnny Joe Pheaitsín 'ac Dhonncha.
(Le caoinchead Lensmen.)

in éindí leis – 16 mhíle! Rinneadh iontas ar dtús agus ansin staidéar. Níor mhar sin dhom féin, ámh, mar níl aon bheann agamsa ar 16 mhíle gála ach oiread le míle córach, de thairbhe cleachtaidh, agus dúirt mé gur bog an fear nach ndéanfadh an méid sin. Thug sé seo misneach do bheirt eile agus bhí ceathrar againn le bóthar a bhualadh ar ár spreacadh féin. Tá sé chomh maith a rá anois gur loic beirt tráthnóna agus gur mise agus Seán a chuir dínn an bóthar, gach uile chrua-orlach dhe, ar rothar. Chuaigh an carr agus a ualach amach slán agus níor thaise dhúinne é. Bhí na píobaí sa gcarr acu dhomsa agus thug mé dreas píobaireachta dhóibh a thaitin go mór leo. Bhí suipéar againn uilig in éindí agus bhuail mise agus Seán bóthar ar chúl an chairr, ar a 1.30 a.m. Bhí an chóir linn agus níor stróbh dhúinn an Caiseal a stríocadh, mar ar fhág mé slán ag Seán – an fear is cruaí fós a chuaigh taobh liom ar rothar. Cóir liom go Gabhla agus gála i m'éadan as sin go Caladh an Chnoic. Gaoth i mo thaobh as sin go Carna agus cóir chun leapan ar thuairim is a ceathair – slán sábháilte, buíochas mór do Dhia!

Luan 4 Nollaig

Codladh go haon déag. Drochmhaidin stoirme. Dialann agus athscríobh ceoil go dtína cúig. Dinnéar agus cuairt siar chuig an bposta agus é ina stoirm aniar aduaidh – b'éigean dom píosa mór de a shiúl. Tháinig mo sheic agus creidim nach bhfuil oiread airgid in aon siopa i gCarna is bhrisfeas í, mar tá siad ag briseadh seiceanna muirínteachta seasta, agus tháinig seiceanna na nGardaí Dé Sathairn, creidim.[15] Níl aon deifir agam leis faoi láthair, ámh.

Colm Ó Gaora. (Le caoinchead CBÉ.)

Rún agam dul go Glinsce, ach ní fhéadfadh aon duine dul amach ann anocht – chaithfeadh sé níos mó aimsire ar an mbóthar ná b'fhiú a chuairt. D'fhanas istigh ag athscríobh ceoil. Gaoth aniar aduaidh agus í an-fhuar.

Léas caibidil de leabhar nua Choilm Uí Ghaora, Ros Muc, roimhe a dhul a chodladh dhom – *Mise*.[16] É ag lascadh chloichshneachta agus mé ag titim i mo chodladh 1 a.m.

Máirt 5 Nollaig

Maidin gaoithe aniar agus ráigeanna troma cloichshneachta. Gealáin ghréine eatarthu agus é fuar go leor. Chaith mé an mhaidin le litreacha agus an tráthnóna le hathscríobh ceoil. An oíche i nGlinsce le Colm Ó Caodháin ag scríobh ceoil agus focla amhrán agus seanchais uaidh.

Céadaoin 6 Nollaig

An mhaidin istigh ag scríobh. An tráthnóna (fliuch, salach, gaofar) thoir in Aill na Brón le Seán Ó Gaora. Scríobhas 'An Chúileann' uaidh. Ar ais i Roisín na Mainiach ar a seacht. Siar go Carna. D'éirigh liom mo sheic a fháil briste ann. Cuairt ar mhuintir Gheraghty ann agus an chuid eile den oíche tigh na gClochartach ag píobaireacht is ag seanchas cois tine leo. Oíche an-tsalach, le gaoth agus ráigeanna.

Déardaoin 7 Nollaig

Seáinín Choilmín [Mac Donncha] as Fínis agam tamall den mhaidin. Scríobhas fonn 'Chaitlín Triall' uaidh. Cúpla litir agus dialann, agus athscríobh ó bhreacscríbhinn ó Cholm [Ó Caodháin] ar maidin. Tháinig an tráthnóna an-tsalach, an-fhliuch, leis an ngaoth a bhí ó mhaidin ann. Chuas siar go Carna chuig an bposta agus chonaic mé go raibh sé rógharbh is rófhliuch le dhul go Glinsce – cuairt a bhí i m'aigne agam a dhéanamh. D'fhanas istigh ag scríobh ceoil amach go dtí a haon déag.

Seáinín Choilmín.
(Le caoinchead Jackie Mhic Dhonncha.)

Aoine 8 Nollaig

Aifreann a 10. Maidin gharbh, ráigiúil. Mé le dhul chun an Chaisil tráthnóna chuig coirm cheoil agus dráma ann le píobaireacht a dhéanamh do Sheán 'ac Dhonncha ann, máistir an Chaisil. Peait Greene, a casadh orm inné, le theacht liom. Is é Peait an baitsiléir ar fhanas ina theach samhradh 1943 i Maínis agus is é an scéala a bhí aige dhom go raibh sé le bean óg as Gabhla, Neilí (Phatrick Vailín) Caney, a phósadh Dé Máirt! Chuir sé sin mo dhóthain iontais orm agus d'ól muid deoch air, ach scéal Pheait é sin.

Tháinig an lá inniu ina bháisteach, agus mhéadaigh air i lár an lae agus tháinig ar deireadh ina bháisteach chomh trom seasta is chonaic mé riamh. Bhí Peait Greene le dhul liom ar a ceathair ar rothar chomh fada le teach na mná agus bhí muid le tamall a chaitheamh ann agus le dhul chun an Chaisil ar ball ach chuir an bháisteach an socrú sin ar ceal. Fuair mé féin leoraí ag dul amach ann ar a sé a chlog, agus rinne mé an t-aistear ann (8 míle) in éadan clagarnaí agus stoirme. Bhí oíche mhór spóirt is ceoil i dteach scoile an Chaisil agus chodail mé le Johnny an Máistir, agus an bháisteach ag réabadh na gcloch amuigh.

Satharn 9 Nollaig

Ag éirí ar a naoi. Bricfeasta agus cuairt chúpla nóiméad ar Mheaig Joyce ag bungaló an chrosbhóthair ar an gCaiseal. Maidin bhreá, ghealspéire agus corrmhúr báistí. Bhuail mé féin agus Johnny ['ac Dhonncha] Carna ar a dó dhéag. Chuas-sa chun mo lóistín agus chun pinn go dtína cúig, ag athscríobh ceoil. Siar chuig an bposta agus litir ann dom ó mo mháthair [Mary]. Tae arís agus bóthar soir go Ros Muc – coinne agam le Maidhcó Breathnach le cúpla lá a chaitheamh in aon teach leis. Bhí sé tar éis a naoi nuair a tháinig mé isteach chuige agus rinne muid píosa cainte is comhrá le chéile agus le duine nó beirt a tháinig ag ól dí ann – teach tábhairne[17] atá aige – nó go ndeachaigh muid a chodladh ar a dó dhéag.

Margaret Joyce.
(Le caoinchead Marian Ridge.)

Domhnach 10 Nollaig

Aifreann a 10. An lá an-dona le gaoth agus ráigeanna troma fada gan mórán spáis eatarthu. Bhí rún agam a dhul go Snámh Bó chuig seanbhean a bhfuil cáil amhrán uirthi, ach chuir an aimsir deireadh leis an rás sin. B'éigean dom fanacht istigh i gcaitheamh an lae. Ach bhí neart le déanamh agam, mar bíonn Maidhcó [Breathnach] ag coinneáil tí dhó féin agus bhí dinnéar le réiteach againn. Rug mé ar leabhar tar éis an dinnéir nuair a rinne Maidhcó amhlaidh agus léigh muid linn go ham tae agus tháinig scata ar ball le cluiche cártaí a bheith acu. Bhí Criostóir Mac

Maidhcó Breathnach, ar dheis.
(Le caoinchead Chriostóir Breathnach.)

Aonghusa in éindí leo agus gan spéis aige i gcártaí ach oiread liom féin. Chaith an bheirt againn an oíche ag seanchas, mar is cainteoir cliste, eolgach é nach n-iarrfadh éisteacht go deo ach ag caint leis.

Luan 11 Nollaig

An mhaidin istigh le bricfeasta agus dhá litir. Dinnéar ansin againn féin á réiteach agus á ithe. Chuas síos chuig an scoil chuig Stiofán Ó hOisín agus bhí fiche nóiméad seanchais agam leis nó gur bhuail mé bóthar go Ros Cíde chuig Beairtle (Dhonncha?) Ó Conaire (*c.* 68) ann. Bhí an doras dúnta agus chnag mé is d'oscail mé é agus bheannaigh mé isteach ann. Ní raibh freagra ar bith ach teach folamh romham. Bhí an lá ciúin, grianmhar ach fuar thar cuimse agus bhreathnaigh mé uaim síos ar Chuan Chill Chiaráin, ar fharraige agus ar chladach is cnoic agus b'álainn an t-amharc

Beairtle Dhonncha, Ellen agus a n-iníon Kate.
(Le caoinchead Kate Uí Thnúthail.)

é. Ní i bhfad go dtug mé stracfhéachaint síos faoin teach agus chonaic mé an bhean ag déanamh aníos orm ón gcladach. Chuaigh mé faoina déint agus bheannaigh dhi. Stumpa mór de bhean leathaosta í agus bheannaigh sí go gnaíúil dhom. D'inis mé dhi cén ghraithe a bhí de Bheairtle agam – ba í a bhean [Ellen] í – agus dúirt sí liom go raibh sé thíos ag an gcladach. Siúd liom síos.

Ní i bhfad go bhfaca mé uaim é, fear réasúnta beag é agus seanbháinín air is hata. Bheannaigh mé dhó i bhfad uaidh, nuair a chonaic sé mé, agus go deimhin ba bhreá croíúil an 'Dia is Muire dhuit! Cén chaoi an bhfuil tú?' a tháinig aníos chugam uaidh. Rinne mé air agus d'aithin sé mé, cé nach bhfaca mise riamh cheana é, déarfainn. 'Ní féidir gur tú fear Bhaile Átha Cliath?' a deir sé. Is ea, ba chuimhneach leis mé féin agus m'athair ag píobaireacht sa scoil fadó, agus chuala sé go mbím i gConamara mé féin.

Chuaigh muid ar foscadh, mise ag líonadh agus ag lasadh mo phíopa agus eisean ag cangailt. Ba ghearr gur inis mé dhó fáth mo chuairte air (duine é de sheanchaithe Phroinséis de Búrca as Corr na Móna) agus dúirt sé liom ná raibh aon tsuntas riamh aige ar amhráin – go mba mhó ar fad an luí a bhí aige le scéalta. 'Ach tá cúpla rud agam,' a deir sé, 'agus b'fhéidir go mbeadh suim agat iontu.' Dúirt sé

Proinsias de Búrca.
(Le caoinchead CBÉ.)

'An Draighneán Donn'. Bhí nóta beag le scríobh agam faoina leagan den údar a bhí leis an amhrán. Bhí ruainne aige de 'Amhrán an Bháis' (amhrán faoi dhuine a raibh 'An Bás' mar leasainm air) a bhreacas uaidh. Ruainne dhe seo ar fhiteáin an Ath. [Liúc] Uí Dhónalláin.[18]

Thosaigh sé ansin ar sheanchas 'Nimble Dick'[19] agus go deimhin is breá an seanchaí é. Bhí uair an chloig aige ag cur síos air sin dhom agus faoin am sin bhí an ghrian i dtalamh agus an bheirt againn préachta le fuacht inár seasamh amuigh. Suas linn chuig an teach gur théigh muid na cnámha cois tine tamall agus d'fhág mé slán aige féin is ag a mhnaoi. Thairg siad tae dhom agus ó bhí an bóthar ina thaobh sléibhe, nó geall leis, b'fhearr liom a chur díom lena raibh de sholas an lae fanta agam. Seanbheirt iad chomh deas agus a casadh go fóill orm.

Ar theacht ar ais tigh Mhaidhcó [Breathnach] dhom bhí sé ina oíche agus d'ól mé braon tae agus bhí mé ag brath ar bóthar a bhualadh amach go Snámh Bó chuig seanbhean, nuair a tháinig cara liom, Maidhcil Bheairtle Mhainín (*c.* 33), isteach. Chaith mé cúpla uair an chloig leis agus scríobhas cúpla rud uaidh a d'aithris sé de bharr mo chuid ceistiúcháin. Ní raibh mórán eile, déarfainn, atá aige dhom. Chaitheas píosa mór den oíche leis ag ceannach corrbhuidéal leanna dhó agus ag scríobh corrghiota nach raibh cheana agam.

Máirt 12 Nollaig

Abhaile go Roisín na Mainiach ar a dó dhéag. As sin go dtína ceathair ag scríobh agus siar chuig an bposta. Mé féin is Maidhcil Geraghty agus Maidhcil Mac Fhualáin le dul isteach chun bainise Pheait Greene a phósadh inniu ar a dó, in éindí tar éis titim oíche. Chuaigh.

Ag dul isteach an bóthar go Maínis dhúinn timpeall is a hocht a chlog chonaic muid an triúr seo ag déanamh orainn amach. Bheannaigh muid dhóibh. Agus nuair a bhí muid píosa eile isteach uathu ligeadh an fhead orainn. Níl aon mhasla is mó anseo i gConamara is mó ná an fhead sin san oíche. Ní dhearna mé féin is Maidhcil Geraghty ach casadh ar an bpointe agus chuaigh Micheál Mac Fhualáin chun cinn agus cailín a bhí in éindí linn. Ach má chas bhíodar seo róchliste dhúinn – ní raibh amharc ar bith orthu, i gcúl an chlaí ná áit ar bith dhár chuartaigh muid. Ghlaoigh muid orthu arís agus arís eile gach uile ainm ba mhaslaitheach dhá raibh ag ceachtar againn – agus go deimhin bhíodar go líofa ag Maidhcil! – ach is é an chaoi a raibh sé crágtha as ár ngaobhar acu seo.[20] Fuair muid amach ó leaid níos faide isteach an bóthar cé hiad féin. Ba í an chéad fhead a ligeadh riamh orm féin is ar Mhaidhcil í. Níl a fhios agam ar shean-nós mímhúineadh é nó ar nós nua-aoiseach é, ach cuirfead a thuairisc arís.

Bhí oíche dheas ar bhainis Pheait againn.[21] Tháinig muid abhaile ar a 5 ar maidin. (Lá breá gréine.)

Céadaoin 13 Nollaig

Ag éirí ar a deich. Tháinig tráthnóna agus oíche ina scréach chlagarnaí. I mo shuí istigh ag scríobh ó mhaidin go 11.30 p.m., ach go ndeachas siar chuig an bposta le litir chun na hoifige agus ceann abhaile.

Déardaoin 14 Nollaig

An mhaidin le dialann seachtaine nár éirigh liom a
bheith scríofa agam leis an achar sin. Cuairt siar go
Carna chuig an dochtúir[22] – rud aisteach ar mo dhá
lámh agus barúil agam gur *scabies*[23] é. Is ea. Thug sé
comhairle dhom céard a dhéanfainn leis agus mura
dtagann sé ar mo cholainn, deir sé liom, tá an t-ádh
orm. Rud gránna go leor é agus tochas ann, agus tá
Conamara, agus Éire, lofa leis, deir sé liom. Deir sé gur
thóig mé ó dhuine eicínt nó ó thuáille eicínt é. Ní fios
dom féin cén áit, ach is iomdha áit a raibh mé ann le
seachtain. Cheannaíos íc lena aghaidh agus chuas soir
arís gur thugas níochán maith dhom féin as uisce tc
agus gur smearas mé féin ó bhun go barr leis seo.

Cloch an Mhíle, gar do Charna.

Cuairt ar Dharach Ó Clochartaigh i Maínis, mo sheanchara na bport. Scríobhas
cúpla rud uaidh.

An oíche le Colm Ó Caodháin i nGlinsce. Bhí Pádraig Ó hIarnáin an tí sco in éindí
liom anocht agus d'éirigh rud aisteach dhúinn. Tháinig 'sliabh gortach'[24] ar an mbeirt
againn idir Cloch an Mhíle agus Idir Dhá Loch ag teacht abhaile dhúinn, cé gur ól muid
tae tigh Choilm; an pointe céanna a tháinig sé ormsa agus airsean. Siod é anois an tríú
huair a dtáinig sé ormsa ar an bpíosa sin bóthair agus an cúigiú huair i mo shaol. Níor
ghéilleas riamh nach tuirse nó ocras a bhí orm go dtí anocht, nuair a tháinig sé ar an
mbeirt againn in éindí agus ag an áit sin don tríú huair dhomsa. Chaithfeadh sé go bhfuil
spota áirithe ann a dtagann sé ort nuair a théann tú thairis. Ar éigean a bhí sé ionainn
an teach agus greim cáca a bhaint amach le lagar agus muid beirt snáfa le hallas.

Aoine 15 Nollaig

An lá istigh ag scríobh. An oíche i nGlinsce ar mo chuairt dheireanach oibre le Colm [Ó
Caodháin]. Ag scríobh 'Amhrán Shéamuis Uí Chonchúir as Árainn' a chaith muid píosa
mór den oíche. Scríobhas cúpla ruainne beag eile uaidh agus ceathair nó cúig de phíosaí
ceoil. Bhí muid ar an obair sin go dtí tar éis a dó dhéag.

D'inis mé do Cholm an chaoi ar bhuail an 'sliabh gortach' mé féin is Pádraig [Ó
hIarnáin] aréir agus deir sé liom go bhfuil spota áirithe ar an mbóthar idir Cloch an
Mhíle agus droichead Idir Dhá Loch a bhfuil an cháil sin riamh air. Is minic a tháinig sé
air féin ar an mbóthar céanna riamh ó thosaigh sé ag siúl. Deir sé liom gurb é is
cionsiocair le 'sliabh gortach' a bheith in áit thar áit eile, de réir an tseanchais, duine nó
daoine do shuí san áit sin in am eicínt ag caitheamh greim bia gan altú ar bith a rá.[25]

Satharn 16 Nollaig

An mhaidin ag socrú mo chuid páipéirí le haghaidh an phosta agus ag déanamh dhá
bheartán díobh. Chuas siar go dtí an posta leo tar éis mo chuid dinnéir a chaitheamh
agus thugas cuairt ghiortach siar go dtí Seán Ó Conchúir san Aird, ag fágáil slán aige féin

is ag a mhnaoi [Bríd]. Bhí an lá, ó mhaidin, ina chlagarnach agus faoin am a dtáinig mé ar ais thríd Charna bhí mé i mo líbín bháite in ainneoin mo chulaith buí [uiscedhíonach] do bheith orm.

Chuas isteach go Maínis chuig mo chairde nuaphósta [Peait agus Neilí Ó hUaithnín] amach san oíche nuair a thriomaigh sé. Bhí oíche bheag dheas againn ann le píobaireacht is veidhleadóireacht – bhí mo phíob istigh ann ó oíche Mháirt.

Domhnach 17 Nollaig

An chéad aifreann. Casadh go leor de mo chairde orm agus d'fhágas slán acu. Chuas soir abhaile go luath agus chuas go Glinsce tar éis an dinnéir. Gheall mé do Cholm [Ó Caodháin] go dtabharfainn liom na píobaí agus go gcasfainn port dó féin agus dá mháthair [Máire]. Fuair mé Colm romham ag fanacht agus a bhean [Babe] agus a chlann agus a mháthair ag súil le ceol. Ní i bhfad a bhí mé ag seinm ceoil nuair a tháinig Joe isteach. Creidim nár luaigh mé Joe riamh cheana i mo dhialann.

Micheál Mac Fhualáin.
(Le caoinchead mhuintir Mhic Fhualáin.)

Is é an sórt duine é Joe, feairín beag. Deartháir le máthair Choilm é (Ridge é). Tháinig sé abhaile as an taobh thall de chuan (Oileáin Chonamara)[26] anuraidh go dtí Colm nuair a bhí mise aige. D'imigh sé leis an bóthar cúpla uair ó shin gan caint ar fhilleadh, ach is é an chaoi ar shiúil sé isteach an doras an lá dár gcionn, gach uile uair acu.

Ar theacht isteach do Joe inniu agus mise ag casadh ceoil, sheas sé agus stán sé ormsa agus ar an bpíob agus d'éist sé nóiméad leis an ríl chroíúil a bhí mé a chasadh, go tráthúil, agus siúd leis de léim i lár an urláir ag damhsa! Is beag nár thit an seamsúr ó mo mhéaracha leis an iontas a chuir sé orm. Agus dhá mbeinn ann ag casadh ceoil go maidin bheadh sé ag damhsa dhom go maidin, sin é mura dtitfeadh sé as a sheasamh le teann saothair. D'fhág mé slán acu ar a sé a chlog – bhí máthair Choilm ag caoineachán is mé ag imeacht, agus ní fada uaidh sin a bhí Colm féin. Níor thaise dhom féin é mar tá mé an-cheanúil ar Cholm.

Chaith mé tamall ag fágáil slán ag muintir Chlochartaigh agus muintir Oireachtaigh i gCarna agus chuas isteach go dtí clann Choilmín Mhac Fhualáin ar mo chuairt. Bhí tae againn ann idir phortanna ar an veidheal agus mhúin mé ríl eile do Mhaidhcil [Mac Fhualáin] nár chuala sé agam go dtí anocht – 'The Girl who Broke my Heart' – agus ríl álainn í freisin.

Chuaigh mé féin is Maidhcil soir tigh Iarnáin (mo theach lóistín) agus bhí an domhan go léir cruinnithe ann ag ceapadh go raibh *time* le bheith ann. Chuaigh mé féin ag pacáil mo mhálaí go dtí gur scaip an slua agus chas mise is Maidhcil Mac Fhualáin dreas ceoil do mhuintir an tí ansin. Idir gach aon tsórt bhí sé a ceathair a chlog ar dhul a luí dhom, tar éis mo mhálaí a réiteach le haghaidh na maidine.

Luan 18 Nollaig

Bus ar a 8.10 a.m., a rug ar thraein Bhaile Átha Cliath i nGaillimh ar a 10.45, a thug abhaile mé, slán sábháilte gan anró ar bith ach tuirse an aistir.

1 1296: 137–89.

2 Is dóigh gurb iad seo Peaitín William agus Maidhcil Pheadairín Ó hUaithnín *q.v.*

3 'Urnaithe an Tráthnóna' a thug an Eaglais air seo agus ba éard a bhí ann, an paidrín agus beannú na naomhshacraiminte ag a sé a chlog gach Domhnach. 'An paidrín' a thugadh an pobal air.

4 Bíonn teacht ar mhuiríní i rith na bliana cé go mbíonn barrphointe an tséasúir ann ó mhí na Samhna go dtí deireadh mhí an Mhárta.

5 Chuidigh Séamus Mac Aonghusa agus Seán Ó Súilleabháin le hábhar ceaileacó do sheol báid a sholáthar do Cholm. Ar dtús is cosúil gur shíl Séamus go bhféadfadh sé seol a fháil i dTír Chonaill ach nuair a theip air seo a dhéanamh, d'éirigh le Seán an ceaileacó a fháil i mBaile Átha Cliath agus a chur siar chuig Colm. Ar ndóigh, bhí ganntanas an-chuid ábhar ann aimsir an chogaidh agus bhí cúpóin airgid á gcur ag Colm go dtí an Coimisiún le costas an ábhair seoil a ghlanadh. Féach uí Ógáin 1996, 720, 747; 1996–7, 304.

6 Nó 'Buaile an Bhodaigh'. Seo néal atá in Óiríon a bhfuil seacht réalta inti. Féach de Bhaldraithe 1985, 33.

7 Féach 10 Samhain 1943, fonóta 5.

8 Roth cúil rothair atá feistithe sa chaoi gur féidir leis casadh gan bac agus nach gcorraíonn na troitheáin.

9 Seo maor a bhíonn i mbun scata oibrithe.

10 Teach a raibh teach beag tábhairne leis a bhí ann. Ba le 'Mamó' Clancy *q.v.* agus a dearbháir, Peter Nee, é. Stopadh daoine ann le deoch a ól agus iad faoi bhealach soir nó siar.

11 Féach 1142: 151–234 ina bhfuil ciorclán ón Stiúrthóir Séamus Ó Duilearga, ag lorg eolais faoin gceist seo agus faoi chúrsaí leigheasanna i gcoitinne maille le cuntais a seoladh mar fhreagraí.

12 Tá roinnt freagraí ar an gceist seo 'duán ainmhí mar bhia' in 1142: 35–48 agus dáta Eanáir 1944 orthu den chuid is mó. Níl aon fhreagra ó Mhac Aonghusa tagtha chun solais.

13 Is dóigh gurb í scoil náisiúnta an Chaisil atá i gceist mar go raibh Seán 'ac Dhonncha ag múineadh inti. Bhaintí leas freisin as an scoil sna tráthnónta le ranganna a thabhairt agus le drámaí a chleachtadh.

14 Ba iad Pádraig Ó Murchú *q.v.*, Tomás Ó Loinsigh *q.v.* agus Máirtín Breathnach a bhí i stáisiún na nGardaí san am.

15 Ní raibh aon áiseanna bainc i gCarna agus, dá réir, bhristí seiceanna sna siopaí ann. Le linn an tséasúir iascaigh thagadh ceannaithe gach cúpla lá le hiasc a cheannach agus ba mhinic a d'íocaidís na hiascairí le seic.

16 Sa bhliain 1943 a foilsíodh *Mise*, dírbheathaisnéis Choilm Uí Ghaora *q.v.*

17 Tugtar 'Tigh Mhaidhcó' ar an teach tábhairne seo i gcónaí.

18 Seo gach seans 'Comhrá leis an mBás' a bhí ar cheann de na fiteáin fónagraif a scríobh Mac Aonghusa amach nuair a thosaigh sé ag obair leis an gCoimisiún. Ábhar a bhailigh an tAth. Ó Dónalláin *q.v.* atá ar na fiteáin seo. Féach CC 027: 54:3.

19 Ba é seo Richard Martin (*c.* 1635– *c.* 1714), fear dlí ó theaghlach de bhunú Normanach. Bhí cuid mhór talún aige i gConamara maille le sealúchas i gcathair na Gaillimhe. Ba é seanathair an fheisire Parlaiminte 'Humanity' Dick (1754–1834) é.

20 .i. is é an chaoi a raibh an lucht feadaíola imithe leo.

21 I litir chuig Seán Ó Súilleabháin ar an 13 Nollaig 1944, scríobh Mac Aonghusa mar seo a leanas: 'Bhí veidhleadóirí, fliúiteadóirí, lucht cáirdín, agus fonnadóirí is damhsóirí ann, agus níor roghain le Peait an saol Fódlach ná mé féin i láthair fé éide píob! Thaitin an oíche cheoil go rímhaith le gach uile dhuine.'

22 An Dr James Michael Moran.

23 Seo é 'galar an tochais' nó 'scaibéis', galar atá sách coitianta. An fhíneog bheag bídeach *Sarcoptes*

scabiei is cúis leis nuair a dhéanann sí tochailt isteach faoin gcraiceann. Tagann cnapáin bheaga agus léasracha ar an gcraiceann. Is measa go mór an tochas i rith na hoíche. Go hiondúil is sna lámha, sna cosa agus i mbaill ghiniúna an fhir a tharlaíonn an galar. Nuair a thosaítear ag cur cóir leighis air, tógann sé thart ar choicís go mbíonn an t-othar leigheasta. Is ó dhuine a bhfuil an galar cheana féin air a thógtar é.

24 Ocras agus laige a thagann ar an té a shiúlann ar an bhféar i spota áirithe.

25 Creidtear freisin gurb amhlaidh a fuair duine éigin bás le linn aimsir an Ghorta ar an spota seo.

26 Is dóigh gurb í Inis Ní agus na hoileáin thart uirthi atá i gceist anseo mar gur in Inis Ní a rugadh máthair Choilm, Máiré *q.v.*

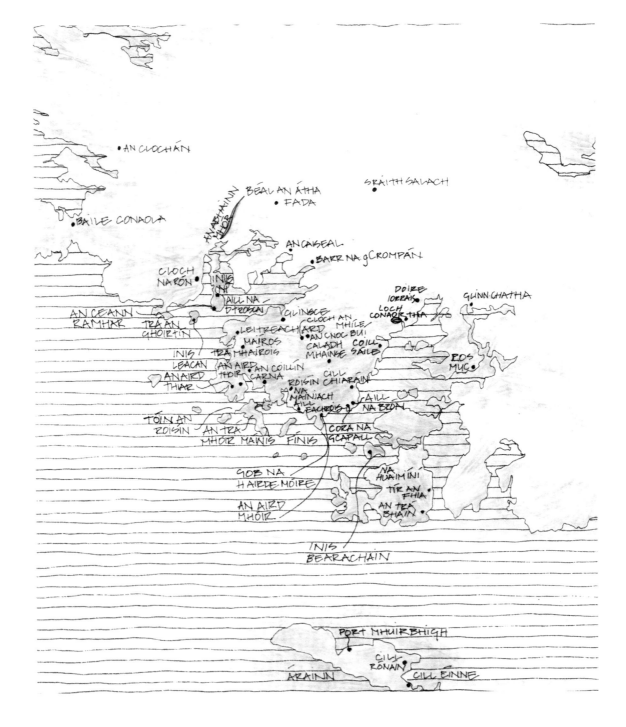

• AN CLOCHÁN

SRÁITH SALACH •

BÉAL AN ÁTHA
• FADA

AN ABHAINN MHÓR

BAILE CONAOLA •

AN CAISEAL
• BARR NA gCROMPÁN

CLOCH
NA RÓN
INIS
NÍ

DOIRE
IORRAIS

GLINN CHATHA •

AILL NA
bhFROSÓN

GLINSCE

LOCH
CONAORTHA

AN CEANN
RAMHAR
TRÁ AN
GHOIRTÍN

CLOCH AN
MHÍLE
LEITREACH ARD
AN CNOC BUÍ
MÁIRÓS
CALADH COILL
MHAINE SAILE

INIS
LEACÁN
TRÁ MHAIRÓIS
ROS
MUC

AN AIRD
THOIR
AN COILLÍN
CARNA

ANAIRD
THIAR

CILL
ROISÍN CHIARÁIN

NA
MAINIACH
CILL
EACHROIS

AILL
NA BRÓN

TÓIN AN
ROISÍN

AN TRÁ
MHÓIR MWEENISH

CORA NA
gCAPALL

FINIS

GOB NA
HAIRDE MÓIRE

NA
HUAIMÍNÍ
TÍR AN
FHIA

AN AIRD
MHÓIR

AN TRÁ
BHÁIN

INIS
BEARACHÁIN

PORT MHUIRBHIGH

CILL
RÓNÁIN
CILL ÉINNE

ÁRAINN

I bParóiste Charna Arís

24 Aibreán–2 Lúnasa 1945[1]

Máirt 24 Aibreán

Ó Bhaile Átha Cliath go Gaillimh ar thraein agus ar bhus a cúig go Carna. Tae le Micheál Geraghty ar a chuireadh. Bhris an aimsir ardtráthnóna agus thug sé tráthnóna agus oíche shalach fhliuch uaidh. Bhí brath agam an oíche a chaitheamh i nGaillimh agus Liam Mac Coisdeala a fheiceáil agus Tomás Ó Broin agus a dhul amach go hAnach Cuain[2] in éindí leis sin go dtí seanfhear ann – ach ó bhí an aimsir briste ba ghránna m'obair faoi láthair.

Chuireas fúm tigh Mrs [Sorcha] Hernon mar a bhí mé cheana. Fuair mé gach uile dhuine acu go maith agus fáilte mhór acu romham.

Céadaoin 25 Aibreán

Ar maidin ar éirí dhom is é an chéad ní a rinne mé ná litir a chur go dtí Tomás Ó Broin i nGaillimh (3 Ely Place), agus a rá leis gur loic mé faoi bhriseadh na haimsire ach go mbeinn aige Dé hAoine 4.5.45 le dhul go hAnach Cuain. Chuireas nóta go dtí an L.D.F. sa mbaile freisin go rabhas sásta a dhul ar an gCampa leo go Gormanstown[3] i ndeireadh mí Iúil, dhá n-éiríodh liom a bheith saor.[4]

Ag dul siar chun an phosta dhom ghlaos isteach chuig Jamesy Mongan i gCarna go bhfeicfinn é. Briseadh a dhá chois anuraidh i ndeireadh an fhómhair. Fuair mé ina shuí é go soineanta agus péire maidí croise aige, é fáilteach romham agus buíoch díom as ucht glaoch chuige.

Ghortaigh Peaitín William Greene a chos an áit ar thit claí cloch air tamall ó shin – an fear ar chónaigh mé ina theach i Maínis arú anuraidh tamall – agus chuas isteach chuige go ndearnas mo chuairt ann píosa den tráthnóna. Biseach mór ar a chois ach go gcaithfidh sé maide siúil a choinneáil leis go fóill. Baineadh scaoilteog (*splinter*) ceithre orlach de chnámh a lorgan.

Máthair a chéile [Neilí] Caney (a phós sé 12.12.44) caillte. Í le cur amárach agus ó bhí mise mór le muintir an tí sin i nGabhla, ba é mo dhualgas a dhul chun na sochraide. Chaith mé an oíche i mo theach lóistín ag seanchas cois tine agus scríobhas síos cúpla píosa suimiúil seanchais ó Phádraig Ó hIarnáin (22) an tí seo. Rudaí iad a chuala sé go minic cois tine ar an mbaile seo agus ós duine ionraic é a bhfuil cuimhne chruinn ghéar aige tá oiread meáchain agam ina ráite is a bheadh leis an mbeagán eile.

Chas mé beagán ceoil dóibh ar na píobaí roimhe am codlata.

Déardaoin 26 Aibreán

Chuaigh mé siar go Carna ar maidin agus hinsíodh dhom go raibh sochraid na mná seo le bheith ar an gCaiseal tar éis aifreann a dó dhéag. Bhí Seán 'ac Dhonncha i gCarna romham (máistir an Chaisil) agus é féin ag dul an bealach céanna; mar sin níor bhóthar ar uaigneas ag ceachtar againn é. A scoil sin ar stailc le tamall faoi a shailí is a mhífholláine atá an teach scoile agus eisean ag dul siar go Cloch na Rón lena bhainisteoir, Fr [Patrick]

Séipéal an Chaisil.

Donnellan, a fheiceáil. (An fear bocht, tá sé gan tuarastal ó dheireadh Feabhra de dheasca faillí eicínt i bhfoirmiúlacht na Státseirbhíse, rud nach annamh leo.)

Chuas ar an tsochraid agus chuaigh mé chuig tigh Mholloy (lóistín Sheáin) in éindí le Seán chun rud le n-ithe a fháil, óir níor rud gan chuntas aistear Charna–Caiseal in éadan gaoithe fuaire aduaidh. Dúirt Seán liom go bhfuil sé beagnach réidh le ceistiúchán údan na Nollag atá dhá fhreagairt aige.[5] Chuaigh seisean go Cloch na Rón.

Ghlaos isteach tigh Chloherty Bharr na gCrompán ar mo bhealach anuas mar a bhfuil deirfiúr Choilm Uí Chaodháin [Neansa] pósta. Fuair mé go maith iad. Scríobhas faisnéis ar dhathú olna ó mháthair a céile, Bairbre Bean Uí Chlochartaigh (*née* Ní Nia) (*c.* 68), seanbhean lách simplí.

Ghlaos tigh Choilm Uí Chaodháin i nGlinsce ar mo bhealach. Bhí Colm amuigh ar an gcuan ag dríodáil muiríní. Fuair mé a mháthair [Máire], a bhean [Babe] is a chlann romham breá láidir mar fhág mé iad. 'Nár ba liachtaí ('liath-aghaidh' a dúirt sí) sop ar an teach ná fáilte romhat!' a dúirt máthair Choilm.

Tháinig mé go Carna gan mórán moille a dhéanamh leo agus fuair mé mo chuid beartán páipéirí romham ón oifig ag an bposta. Léigh mé páipéar an lae agus bhí mé i Roisín na Mainiach beagán roimh a seacht chun dinnéir. D'fhan mé istigh san oíche gur athscríobh pé ar bith cén seanchas a bhí faighte agam aréir agus inniu agus scríobhas litir abhaile agus nóta go dtí Seán san oifig ag iarraidh dúigh agus ceistiúchán an Ghorta[6] agus ag admháil na mbeartán.

Bhreacas beagán eile seanchais ó Phádraig roimhe dhul a chodladh dhom.

An dá lá seo caite go dúr dorcha, an-fhuar. Braoinín báistí anocht.[7]

Aoine 27 Aibreán

An mhaidin le litir go dtí Séamus Ó Duilearga agus le hathscríobh an tseanchais a bhreacas ó Phádraig Ó hIarnáin aréir agus le dialann na dtrí lá seo caite. Cóilín McDonagh as Fínis agam tamall. Bhreacas cúpla nóta uaidh ar an Drochshaol.

Tar éis dinnéir chuas tríd cheolta Mhaigh Eo (Lúnasa '44), á gcóiriú le hathscríobh agus ag cur eolais arís orthu. Thugas ansin faoin athscríobh agus bhí ceann acu réidh agam nuair a chuaigh mé siar chuig an bposta ar gheábh beag dom féin. Bhí an lá inniu go salach garbh le ráigeanna troma stoirme aniar aduaidh agus é fuar freisin. Ó ghlan an tráthnóna tamall faoi ghréin agus ó lag an ghaoth, bhí geábh beag deas agam. Bhí mé ag brath ar dhul go Glinsce tar éis tae dhom ach nuair a bhí mé ag cur mo chóta ar an rothar ar tí imeachta, dúirt Pádraig liom go raibh faitíos air go bhfaighinn mo dhóthain anocht den bhóthar agus ceart go leor bhí meall mór dubh ag éirí aniar aduaidh ó fhíor na spéire go tréan fairsing. D'aithin mé féin chomh salach is bhí sé ag breathnú agus loic mé ó bhóthar.

Thug mé faoi cheol Mhaigh Eo arís agus ní raibh ach tosaí déanta agam nuair a phléasc ar an slinn amuigh ina oíche chomh salach is chonaic mé riamh – cloichshneachta agus gach uile shórt brocamais ba mheasa ná a chéile.

Tar éis píosa den oíche leis an gceol seo thriomaigh mo pheann agus b'éigean dom éisteacht leis mar obair, mar ní maith liom athscríobh an cheoil a dhéanamh in éagmais an dúigh dhuibh, i ngeall ar nach bhfeileann ach é do dhéanamh na mbloc clódóireachta.[8]

Chaith mé tamall ag seanchas cois tine ansin roimhe dhul a chodladh dhom.

Satharn 28 Aibreán

An mhaidin le dialann an lae inné, litir go dtí duine sa mbaile á iarraidh air uaireadóir a fháil dom. Agus ag athscríobh dhá phíosa le Colm Ó Caodháin faoi nGorta do Roger McHugh agus á gcur go dtí an oifig lena aghaidh.[9] Scríobhas amach píosa seanchais ar an Drochshaol a d'inis Bairbre Bean Uí Chlochartaigh (née Ní Nia), Barr na gCrompán, dom Déardaoin faoi ghadaithe na mbarranna fataí aimsir an Ghorta, le cur chuige in éindí leis sin.

Bhí dinnéar ar a ceathair agam agus bhí mé i nGlinsce timpeall a sé a chlog chuig Colm Ó Caodháin. Fuair mé an Colm céanna romham i gcónaí agus an-lúcháir air romham. Chaith muid scaitheamh mar a fuair mé é amuigh sa ngarraí ag plé le *mangles*. Bhí an tráthnóna ar cheann chomh fuar is shéid anoir aduaidh riamh, agus nuair a bhí deireadh na láí feicthe againn, níorbh áit é an garraí sin le seasamh ag comhrá ní b'fhaide. Thug muid an teach is an teallach orainn féin agus chaith muid tae gan mórán moille. Nuair a bhí gail sa bpíopa againn thosaigh an comhrá agus an sioscadh agus amach tamall san oíche thosaigh na ceisteanna suimiúla ag teacht amach agus bhí mo pheann ag obair anois is arís agam de réir mar a bhí ócáid aige agus gan cosúlacht oibre ar bith a bheith sa scéal amach go dtí a dó dhéag agus fuair muid bean Choilm [Babe] is a mháthair [Máire] agus na gasúir éalaithe a chodladh. B'in é an chéad uair a fuair mé seans ar Cholm le fada le rudaí a bhí beagán gáirsiúil a bhreacadh uaidh as láthair na mban agus níor thráth dhá fhaillí agam é. D'fhág mé ag a haon é nuair a d'ordaigh sé dhom imeacht (rud nach drogall leis liomsa) agus is beag nár thit mo lámha dhíom le sioc ar dhul abhaile.

Domhnach 29 Aibreán
D'éalaigh an sioc roimh éirí gréine agus mar sin níor déanadh mísc ar bharranna fataí dhá bharr.

An chéad aifreann (9 a.m.) agus bricfeasta ina dhiaidh in éindí le Beairtle (Beag) Ó Conaola a tháinig aniar liom i ndiaidh aifrinn. Seanchas fada againn le chéile. Tháinig Micheál ('An Seaimpín') [Mac Donncha] isteach tar éis imeacht do Bheairtle agus bhreac mé cúpla blúire uaidh a tháinig amach sa gcomhrá. D'inis sé an scéal grinn dúinn faoin am a raibh sé in ospidéal i nGaillimh.

Nuair a fuair mé imithe é scríobh mé amach an scéal mar a d'inis sé é – ina fhocla féin – mar tá bua na cuimhne faighte mar sin agam le tamall.

Tháinig beirt leaids anoir ar a ceathair isteach chugainn agus bhí seanchas beag ar chúrsaí an tsaoil tamall cois tine gur hiarradh amhrán orm. Dúirt mé ceann agus le cúnamh mhuintir an tí (tá siad an-mhaith mar sin domsa) mealladh duine acu seo, Cóilín Sheáinín Bhig, Seoigheach (20) as Loch Conaortha, chun foinn. Ar deireadh an scéil scríobh mé uaidh 'Níl Mé Tinn agus Níl Mé Slán', amhrán a fuair sé ó chailín de chlainne Fitzhenry[10] as Corr na Móna.

Chaith mé an oíche le mo charaid Peaitín Greene i Maínis, mar a gheall mé dhó Dé Céadaoin seo caite. Nuair a tháinig mé abhaile bhí Peadar (Tommy) Lydon (24) romham. Tháinig seanchas ar phisreoga agus araile bádóireachta cois tine againn agus rinne mé nóta de na pointí suimiúla a bhí i gceist. Chuas a chodladh uathu ar a 1.45.

Luan 30 Aibreán
Sioc aréir agus barranna fataí dóite ar maidin. An mhaidin ag athscríobh seanchais a bhreacas le cúpla lá anuas agus ag athscríobh cuid den méid a bhreacas ó Cholm [Ó Caodháin] oíche Dé Sathairn, go dtína ceathair. Coinne agam ansin chun dinnéir tigh Sheáin Uí Chonchúir, O.S., An Aird, agus chuas chuige. D'fhágas ar a 7.30 é agus chuas ar mo chuairt tigh Phádraig Mhic Con Iomaire, An Coillín. Níl Pádraig ach 'á ghoid as'[11] mar a deir sé féin. Pian droma atá air le leathbhliain nó mar sin agus an aois ag teacht roinnt trom air. Iad uilig go maith. D'ólas tae ann agus rinne muid caint ar chogadh is ar Oireachtas – níor éirigh linn teacht timpeall go dtí an seanchas – agus chuas soir abhaile ar a deich. Chaitheas uair nó mar sin le dialann na dtrí lá seo caite.[12]

Máirt 1 Bealtaine
An mhaidin ag athscríobh píosa eile den mhéid a bhreacas ó Cholm Ó Caodháin oíche Dé Sathairn, ag scríobh litreach abhaile chuig mo mháthair; ceann eile i bhfreagra ar litir ó Thomás Ó Broin (Gaillimh) faoi Mhenlough[13] agus amhráin ann. Ar éigean is fiú dhom, a deir sé, dul isteach in aon turas lena aghaidh, agus mar sin dúirt mé leis nach ngabhfainn chuige nó go mbeinn ar mo bhealach abhaile.

Scríobhas beagán eile seanchais agus amhrán a bhreacas ó Chóilín Seoighe tráthnóna Dé Domhnaigh. Chuaigh mé siar chuig an bposta agus bhí dinnéar agam ar a cúig. Chaith mé an oíche le Colm Ó Caodháin i nGlinsce. Bhí a dheartháir [Pádraig Ó Caodháin] ann in éindí leis agus de bharr é bheith ag sárú seasta ar Cholm agus ag caint is ag cur isteach orainn, ní mórán a fuaireas dha bharr i gcaitheamh na hoíche. Chuir sé píosa beag deas i gcuimhne do Cholm mar sin féin – 'Caipín Thomáis Shiúnach' – agus scríobhas é. Chuamar chun seanchais ar fhilí na tíre seo agus bhreacas nótaí ar bith a d'fheil dom chomh maith le cúpla rud a bhí ar mo liosta agam a chur síos. D'fhágas ar a dó dhéag iad. Bhí go leor sáraithe agus argóna acu faoi rudaí atá scríofa cheana agam.

Cailleadh Hitler inniu, creidim.[14]

Céadaoin 2 Bealtaine

An mhaidin le hathscríobh an mhéid a fuaireas ó Cholm [Ó Caodháin] aréir, ag cur an liosta ó Cholm atá agam in eagar agus ag scríobh dhá litir, ceann go dtí Tomás Mac Mathúna (S.J.), Páirc Bhaile an Mhuilinn, Baile Átha Cliath, i bhfreagra ar litir uaidh i mbuíochas dom faoi léacht a thugas ann coicís ó inné;[15] ceann eile go dtí cara liom, an Dochtúir Caoimhín Mac Cana.

Chuas siar chuig an bposta – súil agam le páipéirí ón oifig inniu – ceistiúchán an Ghorta agus cóipleabhar agus dúch – níor tháinig, ná aon seic ach an oiread.

Chaitheas an oíche i nGlinsce ag scríobh nithe beaga agus ceoil ó Cholm.

(Scéal agam anocht ar ghéilleadh Bherlin agus *Italy*.)[16]

Déardaoin 3 Bealtaine

An mhaidin ag athscríobh an mhéid a bhreacas aréir ó Cholm [Ó Caodháin] agus ag cur eagair ar an gceol. Ag fanacht ar dhinnéar ansin gan tada agam le déanamh – dá mbeadh na páipéirí sin ón oifig agam le cúpla lá anuas, déarfainn go mbeadh leathchóipleabhar agam faoi seo ar an nGorta. Dinnéar ar a ceathair. Siar go Carna – faic sa bpost. Braon tae ar a 5.30 agus an oíche le Colm Ó Caodháin i nGlinsce ag scríobh focla agus ceoil. Scéal ar ghéilleadh Bherlin agus na hIodáile inniu ar an bpáipéar.

Aoine 4 Bealtaine

An mhaidin le hathscríobh an mhéid a bhreacas aréir ó Cholm [Ó Caodháin] agus ag taighde roinnt stuif a scríobhas cheana agus ag cur ceathrúna breise isteach leo nár thug sé dhom cheana, ar chuimhnigh sé orthu aréir. Braon tae agam ar a 12.30. Siar chuig an bposta, mo phá ann ach sin an méid. Chuas go Glinsce ansin agus chaitheas an tráthnóna go dtína seacht le Colm ag scríobh focla, ceoil, agus ag léamh 54 leathanach téacsa dhó, á cheartú is á chóiriú.

Thánag chuig dinnéar anseo agus chuas ar mo chuairt go Maínis go dtí Peait Greene, mo chara ann. Scéal ar ghéilleadh Hamburg agus tógáil Bhurma inniu.[17]

Satharn 5 Bealtaine

D'athscríos cúpla píosa a bhreacas ó Cholm [Ó Caodháin] inné.

Litir go dtí an oifig faoi pháipéirí an Ghorta, cóipleabhar agus dúch nach dtáinig ar an bposta go fóill, inniu féin. Tamall ansin ag cur eagair ar cheolta a scríobhas ó Cholm le cúpla oíche nó trí. Mé ag brath ar an tráthnóna a chaitheamh le Colm i nGlinsce ach casadh orm thiar i gCarna é nuair a chuas siar chuig an bposta agus dúirt sé liom gan a theacht – nach mbeadh sé ann.

Thugas an oíche le Micheál Mac Fhualáin (veidhleadóir Charna) ag seinm ceoil. A bhfuil de cheol aige dhom scríofa cheana agam. Fear óg é a bhfuil an-spéis i gceol aige agus bím ag múineadh port dó nach bhfuil aige, anois is arís.

Mé sé bliana fichead inniu.

(Géilleadh na dTíortha Fó Thoinn[18] inniu.)

Domhnach 6 Bealtaine

An chéad aifreann. Cuairt tigh na gCualánach. Snámh anseo ag Aill Eachrois in éindí le Pádraig Ó hIarnáin atá ag foghlaim snámha uaim. An lá go grianúil, te – an chéad lá dhá leithéide ó thángas.

An tráthnóna i Maínis le Peait Greene ag siúlóid, ag ól tae is ag seanchas cois tine. Shiúil muid siar tóin an Roisín agus go deimhin is álainn an áit í tráthnóna gréine in iarthar an oileáin.

CBÉ 1280: 492. Ó Phádraig Ó hIarnáin.

Luan 7 Bealtaine

An mhaidin istigh ag scríobh. Roinnt litreacha pearsanta agam le scríobh agus ceann abhaile. Thugas formhór an lae leo, cé is moite de thamall a thugas in éindí le Pádraig [Ó hIarnáin] ag snámh. An lá inniu te freisin tar éis doirteadh báistí aréir.

Thugas an oíche i nGlinsce le Colm [Ó Caodháin] ag scríobh ceoil uaidh agus ag léamh tuilleadh den téacsa is á cheartú.

(An domhan ag súil gach uile phointe le deireadh an chogaidh san Eoraip.)

Máirt 8 Bealtaine

An mhaidin le dialann na gcúpla lá seo caite. É breá te grianmhar, agus bhuaileas bóthar soir go hAill na Brón ar mo chuairt chuig John Geary, an táilliúir ann atá tigh Éamon Liam [de Búrca] (nach maireann). Fuair mé muintir an tí go maith agus gan aon athrú ina mbealach agus scríobhas beagán seanchais ó Sheán [Ó Gaora] ar an Drochshaol. Bhí cúpla ceist agam air faoi na hamhráin a scríobhas uaidh.

Tháinig mé anoir ar a trí agus chuas síos ag snámh. Dinnéar ar a ceathair agus cuairt siar chuig an bposta. Litir ón oifig agam.

Chaitheas an oíche i nGlinsce le Colm Ó Caodháin, ag léamh is ag ceartú a théacsa agus ag scríobh ceoil uaidh. Bhris stoirm thintrí is toirní ar a 9.30. Ba mhian liomsa bóthar a bhualadh timpeall 11.30 le leisce bheith dhá gcoinneáil ó chodladh, ach ní ligfidís amach mé. Cuireadh síos tae is uibheacha agus chaith muid suipéar in éindí ann – Colm is a bhean [Babe] is mé féin – agus bhí 'Is mairg nár ghlac staidéar' ag Colm ar ball liom mar ghlan an oíche maith go leor ar a haon, agus cé go raibh an spéir lasta le tinte gach uile phointe, bhain mé an baile amach sách tirim is gan anó ar bith ach allas an aistir, mar bhí an oíche an-mheirbh.

Scéal ar an bpáipéar inniu go bhfuil an cogadh thart.[19] Níl de shuim ag seandaoine ann ach 'Cáide go bhfairsingí an tae?'!!

Céadaoin 9 Bealtaine

An mhaidin istigh ag scríobh. Súil agam i gcónaí le páipéirí an Ghorta ón oifig ach níor thángadar inniu – ná an dúch – ní féidir liom aon cheol a athscríobh gan an stuif dubh; thóraíos Carna an lá cheana á iarraidh ach níor éirigh liom é a fháil.

An tráthnóna le Pádraig [Ó hIarnáin] an tí seo ag cúnamh dhó – tá sé ag déanamh bóthair aníos go dtí an teach agus níl aon duine aige ach é féin.

An oíche i nGlinsce le Colm [Ó Caodháin] ag cardáil agus ag scríobh ceoil. Is daor a cheannaíos mo thuras abhaile anocht in éadan stoirme aneas.

Déardaoin Deascabhála 10 Bealtaine

Aifreann a 9 a.m. Casadh Pádraig Bairéad orm agus d'iarr sé orm Colm [Ó Caodháin] is mé féin a dhul go hÁrainn leis Dé Sathairn. Dúirt mé leis nach bhféadfainn, go raibh [Sune] Dahlberg ag teacht chugainn Dé Sathairn. Dúirt sé go bhfanfadh sé go Domhnach agus ó ba mhaith an seans ag Dahlberg é le hÁrainn a fheiceáil, chuireas sreangscéal go dtí S. [Séamus] Ó Duilearga faoi, le hiarraidh ar Dahlberg a bheith anseo cinnte oíche an tSathairn más maith leis Árainn a fheiceáil.

Tháinig mé aniar is chuas ag scríobh dialainne na dtrí lá seo caite. Bhí bean an tí [Sorcha Bean Uí Iarnáin] ina luí anseo inné agus chaitheas tamall ag comhrá léi nuair a d'éirigh sí ar ball.

Chuas féin is Pádraig [Ó hIarnáin] an tí seo go Fínis tráthnóna agus chaith muid cuairt fhada tigh Sheáinín Choilmín Mac Donncha ann. Bhí Stiofán, Cóilín, agus Máire [Sheáinín Choilmín Mhic Donncha] romhainn ann agus Seáinín féin. 'Dá dtabharfá céad punt dom ní dhéarfainn aon amhrán inniu, tá oiread sin cantail orm – tá mé chomh cantalach le dris,' a déarfadh sí [Máire] agus bheadh sí ag gabháil fhoinn i gcionn dhá nóiméad gan iarraidh.

Scríobhas amhrán ó Sheáinín – 'Cit an Mhuimhnigh' – rud nach bhfuil mórán spré leis i bhfonn ná i bhfocla. Chuir mé eolas ar dhá cheann eile atá aige, ach d'fhágas iad sin go bhfeicfinn Seáinín arís. Shíl Máire gur isteach ag déanamh spraoi a chuaigh muid i ngeall ar an lá saoire.

Aoine 11 Bealtaine

An mhaidin ag athscríobh chúpla rud a bhreacas ó Sheáinín Choilmín [Mac Donncha] inné. Bhí roinnt taighde le déanamh ansin agam ar cheolta is téacsa [Choilm] Uí Chaodháin féachaint cé na ceolta nach bhfuil scríofa agam le faitíos nach bhfaighinn gach uile cheann acu an chuairt seo.

Chuas ag snámh roimh an dinnéar (a bhí ar a 4.30 agam) agus chuas féin is Pádraig [Ó hIarnáin] an tí seo go hAill Eachrois ina dhiaidh sin ag feistiú báid a bhí inné againn go huachtarach ag an gcéibh ar an lán mara, mar bhí droch-chosúlacht ar an spéir, b'fhacthas dúinn. Rinne muid folcadh sa taoille thíos agus chuala muid an torann bodhar ó dheas – toirneach! Ní raibh ann ach go raibh muid ag an teach nuair a phléasc sé ina stoirm thintrí le soilse agus toirneach uafásach. Beag nár tháinig lagar ar bhean an tí [Sorcha Bean Uí Iarnáin] le pléasc a tháinig os cionn an tí ann. Go deimhin, gheit mé féin is mé ag scríobh sa seomra anseo agus ní mórán a rinneas go ceann leathuaire.

Murach feistiú an bháid bhí mise le bheith i nGlinsce agus níorbh fhearr liom caoi a dtáinig rudaí, mar sin. Bhí mé go seascair sa seomra anseo ag athscríobh ceoil i gcaitheamh na hoíche, mar tháinig buidéal dúigh ar an bposta inniu chugam – mé coicís ag fanacht air. Bhí sé i ndiaidh an mheán oíche nuair a chuas a chodladh.

Satharn 12 Bealtaine

Lá brothaill arís i ndiaidh na stoirme. Chaitheas an mhaidin istigh ag athscríobh ceoil tar éis dom éirí ar a hocht chun fear an bhusa a fheiceáil lena rá leis go rabhas ag súil le [Sune] Dahlberg anocht.

Litir ón oifig (maille le cóipleabhar agus ceistiúchán an Ghorta) á rá ná tiocfaidh Dahlberg go dtí c. 23ú.

An oíche (agus cuid den tráthnóna óna cúig) i nGlinsce le Colm Ó Caodháin. Scríobhas slám mór seanchais uaidh ar an Drochshaol. Droch-chosúlacht ar an oíche agus d'fhágas ar a deich é agus bhí beirt chailíní istigh tigh Iarnáin ar fhilleadh dhom. Scríobhas fonn 'Seoladh na nGamhna' ó dhuine acu – Treasa Ní Mhaoilchiaráin (17), Roisín na Mainiach. Tar éis a haon nuair d'imíodar siúd abhaile.

Domhnach 13 Bealtaine

An chéad aifreann, cuairt tigh Choilmín [Mhic Fhualáin]. Aniar abhaile agus athscríobh roinnt nótaí agam ar an Drochshaol. Dinnéar agus go Maínis chuig Peait Greene. Abhaile 10 p.m. Slua istigh. Seáinín Choilmín [Mac Donncha] as Fínis ann. É ag dul go Gaillimh amárach chuig cúis dlí atá ag teacht chun cinn faoi bhriseadh na dtithíní anseo anuraidh.

Thosaigh na hamhráin agus an chaint agus chas mise cúpla port ceoil ar na píobaí. B'fhada liom go scaipfeadh an slua mar ba mhaith liom cúpla rud áirithe a scríobh ó Sheáinín Choilmín ach, mo léan, níor imíodar go dtína ceathair ar maidin. Bhreacas fonn 'An Draighneán Donn' ó Sheáinín is é dhá rá. Tá cúpla cor beag aige sa bhfonn atá suimiúil.

Luan 14 Bealtaine

An mhaidin i mo chodladh go dtína dó dhéag, mar bhí roinnt codlata caillte agam le cheithre lá anuas agus chuir an oíche aréir barr air.

Thugas ruaig siar chuig an bposta ar a trí, tar éis dialann na gcúpla lá seo caite a bhreacadh agus litir a scríobh. Casadh Colm Ó Caodháin orm thiar agus an nuaíocht aige go raibh iníon óg ag a dheirfiúr [Neansa] a pósadh i mBarr na gCrompán anuraidh, agus d'ól muid cúpla deoch le chéile ó b'in é an fonn a bhí air. Tar éis dom Colm a fhágáil casadh Tomás Mac Fhlannchaidh orm ar an mbóthar agus theastaigh uaim labhairt leis faoi obair ba mhaith le Colm a fháil déanta faoin Scéim Feabhsúcháin Feilmeachaí[20] – tá Tomás ina fho-mhaor talmhaíochta.

Nuair a tháinig mé aniar arís chaith mé mo dhinnéar agus b'éigean dom fanacht istigh mar dúirt Seáinín Choilmín [Mac Donncha] liom aréir go dtiocfadh sé chun an tí chugam ar theacht ó Ghaillimh dhó anocht – bhíos ag athscríobh ceoil go dtína deich agus níor tháinig Seáinín. Creidim go mb'fhéidir gur fonn codlata is mó a bhí air tar éis an lae agus ragairne na hoíche aréir, mar is fada an lá ag tarraingt an phinsin é.

Chuas a chodladh ar a 11.30 p.m.

Máirt 15 Bealtaine

Chaith mé an mhaidin ag athscríobh ceoil agus tháinig litir ó Fhionán Mac Coluim – cárta poist – ag rá liom dul go Luimneach síos an tseachtain seo chugainn – ag rá go raibh 'socraithe agam leis an Stiúrthóir' [Séamus Ó Duilearga] – níor thaitin an scéal liom mar ba mhaith liom an obair a chuir mé romham anseo a chríochnú – Inis Ní agus na hOileáin ó dheas a chuardach idir seo agus mí Iúil. Chaith mé tamall ag cuimhneamh ar an scéal i gcaitheamh mo dhinnéara agus scríobhas litir go dtí Séamus Ó Duilearga ag áireamh mo scéil dó agus chuas siar chuig an bposta ar a cúig – imíonn an post ar a cúig anois le seachtain in áit a sé.

Thug mé an oíche istigh tamall ag athscríobh ceoil agus tamall ag píobaireacht do mhuintir an tí. An oíche rófhliuch le dul go Glinsce.

(15.5 Scríobhas dhá amhrán ó Pheadar (Chóilín Vail Mhóir) Ó hIarnáin (27) a tháinig ar cuairt chun an tí anocht.)

Céadaoin 16 Bealtaine

An lá ina bháistí dhúnta ó mhaidin go hoíche. Chaitheas an lá uilig ag taighde agus ag athscríobh nótaí atá breactha agam ar an nGorta ó tháinig mé, agus tuairisc an cheistiúcháin ó Cholm Ó Caodháin mar a bhí breactha agam uaidh oíche Dé Sathairn. Chuas siar tigh na gClochartach i gCarna san oíche ag éisteacht le hóráid an Taoisigh [Éamon de Valera][21] – ní go róthirim a tháinig mé abhaile, ach ó ba achar gearr siar é níorbh fhiú liom an óráid a ligean tharam gan é a chloisteáil. Ní ina aiféala a bhí mé mar ba bhreá liom a óráid.

Mr. de Valera's Reply to Mr. Churchill

Why Ireland Was Neutral

Reprinted from "The Irish Press" Thursday, 17th May, 1945

Déardaoin 17 Bealtaine

An mhaidin le litreacha agus an tráthnóna agus píosa den oíche ag Colm Ó Caodháin i nGlinsce. Bhreacas ceithre fhonn amhrán uaidh ar dtús agus chaitheas an chuid eile de mo chuairt ag seanchas is ag scríobh ar an nGorta – an 'Drochshaol' a thugann siad anseo air i gcónaí. Tá faisnéis mhaith ag Colm air. Thángas abhaile ar a deich agus bhí Maidhcil Choilm romham, an veidhleadóir óg (Folan) agus chas muid roinnt ceoil go dtína 12.30 a.m. nó mar sin. Tá an-dúil ag muintir an tí i gceol agus d'fhanfaidís uilig ina suí go maidin ag éisteacht le ceol ach é bheith ann.

Aoine 18 Bealtaine

Chuir Colm [Ó Caodháin] aistear orm inniu ar ghraithe nach luafad anseo. Bhí an mhaidin fliuch – ó bhíos ar faoistin inné chuas ar aifreann agus chun comaoineach ar maidin agus fliuchadh mé ag dul siar is aniar – agus bhraith mé gan an aistear a dhéanamh ach ghlan sé ar a haon déag agus bhí Pádraig [Ó hIarnáin] an tí seo ag tosaí ar aill a phléascadh le ding (*chisel* mór) agus le hord agus gan cúnamh ar bith aige. Thugas mo chúnamh dó go ceann uaire an chloig ag lascadh leis an ord, gur réab muid an aill ar an mbealach – an áit a bhfuil sé ag déanamh bóithrín aníos chun an tí.

Bhuaileas bóthar ar a 12.30 agus ghlaos tigh Chlancy i gCill Chiaráin ar chuairt bheag, ós ag dul soir a bhíos. Tá siad uilig go maith. Tá iníon óg eile ag bean an tí [Eibhlín]. Angela Gabriel a tugadh uirthi, ach ní ainm mar ainmneacha na háite í sin.

Nuair a tháinig mé anoir chaith mé dinnéar – 6 p.m., agus chuas go Glinsce. Fuair mé Colm ag éirí as a leaba aniar chugam agus é plúchta ag slaghdán, agus ní dochar a rá go raibh iarracht de orm féin le cúpla lá anuas. Rinne muid tamall comhrá agus dúirt Colm liom nach raibh sórt misnigh ar bith aige 'le haghaidh cainteanna' anocht agus ós duine é nár spáráil é féin riamh orm ní iarrfainn air bheith ag cur strus air féin. D'fhágas ar a deich é.

Dhearmad mé a rá nár éirigh liom i m'aistear inniu – ní raibh gnó Choilm le fáil agam agus tá seans go mbainfidh an gnó céanna aistear eile asam.

Satharn 19 Bealtaine

An mhaidin fliuch tamall. Chaitheas uair nó mar sin breise i mo chodladh de bharr tuirse an lae inné. Scríobhas dhá litir agus chuas siar go Carna go dtí Maidhcil Choilm [Mac Fhualáin], an veidhleadóir, atá ina charaid mhór agam, le comhairle a thabhairt uaim dó faoi litir a fuair sé ó aturnae faoi chúrsaí seilbhe talún agus nár thuig sé go rómhaith – scéala curtha aige chugam. Mo dhinnéar nuair a thánag aniar, agus chaitheas an tráthnóna ag athscríobh nótaí eile ó Cholm Ó Caodháin agus cúpla amhrán a scríos oíche Dé Máirt ó Pheadar Ó hIarnáin go dtína 7.30. Chuas soir ag *walk*áil (*local*) tigh Chóilín Uí Ghuairim, deartháir Shorcha Ní Ghuairim atá i mBaile Átha Cliath, ar cuairt chuige. Píobaireacht arís nuair a d'fhilleas – Maidhcil Choilm romham.

Domhnach Cincíse 20 Bealtaine

An chéad aifreann. An mhaidin le leaids na háite ag caitheamh léim airde is faide, ag 'scaradh na gcloch', ag '*sling*eáil' is ag '*putt*áil' an leithchéid agus ag déanamh cleasa lúith is gaisce eile.[22] Sin é an caitheamh aimsire is mó atá acu anseo má chruinníonn scata beag le chéile.

An tráthnóna istigh le Pádraig [Ó hIarnáin] an tí seo ag déanamh beagán siúinéireachta ar ghléas beag atá muid ag déanamh.

An oíche ag dráma, 'Oidhche Mhaith Agat a Mhic Uí Dhomhnaill',[23] i Maínis. Foireann mhaith de mhuintir na háite. Teach beag scoile, gan mórán suíochán, ach i do sheasamh ag cur allais ag breathnú thar chloigneacha an dreama romhat amach chomh maith is a d'fhéadfá.

Luan Cincíse 21 Bealtaine

Lá breá te, agus ó ba ea thugas m'aghaidh ar thrá mhór Mhaínse agus chaitheas an chuid is mó den lá ann ag snámh is do mo ghrianú féin, agus ruaigeas uaim iarsmaí an tslaghdáin, glan. Chaitheas tamall den tráthnóna i gCarna le Maidhcil Choilm [Mac Fhualáin], muid ag plé ceist talún atá ag cur air féin faoi láthair, gur shocraigh muid uilig é.

Nuair a tháinig mé aniar bhí Sune Dahlberg anseo romham:[24] an Sualannach, agus é tar éis a theacht ón Mám *via* an Clochán inniu ar rothar. Bhí nóta aige dhom ó Shéamus Ó Duilearga ag rá liom fanacht i gConamara agus ar chuir mé romham ann a chríochnú. Ba mhór an sásamh intinne dhom an nóta sin a fháil.

Bhí béile agus comhrá agam féin is Sune le chéile agus de réir mar a chuireas aithne air chuas i ngean air, mar is rídheas an duine é.

Thugas liom síos ag snámh é, i gcaoi is nach mbeadh pianta ina cheathrúna amárach tar éis a mhéid rothaíochta i gcaitheamh an lae.

Chuaigh sé féin is Pádraig [Ó hIarnáin] an tí seo agus mé féin soir tigh Sheachnasaigh[25] ar an Aird Mhóir ansin gur ól muid dhá dheoch le chéile agus tháinig muid ar ais chun an tí ar a 10.30. Chomh tráthúil is chonaic tú riamh bhí triúr cailíní den chomharsanacht istigh agus thosaigh an ceol agus na hamhráin agus an damhsa; agus cé go raibh Sune tuirseach tar éis an lae bhain sé sult as an oíche go dtí tar éis a dó a chlog!

Máirt 22 Bealtaine

I mo shuí ar a deich – dúirt mé le muintir an tí Sune [Dahlberg] a fhágáil ina chodladh go gcodlaíodh sé a dhóthain. Chaitheas an mhaidin ag scríobh dialainne ó sheachtain is an lá inniu – nótaí breactha agam ar chlúdach litreach ar imeachtaí na seachtaine. Ráigeanna troma báistí anois ann (12.30 p.m.) cé go raibh an mhaidin go han-bhreá, te. Socraithe againn a dhul go Fínis tráthnóna agus chuas go dtí Pádraig Pheaitsín [Ó Maoilchiaráin] ag iarraidh an churaigh air le haghaidh an tráthnóna, rud a thug sé dhom is fáilte, an duine gnaíúil, mar a dhéanann sé i gcónaí. Thugas liom na crogaí agus chuireas Dahlberg ina shuí ar a haon – theastaigh an oiread sin codlata uaidh i ndiaidh a lae agus a oíche crua.

Thug muid cuairt go Fínis agus chuala Sune oiread amhrán istigh ann agus a dhéanfas go ceann bliana é. Bhí Pádraig [Ó hIarnáin] an tí seo linn agus dhá cholceathair leis, cailíní de chlainne Mulkerrins ar theastaigh uathu a dhul isteach is chuir muid scéala chucu.

Chaith Máire [Sheáinín Choilmín Nic Dhonncha] na cártaí[26] dhúinn uilig agus tháinig muid amach ar a hocht a chlog. Ní airíonn duine an t-am ag imeacht ag plé le báid agus ag déanamh cuairte i bhFínis. Fuair Sune pictiúr deas de Sheáinín Choilmín [Mac Donncha] istigh sa teach, sínte siar ag gabháil fhoinn, agus thóg sé pictiúr Mháire agus pictiúr nó dhó eile dhínn uilig.

Thug mé ar cuairt go Maínis go dtí Peait Greene ansin é – cuairt ghearr a thaitnigh leis agus chuaigh muid a chodladh ar a dó dhéag.

Céadaoin 23 Bealtaine

Ag éirí ar a naoi agus siar go Carna ar a haon déag. Chuir mé Sune [Dahlberg] in aithne do chuid de mo chairde ann, agus thaispeánas seol fíocháin dó i dteach na gCualánach ann. Ghlaoigh muid ar an dochtúir san *hotel* agus casadh Seosamh Ó Mongáin, T.D., fear an tí, orainn ann. D'ól muid buidéal leanna dhuibh agus chuaigh muid go Glinsce *c.* 12.30. Bhí Colm [Ó Caodháin] sa ngarraí ag lánú fataí agus d'iarras air muid a thabhairt amach ar an gcuan ar gheábh seoltóireachta. Ag Béarlóireacht a bhí muid faoi sin agus dúirt Colm le Sune: '*I'll give you a couple of–jaggle–about–over–and–across*',[27] agus ba gheall le Gréigis é sin aige, ar ndóigh.

Nuair a bhí an bád ar snámh scaoil muid is chroch muid seol amach ar an gcuan ó thuaidh. Ar ball shocraigh muid ar dhul i dtír ar an gCaiseal is deoch a thabhairt do Cholm. Is beag nach ina théigle a bhí sé agus b'éigean dúinn maide a chur amach scaitheamh; ach bhí Colm ag gabháil fhoinn agus ag coinneáil chainte le Sune agus liom féin mar a dhéanfadh fear. Thóg Sune cúpla pictiúr dhínn agus thóigeas ceann de féin is de Cholm thiar ar theile an bháid agus Sune ag gabháil an bháid.

Fuair muid curach ag an gcéabh bheag a shábháil siúlóid fhada orainn agus is gearr go raibh muid i *hotel* an Chaisil[28] ag ithe is ag ól. Bhí braon d'fhuiscí na hAlban ann a thaitnigh go mór le Colm agus d'ól sé braon maith mór dhe a bhog amach chun spraoi é agus bhí spraoi aige ag dul abhaile agus againne air. Chuas féin ag snámh den bhád tamaillín mar bhí mé te tar éis iomartha an churaigh.

Scríobhas guth amhráin ó Cholm ar an mbealach abhaile, le léargas a thabhairt do

Sune ar an obair. Bhain muid cuan agus caladh i nGlinsce amach le sinneán bríomhar gaoithe agus is gearr i ndiaidh 9.30 bhí muid ar bhóthar an Chnoic Bhuí abhaile. Bhí dinnéar tar éis a deich againn agus ní i bhfad go raibh muid go trom inár gcodladh. Thaitnigh an lá thar cionn le Sune.

Scríobhas nóta roimh a dhul a chodladh dhom go dtí S. Ó D. [Séamus Ó Duilearga] – Dahlberg ag dul go dtí é ar maidin.

Déardaoin 24 Bealtaine

D'imigh [Sune] Dahlberg ar maidin ar a 9 a.m. An mhaidin ag athscríobh nótaí a bhreacas ó Cholm [Ó Caodháin] scaitheamh gearr ó shin agus ag scríobh dialainne na gcúpla lá seo caite.

Thugas an tráthnóna agus an oíche i nGlinsce le Colm. Léas agus cheartaíos roinnt eile den téacsa agus chuimhnigh sé ar véarsaí eile de chúpla amhrán. Creidim ó ba é an chéad uair ar chuimhnigh sé ar na hamhráin le fada an t-am ar chuireas síos iad, ní go rómhaith a bhí cuid acu ag teacht leis, agus go dtagann tuilleadh véarsaí chun cuimhne anois aige dhíofa.

Scríobhas baisc eile faisnéise ar an Drochshaol.

Aoine 25 Bealtaine

Ar éirí dhom bhí mo ghoile tinn, níl a fhios agam nach de bharr rud eicínt a d'itheas inné é nár réitigh liom. B'éigean dom éisteacht le gach uile shórt agus dul ar mo leaba píosa mór den lá.

Thugas cuairt síos tráthnóna ar Phádraig Pheaitsín Ó Maoilchiaráin ar an mbaile seo [Roisín na Mainiach] le crogaí an bháid a thabhairt dó a bhí agam le dhul go Fínis Dé Máirt. Rinneas píosa mór seanchais leis agus labhair sé ar Mhurcha Léide Ó Flaitheartaigh, nach maireann, amhránaí breá a bhí anseo sula dtáinig mise ag obair ann. Is mór an trua nach bhfuair sé tuilleadh saoil, mar creidim go mba iontach an mála amhrán a bhí aige.

Chaitheas tamall den oíche ag scríobh ceoil agus chuas a chodladh go luath, mar ní go rómhaith a d'airíos.

Satharn 26 Bealtaine

An mhaidin le litreacha agus athscríobh seanchais ar an nGorta le Colm Ó Caodháin.

Chaitheas ón ceathair go dtí an seacht le mo rothar ag cur ola air agus dhá ghlanadh is ag teannadh na bhfearsad ann. Is géar a theastaigh sé uaidh, mar tá sé ar an mhéir fhada le tamall maith agam.

Tar éis tae dhom chuas siar go dtí an bheairic ag fáil bearradh gruaige ón nGarda [Pádraig] Ó Murchú. Nuair a bhí sé sin déanta agus mé sa mbaile arís, bhí sé in am a bheith mo bhearradh féin is ag réiteach le haghaidh na maidine. Chuas a chodladh ar a dó dhéag. An oíche an-fhuar ag gaoth aduaidh.

Domhnach 27 Bealtaine

An chéad aifreann. É fuar go maith. Chaitheas tamall ag scríobh dialainne na dtrí lá seo caite tar éis bricfeasta dhom.

Chuas ar chéilí go Sraith Salach san oíche le slua as Carna. É ar siúl go dtína ceathair a.m. agus muid sa bhaile arís anseo ar 6 a.m.

Luan 28 Bealtaine

Codladh go 11 a.m. Ag scríobh litreacha agus ag athscríobh ceoil go dtína ceathair. Siar chuig an bposta agus an oíche i nGlinsce le Colm Ó Caodháin ag léamh is ag ceartú téacsa. Is mór is fiú é a léamh arís do Cholm mar tá píosaí anseo is ansiúd a ndeachaigh sé amú orthu is mé dhá scríobh uaidh cheana.

Máirt 29 Bealtaine

An mhaidin ag déanamh nótaí faoi obair atá le déanamh go fóill agam anseo – daoine le ceistniú agus rudaí le cuartú.

Litir ó Sheán Ó Súilleabháin ag iarraidh orm cuntas a thabhairt ar mo chuid oibre ón 1.4.44 go dtí 31.5.45. Chaitheas an tráthnóna leis tar éis mo dhinnéir go ham posta agus bhí an oiread sin coimhlinte agam leis go raibh mé mall chuig an bposta ar deireadh nuair a chuas siar.

An oíche i nGlinsce ag léamh is ag ceartú téacsa le Colm Ó Caodháin agus ag scríobh cúpla rud eile uaidh. Orthu sin, amhrán a chum sé le gairid faoi choileach atá aige féin!

Céadaoin 30 Bealtaine

Chuas soir tar éis mo dhinnéara go Loch Conaortha ag súil go bhfeicfinn Cóilín Seoighe, fear óg a bhfuil beagán amhrán aige, agus a gheall dom go bhfaigheadh sé amhránaithe eile amach dhom. Ní raibh sé ann agus d'fhanas air go dtína sé a chlog agus tháinig scéala go dtína mháthair go mbeadh sé mall anocht ag teacht ó obair (ag obair ar bhóithre agus ag coiléaracht a bhíonn sé don chomhairle contae). Ghlaos ar mo chuairt ansin tigh Pheadair Sheáin Éadbhaird Uí Bhriain – agus chaitheas cúpla uair an chloig ann agus bhí roinnt ceathrúna de 'Amhrán an Bhacstaí' agam ó Pheadar ag imeacht dom, amhrán nár chuala mé riamh aon chaint air cheana. Is fánach an chaoi a gcastar rudaí mar seo liom go minic. Bhí sé a deich a chlog nuair a tháinig mé go Roisín na Mainiach agus ba ghearr i ndiaidh dhom béile a chaitheamh a chuaigh mé a chodladh. Bhí an t-ádh orm nach ndearna mé a thuilleadh moille thoir mar dhún an oíche ag clagarnach bháistí.

Déardaoin Chorp Chríost 31 Bealtaine

An mhaidin ina dhíle uilig le báisteach. Chuas siar ar an gcéad aifreann, agus tráthúil go leor lag an bháisteach le linn mé bheith ar bóthar, ach is é an chaoi a raibh sé ag cur chuige i gceart tar éis an aifrinn. Coinníodh thiar mé go raibh sé gar don dó dhéag, ar foscadh, agus deirim leat go mba géar mo ghoile ar fhilleadh abhaile dhom, tar éis dom bheith i mo throscadh ó aréir. Chaitheas uair an chloig nó mar sin le dialann (ó thús na seachtaine seo) tar éis mo bhricfeasta a ithe.

Socrú agam le Colm Ó Caodháin bord a thabhairt trasna an chuain inniu go hInis Ní, ach ó bhí an mhaidin ina díle ní raibh sé in ann an bád a chur síos shula dtriomódh fúithi. Chuas siar go Carna ar a ceathair ina dhiaidh sin chun an phosta agus le páipéar nuachta a fháil agus ba gearr thiar mé nuair a tháinig sé ina dhíle arís tar éis cúpla uair tirim a thabhairt uaidh. Ar mo bhealach go Glinsce a bhíos agus chuas isteach tigh Choilmín Mac Fhualáin as an mbáisteach. Cuireadh síos tae dhom agus thosaigh Maidhcil [Mac Fhualáin] ar veidhleadóireacht. Idir mé bheith ag múineadh port dó agus gach aon tsórt, scríobhas ríl uaidh a d'fhoghlaim se o cheoltoirí an Chaisil.

CBÉ CC 018.015. Ó Mhaidhcil Mac Fhualáin.

Lean an bháisteach go dtína deich a chlog agus coinníodh ann mé – ní raibh aon chóta liom. Ach b'éigean dom bóthar a bhualadh abhaile ar deireadh agus é ag cur ina tuilte. Ar ndóigh, níor fhan aon tsnáth tirim orm faoin am go rabhas sa teach lóistín, agus gan tairbhe ar bith agam de bharr mo thráthnóna.

Aoine 1 Meitheamh

Tháinig Colm Ó Caodháin chugam ar cuairt ar maidin. Bhí sé thoir ar an Aird Mhóir ar a ghraithe féin agus tháinig sé aníos chugam ar a bhealach anoir. Bhí Cóilín Mac Donncha as Fínis anseo agus mé ag faire mo sheans le dhul ag scríobh uaidh nuair a tháinig Colm. Chaitheadar tae agus dúirt Colm is Cóilín cúpla amhrán an duine do mhuintir an tí. Ní raibh aon mhaith dhom bheith ag iarraidh dul ag obair le ceachtar acu is an duine eile i láthair. D'imigh Colm ar a haon agus Cóilín go gearr ina dhiaidh.

Tomás de Bhaldraithe agus Cóilín Mac Donncha.
(Le caoinchead Jackie Mhic Dhonncha.)

Lean mé Cóilín go Fínis tar éis an dinnéir agus scríobhas ceithre amhrán uaidh i gcaitheamh an tráthnóna, as sin go dtánag chun an tí lóistín [Tigh Iarnáin] ar a naoi a chlog arís. Bhí orm cuairt a thabhairt ar a athair [Seáinín Choilmín Mac Donncha] agus a dheirfiúr Máire [Sheáinín Choilmín Nic Dhonncha] ar an oileán nó ní mhaithfí choidhchin dom é.

Satharn 2 Meitheamh

Scéala inné ar bhás Sheáin Choilm Uí Uaithnín (53), duine dona a bhí ina chónaí taobh thall de bhóthar uainn anseo i Roisín na Mainiach. Bhí aithne mhaith agam féin air – is é a thug slám de na *tongue-twisters* Gaeilge dhom anseo anuraidh. Bhí sé san ospidéal sa gClochán le tamall anuas agus cailleadh ar maidin inné é. Tugadh an corp go Carna aréir. Sochraid go Maínis inniu agus ar ndóigh d'fheil sé dhom a dhul ann. Ar a dó dhéag a d'fhág sé teach an phobail i gCarna, agus is fada an píosa as sin go reilig Mhaínse de shiúl cos, le carr agus capall. Ba é mo dharna cuairt í ar an reilig sin – ar shochraid Éamoin Liam de Búrca in éindí le Liam Mac Coisdeala a chuas ann an chéad uair; ba é Éamon seanchaí cáiliúil Aill na Brón.

Bhí sé a ceathair nuair a bhí mé abhus arís chun dinnéara agus ba géar mo ghoile chuige.

Bhuaileas bóthar go Glinsce nuair a bhí réidh agam agus casadh Maidhcil Sheáin Pheadair Ó Caodháin orm ar bhóithrín Ghlinsce. Thríd an gcaint dhúinn luaigh sé 'Scilléidín Mheargait' agus dúirt sé: 'Ar ndóigh, tá an t-amhrán sin scríofa agat?' Agus nuair a dúirt mé nach raibh, thug sé leis mé go dtína mháthair agus nuair a bhí cuid de cuimhnithe aici sin, bhreacas síos uaithi é.

Bean ard chaol í, í 73 anois agus láidir go fóill. Í an-fháilteach romham agus an-gheanúil liom. Gannon as Caladh Mhaínse í, an chéad bhaile soir uainn anseo i Roisín na Mainiach agus is ann a d'fhoghlaim sí an t-amhrán is í ina cailín óg. D'inis sí iomlán a cuid graithe dhom, go simplí cainteach.

Ghlac mé buíochas léi agus chuaigh mé siar go dtí Colm Ó Caodháin. Bhí litir aige sin dom le scríobh dhó go dtí lucht an *dole* i nGaillimh – an áit nach bhfuil siad ag creistint nach bhfuil deireadh le hiascach muiríní go fóill. Nuair a bhí sí scríofa agam dhó thosaigh mé ar léamh is ceartú a théacsa leis. Rinneas suas le daichead leathanach de faoin haon déag a chlog agus shocraigh muid ar chuairt a thabhairt amárach ar Inis Ní, le cúnamh Dé, ach an lá a bheith go breá.

Domhnach 3 Meitheamh

Bhí mé tigh Choilm [Uí Chaodháin] ar a 12.30 p.m. agus ó bhí togha lae ann, thógas pictiúr den líon tí agus den teach. Chuas síos chun na ngarrantaí ar ball beag gur thógas pictiúr* de sheanbhallaí an tí ar tógadh Colm agus a athair ann. Colm féin a rinne an teach a bhfuil sé anois ann agus thug sé cuid de chlocha an tseantí leis ó shin chun scioból a thógáil.

Bhí togha gaoithe seoltóireachta ann agus sheol muid siar go Cloch na Rón. Ba mhaith liomsa socrú a dhéanamh i dteach ann faoi lóistín agus bhí graithe beag ag Colm ann freisin a rinne sé a fhad is bhí mise ar mo ghraithe féin.

D'ól muid deoch ansin le 'Sir John King' mar a thugann siad air – feairín beag ósta geanúil a bhfuil seanaithne ag Colm air. Chaith muid tae ansin tigh Mháirtín Pheait 'The Sailor' [Ó Conaola], cara eile le Colm, agus chun seoil arís linn timpeall an Chinn Ramhair[29] go dtáinig muid i dtír ag an taobh thoir d'Inis Ní, Aill na dTroscan.[30] Chuaigh muid i gcúpla teach ansin, ar cuairt, gur chuir Colm mise in aithne do na daoine, agus ar deireadh ghlaoigh muid isteach tigh dheirfíre Choilm, 'Máire Gharbh' [Uí Fhatharta]. Chuir sise síos tae

King's Bar, Cloch na Rón.

dhúinn, ach ní mórán moille a bhí muid in ann a dhéanamh mar bhí an ghrian ag ísliú agus gan mórán achair eile in airde aici agus cuma sách oilbhéasach ar an spéir sa ngaoith. Bhain muid Glinsce amach le titim na hoíche, le neart córach aniar. Agus nuair a bhí muid ag feistiú an bháid bhris an díle orainn, agus faoin am a raibh Cloch an Mhíle caite agam féin ní raibh aon bhall éadaigh orm nach raibh ag sileadh uisce. Ní cuimhneach liom riamh oiread torainn a chloisteáil ag báisteach. (*Ceamara ag muintir Iarnáin an tí seo agus cuireadh dhá rolla le m'aghaidh chugam ón oifig.)[31]

Luan 4 Meitheamh

Thugas an mhaidin istigh ag scríobh litreacha, cúig nó sé de cheanna. An tráthnóna i bhFínis le Cóilín Mac Donncha. 3 nó 4 amhrán uaidh agus fliuchadh go craiceann arís mé ag teacht amach sa mbád. An oíche istigh ag scríobh amach a bhfuil agam de sheanchas ar an Drochshaol ó Cholm [Ó Caodháin], go dtí seo.

Máirt 5 Meitheamh

Tháinig Cóilín Mac Donncha chun an tí ar maidin agus bhreacas cúpla mionrud eile uaidh. Chuas siar chun an phosta tar éis dinnéir agus casadh Colm [Ó Caodháin] orm is d'ól muid deoch le chéile. Casadh Joeín Joe Ó Dubháin (*c*. 60), Caladh Mhaínse, orainn. D'iarr mé rud áirithe air, 'Cailín Deas Crúite na mBó' ar an seandéanamh – an t-amhrán gáirsiúil. Thug sé trí véarsa dhom de agus scríobhas uaidh iad inár suí ar an gclaí thiar ag teach an phosta [Carna]. Bhí Joeín ag gabháil fhoinn i dtosach dhúinn agus chruinnigh an slua go bhfeicfidís an spraoi. Ach dhá mbeinn féin agus Colm ag bladhrach ó shin air, ní ligfeadh sé focal eile den amhrán linn. Fonnadóir an-deas é. Scar muid leis agus sméid Máirtín Ó Clochartaigh ormsa ó dhoras an tsiopa agus dúirt: 'Seo fear eile agus deir sé liom go bhfuil neart amhrán is scéalta aige le d'aghaidh.' Bhí seanfhear ina sheasamh in aice leis agus dúirt sé: 'M'anam go bhfuil,' go breá dána. 'Tá amhrán breá agam le d'aghaidh má thugann tú luach dhá phionta pórtair dhom agus deich scilleacha airgid,' a deir sé.

'Ó,' a deirimse, 'nach fairsing a shíleanns tú tá airgead agam.' (Bhí mé tar éis luach dí a thabhairt do Joeín Joe – agus níor mhór liom dó é agus níor iarr sé orm é.) Ach dhún mo dhuine suas air sin agus shílfeá go raibh náire air ina dhiaidh sin. Ach níor chuireas aon chaidéis níos mó air.   Máirtín a chuir ina chloigeann é, déarfainn, ó thús, le fonn spraoi.

Céadaoin 6 Meitheamh
An mhaidin le litreacha agus riaradh ceoil. An tráthnóna thiar san Aird ag comhlíonadh cuiridh atá le tamall maith agam siar go dtí an Máistir Seán Ó Conchúir chun dinnéir. Ag réiteach *casts* agus cuileoga chun iascaigh tamall leis.   É ar intinn againn lá a chaitheamh leis, go luath.

Tháinig mé go dtí mo theach lóistín [Tigh Iarnáin] ar a sé agus bhíos ag ól tae nuair a tháinig cuid de chlann na baintrí [Bridget], Conaolaigh, as Loch Conaortha, chugainn á n-iarraidh soir ann chuig oíche *time* anocht. Ó bhí muid i ngreim acu (mise, Pádraig [Ó hIarnáin] agus Bríd [Ní Iarnáin], a dheirfiúr) ní raibh bealach ar bith againn iad a eiteachtáil, agus chuaigh muid ann. Níl tada le n-aithris faoin oíche ach lán an tí taobh amuigh de dhoras, allas agus deannach. Ní mórán a rinneas féin ach suí thart ag comhrá le daoine a bhfuilim mór leo a bhí ann agus beagán ceoil a chasadh. Chualas dhá amhrán ó Ghriallaiseach [Sonny] as Coill Sáile a scríobhfad an chéad seans a gheobhad air. (Féach 11.6.45.)

Déardaoin 7 Meitheamh
Ag scríobh istigh agus Glinsce le Colm [Ó Caodháin] istoíche.   Drochaimsir gharbh, fhliuch.

Aoine 8 Meitheamh
Ag scríobh istigh agus Glinsce le Colm tráthnóna.

Satharn 9 Meitheamh
An mhaidin ina díle – tá an mí-ádh ar an aimsir ó bhí mí is an lá inniu ann, an lá a dtáinig an toirneach. Chuas siar chun an phosta le litreacha agus ní raibh mé i bhfad ins an teach arís nuair a tháinig Joeín Joe isteach (*v.* 5.6.45) (Seosamh Ó Dubháin *c.* 60), fear ar shíl mé nach bhfeicfinn go brách ag teacht chugam go scríobhfainn rud uaidh. Is beag cuimhne a bhí agam an lá cheana i gCarna go raibh sé liom agam ach sin mar a bhí. Le tamall anuas feicim go dtaitním go mór leis na seanbhuachaillí seo nuair a chuireann siad aithne orm.

Scríobhas ceathair nó cúig de cheanna d'amhráin uaidh, as sin go dtí a hocht tráthnóna. Duine an-chainteach é.

Thugas cuairt siar ar chlann Choilmín Mhic Fhualáin i gCarna go ham codlata.

Domhnach 10 Meitheamh
Aeraíocht agus feis agus lúthchleasa i Ros Muc agus céilí. Chuireas aithne ar Thomás an Ghréasaí Seoighe (*c.* 40) ann, scéalaí agus amhránaí as Coill Sáile.

Luan 11 Meitheamh

D'fhanas i Ros Muc le haghaidh an chéilí aréir go dtína ceathair ar maidin, agus tháinig an bháisteach orm i nDoire Iorrais ar mo bhealach abhaile. Idir sin is Loch Conaortha, bhíos ag cuimhneamh orm féin agus chuas isteach tigh Chadhain gur chodlaíos ar shófa ann go maidin ar a 9. Bhí iontas ar mhuintir an tí mé a fheiceáil rompu nuair a d'éirigh siad – (agus fáilte acu romham) – agus is gearr go raibh bricfeasta réidh. Is ann a stopann na múinteoirí scoile.

Chuas síos ag snámh leis an gcodladh a bhaint as mo shúile agus rinne sé maith dhom – bhí sé breá garbh agus é ina ghealstoirm aniar is ráigeanna troma báistí leis. Chuas ar mo chuairt tigh na baintrí [Bridget Uí Chonaola] tamall agus ansin bhuaileas suas go huachtar go dtí teachín beag a raibh beirt dearthár ann de chlainne Uí Bhriain. Dúradh liom go mb'fhéidir go mbeadh amhráin acu óna n-athair. Ní raibh acu ach ceathrúna measctha de rudaí a bhí agam cheana agus amhrán a chum duine acu faoi de Valera in aimsir na trioblóide. Scríos uaidh é.

Chuas síos tigh Chadhain arís agus soir go dtí teach na scoile ar cuairt chuig na múinteoirí ann roimh am dinnéir. Nuair a bhí an dinnéar caite againn chuas féin agus Pádraig Mac Coscair (N.T.) ar cuairt soir go dtí Sonny Ghriallais (35), Coill Sáile. Scríobhas 'Pluid Dhorcha Leára' uaidh agus an fonn, agus 'Máire Ní Ghríofa'. Rinne muid go leor seanchais leis faoi amhráin ach ní raibh tada eile aige. Dealraíonn sé gur fear mór seanamhrán a athair agus go mb'fhiú cuairt a thabhairt air ach ní raibh sé ag baile an tráthnóna seo.

Chuaigh muid ar cuairt go dtí Tomás an Ghréasaí Seoighe (37) in uachtar Choill Sáile ansin, gur scríobhas 'Púcán Mhicil Pháidín' uaidh.

Máirt 12 Meitheamh

An mhaidin istigh ag scríobh agus cuairt siar go Carna tar éis an dinnéir. D'ólas braon tae ar a sé agus chuas soir go dtí an Aird Mhóir. Mé ar intinn a dhul go dtí Learaí Churraoin (68) lena thriail arís, fear a bhfuil seanamhráin go maith aige. Ní raibh sé istigh romham agus chuas ar cuairt i dteach eile agus d'fhanas ann go dtí an deich a chlog – an t-am a bhfaca muid Learaí ag dul soir an bóthar abhaile. (Casadh Peait de Búrca (24) sa teach sin tamall – tigh Sheáin Choilmín Mhic Fhualáin – agus scríos ceathrú

Patrick (Peait) Phádraig Liam de Búrca.

strainséara den 'Amhrán Bréagach' uaidh tríd an tseanchas dúinn.)

Chuas soir i ndiaidh Learaí agus bheannaíos isteach sa teach ann agus bhí an bhean tí (Bean Sheáin Uí Churraoin) is suáilcí a chonaic mé riamh istigh romham ann, a fear agus Learaí. Feairín beag caol craite é Learaí, ceann beag air is croiméal liath, é caoch ar leathshúil, leis. Bhí mise agus bean an tí ag déanamh na cainte uilig, mise ag cur síos ar an aimsir agus ise ag magadh fúm ar bhealach dheas gan dochar agus corrfhocal ag a fear agus ag Learaí. Ach ar deireadh dúirt mé le Learaí go dtiocfainn aniar oíche eicínt chuige le go dtabharfadh sé na hamhráin dhom. Dúirt sé go mbeadh sé romham, agus dúirt bean an tí liom go raibh neart amhráin dheasa aige dhom.

D'fhág mé slán acu tar éis uaire an chloig ag ceapadh nach go ródhona a d'éirigh liom, chor ar bith.

Céadaoin 13 Meitheamh

Chaitheas an chuid is mó den lá ag iascach amach faoi na cnoic ó thuaidh as seo. Cúrsaí an bhoird go han-dona faoi láthair – níor itheas fata le seachtain agus tá mé bréan de chaoireoil ar phláta as féin. Níl glasraí ná tada ag daoine anois go dtaga na fataí nua. Mar bharr ar an donas ní raibh agam de bharr mo lae ach breac amháin – bhí an lá rógharbh amuigh agus beagán fuar le cois.

An oíche i nGlinsce le Colm [Ó Caodháin].

Déardaoin 14 Meitheamh

An mhaidin istigh ag scríobh. An tráthnóna thiar san Aird ag Seán Ó Conchúir, O.S., ar mo chuairt mar a raibh cuireadh chun dinnéir agam. Thugas liom dhá chloch[32] fataí uaidh – d'iarrfainn a bhríste air agus thabharfadh sé dhom é – sé sin an sórt beirte muid le chéile – go dtug mé liom tigh Iarnáin iad.

Chuas soir ar an Aird Mhóir istoíche agus dúirt siad liom ann nach mbeadh graithe ar bith agam a dhul chomh fada le Learaí [Ó Curraoin] anocht. Lá vótála an Uachtaráin agus na gcomhairlí contae atá inniu ann. Ní raibh neart air. Chuas abhaile mé féin ar a deich tar éis cuairt a thabhairt tigh Sheáin Choilmín Mhic Fhualáin arís le huair an chloig a chur isteach.

Aoine 15 Meitheamh

Fear óg a cailleadh arú aréir ar an mbaile seo, bhí an tsochraid inniu ann ar a dó dhéag. Cailleadh go tobann é istoíche roimhe dhul a chodladh dhó agus fágann sé bean is clann an-óg ina dhiaidh. Is cloíte an cás é agus tá gach uile dhuine ag cur síos air. An tsochraid go Maínis. Rinneas tamall scríbhneoireachta roimhe sin agus thugas liom tuáille agus araile chun snámha ar an dTrá Mhóir istigh ó bhí an lá chomh breá deas.

Soir chun na hAirde Móire ar a sé a chlog. Learaí [Ó Curraoin] thíos ar ghob na hAirde ag lánú fataí. Shiúileas síos chomh fada leis. Rinne sé cur síos dom ar a ndearna sé d'ól inné agus ar nithe eile. Níor chaintigh sé ar amhráin ar chor ar bith agus scaoil mé féin tharam go fóill iad. Bhí beithígh le tabhairt aníos aige chun an tí agus shiúileas leis. Nuair a réitigh sé amach é féin chuaigh muid chuig teach an ósta mar a raibh seomra dhúinn féin againn agus tine, míle buíochas le bean an tí, Mrs [May] O'Shaughnessy. Thug mé cúpla deoch do Learaí agus chuaigh muid chun seanchais agus as sin go scríbhneoireacht. Scríobhas 'Seachrán Sí', 'A Bhean an Tí' agus 'Róisín Dubh'. Ach ní bheinn sásta leis sin go fóill, agus ó bhí sé in am dúnta ag bean an tí, thugas liom doiséinne buidéal soir chun an tí. Le scéal fada a dhéanamh gearr dúirt Learaí 10

246

n-amhrán eile ba mhaith liom a scríobh, cuid acu a bhfuil leagan nó tuairisc cheana agam orthu agus cuid eile nach gcuala mé caint ar bith orthu.

D'fhágas an teach ar a 2.30 a.m.

Satharn 16 Meitheamh

An tráthnóna i nGlinsce le Colm [Ó Caodháin]. Scríos beagán ceoil agus léas tuilleadh. An oíche tigh Phádraig Pheaitsín Uí Mhaoilchiaráin (*c.* 65), Roisín na Mainiach, baintreach fir a bhfuil triúr mac aige, oíche aoibhinn cois teallaigh. Scríobhas cúpla píosa uaidh – 'Sciúradh an Chainnín' nach gcualas cheana. Tar éis a dó nuair a d'fhág mé an teach.

Domhnach 17 Meitheamh

An chéad aifreann agus soir chun bricfeasta. Lá báistí is gaoithe aniar aneas. Chaitheas an lá tigh na gCualánach i gCarna ag seinm ceoil is ag cardáil port. An oíche i mo theach lóistín agus a chodladh ar a deich.

Luan 18 Meitheamh

Lá mór gaoithe. An lá istigh ag athscríobh ceoil is ag socrú cuntaisí ar mo chuid oibre – mé ag dul go Cloch na Rón amárach go ceann cúpla lá. Chuas a chodladh ar a deich arís.

Máirt 19 Meitheamh

An mhaidin ag cur sála ar mo bhróga agus ag scríobh cúpla litir. Siar chuig an bposta ar a haon. Tar éis dinnéir dom bhuail mé bóthar amach chun an Chaisil ar mo bhealach go Cloch na Rón. Ghlaos chuig Colm Ó Caodháin i nGlinsce agus chuig a dheirfiúr Neansa, Bean Uí Chlochartaigh, i mBarr na gCrompán agus d'ólas tae ansin. Rinneas claonchuairt ó mo bhealach go Béal an Átha Fada ó Abhainn Mhóir amach, ar cuairt chuig muintir Uí Mháille, cairde liom ann.

Tigh Cissie Conneely.

Chaitheas píosa mór ar mo chuairt ann agus bhaineas Cloch na Rón thiar amach ar a 11.30 mar ar chuireas fúm tigh Miss C. [Cissie] Conneely, teach lóistín a moladh dhom agus ar chuireas nóta romham ann ag fógairt mo theachta.

An lá inniu ar an gcéad lá breá te samhraidh ó fhága mé amach Baile Átha Cliath, 24.4.45, agus gur dhún sé ina bháisteach ar a 9 p.m.

Céadaoin 20 Meitheamh

Maidin mhór bháistí a chaitheas ag breacadh dialainne ó 6.6 go dtí 14.6, ach ghlan sé tuairim is a haon a chlog. Chuas go hInis Ní tar éis dinnéir, tigh Phádraig Uí Uaithnín (75). Scríobhas 'An Dearg Mór' uaidh, mar a thugann siad ar 'Amhrán an Chait', agus nithe eile nach é. [Bhí] sé in ann píosaí a chur le rudaí ar scríobhas cuid díobh ó Cholm Ó Caodháin cheana.

D'ólas caifé ann agus bhuaileas bóthar amach ar a hocht a chlog agus chuas ar mo chuairt chuig Máire (Gharbh) Bean Uí Fhatharta, deirfiúr le Colm Ó Caodháin. Chinn sé orm tada a chloisteáil aici nach bhfuil ag Colm cheana dhom. Thángas chuig an teach lóistín san oíche ar a haon déag.

Déardaoin 21 Meitheamh

Chaitheas an mhaidin le Máirtín Ó Conaola (Máirtín Pheait 'The Sailor') (c. 56), iascaire as Inis Leacain a bhfuil cónaí air i gCloch na Rón le 30 bliain anois. Scríobhas píosa uaidh agus fuaireas seanchas uaidh ar Chloch na Rón agus an ceantar timpeall air agus ar sheandaoine a bhíodh ann a gcloiseadh sé amhráin is scéalaíocht acu.

Inis Leacain.

Thugas cuairt ar Inis Ní tráthnóna go dtí Marcas Ó Conaola (95), fear a raibh cáil an tseanchais air. É an-chraite anois. Bhreacas cúpla ceathrú fánach uaidh agus chaitheas tamall mór ag comhrá leis. Duine é de sheanfhondúirí na tíre, atá ina Oisín i ndiaidh na Féinne ann.[33]

Chuas amach faoi na cnoic go dtí muintir Uí Mháille i mBéal an Átha Fada tar éis tae, mar ab éigean dom é a ghealladh dhóibh tráthnóna Dé Máirt. Scríobhas port ó veidhleadóir Joe Nee, Ballinafad [Béal an Átha Fada] (c. 27) a bhí istigh sa teach.

Aoine 22 Meitheamh

An mhaidin ina ghréin chomh láidir is tháinig go fóill i mbliana. Thugas geábh siar amach go Baile Conaola ar cuairt chuig mo chara Maitias Mac Donncha, O.S., ann. Deir sé liom nach bhfuil tada le fáil agam ansin amuigh mar is Béarla uilig atá acu. Chuas ag snámh ar thrá mhóir an Ghoirtín[34] ag dul aniar dom.

An tráthnóna in Inis Ní ag Pádraig Ó hUaithnín arís. Scríobhas a raibh aige dhom.

An oíche ag scríobh sa teach lóistín.

Satharn 23 Meitheamh

Thairg Máirtín Pheait 'The Sailor' [Ó Conaola] curach dhom le dul amach go hInis Leacain (c. 3 mhíle) agus thugas liom ar maidin é. Bhíos i dtír ann ar a haon déag agus chuas go dtí Vail McDonagh (*c.* 45) ann. Dúirt Máirtín liom go mb'fhéidir go mbeadh rud fanta ina chuimhne a d'fhoghlaim sé ó sheandaoine. Bhí sé an-chairdiúil liom agus scríobhas trí rud uaidh – dhá dhán beannaithe agus amhrán, 'An tÉinín Druideoige', agus a gceolta; ó sheanbhean[35] a bhí ar an oileán a thóg sé iad. Ba mhaith a chruthaigh sé agus gan aige féin ach ag foghlaim na Gaeilge ó mháistir scoile[36] a bhíodh sa teach aige.

Seán Jeaic Mac Donncha.
(Le caoinchead Josie Sheáin Jeaic Mhic Dhonncha.)

Bhíos i gCloch na Rón arís ar a ceathair chun dinnéir agus casadh Seán Choilm Mac Dhonncha agus Seán Jeaic Mac Donncha as an Aird Thoir (Carna) dhom agus d'iarr mé orthu ó bhíodar ag dul síos, mé a thabhairt leo sa mbád nuair a gheobhainn mo dhinnéar, mar is ag dul síos ar mo rothar a shíl mé a bheinn, mar tá feis amárach thíos agus níl tada eile graithe anseo agam. Chuas leo agus ó bhí an tráthnóna go breá, bhí spraoi againn ag gabháil fhoinn agus mise ag píobaireacht sa mbád ag dul síos agus Seán Choilm ag damhsa ar an teile deiridh sa mbád. Ba bhreá liom pictiúr dhe a bheith agam ach níl neart air sin. Chuaigh muid suas tigh Sheáin Jeaic tar éis a theacht i dtír ar a naoi a chlog agus chaith muid béile breá ann. Cuireadh fios ar dheochanna agus chaith muid oíche Fhéile tSin tSeáin go haoibhinn idir an chistineach agus an tine cnámh a las muid le titim na hoíche. Ach bhí buntáiste áirithe agamsa san oíche. Chuir mé aithne níos fearr ar Sheán Choilm agus scaoil sé an ruóg de go leor amhrán nár chuala mé riamh cheana.[37]

Domhnach 24 Meitheamh
Feis i gCarna inniu nach raibh cuma ná caoi air mar ní raibh a fhios ag an bpobal go mbeadh sé ann agus níor tháinig na scéalaithe ná na fonnadóirí ann.

Céilí an-mhaith san oíche againn, agus a chúram orm féin.

Luan 25 Meitheamh
An mhaidin uilig istigh ag scríobh dialainne agus an tráthnóna agus cuid den oíche ag scríobh ó Learaí Churraoin ar an Aird Mhóir. Scríobhas ceithre hamhráin uaidh.

Feis Charna. (Le caoinchead Fáilte Ireland.)

Máirt 26 Meitheamh

An mhaidin thoir i nGlinn Chatha ag fáil chulaith éadaigh dhom féin ó tháilliúir. An tráthnóna le cúpla litir. Dinnéar. Siar go Carna chuig an bposta agus an oíche arís le Learaí Churraoin.

Céadaoin 27 Meitheamh

M'fhocal tugtha agam don máistir Seán Ó Conchúir san Aird an tráthnóna a chaitheamh leis ag iascach. Scríobhas liom istigh tamall agus chuas siar go dtí an Coillín go dtí Peait Bhillí [Mac Donncha] – a iníon ag pósadh inniu – agus ó is é gnás na tíre é ní fhéadfainn a dhul thar an doras gan seasamh ar an urlár go nguífinn rath agus séan ar an lánúin.

Dinnéar leis an máistir agus baisc mhaith breac locha de bharr an tráthnóna – ach muid fliuch báite ag síorbháisteach Chonamara.

Déardaoin 28 Meitheamh

An lá uilig istigh ag athscríobh focla is ceoil is ag riaradh rudaí go leor a bhreacas le coicís i mo shiúlaibh.

Aoine 29 Meitheamh

Lá Fhéile Peadar is Pól agus Lá an Bhuíochais Náisiúnta.[38] Turas go hÁrainn inniu i mbád seoil, an *Columbia*.[39] 47 nduine ar bord agus 2 uair an chloig aistir go Cill Rónáin. Ní gaisce ar bith a raibh le feiceáil istigh. Ach bhí Seoigheach as Inis Bearachain (John Mháirtín) ar an mbád in éindí linn agus chaith mise an lá leis ag imeacht romhainn is ag ól deochanna gur chuir mé aithne

Radharc ar Chill Rónáin.

mhaith air. An-amhránaí é agus neart acu aige agus duine chomh hálainn is a casadh riamh orm – fear mór ar comhaois liom féin é.

Mar gheall ar achrann eicínt a bheith in Árainn lá pátrúin tá roinnt blianta ó shin ann, ní go róshásta bhí muintir Chill Rónáin le daoine a ligint isteach ag ól ná ag ithe. Ansin bhí céilí san oíche ag na sagairt agus 2/-[40] an duine le baint ar mhuintir na mbád ag an doras agus bhí na fir óga ag clamhsán liom faoi. Labhair mise leis an sagart óg[41] agus d'inis mé an cás dó, agus an sáirsint. Thug an sáirsint leis duine ar bith a bhí ag iarraidh dí agus fuair dhó é agus ar maidin amárach shiúil sé na tithe gur chruinnigh sé builíní agus im agus tae agus araile go dtug sé síos chuig muintir na mbád é, mar shéid sé ina stoirm choimhthíoch ar maidin is ní raibh sé i ndán ag aon bhád a smut a chur as caladh. De bharr na cainte a rinneas-sa bhí tithe bia agus óil ar fad foscailte . . .

Satharn 30 Meitheamh

. . . agus bhí gach uile dhuine sásta. Tháinig an sagart paróiste, an tAthair [Tomás] Cillín chun cainte liomsa ar ball faoin gcás agus d'inis mise dhó mar a chonaic mé an cás agus eisean mar a chonaic seisean cás áirithe eicínt. Ní dheachas ag sáraíocht air, mar is titim amach a dhéanfaimis ar deireadh. Féadaim a rá anseo gur chuireas nóta chuige ó Charna arís ag gabháil bhuíochais le muintir Árann faoi a fheabhas is a chaitheadar le lucht na mbád ann, mar tugadh daoine isteach i dtithe na tíre ag ithe dinnéir ann.

An tAthair Cillín agus cuid de mhná Árann.

Domhnach 1 Iúil

Lag an stoirm ar maidin moch agus chuir muid chun farraige ar a 7.30 ar maidin, agus bhí sé an haon sa lá nuair a tháinig muid chuig Crompán Charna[42] le tornáil ghéar in éadan gaoithe aniar aduaidh.

Cuireadh agam ón Seoigheach [John Mháirtín] cúpla lá a chaitheamh leis in Inis Bearachain ag scríobh amhrán uaidh.

Luan 2 Iúil

Mé an-tuirseach tar éis an dá oíche in Árainn gan codladh agus chaitheas leath an lae i mo chodladh go dtína haon a chlog, agus thógas an lá ina lá saoire le haghaidh a dhul ag snámh, mar ní raibh fonn ar bith oibre orm, agus ó bhí neart gréine tráthnóna b'fhacthas dom nárbh fhearr rud a dhéanfainn. Chuas a chodladh ar a 10 arís.

Máirt 3 Iúil

Thugas cuairt ar Fhínis go dtí Ciarán (Mharcaisín Choilm Ridge) (52) le rudaí áirithe a scríobh uaidh. Thug sé ceann acu dhom, dán beannaithe, agus b'éigean dó rith, ag coimhlint le taoille chun móin a thabhairt isteach. Thugas cuairt ar thigh Sheáinín Choilmín [Mhic Donncha] ansin agus chaitheas tamall leo.

Thugas an oíche istigh ag athscríobh focla amhrán.

Céadaoin 4 Iúil

An mhaidin istigh ag scríobh agus an tráthnóna ar mo chuairt siar go Carna chuig an bposta. Casadh Cóilín Sheáinín Choilmín [Mac Donncha] orm ag an mbeairic

Ciarán Mharcaisín, a bhean Bríd agus Marcas Óg.
(Le caoinchead Jackie Mhic Dhonncha.)

agus d'iarr mé isteach tigh Mhongáin é go n-ólfadh sé deoch, mar is iomaí leathanach atá breactha agam uaidh agus gan tada aige de mo bharr ach gaileanna tobac. Scríobhas slám eile ansin uaidh, agus píosa ó fhear eile a bhí ann, Pádraig Ó Cathasaigh as Maínis, atá anois san Oileán Máisean (*c.* 60).

Monica Maude as Ros Muc ag fanacht tigh James [Ó Mongáin] ó aréir. Cuireadh chun tae agam ann anocht agus chaitheas an oíche ann. Níor éirigh liom tada nua a phiocadh as Monica.

Déardaoin 5 Iúil

An mhaidin le seacht gcinn de litreacha atá curtha ar an méir fhada le tamaillín agam (agus píosa den tráthnóna). Siar chuig an bposta agus fiosrú faoi áit lóistín do bhráthair agus buachaillí ó Ghlenstal[43] (*per* litir ón oifig cúpla lá ó shin).[44] Soir go hAill na Brón ar mo chuairt chuig Seán Ó Gaora ann agus clann Bheairtlí Dhonncha. Bhreacas cúpla rud uathusan agus thánag abhaile ag titim na hoíche.

Aoine 6 Iúil

An mhaidin istigh ag scríobh dialainne. An tráthnóna i nGlinsce. An oíche ag *farewell party* do Uinseann de Brún (N.T.), Maínis, é ag fágáil Charna amárach le dul go Gleann an Mhadaidh ag múineadh. Liam Mac Coisdeala agus a bhean [Neóiní] ann.

Satharn 7 Iúil

Mar gheall ar go raibh sé a ceathair a.m. ag fágáil Mhaínse dúinn aréir, chodlaíos go dtí an haon déag ar maidin. Tar éis dinnéir chuas go dtí Seán Ó Gaora, Aill na Brón, ar cuairt le paiste a fháil ar thóin bhríste liom. Thugas ceamara liom agus thugas cuairt ar chlann Bheairtlí Dhonncha ar Chora na gCapall go bhfuaireas a bpictiúir. Dream iad a thug go leor leor le scríobh dhom cheana. Scríobhas cúpla píosa eile uathu tráthnóna.

Socrú agam le Peait Cheoinín i bhFínis le cúpla lá a dhul go hÁrainn amárach leis. Chuas go Fínis anocht á fheiscint agus tá fonn air dul amárach ann má fheileann an aimsir, deir sé.

Domhnach 8 Iúil

An lá ina ghála mhór. Chuireamar Árainn as ár gcloigeann mar ní bhainfeadh bád an ceann amach inniu gan a dhul go tóin an phoill.

Chuas go dtí an clochar tráthnóna ag casadh ceoil píobaí do na mná rialta – mé iarrtha le fada acu, agus tar éis tae chuas tigh na gClochartach i gCarna le mo phíobaí, ar an gcuntar céanna.

Luan 9 Iúil

An mhaidin istigh ag scríobh.

É socair agam a dhul anonn cúpla lá ar chuairt reatha taobh thall den chuan, go hInis Bearachain agus Tír an Fhia an tseachtain seo. Agus bheartaíos ar dhul go Fínis le bealach anonn a fháil i mbád in áit suas le 30 míle a dhéanamh ar rothar. Chuala mé ansin go raibh bean Pheait Cheoinín tagtha amach ar an bportach inniu agus é féin in éindí léi. Siar liom go dtí iad is ní raibh ann ach an bhean, Nóra. Dúirt sí liom go ndeachaigh Peait amach an cuan lena athair ag gliomadóireacht agus nach mbeadh sé ag baile go dtí an oíche.

Chuaigh mé go Glinsce go dtí Colm Ó Caodháin agus is é an áit a bhfuair mé é ag baint fhéir i ngarraí taobh thíos den teach. Ar a dó a bhí mé aige agus idir sin is a sé ní mórán oibre a rinne mé, ach beagán eile a bhreacadh uaidh ar an Drochshaol agus cúpla ruainne beag ceoil is véarsaí a chur síos uaidh.

I gCarna dhom ar a 6.30 agus chuas suas chuig 'tigh James' [Uí Mhongáin] le méid mo tharta de bharr bhrothall an lae, agus d'ólas deoch ann. Ag fágáil an tí dhom cé sheolfaí an bealach aniar ach Jim Cheoinín as Fínis – deartháir le Peait. Ag dul soir a bhí sé le dhul isteach go Fínis agus ba é mo sheans é.

Chaith muid béile tigh Iarnáin agus chuaigh muid go Fínis timpeall an 8.30. Chuaigh muid tigh Pheait agus ní raibh sé isteach ó ghliomadóireacht go fóilleach agus thug mise mo chuairt tigh Sheáinín Choilmín [Mhic Dhonncha]. Fuair mé go maith geanúil, suáilceach iad mar is gnách agus chaith mé uair go leith leo gan tada nua a phiocadh astu ach cúpla focal as Cóilín [Sheáinín Choilmín Mac Donncha].

Bhí Peait sa gcaladh ar deireadh agus mar gheall ar chruóg gliomadóireachta agus gach uile shórt, agus an lá inniu ina chalm agus gach uile chosúlacht air go mbeadh amhlaidh amárach arís, ní fhéadfadh sé mé a chaitheamh anonn. Ní raibh agam ansin ach mo lóistín a thabhairt orm féin mar bhí an oíche ag titim – bhí crónachan na hoíche cheana ann. Ach bhí graithe ag Jim anonn agus dúirt sé go dtiocfadh sé chugam amárach agus b'ait ar fad a bheadh cruóg na mbád nó gheobhadh sé ceann.

Máirt 10 Iúil

An lá an-gharbh le gaoth is ráigeanna. Gan súil agam le Jim [Cheoinín] ar maidin mar sin, agus d'fhanas istigh ag scríobh go ham dinnéara. Chuas go Maínis tráthnóna go dtí Darach Ó Clochartaigh, an seanfhear a thug na poirt dom 1943, go bhfeicfinn é agus go bhfaighinn a phictiúr. Fuair mé chomh spraíúil, suáilceach céanna é féin is a bhean (níl muirín ar bith acu), is a chonaic mé riamh iad. Bhí faitíos ar Dharach gur ag cur a phictiúr ar pháipéar an lae amáraigh a bheinn agus bhí obair agam é a mhealladh liom go ligfeadh sé dhom é a thóigeáil chor ar bith; ach nuair a mhínigh mé dhó go mba mhaith liom a phictiúr a bheith agam féin bhí sé an-tsásta, agus sheas a bhean in éindí leis agus thóg mé iad sa gcaoi go raibh an teach is gach uile shórt thart air sa bpictiúr an chaoi ab fhearr a d'fhéadas é.

Chaith mé seáirse mór ag seanchas leis féin is a bhean mar is beirt iad a thaitnigh go mór riamh liom. Dúirt a bhean liom go mbíonn sé ag casadh na bport di féin sa teach i gcónaí le hí a bhréagadh, fiú anois féin go bhfuil siad ina seandaoine. Nach aoibhinn Dia dhóibh is an croí atá acu!

Thug mé cuairt ar mo chara Peait Greene ar mo bhealach amach agus chaith mé tae leis agus bhí sé suas leis an hocht nuair a bhí mé i Roisín na Mainiach arís. Bhí Jim Cheoinín romham ann agus dúirt sé go raibh an lá rógharbh ó mhaidin le dhul anonn taobh thall, ach má bhí cosúlacht ar bith amárach air go mbeadh sé in ann againn, dúirt sé liom a bheith ag súil leis.

Chaith muid seáirse cois tine ag caint is ag cardáil agus chuas a chodladh roimh an mheán oíche.

Céadaoin 11 Iúil

An mhaidin roinnt garbh go maith ach bhí tuairim agam go n-éireodh linn inniu agus chaitheas an mhaidin istigh ag scríobh litreacha agus chuas go Carna á gcur sa bposta agus ag faire an phosta isteach.

Tháinig Jim [Cheoinín] chun an tí ar a trí is mé ag críochnú mo dhinnéara.

Bhuail muid bóthar soir chun na hAirde Móire (2 mhíle) de shiúl ár gcos chuig Peait de Búrca ag iarraidh bealach anonn leis. Bhí sé romhainn agus é sásta. Ag dul síos arís le Peait chun an bhóthair dúinn, shéid an ráig agus phléasc toirneach is scal tintrí orainn agus is beag nár fliuchadh muid idir sin is tigh Sheachnasaigh, teach tábhairne atá ar leataobh an bhóthair ann. D'ól muid deoch ann agus lig muid tharainn an ráig agus síos linn chun na céabhach agus shéid ráig eile anoir aneas le toirneach orainn agus é i bhfad níos tréine agus gan aon ghlanadh sa ngaoth ar an spéir ach dubh uilig amach. Bhuail drochmhisneach an triúr againn nuair a d'fhan muid leathuair ansin ag faire an dtriomódh sé agus nuair nár thriomaigh, chuir muid an turas as ár gcloigeann. Suas liom féin is le Jim faoi fhoscadh mo chótasa an tráth dhár lag sé agus céard a déarfá nach troime arís ná cheana fós a bhí sé ag pléascadh orainn nuair a bhí muid ag an mbóthar agus ní raibh againn ach rith isteach tigh Sheachnasaigh arís.

Inis Bearachain.

Na Seoighigh. (Le caoinchead John William Seoighe.)

Chaith muid uair an chloig nó tuilleadh ansin ag ól cúpla 'buidéilín pórtair' mar a bheir siad anseo orthu agus ag breathnú ar an mbáisteach is tréine a chonaic mé riamh fós ag pléascadh clocha beaga ar an mbóthar agus ag cur aibhneacha móra san áit nach raibh riamh. Timpeall a seacht a thriomaigh sé de léim nuair a chuaigh an ghaoth amach ó dheas píosa agus thug Jim leis soir tigh Mhoylan mé go n-iarrfadh sé curach ann, mar níor mhaith linn an turas a chinneadh orainn tar éis an tsaoil. Fuair muid an churach agus braon tae ann agus amach linn ar an gcuan ar a 8.30 agus 6 nó seacht de mhílte romhainn trasna (níl a fhios agamsa nach deich míle é, b'fhéidir).[45]

Bhí ceart gur shéid an ráig dheireanach orainn i lár an chuain. Bhí orainn na cótaí a chur orainn – fuair Jim cóta tigh Mhoylan – agus ó bhí ár ndroim leis an ngaoth is muid ag iomramh ina coinne, b'éigean domsa a raibh de pháipéirí a chur síos in mo bheilt i dtosach mo bhríste nó ní mórán graithe a bheadh agam níos mó dhíobh. Nuair a ghlan an ráig bhí muid fliuch go craiceann agus lom orainn ag iomramh tréan go ndeachaigh muid i dtír ar chéibh Inis Bearachain le titim dhubh oíche.

D'fheistigh muid an bád agus ní i bhfad go raibh an cosán anróiteach aníos ón gcéibh curtha dhínn againn agus muid istigh tigh Bhaibín Raghallaigh, máthair chlainne Mháirtín Seoighe – ní mhaireann Máirtín. Bhí Seán [Seoighe] agus Cóilín [Seoighe] agus deartháir agus deirfiúr óg ann agus fearadh fáilte romhainn agus déanadh iontas muid a theacht a leithéide d'oíche – bhí an bháisteach anuas acu féin thríd an tuí ó thráthnóna, rud nach raibh riamh cheana, dúirt siad, bhí an bháisteach chomh trom sin. Fuair mé bríste agus léine thirim ó Sheán agus péire stocaí – níor bhac Jim leo, rud a mbeidh tuilleadh faoi ar ball agam – agus is gearr go raibh mé compordach ag caitheamh mo phíopa cois tine.

Rinne muid cardáil mhór ar ár gcuairt go hÁrainn agus ar a ndearna muid ó shin, gach aon duine againn, agus ar a ndéanfadh muid as seo go ceann cúpla lá. Agus chuaigh muid a chodladh – trom tuirseach go maith a bhí mé féin is Jim.

Déardaoin 12 Iúil

Nuair a d'éirigh muid ar maidin bhí an ghrian ag baint ghaile as an tír a fliuchadh inné is aréir agus gach uile chosúlacht air go mbeadh togha lae ann. Níor thráth dhá fhaillí dhomsa é agus shocraigh mé go ngabhfadh muid síos chun na Trá Báine inniu, an áit ab fhaide ó bhaile ar mhian liom a dhul ann don chuairt seo. Síos linn chun na céabhach go dtug muid linn an churach agus go ndeachaigh muid i dtír ag áit a bhfuil Na hUaimíní air, mé féin is Seán [Seoighe] is Jim [Cheoinín]. Shiúil muid dhá mhíle as sin isteach go dtí áit a bhfuil siopa gar do Leitir Móir ag iarraidh toitíní ach ní raibh romhainn, nó má bhí, séanadh orainn iad. Ní raibh ag an triúr againn ach mo phíopasa ansin le bheith á dhiúl. Shiúil muid trí nó ceithre mhíle eile as sin go dtí an Trá Bháin agus bhí tuairisc ar theach againn ann a bhféadfadh muid toitín a fháil ann.

Ach sula n-insí mé sin, cuimhnigh gurb é Jim Cheoinín an fear is airde i bpobal Charna agus tá trí horlaí aige ormsa agus níl mise taobh leis na sé troithe. Mura bhfuil sé troithe ag Seán níl sé orlach fúthu agus tá a rian orainn (buíochas le Dia) nár casadh mórán ocrais riamh linn. Mar sin ba dhiabhalta go deo an triúr fear muid ag siúl Thír an Fhia an lá seo. Chastaí meitheal fear orainn anseo is ansiúd, agus nuair a chuireadh muid 'Bail ó Dhia!' orthu, do dhéaraidís go raibh áthas orthu go raibh muid ag labhairt suáilceach leo is nach ag iarraidh troda a bhí muid. Ach casadh feairín beag leathaosta linn is é ag tiomáint asail a raibh dhá chliabh móna air ag dul aníos romhainn as portach agus scaoil sé an t-asal roimhe gur fhan sé orainn. Agus nuair a tháinig muid suas leis sheas sé i lár an bhóthair is dúirt sé: 'Is fearr an fear mise ná an triúr agaibh!' a deir sé.

'Ó! Éist linn,' a deir Jim.

Bhuail sé iarraidh beag de mhaide a bhí aige ar thóin Jim ansin le spraoi: '*Hah*! Ag iarraidh mná na Trá Báine.'

'Ná bain domsa, a dheartháir,' a deir Jim leis, 'go bhfaighidh mé rud eicínt le n-ithe, faitíos go sloigfinn thú!' Cainteoir an-tráthúil é Jim.

Ach chuaigh muid isteach chun an tí seo sa Trá Bháin ar ball beag agus seanbhean is bean óg a bhí istigh romhainn. Agus nuair a bheannaigh muid ann, dúirt muid go dtáinig muid ag iarraidh a hiníne uirthi. Rinne muid píosa mór spraoi leo faoi chúrsaí spré is gach uile shórt, ach is é an deireadh a bhí ar an scéal go bhfuair muid scór toitíní an duine uaithi, nuair a d'iarr muid iad, agus a beannacht leo.

CBÉ 1280: 564. Ó John Seoighe.

Chuaigh muid ansin thríd an mbaile go dtí tigh Chóil Sheáin Tom (45), fear de Cheallach atá pósta le deirfiúr Sheáin Mháirtín, Meaigí. Ní raibh aon deireadh leis an méid ronnacha a chuaigh síos ar an tlú os cionn na tine ansin nó go raibh muid uilig sách. Ní raibh fear an tí istigh ach is é an áit a raibh sé, dúirt Meaigí, gaibhte siar go dtí aonach Choigéil i Leitir Mealláin agus é geallta aige dhó féin nach n-ólfadh sé aon deoir inniu ach filleadh abhaile caol díreach. Dúirt mise cúpla amhrán do Mheaigí agus do na leaids eile a bhí istigh nuair a d'iarr Seán orm iad, ach chinn sé orainn aon amhrán a mhealladh ó dhuine ar bith acu. Níl a fhios agam an raibh siad ag na fir, ach bhíodar ag Meaigí mar scríobh mé ar ball uaithi iad.

Chuir Seán chugainn é ar ball a dhul ag snámh, mar b'álainn an áit a bhí ann lena aghaidh thíos in íochtar an tsráidbhaile faoin gcéibh thíos agus é ina dhíthrá. Bhí ailltreacha móra cloiche ann agus an gaineamh geal síos fúthu agus ba mhór an pléisiúr a dhul de léim uathu sa taoille. Tháinig leaid óg amach chugainn le curach (ar fhaitíos timpiste ar bith, creidim) agus bhí an-spraoi againn ag dul timpeall air is faoi síos. Shnámh mé féin is Seán píosa mór amach ó thír in éindí leis an gcurach agus bhí go leor de mhuintir óg an bhaile ar an gcladach ag breathnú orainn. Nuair a bhí ár ndóthain de againn, chuaigh muid suas chuig an teach arís agus scríobhas píosa mór ó Mheaigí – amhráin nach bhfuil aon ainm áirithe orthu go bhfios dom – agus chuaigh Jim agus Seán ag déanamh culaith sheoil do bháidín beag a bhí ag gasúr eicínt ann. Cuireadh síos tae ansin dúinn, agus cé go raibh an tráthnóna ag imeacht ní raibh aon amharc ar Chóil ag teacht. Ach ag ól an tae dhúinn tháinig sé.

Duine suáilceach, geanúil é. Ní fear mór é agus ní feairín é, agus é dubh, crua, láidir – stumpa maith fir. Cuireadh a bhéilí ar bord chuige agus deirimse leat nach leis ab fhaillí á shlogadh.

D'iarr muid amhrán air agus dúirt sé 'Coinleach Glas an Fhómhair'. Dúirt sé ceann eile is ceann eile agus ar ball chuaigh mé ag scríobh uaidh. Bhí 'Éamonn an Chnoic' aige ar an seanbhealach agus thug sé dhom é gan postúlacht ar bith aige faoi. Choinnigh sé liom is choinnigh mé leis go dtí an nóiméad deireanach ag scríobh agus b'éigean dúinn slán a fhágáil acu agus, go deimhin, ba leasc liom é mar is beag beirt chomh gnaíúil a casadh ormsa fós. Ach bhí suas le cúig mhíle bealaigh romhainn de shiúl cos agus cúpla míle eile farraige go dtí tigh Bhaibín [Ní Raghallaigh]. (Shocraigh muid ar maidin gur ann a chodlódh muid arís agus ba mhaith an oidhe orainn é arís.)

Ag fágáil an tí bhí Jim préachta le fuacht agus shiúil muid an-tréan é agus bhí sé ag cinnt air aon téamh a dhéanamh. Ag teacht chuig na hUaimíní dhúinn bhí sé stiúgtha le tart agus bhuail sé isteach i dteach go bhfaigheadh sé deoch uisce. Nuair a chuaigh muid chun farraige b'éigean domsa mo sheaicéad a thabhairt dó leis an mbualadh fiacal a bhí air agus ina dhiaidh sin d'iarr sé orainn é a chaitheamh i dtír ar an taobh sin den oileán is go siúlfadh sé abhaile trasna an oileáin shul a mbeadh muide sa mbaile is an bád feistithe againn. Nuair a chuaigh muide chun an tí bhí sé ar an leaba agus é ag rámhaillí; agus nuair a chuaigh mise a chodladh – ar aon leaba leis a bhí mé – bhí an leaba snáfa fliuch le hallas Jim agus b'éigean dom an t-éadach a fhágáil fúm agus mo chóta a chur tharam.

Bhí muid ag cuimhneamh go mba chóir a dhul chuig an dochtúir agus é a thabhairt linn nó a chomhairle a iarraidh ach d'éist muid leis, mar ba mhór an obair a dhul go Leitir Móir amach an t-am sin d'oíche. (Bhí sé ina oíche ag fágáil na nUaimíní dhúinn.)

Aoine 13 Iúil

An mhaidin ina phléascadh toirní agus báistí arís agus is mise a bhí buíoch go raibh mo chuairt chun na Trá Báine déanta agam. Bhí buíochas eile agam – bhí biseach mór ar Jim [Cheoinín]; cé gur gar a chuaigh sé do niúmóine de bharr suí cois tine i gculaith bháite oíche Dé Céadaoin, mar níl rud ar bith ach é sin a thug air an taom seo. Choinnigh sé an leaba go dtí a haon sa lá agus chuaigh mise agus Seán [Seoighe] síos tigh Mhurcha (?)[Ó Cuanaigh] áit a bhfuil deirfiúr eile pósta aige, Bairbre, nuair a lag an bháisteach beagán. Bhí amhráin le n-iarraidh aige ar Mhurcha seo dhom ach is é an áit a raibh Murcha, sa Spidéal ó inné, agus mar sin ní raibh maith againn inár gcuairt, ach gur casadh bean tí an-tsuáilceach orainn ann, an deirfiúr eile seo le Seán, Bairbre. Chaith muid tamall maith sa teach, mar cuireadh síos tae dhúinn, agus bhí sé a ceathair agus é ag tosaí ag báisteach ceart nuair a d'fhága muid é, agus ní raibh deis moill ar bith a

liom i Ros Muc '42, d'fhan mé istigh léi agus le muintir an tí cois tine i gcaitheamh na hoíche.

Céadaoin 18 Iúil
Ag scríobh istigh, litreacha agus ceol. Siar go Carna chuig an bposta. Casadh Liam Mac Coisdeala orm tar éis dom a theacht as an bposta agus bhí deoch is comhrá againn le chéile. Chuas ag snámh tar éis an dinnéir agus chuas soir ar a seacht go dtí Learaí Churraoin, An Aird Mhóir, agus bhí Learaí sínte ar a leaba le dhá lá le slaghdán. D'fhilleas anoir ar ball agus rinne mé mo chuairt tigh Chóilín Guairim agus chuas a chodladh ar a haon déag.

Déardaoin 19 Iúil
Geallta bád sa gClochán inniu. Thógas trí lá saoire, mar táim an-tuirseach agus níl an bheatha anseo ag réiteach le mo ghoile le tamall agus tá beartaithe agam gan filleadh go Domhnach agus mo scíth a ligean go dtí sin. Chaitheas na ceithre lá seo go leisciúil sa gClochán agus ba mhó ab fhearr mé Dé Domhnaigh ná Déardaoin, agus fonn orm dul i gcionn oibre arís Dé Luain.

Luan 23 Iúil
An mhaidin le litreacha agus le riaradh ceolta agus focla amhrán a scríobhas le coicís nó trí seachtainí agus ag déanamh liosta d'amhráintí atá le fáil go fóill agam, go bhfios dom, agus ag iarraidh clár oibre a leagan amach le m'aghaidh féin idir seo agus deireadh na míosa. D'athscríos beagán amhráintí tar éis dinnéir agus chuas siar chuig an bposta. Chaitheas tamall maith ag glaoch ar an gConnacht Laundry ar an nguthán faoi níochán nár tháinig chugam fós is mé os cionn seachtaine ag fanacht air.

Thugas an oíche tigh Liam Mhic Coisdeala, mar bhí geallta agam dóibh le seachtain – é féin is a bhean [Neóiní] is a chlann ag fanacht i dteach a thóigeadar ar chíos míosa i Maíros thiar.

Máirt 24 Iúil
Athscríobh tuairisce ar an Drochshaol agus litir go dtí an oifig ar maidin; an tráthnóna siar go Trá Mhaírois ag snámh agus isteach don Aird Thoir gur chaitheas seáirse mór le Seán Choilm Mac Donncha ann ag scríobh uaidh is ag cardáil, agus an chuid eile den oíche tigh mhuintir Éanaí, comharsana leis, as ómós dóibh. Níor fhágas iadsan go dtína trí ar maidin agus faoin am go raibh mo 4 nó 5 de mhílte go Carna déanta agam bhí fonn codlata orm.

Seán Choilm Mac Donncha.
(Le caoinchead Dhara Bháin Mhic Dhonnchadha.)

Céadaoin 25 Iúil

Níor éiríos go dtí 11 a.m. agus ó bhí sé leagtha amach agam cuairt a thabhairt ar Mhaidhc Mhaidhcilín Ó Conaola (*c.* 46), Caladh Mháínse, ní raibh mé leathuair ó d'fhág mé an teach go dtáinig mé suas leis is é ag déanamh cruach mhóna síos ón teach. Baitsiléara é Maidhc agus é ina tháilliúir, agus mar is iondúil ag táilliúirí, tá sé bacach. É caol, ard agus tanaí as a éadan agus hata feilt air ná raibh sean agus ná raibh baol air a bheith nua ach oiread. Cosúlacht air nach fear an-láidir ná an-fholláin é, ach gan mórán caille air ina dhiaidh sin.

Is é an graithe a bhí agamsa dhe amhrán a raibh 'Púcán Mhicil Pháidín' air, faoi bhád púcáin a bhí i Maínis fadó. Bhí trácht cloiste agam air le fada agus ní bhfuair mé riamh ag duine ar bith ach focal nó dhó dhe agus dúirt Pádraig Ó hIarnáin go raibh an t-amhrán uilig ag Maidhc.

Tar éis dúinn seáirse a thabhairt ag comhrá le chéile, agus go deimhin ba shuáilceach, cainteach an fear é, d'insigh mé féin dó gur ag tóraíocht an amhráin seo a tháinig mé. Dúirt sé liom gur amhrán é sin nach raibh ag aon fhear i gConamara anois, go mba é Seán Bacach Ó Guairim a chum é agus gur iomdha duine a bhí dhá iarraidh agus nach dtug sé fós uaidh é.

'Ach siod amhrán deas,' a deir sé, agus dúirt sé ceann agus ceann eile agus ceann eile, ach is é leagan an leabhair a bhí aige ar fhocla gach aon cheann acu i mo bharúil. Bhínn ag iarraidh teacht ar ais chuig an 'bPúcán' leis i gcónaí agus eisean do mo choinneáil uaidh go ceann i bhfad. Dúirt mé féin leis ar deireadh í a thabhairt dom nó a rá nach dtabharfadh agus bhí sé ag cur is ag cúiteamh go ceann i bhfad, agus ar deireadh nuair a bhain sé geallúint asam rud ar bith a d'fhéadfainn a dhéanamh go deo dhó go ndéanfainn é, lom air ag rá an amhráin agus fonn 'Bhrídín Bhéasaigh' aige leis. Ach scríobhas uaidh é agus ansin dúirt sé ceann a rinne sé féin faoi 'Bhád Sheáin Antaine' a raibh an fad coimhthíoch ann. Ach chuir sé ann gur ceart an file a íoc agus gach uile dhuine ar mhaith leis an t-amhrán a fháil, dhá scilling[47] a íoc leis féin air. Dúirt sé liom gur chuir sé scéal ar fud Mháínse go bhfaigheadh siad an t-amhrán uaidh ach dhá scilling a fháil ar an amhrán ó gach uile theach ann, ach deir sé: 'Bhíodar róthugtha don airgead is níor iarradar an t-amhrán.' (Is i Maínis a bhí an bád.) Ach gheobhad an t-amhrán arís uaidh.

Ó bhí an lá dhá chaitheamh – bhí mé trí huaire an chloig leis – b'éigean dom a dhul chuig mo dhinnéar agus dúirt mé leis go bhféachfainn a theacht chuige Dé Luain nó Dé Máirt seo chugainn arís. Ach tá sé chomh maith dhom a rá anseo gur chinn sé orm. Bhí graithe níos tábhachtaí agam ná ag baint spraoi as Maidhc bocht, ach ba mhaith liom 'Bád Sheáin Antaine' a chur síos uaidh uair eicínt mar gheall ar an gceathrú atá ann a n-iarrann sé an t-airgead inti, agus is dóigh liom go gcaithfead féin mo 2/- a íoc air!

An tráthnóna le Colm Ó Caodháin i nGlinsce. Phléamar an cheist céard a bheadh ag Colm do Liam [Mac Coisdeala] an chuairt seo mar d'fhág Liam an *Ediphone* aige nuair a thug sé cuairt aréir ann. Bhí mé in ann go leor rudaí suimiúla a d'insigh sé dhomsa a chur i gcuimhne dhó. Chuir mé síos cúpla amhráinín deas Béarla ó Cholm agus cúpla píosa beag fánach eile. Ní raibh mé i Roisín na Mainiach go dtí 12.30 istoíche.

Déardaoin 26 Iúil

D'iarr Colm [Ó Caodháin] aréir orm a dhul go Maíros – rud a rinneas – agus a insint do Liam [Mac Coisdeala] go mbeadh sé ag dul chun farraige inniu ag iascach, agus a rá le Liam gan a theacht ar cuairt chuige go dtí amárach, mar gheall Liam go mbeadh sé chuige Déardaoin. Bhí sé sin déanta agam ar a dó dhéag agus chuas aniar arís chuig an bposta. Bhí mé san Aird Thiar ar a trí arís ar mo chuairt chuig Seosamh Ó Caola, O.S., (Carna) agus ag fanacht go dtiocfadh Seán Choilm Mac Donncha isteach ó ghliomadóireacht.

Tháinig ar a 7.30 agus ní i bhfad ina dhiaidh sin (bhí muid ag faire an bháid amuigh) go raibh mé san Aird Thoir i dteach Sheáin ag scríobh uaidh. Le méid dhár bpléisiúr le chéile níor airigh muid go raibh sé tar éis a haon a chlog, agus bhí sé an dó nuair a bhíos i Roisín na Mainiach arís, trom, tuirseach mar is gnách le tamall.

Aoine 27 Iúil

An mhaidin istigh ag scríobh. Chuas siar go Carna ag ceannach cúpla rud a theastaigh uaim – orthu sin bhí ábhar péire tosaithe bróg de leathar, an áit a bhfuil mo bhróga á gcaitheamh. Fuair mé an posta agus mo pháipéar agus chuas soir chun dinnéir agus amach liom go Glinsce ar ball beag (*c.* 5 p.m.).

Bhí eiteán[48] amháin tugtha liom agam ó Liam [Mac Coisdeala] le 'Port na Giobóige' a chur síos ó Cholm [Ó Caodháin] air, mar is iontach an píosa é agus ba mhaith liom é a bheith againn san oifig le cloisteáil, cuirim i gcás gur ar eiteán *Ediphone* féin é, go dtí go bhfaighidh muid plátaí gramafóin arís.[49]

Bhí Colm ar an gcuan ag iascach, ach ó bhí sé gar do bhaile ag déanamh boird ag iascach ronnacha, síos is aníos, ní raibh a fhios agam cén pointe a dtiocfadh sé i dtír abhaile agus d'fhan mé ann go dtáinig sé i dtír ag a hocht.

Á fhágáil dom bhí 'Port na Giobóige' ar chéir againn (agus amhrán eile nár thóg an *Ediphone* chomh maith sin) agus bhí slám ronnacha agam féin de bharr na hoíche le m'aghaidh féin is muintir Iarnáin amárach.

Satharn 28 Iúil

Ar m'éirí dhom ar maidin chuaigh mé i gcionn na mbróg agus bhí péire nua tosaithe suas agam ag a 11.30.

Chuas ar a dó dhéag ar shochraid an Mháilligh [Micheál] as Leitir Deiscirt – an chéad teach a dtug Fr [Austin] Burns ann mé i gCarna 1942 – a cailleadh cúpla lá ó shin. I Maíros a cuireadh é agus ní raibh muid réidh leis sin go dtí gar don trí. Chuas soir chun dinnéir ansin.

Ní raibh mórán ratha leis an tráthnóna le ceobháisteach agus is é an chaoi ar chaith mé í ag déanamh cúpla deasú ar mo rothar – é a shocrú is á ghlanadh is ag cur ola air.

Chuas ar cuairt tigh Phádraig Pheaitsín [Uí Mhaoilchiaráin] san oíche, mé féin is Pádraig Ó hIarnáin, as ómós dóibh, mar is uaidh i gcónaí a d'fhaigheadh muid an churach le dul go Fínis, nó am ar bith a mbíodh graithe againn di le cúpla bliain anuas, agus is é a thug dhúinn go fial fáiltiúil í.

Domhnach 29 Iúil

Mé féin is Liam Mac Coisdeala is cara leis agus Micheál Mac Fhualáin as Carna ag dul go Cloch na Rón le Colm Ó Caodháin inniu ina bhád seoil. Chuaigh muid chun farraige ar a 3.30 le ropadh breá gaoithe. Agus nuair a tháinig muid aníos ó chéibh Chloch na Rón d'ól muid deoch, agus chuaigh muid tigh Cissie Conneely ann ag ól tae. Nuair a d'ól muid cúpla deoch eile

Na Beanna Beola ó theach Cissie Conneely.

bhí fonn spraoi ag teacht ar Cholm, rud ab fhada liom go mbainfeadh sé gáirí as Liam agus na fir eile.

Ach bhí an *Ediphone* linn le dhul ar cuairt go dtí Pádraig Ó hUaithnín in Inis Ní chun cúpla scéal a chur síos uaidh, agus bhí muid ag coimhlint leis an am. Ar deireadh dúirt Liam nach mbacfadh sé le hInis Ní agus chuaigh sé ar cuairt go dtí cairde leis.

Is é an deireadh a bhí ar an scéal go dtáinig muid abhaile go Glinsce breá luath le ropadh córach, gaoth aniar aduaidh, agus go deimhin bhí a raibh sa mbád lag tinn le gáirí ag Colm; is iontach go deo an duine é. Ar a 9.30 a tháinig muid i dtír, agus ba ghearr liom féin an tráthnóna uilig, mar bíonn an-tsult agam ar Cholm nuair a thagann fonn spraoi air. Agus deir seisean nach n-iarrfadh sé go deo ach in éindí liom féin. Bíonn sé ina phléaráca mar sin go minic againn.

Luan 30 Iúil

Scríobhas dhá litir, go dtí an oifig agus abhaile chuig mo mhuintir, ag rá go ngabhfainn abhaile go Baile Átha Cliath ar an Aoine. Ní mar síltear a bítear.

Thugas seantreabhsar liom inné le haghaidh bádóireachta agus ó ba é is fearr a d'fheil dom le haghaidh a dhul timpeall ar an rothar sa drochaimsir (d'fhág mé tigh

Tigh Sheáin Choilm.

Chaodháin aréir é de dhearmad), chuas go Glinsce ansin lena fháil. Chuas siar timpeall Leitreach Ard ansin ó Ghlinsce go dtáinig mé tigh Liam Mhic Coisdeala go bhfágfainn slán ag a mhnaoi, mar bhí sí le n-imeacht amárach. As sin mo chuireadh tigh an Mháistir, Seán Ó Conchúir, san Aird Thoir [Thiar] chun dinnéir. Agus ó bhí Máirtín Ó Flaitheartaigh[50] aige ar saoire rinne muid go leor cainte le chéile. Ar a seacht a chuas tigh Sheáin Jeaic Mhic Dhonncha, síos ó theach an Mháistir, ach ní dhearnas aon mhoill ann ach ag fágáil slán acu.

Chonaic an hocht tigh Sheáin Choilm [Mhic Dhonncha] mé, ag scríobh uaidh. Agus bhí mé thoir i Roisín na Mainiach i mo chodladh ar a dó dhéag.

Máirt 31 Iúil

Chonaic an mhaidin sna háiteacha sin siar arís mé ag fágáil slán ag daoine a rabhas mór leo ar an mbealach agus a chaith fiúntas liom. Siar liom go Glinsce an áit a bhfuair mé Colm [Ó Caodháin] ag baint is ag triomú féir. Scríobh mé rudaí áirithe uaidh agus píosaí ceoil a bhí i gceist againn cheana i gcaitheamh an tráthnóna agus bhí mé i Roisín na Mainiach ag a 7.30 p.m. chun dinnéir.

Thugas cúpla uair an chloig ina dhiaidh sin tigh Choilmín Mhic Fhualáin i gCarna ag casadh ceoil le Maidhcil [Mac Fhualáin]. Fuaireas ríl eile uaidh.

Céadaoin 1 Lúnasa

Mo chuairt dheireanach ar Chaodhán inniu. Scríobhas rudaí beaga eile uaidh. Léas mo chuntas ar an Drochshaol uaidh, á cheartú, agus líon mé isteach lúbanna beaga ar lár in mo lámhscríbhinní. Chuireas síos cuntas ar a bheatha ar an *Ediphone* uaidh agus bhí agam. Cé go bhféadaim a rá go bhfuil mé réidh leis, níl aon chuairt a thabharfainn air nach mbeadh rud eicínt cuimhnithe aige dhom arís le scríobh.

Tháinig Liam Mac Coisdeala is mé ag imeacht uaidh, agus b'éigean dom casadh arís is an bosca eiteán a thabhairt liom síos go Carna.

Thugas ruaig go Maínis ag fágáil slán ag mo chara Peait Greene agus a bhean [Neilí] agus ghlaos tigh Choilmín [Mhic Fhualáin] arís i gCarna ar mo bhealach abhaile.

Déardaoin 2 Lúnasa

Cuairt ar Learaí Churraoin, An Aird Mhóir, go bhfuair mé a phictiúr.

An mhaidin ag pacáil málaí is ag déanamh beartán. Siar is aniar Carna ag iarraidh páipéir is ruóige. Siar chun an phosta. Cuairt go Fínis tar éis dinnéir agus ar ais ar a seacht. Cuairt tigh Mhóráin[51] san oíche le clann Choilmín [Mhic Fhualáin] agus Maidhcil [Mac Fhualáin] an veidhleadóir, go ndearnas tamall píobaireachta ann agus abhaile a chodladh i gcomhair na maidine.

Sular thit mo chodladh orm b'fhacthas dom go raibh mé an-chraite de bharr a ndearnas de rásaíocht le tamall anuas agus chuimhnigh mé orm féin go maith. Bhí tamall ó shin ann sula ndearna mé na laethe saoire úd sa gClochán agus bhíodh mo lámh ag creathadh corruair agus scanraigh sin mé, nó gur thóigeas na cúpla lá saoire sin. Dúirt mé liom féin anocht go mb'fhearr dhom scíth eile a ligean anois in áit na mochéirí ar maidin le creathadh an bhus 50 míle ar maidin a fhulaingt agus an bealach tuirsiúil go Baile Átha Cliath. Agus bheartaíos ar choicís saoire a thóigeáil agus deireadh na seachtaine a chaitheamh mar bhí agam agus a dhul abhaile Dé Luain. Mar sin chuir mé uaim sreangscéalta an mhaidin dár gcionn, agus níor chorraigh mé go Luan ach i mo luí timpeall go breá leisciúil ag ligean mo scíthe. Bhí ar chuir mé romham i gCarna déanta agam agus mé sásta in m'aigne.

Nótaí agus Tagairtí

1 1296: 190–287 (go dtí 6 Iúil 1945), 1297: 3–47.

2 Eanach Dhúin an leagan oifigiúil air.

3 Baile Mhic Gormáin.

4 Bhí nós ann dul chuig campa sa samhradh ar feadh tréimhse. Féach mar shampla litir ó S. D. Coates, Aidiúnach Ceantair, 24 Bealtaine 1945, chuig Rúnaí an Choimisiúin ag tagairt don tréimhse 22–9 Iúil: *'Mr James P. Ennis of Jamestown, Finglas, in your employment is a member of this District and it is requested that you will release him for the above mentioned period without prejudice to his employment.'*

5 Sa bhliain 1944 sheol an Coimisiún ceistiúchán faoin Nollaig agus faoi nósanna a bhaineann léi chuig na comhfhreagraithe ceistiúcháin. Tá na freagraí in imleabhair 1084–7, 1135.

6 Sa bhliain 1945, sheol an Coimisiún ceistiúchán faoin nGorta chuig na comhfhreagraithe ceistiúcháin. Anuas air sin cuireadh cóipleabhar speisialta amach chuig cuid de na bailitheoirí le dianbhailiú a dhéanamh faoin ábhar don Oll. Roger McHugh *q.v.* Tá na freagraí ar an gceistiúchán agus na cóipleabhair speisialta in imleabhair 1068–75.

7 Tá litir i mBéarla, gan dáta, ceangailte leis an lámhscríbhinn anseo ó Shéamus Ó Duilearga ag rá le Mac Aonghusa, i measc rudaí eile, fanacht san áit a raibh sé go mbeadh sé réidh leis an obair agus ansin dul go Contae an Chláir.

8 Dúch a bhí ní ba thibhe ná gnáthdhúch a bhí anseo. Ba chosúla le péint í. D'úsáidtí í le bloic le grianghraif agus trascríobh ceoil a chur i gcló sula dtáinig liotaphlátaí ar an saol. Córas leictrilíte a bhí ann. Tháinig deireadh le bloic chlódóireachta ag tús na 1980idí. Tá sé le tuiscint as a bhfuil scríofa anseo ag an mbailitheoir go raibh ar intinn an bailiúchán ceoil a fhoilsiú.

9 Tá saothar Roger McHugh a bhunaigh sé, den chuid is mó, ar bhailiúchán Choimisiún Béaloideasa Éireann foilsithe in Edwards & Williams 1956, in alt dar teideal 'The Famine in Irish Oral Tradition', 394–595.

10 Is dóigh gurbh í seo Kathleen Fitzhenry a raibh cáil na hamhránaíochta uirthi.

11 'á ghoid féin' atá sa lámhscríbhinn, ach féach Ó Máille 2002, 134.

12 Tá litir dar dáta 27 Aibreán 1945 ceangailte leis an lámhscríbhinn anseo ó Thomás Ó Broin, 3 Plás Eilí, Gaillimh *q.v.* ag rá le Mac Aonghusa gur dóigh nach fiú dul go Mionloch ar thóir seanamhránaithe mar go raibh Tomás féin ar a dtuairisc ann agus nár éirigh leis iad a aimsiú ach ag iarraidh air bualadh isteach chuige nuair a bheadh sé i nGaillimh.

Tá an nóta seo a leanas ag Mac Aonghusa, 1 Bealtaine 1945: 'D'inis mé dó i bhfreagra air seo go raibh súil agam a bheith i gConamara go dtí am eicínt i mí Iúil agus go nglaofainn chuige arís, is mé ag dul tríd Ghaillimh, agus go gcuirfinn scéala ar mo theacht chuige.

Mura mbeadh ann ach leaganacha na bhfocal a chloisteáil, bheadh suim agam iontu, agus dhá mbeadh fonn amháin féin san áit, go bhféachfainn lena mhealladh chugam, dúirt mé.'

13 Mionloch.

14 Fuair Adolf Hitler *q.v.* bás ar an 1 Bealtaine 1945.

15 Bhí triúr a raibh an-luí acu leis an gceol Gaelach in Áras na nÍosánach, Páirc an Mhuilinn, Baile Átha Cliath 6. Ba iad seo an tAth. Diarmuid Ó Laoghaire, Seán Ó Mealláin agus Piaras de Hindeberg. Gach seans gurbh é an tAth. Ó Laoghaire a d'eagraigh an léacht ag Mac Aonghusa. Bhíodh de nós ann cuireadh a thabhairt ó am go chéile d'aoi-léachtóirí teacht go Páirc an Mhuilinn. Sheinn Séamus an fonn *'Good Morrow, Fox'* ar an bpíb uilleann agus chuir íomhánna i láthair leis an gceol. Bhí Mac Mathúna chomh tógtha leis an léacht agus leis an gceol gur chuir sé litir bhuíochais chuig Mac Aonghusa.

16 Is éard atá i gceist anseo gurbh iad Beirlín agus fórsaí armtha na Gearmáine san Iodáil a ghéill do na Comhghuaillithe.

17 Ghéill Hamburg do na Comhghuaillithe ar an 4 Bealtaine 1945 agus thóg na Comhghuaillithe Rangoon, (Yangon anois) príomhchathair Bhurma, (Myanmar anois) ar an 3 Bealtaine 1945.

18 Ghéill fórsaí na Gearmáine san Ollainn agus sa Danmhairg do na Comhghuaillithe ar an 5 Bealtaine 1945.

19 I Reims na Fraince, síníodh géilleadh fhórsaí na Gearmáine, gan choinníoll, agus dá réir tháinig deireadh leis an Dara Cogadh Domhanda san Eoraip.

20 Ba i bhfómhar na bliana 1940 a cuireadh an scéim seo i bhfeidhm in áit scéime a bhí ann roimhe do mhíntíriú talún. Bhí feidhm ag an scéim nua leis an tír iomlán agus bhí sí i bhfad ní ba chuimsithí ná an tseanscéim. Faoin scéim nua d'fhéadfaí deontais suas le leath an chostais mheasta a thuilleamh do réimse leathan feabhsúchán maidir le feirmeacha, chomh maith le míntíriú thalamh gan mhaith agus taoscadh uisce. Earcaíodh thart ar 130 maor agus cigirí feabhsúchán feirmeacha agus tugadh faoin obair gan mhoill. Bhí an scéim ar cheann de scéimeanna réabhlóideacha na Roinne Talmhaíochta san am a raibh an-rath orthu. Féach Hoctor 1971, 218.

21 Tagairt í seo d'óráid Éamoin de Valera i bhfreagra ar Winston Churchill a cháin de Valera ina aitheasc caithréime, i ngeall ar neodracht na hÉireann le linn an chogaidh. Labhair Churchill ar an 13 Bealtaine 1945 agus d'fhan de Valera trí lá sular thug freagra air. Is ar éigean a bhí duine ná deoraí ar shráideanna ná ar bhóithre na hÉireann nuair a bhí óráid de Valera á craoladh. Sa bhfreagra dúirt sé: '*Could he [Churchill] not find in his heart the generosity to acknowledge that there is a small nation that stood alone not for one year or two, but each time, on returning consciousness, took up the fight anew; a small nation that could never be got to accept defeat and has never surrendered her soul?*' *Éamon de Valera 1882–1975*, 1982.

22 Is dóigh gur chomórtais nirt a bhí iontu seo bunaithe ar dhúshláin a bhain le meáchain a chaitheamh ar bhealaí éagsúla. Ba éard a bhí i gceist le '*putt*áil', an meáchan a chaitheamh os cionn láimhe nó siar ón ngualainn agus tá an nós ar a laghad chomh sean leis an 14ú haois.

23 Scríobh Roibárd Ó Breandáin an dráma seo i mBéarla faoin teideal '*Good-night Mr O'Donnell*'. D'aistrigh Liam Ó Briain é agus thug '*Oidhche Mhaith Agat, a Mhic Uí Dhomhnaill*' air. Foilsíodh an leagan Gaeilge den chéad uair i 1933 agus léiríodh sa Taidhbhearc é Lá Fhéile Pádraig 1932. Ba é Proinsias Mac Diarmada a léirigh. Bhí an-tóir ar an dráma le linn na mblianta thart ar 1930 agus 1940.

24 I ndialann Uí Dhuilearga i gcuntas don 17 Bealtaine, scríobh sé mar seo a leanas i mBéarla: '*I left Dublin en route for Maam, Co. Galway, Thurs. 17 May 1945. With me was S. Dahlberg, Sec. Swedish Consulate, this being his first trip West. Costelloe [Liam Mac Coisdeala] met us at Galway & we walked to nr. [near] University where we got bus to Maam X. Arranged with Costelloe for his work in July in Carna par. [parish]. Cycled from Mám X to Mám.*
   Fishing. By Sat. I was fed up. Dahlberg (who had been away with Séamus Ennis, Mon–Thurs) came with me on cycle run. Called O'Malleys, Kilmilkin, from that to Seanadh Farracháin where I called on Billy Burke (93), still active, thence to Finny, Cloch Bhreac & caught bus at Corr na Móna for Mám. A v. pleasant run of 20 miles. Fishing again Sunday. With Fr O'Brien, Joseph Brennan & son to dinner at Cong Hotel. Met there Mr Momford Smith who invited me to fish Lochs Furnace & Feeagh. Pleasant party there. By bus to Cong Monday. Dahlberg went back to Dublin. I cycled to Allt na Brocaí (50 miles).'

25 Ba le hAlfred Ó Seachnasaigh an teach tábhairne seo i dtosach agus ina dhiaidh sin bhí sé ag a mhac Frank. I 1949 cheannaigh muintir Keogh é agus anois is é Tigh Leavy atá ann.

26 Léití fáistine as gnáthchártaí imeartha.

27 Nath onamataipéach é seo ag Colm le cur síos a dhéanamh ar an turas sa bhád.

28 Is dóigh gurb é seo Óstán an Zetland. Mar lóiste sealgaireachta a tógadh i dtosach é ag tús an 19ú haois agus is ó Iarla Zetland an t-ainm mar go dtugadh sé cuairt go minic air.

29 Ceann Ramhar, gan aon alt roimhe go hiondúil, a thugtar ar thrian theas Inis Ní.

30 Tá tagairt ag Robinson 1990, 78 do 'Cuan na dTroscaí'. Deir sé gur baile beag is ea Troscaí ar Inis Ní ónar ainmníodh an cuan ar an taobh thoir den oileán. 'Cuan na Troscaí / an Troscaidh' atá 'istigh ó Oileán an Chlaí' atá ag an mBrainse Logainmneacha.

31 Is dóigh gurbh iad seo an dá rolla ar chuir Séamus fios orthu i litir 26 Bealtaine 1945 agus chuir Seán Ó Súilleabháin an nóta seo leo agus iad á gcur sa phost aige an 29 Bealtaine: 'Fuaireas ó Mason inniu iad. Chuaigh Caoimhín Ó Danachair síos á n-iarraidh . . . ceann le hadhmad ina lár agus ceann le stán, toisc ná fuil a fhios againn cad é déanamh an *camera* atá agat. Deir Caoimhín ná hoireann ach saghas amháin don chuid is mó des na *cameras*. . . . Beir an tarna ceann thar n-ais leat, mar is deacair iad a fháil, agus beidh gá ag Caoimhín de.'

32 12.50 cg.

33 Bunaithe ar an scéal Fiannaíochta ina dtagann Oisín abhaile agus faigheann amach go bhfuil na Fianna marbh, is iondúil go n-úsáidtear an nath le tagairt a dhéanamh do sheanduine a bhfuil a lucht comhaimseartha marbh.

34 Port na Feadóige atá ar an gcuan ar an léarscáil ag an tSuirbhéireacht Ordanáise.

35 B'an-amhránaí í Bairbre (Babs) McDonagh. B'aint le Vail í agus bhíodh sí ag múineadh amhrán agus ag múineadh ceol cairdín freisin.

36 Ó Floinn a bhí ar an máistir scoile agus d'fhan sé féin agus a dheartháir tigh Thuathail taobh leis an scoil. Bhí an-spéis ag an máistir scoile sa Ghaeilge agus spreag sé Vail leis an nGaeilge a thabhairt leis.

37 Tá tagairt don ócáid seo in Quinn & Mac Con Iomaire 1997, 26.

38 Lá buíochais a bhí anseo i ngeall ar an gcogadh a bheith tagtha chun deiridh, ach níor lá saoire poiblí a bhí ann.

39 Nabaí a bhí inti seo. Cheannaigh Peait Cheoinín ó Mhuintir Uí Ghallchóir in Acaill í. Briseadh ar an bhfarraige ina dhiaidh sin í.

40 €0.13.

41 Ba iad na sagairt chúnta san am an tAth. Pádraig Ó Dubhshláine, a bhí ina chónaí in Inis Mór, agus an tAth. Tomás Ó Canainn, a bhí ina chónaí in Inis Oírr, agus is dóigh gur duine acu seo atá i gceist.

42 Gach seans gurb í Céibh an Chrompáin atá i gceist anseo, mar gur ann a thagadh na báid as Árainn.

43 Gleann Stáil, áit a bhfuil Mainistir Bheinidicteach i gContae Luimnigh agus scoil chónaithe do bhuachaillí.

44 Níl d'eolas breise sa chomhfhreagras ag Mac Aonghusa faoin scéal seo ach an abairt seo a leanas i litir an 17 Iúil 1945 chuig Seán Ó Súilleabháin: 'Chuireas scéal go dtí Glenstal agus tháinig scéala uathub – leaba amháin a d'iarradar – níl a fhios agam an dtáinig sé go fóill.'

45 Idir ceithre agus cúig mhíle atá an turas farraige ón Aird Mhóir go hInis Bearachain.

46 Bíonn pátrún agus turas gach uile bhliain go Cruach na Cara nó Oileán Mhic Dara Lá Fhéile Mhic Dara. Bíonn faoistin, aifreann, geallta agus ceol ann.

47 €0.13.

48 Tagairt í seo don eiteán, nó don fhiteán céarach le taifeadadh a dhéanamh ar an ngléas éideafón.

49 Sna 1940idí, rinne an Coimisiún cuid mhór taifeadtaí ar dhioscaí nó ar cheirníní aiceatáite. I 1945, rinne Caoimhín Ó Danachair 'Port na Giobóige', a bhí tógtha ag Mac Aonghusa ó Cholm Ó Caodháin ar fhiteán, a aistriú ar phláta nó ar cheirnín aiceatáite.

50 [? Ó Flathartaigh *q.v.*]

51 Tá Tigh Mhóráin i sráidbhaile Charna ó dheireadh an 19ú haois. Siopa agus teach tábhairne atá ann agus ligeadh amach ar léas é i 1999.

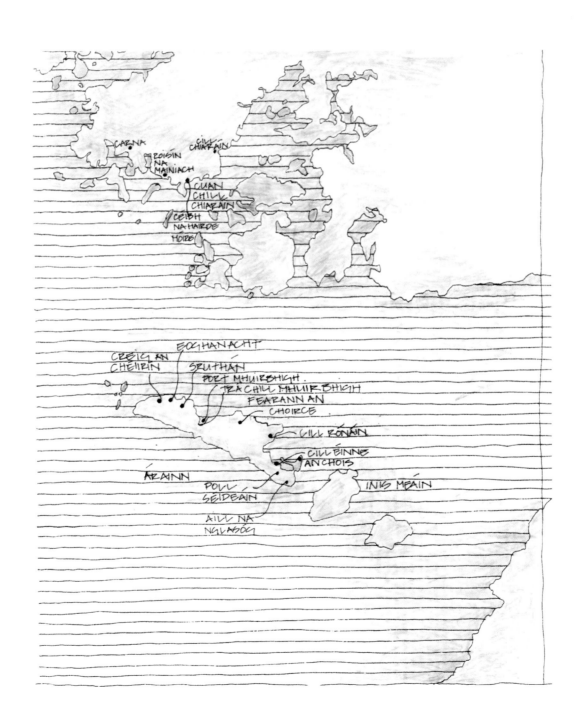

Cuairt ar Árainn

20 Lúnasa–6 Meán Fómhair 1945[1]

Luan 20 Lúnasa

Ar an traein ó Bhaile Átha Cliath go Gaillimh agus ar bhus go Carna san oíche. Galtán ag dul go hÁrainn Dé Céadaoin, ach b'fhada liom dhá oíche i nGaillimh ag fanacht air. Agus tá báid mhóna ag dul isteach gach uile lá ó Chill Chiaráin; níl trioblóid ar bith dul as sin go hÁrainn.

Máirt 21 Lúnasa

Chodlaíos mo dhóthain ar maidin mar tháinig sé ina bháisteach aréir, agus bhí gála maith ar maidin ann nuair a dhúisigh mé moch. Agus bhí a fhios agam nach ngabhfadh bád ar bith isteach mar a bhí sé.

Chuas soir go Cill Chiaráin tar éis mo dhinnéir agus bhí báid ann ag fanacht go lagfadh an ghaoth agus mar gheall ar nach bhfeilfeadh an taoille iad tráthnóna deireanach, ní raibh acu ach fanacht go dtí ar maidin moch amárach ar a seacht.

Chaitheas an oíche tigh Iarnáin cois tine ag comhrá leo, go ndeachas a chodladh ar a 10.

Céadaoin 22 Lúnasa

An lá go breá agus bríos gaoithe aniar aneas againn. Tornáil orainn tamall agus ag glanadh an chinn dúinn lag sé amach agus is gearr ina dhiaidh sin nár fhan fleaim gaoithe ann. B'éigean dúinn a dhul i gcionn na maidí rámha, agus ní raibh muid in Árainn go dtí an dó a chlog, tar éis an áit amuigh a fhágáil ar a hocht.

Ach chuaigh muid i dtír ag Port Mhuirbhigh, agus fuair mé amach nach raibh tigh Bhairbre Bean Pheait Uí Fhlaitheartaigh,

Tigh Bhairbre Bean Uí Fhlaitheartaigh.

269

Fearann an Choirce, an teach a mhol Máire Nic Néill dhom le haghaidh lóistín, nach raibh sé ach leathmhíle ón gcéibh. Soir liom ann agus, tráthúil go leor, bhí áit aici dhom.

(Bhí leaid as Eyrecourt,[2] Pat Duffy, Teresa agus Agnes McGonnell, beirt deirfiúr as Sligeach, fear as Baile Átha Cliath a bhí ag fanacht ann ag déanamh pictiúr, Cecil Galbally, agus mé féin sa teach ansin, agus ba deas an comhluadar iad, agus ní dream iad a d'fhanadh istigh ar maidin, agus mar sin bhí mé in ann mo chuid oibre a dhéanamh.)

Tigh Daly.

Chuas soir go Cill Rónáin tráthnóna – an galtán le theacht – agus tháinig mo chuid páipéirí sa bpost. Ba mhaith liom litir nó dhó a scríobh ach ní raibh seans agam. Thugas an oíche ann le muintir Daly, dream a bhfuil aithne mhaith agam orthu – is mór an ní cairde áirithe a bheith in áit choimhthíoch ag duine.

Tuirse orm de bharr mhochóirí, seoltóireachta agus iomraimh agus chuas siar a chodladh ar a 10.30.

Déardaoin 23 Lúnasa

Thugas an mhaidin uilig ón 10 go dtí an dó ag scríobh dialainne ón 7ú d'Iúil go dtí an 23ú. An leabhar dialainne a bhí agam roimis seo bhí sé spíonta ar an 6ú agus níorbh fhiú liom fios a chur ar leabhar nua, ag ceapadh go mbeinn san oifig ar an 21ú Iúil. Ach bhí obair eile a raibh fonn orm fanacht is í a dhéanamh, agus mar sin bhí mé os cionn míosa gan an dialann a scríobh, ach ag déanamh nóta beag d'imeachtaí gach uile lae dhom féin. Ní raibh dinnéar ar bith le fáil againn go dtí an 3 agus mar sin chuas ag snámh go dtí sin. Ní raibh deireadh leis an dinnéar go dtína 5 agus chuas siar go dtí Maitiú Ó Maoláin, fear óg atá ar m'aithne ann a bhfuil amhráin aige. Ach ní raibh sé istigh. Bhí a athair agus a bhean istigh romham (in Eoghanacht) agus tháinig sé amach sa tseanchas (*v.* 15.7.45) gur cailleadh a mháthair tráthnóna an lae a chonaic mé go deireanach é. Mar sin ba theach é nach bhfaighinn aon amhrán ann go ceann bliana, is dócha.[3] Bhí Maitiú amuigh ag iascach agus ní raibh neart agam ar thada ach filleadh ar ais soir ar a 7 p.m. Ní raibh tae go dtí an hocht agus mar sin chinn sé orm aon mhaith a dhéanamh den tráthnóna.

Aoine 24 Lúnasa

An mhaidin ar Thrá Chill Mhuirbhigh ag snámh is ag tóigeáil gréine. Dinnéar ar a trí agus mise réidh leis ar a ceathair faoi dheifir. Siar go hEoghanacht arís go dtí Maitiú Ó Maoláin, agus fuair mé ann é agus an-fháilte aige romham. Thug sé tuairisc dom ar bheirt den tseandream a raibh amhráin acu – Peait Bheairtle McDonagh (73), Creig an Chéirín (siar as Eoghanacht) agus a bhean Nóra (Ní Chonaola) (51); agus Seán Mhurcha Wallace (*c.* 60), Sruthán (soir as Eoghanacht).

Chuas go dtí Peait Bheairtle agus ní raibh sé ann agus chaitheas tamall fada ag seanchas lena bhean. Níor iarras aon amhrán uirthi mar ní móide go n-admhódh sí go mbeidís aici chomh tobann sin. Bean mhór ghéagach í, lúfar, aerach, tanaí as a héadan, agus í ag tosaí ag liathchan. Sciorta mór den dubhghorm uirthi go sála agus geansaí donn. Súile roinnt lag ina cloigeann, iad gorm, suáilceach. Í ag labhairt Béarla leis na cait, an gadhar, agus '*You're welcome, Seán*' leis an asal nuair a tháinig sé chuig an doras, is í ag sioscadh leo. Thaitnigh mo chuairt uirthi go mór liom. Is é an áit a raibh Peait ag iascach i mBun Gabhla.

Bhuail mé soir chun tae ar a hocht agus chuas go Cill Rónáin san oíche ag éisteacht leis an dornálaíocht, Droighneán *v.* Woodcock ó Bhaile Átha Cliath, 10.20, an ócáid ar chaith an Droighneánach isteach an tuáille.[4]

Satharn 25 Lúnasa
An mhaidin ón 10 go dtí an dó ag scríobh litreacha agus píosa eile dialainne. An tráthnóna breá gréine ag snámh is ag tógáil gréine ar mhaithe liom féin agus an oíche ar cuairt go Cill Rónáin le Pat Duffy as an teach seo.

Domhnach 26 Lúnasa
An mhaidin ar an trá anseo arís agus an tráthnóna ag fágáil Phait [?Pat Duffy] ar an ngaltán i gCill Rónáin agus ag cur litreacha uaim. Céilí[5] ann san oíche agus chaitheas tamall ann go ndúras cúpla amhrán dóibh, rud a thabharfas aithne do go leor orm – go deimhin, ach an oiread le háiteacha eile, tá 'Dia dhuit, a Shéamuis' dhom sa mbóthar ag an té nach bhfaca mé riamh.

Luan 27 Lúnasa
An mhaidin ag críochnú dialann Chonamara go dtí 2.8.45 agus ag breacadh nótaí ar an tseachtain atá caite. Bhí beagán trioblóide agam ag críochnú dialann Chonamara mar

bhí cúpla lá ná raibh nótaí ar bith agam fúthu (le teann cruóige, creidim) agus bhí orm cuimhneamh siar go maith orm féin. Ach níl aon lúb ar lár anois iontu.

Síos ag snámh a chuas roimh an dinnéar agus chuas siar go dtí tigh Pheait Bheairtle [McDonagh] ar a cúig.

Ar mo bhealach suas chun an tí sin tá teach de mhuintir Uí Thuathail ar leataobh an róidín (muintir Éamoinn Uí Thuathail a casadh orm i Maínis cúpla uair agus atá ina O.S. i mBaile Átha Cliath anois), agus ó bhí aithne agam orthu le dhá bhliain anois bhí leisce orm a dhul thar an teach an darna lá gan a dhul isteach ann.

Fuair mé go maith iad agus iníon dearthára de bhean an tí[6] (baintreach í bean an tí[7]) sa mbaile ar saoire ann ó Chionn Mhálanna i dTír Chonaill.[8] Í pósta ar fhear tí solais ann[9] a bhí tamall ar oileán Iarthach Árann[10] cheana sa teach solais.

Chaith mé leathuair nó mar sin ann agus bhain siad geallúint asam go dtiocfainn isteach arís ar mo bhealach anuas ag ól braon tae leo. Chuaigh mé isteach tigh Pheait ansin agus, mo léan!, bhí Peait thiar ag iascach arís. Ach bhain mé dhá amhrán as Nóra [Ní Chonaola] agus chuir mé síos iad – 'Nóra Ní Chonchúir Bháin' (agus 'Mal Dubh an Ghleanna' measctha thríd) agus píosa de 'Bhrídín Phádraig'. Bhí na foinn cheana agam. B'éigean di sin a dhul ag bleán agus ag cur síos fataí ansin – bhí sé an naoi a chlog faoi seo – agus d'fhág mé slán is buíochas aici arís agus chuaigh síos tigh na dTuathal, agus bhí tae réidh acu dhom agus cáca fataí déanta a thaitnigh go mór liom, go méadaí Dia a gcuid! Chaith muid uair eile ag caint go dtug bean an tí tuairisc dom go raibh file anseo fadó a raibh Páidín Phóil air a bhíodh ag ceapadh dánta is amhráin ar údair sheafóideacha, go díreach mar bhí i gConamara ag filithe eile. Ba cheart go mbeadh cuid acu ag Peait Bheairtle [McDonagh] a dúirt sí.

Chaintigh muid ar go leor eile nach mbaineann don obair seo agus tháinig mé abhaile ar a haon déag.

Dúirt Nóra, bean Pheait, liom go bhfuil neart amhrán ag fear an tí a bhfuil mé ann [Peait Ó Flaitheartaigh].

Máirt 28 Lúnasa

An mhaidin ag scríobh dialainne ó fhágas Baile Átha Cliath go dtí an mhaidin seo, agus ag deasú leathbhróige liom ansin a bhfuil brath ag a huachtar a bonn a fhágáil. Chuas ag snámh agus bhí dinnéar agam ar a trí a chlog.

Ar an 25.7.45 ar mo bhealach go dtí Maidhc Mhaidhcilín Ó Conaola, casadh liom Sonny Joe Ó Dubháin i gCaladh Mhaínse, agus chuaigh muid chun seanchais faoi Árainn. Bean de Dhireánach[11] as Cill Éinne atá pósta ag Sonny agus shíl mé go mbeadh eolas maith aige ann. Bíodh nó ná bíodh, thug sé ainm fir dom ann a raibh cáil amhrán air, fear de na Brianaigh, Tomás Ó Briain, a bhfuil 'Tyrell' mar leasainm air. Bheartaigh mé inniu ar chuairt a thabhairt air agus bhí mé thoir luath go maith sa tráthnóna. Tigh Mhicheáil Uí Dhireáin a chuas ar mo chuairt – 'Wallace' atá airsean – feairín beag caol, crua a bhíonns ina bhádóir i mbád [Stanley] Scofield, an *Alice Webster*[12] a bhíonns ag seoladh Chonamara uilig agus Co. an Chláir agus Árainn ag tabhairt léi na ngliomach dhá dtiomáint go Sasana. Is é athair Mháire é, a dtugas cuairt uirthi cheana, 15.7.45, ar chuairt a thug mé ag bádóireacht go hÁrainn le Peait Cheoinín. Mar sin, bhí eolas agam sa teach agus cuireadh síos tae dhom ar an bpointe. Cúpla amhrán de chuid [Choilm Uí] Chaodháin a dúirt mé oíche an chéilí, 29.6.45, i gCill Rónáin, b'éigean dom iad a rá arís dóibh anois, mar bhí Máire agus a máthair (Máire eile) [Máirín] an-mhór ina ndiaidh.

Ach ó ba uncail 'Tyrell' seo do Mháire (deirfiúr dá máthair), ní raibh agam ach fios a chur amach air. Chuaigh Máire amach dhá thóraíocht agus dheaman dhá chraic go raibh sé isteach in éindí léi.

Feairín beag ciúin é 'Tyrell', stumpa beag, a chuid éadaigh gan a bheith rite air agus caipín anuas ar a shúile nach raibh aon bhlas nuaíchte ag plé leis. Croiméal beag dorcha air agus loinnir an tsuilt ina shúile (*c.* 60).

Tigh 'Tyrell'. (Le caoinchead Bhairbre Uí Chonaill.)

Ní raibh sé i bhfad ina dhiaidh sin go ndeachaigh muid ag cardáil amhrán, agus ní raibh an fear is fearr a casadh riamh liom níos sásta ná 'Tyrell' dhá gcur i ndiaidh a chéile. Is é an chaoi a mbeadh dúil aige mé fanacht go maidin ag cardáil leis, agus ba é a fhearacht ag a dheirfiúr é agus ag Máire Óg. Bhí glór binn aige agus thaitneodh liom a bheith ag éisteacht leis agus ag scríobh uaidh. Maidir le Máire Óg, feicthear dhom gur feabhsaithe atá sí ó chualas cheana í. Bhí sí féin agus a máthair [Máirín] agus 'Tyrell' ag cuimhneamh ar amhráin agus ar phíosaí beaga fánacha, suimiúla go dtí go raibh liosta beag deas breactha agam uathu agus cúpla ceann scríofa. Ar a haon ar maidin a d'fhágas an teach agus bhí mé an-bhuíoch ar fad den triúr seo. Shílfeá nach raibh tada ar domhan uathu ach cúnamh a thabhairt domsa oiread is a fhéadfaidís. Bhí fear an tí ó bhaile sa *Webster* agus bhí deirfiúr óg eile [Bríd] le Máire amuigh ag cuartaíocht. Gaeilge uilig atá sa teach sin agus ins gach uile theach i gCill Éinne, cé is moite de thrí cinn, creidim, a bhfuil daoine pósta iontu as tír amuigh.

Rinne mé mo shé mhíle siar go Fearann an Choirce gan stróbh agus mé sásta go dtugas cuairt ar Árainn, rud nach rabhas go dtí anocht.

Céadaoin 29 Lúnasa

Scall an lá seo chomh ciúin is chonaic mé lá ar bith riamh – ní raibh rian leoithne gaoithe ar muir ná ar thír. Dhéanfadh sé lá maith i gcurach go hInis Meáin, dúirt mé liom féin, agus ó bhí Cecil Galbally, dathadóir pictiúirí, ag brath ar chuairt a thabhairt in éindí liom agus ó bhí sé in aon teach liom le seachtain, d'iarr mé liom é. Bhí muid thoir ag Maidhlí Mór [Seoighe] i gCill Éinne ar a deich – is é *ferry* na háite é – agus in Inis Meáin ar a haon déag – punt[13] a bhí ar an turas anonn agus abhaile.

Shiúil muid suas an t-oileán agus, dar mo choinsias, b'in é an píosa is deacra siúil a rinne mé riamh. Bhí muid snáfa le hallas de bharr gréine agus ciúineadas an lae, agus bhí ard coimhthíoch géar suas romhainn ón duirling a dtáinig muid i dtír uirthi go dtí lár an oileáin. Déarfainn gur dhá mhíle bealaigh a bhí ann, má bhí sé taobh leis. Bhuail muid isteach tigh Shéamuis an Bhéarla chomh luath is chuir muid fúinn é agus d'ól muid dhá phionta an fear, mise agus Cecil agus Maidhlí agus a chomrádaí.

Bhí tuairisc bheag faighte againn ó aréir ar bheirt seanóirí ar an oileán a raibh cáil amhrán orthu: Peadar Meagher (78) agus Peadar Mac Coisdeala (c. 66?). Chuaigh mé ar thuairisc an Choisdealaigh agus céard déarfá, ach is in Árainn Mhór[14] a bhí sé ó aréir. Casadh i dteach muid agus bhí seanóir ann a dúirt cúpla amhrán dúinn gan cheol gan riar ach ina bpíosaí briste. Tá mé cinnte go mba aistriúchán ón mBéarla ceann acu a frítheadh ó lucht saoire a thagadh ann – ní mé beo anois céard é féin, mar níorbh fhiú liom cuimhne a choinneáil air. Ní thabharfadh sé an ceann eile dhom, ag ceapadh nach raibh sé sách iomlán aige – rud ná raibh – ach dúirt sé liom go bhfaighinn uilig é sin ó Mheachair.

Ar thóir Mheachair a chaith muid an chéad uair eile agus ní raibh a thuairisc ag an teach. Síos linn chun na farraige, an áit ar cheap fear gnaíúil a casadh linn gurbh ann a bheadh sé mar bhí slua thíos ag bualadh coirce ar na creaga. Ach, mo léan, bhí an leathmhíle síos agus an leathmhíle aníos gan tairbhe againn, mar ní raibh a thuairisc le fáil. Bheadh sé chomh maith ag Meachair bocht a bheith gaibhte de léim i bhfarraige bhí a laghad sin dá thuairisc ina dhiaidh.

'Téanam chuig an *slip*,' a deir Cecil liom, 'go mbí muid scaitheamh ag snámh.' 'Níl locht air,' a dúirt mé féin. I bhfarraige a bhí muid nuair a tháinig galtán na Gaillimhe ar ancaire ann agus shnámh mé féin mo leathmhíle amach go dtí í. Chuir sé iontas ar dhream a bhí ar bord a chonaic inné go deireanach i bPort Mhuirbhigh mé, m'fheiceáil síos fúthu in uisce idir an dá oileán soir. Ach d'fhág mé slán acu. Agus nuair a tháinig mé i dtír, cé bheadh romham ach Meachair a bhí mé a thóraíocht ó mhaidin. Chuir mé orm agus bhuail muid chun seanchais. Dúirt sé liom nár mhór dó triail mhór le rudaí a thabhairt chun cuimhne arís. Ach mar sin féin chuir mé chun foinn é. Scríobh mé uaidh 'Amhrán an Churacháin', a gcuala mé trácht air cheana i gCill Éinne. D'iarr sé mo sheoladh orm go gcuirfeadh sé a chuid gasúr ag scríobh na n-amhrán uaidh agus go dtiománfeadh sé chugam iad. Thug mé dhó é ar phíosa páipéir agus thóg sé ina láimh é agus chuir sé an lámh in aer agus muid inár suí ar an mballa os cionn farraige agus dúirt: 'Dhá gceapfainn go ngabhfá á íoc liom ar bhealach ar bith, agus ghabhfadh do sheoladh i bhfarraige anseo agus dheamhan smid d'amhrán a scríobhfainn dhuit go bráthach!' Nár dheas agus nár uasal uaidh é! Fear an chroí mhóir, go dtuga Dia só dhó! D'fhág mé slán ag Peadar, mar bhí mé féin agus Cecil in inmhne[?][15] ár gcaillte le hocras. Casadh i dteach muid, agus d'iarr muid tae ann, rud a fuair muid go suáilceach; d'ól muid agus d'íoc muid é agus chuaigh muid ag breathnú ar na dúnta. Ní chuirfead síos orthu sin anseo, ach deirim gur iontach breá an feic é Dún Chonchúir in Inis Meáin.

Ar a sé a chuaigh muid síos chun an bháid agus uair ina dhiaidh sin bhí muid i gcionn na rothar ag dul siar ag ithe. Ní dhearnas aon bhlas as sin go maidin ach i mo chodladh, mar ní raibh mé riamh chomh tuirseach is bhí mé an oíche sin.

Bhí muid inár suí ag 8.30 ar maidin. Chuaigh muid sé mhíle ar rothair; shiúil muid míle eile chun an bháid. D'iomair mise dhá mhaide anonn; shiúil muid as sin go dtí an 6. Shnámhas amach go dtí an galtán agus isteach arís. D'iomair mé mo dhá mhaide abhaile agus bhí an turas céanna arís go Fearann an Choirce againn. Ach is é an snámh a bhain asam é. Agus ní mórán a bhí de bharr an lae agam ach fiúntas Mheachair.

Déardaoin 30 Lúnasa

An slua uilig ag dul go Carna inniu chuig an *pony show* – iad seo sa teach lóistín agus cuid mhór de mo lucht aitheantais ar an oileán. Ó d'iarr gach uile dhuine leo mé agus na hIarnáin agus araile i gCarna cheana, bhí beartaithe agam a dhul amach. Bhí litreacha agus airgead liom amuigh freisin agus sin é is mó a mheall amach mé. Mo léan dóite má mheall!

D'fhág an bád Cill Rónáin ar a 9.20 agus ní raibh ach trí mhíle seolta aici nuair a lag an ghaoth amach agus ní raibh smeámh as aer idir sin is a ceathair, ach muid ag iomramh trí mhaide, beirt ar gach aon mhaide go Carna, gach uile orlach den bhealach. Murach cúnamh taoille trá píosa mór den lá, dheamhan Carna a d'fheicfeadh muid ó ló. Ach sin é cuid an mhairnéalaigh i soitheach seoil. Bád mór dhá chrann, *Columbia* Cheoinín as Fínis, 60 tonna agus 50 duine againn inti agus dar mo choinsias, d'airigh muide gach uile thonna dhe. (I Leithinse, Co. an Chláir, atá mé inniu – 11.9.45 – dhá scríobh seo agus tá na léasracha le cneasú fós ar mo lámha!)

Bhuail muid Carna trom tuirseach agus ní chuirfidh mé síos ar Sheó Charna ná ar an gcéilí ins an teachín scoile istoíche, mar níl mórán suime againn iontu. Bhí duine de na hÁrainneacha agus chuaigh sé i lár an urláir le bróga rubair ag damhsa dhó féin gan iarraidh. Thaitin sin go mór leis an gcruinniú. Fear tuairim is 50 bliain d'aois é.

Aoine 31 Lúnasa

Níor ghlac Peait Cheoinín mo tháille uaim féin inné sa mbád (3/6).[16] Chuas a chodladh ar a ceathair tigh Iarnáin agus d'éiríos ar a hocht ag faire an bháid. Chroch sí a seol deiridh ar a 9 – an comhartha go raibh siad ag déanamh téisclim ar imeacht. Chuas siar go hoifig an phosta ar mo ghraithe agus cheannaíos bolgam fuisce i gCarna do Pheait. Bhí gála maith gaoithe anoir aneas ann agus cé go raibh sí gann – sna súile orainn a bhí sí – ní raibh baol cailm orainn. Bhí moill mhór ag an gcéibh thíos againn i gcaoi go raibh sé 10.30 shul má tharraing muid ancaire. Ag tornáil go géar a chaith muid an lá ansin gur bhain muid amach céibh is caladh i gCill Rónáin ar a cúig. Ar nós na mairnéalach, bhí deoch le n-ól agus is é Peait a cheannaigh mo dheochsa as buíochas faoin bhfuisce. D'fhág mé slán acu agus bhuail mé féin agus Cecil [Galbally] siar ar na rothair le dhul ag ithe. Nuair a d'éirigh muid ón mbord bhí crónachan oíche ann agus bhuail muid siar go Port Mhuirbhigh ar ár gcuairt go dtí Tom Teevan, dlíodóir[17] as Baile Átha Cliath a d'iarr siar muid oíche eicínt. Ag siúl na dumhaí dhúinn chonaic muid an *Columbia* ag glanadh Cheann Gólaim le hiomlán scóide is cóir bhreá abhaile go Fínis agus neart gaoithe aici. Déarfainn ná raibh sí os cionn uaire ag dul abhaile, bíodh go raibh sí sé huaire go leith ag tornáil isteach inniu.

Bhí spraoi ar bord inti ag teacht inniu. Bhí John Gill, seanbhádóir, agus gach uile dhea-chaint as i gcaitheamh na hama. Bhí cearc fhrancach i mála aige agus bhí cloigeann is scroig na circe ag gobadh aníos as poll a bhí sa mála. Is iomaí samhail a fuair an chearc

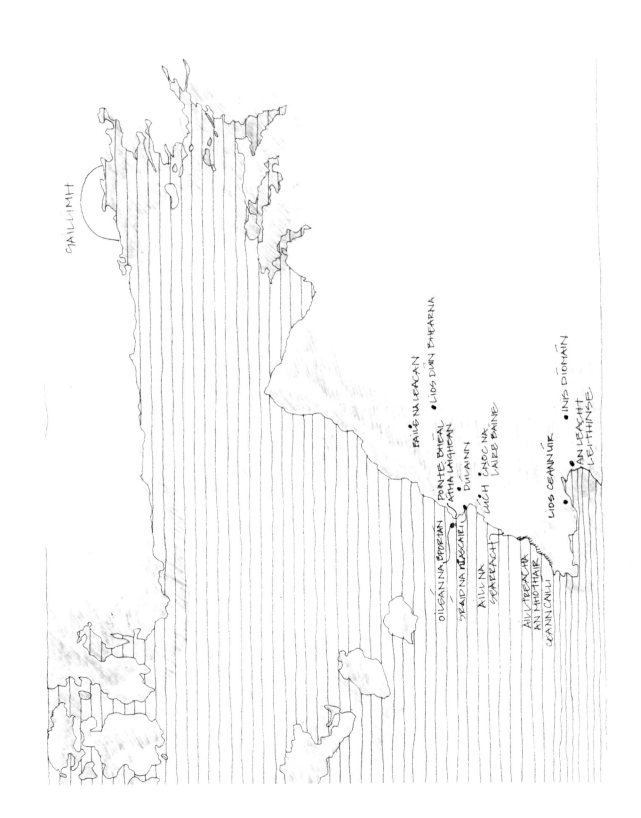

GAILLIMH

BAILE NA LEACAN

LIOS DÚIN BHEARNA

PÓINTE BHEAL
ÁTHA LAGHEAN

OILEÁN NA BPORTÁN

DÚLAINN

SRÁID NA PLÁSCAIRÍ

LUCH CNOC NA
LÁIRE BÁINE

AILL NA
SCARRACH

AILLTREACHA
AN MHOTHAIR

LIOS CEANN UIR

INIS DIOMAIN

CEANN CAILL

AN LEACHT
LEITHINSE

Contae an Chláir

7–30 Meán Fómhair 1945[1]

Aoine 7 Meán Fómhair

Chaitheas an mhaidin ag fáil mo bhróg agus m'uaircadóra – ní raibh na bróga réidh nuair a ghlaos – agus ag fáil bearradh gruaige. Thugas cuairt ar Dick Curley, Prospect Hill, fear a bhfuilim féin an-mhór leis. Inniu a bhí fógra ar na páipéir go mb'fhéidir gur gearr go ligfí na cairr ar bóthar arís.

Bill Loughnane, Susan O'Sullivan agus
Junior Crehan.
(Le caoinchead Thomas O'Sullivan.)

Chuas chun lóin agus thugas cuairt ar mhuintir Nalty, Fr Griffin Road, clann a bhfuilim mór leo. Ar theacht go Gaillimh arís dom casadh Seán 'ac Dhonncha orm (N.T. an Chaisil) agus d'ól muid deoch le chéile. Bhí sé in am agam a bheith ag teannadh le bus Leithinse[2] ansin go Co. an Chláir. Tháinig Seán liom gur iompair sé mo mhála dhom agus gur fhág sé slán agam is an bus ag fágáil. Chaith Seán seachtain liom féin is le mo mhuintir sa mbaile mí Lúnasa nuair a bhíos ar saoire, agus is rígheanúil an duine é.

Ar a theacht go Leithinse dhom – moladh dhom gan fanacht i Lios Dúin Bhearna,[3] go mbeadh sé daor go fóill go n-imíodh na cuairteoirí – chuireas fúm le bean de Shúilleabhánach [Susan] agus is beag nach raibh orm dul go dtí ceann de na *hotels* le lucht *golf* agus airgid na tíre![4] Ní fheilfeadh sé sin dom.

Irish Independent
1945

Satharn 8 Meán Fómhair

Mé an-tuirseach ar maidin tar éis na seachtaine a chaitheas idir seo is Árainn. Níor éiríos go dtí an haon déag, agus bhuaileas amach ag spaisteoireacht tar éis mo bhricfeasta síos ar *phromenade* beag atá san áit. Casadh leaid as Luimneach orm, John Leahy, agus bhuail muid in aitheantas a chéile go luath. Ag caitheamh deireadh na seachtaine ann a bhí sé agus ó bhí an lá chomh breá, shocraigh muid ar an tráthnóna a chaitheamh ag snámh is ag tóigeáil gréine ar thrá cháiliúil Leithinse, agus rinne muid sin.

Múrmhaisiú, Falls Hotel.

Shiúil muid go hInis Díomáin ins an oíche agus thug John leis mé ag feiceáil an Falls Hotel[5] ann a bhfuil an cháil mhór air. Ní fhaca mé tada iontach ann, déanfaidh mé an fhírinne, ach dathadóireacht na mballaí a rinne bean óg eicínt a raibh cáil ar a láimh – ní mé beo anois cén t-ainm a bhí uirthi.[6] Ach rinne sí pictiúr de scéalta na háite – an pálás báite atá faoi chuan Lios Ceannúir,[7] más fíor, agus araile agus ceann deas de theach stileach faoi chnocán is dream ag déanamh poitín ann; iad san airdeall agus Garda ag éalú aníos orthu ar chúl an chnocáin! Chonaic muid, ar ndóigh, fir agus mná óga na tíre cruinnithe ann ag ithe is ag ól is ag déanamh a gcuid saoire go spraíúil. Ní an-fhada a d'fhan muid ann mar bhí píosa deas le siúl againn go dtí Leithinse.

Domhnach 9 Meán Fómhair

An lá ar an trá le John [Leahy] ag snámh is ag déanamh bolg le gréin.

Luan 10 Meán Fómhair

Chaitheas an mhaidin istigh le litreacha agus chuas amach siar go Lios Ceannúir go bhfeicfinn an dtáinig tada chugam ar an bposta ann – thugas an seoladh sin do chúpla duine agus is ann a chuireas mo sheanchulaith éadaigh as Carna. Ní raibh tada romham agus chuas amach ag breathnú ar Ailltreacha an Mhothair agus, go deimhin, chonaic mé iontas, agus trí oileán Árann amach siar uaim. Bhí sé a naoi a chlog nuair a thángas ar ais anseo agus gan tada déanta agam ach Ceann Caillí agus Mothar feicthe agus gan mórán tuairisce faighte ar thada de bharr an lae.

Ailltreacha an Mhothair.

Scríobhas cúpla litir eile san oíche roimh dhul a chodladh – mé cráite ag scríobh litreacha.

Máirt 11 Meán Fómhair

Geallúint tugtha agam do mhuintir 'Wallace' i gCill Éinne, in Árainn, go scríobhfainn dhá amhrán dóibh. Scríobhas iad agus litir bhuíochais ó chroí dhóibh as ucht a gcineáltachta liom an fhaid a bhí mé leo. Scríobhas litir fhada go dtí an oifig [Coimisiún Béaloideasa Éireann] agus d'itheas dinnéar.

Ar bóthar liom ansin go Lios Dúin Bhearna go bhfeicfinn Dr [Micheál] O'Dea, agus Micheál McGrath, O.S., Ballynalackan[8], atá ina chónaí ann. Ghlaos tigh McGrath nuair a fuaireas a thuairisc agus ní raibh sé istigh (5 p.m.), ach bhí a bhean [Aggie] ag súil leis ar a 7.30.[9] Chuas ansin go dtí Dr O'Dea agus ní raibh seisean ann, ná aon tsúil leis go dtí a hocht nó a naoi. Chuas isteach go dtí Keane's Hotel[10] ansin ag ól tae, tar éis rás a thabhairt timpeall an bhaile ar mo rothar. Bhí sé sin réidh agam ar a 6.30 agus bheartaíos ar uair a chaitheamh agus glaoch ar MhcGrath agus dul abhaile arís go Lahinch (Leacht Uí Chonchúir). Chuas isteach sa Glenbourne Hotel[11] ansin ar mo bhealach amach ag ól dí agus ag iarraidh toitíní. Ní raibh toitín ann ná a thuairisc, ach ag ól na dí dhom dúirt fear an bheáir liom go raibh an-spraoi acu le coicís anuas de bharr bheirt chailíní as an Spáinn a bheith ag fanacht leo agus an-tsuim acu i gceol, béaloideas, amhráin agus nósa agus muintir na háite féin thart timpeall, agus go mbíodh seanfhear 'The Baser' (Conlon) acu gach uile oíche agus veidhlín aige agus amhráintí gáirsiúla Gaeilge, istigh sa Glenbourne, agus muintir na háite cruinnithe ann ag déanamh

'The Baser' Conlon. (Le caoinchead John Conlon.)

spraoi. Dúirt mé féin go mba trua liom gur chaill mé an greann mar go mb'in é mo chuid oibre, ag cruinniú ceoil is amhrán. Le scéal fada a dhéanamh gearr bhí aithne mhaith aige ar Shéamus Ó Duilearga agus is é féin agus a dhearbháir atá ag rith an tí ósta – Paddy agus Vincent Keighry. Bhí an Máistir McGrath a raibh mé ar a thuairisc an-mhór leo freisin agus bhíodh sé mórán gach uile oíche sa gcomhluadar leis an 'Baser' (ní thuigim an leasainm, ach tá daoine ag rá go mbíodh sé ag caint ar *bass fiddle* i gcónaí)[12] agus leis na cailíní Spáinneacha seo. De réir mar a chuala mé, chaill mé cúpla oíche mhaith gáirí, ach níl neart air.

D'fhág mé slán ag Paddy Keighry – fear óg suáilceach – tar éis deoch eile a ól uaidh féin nach leomhfainn eiteachtáil, agus chuas síos go tigh McGrath. Fuair mé romham é. Fear mór téagartha,

Micheál McGrath agus a bhean Aggie.
(Le caoinchead Sheáin McGrath.)

meánaosta agus é geanúil, suáilceach, cainteach. Thug seisean tuairisc arís dom ar 'The Baser' agus na Spáinnigh agus dúirt nár chaith sé riamh aon tseachtain nó coicís a ndearna sé an oiread gáirí. Rinne mé seanchas fada leis ach is beag a bhí sé in ann a thabhairt de thuairisc dhom faoi cheol ach an 'Baser' seo, agus cúpla duine eile a raibh foghlaim ar cheol acu, ach chomh fada le mo bharúil féin ní fiú dhom aon duine acu a fheiscint ach an 'Baser' seo. Tá cónaí air in aice le Baile na Leacan agus ní foláir greim a fháil air sa mbaile mór.

Shocraigh muid mar sin go bhfaighimis sa Glenbourne é Dé Sathairn ach an lá a bheith go breá agus go mbainfimis as a mbeadh aige.

(Tháinig an Satharn ina dhíle báistí, tá sé chomh maith a rá anseo, agus b'éigean dom an 'Baser' a chur ar an méir fhada.)

Réitigh Bean MhcGrath suipéar dom sular fhág mé iad agus bhuail mé bóthar aon mhíle dhéag go Leithinse.

Céadaoin 12 Meán Fómhair

Thugas an mhaidin le riaradh mo chuid ceoil, a bhí garbh-bhreactha agam ó Árainn, agus á fhágáil i riocht athscríofa. Chaitheas tamall le dhá litir ansin agus chuas síos ar an trá ag snámh. Chaitheas dinnéar ar a 2.30 agus chuas ar cuairt go dtí [Paddy] Glynn, O.S., anseo ar an mbaile. Ní raibh tuairisc ar bith aige ar cheol anseo sa gceantar neasa dom, mar níl ann ach go bhfuil sé tosaithe ag múineadh anseo. I mbaile Kilfenora[13] a bhí sé agus mhol sé dhom cuairt a thabhairt ar mhuintir Loinsigh, Clogher,[14] lucht ceoil ó nádúr, nuair a bheinn amuigh ann.

Thugas tamall ar cuairt chuig muintir Scanlon, cairde le Seán Ó Súilleabháin, agus fuaireas léarscáil ar iasacht ó Sheán, mac leo, atá ina innealtóir nó *builders' engineer* i gClár Thuaidh uilig. Daoine an-lácha muinteartha iad uilig agus bhíos tamall maith sa tigh ag comhrá le bean an tí agus le fear an tí. Bhí sé in am tae nuair a thángas isteach arís, agus chaitheas an oíche istigh ag scríobh dialainne ó 28.8 go dtí 3.9.

Déardaoin 13 Meán Fómhair

An lá ina dhíle báistí. Bhí fonn orm corraí amach go Sráid na nIascairí ag lorg lóistín ann ach bheadh sé amaideach agam é a dhéanamh sa mbáisteach. Chaitheas an lá le litreacha agus ag scríobh dialainne ó 3.9 go dtí 11.9.

Bhuaileas amach ar a 8 p.m. sa bhfearthainn chun toitíní a fháil, agus cé chasfaí liom ach Frank Marshall, Queen's Hotel,[15] Limerick,[16] a bhean agus beirt chairde agus iad ag ól i dteach an ósta. D'iarradar leo mé chuig dinnéar san Aberdeen Hotel[17] anseo agus ní raibh aon locht agam air chuas leo agus chaitheamar cúpla uair an chloig go spórtúil ann, gan aird ar an mbáisteach amuigh.

Aoine 14 Meán Fómhair

Maidin Chéadaoin shocraíos go bhfeilfeadh dhom mo phóca a bheith beagán níos rite ag taisteal dom amach go Sráid na nIascairí, ag fágáil na háite seo agus chuireas fios ar £3.00[18] go dtí an oifig [Coimisiún Béaloideasa Éireann] le cúnamh a thabhairt dom.

Tháinig sé aréir tar éis dúnadh don tsiopa atá ag [Susan] Bean Uí Shúilleabháin – nuair a bhíos imithe agus mar sin is ar maidin inniu a fuaireas é.

An mhaidin inniu go breá ach é an-gharbh. Chaitheas tamall ar an dtrá ag snámh agus ag siúlóid agus fuaireas dinnéar luath, gur bhuaileas bóthar amach trí Lios Ceannúir ag déanamh ar dhúthaigh na Gaeilge – Lúch agus Dúlainn agus Sráid na nIascairí ó thuaidh. Is é an graithe is tábhachtaí a thug amach ann mé féachaint an éireodh liom aon lóistín a fháil ann go ceann coicíse nó mar sin.

Ghlaos isteach go dtí Tobar Bhríde[19] ar mo bhealach go ndúras paidir ann agus b'éigean dom an chuid is mó de dhá mhíle a shiúl as sin ó thuaidh go dtí barr an aird

Tobar Bhríde. (Le caoinchead CBÉ.)

amuigh ag Aill na Searrach os cionn na farraige. Ansin a casadh an radharc álainn orm faoi ísliú gréine agus spéir stoirme – oileáin Árann siar ó thuaidh uaim agus ciumhais cúir bháin thart orthu ag oibriú farraige. Bhain mé lán mo shúl as agus chuaigh mé chun cinn go gcasfaí duine eicínt liom. Casadh liom bean i Lúch agus chuir mé tuairisc Sheáin Mhic Mathúna a raibh a thuairisc agam ó Shéamus Ó Duilearga. Thug sí dhom go suáilceach tuairisc cé bhfaighinn é – ní raibh Gaeilge ar bith aici – agus is gearr ina dhiaidh go raibh 'Bail ó Dhia' curtha agam ar Sheán agus ar an mBairéadach [Pete] a bhfuil sé ina chónaí leis, mar a raibh siad in aice an tí ag cur súgán ar chocaí móra féir san

Seán Mac Mathúna. (Le caoinchead CBÉ.)

iothlainn. 'Dé bheatha,' a dúirt Seán, agus ní raibh Gaeilge ar bith ag an mBairéadach. Ba é an chéad chomhrá a bhí riamh agam, ó bhí mé i mo bhuachaill óg i gcarr m'athar ag tiomáint tríd an tír sin, le Gaeilgeoir ó dhúchas as Co. an Chláir.

Is gearr, áfach, gur i mBéarla a bhí muid ag caint, mar bhí rud le rá ag an mBairéadach. Ní fhéadfaidís aon tuairisc a thabhairt dom ar lóistín mura bhfaighinn i Sráid na nIascairí é. Bhí comhrá agam faoi cheoltóirí na háite leo agus dúirt siad go bhfaighinn veidhleadóirí ann agus araile. Le fírinne a rá, ní mórán airde a thugas ar a gcomhrá ina dhiaidh sin mar bhí ocras orm agus mé imníoch go maith le faitíos nach bhfaighinn aon lóistín agus go gcaithfinn cur fúm ar dheireadh na cúise i Lios Dúin Bhearna, i bhfad ó mo chuid oibre i measc sluaite aos óg ar saoire ann, áit a gcinnfeadh sé ar dhuine ar bith aon obair a dhéanamh.

D'fhág mé slán acu seo agus chuas chun cinn go dtáinig mé go Sráid na nIascairí. Casadh Garda óg orm nuair a chuas go dtí an bheairic ag cur tuairisce agus dúirt sé liom ná raibh áit ar bith ann ag coinneáil daoine, ach mhol sé dhom lóistín a iarraidh ar bhean tábhairne ar an tsráid. Bhí an teach ag breathnú ceart go leor dhom, ach nuair a d'iarr mé lóistín ní raibh sé ann dom. Mhol bean an tí sin dom a dhul amach go dtí an Pointe (Ballaghaline Point)[20] go dtí Miss [Margaret] Murphy, a raibh seomraí tae aici do lucht spaisteoireachta Lios Dúin Bhearna, agus chuas amach. Mheall mé liom í seo agus gheall sí go dtóigfeadh sí Dé Luain mé. D'ól mé tae ann, agus ní raibh rud le n-ithe ag teastáil chomh géar uaim, agus bhí an oíche ag titim ag dul thrí Shráid na nIascairí dhom. Tháinig múr coimhthíoch báistí tar éis dom mo chuid tae a ól agus choinnigh sé sin uair iomlán mé tigh Mhiss Murphy. Bhí mé tuirseach go leor nuair a tháinig mé go Leithinse arís in éadan an ghála. Thugas liom cúpla beart agus litir (a tháinig chugam ó Shéamus Ó Duilearga *via* Carna go dtí P. O. Liscannor) ar mo bhealach abhaile. Ach bhí mé buíoch gur éirigh liom ar deireadh na cúise áit dheas a fháil faoin tír. Ní fhaca mé aon áilneacht sa domhan ach chomh fiáin is bhí an fharraige leis an ngála i bhfoisceacht 25 slat de dhoras tigh Mhiss Murphy. Áit í, déarfainn, a thaithneos liom, le cúnamh Dé.

Satharn 15 Meán Fómhair
An mhaidin ina díle báistí. Scríobhas litir abhaile agus bhíos tamall ag scríobh amach focla na n-amhrán a bhailíos in Árainn agus atá gan athscríobh fós. Nuair nár ghlan sé, thugas faoin dialann arís tar éis an dinnéir agus scríobhas suas go dtí an lá inniu é.

Chaitheas an oíche ag scríobadh dhom féin ar veidheal atá sa teach seo [Tigh Shúilleabháin].

Domhnach 16 Meán Fómhair
An lá fliuch ó mhaidin go hoíche. Aifreann a haon déag; cuairt ar na Scanláin; veidhleadóireacht i gcaitheamh tráthnóna agus oíche; tháinig fear óg, Hogan as Moymore,[21] san oíche agus fliúit aige, ach ní raibh aon cheol aige a scríobhfainn uaidh, ach ceol *records* uilig.

Luan 17 Meán Fómhair
An mhaidin ag pacáil agus ag scríobh litir abhaile agus chun na hoifige le mo sheoladh nua a thabhairt dóibh – *c/o* Miss [Margaret] Murphy, Ballaghaline Point, Doolin P.O. [Dúlainn] – agus rinneas beart níocháin suas agus chuireas ar an bposta go Gaillimh é. Chuas go dtí gréasaí bróg ansin le cúpla tairne a fháil i leathbhróig liom, tar éis an dinnéir. Chuas ag snámh ansin agus bhíos ag fanacht sa *queue* anseo ar bhus Lios Dúin Bhearna ar a cúig do bhus 5.30. Tháinig sé is é lán is fágadh uilig muid. D'fhanas ar bhus 7.15 ansin (dhá bhus sa lá) agus d'ólas bolgam tae agus d'éirigh liom a dhul ar bhus 7.15.

Nuair a thuirlingíos den bhus i Lios Dúin Bhearna, bhí Micheál McGrath romham ann (*v.* 11.9.45) agus dúirt sé liom go raibh an 'Baser' [Conlon] istigh tigh Kheane ag casadh ceoil is ag ól. Ní mórán ama a bhí le spáráil agam, ag dul go Dúlainn a chodladh a bhí mé, ach dúirt mé go raibh sé chomh maith agam uair a chaitheamh go bhfeicfinn céard a bheadh ag an 'mBaser' dhom. Isteach linn agus bhí an 'Baser' romham ina shuí ar chathaoir ag gabháil fhoinn is ag stracadh ceoil ar veidhlín in éindí leis an amhrán. Fear mór beathaithe é agus dhá phluic mhóra air is é ina mhaoilín, gan hata gan tada agus píopa créafóige sáite ina bhéal. Chuir McGrath in aithne dhom é agus dúirt liom a lámh a chroitheadh go breá groí. Tharraing sé seo a dhúda as a bhéal, agus mhionnóinn gur ag cur smugairle mhór ar mo lámh a chuaigh sé agus tharraing mé mo lámh uaidh – ach níorbh ea, agus bhí a fhios agam go raibh sé maolaithe agam. Ach rinne mé gáire dhe agus lig mé dhó mo lámh a phógadh. Shuigh muid síos, agus fhad is bhí sé seo ar siúl bhí a veidhlín scuabtha leo uaidh ag triúr fear óg ar saoire ann suas an tsráid. Ach dúirt sé go dtabharfadh sé amhrán dúinn – 'Tabharfaidh mé ceann maith dhaoibh anois,' – agus is é an chéad cheann a dúirt sé 'The Humors of Glin', amhrán Béarla-Gaeilge ar scríobhas leagan de ó Bheairtle Beag Ó Conaola, An Aird Thoir [Thiar], i gConamara – Carna. Dúirt sé arís cúpla véarsa de 'Eochaill', 'Bhí Bean Uasal Seal dá Lua Liom', 'Táilliúir an Mhagaidh', 'Uacht Pháidín Thoirdhealbhaigh',[22] agus cúpla ceann eile nach bhfuil a fhios agam go gcuala mé riamh iad. Ach bhí sé ag cinnt air cuimhneamh ar na focla. Bhí cuid mhaith den cheol aige.

Bhain muid sult as an 'mBaser' go ceann uaire nó mar sin – bhí triúr nó ceathrar eile cruinn air sular chuir sé an tarna amhrán dá chroí. Agus bhí nóta amháin eicínt ins gach amhrán a thógadh sé i gcónaí agus bhaineadh sé fad as ina nóta scornaí mar bheadh ag lucht *opera*, ach ghníodh sé gáire i gcónaí ag cur an nóta seo dhe dhó, agus bhí an-tsult ag McGrath anseo.

'Go ndéana Dia trócaire ar MhcCormack bocht,' a deireadh McGrath. (Cailleadh John McCormack, *tenor*, an lá cheana, R.I.P.)

Cheannaigh muid cúpla deoch dhó agus shocraíos leis go ngabhfainn chun an tí chuige ag scríobh uaidh – agus bhuail mise bóthar amach go Dúlainn mar a bhfuair mé Miss Murphy romham is í ag tosaí ag baint súil díom – 10.20. Rinne mé píosa comhrá léi cois tinc agus chuas a chodladh, tuirseach go leor.

Máirt 18 Meán Fómhair

D'éiríos ar a 9.30. Bricfeasta ar a deich – chonaic mé an ronnach ag teacht ón gcéibh faoin teach agus ba é a bhí milis. Na hiascairí amuigh ina gcuid curacha inniu don chéad lá le seachtain, mar bhí an fharraige an-tóigthe ó Mháirt. Chuas ag siúlóid tamaillín agus rinneas seáirse beag snámha, agus chuas i gcionn an phinn gur scríobhas dhá litir agus gur bhreacas dialann ó Shatharn go dtí seo, roimh an dinnéar.

Bhuaileas síos chun na céabhach tar éis mo dhinnéir ag comhrá le roinnt leaids, idir shean is óg, a bhí ag plé le hiasc is le báid ann. Bhí seanfhear amháin ann, 'The Cuckoo' (Pat O'Brien), a raibh togha na Gaeilge aige, agus ó bhí an dinnéar mall agam chaith mé an tráthnóna leis go dtí a sé a chlog ag comhrá. Faoi Árainn is na báid agus tíreolas na háite seo agus faoi Chonamara a bhí ár gcomhrá. Bhí sé féin agus leaid eile seachtain tigh Sheáin Tom [Ó Ceallaigh] sa Trá Bháin agus ba mhór an cur síos a bhí againn air sin (*v.* 12.7.45). Chuaigh muid ag caint ar amhráin sa deireadh agus cé go gcuala mé go bhfuil siad aige, ní ghéillfeadh sé go raibh – creidim uaidh nach bhfuil, mar ní fear é, déarfainn, a shéanfadh iad. Bhíodar ag a athair, dúirt sé, ach níor thóig seisean iad. Inár suí i gcurach chanbháis ar an gcuan a bhí muid agus eisean ag faire ar lucht snáimh ó Lios Dúin Bhearna – tháinig scór carr cliathánach amach go dtí Miss [Margaret] Murphy chun tae agus ceathrar ar gach aon charr, agus chuaigh a bhformhór ag snámh – faitíos go dtarlódh aon timpiste bháite dhóibh. Tá sé ina *life saver* anseo.[23]

Botháin snámha, Dúlainn. (Le caoinchead Fáilte Ireland.)

Chuaigh seisean ag iascach agus ní raibh tada againn de bharr an tráthnóna ach cleachtadh beag faighte agam ar chanúint na gCláiríneach, ach níor bheag sin.

Tar éis tae dhom chuas ar cuairt go dtí Peaitsín (Mhurty) Ó Flannagáin (84), Cnoc, in aice leis an gcaisleán anseo[24] ar an dtaobh eile den gcuan. Bhuaileas isteach sa teach seo a casadh dhom thuas ann ag cur tuairisce tigh Pheaitsín agus dúirt seanfhear liom cois na tine gur 'cailleadh anuraidh é siúd'. Ach bhí mé grinn go maith, gur aithin mé an magadh air agus dúirt mé: 'Bhuel, má cailleadh, fuarthas arís é in áit eicínt, mar déarfainn gur tú féin an fear céanna!' B'fhíor dhom é. Tigh Mholoney a bhí mé, an chéad teach riamh, más fíor, ar sheas S. [Séamus] Ó Duilearga ann ag bailiú i gClár, agus bhí Peaitsín ar a chuairt ann.[25] Chuir mé mé féin in aithne dó, agus thosaigh sé ar scéalta beaga grinn a inseacht dom, agus choinnigh mise scéal le scéal chuige agus bhí an-uair bhreá againn ag iarraidh a chéile a shárú le scéalta beaga agus cainteanna seandaoine. Chuir mé ar na hamhráin ar deireadh é, agus dúirt sé 'Uacht Pháidín Thoirdhealbhaigh' agus 'Amhrán an Tae' agus amhráin ghrá eicínt (an dá cheann seo le file, [Tomás] Ó Tiarnaigh, a cailleadh 60 bliain ó shin) agus cinn eile ar a raibh leagan breá de 'Sheán Mac Uidhir an Ghleanna'. Ní raibh aon ghlór fónta aige, ach cér fhága mé an aois mhór atá aige. Déarfainn go mba bhinn an fonnadóir tráth é. Níor scríobh mé tada uaidh ach rinne mé coinne leis don tráthnóna amárach c. 3.30 p.m., agus d'fhágas an teach ar a haon déag. Seanfhear mór cumtha, roinnt tanaí é Peaitsín, caipín siopa air agus culaith chomónta, dhorcha air. É i ngreim sa bpíopa i gcaitheamh na hoíche. Ní go róshoiléir atá an urlabhra aige, cheal fiacla, ach is beag focal aige a chuaigh amú orm. Bhí leagan deas aige ar chuir mé bonn air,[26] 'Sna Péice Deiridh', faoi fhear ag fáil bháis. Cainteoir maith Gaeilge é agus fear léite Gaeilge freisin.

Céadaoin 19 Meán Fómhair

An mhaidin ina díle bháistí. Éirí ar a naoi. D'ionsaíos cúig litreacha eile, gur chuireas de mo chroí iad, buíochas le Dia, agus scríobhas dialann an lae inné. Slaghdán trom orm ar maidin, ach chuas soir chun an phosta agus chuireas uaim mo chuid litreacha agus chuas suas bealach an chaisleáin ar mo chuairt go dtí Peaitsín Ó Flannagáin. Bhí sé romham ag an teach – teach mór fairsing tuí é a gcónaíonn sé féin agus a mhac le chéile ann gan aon duine eile leo. Rinne muid píosa mór cainte le chéile, agus thosaigh sé ag taispeáint seanlámhscríbhinne leis féin dom a raibh go leor breactha ann aige, ach más ea, ní as tada ach páipéirí nuachta agus tréimhseacháin a thóg sé iad. Bhí go leor *cuttings* aige freisin agus ní bheadh sé sásta gan iad siúd a thaispeáint dom freisin.

Le scéal fada a dhéanamh gearr, bhí an tráthnóna imithe agus gan tada déanta, ach creidim gur shíl Peaitsín gur mór a thaitnigh liom na rudaí seo uilig a fheiceáil. Ach bhí mise do m'aireachtáil féin an-íseal, nó bhí an slaghdán gaibhte go domhain in mo chliabhrach agus mo shrón ag sileadh gach uile phointe, agus shocraigh mé nach fearr rud a dhéanfainn ná a dhul siar go dtí mo theach lóistín a chodladh agus éisteacht le Peaitsín go dtí amárach. Dúirt mé leis go raibh Miss [Margaret] Murphy ag súil liom chun tac pointe ar bith anois agus go mb'éigean dom a bheith ag imeacht. Dúirt mé go dtiocfainn arís amárach, le cúnamh Dé, agus d'fhág mé slán aige agus bhuaileas siar a chodladh dhom féin.

Déardaoin 20 Meán Fómhair

Chaitheas an lá seo i mo leaba go dtí an 2, agus nuair a d'éiríos is beag a bhí mé in ann a dhéanamh le fuil sróna agus gach uile ainnis casachtaí is sraothartaí an tslaghdáin ach i mo shuí cois tine ag léamh beagán is ag coinneáil chainte le Miss [Margaret] Murphy.

Aoine 21 Meán Fómhair

Thug Miss [Margaret] Murphy mo bhricfeasta chugam chun na leapa ar a 12 agus dúirt liom fanacht ann. Ba bhanaltra í cuid mhór dá saol, dúirt sí liom, agus bhí mo shlaghdán an-dona, b'fhacthas di. D'fhan mé ann go dtí a ceathair agus ar éirí dhom ní mórán a bhí mé feabhsaithe, ach greim ceart ag an slaghdán orm. Chaitheas píosa den tráthnóna ag scríobh litreacha agus chuas a chodladh arís ar a naoi, cé gur tuirseach i mo luí a bhíos – ní cuimhneach liom riamh go dtug slaghdán orm luí.

Satharn 22 Meán Fómhair

Mo bhricfeasta sa leaba agam inniu arís, agus d'éiríos ar a 2 agus biseach mór orm – mo mhisneach ag teacht arís ionam ar deireadh. Chuas go dtí oifig an phosta ar a ceathair le mo chuid litreacha a chur uaim. Ag fágáil na hoifige dhom sheas carr ann agus cé bheadh romham ach Micheál McGrath as Lios Dúin Bhearna agus cairde leis a casadh liom oíche Dé Luain istigh. Sheasadar le deoch a ól agus d'iarradar isteach mé, rud a d'fheil dom tar éis an tslaghdáin mar bhí an tráthnóna sách salach le múraíleacha agus gaoth aniar aduaidh. D'iarradar leo sa charr mé go Baile na Leacan – ag feiscint an chaisleáin a bhíodar, mar bhí fear acu nach bhfaca riamh é, agus chuas leo – tugadh mo rothar ar deireadh linn. Nuair a bhí feicthe againn, d'ól muid cúpla deoch ann, agus ó bhí crónachan oíche ann bhuaileas bóthar siar chun mo chuid tae. Agus sin é an uair a bhuail an mí-ádh mé – ní hé nach bhféadfadh a bheith i bhfad níos measa. Dealraíonn sé, leis an gcreathadh sa gcarr, gur scaoil ceann de na *pedals* ar an rothar san áit a gcastar isteach i gcloigeann an *crank*[27] é, agus ní raibh deich nóiméad siúil déanta agam gur airíos scaoilte é. Theannas chomh maith é is a d'fhéadfainn le mo mhéaracha ansin, ach is gearr gur scaoil sé arís, agus ní raibh neart air ach siúl mo chos siar. Bhí sé ina oíche fadó nuair a thángas isteach ag Miss [Margaret] Murphy – dúirt sí liom go dtáinig McGrath ar mo lorg anseo – agus bhí mo bhéile réidh aici dhom. Chuas a chodladh agus feabhas mór orm de bharr éirí amach tráthnóna. Ní raibh fios mo mhí-ádha go maidin agam, le solas lae.

Domhnach 23 Meán Fómhair

I ngeall ar an amhras a bhí i m'intinn aréir d'éiríos moch le féachaint ar an rothar roimh an aifreann le solas lae. Mo léan, is é a chonaic mé air an rud ab eagal liom: bhí an snáth loirg imithe den *phedal* agus de mhuineál an *chrank* agus bhí mé in ann é a chur isteach is amach le mo lámh – ní choinneodh sé fad dhá choisméig bóthair dom. Is é a chiallódh sé seo go gcaithfinn péire *pedals*, *crank* agus rotha *crank* a fháil lena dheisiú.

B'éigean dom siúl chun an aifrinn ansin agus ba mhaith an chiall dom éirí moch. Trí mhíle go leith uaim, a deir Miss [Margaret] Murphy, atá teach pobail (Dhúlainne), ach déarfainn nach bhfuil sé chomh fada sin uilig – 35 nóiméad a bhain sé dhíom soir.

Ag siúl aniar dhom bhí mé ag labhairt le fear stuama faoin gcás. Agus dúirt sé ná raibh tada de pháirteanna rothair níos goire dhom ná Inis nó Luimneach, ach gur chinn sé ar dhaoine thart anseo aon pháirteanna móra mar sin a fháil sa gcontae le fada. Má chinn ní raibh mise lena thriail agus airgead a chaitheamh agus aimsir ag siúl an chontae ná go Gaillimh gan tada dhá bharr agam. Ag cuimhneamh ar an scéal dom b'fhacthas dom go mba é ab fhearr a dhéanfainn fanacht mar a bhí agam go deireadh na míosa agus an méid a d'fhéadfainn a dhéanamh de shiúl mo chos, dhá bhfeilfeadh an aimsir agus a dhul suas abhaile ansin agus mo chuairt ar Cho. an Chláir a dhéanamh arís am eicínt eile. Tá neart bailithe agam le cúpla mí atá le n-athscríobh, idir cheol is fhocla, agus ní fearr áit a dhéanfainn é ná san oifig [Coimisiún Béaloideasa Éireann].

Chaitheas an lá go suaimhneach ag siúlóid ar an gcladach tamall, ag comhrá leis an 'gCuckoo' [Pat O'Brien] sa tráthnóna ag an gcéibh, agus ag comhrá cois tine istoíche le cairde le Miss Murphy a tháinig ar cuairt. Bhí an-iomarca daoine thart le seans ar bith a bheith agam aon scríobh a dhéanamh, cé go mb'in é an chaoi ba scafánta a chaithfinn an lá.

Luan 24 Meán Fómhair

Thugas an mhaidin le litreacha, ceann go dtí an oifig [Coimisiún Béaloideasa Éireann] ag insint mo scéil agus ag rá go mbogfainn abhaile seachtain ó inniu nó amárach. Shiúileas go dtí oifig an phosta tráthnóna agus ar ais, agus chaitheas an oíche istigh ag athscríobh amhrán 'Tyrell' [Tomás Ó Briain] i gCill Éinne, Árainn.

Tá Miss [Margaret] Murphy an-chineálta liom anseo agus is compordach an chisteanach bheag atá aici le hoíche a chaitheamh ag an mbord ann ag scríobh.

Máirt 25 Meán Fómhair

An mhaidin le litir go dtí [Susan] Bean Uí Shúilleabháin i Leithinse á iarraidh uirthi beart a d'fhág mé aici a chur chugam go Lios Dúin Bhearna mar ní bheidh mé ag dul go Leithinse arís an chuairt seo. Ag athscríobh amhrán as Árainn ansin go ceann cúpla uair. Bhuaileas amach ag spaisteoireacht ar na halltracha siar ansin, mar ní bhfaighinn aon dinnéar go dtí 3.30. Dhún sé ina cheo agus ina bháisteach ansin le haghaidh an tráthnóna – go deimhin níor thriomaigh sé roimh dhul a chodladh dhom – agus chaitheas an tráthnóna ag scríobh dialainne ó 19.9.45 go dtí inniu. Chaitheas tamall den oíche ag athscríobh amhrán Árann arís.

Céadaoin 26 Meán Fómhair

Chuas síos go dtí Dúlainn iar mo dhinnéar a ithe dhom. Chaitheas píosa den mhaidin ag scríobh litreacha, agus theastaigh uaim iadsan agus ceann a scríobhas inné a chur chun bealaigh.

Casadh fear óg orm tigh Chonsidine[28] ann, a chuir [Bridget] Bean Chonsidine in aithne dhom. Fuair mé amach uaidh, os cionn dí, go bhfuil fear darb ainm Jack Carley i Muiriúch (Fanore), Fermoyle,[29] Co. an Chláir, a bhfuil neart amhrán is scéalta Gaeilge aige. Anois a bhuail an aiféala mé go raibh mo rothar as ordú bóthair mar tá mé cinnte go mb'fhiú cuairt a thabhairt ar an bhfear seo, ón dtuairisc a thug mo dhuine (Martin Keating, Inagh[30]) dhom. Thug sé tuairisc eile dhom ar Nance Tierney – Mrs Nance Neelan, Inagh (80), a bhfuil amhráin is seanráiméiseacha aici. Tá iníon deirfíre (?)[31] dhi ag obair i dtábhairne Lydon's ann.[32]

Labhair Martin freisin ar na Reidys *of Moher*[33] – ní mhionnódh sé go raibh stuif acu, ach bhí barúil aige go mb'fhiú cuairt iad. Cheannaíos deoch eile dhó agus dhá chomrádaí, agus d'fhág mé slán agus beannacht acu agus mé buíoch go maith díobh.

Lorg mé fear an *mhailcar* ansin le socrú a dhéanamh leis mo rothar is mo mhála a thabhairt go Lios Dúin Bhearna Dé Sathairn. D'éirigh liom, agus ghlac sé deoch uaim.

B'éigean dom a dhul siar abhaile arís ansin – ag siúl a bhí mé – mar tháinig an tráthnóna fliuch, salach arís, agus chaith mé an oíche istigh ag athscríobh amhráin Árann arís.

Timpeall an mheán oíche a chuaigh mé a luí. Tá casachtach dhiabhalta fanta orm i ndiaidh mo shlaghdáin, agus ní mórán fonn oibre ná siúlóide atá orm aici.

Déardaoin 27 Meán Fómhair

Chodlaíos píosa den mhaidin, mar bhí sé fliuch, bog. Chuas suas tráthnóna bealach an chaisleáin go dtí 'Darby Griffy', cara le S. [Séamus] Ó Duilearga. Feairín beag suaimhneach socair é agus é an-tsuáilceach. Rinne muid greas mór comhrá le chéile, agus dúirt sé dhom dhá amhrán – sin é a bhfuil aige dhíobh – 'A Dhia, Saor Éire!' agus ceann ráiméisiúil eile ar fhonn 'An Lachóigín Bhán'. Deir sé liom gur scríobh S. Ó Duilearga uaidh cheana iad. Ní raibh mórán ag gabháil leis an dá amhrán chéanna – ní chuimhním barrainneach anois cén fonn a bhí leis an gcéad cheann, ach ba rud coitianta go maith é i gcás ar bith. Chaith mé formhór an tráthnóna leis agus shiúil sé liom síos chomh fada le crosbhóthar an chaisleáin. Chas sé abhaile ansin mar tháinig sé ina bháisteach arís, rud nach annamh leis.

Bridget agus Darby Griffy.
(Le caoinchead Kevin Griffin.)

Duine den tseantsaol é Darby Griffy seo agus facthas dom nuair a d'imigh sé uaim go raibh mé i ndiaidh siúl isteach arís insa saol atá mé féin is thú féin ag caitheamh inniu, agus ní de thairbhe an ábhair comhrá a bhí againn é, ach bealach eicínt a bhí ag gabháil do Darby féin nach dtuigim. Agus ní hé Darby an chéad duine ar tharla sé seo dhom leis, nó bhí an chaoi chéanna ag gabháil le daoine eile a dtug mé tamall ina gcuideachtain fud na tíre.

Rheidar Th. Christiansen, Darby Griffy agus J. Casey. (Le caoinchead CBÉ.)

Shiúl me siar liom féin ag iarraidh an cheist seo a thaighde in m'aigne ach nuair a tháinig mé tigh Miss [Margaret] Murphy, bhí sí chomh fada ó réiteach is bhí nuair a chroith Darby lámh liom thoir.

Thug mé an oíche istigh ag scríobh.

Aoine 28 Meán Fómhair

Nuair a d'éirigh mé bhí an mhaidin geal, gaofar agus bhuail mé amach tar éis mo bhricfeasta ag labhairt le 'Cuckoo' [Pat O'Brien] amuigh ar an mballa.

'Chaillis aréir é!' a dúirt sé, nuair a bheannaíos dhó.

'Cén chaoi?' arsa mise.

'Mhuise airiú, chaitheamar an

Balla Dhúlainn.

294

oíche anseo leis na curaí ag lorg *bale*anna rubair[34] a tháinig fé thír ar an ngaoth seo,' ar seisean. 'Agus chaillis níos measa nár éirigh ar a seacht mar fuair duine de lucht an tsráidbhaile *bale* ab fhiú £10[35] anseo fén tigh!'

Ní raibh neart air sin agam, mar is beag a smaoiníos-sa riamh ar raic dá shórt.

Bhíomar ag caint agus dúirt sé go mb'fhiú an t-oileáinín Crab Island [Oileán na bPortán] a chuardach anois.

'Is cad ina thaobh ná cuartófá é?' arsa mé féin.

'Níl an fear agam a thiocfadh liom ag cur síos na curaí agus ag iomramh,' a dúirt sé.

'Is rachaidh mise leat,' a deirimse.

'*Jakers*!' a deir sé. (Ba mhinic ina bhéal é.) 'Níl aon eolas agatsa ar na curacha seo!'

Oileán na bPortán.

'Tá mo dhóthain dhó sin is tuilleadh le cois,' a dúirt mé, agus ní i bhfad go raibh muid i gcionn maidí ar ár gcúrsa amach. Bhí sé ina ghála agus bhí oibriú mór i bhfarraige agus mar sin ní fhéadfaimis an churach a thabhairt i dtír istigh ag an oileán, nó bhrisfeadh na reoití móra[36] í. Ach mise ag faire mo sheans nuair a shádh 'Cuckoo' a thóin isteach le haill ar théigle beag toinne a thiocfadh anois is arís. D'éirigh liom tar éis suas le chúig nóiméad ag faire agus bhí mé i dtír. Ach nuair a bhí an t-oileán siúlta agam agus 'Cuckoo' ag coinneáil an bháid cois gaoithe ó chladach dhom, dheamhan an cipín féin a bhí de bharr an turais againn; ar

An 'Cuckoo', ar clé, agus a chairde. (Le caoinchead Tom O'Brien.)

ndóigh bhí seans go mbeadh £10 nó b'fhéidir scór ag fanacht orainn, ach níor linn an lá é. Bhí an trioblóid chéanna is é níosa deacra agam a dhul sa gcurach arís ó thalamh, agus rug tonn orm an chuairt seo gur fhliuch go glúine mé. Níorbh é mo chéad uair fliuch é. Thug muid aníos an churach arís agus é de shásamh againn nach raibh fear ar bith eile ag dul ag fáil *bale* ar an oileán ach an oiread linn, cé go mba lag an t-údar sásaimh é.

Chaith mé an tráthnóna le Peaitsín Ó Flannagáin. Scríobh mé uaidh leagan beannaithe d'fhocla 'Sheáin Mhic Dhuibhir an Ghleanna', nach gcualas cheana. Agus chuaigh muid síos ar ball tigh Mhaoldhomhnaigh mar ar chruinnigh scata de mhuintir na háite isteach ag éisteacht le seanóirí ag cur is ag cardáil chainte.

Tháinig 'Styke' ann – Micheál Ó Donncha (*c.* 70), as teach taobh thíos.

Is ea, mhaisce,[37] d'fhága mé leide ar lár –

Ag dul aníos dhom ar a sé a chlog nó mar sin chonaic mé an feairín ag gabháil an bhóthair romham agus buicéad uisce nó bainne aige ar iompar. De réir mar a bhí mé ag teacht suas leis – agus tá a fhios agam go raibh a fhios aige gur mé bhí ag teacht – ba léir dhom é a bheith ag gabháil fhoinn dhó féin go híseal. Agus nuair a theann mé leis, d'aithnigh mé 'Cailín Deas Crúite na mBó' agus gan focla ar bith leis.

'Bail ó Dhia ort féin,' a deirimse leis – is maith a lig sé air go raibh léim bainte agam as!

'Go mb'amhlaidh dhuit,' a deir sé liom. 'Nach breá an tráthnóna é.'

'Is breá, muis, buíochas le Dia,' a deirimse, 'agus is deas an fonn é sin agat ar ball.'

'Seancheann é a chloisinn ag an seandream fadó,' a deir sé, ar nós chuma liom, agus é soiléir dhom gur thaitnigh sé seo leis.

Is beag den bhóthar a bhí aige liomsa nó bhí muid ag teannadh lena theach féin, agus dúirt sé liom a dhul síos tigh Mhaoldhomhnaigh ar ball. Dúirt mé go ngabhfainn.

Ba é 'Styke' é.

Tigh Styke.

Is ea, ní raibh mé féin is Peaitsín i bhfad istigh sa teach agus muid ag caitheamh tobac is ag comhrá nuair a shiúil 'Styke' isteach. Cuireadh in aithne dhó mé, agus chuaigh sé i gcionn a phíopa, agus dúirt Peaitsín amhrán eicínt (de chuid na leabhar), agus is gearr go ndúirt 'Styke' 'Mairnéalach Loinge Mé' agus scríobhas uaidh é. Bhí orm féin amhrán a thabhairt uaim ar na hamhráin a thugadarsan, agus lean oíche dheas idir amhráin agus scéalta grinn agus araile ó Pheaitsín agus ó Mhicheál ('Styke'). Bhí fear óg ann agus thug sé aníos fideog as a phóca agus chas sé roinnt port dhúinn, agus b'éigean domsa roinnt port a chasadh ansin ina dhiaidh sin. Bhí sé deireanach go maith nuair a chuimhnigh 'Styke' ar sheanphoirt agus ar véarsaí beaga a bhí aige dhíobh agus scríobhas uaidh iad. B'éigean dom focla 'Chailín Deas Crúite na mBó' a ghealladh dhóibh araon – chuir mé chucu ó Bhaile Átha Cliath arís iad.[38]

'Styke'. (Le caoinchead CBÉ.)

Ach bhí an oíche seo ar oíche chomh taitneamhach is a chuir mé isteach riamh i mo shiúlaibh, a bhuí sin do mhuintir Mhaoldhomhnaigh agus do Pheaitsín agus do Mhicheál Ó Donncha, a thug uathu go fial cois tine ann, mar ba ghnás le sinsir a chuaigh romhainn.

Satharn 29 Meán Fómhair

An mhaidin ag socrú páipéirí chun posta agus ag pacáil. An tráthnóna de shiúl mo chos le rothar agus mála agus beart páipéirí go dtí oifig an phosta, áit ar casadh an *mailcar* orm. Thug seisean go Lios Dúin Bhearna mé agus thugas 4/-[39] dhó – 10/-[40] nó mar sin a bheadh ar tacsaí – dhá mbeadh sé taobh leis sin.

Thugas píosa den oíche tigh [Mhichíl] MhcGrath, O.S. ann, agus thángas amach abhaile ar a rotharsan.

Domhnach 30 Meán Fómhair

An mhaidin go breá ciúin, grianmhar, bog. Chuas chun an aifrinn ar rothar [Mhichíl] MhcGrath, agus chuas ag snámh ar ball beag nuair a tháinig roinnt taoille faoin gcéibh.

Bhuail mé amach ag an mballa i ndiaidh an dinnéir agus chuala mé an ceol bog mín agus chonaic mé cúigear nó seisear leaids ina luí ar a mbolg ar dhíon na mboscaí foscaidh atá ann do lucht snámha. Shín mé leo agus bhí beirt thíos fúinn i gceann de na boscaí agus feadóga stáin á seinm acu

Tigh Mholoney. (Le caoinchead CBÉ.)

chomh binn is d'iarrfá a chloisteáil. Pat Russell (*c.* 24) a bhí ar dhuine acu – an fear céanna a raibh an fhideog aige tigh Mhaoldhomhnaigh oíche Aoine. Is gearr go raibh a fhios aige go raibh mise ann agus hiarradh anuas mé ag casadh. Ag caitheamh mo phíopa a bhíos agus b'fhearr liom ag éisteacht go fóilleach, agus mar sin d'iarr mé orthu a bheith ag casadh go fóill. Chasadar port deas ansin ná raibh agam, agus bhí mé thíos leo ar an bpointe á scríobh uathu. Scríobhas suas le sé cinn uathu, creidim, as sin go ceann dhá uair ceoil, agus dúirt Pat liom gur ina bpoirt bhéil ag a mháthair a chuala sé iad. Seo arís mé ag fáil na dtuairiscí is suimiúla an lá a bhfuil mé ag imeacht as an áit! Ach

Fothrach Óstán Glenbourne.

níl neart air mar níl sé de thriail agam í a fheiceáil an chuairt seo; le cúnamh Dé más slán dúinn uilig feicfidh mé arís í.

D'fhág mé slán ag Pat agus ag na fir óga shuáilceacha a bhí cruinnithe ann – níor áiríos a dtáinig de na fámairí ag éisteacht le spreagadh na bhfeadóg i rith an tráthnóna, ach bhí seó acusan ann – agus chuas ag ól mo chuid tae ar a seacht. D'íoc mé mo bhille le Mrs [Miss Margaret] Murphy agus bhuail mé bóthar le titim na hoíche go Lios Dúin Bhearna. Chaith mé tamall tigh MhcGrath cois tine agus chuas a chodladh i dteach ósta Vincent Keighrey [Glenbourne].

Bhuail mé bóthar go Gaillimh Dé Luain agus go Baile Átha Cliath.

Nótaí agus Tagairtí

1 1297:90–137.

2 Is í Leithinse (Lehinch) an baile fearainn ina bhfuil cuid de bhaile an Leachta.

3 Bhí Lios Dúin Bhearna bunaithe mar ionad turasóireachta sa naoú céad déag. Ba é an spá ba mhó ba chúis leis seo agus na híoca mianraí. Chuidigh bunú iarnród iarthar an Chláir go mór le gnó na turasóireachta.

4 Tá cáil ar Ghalfchumann an Leachta ó dheireadh an naoú céad déag. Beirt bhall den Black Watch Regiment de chuid arm na Breataine a d'aimsigh an láthair agus chuaigh Alexander Shaw agus Richard Plummer Ghalfchumann Luimnigh i mbun an cumann a bhunú sa Leacht in 1892.

5 Bhí an t-óstán ag muintir Mhic Con Mara i lár an naoú céad déag. Sa leabhar *Two Flamboyant Fathers* (1966), déanann Nicolette Devas cur síos ar chuid de na háiteanna ar thug Mac Aonghusa cuairt orthu i gContae an Chláir, ina measc an Falls Hotel.

6 Ba í Eithne Mac Nally a rinne na pictiúir seo. Is cosúil gur chaith sí sé mhí i mbun na hoibre. Rinne sí an pictiúr dar teideal *The Swan-maiden of Inchiquin* ann, i measc pictiúr eile. Bhíodh léaráidí de Chill Stuithín agus Cailleach Loch Rasc ann. Rinne Jane Legge athchóiriú ar chuid den saothar ealaíne i 1969. Athraíodh an t-óstán thart ar 1980 agus tógadh cuid de na pictiúir as. Sa bhliain 2003 bhí an t-ainm *'McNally 1945'* leis an bpictiúr den teach stileach agus *'repainted by Mona Hynes 2002'* leis. Ba le Francis Mac Namara an t-óstán nuair a thug Séamus Mac Aonghusa cuairt air. Tá cuid den fhoirgneamh níos mó ná ceithre chéad bliain d'aois.

7 Oileán draíochta faoin bhfarraige é Cill Stuithín atá amach ó Charraig an Chabhaltaigh, de réir an tseanchais. Bhíodh an t-oileán nó an baile le feiceáil ó am go chéile. Deirtear, chomh maith, go raibh an rath nó an drochrath ag roinnt lena fheiceáil, ag brath ar an insint. De réir an scéalaí Stiofán Ó hEalaoire, ní féidir an draíocht a chur ó mhaith ach trí ghreim a fháil ar eochair atá i loch ag barr Shliabh Chlláin. Ní bhíonn amharc ar an loch seo ach gach seachtú bliain. Féach Ó Duilearga 1981, 273; Ní Fhloinn 1986, 122–3.

8 Baile na Leacan.

9 Tá ainm Mhichíl McGrath luaite i litir ó Sheán Ó Súilleabháin ar an 23 Iúil 1945 chuig Mac Aonghusa i measc ainmneacha daoine a chabhródh le Mac Aonghusa agus é ag bailiú.

10 Bhí baint ag muintir Keane le hóstaíocht ar an láthair seo ó 1790 i leith. Tógadh an t-óstán deireadh an naoú céad déag. Dhíol muintir Keane é i 1989. Sna 1940idí ba é Joseph Keane a bhí ina bhun. Fuair seisean bás i 1960.

11 Sa *Topographical Survey* 1942–3 ag an Irish Tourist Association, dúradh gur óstán príobháideach a bhí ann ina raibh 31 seomra codlata agus dhá sheomra folctha. Bhí leabharlann iasachta ann freisin. Tógadh é idir 1876 agus 1906. Ba le daoine a raibh an sloinne Madigan orthu é sula ndeachaigh muintir Keighry ina bhun. Scrios dóiteán é sna 1980idí.

12 Lig 'Baser' Conlon *q.v.* air gur cónra a bhí san fhidil nuair a thug sé abhaile í an chéad lá. Faoi mar a dúirt sé in agallamh le Séamus Mac Aonghusa do Raidió Éireann: 'Baisteadh anseo mé – an 'Baser'. Baisteadh i gCnoc an Dúin [?] mé, ach . . . agus cailleadh leathchoróin liom. Ach baisteadh anseo mé nuair a fuair mé an veidhil mhór. . . . *big bass fiddle* . . . thug mé abhaile ar mo dhrom é . . . agus nuair a chuaigh mé isteach liúigh mo bhean istigh, seanabhean a bhí agam, liúigh sí: "Ó, cad é a dh'fhág an chomhra agat?" a dúirt sí, "ar ndóigh níl mé ag dul ag fáil bháis chomh luath seo." "Ó, ar eagla go bhfaighfeá bás ar chaoi éigin ná féadfainn a dhul amach," a dúras-sa . . . "leagfaidh mé suas ar an lota í," a dúras-sa, "agus beidh sí againn. Pé ar domhan, má theipimse . . . má chailltear mise is féidir leat mé a chur isteach ann agus déanfaidh sí an bheirt againn," a dúras-sa.'

13 Cill Fhionnúrach.

14 Clochar.

15 Ainmníodh an t-óstán as an mbanríon Victoria. I 1918 bhí Queen's Hotel i Sráid na Mainistreach in Inis agus ba le hIsaac Marshall é. Tá an t-óstán luaite i *Ulysses* ag James Joyce (1922).

16 Is dóigh gurb é an Queen's Hotel in Inis atá i gceist anseo ar le Frank Marshall *q.v.* é.

17 Sa *Topographical Survey* 1942–3 ag an Irish Tourist Association, rinneadh cur síos ar Óstán an Aberdeen Arms, Bóthar an Stáisiúin, agus dúradh go raibh 35 seomra codlata agus cúig cinn de sheomraí folctha ann. Bunaíodh an t-óstán in 1850 le freastal a dhéanamh den chuid is mó ar lucht gailf.

18 €3.81.

19 Tá tobar Bhríde taobh leis an bpríomhbhóthar ó Lios Ceannúir go Dúlainn, ar fhána ag breathnú amach ar an gcuan. Tugtar turas ar an tobar seo, go háirithe ar 1 Feabhra, ar 15 Lúnasa agus an Domhnach deireanach d'Iúil, i rith na bliana. Tá sé ráite go bhfuil leigheas in uisce an tobair ar scoilteacha, súile tinne, othrais, tinneas cinn agus daitheacha. Fágtar ofrálacha ag an tobar, mar shampla, pictiúir bheannaithe, dealbha, boinn, píosaí airgid agus cnaipí. Is minic freisin a fhágtar ciarsúir ar sceach gheal atá taobh amuigh den tobar.

20 Pointe Bhéal Átha Laighean.

21 Maigh Mór.

22 Féach Ní Annagáin & de Chlanndiolúin 1927, 51–2. Tá leagan de le fáil freisin in *Irisleabhar na Gaedhilge* Nollaig 1901, 194–6. Is ó Phádraig Mac Cionnóil a fuarthas an leagan, gar do Lios Dúin Bhearna. Déantar cur síos san amhrán ar bhailte fearainn, paróistí agus bailte atá á bhfágáil ina uacht aige ag daoine éagsúla. Amhrán é atá lán le dinnseanchas. Áiteanna i dtuaisceart an Chláir is mó atá ann.

23 Sa *Topographical Survey* 1942–3 ag an Irish Tourist Association, deirtear go bhfuil an-cháil ar an trá i mBéal Átha Laighean mar áit snámha. Deirtear go raibh trá dheas ann ag lag trá agus tumadh ón gcéibh nuair a bheadh an taoille istigh. Deirtear go raibh cór tarrthála agus feighlí trá ann agus go bhféadfaí curach a fháil ar cíos ó Patrick O'Brien.

24 Is ar shlios cnoic atá fothrach chaisleán Dhún na gCorr, caisleán a rinneadh as cloch a oibríodh i gcairéal Thrá Leacain. Is dóigh gurb é seo an caisleán atá i gceist. Tógadh an caisleán sa cheathrú haois déag i bhfad sular tháinig muintir Gore go Contae an Chláir i 1653. Deisíodh é go luath i ndiaidh 1800 ach faoi 1837 bhí sé tite as a chéile arís. Rinneadh athchóiriú iomlán air sna 1970idí. Is é Cnoc na Láire Báine ar imeall thoir theas Dhún na gCorr an pointe is airde sa bhaile fearainn. Tá tagairt don chnoc sin in Ó Duilearga 1981, 314.

25 Tá cuntas ar oíche airneáin sa teach seo ar an 3 Eanáir 1930 in Ó Duilearga 1981, xviii.

26 Is dóigh gurb éard atá i gceist go bhfuair sé amach cén bunús a bhí leis. Féach de Bhaldraithe 1985, 26.

27 Ceanglaíonn an cromán an troitheach le fiacail an rotha.

28 Bhí teach tábhairne anseo ó 1867, agus nuair a phós fear de mhuintir McDermott duine de mhuintir an tí sna caogaidí, athraíodh an t-ainm.

29 (Fáinneoir), Formaoil.

30 Eidhneach.

31 Is dóigh gur gariníon a bhí i gceist, Teresa Connors, a fuair bás i 2003 agus í os cionn ceithre scór.

32 'Leyden' an gnáthlitriú ar an sloinne seo i gContae an Chláir. Tugtar teach tábhairne Leyden ar an teach tábhairne seo i gcónaí, cé gur tháinig athrú úinéireachta air ó shin agus gur cuireadh an t-ainm nua Ó Rinn os cionn an dorais.

33 Mothar atá air seo.

34 Ocht gcéad meáchain nó 407 cg aon chorna amháin. Bhí an-ghanntanas rubair le linn an chogaidh agus d'fhéadfaí boinn rothair a dhéanamh as na cornaí.

35 €12.70.

36 Seo nuair a bheadh oibriú mór sa bhfarraige.

37 .i. ambaiste.

38 Tá an nóta seo a leanas sa dialann oifige ag Mac Aonghusa: 'Scríobhas amach "Cailín Deas Crúite na mBó", an leagan beannaithe, do Pheaitsín Ó Flannagáin, Dúlainn, Contae an Chláir mar gheallas dó é is mé thiar.' 1296: 358 (8 Deireadh Fómhair 1945).

39 €0.25.

40 €0.63.

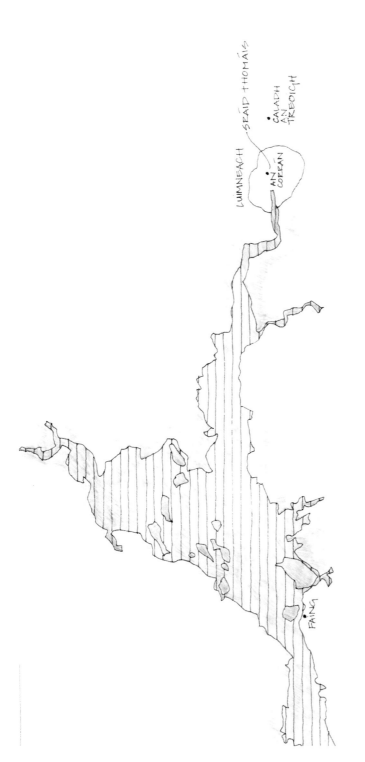

LUIMNEACH

SRÁID THOMÁIS

AN
COFRAN

CALADH
AN
TREOICH

FAING

SEANGHUALAINN

Cuairt ar Luimneach

14–21 Samhain 1945[1]

Céadaoin[2] 14 November

I spent a week in Limerick and district, November 1945, on work for The Irish Folklore Society.[3] My mission was to note down any facts obtainable from (1) Joseph Halpin, 15 Clontarf Place,[4] Limerick, and (2) James D'Alton (69), Shanagolden, Foynes,[5] Co. Limerick, about dancing – Irish country dancing – as it was known in their youth. Fionán Mac Coluim had made notes on the subject and wanted me to record anything obtainable from these two men, as his belief was that the dancing branch of our culture was still pretty strong here in this part of the country; and that much information could be gleaned by my spending some time here.

I give here a diary of my visit to Limerick. In another place I set forth the information I collected.

Train from Kingsbridge[6] to Limerick, 9 a.m. to 2 p.m. Áine de Búrca informed by Fionán Mac Coluim that I was to come and would play at 'Siamsa Mór' in Cruise's Hotel[7] on pipes tonight. Word from her to say she would engage a room for me at Geary's Hotel,[8] where she stays.

Came straight to Geary's and had lunch. Áine had gone back to school at 2 p.m. and so I saw no one I knew and decided to have a rest after my early start – 8 a.m. from home – and went to a cinema for a couple of hours.

When I came back to the hotel, Áine was in and welcomed me cordially to Limerick. We then proceeded to discuss the 'Siamsa Mór' tonight and the activities of 'Cairde na Gaeilge'[9] – of which organisation Áine is the secretary. They seem to have awakened a widespread interest in the language throughout Limerick.

As the Siamsa was to start at 8 p.m., we had not much time to spare, what with dressing and my tuning of the pipes, and arrived pretty punctually at Cruise's Hotel where the 'Cairde' had assembled and were still assembling and chatting in the long hallway.

Supper was first and was very enjoyable in that I met some of the young people of

Limerick with whom Áine was acquainted. A friend of hers, Séamus de Bhailís, turned out to be a very friendly young man whom I had met in Dublin in a social way during some years he worked there.

After supper the inevitable list of speakers spoke, some entertainingly and others in a heavier vein, so that it was towards eleven o'clock when the 'Siamsa' proper started. I was somewhat tired myself and not keen on dancing immediately, more especially at the breakneck speed of present-day céilí bands, and retired with Séamus de Bhailís on his invitation for a chat over a bottle of stout. He introduced me to a bunch of young schoolmasters and friends of his, all admirable fellows who seemed bent on enjoying the night. We went up to the hall after a short stay in the crowded bar and sat for a while chatting with others whom we met. 'An Seabhac' [Pádraig Ó Siochfhradha] sang two songs – he had come there as a guest, officially, from Comhdháil Náisiúnta na Gaeilge[10] in Dublin.

Áine de Búrca later introduced me to Miss Úna Halpin, sister of Teresa Halpin of *Teagosc-Leabhar na Bheidhlíne*[11] fame and early American Gaelic League days, and daughter of the famous Joseph Halpin, dancer and dancing master. I chatted with her and arranged a time to call to her father's house and see him, as Fionán Mac Coluim wanted me especially to drop in to him and write all the knowledge he could give me about dancing in the early days before the Gaelic League and Dancing Commission[12] introduced many of these new dances we see danced in céilí halls nowadays.

Later in the night I played some tunes on the pipes for the company, and chatted with other people I knew until the 'Siamsa' was over and availed of that opportunity to return to the hotel [Geary's] and get some sleep – 2 a.m.

Thursday 15 November

I slept until 10.30 and wrote a letter home after my breakfast. In order to fill in the time until lunch hour I went for a walk around the town sightseeing and lunched at 1.30.

I called out to Mr Joseph Halpin, 15 Clontarf Place, The Crescent,[13] and found him in before me. I told him of my mission and he welcomed me cordially and was most anxious to help. We proceeded to discuss the subject of dancing and before tea-time I had some notes made from him on the subject of dancing *c.* 50 years ago as he knew it. (I spent an hour of the morning visiting several lodging houses around the city, but failed to find any to suit me. Any place which looked satisfactory was full and the places which were not full were not suitable in

15 Plás Chluain Tarbh.

any way. I determined then to waste no more time at this fruitless search and decided to stay at Geary's Hotel in Thomas St[14] where I had put up last night.)

To get back to Mr Halpin, he seemed most anxious to help me in any way possible and after we chatted awhile I began to think I had taken on a harder job than I had anticipated. I could not think just how or where to start on the work and told Mr Halpin as much. We then considered what would be the best thing to do – and Mr Halpin was as anxious to have a satisfactory account of the subject written as I was. He suggested starting at the stage the old dancing masters favoured and telling as much about the teaching and learning as he could bring to mind, and going on then to the competitions (of which I have noted but little) and then to the use of dancing as an amusement in his young days. Then to recount any particular experiences he could bring to memory, which might or might not be of interest to me.

I agreed to this as it was the only systematic way to work the subject and we proceeded. He told me of 'teaching pupils to walk', teaching deportment and the first step taught by all the masters, even today, the 'Rising Step' of the jig.

At six o'clock I left him in order to go to tea and I had one more lodging house to call to – but of no avail – I was to stay at the hotel and make the best of it.

When I came back at 8.15 'An Seabhac' was in Mr Halpin's before me, chatting by the fire with Mr Halpin and his invalid daughter. We had a most entertaining conversation until 10.45 which touched on dancing, the different styles of fiddling, etc. etc. and 'An Seabhac' recounted some amusing episodes and adventures of his own in his young days in Co. Kerry.

Friday 16 November

I called on Mr [Joseph] Halpin at 10.30 and spent the morning with him until 1 o'clock. He seemed more informative this morning or else he was getting a better idea of the kind of information I was looking for. I noted anything I could from him and he asked me to come across the road to 'An Tarbh'[15] for a drink and I agreed. I noted one or two other points from him over a few drinks and went on down to the hotel for lunch.

'An Tarbh'.

After dinner he suggested that I should come with him down town – as it was Friday – in order to meet a Mrs Murphy (*née* Maggie O'Donnell of Thomond Gate[16], Limerick) of Castletroy,[17] two miles outside Limerick. She was a piper, fiddler and dancer when a young woman, he said, and a great figure in early Gaelic League days, and might prove to have some interesting information. I agreed with the suggestion immediately.

On our way down town we ran into another he had mentioned calling on – William Keane (*c.* 70), piper, whom Fionán had also asked me to call on. Mr Halpin arranged that William Keane call to his house at 5 p.m. when we expected to be back again.

We met Mrs. Murphy – a low-sized, stoutish woman of about 50, dark and of a jolly and hearty disposition, and asked her to adjourn with us for a drink – (she had just had tea, on her shopping rounds) – in order to have a talk with her on dancing.

During our talk I asked her did she ever her of 'The Drunken Gauger' or 'The Priest in his Boots' and she said yes. They were special dances, she said, or half said, and Mr Halpin did not seem to agree there was anything special about them. I judged that maybe he did not really know well, and that Mrs Murphy would say more if he were not present, so I arranged to go out to her on tomorrow (Saturday) evening, to her house at Castletroy. She left us then to continue with her shopping and we proceeded to Mr Halpin's home, where William Keane awaited us, as it was 5 o'clock. Mr Keane did not prove very informative on the subject, though anxious to help. I took some notes from him, however, and also noted a very beautiful air from him, which he hummed in order to illustrate what he termed 'the lonesome notes' on the chanter. As he had hurt a finger badly I could not hope to hear him play this week.

Mr Keane left us at 7 o'clock and Mr Halpin kept me for tea, and we chatted until 9 o'clock – I was taking any notes I found interesting. Mr Halpin then felt like a drink, after which we parted, I going to my hotel [Geary's] not dissatisfied with my day.

Saturday 17 November
After breakfast I took time to write three letters – one a report to the office [Coimisiún Béaloideasa Éireann] on events since leaving Dublin.

I spent an hour and a half in Mr [Joseph] Halpin's house before lunch and called out to Mrs [Maggie] Murphy at 4 o'clock on my bicycle. She was expecting me and bid me a hearty welcome. I had brought the pipes with me and she was delighted to see them.

The Murphys live in a big new redbrick house at Castletroy which they built themselves and Mrs Murphy is certainly proud of her house, and deservedly so. She showed me around the house, and when I had admired all the rooms I was led to the sitting room and introduced to Mr Joseph Murphy who proved a tall lean man of slim build, with sandy hair and moustache. He welcomed me cordially and bade me be seated. Mrs Murphy produced her set of pipes after a short chat, played some tunes for me, and though she is out of practice she seems to have had a fairly capable hand over them.

I played some tunes later on for them and then we had tea and more music afterwards. We had a long talk then on the subject of dancing and Mrs Murphy told me she had hesitated to speak her mind yesterday in front of Mr Halpin as she did not want to contradict something he had said. I wrote some interesting information from them and Joseph danced some of the dances he spoke of for me and showed lightness and capability on his feet.

Before I left, Mrs Murphy made me promise to come early tomorrow evening and spend the whole evening with them.

She seemed to have no hitherto unrecorded tunes.

Sunday 18 November

I spent the evening and night at Murphy's, Castletroy, chatting and piping and listening to wireless programmes, quietly and restfully. I wrote some further notes from them.

Monday 19 November

I spent the morning and evening on (1) letters home and office, (2) writing up this diary from 26th–30th .9.45 and from 14th–17th Nov. 45, (3) surveying the notes I have made from Mr [Joseph] Halpin, Mr [William] Keane and Mr [Joseph] Murphy, (4) preparing a few notes for a lecture to Cairde na Gaeilge tonight in the George Hotel.[18]

The lecture at night. Met Mick Sheridan and Tom Devane tonight – two Cavan friends who are working here.

Tuesday 20 November

I took a bus at 12 o'clock(?) to Foynes and cycled out to Shanagolden from there after lunch to meet Mr [Risteard] Mac Siacuis, Scoil na gCcard,[19] Seanghualainn. After an unpleasantly heavy shower I arrived (none so dry) at the Technical School whence he conducted me to my goal – a Mr James D'Alton (65), tall, thin and slightly stooped, pleasant-looking and gruff. It was raining slightly when we arrived at the cottage, where James lives by himself and we stopped inside the door to shelter. Mac Siacuis was in before me and was proceeding to explain my mission to D'Alton who was gruffly querying him – I decided anyway that I could handle D'Alton better myself and interrupted at the first opportunity. I spoke as loudly and gruffly as D'Alton did and soon saw I could work with him. My friend had a class then and excused himself and I asked D'Alton if he were busy or could I stay awhile and have a chat with him. He assured me I could stay as long as I liked and soon I had him on the floor, heavy boots that he wore, dancing what he called 'The Carlow Jig' for me with the aid of a walking stick!

I talked with him until nearly five o'clock, during which period he treated me to a bowl of heavy beef soup of his own brewing and some bread – which same I accepted and thoroughly enjoyed.

I had to leave him then as my bus back to Limerick was at 6.15 and I could not afford to miss it and kick my heels around Foynes for 5 hours until the night bus left.

Old James D'Alton wished me well and would not come down the road for a drink with me or accept any reward for his trouble. Neither did I press anything on the decent man, but promised him on his request that I would let him know anything I could learn of the 'Súisín Bán' dance. 'Meantime,' he said, 'if there's any more you want to know, I'd be glad if you'd drop me a line for I can read and write too, you know!'

I left him attending to his birds, of which he keeps several as pets in cages in his kitchen.

Wednesday 21 November

I spent the morning with Mr [Joseph] Halpin from whom I gleaned no further information. In the afternoon, I called to Frank Glasgow's shop beside the Savoy[20] and found himself and William Ryan in possession. We set down to talk and William Ryan produced some old songs his father [Dan] was wont to sing. I wrote two of them from him, and he says he has more typewritten at home which he will bring to the office on 4.12.45 when he expects to come to Dublin.

William is very interested in music and has organised a small céilí band here in Limerick. He is from Oola,[21] Co. Limerick, and seems to have had a certain background of musical tradition to his upbringing.

I spent the night with Mrs [Maggie] Murphy and family at Castletroy as I had promised to come and see them before leaving Limerick.

1 1297: 138–59.

2 Cés moite den teideal 'Cuairt ar Luimneach – Mí na Samhna 1945' agus an focal 'Céadaoin' anseo, is i mBéarla a scríobhadh an cur síos ar an turas seo.

3 Bunaíodh an Cumann le Béaloideas Éireann (The Folklore of Ireland Society) i 1927 agus foilsíodh an chéad eagrán den iris *Béaloideas* i 1928. Ba í príomhaidhm an chumainn an béaloideas a bhailiú, a chaomhnú agus a fhoilsiú. Foilsítear eagrán den iris in aghaidh na bliana agus bíonn sraith léachtaí maille le tionól béaloidis ar siúl gach bliain.

4 Plás Chluain Tarbh.

5 Seanghualainn, Faing.

6 Sa bhliain 1966, i gcomóradh Éirí Amach 1916, athainmníodh na príomhstáisiúin traenach in ómós do cheannairí an éirí amach sin. Is ionann Stáisiún Heuston agus Kingsbridge nó Droichead an Rí mar a bhí.

7 Bhí an t-óstán ar Shráid Sheoirse. Bhí sé ar an óstán ba shine i Luimneach agus de cháil air gur ann a d'fhan Dónall Ó Conaill. San am sin Moriarty's a bhí air agus ina dhiaidh sin a tugadh Cruise's Royal Hotel air. Leagadh an t-óstán thart ar 1990.

8 Cheannaigh Jack Bourke an t-óstán seo i Sráid Thomáis sna seascaidí.

9 An tAth. Tomás Ó Muirthile C.Í. a bhunaigh an ghluaiseacht Cairde na Gaeilge leis an nGaeilge a chur chun cinn i measc phobal Luimnigh. Bhíodh cruinniú acu in aghaidh na seachtaine agus díospóireacht, léacht, dráma nó a leithéid ar siúl. Bhíodh dinnéar agus céilí acu uair sa bhliain. In Óstán Geary, Sráid Thomáis, a bhíodh na cruinnithe acu. Bhí baint lárnach ag an Ath. Ó Riagáin, Inis, lena bhunú. Bhíodh céilithe agus léachtaí á n-eagrú acu in áras Chonradh na Gaeilge. Is cosúil gur tháinig deireadh leo tar éis achar gearr de bhlianta. Sa leabhar miontuairiscí ag Conradh na Gaeilge i Luimneach, tá tagairt ann, 11 Feabhra 1941, do dhream nuabhunaithe, 'An Club Gaeilge'. Ar an 9 Meán Fómhair 1941, luaitear 'Cairdeas na Gaeilge' cúpla uair. Seomra ar cíos a bhí i gceist agus labhair Proinsias Mac Giolla Loscaigh [Glasgow *q.v.*] thar ceann 'Cairdeas'. Is dóigh gurbh iad Cairde na Gaeilge a bhí i gceist.

10 Bunaíodh Comhdháil Náisiúnta na Gaeilge i 1943 ina lárchomhairle d'eagraíochtaí deonacha na Gaeilge.

11 Mar seo a leanas an cur síos a thugtar leis an leabhar: 'Oideas cruinn cóir ar bheartú an Bhogha agus na Méar; Dréimrí ceoil agus liacht cleachtadh in órd is in oir-eagar oireamhnach; maille le Cnuasach toghtha taithneamhach de shuantraidhe, goltraidhe agus geantraidhe na nGaedheal. Arna chur le chéile do Threasa Ní Ailpín (ollamh re ceol) agus Seán Ó Cuirrín (ollamh re gaedhilg)'. Ní Ailpín & Ó Cuirrín 1923.

12 Sna fichidí a bhunaigh Conradh na Gaeilge an Coimisiún le Rincí Gaelacha (The Irish Dancing Commission). Chruthaigh an Coimisiún caighdeáin, agus bíonn ranganna agus comórtais ar siúl acu in Éirinn agus thar lear.

13 15 Plás Chluain Tarbh, An Corrán.

14 Sráid Thomáis.

15 Cé gur coinníodh déanamh theach tábhairne ar an teach seo, tá deireadh tagtha leis an ngnó féin. Ba le Frank 'the Bull' Hayes é, fear a raibh cáil air mar chaptaen ar chumann rugbaí Gharraí Eoin.

16 Geata Thuamhumhan.

17 Caladh an Treoigh.

18 Is dóigh gurbh é seo an Royal George ar scríobh Kate O'Brien an méid seo faoi i 1962: '*We still have that Medical hall. But beside it we had until now the Royal George Hotel, in the same, pleasant mid-nineteenth-century idiom. And that is coming down in dust and rubble all about O'Connell street to make room for . . . a luxury hotel.*' O'Brien 1962, 191. Bhí 33 seomra codlata ann.

19 Is seirbhís oideachais ag Coistí Gairmoideachais iad na ceardscoileanna. Ba chuig leibhéal an Ghrúptheastais an gnáthchúrsa oiliúna a reachtáltaí sna ceardscoileanna .i. cúrsa dhá bhliain iar-bhunscoile. Bhíodh cailíní agus buachaillí ag freastal ar cheardscoileanna. Nuair a tháinig an saoroideachas i 1968, luigh ceardscoileanna isteach ar theagasc a chur ar fáil chuig leibhéal na hArdteistiméireachta. Ní raibh an bhéim iomlán ar cheardoiliúint ní ba mhó ach bhí an cheardoiliúint ar fáil iontu nuair nach raibh sí ar fáil sna meánscoileanna.

20 Seanmhuileann a bhíodh anseo i Rae Bedford agus rinneadh pictiúrlann de a raibh de cháil air suíocháin iontach compordacha a bheith inti sna daichidí.

21 Úlla.

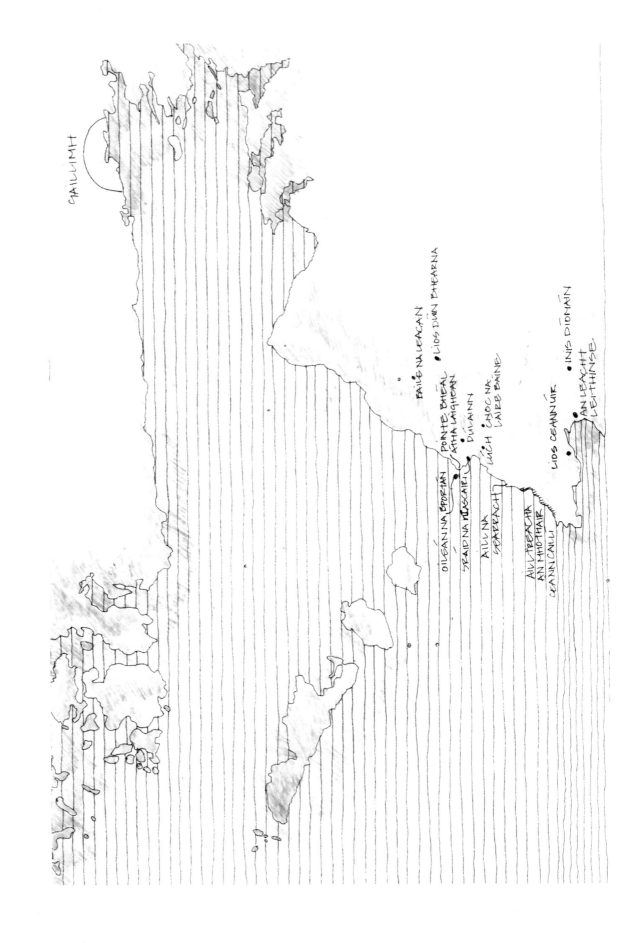

GAILLIMH

BAILE NA LEACAN

LIOS DÚIN BHEARNA

PÓINTE BHÉAL
ÁTHA LAIGHEAN

OILEÁN NA mBROITÍN

DÚLANN

SRÁID NA mBASCAIL

CNOC NA
VÁIBE BÁINE

AILL NA
gCARRACH

LIOS CEANNÚIR

AILLTREACHA
AN MHOTHAIR

INIS DÍOMÁIN

CEANN CAILLÍ

AN LEACHT
LEITHINSE

County Clare

22–24 November 1945[1]

Thursday 22 November

I called to see Br Ryan[2] at the Christian Brothers' schools in Limerick whom I had promised to see at the first opportunity. He was hard at work, teaching Irish to a class of Limerick boys in the unpleasant cold of a foggy November morning. Limerick can be very cold in a river fog.

I went down to the bus office and found that the bus left at 2 p.m. for Ennis, so I had lunch and settled my account at the Hotel[3] and caught it.

On arrival in Ennis, I dropped my bags at the Queen's Hotel and repaired to the County Home,[4] where I was to see a man named Martin MacNamara from Croisín, Co. Clare. Conchúr Ó Coileáin, secretary of the Gaelic League, had advised us that this man had a store of old songs in Irish worth writing from him.[5]

After a long search amongst halls and grounds he was located for me. An elderly lady who had searched him out for me then allowed her curiosity to create an awkward situation, for I said nothing until finally it dawned upon her that the silence was due to the fact that she waited to hear what business I had of MacNamara. I gained points in his estimation over this as he was apparently at war with her and would not like her to know any of his business! I asked him would he come for a short walk in the grounds as I wanted to talk to him, and he conceded me so much, albeit reluctantly.

When I had put my case before him, his chant was that I should have written to him to tell him I was coming, and that he was upset by the suddenness of my visit and he was neither well nor happy 'in this prison' and 101 other grumbles. He kept saying: 'We will have to move on from here as I'm not supposed to be out here', and looking around corners to see if anyone were listening.

In the end I said I was wasting my time and told him that I would call for him at 10.30 a.m. tomorrow and bring him down to the hotel with me and give him a good day of it if he would come and do his best to oblige me; and he could think out his songs overnight. He said he might and I left him at 6 o'clock. I had put in as trying an hour as ever I had done in an endeavour to have him allow me to write some songs from him, to no avail, maybe.

I then saw the matron who told me I could have a pass-out for him tomorrow but that she would like to have him back by nightfall. I undertook to comply with her wish in that respect.

I arrived at the hotel at 7 o'clock and after my tea I treated myself to a picture in the Ennis Gaiety.[6]

Friday 22 November

The rest was easy. I had [Martin] MacNamara at my hotel by 11 o'clock and after treating him to a drink or two (the morning was cold and foggy and the poor old fellow had no overcoat with him), he turned out to be a fine decent skin and gave me all the assistance he could.

He was very very good singer and even at his age (c. 69) was still able to do the fine ornamentations and grace notes peculiar to his style of singing. He says he learnt his songs (and singing) from his father in his youth and won prizes at the old Oireachtas festivals in Dublin. He was away in America for 34 years, he said, and lost his fluency of speech in Irish there.

He had one peculiar point in his singing – what he called the 'old cry' his father used put in the verse, which consisted of holding a note and singing an intricate run of notes after it on the same syllable. I have transcribed this as he sang it in any song in which it occurred.

I wrote six songs from him as he sang them and he failed to think of any more of them for me then, though he says he has more if he could think of them.

He enjoyed his day well as I gave him good entertainment and allowed him two hours at lunchtime to roam the town and see some friends of his own. I brought him up to the Home at 7 p.m. as it was cold and foggy and I hesitated to keep him late. Also, he was somewhat tired of the work by then. The poor old fellow insisted on my coming in with him on the way up in order that he might stand me a drink. I did not deprive him of what he thought such a privilege. We parted the best of friends and I told him I hoped to see him next summer on my way around Clare. He says he expects to be at home in Croisín by then.

I played billiards with Frank Marshall (proprietor of the Queen's Hotel whom I had met in Lahinch this summer) at night and retired to bed early in preparation for my journey home to Dublin tomorrow.

Saturday 24 November

Journeyed home to Dublin.

Nótaí agus Tagairtí

1 1297: 159–65.

2 Is dóigh gurbh é seo an Bráthair P. T. Ó Riain *q.v.*

3 Gach seans gurbh é seo Óstán Geary's, Sráid Thomáis.

4 Ba é seo teach na mbocht, a dearnadh ospidéal do sheandaoine de faoi dheireadh. Scartáladh na bunfhoirgnimh ar fad ar an láthair i 1966 and críochnaíodh an t-ospidéal nua i 1974. Ba iad Siúracha na Trócaire a bhí ina bhun nuair a bhí Mac Aonghusa ar cuairt ann agus tá sé suite i gcónaí ar Bhóthar Leifir.

5 Tá an chomhairle faoi i litir ó Sheán Ó Súilleabháin chuig Mac Aonghusa an 18 Meán Fómhair 1945 mar seo a leanas: 'Do chuir Conchúr Ó Coileáin, Rúnaí Chonradh na Gaeilge, scéala chugam ar an bhfón seachtain ó shin á rá go bhfuil fear san *County Home* in Inis a bhí ina amhránaí breá dúchasach uair. Mac Conmara a shloinne. As Croisín nó Cora Finne é, agus do thug sé roinnt blianta i Meirice. Bhí baint aige leis na seana-Oireachtais, ach ar chúis éigin ní dóigh liom gur chuir sé isteach ar an gcomórtas amhránaíochta ann. Tá a lán amhrán aige, más fíor an scéal, agus b'fhiú go maith dhuit cuairt a thabhairt air. Ní dócha go mbeadh an guth go maith aige anois, ach bheadh na foinn aige, ar chuma éigin. Deir Conchúr go bhfuil fonn ar an bhfear seo a chuid amhrán agus ceolta do thabhairt uaidh. Muna féidir duit dul chuige an uair seo, féadfair é a dhéanamh an chéad uair eile a raghair go Co. an Chláir.'

6 Bhí an Gaiety Cinema i Sráid Uí Chonaill. Bhíodh scannáin ar siúl chuile oíche den tseachtain, an Domhnach san áireamh. Dúnadh an phictiúrlann sna 1980idí.

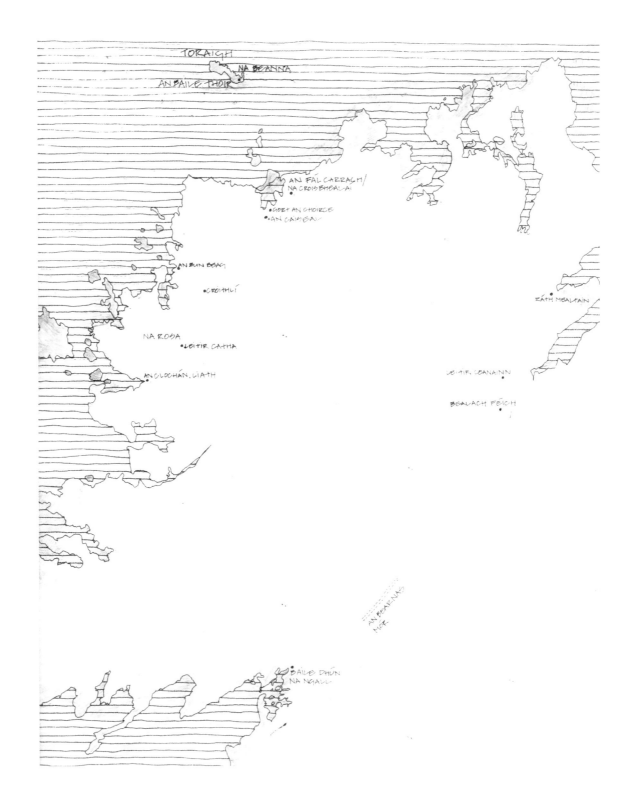

TORAIGH

NA BEANNA

AN BAILE THOIR

AN FÁL CARRACH /
NA CROIS BHEALAÍ

•GORT AN CHOIRCE
•AN CAISEAL

•AN BUN BEAG

•CROITHLÍ

RÁTH MEALTAIN

NA ROSA

•LEITIR CATHA

LEITIR CEANAINN

AN CLOCHÁN LIATH

BEALACH FÉICH

AN FEARNAS
MÓR

•BAILE DHÚN
NA NGALL

Tír Chonaill – Toraigh

16 Bealtaine–7 Meitheamh 1946[1]

Déardaoin 16 Bealtaine

D'fhágas Baile Átha Cliath ar maidin inniu. Den chéad uair ag dul chun bóthair dom, bhí mo charr féin agam, Ford ABF,[2] atá le sé seachtainí nó mar sin agam.

Ós go Tír Chonaill a bhí mo thriall, bhí mo mháthair liom, í ag dul go Ráth Mealtain le coicís a chaitheamh ann le cairde linn. Bhí turas sásta againn anoir thríd an Mhuileann gCearr agus an Longfort, agus nuair a tháinig muid go dtí Dromad bhí fonn ar mo mháthair a dhul go Corrycramp,[3] cúpla míle amach soir, le daoine a fheiceáil ann.

Seo mar bhí eolas aici cheana ann. Bhí deartháir di [Frank McCabe] ar lucht an Éirí Amach[4] agus an t-am a raibh siad seo ar a dteicheadh, bhí seisean i bhfolach anseo ag Corrycramp. Tháinig mo mháthair ar cuairt dheireadh na seachtaine um Cháisc chuige, agus chuir sí aithne ar mhuintir na comharsanachta a raibh sé mór leo. Is é an deireadh a bhí ar an scéal sin gur phós Frank McCabe – deartháir mo mháthar – gur phós sé cailín de mhuintir na háite[5] agus d'fhága sin ceangal againn leis an áit.

Chonaic mé veidhlín ar crochadh ar bhalla na cistine i gcúpla teach ann, rud a chuir ag cuimhneamh mé gur áit é a bhfuil ceol le fáil ann. Tá aithne agam ar Tom Mulligan, veidhleadóir as an áit i mBaile Átha Cliath a bhfuil seanphoirt go leor aige a d'fhoghlaim sé sa mbaile.

Chaith mé tamall le cairde liom i mBoyle,[6] Ros Comáin – Willie MacNamara agus a bhean – agus tháinig muid go Sligeach tamall i ndiaidh a deich san oíche. Chuir muid fúinn sa Ghrand Hotel [7] ann.

Aoine 17 Bealtaine

Chaith muid tamall den mhaidin thart ar Shligeach agus chonaic mé cairde liom ann – Leonards iad. Bhuail muid bóthar ó thuaidh agus bhí lón againn ag Bundoran.[8] Nuair a shrois muid Baile Dhún na nGall, bhí agam le Seán Ó hEochaidh a chuartú. Bhí sé le bheith romham inniu ann le theacht liom go Gort an Choirce sa charr. Ní raibh a thuairisc le fáil, ach ó bhí traein le theacht as na Cealla Beaga ar a cúig, dúirt mé go bhfanfainn féachaint an mbeadh Seán uirthi. Ní raibh. Bhí Jack Doyle ar an traein ach ba lag liom é sin mar údar cúitimh. (Dúirt Seán liom nach bhfuair sé mo shreangscéal a sheol mé Dé Céadaoin siocair faillí in oifig posta na Carraige. Air féin a bhí a locht mar dúirt sé liom oíche dár cuireadh girseach amach thríd doineann le sreangscéal nach raibh práinn léi fhad le Cruachlann (4 mhíle de bhóthar uaigneach díbeartha sléibhe) dúirt sé le fear an phosta gan bacadh arís le ceann ar bith ar dhóigh leis nach raibh práinn léi. Ach bhuail sé bóthar Déardaoin ar maidin moch agus bhí an sreangscéal ag luí ansin dó is é ag dul thar an oifig.)

Is ea, chuaigh muid chun cinn thríd an Bhearnas Mór go Bealach Féich agus amach thríd Leitir Ceannainn go Ráth Mealtain mar ar chodail muid lenár gcairde McDaids. Ní raibh tada iontach ansin le ríomh.

Satharn 18 Bealtaine
I ndiaidh an dinnéir d'fhág mé slán ag mo mháthair [Mary] is ag na daoine seo agus bhuail mé liom go Gort an Choirce mar a bhfuair mé Seán [Ó hEochaidh] romham. Chaith muid tae le chéile sa teach ósta ann[9] agus casadh mo chairde uilig sa teach sin orm mar a bhíodar riamh.

Casadh Dinny Boyle (O.S.) agus an Máistir [Paddy] Bonar liom ar ball agus i ndiaidh tamaill chomhrá d'ól muid deoch agus chuaigh muid suas abhaile. Thiomáin mé Seán go dtí tigh Mhic

Dinny Boyle le Séamus. (Le caoinchead Thomáis Uí Bhaoill.)

Gabhann ar an gCaiseal agus chuas féin tigh Dinny. Chaith muid tamall fada cois tine ag comhrá agus chuaigh muid a chodladh ar a haon déag. Is mise a bhí tuirseach freisin, ag siúl liom mar a bhí mé, thríd na contaetha agus thríd na daoine ó Dhéardaoin, cuirim i gcás gur ar bheagán codlata a d'fhága mé an baile.

Domhnach 19 Bealtaine
Chuaigh muid chuig an chéad aifreann. Thug mé Dinny [Ó Baoill] is a iníon, Bríd Bheag, siar sa charr go Leitir Catha, agus thug muid an lá ann, cé is moite de mharcaíocht a thug mé do Róise is Lizzie [Ní Bhaoill] siar chun an Chlocháin Léith agus ar ais. Rinne mé iarracht ar Niallaí Ó Baoill, an veidhleadóir, a fheiceáil ach chinn orm; ní raibh sé sa mbaile agus ní raibh sé le feiceáil ar an tsráid ná in aon teach dá nglaonn sé isteach ann ar a chuairt.

Chuaigh mise is Dinny abhaile in am luí i ndiaidh dhúinn damhsa a fheiceáil faoi lán tseoil i halla na mBaoilleach seo i Leitir Catha. Deirfiúr Dinny, Lizzie, a ritheann an halla.

Luan 20 Bealtaine

Ag réiteach ar maidin le dul go Toraigh. Thug mé liom Dinny [Ó Baoill] i ndiaidh am scoile agus d'fhág sé ag an mbád sinn, go dtug sé mo charrsa suas abhaile leis le hí a choinneáil dom.

Bhí dosaen de mhuintir Thoraí amuigh agus ba deas an dá dheoch a d'ól siad uaim féin is ó Sheán [Ó hEochaidh]. Bhí na Dixons ann mar a chonaic muid cheana iad agus fáilte agus fiche acu romhainn.

Sa gcurach chéaslaigh a chuaigh muid amach chun an bháid – bhí sí ar ancaire amuigh – agus ní i bhfad go raibh inneall Hughie [Ó Diothcháin] ár dtiomáint amach ó thuaidh go Toraigh. Uair is deich nóiméad a bhain sé dhínn mar bhris eochair an *cham-wheel*[10] air agus chaith sé tamaillín ag cur píosa ann a thabharfadh abhaile muid. Fearadh na céadta fáilte romhainn – bhí John Meenan as an mBaile Thoir romhainn ann agus tháinig sé ar an mballa le lámh a chroitheadh liomsa don chéad iarraidh, sular chuir mé cos ar thalamh.

Nuair a chuaigh muid soir chun an tí, bhí Gráinne [Ní Dhiothcháin] romhainn ann – tigh Dixon – agus is gearr an t-am a thóg sí ag réiteach tae is uibheacha dhúinn.

Chruinnigh muintir na háite san oíche, agus le scéal fada a dhéanamh gearr b'áthas liomsa an leaba a bhaint amach tar éis na hoíche a chaith mé ag píobaireacht dóibh. Ní raibh scéal iontach ar bith de bharr na hoíche agam, ach go raibh béal gach uile dhuine acu ar leathadh le spóirt as an gccol. Ach d'fhága sé nach raibh focal as duine ar bith dhúinn ach ag iarraidh tuilleadh ceoil!

Máirt 21 Bealtaine

Thug mé féin is Seán [Ó hEochaidh] cuairt siar an baile inniu ag breathnú daoine a raibh eolas againn roimhe orthu nuair a bhí muid anseo (*Oct.* 1944). Chuaigh muid isteach tigh Hiúdaí [Ó Fuaruisce] – an fear is sine ar an mbaile, sílim – áit a raibh spraoi oíche againn nuair a bhí muid ag fágáil an oileáin. Bhí fáilte ag daoine romhainn, ach b'fhacthas dom go raibh siad fuarchúiseach go maith – sin é b'fhacthas dom cheana, agus deir Seán liom gur le cúthaileacht é. Ba chóir go n-imeodh sé taobh istigh de choicís.

Tigh Uí Dhiothcháin. (Le caoinchead Kelly Fitzgerald.)

Nuair a tháinig muid ar ais bhí an dinnéar réidh ag Gráinne – iasc goirt agus fataí. Bhí amhrán ag Jimmy [Ó Diothcháin] dhom tar éis an dinnéir, 'Buachaill ón Éirne' – chuir mé síos uaidh é, cé go bhfuil barúil agam nach bhfuil difear ar bith idir é is leagan atá cheana agam.

An *Ediphone* a thug mé liom; faighim nach bhfuil sé gan a chuid lochta. Tá an bheilt sínte air agus an coscán as fearas – chaith mé an tráthnóna leis agus fuair mé ansin nach raibh an tiúb labhartha slán. Thug mé tamall leis sin.

Thug mé tamall ina dhiaidh sin ag scríobh ó John Shéamuis John [Ó Dúgáin], agus ó bhí teach na scoile le bheith foscailte anocht, bhí oíche le bheith ag óg is sean ann go maidin, más fíor, agus ba ar mo phíobaí-se is mó a bhí an oíche ag brath. Chuaigh muid siar ar a naoi nó deich agus bhí an teach lán go doras. Chuala mé go raibh suas le 200 duine istigh. Rinneadh damhsa – *sets* agus *haymaker's jigs* agus *fairy reels*[22] is mó a bhí acu. Bhí triúr acu a raibh damhsa aonair[23] acu – níl mé in ann a rá ar dhamhsa foghlamtha nó seandamhsa[24] a bhí acu, ach fear amháin a rinne port singil agus a d'éalaigh abhaile sula bhfuair mé seans air, le labhairt leis.

Chuir mé cuid de na mná ag gabháil cheoil leis na píobaí, agus dúirt John Tom dhá amhrán in éindí leis na píobaí freisin, rud a thaitnigh go mór leis an gcruinniú. Bhí damhsa ansin is tuilleadh amhrán – cuid acu i mBéarla – agus is é deireadh an scéil go raibh an lá geal ag scaladh isteach ar na fuinneoga nuair a dúirt mé féin go raibh sé in am a dhul a chodladh. Chuir sé bród orm chomh buíoch is a bhí siad uilig díom.

Céibh Thoraí. (Le caoinchead CBÉ.)

Aoine 31 Bealtaine

Ar ndóigh, b'éigean dúinn uilig píosa den lá a chodladh tar éis na hoíche móire. Bhí sé an cúig ag dul a chodladh dhúinn, agus chodail mise go dtí a haon déag. Chaith mé an chuid eile den lá, roimh am dinnéir, ag déanamh nótaí ar dhialainn na coicíse a chaith muid istigh mar ní raibh seans againn dialann ar bith a scríobh, ach na cúpla lá a scríobh mise faoi mo ruaig gur fhága mé tír mór.

Tháinig seandaoine tar éis an dinnéir ag iarraidh poirt ar na píobaí agus chas mé tamall ceoil dóibh amuigh faoin ghréin, mar b'álainn an tráthnóna a bhí againn. Thóg muid pictiúirí le ceamara a bhí ag na Dixons – fuair Seán [Ó hEochaidh] *film* isteach óna mhnaoi [Annie] i nGort an Choirce ó tháinig muid.

Chuaigh mé féin agus Denis Dixon soir go dtí an Baile Thoir ar ball tigh Tom [Ó Mianáin], agus thóig muid dhá phictiúir ann. Thug muid linn an *Ediphone* le go mbeadh sé sa bpictiúir ag Seán Tom [Ó Mianáin]. Scríobh mé amhrán eile ó Chit [Ní Mhianáin] agus d'fhág mé slán acu. Tháinig John anoir linn le tuilleadh ceoil a chloisteáil agus fear eile, Jimmy Shéamuis Bháin [Ó Mianáin], ar chuir mé aithne air aréir i dteach na scoile. Amhrán breá aige, 'Lá Fhéile Pádraig ba Ghnách Liom bheith ag Coimheád an Chró', agus chuireas síos uaidh é nuair a fuair mé seans ar ball air.

Rinne mé iarracht ar gheallúint a bhaint as John Tom go dtiocfadh sé chuig an Oireachtas, ach ní raibh aon mhaith agam ag caint. Ní thuigim cén fáth é, ach tá barúil agam nach bhfuil air ach scáth. Ní fiú bheith ag iarraidh ar lucht an Oireachtais é a thabhairt ann nuair nach bhfuil a fhios agam go dtiocfaidh sé.

Bhí mé ag píobaireacht scaitheamh dóibh – bíodh a fhios gur maith a thuill mé na hamhráin seo a bhí faighte agam, mar bhí mé bréan tuirseach ag píobaireacht do dhaoine – agus scaitheamh eile ag fágáil slán acu de réir a chéile mar a bhíodar ag fágáil an tí amach i dtráth na meán oíche.

Bhí ár gcomhrá féin cois na tine tamall ansin agus bhuail mé féin a chodladh nuair a bhí beagán pacála déanta agam agus mo chuid páipéirí curtha i gcionn a chéile agam.

Satharn 1 Meitheamh

D'fhág muid slán ag an oileán ar a deich, agus i gceann an bheagáin le cois uaire bhí muid ar tír mór, slán folláin. Bhí maidin álainn gréine agus farraige shocair amach againn, buíochas le Dia. Sheas muid deoch thuas ag an teach tábhairne d'fhear ar bith as Toraigh a bhí ann, agus thug Dinny Boyle mo charr chugamsa anoir. Bhí graithe ag na Dixons chun na gCroisbhealach, agus thug mé soir is anoir iad is é ina thuile liag báistí. Beagnach ar a cúig tráthnóna chuir siad chun farraige agus é sách garbh, cé go raibh an bháisteach thart.

Chuaigh mé féin is Seán [Ó hEochaidh] is Dinny soir go Gort an Choirce agus d'fhág mé Seán is a bhean [Annie] sa mbaile, agus chuaigh mise is Dinny tigh Dinny chun tae. Níor chorraigh muid amach as sin go ham luí.

Domhnach 2 Meitheamh

Chuig an gcéad aifreann a chuaigh muid. Casadh an tAth. [Arthur] Ó Frighil orainn agus chaith muid píosa den mhaidin istigh san *Hotel*[25] ag comhrá leis féin is le muintir an tí.

Chuaigh muid siar chun na Rosann tar éis an dinnéir agus chaith muid tráthnóna suáilceach le muintir na gcnoc i Leitir Catha, go dtáinig muid abhaile in am luí.

Luan 3 Meitheamh

B'éigean dom a dhul síos a fhad le Mickey Mulhern i nGort an Choirce leis an ola a bhí sa gcarr a chur amach aisti agus ola nua a chur inti. Ghlac sé sin an chuid is mó den mhaidin orm, mar ní raibh Mickey romham ann is b'éigean dom fanacht air. Thug mé an tráthnóna uilig thuas tigh Mhic Gabhann i gCaiseal na gCorr[26] mar a raibh mo *Ediphone* ag Seán Ó hEochaidh; ag scríobh ceoil ón *Ediphone* a bhíos.

Máirt 4 Meitheamh

An lá uilig ag an *Ediphone* ag scríobh. Chuas féin is Dinny [Ó Baoill] is a iníon is a bhean tí[27] siar ar a 5.30 go dtí Aonach an tSamhraidh[28] ar an Chlochán Liath. Níor casadh aon iontas orainn ach seanchleachtadh an bhaile sin – an t-ól. Casadh go leor de mo chairde orm ann.

I Leitir Catha a chodail muid.

Céadaoin 5 Meitheamh

Chaith mé an tráthnóna ar cuairt ag Niallaí Pháidí Néillí [Ó Baoill], veidhleadóir an Chlocháin Léith. É go maith, suáilceach; sílim gur beag eile atá aige a scríobhfad uaidh, ach aon fhonn amháin, 'Sliabh Sneachta'. Tá sé sásta é seo a thabhairt dom féin, go príobháideach, ach ní thabharfaidh sé uaidh don Choimisiún ná d'aon duine eile é. Tá meas speisialta aige féin ar an bhfonn seo, deir sé liom, agus tuigim gur mór an onóir dom go dtabharfaidh sé dhom féin í.

Frank Higgins agus Niallaí Ó Baoill.
(Le caoinchead Anna Philbin.)

Thug mé go dtí an baile mór é, agus cheannaigh mé deoch dhó agus d'fhág mé sa mbaile arís é – míle bóthair – bhí tae agam leis agus bhí mé i Leitir Catha ar a 9.30 arís.

Thriail mé féin is Dinny [Ó Baoill] slat ar an loch ach ní raibh breac ar bith ag breith. Agus ó bhí an oíche fuar i gceart níor chaith muid i bhfad leis.

Déardaoin 6 Meitheamh

D'fhág mé féin is Dinny [Ó Baoill] slán ag gach uile dhuine thart agus bhuail mé bóthar trí Chroithlí agus an Bun Beag. Bhí dhá ghloine do lampaí an chairr le fáil ansin agam. Bhí muid i nGort an Choirce ar a dó chun dinnéir. Bhearr mise mé féin agus d'athraigh mo chulaith éadaigh agus phacáil mé mo chuid ansin go ndeachaigh mé suas tigh Mhic Gabhann ag feiceáil Sheáin [Uí Eochaidh] is ag tabhairt liom an *Ediphone*.

Bhí sé a sé a chlog nuair a d'fhág mé Gort an Choirce, agus bhí fear le feiceáil i Leitir

Ceanainn agam. Bhain sé sin moill mhór asam mar ní raibh sé romham is d'fhan mé air go dtáinig sé. Is é deireadh an scéil gur chodail mé i mBealach Féich, tigh Kee's, mar níl aon teach ósta ar an líne idir é is Bun Dobhráin atá chomh compordach leis.

Aoine 7 Meitheamh

Mé le Baile Átha Cliath a bhaint amach anocht. Ghlan mé siar an Bearnas Mór agus tolladh mo rotha deiridh i bhfoisceacht dhá mhíle de bhaile Dhún na nGall. Ní raibh mé i bhfad ag athrú an rotha, is fuair mé deasaithe i nDún na nGall é. Níor bhain taisme ar bith dhom as sin go ceann scríbe, buíochas le Dia, agus bhí acmhainn mhór chodlata ionam nuair a bhain mé mo leaba féin amach.

Ba é seo deireadh mo chéad turais leis an gcarr agus tá mé in ann a rá gurb é a bhí ag teastáil go géar leis an sclábhaíocht a bhaint as an obair.[29]

Nótaí agus Tagairtí

1 1297: 166–97.

2 Cheannaigh Mac Aonghusa an carr in Aibreán 1946, sa Sráidbhaile, Contae Laoise. I gCorcaigh a rinneadh an carr idir 1932 agus 1934. Inneall 1.5 a bhí inti agus dhá dhoras. Pláta cláraithe de chuid Chontae Chill Dara a bhí uirthi.

3 Corr an Chreamha.

4 Seachtain na Cásca 1916 a tharla an tÉirí Amach a bhí pleanáilte faoi rún ag Bráithreachas Phoblacht na hÉireann in aghaidh riail na Breataine, i rith an Chéad Chogadh Domhanda. Cé gur theip air ón taobh míleata de, chuir sé cor buan i stair na hÉireann agus bhí an-bhaint aige le múnlú na hÉireann.

5 Susie Conboy a bhí uirthi.

6 Mainistir na Búille.

7 Bhíodh an t-óstán sin i Sráid Teeling, go dtí go ndearnadh club oíche agus teach tábhairne de.

8 Bun Dobhráin.

9 Teach Ósta Mhic Pháidín.

10 Roth a fheidhmíonn faoi mar a dhéanfadh ceam, is é sin teilgean ar sheafta rothlach lena ndéantar bogadh rothlach a aistriú go bogadh frithingeach suas síos i meaisín eile a théann i dteagmháil leis.

11 Ailt an Chorráin.

12 €301.

13 Branda aitheanta seanbhunaithe maidir le hinnill bháid agus innealra eile is ea Kelvin.

14 Ailt an Chorráin (Burtonport) atá i gceist anseo.

15 Is dóigh gurbh é seo an Canónach Mac Giolla Chearra nó an sagart Mac Giolla Chearra a bhí i nGort an Choirce i 1946.

16 Ba é seo an tAth. Art Ó Fríl.

17 Tharlódh gurbh é Páidí Antain Ó Duacháin a bhí i gceist.

18 Scéal faoi fhuadach a rinne an bhanphearsa osnádúrtha Clíona ar Sheán Mac Séamais atá anseo. De réir an fhinscéil, bhí iomarbhá filíochta, ar cuid den fhinscéal é de ghnáth, ar siúl gur scaoileadh Seán ar ais sa ghnáthshaol arís. Tá baint ag an bhfinscéal le heachtra a tharla nuair a fuair Seán Mac Gearailt, Ridire an Ghleanna, bás tobann i 1737.

19 Bhailigh Ó hEochaidh ábhar ó Pháidí Antain Ó Duacháin i mBealtaine 1946. Féach 991: 511–13, 528–31 agus leagan de 'Seán Mac Séamuis' i 991: 614–8.

20 Tá an cuntas seo a leanas ag Ó hEochaidh ina dhialann: 'Lean an ceol agus an phíobaireacht go maidin. Scríobh Séamus ceol agus focla amhrán go leor ar feadh na hoíche, agus d'éirigh leis obair bhreá a dhéanamh. D'oibir sé féin go cruaidh, ar ndóiche, agus nuair a tháinig mise bhí dath air chomh bán le bráillín agus an t-allas ina rith leis. Ní raibh iontas orm fá sin, bhí an obair maslach, agus an t-aer a bhí astoigh sa chisteanach sin d'fheadfá é a ghearradh le scin! Ach fá dheireadh chríochnaigh Séamus suas; bhí oíche mhaith oibre déanta ag achan nduine againn, agus gidh go rabhamar tuirseach agus an codladh ag breith thall orainn bhí muid breá sásta.' 1109: 376–7.

21 Ba é seo Féile Chorp Chríost.

22 Is dóigh gurbh iad 'Baint an Fhéir' agus 'Cor na Sióg' an dá dhamhsa atá i gceist anseo. Ar ndóigh, is ainmneacha port freisin iad.

23 'Damhsa singil' atá sa lámhscríbhinn agus is dóigh gur damhsa aonair atá i gceist.

24 Gach seans gur idirdhealú idir an damhsa a bheadh tagtha isteach trí chóras oideachais – sa scoil nó ranganna de chuid Chonradh na Gaeilge nó a leithéid – seachas damhsaí is sine agus is dúchasaí i dToraigh atá i gceist anseo. Bhí agus tá, ar ndóigh, leagan Thoraí acu ar dhamhsaí a bhí coitianta áiteanna taobh amuigh den oileán.

25 Is dóigh gurb é Óstán Mhic Pháidín atá i gceist anseo.

26 An Caiseal atá i gceist anseo.

27 Is dóigh gurbh í seo a bhean chéile.

28 Bhíodh Aonach an tSamhraidh ar siúl gach uile bhliain ar an 4 Meitheamh. Ar maidin, bhíodh eallach á dhíol agus á cheannach, faoi mar a tharlaíodh ag aontaí eile gach uile mhí ar an mbaile sin. Ach bhíodh difríocht ag baint le hAonach an tSamhraidh sa mhéid go mbíodh amhránaíocht, damhsa, spraoi agus déanamh cleamhnais ar siúl sa tráthnóna.

29 Tá an nóta seo a leanas ann don Satharn 8 Meitheamh 1946: 'Chuaigh mé anocht go Loch Garman le moltóireacht a dhéanamh ag Feis Charman as seo go Luan ar chomórtais cheoil. Bhí agam le píobaireacht a dhéanamh ag coirm cheoil san oíche Dé Luain. Tháinig mé abhaile Dé Máirt – bhí Donncha Ó Cróinín liom, agus thug mé marcaíocht aníos do Shéamus Ó hÉilithe agus Séamus Wilmot.

Ó Mháirt go Déardaoin san oifig. Siar go Conamara Dé hAoine 14ú.'

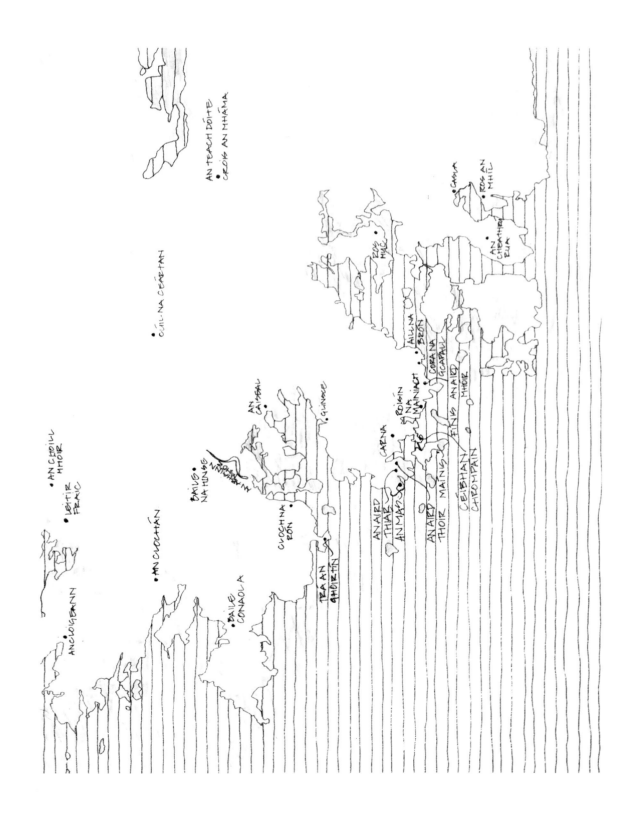

Conamara

14 Meitheamh–19 Iúil 1946[1]

Aoine 14 Meitheamh

Socrú agam le Birgitta Johansson as an tSualainn[2] í a thabhairt liom go Conamara sa gcarr. Ghlaoigh mé chuici sa gcarr ar maidin is thug mé liom í. Níor fhága muid an chathair go dtí a trí mar b'éigean domsa a dhul go dtí an oifig le *Ediphone* a shocrú is a thabhairt liom, agus bhí sé in am rud a fháil le n-ithe ansin.

Birgitta Johansson, sa lár.
(Le caoinchead Mhichíl Uí Fhlaithearta.)

Bhain muid Gaillimh amach ar a naoi agus fuair muid rud le n-ithe sa Royal,[3] agus chuir muid ár leapacha in áirithe ann. Chuaigh muid amach Nile Lodge go dtí St Mary's Terrace, an áit a bhfuil cónaí ar Mhichael Duignan is a bhean [Eileen]. Ní raibh siad istigh, ach dúirt an bhean tí liom go mb'fhéidir go mbeidís tigh Choyle suas an bóthar. Tháinig [David] Coyle féin go dtí an doras chugam agus d'iarr sé isteach mé go nglaofadh sé ar an bhfón ag lorg Duignan. Cé bheadh agam ina mhnaoi ach deirfiúr Mháire Nic Néill [Róisín]! Thugadar in airde staighre muid agus bhí muid ann go ham luí – ní bhfuair muid tuairisc ar bith ar Dhuignan.

Bhí sé i ndiaidh a dó dhéag nuair a bhain muid an teach ósta amach.

Satharn 15 Meitheamh

D'fhág mé an carr ag *garage* Churley[4] – cara liom é – le *bendix*[5] a chur ar an *starter* dom. É seo lochtach le fada ach ní raibh an píopa le fáil i mBaile Átha Cliath. Shiúil muid píosa mór agus thug muid cuairt ar go leor de mo chairde sa mbaile.

Bhí an carr réidh tar éis lóin agus bhuail muid bóthar siar. Ghlaoigh mé tigh Duignan arís is ní raibh duine ar bith romham. Ghlaoigh mé tigh an Choisdealaigh agus ní raibh ann ach an cailín aimsire.

Ar a naoi a bhain muid Carna amach agus chaith muid dhá uair tigh Choilmín [Mhic Fhualáin] – ceann de na comhluadair is deise istigh in Éirinn inniu; sin é an teach a dtugaimis *'musical academy'* Charna air.

Céadaoin 19 Meitheamh

Chaith mé an lá ag scríobh dialainne – mo chuid laethanta i dToraigh á n-aithris anois agam.

Chuaigh mé chun an Chaisil le peitreal a fháil agus ghlaoigh mé ar Sheán 'ac Dhonncha, O.S., ann ar a seacht, mé féin agus B. [Birgitta] Johansson. Thug muid cuairt ar an Zetland Arms Hotel ann gur ól muid deoch agus chuaigh muid siar go Baile na hInse, an áit a bhfuil Ballinahinch Castle[8] ina *luxury hotel* anois ag an I.T.A.[9] Go deimhin, is álainn an áit í agus tá an-mhaisiú déanta ar an teach féin acu. Bhíothas an-tsuáilceach linn agus taispeáineadh an teach uilig síos suas dúinn.

Chuaigh muid ag siúlóid timpeall amuigh ag féachaint ar na taltaí breátha atá ina thimpeall agus ar Abhainn Mhór atá ag rith le hais an tí.

Thug muid *spin* siar go Cloch na Rón is timpeall ar Thrá an Ghoirtín go Baile Conaola le go bhfeicfeadh an cailín na háiteanna seo. Ba leisc liom a bheith ag caitheamh an pheitril, ach cén mhaith bheith go dona faoi le strainséara mar í – is é an imní a bhí orm go raibh sé socair againn a dhul ag feiceáil na Coille Móire amárach agus go mbeadh sé sin sách dian ar an 'dabhach' gan a bheith á chaitheamh inniu.

Níl tada eile le n-aithris faoin lá inniu, ach gur bhain muid an baile amach slán.

Déardaoin 20 Meitheamh

Lá saoire inniu ann.[10] Chuaigh muid chuig an gcéad aifreann agus casadh Seán 'ac Dhonncha agus Macdara Breathnach orm ann. Bhí sé socair agam go dtiocfaidís linn inniu ar sheáirse go bhfeicfeadh siad féin is Birgitta [Johansson] an tír ó thuaidh as seo liom – An Choill Mhór, Cúil na Ceártan is Leitir Fraic agus thart amach an bealach sin. Micheál Mac Fhualáin le theacht linn freisin, an veidhleadóir. Daoine iad seo a chaith fiúntas liomsa cheana riamh ó casadh orm iad, agus b'fhacthas dom go mba bheag an rud é iad a thabhairt ar thuras dóibh féin ar a lá saoire.

Níl tada le n-aithris faoin lá go mbeadh iontas ag léitheoir ann. Ghlaoigh muid ag ósta beag i gCúil na Ceártan; Tigh Johnny Billy[11] a bheir siad air, de shloinne Milne. Bean an tí atá ansin, tugann siad 'The Queen of Connemara' uirthi – bean bhreá fhónta.[12] Bhí sí in ann seanchas athar is máthar siar a thabhairt fúthu féin do na leaids a bhí liom, agus bhí sí caillte le spóirt ar an gcailín tSualannach.

Chuaigh muid isteach i dtaltaí na mainistreach[13] ag an gCoill Mhóir agus bhain an áit an anáil as mo chomrádaithe uilig le a bhreáichte is tá sé, suite ar an loch faoi choillte i measc na gcnoc atá go spéir timpeall air. Chonaic mé féin cheana é, ach má chonaic níor léir dhom é bheith chomh hálainn, feiceálach is atá sé. Deir siad gur mar sin a bheas duine, gach uile chuairt. Siar linn thrí Leitir Fraic go dtáinig muid go dtí an Clochán mar ar lonnaigh muid le tae a chaitheamh sa Railway Hotel.[14] Chuala na leaids ann go mbeadh damhsa an oíche sin sa halla agus ó bhí fonn orthu féin is ar Bhirgitta fanacht lena aghaidh, ní raibh locht agam ar an scéal.

Bhain muid ár ndóthain suilt as an damhsa agus bhain muid Carna amach breá tuirseach ar a trí ar maidin – bhí an damhsa thart ar a dó. Bhí na buachaillí seo an-bhuíoch díom, mar ba mhór an nuaíocht acu lá dhá leithéide; mo dhálta féin ní raibh siad in inmhe a mbealach féin a dhéanamh sa saol nuair a tháinig an cogadh, an t-am ar cuireadh na mótair ó bhóthar, agus chuir sé bród orm é bheith ar mo chumas a gcéad bhlas a thabhairt dóibh den tiomáint mar bhealach le turas pléisiúrtha a thabhairt.

Aoine 21 Meitheamh

D'imigh Birgitta Johansson ar maidin go Sligeach. Í le filleadh 28ú le turas Árann a dhéanamh. Thug mé an lá inniu istigh sa teach ag athscríobh focla amhrán a bhreacas i dToraigh; cé is moite d'uair nó mar sin á raibh mé ag comhrá leis 'An Seaimpín' (Micheál Mac Donncha, Roisín na Mainiach), a tháinig isteach ar a chuairt chugam. Bhreac mé rud beag seanchais uaidh.

Satharn 22 Meitheamh

Thug mé an mhaidin le litreacha agus chuaigh mé siar go Carna sa tráthnóna le hiad a chur sa bposta. Thiomáin mé seic is leabhar cánach an chairr le ceadúnas ráithe eile a fháil ó dheireadh na míosa seo amach. B'éigean dom cárta ciondálaithe peitril a fháil in oifig an phosta is é a thiomáint freisin don chéad mhí eile.

Chuaigh mé siar tigh mhuintir Éanaí san Aird Thoir san oíche – geallúint a thug mé dhóibh – leis na píobaí. Bhí Seán Choilm Mac Donncha (an té a thug 'Seachrán Chearbhaill'[15] dom) ann agus bhí an-oíche cheoil is amhrán againn. Rud é ab éigean dom a dhéanamh dhóibh mar bhí an-fháilte acu riamh romham, agus fuair mé slám

Séamus Mac Aonghusa agus a charr.
(Le caoinchead Anna, Mary agus Nóra Ní Chadhain.)

maith ceoil idir tigh Éanaí agus tigh Sheáin. Níor chuala mé tada anocht nach bhfuil cheana agam. Bhí sé 3.30 ar fhágáil an tí dhom.

Domhnach 23 Meitheamh

An chéad aifreann. Thug mé cuairt tigh Choilmín [Mhic Fhualáin] i ndiaidh an aifrinn agus chuaigh mé abhaile chun dinnéir. I mo chodladh a chaith mé an tráthnóna agus an oíche cois tine.

Luan 24 Meitheamh

Thug mé an lá ag cur deiridh le mo dhialainn – mo chuairt ar Thír Chonaill – ach stiall mór den mhaidin ag cabáil le Cóilín Sheáinín Choilmín a tháinig isteach chun an tí chugam ar cuairt (McDonagh as Fínis), fear a bhfuair mé neart amhrán uaidh cheana. Ach chinn sé orm aon rud eile a fháil uaidh. Déarfainn go bhfuil a chuid scríofa go hiomlán agam anois.

Chuaigh mé siar san oíche go dtí Beairtle Beag Ó Conaola san Aird [Thiar] ach ní raibh sé romham le fáil. I gCill Chiaráin atá sé ag obair faoi láthair, ar fheamainn.

Máirt 25 Meitheamh

Thug mé cuairt isteach go Fínis luath sa lá inniu. Fuair mé Máire Sheáinín Choilmín [Nic Dhonncha] romham mar a bhí sí riamh. Bhí a dearthár Stiofán ann freisin, ach bhí an seanfhear amuigh i gCarna is ní fhaca mé é. Fear é go mbíonn rud beag eicínt le piocadh i gcónaí as.

Bhí an-fháilte acu romham agus, ar ndóigh, bhí cúpla amhrán againn agus cuireadh síos an tae – léigh Máire mo chupán dom.[16]

Tháinig mé amach abhaile in am dinnéir agus thug mé an tráthnóna ag athscríobh focla amhrán as Toraigh go dtína hocht a chlog. Thug mé píosa mór den oíche ina dhiaidh sin ag comhrá leis na hógfhir ag binn an tí. Bhí an oíche an-chiúin, breá.

Céadaoin 26 Meitheamh

Thug mé an lá istigh (é báistiúil, glas) ag athscríobh focla as Toraigh agus ag breacadh nótaí ar dhialainn.

Chuas ar a seacht go dtí an Caiseal (ocht míle ó bhaile) le peitreal a fháil – ní raibh deoir ann romham. B'éigean dom braon a fháil ar iasacht ó Phaddy Fitzgerald ann, fear *hackney*, le mé a thabhairt chun an Chlocháin. D'éirigh liom go bhfuair mé ansin é. Nár mhór a chosain sé orm, suas le 40 míle a dhéanamh ar son mo cheithre ghalún peitril! Is bocht é iargúltacht áite, ar gach uile chaoi.

Paddy Fitzgerald.
(Le caoinchead Marian Ridge.)

Déardaoin 27 Meitheamh

Chaith mé an lá i nGlinsce ag léamh is ag ceartú an ábhair atá scríofa ó Cholm Ó Caodháin agam. Is mór an sásamh aigne dhom féin gur beag rud atá le ceartú agam ach na nithe seo a ndearna Colm dearmad orthu – véarsaí breise d'amhráintí agus araile.

Thug muid an oíche tigh Iarnáin ag feannadh broic a mharaigh mé ar bhóthar Bhaile na hInse aréir. Bheadh coróin[17] le fáil ar a chraiceann ach é a thiomáint chun siúil, agus níor dhochar do leaids an tí é bheith acu.

Aoine 28 Meitheamh

Thug mé an mhaidin (fliuch, salach) ag scríobh dialainn seachtaine – ní raibh déanta agam ach nóta ar chuntas na laethanta ó 14.6.46.

Tháinig mac le Joe Nora McDonagh (Maidhcil) isteach i ndiaidh am dinnéir (bhí sé ag siabadh báistí i gcónaí) agus thug muid seáirse fada ag comhrá is ag caitheamh tobac. Daoine a mhuintir a bhfuilim an-mhór leo, agus is deirfiúr do Bhean Uí Iarnáin [Sorcha] a mháthair [Mary]. Tharla in earrach na bliana seo go raibh deartháir leis agus fear eile amuigh ar an bhfarraige, amach siar ó Mhaíros, ag seoltóireacht. Pébrí cén ráig a bhuail iad, d'iompaigh an bád ar a béal fúithi. Bádh Josie McDonagh bocht, gura slán gach duine ins gach áit dhá gcloistear é agus go ndéana Dia trócaire ar a anam! D'insigh Maidhcil an scéal uilig dom inniu agus creidim go mba uafásach cráite a bhí an mháthair – deir siad go gcloisfeá an caoineachán a bhí aici i bhfad ón teach.

Thug mé siúlóid soir timpeall a hocht ag lorg Joe Mhic Conaola in oirthear Roisín na Mainiach. Deir Sorcha Ní Ghuairim liom go bhfuil amhrán beag bádóireachta aige nach gcuala sí in áit ar bith – sórt *sea shanty*,[18] feicthear dhi, i nGaeilge. Bhí Joe i gCill Chiaráin ar ghraithe eicínt agus ní raibh maith ar bith bheith ag fanacht air mar ní raibh súil leis go luath – bhí seans go bhfanfadh sé thoir uilig anocht.

Satharn 29 Meitheamh

Inniu Lá Fhéile Peadar is Pól, an lá a raibh muid uilig ag fanacht air. Lá pátrúin i gCill Rónáin in Árainn inniu agus téann na báid uilig isteach go hÁrainn as Conamara in onóir an lae agus na naomh. Bhí bád Fhínse – an *Columbia* – le dhul inniu, ach má bhí, tháinig an mhaidin ina thuile bháistí agus ní raibh aon tsúil againn le hÁrainn a fheiceáil. Le rudaí a dhéanamh níos measa, tháinig Birgitta Johansson, an cailín Sualannach, aréir arís chugainn as Sligeach le hÁrainn a fheiceáil linn. Bhí an-díomá ar an gcailín bocht nuair a dúradh léi inniu gur beag seans go seolfadh an bád.

Ar ámharaí an domhain, ghlan an lá go breá timpeall 1.30, agus chuaigh an focal thart ó theach go teach go scolfadh an bád ar a trí. Ba ghearr ina dhiaidh sin gur chruinnigh daoine, os cionn leathchéad acu, ar Chéibh an Chrompáin síos ó Charna. Bhí turas deas scafánta isteach go hÁrainn againn – cé go raibh corraí mór i bhfarraige, bhí deatach gaoithe boird againn a chuir an *Columbia* ag treabhadh tonn go tréan.

Cé bheadh ar an gcéibh romhainn ach Máire Ní Dhireáin (v. 28.8.45) a bhí ag gabháil fhoinn ag Oireachtas '45. D'fhág mé Birgitta Johansson ina cúram mar bhí cuid de mo chairde féin inár measc agus b'éigean dom deoch a thabhairt dóibh.

Chuas soir go Cill Éinne ar ball agus bhí tae agam tigh Bhriain Mhic Giolla Phádraig. Chuas soir ansin tigh na nDioránach (tigh 'Wallace'). Agus bhí na cailíní romham ann agus iad ag teacht le chéile chomh breá is a d'iarrfá. Ar ndóigh, cailín an-bhreá í Máire Ní Dhireáin, múinte, geanúil, fial le strainséirí.

Chuaigh muid uilig go dtí céilí an phátrúin san oíche, agus ba mhór an croí a chuir cailín na Sualainne ins na *sets* a bhí ar siúl acu, mar chuaigh sí féin ina mbun freisin. Níor bhac mise le damhsa ar bith a dhéanamh mar bhí mé roinnt tuirseach i ndiaidh an lae; agus mé trom go leor ionam féin ag aer na farraige.

Domhnach 30 Meitheamh

D'éiríos ar a deich – tigh Bhriain Mhic Giolla Phádraig a chodlaíos – agus chuaigh muid uilig ar aifreann a dó dhéag i gCill Rónáin. Bhí dinnéar againn san American Hotel[19] ann, agus bhuail muid le Micil Mac Con Rí ar a dó. Fear é atá ina ghabha thiar ag Fearann an Choirce – deartháir le 'Tiger' King – agus casadh liom aréir é agus d'iarras air a bheith romham lena chapall is a charr le sinn a thabhairt siar ar an oileán, le go bhfeicfeadh [Birgitta] iníon Johansson an áit thiar. An fhaid is a chuaigh siadsan ag breathnú ar Bhaile na Seacht dTeampall[20] is Dún Aonghasa,[21] thug mise cuairt ar Sheán Mhurcha Wallace, Sruthán. Scríobhas cúpla amhrán anuraidh uaidh agus shíl mé go mb'fhéidir go bhfaighinn ceann nó dhó eile as inniu.

Thíos ar an duirling ag spaisteoireacht a fuair mé ar deireadh é leathmhíle nó mar sin ón teach. D'aithnigh sé mé agus chuir sé an-fháilte romham. Rinne muid seáirse mór comhrá le chéile inár suí ar leic ag breathnú uainn – pé ar bith cén smál a bhí air, ní raibh fonn foinn air. 'Ná hiarr orm é, a Shéamuis,' a deir sé, 'mar ní chuirfeadh an saol chun foinn inniu mé, pébrí céard tá orm.' Ní raibh maith agam le déanamh as nuair a dúirt sé an méid sin. 'Am eicínt eile, le cúnamh Dé,' a deir sé. 'Ar ndóigh, ní hé deireadh an tsaoil é!'

Rinne mé comhrá fada leis faoi chúrsaí ceoil is amhráin ar an oileán. Agus chaith sé tamall fada ag cur síos ar shagart a bhí ann ag stopadh ceolta is damhsa i gach uile theach a dtosaídís ann. Deir sé liom go dtáinig an séiplíneach[22] atá anois ann gur thosaigh sé damhsaí sa seanteach scoile, 'Agus cuirfidh mé do rogha geall leat nach stopfaidh an seansagart[23] iad sin,' a deir sé.

D'fhág mé slán ar ball aige, nuair a chonaic mé an dá chailín ag teacht anuas ón dún – bhí Máire Ní Dhireáin in éindí linn – agus bhuail muid bóthar siar go dtí Bun Gabhla, iarthar an oileáin, agus ar ais go Cill Éinne ar ball.

Bhí an bád imithe ó mhaidin agus, ar ndóigh, nuair nach raibh tada den oileán feicthe ag bean na Sualainne, ní raibh graithe ar bith amach sa mbád aici. Chuaigh muid tigh Dhireáin arís agus bhí tae againn ann. Bhí céilí eile istoíche agus chuaigh na cailíní ann. Chuas féin is athair Mháire – 'Wallace' – go dtí an tábhairne gur ól muid cúpla deoch, agus chuas-sa soir ar ball le hiad seo a thionlacan abhaile ón gcéilí. Agus bhuaileas a chodladh ar an bpointe chomh luath is a d'fhéadas.

Luan 1 Iúil

Bhí 'Tyrell' [Tomás Ó Briain] in Inis Meáin inné agus bhí sé deireanach go leor nuair a tháinig sé anoir abhaile. Is é seo uncail Mháire [Ní Dhireáin], an fear ar scríobhas a chuid amhrán anuraidh uaidh. Nuair a chuas soir tigh Dhireáin le cailín na Sualainne [Birgitta Johansson] a thabhairt liom ag fáil bealaigh amach i mbád, bhí sé istigh do mo lorg go bhfeicfeadh sé mé. Thug mé linn siar é agus cheannaíos deoch dhó tigh Bhriain [Mhic Giolla Phádraig] agus d'fhág slán ag gach uile dhuine.

Bhí bád Kheane romhainn i gCill Rónáin agus thug sí amach go dtí an Cheathrú Rua sinn. Fuair muid marcaíocht as sin go dtí Ros an Mhíl mar ar fhágas an cailín i gcúram mhná Thaidhg Uí Shéaghdha, O.S., [Nóra] go maidin, agus is gnaíúil, flaithiúil a caitheadh léi ann. Chuas féin isteach a chodladh le Séamus Ó hIcí, O.S., é siúd a thug an mharcaíocht dúinn as an gCeathrúin Rua. Seanchara liom féin é.

Máirt 2 Iúil

*Hire*álas carr as Casla go Crois an Mháma; 35/-[24] a bhain an robálaí dhíom ar an dturas agus fuair muid rud le n-ithe ansin, agus rug muid ar bhus Charna ar a sé a chlog. Nuair a thángas den bhus ag Carna, bhí Seán Mac Giollarnáth romham sa teach ósta, agus ba mhaith leis cuairt a thabhairt go Glinsce ar Cholm Ó Caodháin. Fuaireas mo charr féin, agus nuair a d'athraíos éadach is d'ólas tae, thug mé liom Seán is a mhac[25] ar cuairt chuig Colm.

Bhí an-oíche seanchais againn cois tine Choilm agus tháinig an-mheas ag Seán air mar Ghaeilgeoir. Deir sé liom nach gcuala sé riamh aon fhear a raibh a chuid Gaeilge chomh saibhir, neamhthruaillithe, agus go raibh focla agus bealaí cainte ag Colm go fóill a bhí dearmadta uilig in áiteacha eile.

Ba mhaith leis go mór aimsir a chaitheamh le Colm, dúirt sé, agus rudaí a scríobh uaidh – ba mhór ab fhiú leis a chuairt air, go háithrid.

Céadaoin 3 Iúil

An mhaidin le litreacha. Chuas siar thar éis an dinnéir á dtiomáint. Agus chuas chun an Chaisil ansin ag ceannach peitril. Thugas an oíche le Colm Ó Caodháin ag léamh is ag ceartú is ag cardáil nithe a scríobhas uaidh anuraidh.

Déardaoin 4 Iúil

Ag teacht abhaile aréir ó Ghlinsce dhom chlis *dynamo*[26] an chairr orm, agus thugas an mhaidin inniu á iniúchadh is á dheisiú. Sreang bheag ann a bhí dóite ba chionsiocair leis an gclis.

Nuair a fuair mé an dinnéar chuas soir go dtí an Aird Mhóir ag breathnú ar Learaí (Pheait Joc) Ó Curraoin, scanfhcar a bhfuair mé amhráin cheana uaidh. B'éigean dom an carr a fhágáil ar an mbóthar mór agus a dhul suas an cnoc ó thuaidh timpeall is míle go dtí an teach a bhfuil sé anois ann. Fuair mé romham ar chnocán ó thuaidh den teach é ag fosaíocht, an chaoi chéanna a bhí sé an chéad tráthnóna a dtáinig mé air thíos ar ghob na hAirde Móire. Scríobh mé dhá amhrán uaidh chúns bhí muid ar an gcnocán – bhí cúpla buidéal pórtair agam i mo phóca lena aghaidh!

Ar a hocht a bhain mé amach mo lóistín[27] arís, agus ní raibh mé i bhfad istigh go bhfuair mé Micheál Mac Fhualáin thíos sa gcistineach, an áit ar ghlaoigh sé chugam ar a bhealach anoir abhaile as Ros Muc. Bhí an oíche fliuch faoi seo agus thug mé siar sa gcarr é nuair a d'ól sé braon tae. Thug mé liom an phíob agus chuaigh muid chun ceoil ina theachsan. Scríobhas cúpla port uaidh sular fhágas é.

Tá an aimsir go fíor-olc ó tháinig mé – aon lá amháin a bhí tirim, te – Dé Domhnaigh seo caite in Árainn.

Aoine 5 Iúil

An mhaidin le litreacha abhaile agus ceann go dtí an oifig.

Thugas an tráthnóna agus an oíche le Colm Ó Caodháin ag gabháil siar ar na nithe a scríobhas anuraidh uaidh. Bhí an *Ediphone* liom agus thóigeas nithe beaga eile uaidh.

Ní iarrfadh Colm go deo ach a bheith ag tabhairt chainte is ceoil don 'seanfheairín', mar a thugann sé ar an mbosca.

Satharn 6 Iúil

Tháinig an lá inniu go breá te. Thugas an mhaidin ag scríobh dialainne agus ag cóiriú ceolta is nithe atá scríofa agam le tamall ó dhaoine.

Is minic a chaithim a ghabháil thrí mo phócaí agus nótaí beaga a bhreacaim ar chlúdaigh litreacha is ar pháipéirí eile a athscríobh uathu sula dtiteann siad ó chéile orm le caitheamh na bpócaí. Thugas tamall leis seo inniu freisin.

Nuair a bhí an dinnéar ite agam, chuas chun an chladaigh gur chaitheas an tráthnóna ag snámh is ag tógáil na gréine. Nuair a thángas chun an tí arís bhí smál beag ar bhoiscín na snáthaidí ar an *Ediphone* a thug trioblóid dom aréir le Colm Ó Caodháin agus chuireas caoi air.

Chuas siar go dtí an bus ar a hocht ag bualadh le mo dhearthái Cormac is cara leis [Breandán Mac Ionraic] a tháinig le seachtain saoire a chaitheamh liom. Thugas go dtí an lóistín céanna liom iad, tigh Iarnáin, agus chuireadar fúthu ann.

Domhnach 7 Iúil

Geallta bád i gCloch na Rón inniu. Chuaigh muid uilig i mbád Joe Pheaitsín [Mac Donncha] an Mhása ann agus bhí an-lá againn ach gur dhún sé ina cheobháisteach orainn ag teacht abhaile. Fliuchadh go craiceann muid dhá bharr.[28]

Luan 8 Iúil

Ghlaoigh Colm Ó Caodháin chugam ar maidin ar a bhealach soir chun na hAirde Móire. Chaith sé seáirse mór linn agus bhí dinnéar aige linn ar deireadh sular imigh sé. Níor stop muintir an tí ach ag iarraidh amhrán air, agus níor leis ab fhaillí é ach ag cur de i rith an ama. Chuaigh sé féin is Cormac, mo dhearthái, go mór i ngean ar a chéile.

Bhí bonn leis an gcarr tollta ar maidin is thugas tamall den tráthnóna á dheasú.

Bhí *party* mór againn sa lóistín istoíche, le buidéil phórtair is ceol is damhsa. Ní raibh máistir óg scoile sa pharóiste, mórán, nach raibh i láthair – bhí an-bhród ag [Sorcha] Bean Uí Iarnáin as an gcruinniú agus is í bhí cruógach ag réiteach tae is ag breathnú i ndiaidh an tslua.

Máirt 9 Iúil

Chaitheas an mhaidin ag scríobh ón *Ediphone* – thugas síos ceolta aréir ón dream a bhí istigh. Tamall eile i ndiaidh an dinnéir leis an *Ediphone* agus ina dhiaidh sin le dhá litir agus dialann.

Bhí oíche mhór in áirithe anocht againn le fada le muintir Fhlaitheartaigh na hAirde Móire. Chuaigh muid uilig soir ann, dhá mhíle sa charr, agus bhí na máistrí agus dream búsúil na háite ag cruinniú romhainn. Ceol is damhsa is amhráin a bhí arís ann go dtí a dó. Ach ní hin é deireadh an scéil.

Pébrí cén gadaí a bhain mo chuid peitril as an gcarr – ní raibh ann ach galún, tráthúil go leor – d'fhág sé muid gan braon againn agus muid míle go leith ó bhaile. Leisce a bhí ormsa iarraidh ar na fir an carr a thiomáint abhaile liom lenár spreacadh féin agus shiúil muid abhaile. Ach ag teacht chun an tí dhúinn chuimhnigh siad féin air mar phlean agus, ar ndóigh, ó bhí muid aerach níor luaithe cuimhnithe againn air ná bhí an míle go leith siúlta soir arís againn[29] go dtug muid linn an carr go geata an tí! An té a mbeadh eolas ar chnoic is arda an bhóthair aige agus ar mhéid an ghluaisteáin, ba dheacair leis ár scéal a chreidsint, mar ní raibh againn ach ceathrar inti!

Níl aon pheitreal le fáil sa tír seo ó Chéadaoin seo caite agus sin é an fáth nach bhfágfainn an carr ar leataobh an bhóthair. Ag Dia atá a fhios cén lá a bhfaighidh mé braon eile dhi.

Céadaoin 10 Iúil

B'éigean dúinn píosa mór codlata a dhéanamh inniu i ndiaidh aicsean na maidine, mar bhí sé a sé a chlog nuair a chuaigh muid a chodladh. Chuas go Carna tar éis an dinnéir ar rothar Chormaic [Mhic Aonghusa] ag cuardach is ag iarraidh, go bhfuair mé leathghalún ó Sheán Ó Gaora, fear *hackney* ann a thug an carr aníos chun an tí agus a thabharfadh chun an Chaisil mé an chéad lá a mbeadh peitreal ann.

Thugas an oíche ag athscríobh focla amhrán, agus bhí an dream seo uilig cois tine sa gcistineach nuair a leag mé uaim mo pheann. Bhí tamall comhrá agus seanchais ansin againn go ham codlata.

Déardaoin 11–Domhnach 14 Iúil

É ag cinnt orm le tamaillín mo chuid oibre a dhéanamh go sásta agus thógas na trí lá seo saor go Domhnach le hiad a chaitheamh le mo dheartháir [Cormac] is a chara [Breandán] Mac Ionraic. Chaith muid le snámh is le spaisteoireacht iad. Thugas go dtí Colm Ó Caodháin Dé hAoine iad go dtug sé ag seoltóireacht sinn agus fuaireas peitreal ar an gCaiseal an tráthnóna sin.

Go Fínis a chuaigh muid Dé Sathairn agus go dtí geallta an Chlocháin Dé Domhnaigh. Bhí rince san oíche ann agus bhain muid an lóistín amach ar a 3.30 a.m. D'imigh siadsan uaim ar bhus 8.30 a.m. abhaile go Baile Átha Cliath.

Luan 15 Iúil

Chodlaíos go dtí a 10.30 agus thugas an mhaidin le dialainn agus le litreacha. Chuas go dtí Darach Ó Clochartaigh i Maínis sa tráthnóna, fear ar scríobhas slám mór port uaidh cheana. Ba é mo dhualgas cuairt a thabhairt air agus ó bhí an tráthnóna go breá, b'fhacthas dom nárbh fhearr caoi a gcaithfinn é.

Thugas an oíche istigh ag scríobh ceoil ón *Ediphone*.

Máirt 16 Iúil

Lá geallta bád sa Más inniu. Thugas an mhaidin ag athscríobh focla amhrán is nótaí eile. Chuas siar tráthnóna chun na ngeallta agus go dtí coirm cheoil san oíche i Scoil na hAirde.[30] Mé iarrtha ann ag píobaireacht.

Céadaoin 17 Iúil

Chuas siar go dtí oifig an phoist ar maidin mar bhí uaim ordú poist a thiomáint go dtí mo shiopa tobac i mBaile Átha Cliath. Thugas tamall eile ansin ag deisiú rotha leis an ngluaisteán, atá tollta le cúpla lá. Chuas soir tar éis an dinnéir go dtí Seán Ó Gaora, Aill na Brón. Bhí cúpla ceist agam le cur air faoi amhráin a scríobhas cheana uaidh

Cora na gCapall.

agus chaitheamar tamall ag comhrá. Chuas as sin siar an cnoc go dtí teach na gCualánach in aice leis, agus scríobhas amhráin ann ó fhear an tí, a bhí foghlamtha aige ó Éamon Liam de Búrca. Seán Ó Gaora a thug an tuairisc dom.

Chuas síos ar ball go dtí Cora na gCapall go dtí clann Bheairtlí Dhonncha agus thugas an oíche ann – beirt iontach chun grinn iad, Vail is Maidhcil, agus ní aireofá oíche dhá caitheamh in éindí leo. Scríobhas dhá amhrán uathu i gcaitheamh mo chuairte leo.

Déardaoin 18 Iúil

Ag scríobh litreacha a chaitheas an mhaidin agus chuireas ceann go dtí Séamus Ó Duilearga – tá sé tamall maith ó scríobhas chuige.

Thugas tráthnóna fada le Learaí Ó Curraoin ag scríobh uaidh is ag cardáil amhrán. Déarfainn go bhfuil a chuid amhrán uilig anois tógtha agam. Thugas go dtí tigh Sheachnasaigh é agus cheannaíos cúpla deoch dó.

Aoine 19 Iúil

Socrú agam inniu a dhul go Boifinn, oileán atá amach siar ó thuaidh ón gCloigeann. Chuireas sreangscéal uaim ar maidin le go mbeadh bád romham sa gCloigeann tráthnóna, agus casadh Seán is Maitias Mac Donncha dhom, is nuair a chuala siad cén fuadar a bhí fúm, ba mhaith leo teacht liom. Máistrí scoile iad is iad ar saoire faoi láthair, agus níorbh fhearr liom beirt a bheadh liom ná iad mar chomrádaithe.

Bhuaileamar bóthar i mo thrucailse i ndiaidh an dinnéir agus bhí tae luath againn sa Railway sa gClochán. Ag ól an tae dhúinn tháinig tuairisc chugamsa ó oifig an phosta go rabhthas do mo lorg ar an nguthán. Dr John Furbey (T.W.A. Film Unit)[31] a bhí ann is é do m'iarraidh go géar i gCarna don lá amárach. Is é Séamus Ó Duilearga a chuir chugam é féin agus Gerald Davidson (agus fear ceamara bhí leis, Bill Farina).

Bhíos i gcruachás ansin. Bhí an bád ar an slí as Boifinn chugam is ní fhéadfainn dul isteach uirthi. D'insíos an scéal do mo bheirt chomrádaí agus bhí fuascailt na ceiste acu – iadsan a dhul go Boifinn agus mise mo lá a dhéanamh amárach i gCarna is bheadh an bád acu romham arís Dé Domhnaigh. B'fhearr é seo ná turas in aisce a bheith ag lucht an bháid inniu agus d'aontaigh mé leo. Thugas chun an Chloiginn iad agus bhí titim na hoíche ann nuair a tháinig an bád chugainn isteach – ba chosúla le long í ná le bád, mar ba soitheach innill í, soitheach deich dtonna fhichead.

Gheallas dóibh go mbeinn ag an gcéibh Dé Domhnaigh ag a ceathair le cúnamh Dé agus scaramar ó chéile, iadsan ag dul chun an oileáin agus mise ag filleadh ar mhuintir Mheiriceá a bhí i gCarna.[32] Bhaineas an lóistín amach ar a haon déag agus bhuaileas a luí dhom féin – bhí coinne chun bricfeasta déanta agam féin is ag Furbey dhon 8.30 ar maidin, agus lá fada oibre romhainn.[33]

1   1297: 198–239.

2   Is léir ó dhialann oifige Mhic Aonghusa go raibh sé ag freastal ar ranganna Sualainnise i mBaile Átha Cliath le linn na tréimhse seo.

3   Ar an bhFaiche Mhór a bhí an Black's Royal Hotel, faoi mar a thugtaí air.
Ba le muintir Costello é agus i 1946 ba é J. T. Costello a bhí ina bhun. Bhí 48 seomra codlata ann.

4   Is dóigh gurbh é seo Dick Curley *q.v.*

5   Cineál sprionga é seo.

6   Teach ósta a bunaíodh sa naoú haois déag.

7   Is dóigh gur fiteáin don éideafón atá i gceist anseo aige.

8   Tógadh an caisleán san 18ú haois. Ba le daoine cáiliúla é ó am go chéile, ina measc 'Humanity' Dick Martin agus an Maharajah Ranjitsinhji. Rinneadh óstán de ag an Irish Tourism Association i 1946.

9   Bhí ról ar leith maidir le turasóireacht ag an Irish Tourism Association go dtí gur bunaíodh Bord Cuartaíochta na hÉireann i 1939. Bhí ról ionadaíoch áitiúil ag an I.T.A. ina dhiaidh sin go dtí 1964 nuair a cuireadh eagraíochtaí réigiúnda turasóireachta ina áit.

10   Ba é seo Féile Chorp Chríost.

11   Teach tábhairne a bhí ann. Thugtaí 'Della's' ar an teach ina dhiaidh sin nuair a bhí Della, arbh as Árainn í, ina bhun. Ba neacht leis an úinéir í Della. Fuair Della bás i 2003 agus dúnadh an teach tábhairne.

12   Nóra Joyce *q.v.* a bhí uirthi.

13   Clochar atá i gceist anseo ag mná rialta ó ord na mBeinidicteach a dtéann a stair siar go dtí Ypres i 1665 nuair a cuireadh teach de chuid na hÉireann ar bun do chomhlacht diaganta agus le hoideachas a chur ar fáil do mhná. Tháinig na mná rialta go dtí an Choill Mhór mí na Samhna 1920 agus cuireadh scoil chónaithe ar siúl. Ba é Mitchell Henry a thóg an chéad chuid de na foirgnimh sa Choill Mhór idir 1867 agus 1871.

14   Bhíodh an Railway Hotel sa Chearnóg. Osclaíodh é thart ar 1910 agus tháinig athrú úinéireachta agus ainm air i 1935 nuair a tugadh an Clifden Bay Hotel air. Ina dhiaidh sin athraíodh an t-ainm go Foyle's, atá fós air. Bhí iarnród ag dul go dtí an Clochán ón gcéad lá d'Eanáir 1895 go dtí an 27 Aibreán 1935.

15   Sampla den chrosánacht é 'Seachrán Chearbhaill', aoir mhagúil atá curtha i láthair i meascán de phrós agus den amhránaíocht. Téann an t-ábhar ar 'seachrán' ón bprós isteach san amhránaíocht. De réir an tseanchais ba é an file Cearbhall Ó Dálaigh a chum an píosa seo sa 17ú haois.

16   Bhí sí ag déanamh fáistine as na bileoga tae i mbun an chupáin.

17   €0.32.

18   Cineál amhráin é an *sea shanty* nó an rabhcán maraí atá ina chabhair ag daoine ina gcuid oibre ar an bhfarraige le cabhrú le rithim na rámhaíochta nó a leithéid. Bhí an aicme coitianta i mBéarla na hÉireann. Má bhí a leithéid sa Ghaeilge ní cosúil gur tháinig sé slán.

19   Tharlódh gurb é an American Bar, Cill Rónáin, atá i gceist anseo ach nach cosúil go mbídís ag coinneáil daoine. B'fhéidir gurbh é an Atlantic Hotel i gCill Rónáin a bhí i gceist, a bhí gar don tseanchéibh.

20   Is dóigh gur ó sheacht gcnoc na Róimhe a mbíodh oilithreachtaí chucu a tháinig an t-ainm. B'fheidir go raibh seacht dteampall adhmaid in Árainn uair amháin. Dhá shéipéal cloiche atá sa láthair seo in iarthar an oileáin agus is dóigh gur sa mheánaois a tógadh iad. Is iad seo Teampall Bhreacáin agus Teampall an Phoill. Tá leaba agus crosanna gar do na teampaill.

21   Is é Dún Aonghasa an dún réamhstaire is mo cáil in Árainn. Tá sé suite ar bharr na bhfailltreacha 87 méadar os cionn na farraige. Ballaí tirimchloiche atá ann.

22 Gach seans gurbh é seo an tAth. Patrick Delaney, an séiplíneach a bhí ina chónaí in Inis Mór, cé go raibh séiplíneach eile, an tAth. James Scott, in Inis Oírr (1945–8).

23 Is dóigh gurbh é seo an tAth. Tomás Cillín.

24 €2.22.

25 Bhí triúr mac ag Seán Mac Giollarnáth.

26 Is é seo an chuid den inneall lena ndéantar fuinneamh leictreach as fuinneamh meicniúil le hionduchtú leictreach.

27 Tigh Iarnáin.

28 'Fuair muid fliuchadh maith dhá bharr' atá sa lámhscríbhinn.

29 'mar . . . inár gcuimhne é ná ag siúl an mhíle go leith soir arís muid' atá sa lámhscríbhinn.

30 Scoil na hAirde Thiar atá i gceist anseo.

31 Bunaíodh Trans World Airlines i 1925 agus cheannaigh Howard Hughes é i 1939. Chuir an comhlacht seirbhís thras-atlantach ar siúl i 1946. Ó lár na ndaichidí go dtí tús na seachtóidí bhí sé ar cheann den dá chomhlacht Mheiriceánacha a bhí ag eitilt go dtí an Eoraip. Sa bhliain 2001 rinne said cumasc le American Airlines.

32 Scríobh Seán Ó Súilleabháin ar an 8 Iúil 1946 chuig Mac Aonghusa go raibh 'dream ó Mheirice istigh anso againn an lá thána thar n-ais, dream atá le dhá phictiúr a dhéanamh anso le haghaidh scoileanna agus coláistí ins na Stáit. Daoine ana-dheasa iad, agus thugamar a lán cabhrach agus comhairle dhóibh. Do socraíodh go raghainnse go Gaillimh chun dul timcheall Chonamara agus Acla leo, agus go bhfanfása i gConamara le haghaidh na hócáide chomh maith.' Ach ar an 25 Iúil 1946 scríobh sé chuig Mac Aonghusa ag míniú dhó nach n-éireodh leis a dhul siar. Scríobh Mac Aonghusa i litir dar dáta 27 Iúil 1946 go raibh am caite aige leis na poncáin i gCarna agus sa Chlochán ach go raibh an aimsir an-dona. Dúirt sé go ndeachaigh siad go hAcaill ina dhiaidh sin.

33 Tá nóta sa dialann anseo: '20.8.46 – i leabhar eile'. Ní cosúil gur ann don leabhar seo.

Clár na nDaoine

Sa chlár seo tá litriú ainmneacha agus sloinnte tugtha chun rialtachta faoi mar atá déanta i gcorp an leabhair. Nuair a bhí eolas ar fáil chuige, soláthraíodh cuntas gearr beathaisnéise. Tugtar freisin liosta den ábhar a bhailigh Mac Aonghusa ó dhaoine éagsúla maille leis na dátaí cuí sa dialann. Is iondúil go dtugtar na hainmneacha i nGaeilge agus crostagairt don leagan Béarla nuair is gá. Leantar córas aibítre, mar shampla [A], [B] . . . roimh an gcéad ainm, lena léiriú gur den teaghlach céanna na daoine atá luaite faoin litir áirithe sin.

Ach píosa a bheith gan teideal i liosta an ábhair thíos, tá teideal aitheanta curtha ar fáil idir lúibíní cearnacha [ ].

Ar phlátaí nó ar cheirníní aiceatáite a rinneadh na taifeadtaí fuaime atá le cuid den lucht faisnéise agus tá CF (Cartlann Fuaime) tugtha roimh an tagairt d'uimhir an cheirnín. Bhí veain taistil ag an gCoimisiún agus théadh Séamus Mac Aonghusa agus Caoimhín Ó Danachair timpeall na tíre ag taifeadadh ábhair. Tharlódh go ndearna siad cuid de na taifeadtaí in oifig an Choimisiúin i mBaile Átha Cliath aimsir an Oireachtais nó ag imeachtaí de chuid an Oireachtais féin. Tá ainm Uí Dhanachair tugtha in éineacht le hainm Mhic Aonghusa do gach taifeadadh atá luaite anseo thíos cé is moite de thaifeadadh amháin. Is é sin 'Amhrán Shéamuis Uí Chonchúir', a thóg Mac Aonghusa ó Sheosamh Ó hÉanaí.

Bairéad

[A]   **Pádraig** (Peait Choilm Thomáisín), Maínis. Mac deirféar le Colm Ó Caodháin *q.v.*
1945: 10.5.45

[B]   **Pete.** Bhí feirm aige i Lúch Thuaidh, Dúlainn. Fuair Pete bás i 1955. Ba dheirfiúr í a bhean, Ellen McMahon, a fuair bás i 1932, leis an mbailitheoir béaloidis Seán Mac Mathúna *q.v.* a bhí blianta fada in aontíos leo.
1945: 14.9.45

Ball

Jack, Béal Feirste. Luaigh Mac Aonghusa i litir chuig Seán Ó Súilleabháin ar an 17 Lúnasa 1944 go raibh Ball ina thiománaí bus.
1944: 11.8.44

Bonar

[A]   **Hughie,** Fál Chorb, An Machaire. Rugadh Hugh in 1874. Mary agus Charles a bhí ar a thuismitheoirí. Hugh ba shine den mhuirín agus bhí triúr deirfiúracha aige. Ceathrar mac agus iníon amháin a bhí aige féin agus ag a bhean, Nellie. Maraíodh a mhac, Hugh, i gCogadh Cathartha na Spáinne i 1937. Feirmeoir beag ab ea Hugh agus bhí sé doiligh aige saibhreas a dhéanamh ón talamh. Chuaigh na mic, Charlie, John, Patrick agus an iníon, Alice, ar imirce go Sasana agus go hAlbain. Fear téagartha a bhí i Hugh agus bhí sé folláin. Chaitheadh sé caipín i gcónaí. Dea-oibrí a bhí ann agus rinne a chuid oibre go néata. Gach maidin shiúladh sé lena asal agus dhá chliabh go dtí Machaire Maoláin lena chuid móna a thabhairt abhaile. Bhí rothar ráis aige, rud a bhí neamhchoitianta san am mar bhí an cineál rothair ar a dtugtaí 'High Nelly' ag gach duine eile. Bhí cáil na fidléireachta air sa cheantar, ba dhamhsóir é agus bhí portaireacht bhéil aige. Rinne sé a chéad fhidil é féin. Bhíodh a fhidil i gcónaí ar crochadh ar an mballa. Sheinneadh Hugh le fidléir eile ón Tearmann, An Machaire, darbh ainm Micí Neidí Bán Ó Dónaill. As a shloinne Bonar a d'ainmnítí Hugh go minic, gnás nach raibh coitianta sa cheantar. Bhí Hugh básaithe roimh 1955.

Blackbird Among the Berries, The CC 020.064
Connaughtman's Rambles, The CC 020.067
Cup of Coffee, The CC 020.060
Cup of Tea, The CC 020.061
Gan Ainm [Maighdean Mhara an Mhullaigh Mhóir] CC 020.065
Johnny's Gone to France CC 020.062
Mary Tripping Over the Heather CC 020.063
Morning Dew, The CC 020.066
Wild Irishman, The CC 020.059

1944: 10.3.44; 26.9.44

[A] a bhean [Nellie] agus a iníon [Alice].
1944: 26.9.44

[B] Máistir [Paddy], Gort an Choirce. Ceathrar mac agus iníon a bhí aige. Chónaigh an teaghlach sa teach ar an Ardaigh Bheag mar ar cuireadh tús le Coláiste Uladh sa bhliain 1906.
1946: 18.5.46

Bowles

Michael, Baile Átha Cliath (1909–98). Bhí sé ina stiúrthóir ceoil ag Raidió Éireann i 1942. D'fhág sé Raidió Éireann i 1948. Bhí sé ag obair ar amhráin Ghaeilge le Colm Ó Lochlainn *q.v.* Bhí sé an-chairdiúil le muintir Mhic Aoidh (Keys) *q.v.* D'iarr sé ar Mhac Aonghusa féachaint le sraith cláracha raidió den cheol agus den amhránaíocht a bhí bailithe ag Mac Aonghusa a chur ar bun. Ba leis a phléadh an bailitheoir táille agus conradh do na ceoltóirí agus do na hamhránaithe a bhí ar na cláracha raidió.
1943: 10.11.43
1944: 3.10.44

Boyle

Jim (Séamus O'Boyle). B'as Gleann Fearna, Contae Liatroma, é. Bhí deartháir leis, Leo, ina phríomhoide ar scoil Theilinn mar a bhí a athair, Seán, agus a athair mór, Patrick, ó bunaíodh an scoil. Chaith Jim agus a bhean, Pauline, tamall ag teagasc i nGleann Fearna sular bhog siad go Contae Chill Mhantáin. Chaith sé an chuid eile dá shaol ag teagasc ann. Beagán laethanta tar éis dó éirí as an múinteoireacht i 1983, maraíodh i dtimpiste bóthair é i gContae na Mí agus é ar a bhealach go Teileann. Bhí sé 65 bliain d'aois.
1944: 5.9.44

Boyle féach **Ó Baoill**

Bradley

[?]. Bhí sé in Oileán Gabhla ag foghlaim Gaeilge. Ní cosúil go maireann aon chuimhne air i measc an phobail.
1943: 28.8.43

Breathnach

[A] **Colman Bheairtle**, Snámh Bó, Ros Muc. Deartháir é le Nóra Uí Mhainín *q.v.* Ceoltóir an-mhaith ar an mbosca ba ea a dheartháir, Mick. Bhí Colman seal i Sasana. Phós sé agus cheannaigh gabháltas talún i gCill Chiaráin agus shocraigh síos ann. Is é tigh Cholmain atá luaite in 'Amhrán an *Steamer*' – sin é an áit a raibh an ceol agus an pléaráca a luaitear san amhrán. Théadh Colman siar go Carna le Mac Aonghusa.
1942: 9.9.42

[B] **Éamon** [Neid], Sián, An Spidéal (1889–1971). Bhí cáil na hamhránaíochta air. Oifigeach in Arm an tSaorstáit a bhí ann. Bhí sé lonnaithe ar feadh tréimhse i gceanncheathrú an Airm, i gCurrach Chill Dara. Bhí sé ar son an Chonartha i gCogadh na gCarad.
1942: 6, 9, 10.7.42

[C] **Josie**, 'Head' **Bhreathnach**, An Turlach Beag, Ros Muc. Deirfiúr í do Mhaidhcó Breathnach *q.v.* 'Head' a thugtaí ar a hathair, Peatsa, mar go raibh sé ina cheannfort ar Chonstáblacht Ríoga na hÉireann (RIC). Banaltra ab ea í. Phós sí an Coirnéal Ó Ceallaigh agus mhair siad sna Mine, Indreabhán.
1942: 23.7.42; 15.8.42

[D] **Macdara**, An Aird Thiar, Carna (1919–98). Mac le Paddy Breathnach agus Nóra Eoin Ní Dhomhnaill ba ea é. Bhí sé ar choláiste oiliúna in éineacht le Seán 'ac Dhonncha (Johnny Joe Pheaitsín) *q.v.* Chaith sé tréimhse in Arm na hÉireann i mBaile Átha Cliath ó 1939 go dtí 1945. Bhí sé ag múineadh i scoil na mbuachaillí i gCarna i 1945. D'fhág sé Carna agus chaith sé tamall ag múineadh i Rinn Mhaoile, i Scoil Nead an Iolraigh agus tamall i mBaile Chathail, Contae Mhaigh Eo. Ó 1962 go dtí 1986 bhí sé ag múineadh i gCill Chiaráin.
1946: 20.6.46

[C] **Maidhcó**, An Turlach Beag, Ros Muc (1907–79). Deartháir é do Josie *q.v.* Bhí sé pósta le Julia Elizabeth (Lulu) Connaughton. Ba í Annie King (1877–1941) a mháthair. Chaith sé a shaol mar óstóir sa teach ósta iomráiteach Tigh Pheatsa / Tigh Mhaidhcó cé is moite den scaitheamh a chaith sé sna Irish Guards i Londain ina óige. B'uncail dó Huibeard Breathnach, múinteoir cáiliúil a bhí ag múineadh i scoil an Turlaigh Bhig.
1942: 9.8.42
1944: 9–11.12.44
1946: 15.6.46

[E] muintir **Bhreathnaigh**, An Airdmhín, Loch an Iúir. Is cosúil gurbh iad seo clann Mhéirí Bhreathnach, comharsana le muintir Uí Bhaoill *q.v.* i Leitir Catha.
1944: 19.2.44; 18.9.44

[F] **Seán**, maoirseoir talmhaíochta Chonamara, a bhí ina chónaí i nGaillimh.
1942: 4.7.42; 20.8.42
1943: 7, 8.8.43

[G] **Tomás Cheaite,** An Aird Mhóir, Cill Chiaráin (1887–1984). Bhí an-cháil ar Thomás. Ghlacadh sé páirt in oícheanta siamsaíochta Ghael-Linn i Halla an Damer i mBaile Átha Cliath sna caogaidí agus seascaidí. Chuaigh sé go dtí an Veinéis i Meán Fómhair 1949 ar thuras leis an International Folk Music Council ar a raibh Mac Aonghusa. Phós sé Nóra *q.v.* agus bhí triúr clainne acu, Kate, Neain agus Peait.
1943: 6.12.43
1944: 22.6.44; 13, 20.7.44

agus a bhean [Nóra] (*née* Ní Churraoin) deirfiúr le Learaí Ó Curraoin *q.v* agus le Marcas Ó Curraoin. Ba iad Sonny, Seán agus Pádraig na deartháireacha eile a bhí aici agus Bríd, Meaigí, Máire, Neain agus Sarah a bhí ar a cuid deirfiúracha. Fuair sí bás sa bhliain 1954 nuair a bhí sí 71 bliain d'aois. Tá sí curtha i Maínis.
1944: 22.6.44; 20.7.44

[G] tigh **Thomáis Cheaite,** An Aird Mhóir, Cill Chiaráin.
1944: 13, 20.07.44

Broderick

Mrs Rita (Margaret), B. Mus., An Coláiste Ollscoile, Baile Átha Cliath. Bhí sí ina cúntóir i Roinn an Cheoil 1944–6. Ba léachtóir cúnta i Roinn an Cheoil í 1959–60 agus ba mhúinteoir armóine í i gCeol-Acadamh Ríoga na hÉireann.
1944: 24.5.44

Burke féach **de Búrca**

Burns

Austin. Rugadh é i 1905. Aibhistín Ó Broin a thug sé air féin. B'as Oileán Chléire Mhaigh Eo é. Oirníodh é i 1934. Bhí sé ina shéiplíneach in Inis Oírr ó 1935 go dtí 1939 agus i gCarna ó 1939 go dtí 1942. D'aistrigh sé go Cill Chiaráin, Béal Átha na Sluaighe, i 1942 ach fuair sé eitinn agus d'éirigh as an obair ar feadh tamaill. Is é a thosaigh an t-aifreann i scoil Loch Con Aortha de bharr 'truaigh do na créatúir' a bhí ag siúl i bhfad chuig séipéal. Tá cuimhne fós ar chomh lách, cineálta is a bhí sé. Bhíodh drámaí ar siúl sa scoil aige agus bhíodh an scoil lán. Bhíodh céilí ar siúl agus amhráin ag na céilithe. Bhí spéis sna hamhráin agus sa cheol aige, agus maidir le Gaeilge shílfeá gurbh as an áit é. Chuaigh sé don Tulaigh ina dhiaidh sin agus d'éag agus é ina shagart pobail ar an gCnoc i gCois Fharraige.
1942: 16, 17.8.42; 11.9.42; 18.11.42
1945: 28.7.45

Cadhain féach **Ó Cadhain**

Callaghan [Ó Ceallacháin]
muintir Uí Cheallacháin, Cionn Droma, Fanaid. Ba chara mór le muintir Uí Cheallacháin Seán Ó hEochaidh *q.v.* agus thagadh sé ar cuairt ag stopadh acu. Bhíodh siopa acu agus ba í an Ghaeilge a bhíodh sa bhaile acu.
1943: 4, 5.9.43

Canavan féach **Ó Ceannabháin**

Caney féach **Ó hUaithnín**

Carley

Jack, Muiriúch. Bhí sé ag obair ag muintir Mhic Cárthaigh i bhFáinneoir. Tréadaí a bhí ann. Fuair sé bás óg.
1945: 26.9.45

Casey

Johnny (Jackie), Cill Chiaráin. B'fhéidir gurbh é an fear deireanach é a thug móin go hÁrainn. Bhíodh sé féin agus a dheartháireacha ag díol móna taobh thoir de Ghaillimh i gCinn Mhara. Chaill sé radharc na súl. Bhí cónaí air sa Ghleann Mór i gCill Chiaráin. Fuair sé bás i 1981 in aois 77.
1945: 5.9.45

Cassidy

[A] Con (Conny), Iomaire Mhuireanáin, Teileann, veidhleadóir. Fuair sé bás i 1994 in aois 84. D'fhoghlaim sé an fhidil óna chol ceathracha. Chaith sé blianta ag obair i Sasana sna daichidí. I 1950 d'fhill sé féin agus a bhean, Mary Kate, agus a dtriúr iníonacha ar Theileann. Bhí gaol aige le muintir Chassidy na Ceapaí agus é ina chol ceathrair ag Connie (Con Beag) Haughey agus Jimmy Lyons, Rinn na Cille a raibh cáil an cheoil orthu.

Jig [Port Chon Cassidy] CC 020.179
Ríl [Ríl McFarley] CC 020.178
Ríl [Éirí na Gréine] CC 020.180

1943: 18.9.43
1944: 8.9.44

[B] Frank, An Charraig (1900–71). Bhí cáil air go raibh sé iontach meabhrach, deaslámhach. Bhí siopa ag a mhuintir. Bhí triúr deartháireacha ann, Frank, Johnnie agus Páidí *q.v.* a bhí iontach ceolmhar. Fuair John bás i 1924. Phioc Frank agus a chuid deartháireacha poirt suas ó bhannaí práis a bhíodh ag dul thart ag iarraidh earcú a dhéanamh le linn an Chéad Chogaidh Dhomhanda. Bhí siopa rothar ag Frank ar an Charraig. Bhí sé ag díol rothar ar ordú go dtí na seascaidí. I ndiaidh bhás Pháidí choinnigh sé gnó an halla damhsa ar siúl. Rinne an tAth. Liam Mac an tSagairt taifeadadh de agus craoladh cuid mhór den ábhar ar Raidió na Gaeltachta – *Teileann Inné agus Inniu 1980.* Bhí an brón ag roinnt le Frank go háirithe i ndiaidh bhás a dheartháireacha. Sheinn Frank ag an Oireachtas i dTeach an Ard-Mhéara i mBaile Átha Cliath. Bhí sé ráite faoin deartháir John gurbh eisean an fidléir ab fhearr den triúr. Nuair a tháinig Mac Aonghusa go Teileann, bhí Frank faoi ghruaim agus uaigneas air faoi bhás a dhearthár Paidí. Ghlac sé tamall fada ar an mbailitheoir é a mhealladh chun ceoil. Seo mar a d'inis Mac Aonghusa an scéal: '*In Teileann, south of Carraig at the mouth of Gleann Cholm Cille in southwest Donegal, there was a great bunch of good fiddler players in the old days. When I got there, there were only about four extant and of these a man named Frank Cassidy was by far the best. I was told that he had a repertoire of rare old tunes if he could be persuaded to touch a fiddle. All his people had died save one brother and his latest bereavement was a brother – another top-notch fiddle player. They used to play together and it must have been something to hear – considering I was told that he was even better than Frank. I finally persuaded Frank to handle his fiddle and out of practice though he was – his performance was to me a revelation. I wrote some precious music from him and though playing marvelously he'd stop now and again and say, "níl gar ann" – it's no use – I can't play it. But I'd persevere and he'd continue.*' RTE Radio Series, 1988.

Atlantic Sounds (cornphíopa) CC 020.002

Cornphíopa (gan ainm) CC 020.001

Cornphíopa: Albanach? (gan ainm) CC 020.008

Is Cuma Liom (seanphort) CC 020.011

Pinch of Snuff, The (ríl) CC 020.010

Port (gan ainm) [Australian Waters] CC 020. 003

Port (gan ainm) [Will You Come Down to Limerick?] CC 020. 004

Ríl (gan ainm) [Sporting Bells] CC 020.005

Ríl (gan ainm) [The Blacksmith's Fancy] CC 020. 006

Ríl (Síleann Frank go dtugtaí 'Bean an Tí ar Lár' air) [The Nine Points of Roguery] CC 020.007

Tiarna Mhaigh Eo CC 020.009

1943: 15–20.9.43

1944: 6–12.9.44

[B] **Páidí**, An Charraig. Fuair sé bás ag tús 1949 in aois 55. Ba dheartháir é le Frank *q.v.* D'eagraíodh sé coirmeacha ceoil agus damhsaí in ollphuball ar an Charraig in éineacht lena dheartháireacha. Thóg sé halla damhsa ar an Charraig sna fichidí ar thug muintir na háite 'Nissen Hut' air. Both réamhdhéanta a bhí sa *Nissen*, déanta as bileog de chruach roctha lúbtha i leathshorcóir agus ballaí cloiche leis gar do na deirí leathchiorclacha. B'as campa míleata Fhionnúir idir Bun Dobhráin agus Béal Átha Seanaidh a tháinig an both áirithe seo agus mar a tharla, níor bhoth *Nissen* a bhí ann mar nach raibh díon cruinn air. Chuir Páidí agus Frank urlár mailpe fíorshleamhain ann. Bhí cliú ar an urlár ar fud Chontae Dhún na nGall. Bhíodh damhsaí, drámaí agus coirmeacha ceoil á reáchtáil sa halla acu. Bhí gluaisteán ag Páidí roimh an Dara Cogadh Domhanda. Bhí drochshláinte aige. Fidléir a bhí ann. Bhíodh seisiún ceoil go minic ag Páidí, Frank agus duine gaoil leo, Mick Mac Seáin, sa teach.

1944: 7.9.44

Cauly

tigh **Chauly**, Gabhla [tigh Chaney / Chaodhna?].

1944: 28.5.44

Cheoinín féach **Ó Ceoinín**

Cillín

[Tomás]. B'as Clár Chlainne Mhuiris ó thús é. Oirníodh é i 1917, i ndiaidh a bheith ina Mhaor Staidéir i gColáiste Iarlatha an bhliain roimhe sin. Bhí séiplíneacht aige i bParóiste an Líonáin 1917–21, sa Mhala Raithní 1921–33 agus i mBalla 1933–5. Bhí sé ina shagart paróiste in Inis Mór ó 1935 go dtí 1948 nuair a ceapadh ina shagart paróiste é i mBaile Uí Fhiacháin. D'éirigh sé as i 1972. Bhí de cháil air gur chuir sé deireadh leis na mná caointe sna 1940idí agus go raibh sé go láidir in aghaidh an phoitín. Fuair sé bás i 1980.

1945: 30.6.45

Clancy

Mrs (Mamó) (*née* Nee), Cloch na Rón. Chaith sí tréimhse i Meiriceá. Bhí sé de cháil uirthi gur bhean croíúil, spóirtiúil í. Bhí teach ósta beag aici. B'aint í do Joe Nee *q.v.*

1944: 26.11.44

Clancy   féach **Mac Fhlannchaidh**
Clarke

Mrs [Katie] (*née* Moran), An Mhala Raithní. Phós sí John Clarke (Ó Cléirigh), siúinéir, agus chaith siad tamall ina gcónaí i gCathair na Mart. Bhí seisean ag obair san óstán sa Mhala Raithní agus cheannaigh siad seanbheairic de chuid an RIC sa bhaile sin. Rinne siad teach aíochta as agus is ann a d'fhan máthair agus deirfiúr Mhic Aonghusa. D'fhan Séamus Ó Duilearga *q.v.* ann freisin. Bhí an lánúin ina bhun go dtí go raibh siad os cionn ceithre scór bliain d'aois ag tús na seascaidí agus d'éirigh siad as an ngnó ansin.
1944: 10.8.44

Cloherty   féach **Ó Clochartaigh**
Concannon   féach **Ó Concheanainn**
Conlan   féach **Ó Conláin**
Conlon

John 'Baser'. Seán Rua a bhí ar a athair agus Johnny Sheáin Rua air féin. Phós sé Mary Meagher i 1900 i mBaile na Leacain, a raibh cáil na fíodóireachta ar a muintir. Fuair sé bás i 1956 agus é thart ar 82. Sheinneadh sé an fhidil laethanta aonaigh in Inis – ba é sin uair in aghaidh na míosa seachas mí an Mheithimh nuair nach mbíodh aon aonach ar siúl. Sheinneadh sé freisin do na fámairí agus do chuairteoirí agus deireadh sé amhráin. Chum sé filíocht. Cainteoir dúchais Gaeilge a bhí ann agus nuair a bhí Mac Aonghusa ag obair le Raidió Éireann, rinne sé taifeadadh den 'Baser'.
1945: 11, 17.9.45

Conneely

Cissie, Cloch na Rón. Chuir sí an teach lóistín ar bun sna 1930idí. Ba é an chéad teach lóistín é i gCloch na Rón. Ceithre sheomra codlata a bhí ann. Ós rud é nach raibh aon bhialann ná leaba agus bricfeasta ar fáil san áit ag an am, réitíodh sí bricfeasta, lón agus dinnéar. Sna seascaidí phós sí Johnny Pekan, deartháir don ealaíontóir Charles a chaith tréimhse ina chónaí i gCloch na Rón. Bhíodh Mac Aonghusa ag iarraidh i gcónaí í a íoc as lóistín agus béilte a luaithe is a thagadh sé ann le go mbeadh a raibh fágtha le caitheamh aige faoi féin ina dhiaidh sin.
1945: 19.6.45; 29.7.45

Conneely   féach **Ó Conaola**
Connolly   féach **Ó Conaola** féach freisin **Mac Donncha, Micheál**
Connor

Pat, Ros Cathail. Féach CC 015.39, 40, áit a bhfuil nóta: '*Pat Connor, nine years dead, aged seventy-seven*'. Chaith Pat a shaol in Eiscir, Ros Cathail.
1942: 31.7.42

Conroy   féach **Ó Conaire**
Considine

[Bridget] (*née* Hillery), Dúlainn. 'Bee' a thugtaí uirthi. Fuair sí bás i 1980 in aois 90 bliain.
1945: 26.9.45

Coyle

[A]   **Dan,** Na Croisbhealaí. Bhí cáil air go raibh seanamhráin Bhéarla aige. Tharlódh go gur de mhuintir Coyle i nDroim na Tine é.
1943: 7.9.43

[B] [David] agus a bhean [Róisín] ar deirfiúr í le Máire Nic Néill, *q.v.* Ardán Mhuire, Gaillimh. Rugadh D. D., nó Donny mar a thugtaí freisin air, i nDoire i 1901. Tháinig sé go Gaillimh sna 1920idí agus chuaigh i mbun gnó ann sna 1930idí. Bhí sé ar an gcéad bhord ag Banc Ceannais na hÉireann. Bhí sé ar bhord rialaithe na hollscoile i nGaillimh agus i mbun an fheachtais le hairgead a bhailiú sna 1960idí. Sa bhliain 1974 bhronn Ollscoil na hÉireann céim oinigh dlí air. Bhí sé an-mhórtasach as seo mar go raibh air féin éirí as a chúrsa leighis ar an ollscoil nuair a fuair a athair bás i 1918. Phós sé Róisín Nic Néill i 1944. Rugadh ise i 1906 agus ba thréimhse chorraithe staire a bhí ann le linn a hóige. Ba chuimhin léi a máthair á tabhairt go Príosún Chill Mhaigneann le slán a fhágáil ag a hathair a raibh pianseirbhís saoil gearrtha air. Ba mhúinteoir tís í i Scoil Bhríde agus i gCill Mhochuda go dtí gur phós sí. Fuair sí bás i 2003. Nuair a thug Mac Aonghusa cuairt orthu, bhí teach darbh ainm 'Suncroft' ar cíos acu ar an mBóthar Ard.
1946: 14.6.46

Cunningham féach **Ó Cuinneagáin**

Curley

Dick, Cnoc na Radharc, Gaillimh. Is dóigh go raibh garáiste aige. B'fhéidir gurbh é seo a cheannaigh an capall 'Draighneán Donn' ag seó Charna 1942. Féach Petch 1998, 59.
1945: 7.9.45
1946: 15.6.46

Curran

[A] [?]. Banaltra as Gort an Choirce, nó in aice leis. Bhí sí ag obair i gCarna i ndeireadh na bhfichidí.
1944: 4.6.44

[B] Hughie. B'as Gort an Choirce é. Bhí an-dúil sa cheol aige agus guth ar dóigh. Bhíodh sé ag ceol sa teach pobail. Chaith sé thart ar bhliain ag múineadh i gContae Liatroma sular tháinig sé go Gort an Choirce ag múineadh. Fuair sé bás i 2001 nuair a bhí sé 89 bliain d'aois. Phós sé Peigí Ní Ghallchóir as Ros Goill.
1944: 6.2.44

Dahlberg

Sune. Sualannach a bhí in Éirinn ina rúnaí ar chonsalacht na Sualainne. Tháinig sé go hÉirinn i 1945 agus arís i 1995 agus thug cuairt ar Chonamara áit ar casadh clann Choilm Uí Chaodháin *q.v.* agus daoine eile dá lucht aitheantais air.
1945: 10, 12, 21–4.5.45

D'Alton

James, Seanghualainn. Scríobh Mac Aonghusa cuntas uaidh ina ndúirt an múinteoir damhsa gur mac feirmeora é a cheannaigh teach tábhairne i Seanghualainn. Theip ar an ngnó agus thosaigh sé ag obair ar na bóithre ar feadh dhá bhliain déag nó mar sin. Bhí obair aige ag déanamh cáise san uachtarlann áitiúil ar feadh tamall de bhlianta. Nuair a chlis air sin, thosaigh sé ag múineadh damhsa ar chomhairle agus ar iarratas an tsagairt. Thaitnigh an damhsa leis ó bhí sé ina pháiste agus ní raibh ar dhuine ar bith céim a mhúineadh riamh dó. Féach 1304: 32
B'as Cluain Leathaird, thart ar mhíle go leith ó Sheanghualainn, a mhuintir.

Fuair sé bás thart ar 1970. Bhíodh gramafón ag D'Alton sa chistineach. Teach beag a bhí ann agus théadh daltaí chuige. Chuireadh sé snáthaid nua sa ghramafón do gach ceirnín. Ba chuimhin le daoine an chistin a bheith teolaí, compórdach. Ghlaodh sé na céimeanna damhsa amach.

Dancing and dance music in Limerick and district 1304: 29–32

1945: 14, 20.11.45

Daly

muintir, Cill Rónáin. Teach tábhairne a bhí anseo. Scrios tine é ó shin agus dúnadh é. Níl duine ar bith de mhuintir Daly fanta i gCill Rónáin anois.
1945: 22.8.45

D'Arcy

Andrew, Machaire Mór, Uachtar Ard. Fear a bhí ina chónaí leis féin.
1942: 31.7.42

Darcy

John, Cnoc an Bhracháin, Ros Cathail (1907–77). Bhí sé sa Keane Céilí Band, sa Ballinakill Céilí Band agus san Aughrim Slopes Céilí Band. Sheinn sé an fheadóg mhór. Bhain sé an chéad áit amach i gcraobh Chonnacht agus an dara háit i bhFleadh Cheoil na hÉireann, Inis, 1956. Marc amháin a bhí idir é féin agus Peadar O'Loughlin, Ros Cathail. D'fhoghlaim sé cuid mhór port ó cheoltóirí in oirthear Chontae na Gaillimhe agus óna uncail, Conor Darcy, Cnoc an Bhracháin, agus chuir i bhfeiliúint dá stíl féin iad. Chum sé port, 'An Scuaibín Fraoigh', agus ríl, *'Welcome in the New Year'*, a sheinneadh Gearóid Ó Laidhigh *q.v.* agus ceoltóirí eile. Bhí John Darcy ag craoladh ar raidió le Gearóid Ó Laidhigh, 1938–9, sular thosaigh Mac Aonghusa ag bailiú ábhair. Blianta i ndiaidh 1942 d'fhanadh Mac Aonghusa sa teach aige.
1942: 28.7.42; 2.8.42

Davidson

Gerald. Bhí sé in éineacht leis an bhfoireann scannánaíochta de chuid Trans World Airlines a tháinig go Conamara.
1946: 19.7.46

de Bhailis

[A] **Séamus**, Luimneach. Cara le hÁine de Búrca *q.v.* Casadh ar Mhac Aonghusa i mBaile Átha Cliath é.
1945: 14.11.45

[B] **Seán Mhurcha** (Seán Mháire Mhurcha). I Roisín na Mainiach a bhí Seán i dtosach. B'ann a tógadh é. Phós sé bean de mhuintir Mhic Dhonncha as an Rinn, An Cheathrú Rua. D'athraigh siad isteach go hÁrainn áit a raibh gaolta ag a athair, ina measc Baba Bhailis, agus bhí siad ina gcónaí i dtosach i mBun Gabhla. Bhí athair a mháthar sa Sruthán agus nuair a d'éirigh seisean go dona tinn d'athraigh siad aniar go dtí an Sruthán. Fear é Seán a bhí roinnt ard, láidir. Bhíodh sé ag casadh amhrán go minic ag bainiseacha agus sa bhaile. Fuair sé bás agus é os cionn ceithre scór bliain, thart ar 1965. Ní mórán lá tinnis a bhí riamh air. Ar deireadh, is iad na cosa a thug uaidh. Curachóir a bhí ann agus bhíodh sé ag plé le líonta agus brain agus ag iascach ballach ó na carraigeacha. An rud is mó a bhíodh ar siúl aige ó thaobh oibre, bhíodh sé ag baint an charraigín, ag plé le faochain, ag cur suas feamainne, ag plé le ceilp agus ag cur fhataí. Bhíodh feis i gCill Rónáin agus thugadh sé leis an craobh amanna. Bhí an t-amhrán 'Póg Bhideog' aige. Cúigear clainne a bhí aige. Teach ceann tuí a bhí ann nuair a tháinig Mac Aonghusa. Bhí damhsa aige agus bhíodh sé ag casadh port. Rinne an BBC é a thaifeadadh sna ceathrachaidí agus sna caogaidí. Feach Ní Mhiolláin 2004, 23.

Bhí Bean Uasal Seal Dhá Lua Liom 1282: 389–90
Máire Ní Taidhg Óig 1282: 388; CC 021.53

1945: 24.8.45; 1–4.9.45
1946: 30.6.46

de Bhaldraithe

Tomás (1916–96). Rugadh i Luimneach é. Tháinig a mhuintir chun cónaithe go Baile Átha Cliath agus is ann a chuaigh sé ar an ollscoil. Bhain sé céim BA amach i 1937. Fuair sé scoláireacht taistil a thug chuig Ollscoil an Sorbonne é ar feadh bliana. Chuaigh sé go Cois Fharraige le taighde a dhéanamh ar chanúint agus ar fhoghraíocht. Bhí sé ina Ollamh le Nua-Ghaeilge sa Choláiste Ollscoile, Baile Átha Cliath, 1960–78. Ar an saothar is cáiliúla uaidh tá *Gaeilge Chois Fhairrge: An Deilbhíocht* (1953), *English-Irish Dictionary* (1959) agus *Cín Lae Amhlaoibh* (1970). Bhí sé ina chathaoirleach ar an gCoimisiún Logainmneacha, ina chathaoirleach ar Bhord Stiúrtha Scoil an Léinn Cheiltigh agus ar dhuine de bhunaitheoirí Chumann Merriman.
1942: 7, 11, 14.7.42.

de Brún

Uinscann. D'fhan sé tigh Mhic Con Iomaire *q.v.* ar an gCoillín, agus bhí sé ina mhúinteoir i Maínis. B'as Gleann na Madadh é. Bhí an-tóir aige ar chúrsaí lúthchleasa agus b'innealtóir freisin é.
1943: 10.5.43
1945: 6.7.45

de Búrca

[A]   **Áine.** Bhí sí ina rúnaí ar 'Chairde na Gaeilge', Luimneach. Ba chara í le Séamus de Bhailis *q.v.*
1945: 14.11.45

[B]   **Cóilín Taimín Stiofáin Mhóir,** Roisín na Mainiach, Carna. Chuaigh sé go Chicago agus d'fhan thall. Ba chol ceathrair leis Learaí Churraoin *q.v.* Bhí deartháir le Cóilín pósta le deirfiúr do Phádraig de Búrca *q.v.* Uncail é leis an amhránaí sean-nóis Nan Tom Teaimín de Búrca.

Bhí Mé Lá ar Fuaidreamh 1280: 455–6

1944: 21, 22.7.44

[B]   **Éamon Liam,** Aill na Brón, Cill Chiaráin (*c.*1864–1942). Bhí scéalta agus seanchas ag a athair agus ag a mháthair. Agus é ina ghasúr óg, chuaigh an teaghlach ar fad go Meiriceá agus tháinig ar ais go hÉirinn nuair a bhí Éamon seacht mbliana déag d'aois agus é ar leathchois i ngeall ar thimpiste a d'éirigh thall dó. Bhí an-luí aige leis an bhfarraige, le báid agus le hiascaireacht. Bhí ceird na táilliúireachta aige freisin. Dúirt Liam Mac Coisdeala faoi nár casadh dó in aon áit dár shiúil sé aon scéalaí ab fhearr ná Éamon. Bhí Fiannaíocht, scéalta gaisce, seanchas agus amhráin aige agus thóg Liam scéal amháin uaidh a raibh 30,000 focal ann. Bhí sé ina chónaí san Aird Mhóir agus ina dhiaidh sin in Aill na Brón.

Bás ar Chnoc an Dúin, An CC 015.075
Carraig Aonair [scríofa anuas ar 'An Láir Bhán'] CC 015.088
Deas an Sagairtín é Stór mo Chroí CC 015.077
Díbearthach ó Éirinn, An CC 015.074
Liam Ó Raghallaigh nó William Reilly CC 015.076
Teorann Aibhne Móire CC 015.073

1942: 19, 21.8.42; 2, 5, 7.9.42; 7, 8.11.42
1944: 1.6.44; 30.11.44
1945: 8.5.45; 2.6.45
1946: 17.7.46

[B]   baintreach Éamoin [Sarah] Sarah Mhánais a bhí uirthi (*née* Ní Dhónaill). In Aill na Brón a bhí muintir Uí Dhónaill agus phós Éamon *q.v.* isteach san áit. Ba dheirfiúr léi máthair Sheáin Uí Ghaora *q.v.*
1944: 30.11.44

[B]   **Pádraig** (Patrick Phádraig Liam) (27), An Aird Mhóir. Amhránaí a raibh an-cháil air a bhí ann. Tá amhráin agus seanchas uaidh i gCnuasach Bhéaloideas Éireann. Fuair sé bás i 1996.

Amhrán Bréagach, An tA– (ceathrú) 1280: 575
Bainis Jimmy Joe 1280: 476–8

1944: 24, 27.7.44
1945: 12.6.45; 11.7.45

[C]   **Proinsias** (1904–96). Ar chladach thuaidh Loch Coirib a chaith sé formhór a shaoil. Bhí sé ina bhailitheoir ag Coimisiún Béaloideasa Éireann idir 1935–44. Ansin bhí sé ina bhailitheoir speisialta ó 1953–64, agus bhí sé ina bhailitheoir lánaimseartha go dtí gur éirigh sé as i 1975. Tá os cionn 30,000 leathanach agus cnuasach ábhar fuaime i gCnuasach Bhéaloideas Éireann scríofa de lámh an Bhúrcaigh, a bhailigh sé i gCorr na Móna, i gConamara thiar agus i gContae Mhaigh Eo i measc áiteanna eile. Ba chomhfhreagróir ceistiúcháin é ó 1936 go dtí 1945.
1943: 13.12.43
1944: 11.12.44

[B]   **Sarah** (Saile Shadhbha) (*née* Ní Chonaola) as Caladh Mhaínse, bean Phádraig Liam de Búrca agus máthair Phádraig *q.v.* Ba dheirfiúr í do Phádraig Shéamaisín as Caladh Mhaínse agus bhí deirfiúr aici, Jude, bean Mhicil Mháirtín.
1942: 8.11.42

[B]   **Taimín Stiofáin Mhóir**, Roisín na Mainiach (1870–1961).
1944: 22, 24.7.44

[D]   **Tomás** (1917–57). Ba é seo an bailitheoir lánaimseartha a bhí ag obair do

Choimisiún Béaloideasa Éireann ag tús na ndaichidí. B'as Port an Chlóidh, Ceathrú Thaidhg, é. Bhíodh sé seasta ag léamh agus bhí scríobh na Gaeilge go hiontach maith aige. Ba thogha bailitheora a bhí ann de réir an Duileargaigh *q.v.* Comhfhreagróir ceistiúcháin a bhí ann freisin. Bhí beirt dhearthaireacha aige, Seán agus Pádraig, agus cúigear deirfiúracha, Bríd, a fuair bás an-óg, Nóra, Máire, Anne agus Katie. Fuair sé bás den eitinn i ndiaidh tréimhsí a bheith caite aige i sanatóirí i mBaile an Róba agus i mBaile Átha Cliath.
1943: 22.8.43

de Paor

Risteard. Rugadh i Sasana é. Múinteoir taistil a bhí ann agus chaith sé tréimhse san Aonach, Co. Thiobraid Árann. Píobaire agus fidléir ab ea é. Bhí sé tamall i bPort Láirge agus chuaigh sé ansin go hAcaill Bheag. Bhí sé ina phríomhoide ar Scoil Acla.
1944: 11.8.44

de Valera

Éamon (1882–1975). Ba é an ceannaire polaitiúil ba mhó tionchar é in Éirinn sa 20ú haois. Ba eisean an t-aon cheannasaí a bhí beo i ndiaidh Éirí Amach 1916. Bhí sé ina Thaoiseach ó 1932–48 le linn aimsir na hÉigeandála agus arís ó 1951 go dtí 1954 agus ó 1957 go dtí 1959. Bhí sé ina Uachtarán ar Éirinn ó 1959 go dtí 1973.
1945: 16.5.45; 11.6.45

Devane

Tom. Ón gCabhán. Cara le Mac Aonghusa.
1945: 19.11.45

Dirrane

Mrs [Bríd Seán Tom Ní Chlochartaigh] as Máinis. Phós sí fear talmhaíochta, Tommy Ó Direáin, Sruthán, Árainn, deartháir leis an bhfile Máirtín Ó Direáin.
1944: 21.11.44

Dirrane féach **Ó Direáin**
Dixon féach **Ó Diothcháin**
Dobbin [? Doohan / Ó Duacháin]
Billy, Gort an Choirce. Phós Billy deirfiúr le May Ní Channóin, bean Dinny Pháidí Duncaí Ó Baoill *q.v.*
1944: 6.2.44

Dochartaigh féach **Ó Dochartaigh**

Doherty

John. Is dóigh gurbh é seo an fidléir taistil a raibh an-cháil air (*c.*1895–1980). Bhí an ceol ag a mhuintir i bhfad siar. Ceardaí a bhí ann agus rinne sé fidleacha stáin. Foilsíodh taifeadtaí fuaime dá chuid ceoil. Deartháir é le Micí Simí a raibh cáil na fidléireachta freisin air.

Atlantic Roar, The CF 172–3
Limestone Rock, The CF 172–3
Maidin Fhómhair CF 172–3
Oakleaf, The CF 172–3
O'Doherty's Set Dance CF 172–3
Star, The CF 172–3

Tethering Jack Walsh CF 172–3
Washerwoman, The CF 172–3

    1944: 10, 11, 13.9.44

Donnellan

[A]   **Jack**, Uachtar Ard. Níor chuala a gharmhac go raibh amhráin aige. Bhí siopa búistéara aige atá imithe le fada anois. Fuair Jack bás ag deireadh na bliana 1942.
1942: 29.7.42; 1.8.42

[B]   **Patrick** (1889–1968). Oirníodh é i 1915, i ndiaidh dó bliain a bheith caite aige mar Mhaor Staidéir i gColáiste Iarlatha, Tuaim. Ceapadh ina shéiplíneach é i gCloch na Rón ó 1915 go dtí 1921, cé go raibh sé ina chónaí i Sraith Salach ó 1918. Bhí sé ina shéiplíneach i mBaile an Róba 1912–27, i gCromghlinn, Caisleán an Bharraigh 1927–33 agus i gCaisleán an Bharraigh 1933–40. I 1940 ceapadh ina shagart paróiste i gCloch na Rón é ach theip ar a shláinte i 1946.
1945: 26.4.45

Donnellan   féach **Ó Dónalláin**
Donoghue   féach **Ó Donncha**
Doyle

     Jack. B'fhéidir gurbh é seo an dornálaí agus an t-amhránaí a dtugtaí an '*Gorgeous Gael*' air a fuair bás i 1978.
1946: 17.5.46

Droighneán   féach **Ó Droighneáin**
Duffy

     Pat, Dún an Uchta. Bhí sé in aon teach le Mac Aonghusa in Árainn.
1945: 22, 25, 26.8.45

Duffy   féach **Ó Dufaigh**
Duignan

[A]   **Michael**, Nile Lodge, Ardán Mhuire, Gaillimh. Bhí sé ina mhac léinn faoi Eoin Mac Néill sa Choláiste Ollscoile, Baile Átha Cliath. Chaith sé dhá bhliain ag obair faoi threoir Thurneysen ag réiteach don leabhar *A Grammar of Old Irish*. Bhí sé ina Ollamh le Seandálaíocht i gColáiste na hOllscoile, Gaillimh. Bhí sé ina aoi-ollamh in Uppsala 1953–5. In éineacht leis an Tiarna Killanin, chuir sé an leabhar *The Shell Guide to Ireland* le chéile. Bhí sé ag feidhmiú mar uachtarán ar Choláiste na hOllscoile, Gaillimh, sa tréimhse sular ceapadh Colm Ó hEocha. Bhí sé féin agus a bhean, Eileen, an-chairdiúil le muintir Coyle *q.v.*
1946: 14, 15.6.46

[A]   a bhean [Eileen], Nile Lodge, Ardán Mhuire, Gaillimh.
1946: 14, 15.6.46.

Dunleavy

     Charlie ('Charlie Beag' nó 'Charlie Raibín'), An Bhealtaine, Gort an Choirce (1887–1951). Thugtaí Charlie Beag air mar go raibh sé beag. Bhí sé bacach. Bhí a mhuintir ar an mBealtaine le ceithre ghlúin. Adhmadóireacht ba mhó a rinne sé ach bhí feirm bheag acu freisin. Dhéanadh sé cairteanna agus barraí rotha. Bhíodh Charlie ag bearradh gruaige, ag cóiriú uaireadóirí agus bróg. Fidléir a bhí ann a bhíodh ag bualadh ceoil sna tithe. Bhí amhráin aige agus deireadh sé '*Rose of*

Arranmore' agus '*Loch Lomond'*. Mhúin sé an fhidil do chlann a dhearthár. Bhí ceardlann ar chúl an tí aige áit a ndéanadh sé cónraí. An chónra dheiridh a rinne sé ná cónra d'iníon a dhearthár, a fuair bás nuair nach raibh sí ach trí bliana d'aois. Dhéanadh sé croiseanna adhmaid, chuireadh péint dhonn orthu agus chuireadh litreacha le hainm an duine mhairbh le cur ag barr na huaighe. Maireann an nós seo sa chlann i gcónaí. Bhíodh leabhar nótaí aige ina raibh ainm, aois agus dáta an té a fuair bás. Chaitheadh sé cuid mhór ama sa lota agus na beithígh thíos faoi. Thagadh b'fhéidir suas le dosaen fear isteach an cúlbhealach agus théadh suas ar an lota leis, áit a mbíodh an-spraoi acu ag casadh ceoil.

1943: 14, 31.8.43
1944: 12, 16.2.44

Éiniú	
Ennis	féach **Ó hÉanaí**

[A] **James** (1885–1965). Athair Shéamuis. San Aill i dtuaisceart Bhaile Átha Cliath a rugadh é. Fidléir ab ea a athair. Bhí 13 sa teaghlach. Bhí Gaeilge aige agus bhí sé i láthair nuair a bunaíodh craobh de Chonradh na Gaeilge san Aill in 1899. Bhí sé ag foghlaim Gaeilge sna tríochaidí nuair a bhabhtáladh sé féin agus Colm Ó Lochlainn ceachtanna píbe ar cheachtanna Gaeilge. Chaith sé tamall ina chléireach sóisearach sa Roinn Oideachais. Fuair sé duaiseanna i gcomórtais an Oireachtais agus ag Feis Cheoil na hÉireann. Sheinn sé an fheadóg mhór agus an phíb agus ba dhamhsóir é. Fuair sé ardú céime go Roinn na Talmhaíochta. Phós sé Mary Josephine McCabe *q.v.* i 1916. Roghnaíodh é féin agus an píobaire Willliam Andrews le seinm ag oscailt an stáisiúin raidió 2RN sa bhliain 1926. Bhí an-bhua aige ag déanamh earraí leathair.

1942: 18, 20, 24.7.42; 10.8.42; 2.9.42
1943: 5, 7, 20.5.43; 7, 23.8.43; 17.11.43
1944: 21.2.44; 24.5.44; 11.12.44

[A] **Mary Josephine**, (*née* McCabe) máthair Shéamuis. Fuair sí bás mí Eanáir 1977. Sheinneadh sí an fhidil agus an pianó agus bhíodh sí ag sceitseáil. Ba dheirfiúr í le Frank McCabe *q.v.*

1944: 9.12.44
1945: 1.5.45
1946: 16, 18.5.46

Ennis	
Enright	féach **Mac Aonghusa**

Micheál (1922–   ), Contae an Chláir. Ceapadh sa Mhala Raithní é i mí Iúil, 1943, an chéad cheapachán aige mar Gharda. Ceapadh ina sháirsint é i 1952, ina chigire i 1957, ina cheannfort agus ina phríomhcheannfort i 1968. Ceapadh ina Leas-Choimisinéir é i 1979. Chaith sé tréimhsí ag obair sa Lárionad Traenála, An Teampall Mór, agus i gceanncheathrú An Gharda Síochána.

1944: 25.8.44

Farina

Bill. Bhí sé ina fhear ceamara ag aonad scannánaíochta Trans World Airlines.
1946: 19.7.46

356

Feeney	féach **Ó Finneadha**
Fitz	féach **Mac Giolla Phádraig**
Fitzgerald	

Paddy. Bhí siopa beag aige. Bhí sé ina chónaí san áit a mbuaileann bóthar Ros Rua le bóthar an Chaisil. B'as Contae an Chláir ó thus é. Bhíodh sé in amanna ina thiománaí ag úinéir Óstán an Zetland, Mr O'Neill. Phós sé bean as Maíros, Finlay a sloinne, a bhí ag múineadh ar an gCaiseal. Chuaigh siad ar ais go Contae an Chláir. 1946: 26.6.46

Fitzhenry

[Kathleen] An Cnocán, Corr na Móna. Chaith sí bunáite a saoil i Meiriceá. 1945: 29.4.45

Folan

Peigín, bean Sheáin Dubhdara (1883–1958). B'as Leitreach Ard í. Ba leathdhuine cúpla í. D'imigh a deartháir, Joe, go Meiriceá áit ar chaith sí féin seacht mbliana. Peigín Sheáin Liam a bhí uirthi as a hathair agus Peigín Bhaibín Jeaic óna máthair. Phos sí Cualánach. Seachtar gasúr a bhí aici – ceathrar iníonacha agus triúr mac. Bhí go leor amhrán aici i mBéarla agus i nGaeilge agus ba dhuine géimiúil í agus í lán le spraoi. 1942: 20.8.42

Folan	féach **Mac Fhualáin / Ó Cualáin**
Freyer	

Major Dermot, Teach an Choire Mhóir, Acaill. Bhíodh damhsaí agus tae aige tráthnóna Dé Domhnaigh. Bhí Teach an Choire Mhóir ina óstán aige go dtí 1940. D'oscail sé an t-óstán tar éis dó éirí as. Bhíodh damhsaí agus tae tráthnóntaí Domhnaigh ann. Chuaigh ar ais go Sasana ina dhiaidh sin. Bhíodh an-bhéim aige ar chumas comhrá a chuid aíonna agus ba mhinic nár chall dóibh sin a raibh an cumas sin iontu íoc agus a mhalairt de chaoi chomh maith. 1944: 12.8.44

Furbey

John. Bhí sé ag obair don aonad scannánaíochta ag Trans World Airlines. 1946: 19.7.46

Galbally

Cecil, R.H.A. (1911–95). I mBaile Átha Cliath a rugadh William Cecil Galbally agus bhí spéis i gcúrsaí líníochta agus ealaíne aige ó bhí sé ina pháiste. Agus é ag obair i mbanc, chuaigh sé chuig ranganna ealaíne ach chreid sé riamh nach bhféadfaí an ealaín a mhúineadh. Bhí taispeántas aige i 1947 ina raibh ábhar as Inis Mór, *Harvesting, Innishmore* agus *Drying Weed, Innishmore*. I 1950 chuaigh sé chun cónaithe go dtí an Spáinn agus cé gur choinnigh sé air leis an ealaín, bhí air ranganna Béarla a thabhairt chun airgead a shaothrú agus bhain sé cáil amach mar shármhúinteoir. D'éirigh sé as an bpéintéireacht ar fad ó 1958 go dtí 1990, nuair a d'éirigh sé as an múinteoireacht agus thosaigh ag péintéireacht arís. Dhírigh sé ar shaothar teibí a chruthú. Fuair sé bás sa Spáinn agus tá sé curtha i Santander. 1945: 22, 29, 31.8.45

Gallagher

        Dan, mac le píobaire i dTír Chonaill.
        1944: 24.9.44

Gallaher   féach **Ó Gallchóir**

Gallchóir   féach **Ó Gallchóir**

Galligan

    [A]   muintir, Cois Truas, Baile na nEach.
             1942: Deireadh Fómhair 1942

    [A]   **Pete.** B'as Deinn Uachtarach é. D'imigh sé go Meiriceá agus phós sé Bridget Galligan thall. B'as Ard Luachra, Deinn Íochtarach, ise ach níor casadh ar a chéile iad go raibh siad beirt i Nua Eabhrac. Bhí Bridget ag obair do theaghlach ann. Rugadh an chlann ar fad i Meiriceá. Bhí sé 35 bliain thall sular tháinig sé ar ais den chéad uair i 1928. Tháinig sé ar ais arís i 1932 nuair a bhí an Chomhdháil Eocairisteach ar siúl. Bhí an-suim go deo aige i gcúrsaí ceoil. Bhí amhráin, véarsaíocht agus portaireacht bhéil ag a athair roimhe, agus rinne sé fidil. Bhí ceann d'fhidilí Michael Coleman ag an athair. Connery ó Pholl an Chaoil ab ea a mháthair. Sheinneadh Pete an fheadóg mhór, an fhidil, an cairdín agus uirlisí eile ceoil. Bhí dhá fhidil déag sa teach aige uair amháin. Fuair sé bás go tobann agus é ag freastal ar an aifreann i 1955. Bhí sé 75 bliain d'aois. Fuair Bridget bás i 1958 agus í 68 bliain d'aois.

        Tá nóta leis an gceol ag Mac Aonghusa gur fear íseal, dorcha ab ea Pete a raibh croiméal catach air agus gur bhreá an rud bualadh leis. Dúirt sé gur feirmeoir thart ar thrí scór a bhí ann. Chaith sé tamall de bhlianta i Meiriceá ina innealtóir agus chuir an-spéis riamh i gceol agus i gcultúr na hÉireann sa bhaile agus thar lear. Scríobh Mac Aonghusa na hamhráin uaidh agus é ar cuairt i mBaile na nEach, Deireadh Fómhair 1942. Dúirt Pete go raibh 500 amhrán aige agus é ina fhear óg.

        Bhí an-chairdeas idir Mac Aonghusa agus mac le Pete Galligan, Bernard nó 'Doc' Galligan. Thosaigh an cairdeas seo nuair a bhí Bernard ina mhac léinn leighis i gColáiste na hOllscoile, Baile Átha Cliath, in éineacht le Caoimhín Mac Anna *q.v.* D'fhan Séamus faoi dhó i Corrstruce House, samhradh na bliana 1942 seans, agus Deireadh Fómhair na bliana sin. Ina dhiaidh sin d'fhanadh sé ar mholadh 'Doc' ag Paul Coyle, Cill na Leice, teach tábhairne Miller ina dhiaidh sin. Thagadh Mac Aonghusa, Dr Caoimhín Mac Anna, Dr Lal McEntee agus Rolie Lynch thart ag seinm ceoil le chéile sa cheantar. Thagadh Mac Aonghusa ar an traein nó ar an mbus ach chuireadh Pete an gearrchapall agus an trap faoina choinne.

        Blooming Sweet Lass of the Vale 1282: 416–18; CC 022a.6
        Girl I Left Behind, The 1282: 413–15; CC 022a.5
        Meeting is a Pleasure Between My Love and I 1282: 407–8; CC 022a.2
        Paddy Seán Bán 1282: 409–10; CC 022a.3
        Stock or Wall, The 1282: 404–6; CC 022a.1
        Story of Lies, A 1282: 401a–3
        Tom Dawson 1282: 411–12; CC 022a.4

        1942: Deireadh Fómhair 1942

Gannon   féach **Ó Caodháin**

Geary   féach **Ó Gaora**

Geoghegan

John (1908–60). Garda, as gar don Tulach Mhór, Uíbh Fhailí, ab ea é. Feirmeoir a bhí ann sula ndeachaigh sé sna Gardaí. Bhí sé lonnaithe i gcontaetha na Gaillimhe, Laoise–Uíbh Fhailí, Chiarraí agus Thiobraid Árainn. Bhí sé i mBóthar na Trá ó 1940–8. Bhí cáil ar an leagan den ríl *'The Bag of Spuds'* a sheinneadh sé. Píobaire a bhí ann. Sheinn sé roinnt mhaith uaireanta i gceathairéad píobairí le Leo Rowsome. Bhí sé ina bhall de bhanna ceoil a bhí i gCarna sna daichidí, in éineacht le cuid de mhuintir Mhic Fhualáin *q.v.*, Joe Berry agus Séamus Sheáin Bhille Ó hUaithnín *q.v.*
1943: 7.8.43

Geraghty   féach **Mac Oireachtaigh**

Gill

John (1873–1957), Árainn. Bhí sé pósta faoi dhó agus bhí deichniúr clainne aige leis an mbeirt bhan, Mary Ann Gill agus Mary Cooke. Bhí sé ina cheann feadhna ar an mbád tarrthála ar feadh na mblianta. Bhronn Rí Seoirse VI bonn air féin agus ar chriú an bháid tarrthála, i Londain de bharr criú dhá bhád a chuaigh i dtír ar Oileán an Tuí a shábháil i 1938. Bhí bád aige, an *St Enda*. Bhíodh sé ag plé le curacha freisin agus is é a bhíodh ag tabhairt an dochtúra, na banaltra agus an tsagairt soir go dtí na hoileáin.
1945: 31.8.45

Glasgow

Frank (1901–73). Rugadh i Luimneach é. Bhí siopa éadaitheora aige taobh leis an Savoy agus an t-ainm 'Mac Giolla Loscaidh' os a chionn i Sráid Mhala. Bhog an siopa go Rae Bedford i 1942. Ball de na Fianna agus den sean-IRA a bhí ann. Bhí sé i gcampa géibhinn in Éirinn agus i Sasana. Bhí sé ina bhall de Chonradh na Gaeilge agus de Chumann Drámaíochta Luimnigh. Bhí sé ina Ard-Mhéara ar Luimneach 1962–3 agus ina Chomhairleoir ar Bhardas Luimnigh ar feadh 24 bliain.
1945: 20.11.45

Glynn

Paddy (1908–80), An Leacht. Bhíodh sé ag múineadh i gCill Fhionnúrach agus ina dhiaidh sin sa Leacht áit a raibh sé nuair a d'éirigh sé as obair i 1977. Trí Ghaeilge a mhúineadh sé gach ábhar ach amháin an Béarla.
1945: 12.9.45

Greene   féach **Ó hUaithnín / Ó Grianna**

Griffy

Darby (1882–1959). *'Ballyvara "Griffys"'* a thugtaí ar an teaghlach ón nGaeilge 'Gríofa', agus i ndiaidh an daonáirimh i 1901 a tosaíodh ag tabhairt 'Griffin' orthu. 'Darby Beag' a thugtaí freisin ar Darby féin. Bhí go leor Gaeilge sa cheantar an t-am sin agus ba chainteoir dúchais Gaeilge a bhí ann. Thagadh muintir Árann ar cuairt chuige go minic agus iad ar a mbealach go margadh Inis Díomáin. Le drochaimsir d'fhanaidís sa teach ar feadh roinnt laethanta in amanna go dtí go dtagadh feabhas ar an aimsir. Bhí seanscéalta agus seanchas aige. Cara le Séamus Ó Duilearga *q.v.* a bhí ann. Bhí sé ag obair sa chairéal i nDún na gCorr. Gearrthóir cloch a bhí ann agus a cháil sin air. Tá a fhianaise sin sna clocha cinn i reilig Chill Aidhligh, a bhí rídheacair a ghearradh. Chaith sé tréimhse i Sasana. Nuair a cailleadh a bhean, chaith sé blianta i mBaile Átha Cliath áit a raibh teagmháil rialta aige leis an

Duileargach. Thug sé an-chabhair don Duileargach agus é ag obair ar *Leabhar Stiofáin Uí Ealaoire*. Féach Ó hÓgáin in Ó Duilearga 1981, xi.

1945: 27.9.45

Gunning

Bridie. Bhí Bridie Gunning (Bríd Ní Ghamhnáin), as Sligeach ó dhúchas, ina bainistreás tí ag Major Freyer *q.v.* a raibh óstán in Acaill aige. Thagadh go leor daoine cáiliúla ag fanacht ann, mar shampla Ethel Mannin, Brian Faulkner agus Michael Yeats. Roimh theacht go Maigh Eo di, casadh Séamus Mac Aonghusa uirthi in oifigí Choimisiún Béaloideasa Éireann nuair a bhí sí ag lorg poist ann. Bhailigh sí ábhar béaloidis atá anois i gCnuasach Bhéaloideas Éireann. I 1944, in Acaill, nuair a casadh Mac Aonghusa arís uirthi, chum seisean dán faoin Major agus faoina theach. Ba chuimhin le Bridie an dán ina raibh an líne 'Neart is teas do d'uisce reatha', ag moladh an chompoird seo a bhí ar fáil ag Mac Aonghusa nuair a thug sé cuairt ar an teach. D'aistrigh Walter Macken an dán agus an líne seo ann: '*Strength and heat to your running water*'. Ba chomhfhreagróir ceistiúcháin í dá ceantar dúchais sna tríochaidí agus ina dhiaidh sin in Acaill.

1944: 12.8.44

Halpin

[A] iníon le Joseph *q.v.*, 15 Plás Chluain Tarbh, Luimneach. B'fhéidir gurbh í seo Terese, Úna nó Mona.

1945: 15.11.45

[A] **Joseph.** Rugadh é thart ar 1870 agus bhí sé ina chónaí i 15 Plás Chluain Tarbh, Luimneach. Siúinéir a bhí ann. Phós sé Mary Ellen Moore. Ba dhamhsóir é agus bhí scoil damhsa aige. Bhuaigh se duais sa chéad Oireachtas riamh sa damhsa in 1897. Ba é curadh Luimnigh é in 1899. Bhí triúr iníonacha aige, Móna, Úna *q.v* agus Treasa *q.v.*. Bhí an teach ar cíos ag muintir Halpin go bhfuair Jack, an duine deireanach, bás go luath i ndiaidh do Mhac Aonghusa a bheith ag an teach. D'fhéadfadh sé an oíche ar fad a chaitheamh ag damhsa. Bhíodh sé ag teagasc dhá lá sa tseachtain ó 4.30 go dtí 7.30 agus ar an Satharn ó 1.30–5.30 p.m. Theagasc sé an ríl ceathrair agus ochtair agus d'ullmhaigh daoine do chomórtais. Bhíodh na ranganna ar siúl i halla i Sráid Uí Chonaill agus in Óstán an George. Gine sa ráithe a chosain na ranganna. Fiú amháin agus an t-athair amach sna blianta bhíodh sé i ngreim dá chathaoir agus é ag damhsa. Bhí sé ar na daoine a bhunaigh an Coimisiún le Rincí Gaelacha agus a rinne moltaí maidir le moltóireacht agus treoirlínte do rincí Gaelacha. Chum sé féin agus a iníon Treasa damhsa, 'Rogha an Fhile'. Bhí a leagan féin de sheiteanna traidisiúnta aige agus mhúineadh sé iad. Bhí Joseph, Úna agus Teresa cláraithe mar mholtóirí ag an gCoimisiún le Rincí Gaelacha. Féach Ó Floinn 1997, 15; Breathnach & Ní Mhurchú 1997, 149–50; Cullinane 2001, 46–7, 66–8.

Dancing and dance music in Limerick and district 1304: 1a–23

1945: 14–17, 19, 21.11.45

[A] **Teresa.** Rugadh í in 1894. Mary Teresa a baisteadh uirthi. Ba dheirfiúr í le hÚna *q.v.* agus iníon le Joseph Halpin *q.v.* D'fhoghlaim sí an ceol ar scoil. In éineacht le Seán Ó Cuirrín, d'fhoilsigh sí *Teagosc-Leabhar na Bheidhlíne*. Tá an cuntas seo a

leanas fúithi ag O'Neill 1913, 402: *'A very clever violinist by all accounts is Miss Halpin, daughter of the late Joseph Halpin of the city of Limerick, a celebrated dancer in his day. Although yet in her teens, she possesses an extensive repertory of old tunes in very good settings. Her name appears among the list of prize winners for unpublished airs at the Dublin Feis Ceoil in 1907.'* Ghnóthaigh sí gradam an Thomond Belt don damhsa sna blianta 1910, 1911 agus 1912. Phós sí Seán Ó Cuirrín ó Choláiste na Rinne agus chuaigh chun cónaithe go Rinn Ó gCuanach. Féach Breathnach & Ní Mhurchú 1997, 149–50; Cullinane 2001, 46–7, 66–8.
1945: 14.11.45

[A]   **Úna.** Ba dheirfiúr í le Teresa *q.v.* agus iníon le Joseph *q.v.* Bhíodh sí ag múineadh damhsa. Bhíodh rang na dtosaitheoirí ag a deirfiúr Mona. Theagasc sí an port agus an ríl éasca. Bhíodh an meánrang ag Úna agus an rang sinsearach ag Joseph.
1945: 14.11.45

Haughey

    Connie (Connie Con Beag) Rinn na Cille, Teileann. Fuair Connie bás i 1999 in aois 92 bliain. Iascaire a bhí ann. Sheinneadh sé féin agus a chol ceathrair, Jimmy Lyons, fidléir áitiúil a bhfuil cáil air maidir leis an bpíosa ceoil *'Highland Jimmy Lyons'*, ag damhsaí sna tithe. Sheinneadh sé freisin le Mickey (Golly) Gallagher. Bhíodh sé ag seinm ag na céilithe i gColáiste Theilinn. Phós Connie Katie Nic Niallais, a fuair bás go hóg. Nuair a bhí sé ag dul in aois chaill sé an mothú ina lámha agus níor sheinn sé mórán ina dhiaidh sin.
1944: 9.9.44

Haughey   féach Ó hEochaidh
Heeney

    Jimmy nó Séamus Ó hIghne, Learga na Saorthach, Gleann Cholm Cille. Bhí sé i mBaile Átha Cliath don Oireachtas Deireadh Fómhair 1945 agus rinne Mac Aonghusa agus Caoimhín Ó Danachair taifeadadh fuaime de ar phlátaí in oifig an Choimisiúin (CF 0106–0107a), faoi mar atá luaite sa dialann oifige ag Mac Aonghusa, 1296: 369, 373. Deir Mac Aonghusa gur thug sé Séamus ar cuairt chuig 'Brachlann Mhic Aonghusa' in éineacht le Micheál Ó hIghne ar an 26 Deireadh Fómhair 1945. 1296: 375.

Eochaill (Fóchair) 1282: 276–8
Laoi na Mná Móire 1282: 272–6

1944: 13.9.44
Hernon féach Ó hIarnáin
Hitler

    Adolf (1889–1945). Ceannaire Faisisteach a bhí ann ó 1933–45 agus bhí sé freagrach as an Uileloscadh.
1944: 15.1.44
1945: 1.5.45

Hogan   [?], Maigh Mór. Fliúiteadóir a tháinig go dtí an Leacht.
1945: 16.9.45

Johansson

Birgitta (Bjersby / Bramsbäck). Birgit a thug sí uirthi féin. Bhain sí céim amach i Västervik na Sualainne i 1939 agus dochtúireacht in Uppsala i 1950. Ó 1951 go dtí 1954 ba léachtóir í i dteanga agus i litríocht na Sualainne sa Choláiste Ollscoile, Baile Átha Cliath. Bhí sí ina léachtóir in Ollscoil Uppsala ina dhiaidh sin agus i 1979 ceapadh ina hollamh í. Fuair sí bás i 1995 in aois a 73 bliain. I litríocht Bhéarla na hÉireann a bhí a príomhspéis agus rinne sí taighde ar W. B. Yeats agus ar an mbéaloideas ina shaothar. Bhí an-spéis aici sna teangacha Ceilteacha.
1946: 14–21, 29, 30.6.46; 1.7.46

Johnson

muintir, Cathair na Mart. Gach seans gurbh iad seo muintir Johnson a bhí ina gcónaí i Sráid Altamont san am. Rugadh fear an tí in Achadh Ghobhair agus chuaigh sé chun cónaithe go Sráid Altamont. Bhí teach mór acu. Deartháir, William, agus beirt dheirfiúracha a bhí ann. Teach fáiltiúil a bhí ann.
1944: 19.8.44

Joyce

[A] **Meaig** (Margaret), Gleann Toircín, An Caiseal. Phós sí fear de mhuintir Uí Thuathail. Chaith sí tréimhse i Meiriceá. Fuair sí bás i 1987 agus í thart ar 83 bliain. Bhíodh an-fháilte aici roimh gach uile dhuine. Bhí siopa agus oifig an phoist aici i ndiaidh na ndaichidí. Staic de bhean mhór a bhí inti.
1944: 31.5.44; 11.7.44; 9.12.44

[B] [Nóra], Cúil na Ceártan. Ba léi an teach tábhairne 'Tigh Johnny Billy'. Thugtaí 'The Queen of Conamara' uirthi mar go mbíodh sí ag rá an amhráin sin. Phós sí baintreach fir de mhuintir Milne arbh as Tuaim Beola é, a raibh a mhac ina fhiaclóir sa cheantar. Théadh an mac thart sna tithe le fiacla a tharraingt. Bhí an cháil ar Nóra go raibh sí ard dathúil.
1946: 20.6.46

Joyce féach **Seoighe**

Keady

John, Dún, Ros Cathail, Uachtar Ard. Bhí go leor amhrán aige. Bhíodh sé ag déanamh ciseán, scibeanna agus cocaí féir. Bhíodh gach uile dhuine sa bhaile ag iarraidh air iad a dhéanamh. Sheinneadh sé an trumpa béil agus agus an t-orgán béil. Bhí sé bacach. Níor phós sé riamh. Amhráin Bhéarla is mó a bhí aige, mar shampla, 'The Irish Soldier Boy', 'Bonny Irish Boy', 'My Beauty of Limerick' agus 'The Boys from the County Mayo'.
1942: 29.7.42

Keane

[A] **William** (1873–1947). Píobaire uilleann a bhí ann a ghnóthaigh comórtas an Oireachtais i 1904. Théadh sé go Baile Átha Cliath faoi dhó sa bhliain ar a laghad le teagasc príobháideach a fháil. Bhí sé ina chónaí i Sráid Mulgrave. Ba ghearrthóirí cloiche a mhuintir agus lean sé féin leis an gceird ag obair le haolchloch Luimnigh. Bhíodh sé ag obair cuid mhór le huaigheanna. Ceann de na samplaí is fearr dá cheardaíocht é an séadchomhartha ag an bplota Poblachtánach i reilig Shliabh Lorcáin. Bhí sé gníomhach i gCogadh na Saoirse. Bhí sé in Óglaigh na hÉireann agus dhóigh na Dúchrónaigh a theach i 1921. I 1932 bhunaigh sé grúpa ceol uirlise. Thagadh píobairí agus ceoltóirí ar cuairt chuige. Bhíodh sé ag múineadh thart ar cheantar Áth an Choite. Tá sé curtha i reilig Naomh Pádraig, áit a bhfuil crois a rinne sé.

Dancing and dance music in Limerick and district 1304: 23–4

1945: 16, 19.11.45

[B] [?]. Bhí bád aige inar thug sé Mac Aonghusa agus daoine eile ó Chill Rónáin go dtí an Cheathrú Rua. Is cosúil go ndeachaigh an bád go tóin poill i gCaladh Thaidhg. Bhí gnó ag muintir Keane (Uí Chatháin) ar an gCeathrú Rua.

1946: 1.7.46

Keane
Keating féach **Ó Caodháin**

Martin, Eighneach. Tháinig sé go Dúlainn ag obair don chomhairle contae agus thosaigh sé ag obair sa mhianach. Níor mhair sé an fhad sin sa cheantar. Bhí cónaí air sa Leacht agus gaol aige le muintir Leyden.

1945: 26.9.45

Keighry

Paddy agus **Vincent**. Bhí siad i mbun Óstán an Glenbourne, Lios Dúin Bhearna. Bhídís ina gcónaí i dteach beag taobh leis an óstán. Bhí an cháil orthu gur daoine taibhseacha iad. Ba chléirigh pharóiste iad. Duine de mhuintir MacNamara ó Óstán an Falls, Inis Díomáin, ba ea a seanmháthair. Chuaigh Paddy chun cónaithe go Port Láirge, ag plé le seandachtaí.

1945: 11, 30.9.45

Kelly
Kenny féach **Ó Ceallaigh**

Matthew. Sa Spidéal a rugadh é in 1895. Bhí sé ina mhac léinn i gColáiste na nGael i bPáras 1912–14 agus i gColáiste Phádraig, Má Nuad 1914–18. Oirníodh é i 1918. Bhí sé ina shagart paróiste i Ros Muc ó 1931 go dtí Márta 1947 agus ina shagart paróiste in Órán Mór ó Mhárta 1947 go dtí Iúil 1970.

1942: 13.9.42

Keys
Kindlon féach **Mac Aoidh**

Tom. Ba chigire ceoil é leis an Roinn Oideachais. Roimhe sin ba mhúinteoir é leis na Bráithre Críostaí i nDún Dealgan. B'as Sráid Broughtan, Dún Dealgan, é ach chuaigh sé chun cónaithe go Dumhach Thrá i mBaile Átha Cliath. Go dtí sin bhí sé gníomhach le Conradh na Gaeilge i nDún Dealgan, agus ina rúnaí do Choláiste Bhríde i Rann na Feirste, agus mór leis na daoine a bhí ag stiúradh an choláiste sin san am. Fuair sé bás timpeall 1964. Féach Ní Uallacháin 2003, 257, 367.

1943: 13.8.43

King
[A] 'Sir' John, Cloch na Rón. Thugadh sé 'sir' ar dhaoine agus é ag caint leo, agus tá an teideal 'sir' ceangailte lena mhac, 'Sir' John, freisin. Bhí teach tábhairne beag aige a raibh aol bán taobh amuigh air.

1945: 3.6.45

| [B] | **Tom.** Iriseoir de chuid an [?*Connacht*] *Tribune*.
1944: 26.6.44 |
| King | féach **Mac Conraoi** |

Lamb

tigh, An Cheathrú Rua. B'as Port an Dúnáin, Contae Ard Mhacha, Charles Lamb R.H.A., R.U.A., (1893–1964). Tírdhreachanna agus daoine atá chun tosaigh ina shaothar ealaíne. Sa bhliain 1921 chuaigh sé go Conamara, áit a raibh suaimhneas aige. Bhí cuid mhór taispeántas aige ó 1919 i leith agus d'éirigh go han-mhaith leis. I 1933 a thóg sé teach ar an mBóthar Buí, An Cheathrú Rua.
1942: 22.7.42; 7.8.42

| Lane | féach **Ó Lainn** |

Leahy

John, Luimneach. Casadh ar Mhac Aonghusa é i Lios Dúin Bhearna.
1945: 8.9.45

Lee

Eddie, Pollach, Ros Cathail.

Slán agus Beannacht le Buaireamh an tSaoil CC 015.041

1942: 4.8.42

Leonards

cairde le Mac Aonghusa a bhí i Sligeach.
1946: 17.5.46

Linney

Micheál (1900–63) as Ros Dumhach, Contae Mhaigh Eo. Feirmeoir a bhí ann, agus chaith sé tréimhse san arm sula ndeachaigh sé sna Gardaí i 1923. D'éirigh sé as na Gardaí i 1956. Bhí sé lonnaithe i gcontaetha Chiarraí, na Gaillimhe, Mhaigh Eo, agus i dTír Chonaill. Bhí sé ar an bhFál Carrach, 1938–56. Bhí aithne aige ar Thomás de Búrca *q.v.* óna cheantar dúchais i Maigh Eo. Ba iad na Gardaí eile a bhí ar an bhFál Carrach i 1943 agus 1944, Gardaí Boylan, McGee agus Jennings.
1943: 22.8.43
1944: 5.2.44

Loftus

Micí Bhillí, Muirebheach, An Mhala Raithní. B'as Bun na hAbhna ó thús é. Cainteoir dúchais Gaeilge. Fear ciúin a bhí ann. Bhí an-bhua aige go háirithe ó thaobh na siúinéireachta de. Bhí sé pósta le Nancy Nóra Ní Dhónaill ó Bhaile Cruaich. Fuair sé bás i ndeireadh na ndaichidí agus é sna seachtóidí láir.
1944: 18.8.44; 2.9.44

Lydon

Peadar Tommy. B'as Maíros é agus phós sé bean as Fínis. Rugadh é thart ar 1915 agus bhásaigh sé i 2003. Bhí an cháil air gur thacaigh sé le Fine Gael.
1945: 29.4.45

| Lynch | féach **Ó Loinsigh, Ó Loideáin** |

Mac an Ghoill

     Seán. Máistir scoile. Chaith sé sé nó seacht de bhlianta ar Oileán Thoraí. Tháinig sé ann thart ar 1933/4. Is cosúil nach raibh suim ar bith aige i múineadh an cheoil. 1944: 10.10.44

Mac Aoidh

[A]   **Cití Nic Aoidh (Kitty Keys)** (1920–96). Iníon í le Nioclás Mac Aoidh *q.v.* Bhí sí ina mac léinn ollscoile i 1942. Síciatraí ba ea í agus chaith sí formhór a saoil ag obair in ospidéal Ghráinseach Ghormáin i mBaile Átha Cliath. D'imir sí camógaíocht. Bhí sí i ndrámaí le Siobhán McKenna sa Taidhbhearc – bhí siad in aon rang le chéile ar meánscoil ag Clochar na nDoiminiceánach, An Bóthar Ard, Gaillimh. Bhí féith na cruthaíochta go láidir inti. Bhí an-ghean aici ar an nGaeilge agus ar Chonamara. Bhíodh sí ag rá amhrán ar an sean-nós nuair a bhí sí ina cailín óg agus spéis aici i ngach uile shórt ceoil.

    1942: 8, 12.7.42; 24.8.42
    1943: 9.5.43

[B]   **Máire Bean Mhic Aoidh.** Deirfiúr í le Niall Ó Dufaigh *q.v.* Ó thaobh a hathar a thug sí léi an ceol. Ní raibh ceol ar bith ag a máthair. Scríobh an scoláire ceoil Carl Hardebeck cuid dá cuid ceoil uaithi. Bhí nós aici spúnóg siúcra nó dhó a chaitheamh nuair a bhíodh sí ag ceol. Dhéanadh sé an glór milis. Ó aint léi a fuair sí na hamhráin Bhéarla. Maraíodh mac léi in Albain sular casadh MacAonghusa uirthi. Féach an cuntas atá tugtha ag Mac Aonghusa i 1282: 70 in éineacht le focail na n-amhrán.

A Mháire Bhruinnill 1282: 61; CC 020.108
Banks of Sweet Loughrea, The CC 020.120
Bean an Fhir Rua 1282: 53–4; CC 020.107
Beidh Aonach Amáireach (ruainne) 1282: 61
Bruithigí na Prátaí 1282: 62
Buachaillín Beag Óg 1282: 52
Fear Ceoil, An 1282: 63
Gleannta na Coille Uaigní (I nGleannta . . .) 1282: 41–2; CC 020.117
I Once Loved a Boy CC 020.121
Is Buachaillín Beag Óg Mé CC 020.111
Is Trua gan Mise i Sasana (Sasain) 1282: 40–1; CC 020.116
It's Once I Loved a Boy 1282: 66–7
Malaí Deas Óg Ní Chuileanáin CC 020.118
Malaí na gCuach Ní Chuileanáin 1282: 43–4
Malaí Shléibhe 1282: 37–8; CC 020.114
Oileán an Roithe 1282: 69
Oileán Úr, An tO– 1282: 64; CC 020.110
Once I Loved a Wee, Wee Man 1282: 67–8; CC 020.122
Sweet County Antrim, The 1282: 65; CC 020.119
Tá Mé i Mo Shuí 1282: 38–9; CC 020.115
Tiocfaidh an Samhradh 1282: 47–8; CC 020.112
Togha na bhFear 1282: 45–6; CC 020.113

Twenty-Four Ladies CC 020.123

Yesterday Morning, ar Maidin Inné 1282: 49; CC 020.109, 123

1943: 30, 31.8.43; 1, 6, 7.9.43
1944: 18.1.44; 15.2.44

[C] **Máire Bean Jack** [Mhic Aoidh] (*née* Ní Churráin) (1920–88), Machaire Gathlán, Gaoth Dobhair. Ba í an duine ab óige de dhá chloigeann déag teaghlaigh a bhí ag Jack Ó Curráin agus a bhean, Margaret Roarty. Phós sí Edward Mac Aoidh, Bun an Inbhir, i 1943. Chaith sí a saol i nGlaschú agus is ann a fuair sí bás. Tugadh a corp abhaile agus tá sí curtha i Machaire Gathlán.

1944: 26.3.44

[A] muintir **Mhic Aoidh**, New Line, Gaillimh. Tógadh an teach ar Bhóthar Mhuire ('New Line' mar a thugtaí an uair sin air) *c.* 1935 nuair a bhog an teaghlach as Cill Chiaráin agus Nioclás *q.v.* éirithe as an obair. Bhí an eitinn ar bhean Niocláis, Eibhlín, agus bhí sé mhí caite aici i sanatóir san Eilbhéis ag súil go leigheasfaí í fad is a bhí siad i gCill Chiaráin. Bhí cúigear clainne ann, Kitty *q.v.*, Máirín, Dino (Patrick Joseph), Tomás (Tommy) *q.v.* agus Peter. Ba í an Ghaeilge teanga an bhaile.

I 1942, nuair a tháinig Mac Aonghusa ag fanacht ann, is dóigh go raibh Nioclás, Dino, Kitty agus b'fhéidir Peter sa teach. Bhí Máirín cáilithe ina dochtúir agus oirníodh Tomás i 1940. Bhí Michael Bowles *q.v.* an-chairdiúil leis an teaghlach ar fad, go háirithe le Dino agus Kitty.

1942: 5, 8, 12, 19, 30.7.42; 21.11.42
1943: 8.5.43; 5, 8.8.43

[D] **Neilí Nic Aoidh,** cailín a bhí ag obair in Óstán Ghort an Choirce (Óstán Mhic Pháidín). B'as an mBealtaine, Gort an Choirce, í. Bhí sí ag an Oireachtas ar an gcomórtas do mhearcheol i 1943. Chaith sí tréimhse ina cailín aimsire ag an gCanónach Mac Giolla Chearra i nGort an Choirce. Nuair a fuair sé bás chuaigh sise go Meiriceá. Tháinig sí abhaile agus thóg teach nua. Bhí a máthair ina ceoltóir maith. B'as an mBealtaine ise freisin.

1943: 27, 28.8.43

[A] **Nioclás** (1880–1951). Athair Chití *q.v.* agus deartháir Thomáis *q.v.* B'as Gabhrán, Contae Chill Chainnigh, é. Bhí sé ag múineadh scoile i gCill Chiaráin. B'as Cill Mheáin, Contae Mhaigh Eo, a bhean, Eibhlín (Nellie) (*née* O'Boyle) (1884–1942). Bhí sise ag múineadh scoile i Loch Con Aortha. Ní raibh an tsláinte go maith aici.

1942: 12.7.42
1945: 6.9.45

[A] **Tomás** (1914–90). Mac é le Nioclás *q.v.* Chaith sé tréimhse ina shagart i Leitir Móir. Bhí deirfiúr dá mháthair pósta ag duine de mhuintir Uí Thuathail *q.v.*

Turn of Anach Cuain (Tune) CC015.030

1942: 15, 18, 21, 22, 24.7.42; 7, 13.9.42

Mac Aonghusa

[A] **Cormac,** deartháir Shéamuis. Cigire agus teagascóir i Ráth Mealtain a bhí ann agus ina dhiaidh sin i Maigh Eo. Bhí sé ag obair don Roinn Talmhaíochta. B'as Baile an Daighin, Contae Mhaigh Eo, a bhean, Eithne. Fuair sé bás i 1991.

1946: 6, 8, 10.7.46

[B] **Criostóir**, Ros Muc (1905–91). Rugadh é i mBeannchor, Uíbh Fhailí. Oileadh mar mhúinteoir scoile é agus ina dhiaidh sin chuaigh sé ar ollscoil na Gaillimhe. Chaith sé tréimhsí ag múineadh in Inis Treabhair agus 34 bliain i Ros Muc. Chuaigh sé ar ais go Baile Átha Cliath nuair a d'éirigh sé as an múinteoireacht agus ansin chuaigh sé chun cónaithe go deisceart na Spáinne i 1976.

1942: 9, 10.8.42

1944: 10.12.44

Mac Aonghusa féach **Ennis**

McCabe

Frank. Ba dhearthair é do Mary *q.v.*, máthair Shéamuis. Bhí sé páirteach san Éirí Amach i 1916. Chuaigh sé ar a theitheadh go Meiriceá agus d'fhan i bhfolach i bhfánán ar an long ar feadh an turais anonn. Susie a bhí ar a bhean chéile. Chuireadh máthair Shéamuis cuimhneacháin, seamróg agus a leithéid, chuige go rialta agus bhídís ag scríobh chuig a chéile ar feadh an ama. Fuair sé bás thall. Bhí brón mór air nár fhéad sé filleadh abhaile.

1946: 16.5.46

McCafferty féach **Mac Eachmharcaigh**

Mac Canna

Caoimhín. Garmhac é le Mairéad Ní Oisín. Féach **Ó hOisín**. Tógadh le Gaeilge é. Bhí sé ar scoil le Séamus Mac Aonghusa agus théadh sé ag buscáil in éineacht leis. Dochtúir leighis a bhí ann. Bhí sé ag obair i Sasana i rith an chogaidh. Bhí sé ar dhuine de bhunaitheoirí Chomhaltas Ceoltóirí Éireann. Bhí sé 82 nuair a fuair sé bás. Sheinneadh sé an cairdín. Thagadh Caoimhín agus a uncail, Mícheál Ó hOisín, *q.v.* le chéile go Ros Muc.

1942: 8.7.42; 10.9.42

1945: 2.5.45

McCarthy

Agnes. Bhí sí ag fanacht le Mrs Clarke *q.v.* B'as Baile Átha Cliath í.

1944: 11, 12.8.44

McClintock

Major Henry Foster (1871–1959). Tá tagairt dó i litreacha chuig Máire Nic Néill agus i litir ó Sheán Ó Súilleabháin go raibh sé ag lorg leabhair, *The Piper in War and Peace* le C. A. Malcomson. Bhí spéis ar leith aige in éide agus éadach traidisiúnta in Albain agus in Éirinn ó thús ama go dtí an 17ú haois. I 1943 foilsíodh *Old Irish and Highland Dress*, an saothar ba mhó uaidh a bhain cáil amach. Léirigh sé ann gur feiniméan réasúnta nua an filleadh beag. I ndiaidh ollscolaíochta in Oxford chuaigh sé isteach sa státseirbhís. Tháinig sé go hÉirinn i 1928. Bhí baint lárnach aige le bunú An Taisce.

1944: 24.5.44

Mac Coisdeala

[A] **Liam** (1908–96). B'as Coillte Mach ó thús é. Cainteoir dúchais Gaeilge ab ea a mháthair agus is uaithi a fuair sé léargas ar an oidhreacht sin. I 1927, nuair a bunaíodh an Cumann le Béaloideas Éireann, bhí sé ina mhúinteoir i gCarna agus thug faoin mbéaloideas a bhailiú. Tá cuntas ar a shaol mar bhailitheoir mar a scríobh sé féin é in *Béaloideas* 16. Ceapadh an Coisdealach ina bhailitheoir lánaimseartha i 1935 agus tá timpeall 20,000 leathanach d'ábhar lámhscríbhinne sa bhailiúchán uaidh. Chaith sé ceithre bliana ina bhailitheoir lánaimseartha agus chuaigh ar ais ag múineadh ansin faoi Choiste Gairmoideachais Chontae na Gaillimhe. Níor chaill sé riamh a spéis sa bhéaloideas agus lean sé air ag seoladh ábhair isteach. D'fhan sé i dteagmháil le Coimisiún Béaloideasa Éireann agus le Roinn Bhéaloideas Éireann go deireadh a shaoil. Ba chomhfhreagróir ceistiúcháin é.

1942: 8.7.42; 19.8.42; 7.11.42; 8, 24.11.42; 2, 3, 9.12.42

1944: 6, 10.6.44; 27.7.44; 9–10.11.44

1945: 24.4.45; 2.6.45; 6, 17, 18, 23, 25–27, 29, 30.7.45; 1.8.45

1946: 15.6.46

[A] a bhean (Neóiní) (*née* Joyce) a casadh ar Liam i mBaile Chláir na Gaillimhe.

1945: 23, 30.7.45

[B] **Peadar**, Inis Meáin. Bhí cáil amhrán air.

1945: 29.8.45

Mac Coluim

Fionán (1875–1966). B'as Contae Aontroma a athair agus b'as Uíbh Ráthach a mháthair. Nuair a fuair a mháthair bás, cuireadh chuig a uncail in Uíbh Ráthach é. Chuaigh sé ar meánscoil go Corcaigh agus as sin go Londain áit a raibh sé ag obair sa Státseirbhís. Bhí an-bhaint aige le Conradh na Gaeilge agus le himeachtaí Gaelacha i Londain. Tháinig sé ar ais go hÉirinn. Bhí spéis ar leith aige sa bhéaloideas, sna hamhráin agus sna damhsaí dúchasacha agus bhí an-bhaint aige le bunú an Chumainn le Béaloideas Éireann.

1942: 20, 21.7.42

1945: 15.5.45; 14, 16.11.45

Mac Conaola

[A] **Joe**, oirthear Roisín na Mainiach. B'as Leitir Calaidh ó thús é. Chaith sé scaitheamh i Meiriceá, áit ar casadh Kate Ní Chonaola as an Oileán Máisean air agus phós siad. Cheannaigh siad teach i Roisín na Mainiach, áit ar thógadar seachtar clainne. Bhásaigh sé i 1972.

1946: 28.6.46

[B] **Micheál** (Táilliúir Úna) (*c.* 70), Doire an Fhéich, Casla. Bhí triúr iníonacha aige, Baba, Neain agus Delia.

Amhrán Ros an Mhíl 1280: 13–14; CC015.042

1942: 15, 16.7.42; 6, 27.8.42

[B] a iníon. Is dóigh gurb í Delia (Chraven) atá i gceist anseo mar go raibh an-luí aici leis na hamhráin. Bhíodh sí le cloisteáil ar an raidió.

1942: 27.8.42

Mac Conaola féach Ó Conaola

Mac Con Iomaire

[A] **Annie Nic Con Iomaire**, An Coillín, Carna. Iníon le Pádraig *q.v.* agus deirfiúr le Ciarán *q.v.* Chuaigh sí go Meiriceá i 1947 agus chuir sí fúithi i mBoston.

1943: 14.5.43

[A] **Ciarán**, An Coillín, Carna (1907–77). Mac le Pádraig *q.v.* Deartháir le Annie *q.v.* Iascaire agus feirmeoir a bhí ann. Bhí an bád an *Carna Lass* aige ag trádáil go

Gaillimh. Bhíodh sé ag spealadóireacht. Bhí amhráin aige agus stíl shimplí aige á ngabháil.

1942: 25, 28.11.42; 1, 4–6.12.42

1943: 10.5.43

[B] **Ciarán Mharcaisín Choilm** (52), Fínis. D'fhág sé Fínis lena bhean, Bríd, agus a mhac, Marcas, i 1953 agus chuaigh chun cónaithe go Leitreach Ard. Cailleadh Ciarán i 1966.

Dán Naomh Seosamh agus an Mhaighdean 1280: 536–8

1945: 3.7.45

[A] muintir **Mhic Con Iomaire**, An Coillín, Carna. Maireann an t-ainm 'Na Macaí' orthu. Is ann a d'fhan Mac Aonghusa nuair a tháinig sé go Carna i dtosach. Shuíodh sé sa chistin seachas sa seomra ina mbíodh na múinteoirí, dochtúirí, Gaeilgeoirí agus eile. Ba mhinic a dúirt sé amhráin sa teach. Thagadh an Duileargach *q.v.* chuig an teach freisin agus is ann a d'fhanadh Liam Mac Coisdeala *q.v.*

1942: 19.11.42

[A] **Pádraig** (Pádraigín Mhacaí), An Coillín, Carna (1869–1962). Bhíodh sé ar an bhfarraige agus feirmeoir a bhí ann freisin. Phós sé Máirín Pháidín Choilm (Nic Con Iomaire) as Fínis i 1901 agus bhí ochtar clainne acu, Mollie, Bairbre, Ciarán *q.v.*, Bridie, Marcas, Winnie, Annie *q.v.* agus Catherine. Cailleadh Máirín Pháidín i 1968 agus í in aois a 96 bliain. Bhí cáil na scéalaíochta ar Phádraig agus bhailigh Liam Mac Coisdeala *q.v.* cuid mhór scéalta uaidh nuair a bhí sé ina bhailitheoir ag Coimisiún Béaloideasa Éireann. Ghnóthaigh sé an chéad áit i gcomórtas scéalaíochta an Oireachtais. Bhí Béarla aige. Chuaigh a iníon, Annie, chuig an Oireachtas in éindí leis.

A Bhean an Tí 1280: 323

Amhrán ar na Jumpers [eolas faoi] 1280: 381

Bádóir Spairtí, An 1280: 315–16

Bean an Fhir Rua 1280: 305–8

Bóithrín Ros an Mhíl 1280: 57

Bródach Uí Ghaora 1280: 354

Buachaillín Aerach 1280: 32–4; CC 016.001

Caisleán Rí Néill 1280: 48–50

Caoirín Glas, An 1280: 313–14

Cóta Mór Stróicthe, An 1280: 61–2

Cuaichín Ghleann Néifin 1280: 318–20

Draighneán Donn, An 1280: 35–6

Eala an Cheoil Bhinn CF 0155–6

Fáinnín Bán an Lae 1280: 352–3

Glas-Bheainín Uasal, An Gh– 1280: 37–9; CC 016.002

Gleann Eidhneach, An 1280: 55–6

Gleannta, Na 1280: 321–2

Imní Ime CF 0155–6

[Leathfhocail, nath] 1280: 54, 434–5

Luch a Ghearr an Snáithe, An 1280: 324–6

Máire an Chúil Doinn 1280: 361–2

1943: 29.11.43; 11.12.43
1944: 6, 26, 28.7.44
1945: 27.4.45; 10.5.45; 1, 4, 5.6.45; 4.7.45
1946: 24.6.46

[B] **Joe Nóra (Josie)**, Maíros. Bhíodh sé ag déanamh tithe thart sa cheantar. Triúr mac agus iníon a bhí aige. Mary John Pheaitse a bhí ar a mháthair. Maidhcil *q.v.* a bhí ar mhac amháin.

1943: 21.5.43
1946: 28.6.46

[C] **Joe Pheaitsín**, An Aird Thiar, Carna (1880–1952). Mac le Pádraig Sheáin Fhéilim Mac Donncha agus Baba Ní Cheallaigh. Chaith sé a shaol ag iascaireacht agus ag feirmeoireacht agus chaith sé tréimhse ar chriú an nabaí le Joe Conaola ón Más, bád a bhíodh ag iompar lastais ó chathair na Gaillimhe. Bhí aithne mhór air thart ar dhuganna na Gailimhe agus ag lucht gnó Shráid na Céibhe sa chathair. Bhí dúil mhór aige sa léitheoireacht agus sa seanchas. Phós sé Anna Phádraig Sheáin Risteard Nic Dhonncha ón Aircín, An Aird Thiar, agus bhí deichniúr clainne acu, Mary, Bríd, Bairbre, Mairéad, Eilís, Nóra, Pádraig, Joe, Maitias *q.v* agus Seán *q.v.* Cailleadh iníon eile leo, Celia, agus í ina cailín óg. Bhí cáil an airneáin riamh ar theach Joe Pheaitsín ar an Aill Bháin san Aird Thiar.

1946: 7.7.46

[A] **Johnny (Sheáinín Choilmín)** Fínis, Carna (1907–91). Bhí sé pósta i gCill Chiaráin agus is ann atá sé curtha.

1942: 28.11.42
1943: 14.5.43

[A] **Máire (Sheáinín Choilmín) Nic Dhonncha** Fínis, Carna (1896–1978). Níor phós sí. Tá sí curtha i reilig Mhaírois. Sheol sí litir chuig Mac Aonghusa ar 14.03 1945, ag iarraidh cóip eile de 'An Mharthain Phádraig' agus trumpa béil. Cheannaigh sé an trumpa béil di. 1296: 322, 334.

Amhrán an Dráir CC 017.26
Banks of Carraig na Báine CC 017.001
Banks of Sweet Dundee, The 1280: 233–5
Bean Pháidín CC 017.28
Binsín Luachra, An 1280: 212–13; CC 017.31
Bríd Thómais Mhurcha (Is a Bhideach na gCarad) CC 017.016
Bródach Uí Ghaora 1280: 210–11; CC 017.41
Bróga Cheinnidí 1280: 231–2
Bruach na Carraige Báine 1280: 254–6
Cailleach an Airgid 1280: 209; CC 017.27
Ceallacháin Fionn, An CC 017.019
Cé Bheadh sa Tine Nach nÉireodh? (poirtín) CC 017.42
Coinleach Glas an Fhómhair CC 017.25
Coinnigh do Thóin ar na Driseachaí (poirtín) CC 017.43
Críonach, An Chr– 1280: 265–6; CC 017.48
Dó Dú ó Deighdil ó 1280: 220–1; CC 017.010

Draighneán Donn, An 1280: 236–9, 240–2

Fuililiú mo Mháilín 1280: 203; CC 017.007

Goideadh do Ghé, do Ghé [lena hathair, Seáinín Choilmín q.v.] CC 017.24

Jumpers Dhumhaigh Ithir 1280: 245–6; CC 017.23

Loch na Nia 1280: 206–8; CC 017.009

Lúibín Ó Lú CC 017.37

Maide na bPlandaí (poirtín) CC 017.30

Máire Ghaillimh CC 017.008

Máire Inis Tuirc 1280: 201; CC 017.004

Maitias Ó Máille 1280: 243–4; CC 017.21

Maitias Shadhbh Fheilipe 1280: 249; CC 017.22

Óró a Mhile Grá (Is) (1) CC 017.002; (2) CC 017.003

Óró a Stór, an dTiocfaidh Tú? CC 017.33

Óró Goirim, Goirim Thú CC 017.34

Ó the Tow-ril-ow CC 017.29

Páidín Ó Raifeartaigh 1280: 204; CC 017.006

Peigín Leitir Móir 1280: 202–3; CC 017.005

Rachaidh do Dheaide go Sydney (poirtín) CC 017.20

Sadhbh Ní Bhruinneallaigh CC 017.018

Tabhair Dom do Phóg a Dúirt Colm le Neil (poirtín) CC 017.36

Tadhg an Mhargaidh 1280: 209; CC 017.017

Tá mo Chleamhnas Déanta 1280: 226–8

Were You ever in Galway Bay? 1280: 229–30; CC 017.015

Yankee Doodle 1280: 250

1942: 9.9.42
1943: 7.12.43
1944: 30.6.44
1945: 10, 22.5.45; 1.6.45
1946: 25.6.46

[D] **Máire Nic Dhonncha** (Máire Williamín McDonagh), An Aird Mhóir, Cill Chiaráin. Mary a thugtaí uirthí de ghnáth. Iníon le Williamín *q.v.* Chuaigh sí go Sasana nuair a bhí sí an-óg agus níor tháinig sí abhaile ach cúpla uair ina dhiaidh sin. Phós sí Sasanach. Bhí mac amháin aici. Fuair sí bás i 1990 nuair a bhí sí thart ar cheithre scór bliain d'aois agus tá sí curtha thall.

A Bhídeach na gCarad 1280: 22–3; CC 015.090

Aill Eidhneach, An CC 015.095

Contae Mhaigh Eo (An Toimín Luachra) CC 015.096

Mailsín Chnoic ar Easair 1280: 22–3; CC 015.089

Máire an Chúil Doinn 1280: 22–3; CC 015.092

Ochón Ó! Agus Ní Faoi Sin É 1280: 22–3; CC 015.091

Ó Dheas de Chlaí na Teorann CC 015.094

Trua Gan Mé i Sasanaí CC 015.093

1942: 25.8.42; 3.9.42
1943: 12.5.43

[B]   **Maidhcil,** Maíros. Mac le Joe Nóra *q.v.* Bhí sé pósta le Napa (Nóra) Ní Laidhe. 1946: 28.6.46

[C]   **Maitias,** An Aird Thiar, Carna (1918–2000). Mac le Joe Pheaitsín Sheáin Fhéilim Mac Donncha *q.v.* agus Anna Phádraig Sheáin Risteard Mac Donncha. D'fhreastail sé ar Choláiste Éinde 1932–6 agus oileadh ina mhúinteoir é i gColáiste Phádraig, Droim Conrach. Chaith sé tréimhsí ag múineadh i gCill Chiaráin, An Caladh i mBaile Conaola, Sonnadh sna Creaga, Contae Ros Comáin, Tigh Dá Shonna i mBaile Átha an Rí agus ó 1959–83 i mBaile an Doirín i ndeisceart Chontae na Gaillimhe. Ba é athair Sheosaimh Mhic Dhonncha, iar-Uachtarán Chumann Luthchleas Gael é, agus chaith sé féin blianta mar oifigeach de chuid Choiste C.L.G. Chontae na Gallimhe ó 1960–2000. Bhí sé pósta le Chrissie Ní Dhuinn, nach maireann, ar bhuail sé léi nuair a bhí siad araon ag múineadh ar an gCaladh i mBaile Conaola sna 1940idí.

1945: 22.6.45

1946: 19.7.46

[A]   **Meaigí Sheáinín Choilmín Nic Dhonncha,** Fínis. Fuair sí bás i 1975 in aois a 61. Phós sí Jim Ó Ceoinín *q.v.* agus bhí mac amháin acu. Tá an nóta seo a leanas sa dialann oifige ag Mac Aonghusa: 'Bríd agus Meaigí Nic Dhonncha as Fínis ar cuairt tráthnóna 3.40. Chaitheas tamall ag caint leo agus tamall ag casadh na bplátaí ceoil dóibh. Bhí an-tsult acu astu. Deir siad liom go bhfuil a muintir go maith thiar agus ag cur mo thuairisce.' 11.04.45; 1296: 342.

Scríobh Mac Aonghusa sa dialann san oifig don 23 Eanáir 1946 go raibh 'Mairéad Nic Dhonncha ar cuairt chugam trathnóna agus mé ag socrú léi faoi na hamhráin a dhéarfaidh sí dhúinn i gclár raidió a d'iarr lucht an raidió orainn a dhéanamh'. 1297: 250. Bhí Meaigí ag fanacht ag muintir Thompson, Norrisdale [?], i mBaile an Mhuilinn i mBaile Átha Cliath. Dúirt sí amhráin mar chuid de shraith cláracha raidió faoin gceol traidisiúnta a chuir Seán Ó Súilleabháin agus Séamus Mac Aonghusa i láthair i 1946. Bhí sí ar an tríú clár, a craoladh ar Raidió Éireann 26 Feabhra 1946. *Some recent folk music recordings,* 1377: 66–77.

Scríobh sí an cuntas seo a leanas: 'Nuair a bhí mise ag teacht suas ar an oileán beag sin thiar i gConamara, ní raibh aon chaint ar chéilí ach píosa den oíche a chaitheamh le ceol le cairdín nó feadóg i dteach den bhaile san oíche Dé Domhnaigh. Bhíodh sean agus óg ann agus ní raibh duine amháin sa chruinniú nach raibh in ann amhrán a chasadh nó port a dhamhsa. Go minic, nuair nach mbíodh fear an cheoil sa láthair, bhídís ag damhsa le port béil agus ní bheifeá tuirseach go deo ag éisteacht leothub. Is é an obair is mó a bhí acub sa ngeimhreadh ag déanamh cléibh agus ciseogaí le haghaidh nuair a thiocfadh séasúr iascach. Nuair a bhíodh trá rabharta mhóir ann, bhídís ag baint scadáin gainimh ina iasc úr oícheanta gealaigh. Sin port a raibh cáil mhór air, 'An Rógaire Dubh'. Sa samhradh théidís amach ins na báid mhóra ag iascach ar feadh na seachtaine agus thagaidís abhaile tráthnóna Dé Satharn. Théidís amach aríst tráthnona Dé Domhnaigh dá mbeadh an aimsir seasmhach ach mura mbeadh, d'fhanaidís go maidin Dé Luain. Corrgheimhreadh thagadh píobaire thart a dtugaidís Creachmhaoil air agus d'fhanadh sé ar an oileán ar feadh ráithe an gheimhridh. Duine ar bith a mbeadh pingin aige, tugtaí don phíobaire é.

. . . Ní dheachaigh mo dheaide, go ndéana Dia grásta air, a chodladh ariamh gan amhrán a rá . . .'

An Raibh Tú ag an gCarraig? 1280: 266
Bean an Fhir Rua CC 017.014
Beidh Aonach Amárach CC 017.032
Cailíní Deasa Mhodha Léin 1280: 269–70
Cúnla CC 021.12
Dó Dú ó Deighdil ó 1280: 220–1; CC 017.011
I'd Spread My Mantle For You Young Man 1280: 256
Johnny the Journeyman 1280: 268
(Nach) Deas an Sagairtín É Stór Mo Chroí 1280: 224–5; CC 017.012
Slán agus Beannacht (le Buaireamh an tSaoil) CC 017.049
Tá an fómhar seo i mbliana ag gabháil in aghaidh na mban óg CC 017.035
Tá mo Chleamhnas Déanta CC 017.013

1943: 25.11.43

[E] **Micheál**. Is dóigh gurb é seo Maidhc Chonnolly a raibh cáil na hamhránaíochta air. In aice le tigh Lamb *q.v.*, An Bóthar Buí, An Cheathrú Rua, a bhí sé ina chónaí. Tá nóta i CC 15.029 go raibh sé *c.* 40. Fuair Maidhc Chonnolly bás i 1978. Bhí go leor seanamhrán Béarla aige agus bhí sé ag an Oireachtas i 1957.

Máire Ní Mhongáin (Caoineadh na Baintrí) CC 015.029

1942: 7.8.42

[F] **Micheál** (Shéamuis), ('An Seaimpín'), Roisín na Mainiach. Bhíodh Micheál ag iascach, ag baint ceilpe agus chaith sé seal ag obair ag leagan ráille traenach an Chlocháin *c.* 1894. Phós sé Máire Ní Chlochartaigh as Oileán Bhior. Bhí naonúr clainne acu. Bhí Micheál go maith ag cumadh scéalta agus bhí go leor cleasaíochta aige. Bhásaigh sé i 1955.

Baint dubh as fataí agus baint súilí astu 1073: 10
Leigheas ag Tobar Cholm Cille 1280: 508
Seanfhear a chuaigh faoi scian, An 1131: 32–9

1945: 29.4.45
1946: 21.6.46

[A] muintir **Mhic Dhonncha**, Fínis. Bhí Bríd, nach bhfuil luaite sa dialann taistil, ar cuairt chuig Séamus san oifig i mBaile Átha Cliath ar an 21 Márta 1945 ag iarraidh 'Seacht nDólás na Maighdine' agus 'Caoineadh na dTrí Muire'. Dúirt Mac Aonghusa nár mhór dó iad a scríobh ó Shorcha Ní Ghuairim *q.v.* Bhí Bríd ag fanacht i 75 Ascaill Choill na bhFeá, Raghnallach, Baile Átha Cliath 6. 1296: 328.

Bhí Bríd páirteach sa chlár raidió céanna inar ghlac Meaigí *q.v.* páirt. Rinne Mac Aonghusa tagairt sa dialann don chleachtadh micreafóin le Bríd agus Meaigí agus don ullmhúchán don chlár. 1297: 253, 257.

Meaigí *q.v.*, Máire *q.v.*, Bidí, Johnny *q.v.*, Stiofán *q.v.*, Cóilín *q.v.* agus Peatsaí a bhí sa mhuirín. Dúirt Mac Aonghusa gur thug siad an-chabhair dó. Scríobh sé: 'Bhí mé ag cuartaíocht go minic acu Lúnasa–M. Fómhair 1942 agus cúpla uair arís Samhain–Nollaig 1942. Clann iad a bhfuil dúchas mór ceoil iontu óna sinsear; am ar bith is díomhaoin dóibh ina suí i gcurach ag triall ó bhaile agus ar ais aríst, níl uathu ach píosaí amhráin agus ráiméiseachaí beaga poirt, mar a thugann siad féin orthu. Bíonn ardmheas acu ar dhuine ar bith a chuireas suim ins na poirt agus na hamhráin. Tá siad ina gcónaí ar an taobh thiar thuaidh den oileán i dtigh trí shimléar a bhfuil leacrachaí air. Is ar an oileán a rugadh agus a tógadh iad.' 1296: 322, 334.

Amhrán an Dráir 1280: 247–8
Casadh an tSúgáin nó Sú an Ghráinne Eorna 1280: 218–19
Coinleach Glas an Fhómhair 1280: 215–17 Ceol 25.
Máire Ghaillimh 1280: 258
Óró a Mhíle Grá 1280: 257
Scilléidín Mheairgit [véarsa] 1280: 524

1942: 17, 26.8.42
1945: 10.5.45

[G] **Pádraig Pheaitsín,** Baile Láir, Ros an Mhíl (1891–1982). Duine de sheancheoltóirí Chonamara. Chaith sé tamall i Sasana. Bhí sé 6' 3" ar airde. Bhí naonúr clainne aige. Sheinn sé an fheadóg stáin agus an bosca ceoil. Bhí saol an-chrua aige agus bhí go leor bróin ina shaol. Má bhí bás sa teach ní raibh ceol ann go ceann bliana ina dhiaidh. Sheinn sé i seanstíl Chonamara agus bhíodh sé amuigh ag ceol go minic san oíche. Is dóigh nár sheinn sé fonn mall mar nach bhfaigheadh sé aon chiall as fonn mall gan focal. B'fhearr a bheith ag amhránaíocht, cheap sé, le fonn mall.

Cuaichín Ghleann Néifin CC 015.012
Fáth Mo Bhuartha CC 015.016
Píopa Aindí Mhóir CC 015.01
Tomás Bán Mac Aogáin CC 015.015

1942: 15–17, 21.7.42

[H] **Peait Bhillí,** An Coillín. Fuair sé bás i Meitheamh, 1955. Seanchaí cáiliúil a bhí ann agus bhíodh an t-údar agus an bailitheoir Seán Mac Giollarnáth *q.v.* ag bailiú uaidh.
1944: 9.6.44
1945: 27.6.45

[A] **Seáinín Choilmín,** Fínis, Carna (1869–1954). Bhí a athair pósta le Bairbre Ní Iarnáin. Dúirt Seáinín go raibh a mhuintir le ceithre chéad bliain sa tír agus gur tháinig siad as Gleann in Iar-Chonnachta. Bhí spéis aige in amhráin, scéalta agus i ndamhsa, i ngreann agus i gcuideachta. Théadh sé ag ceol go Roisín na Mainiach, Maínis agus Glinsce. Bhíodh píobairí agus veidhleadóirí go han-mhinic ann, ach tháinig deireadh leis sin thart ar 1890. Thóg sé na hamhráin óna athair agus ó fhear darbh ainm 'Tone an Aircín', ar cumadh amhrán faoi. Bhí Seáinín 25 nuair a phós sé. Bhíodh sé ag seoltóireacht. Bhíodh púcán aige ag iascach le druifí is potaí is eangacha. Nuair a casadh Mac Aonghusa air, bhí sé gaibhte ar na curachaí. Faoi mar a dúirt Seáinín féin: 'Chaith muid in airde na púcáin.' Féach 1280: 297–9.
    Phós sé Máire Ní Chonaola agus bhí naonúr clainne acu. Fuair Máire bás i 1945.

Bhuail mé an doras go teann teann 1280: 259; CC 017.46
Bígí ag Ól (An Craigín) CC 017.40

Bímid ag Ól CC 017.38

Binsín Luachra, An [cuid de] 1280: 214

Bróga Cheinnidí 1280: 231–2

Buachaillín Deas Óg Mé 1280: 222–3

Cailín Deas Donn, An 1280: 272–4; CC 021.1

Cailíní Deasa Mhodha Léin 1280: 275–6

Caitlín Triall 1280: 291–2; CC 021.11

Casadh an tSúgáin [eolas faoi] 1280: 490

Cit an Mhuimhnigh 1280: 300–1

Cóta Mór Stróicthe, An 1280: 251–3; CC 017.45

Cuntas ar a Bheatha 1280: 297–9

Dó Dú ó Deighdil Ó 1280: 220–1

Draighneán Donn, An 1280: 267; 236–9, *(údar)* 242, *(ceathrú eile)* 271; CC 021.6

Éamon an Chnoic 1280: 261–2

Eileanóir na Rún 1280: 259, *[údar]* 295–6; CC 017.39

Goideadh do Ghé do Ghé [in éineacht lena iníon Máire q.v.] CC 017.24

Mary Anne, An 1280: 292–3

Plúirín na mBan Donn Óg 1280: 263–4

Saighdiúirín Singil 1280: 294

Tá Mé i Mo Chodladh 1280: 264

Tá Mé Tinn Fo Mo Chroí 1280: 260; CC 017.47

Tone an Aircín 1280: 204–6; CC 017.44

1942: 28.11.42
1943: 14, 19, 21.5.43; 7.12.43
1944: 1, 17, 20, 30.6.44; 14, 28, 29.7.44; 7.12.44
1945: 10, 11, 13, 14, 22.5.45; 1.6.45; 3, 4, 9.7.45

[C] **Seán 'ac Dhonncha** (Johnny Joe Pheaitsín), An Aird Thiar, Carna (1919–96). Bunmhúinteoir a bhí ann a fuair oiliúint i gColáiste Phádraig i nDroim Conrach. Bhí sé ag múineadh i scoil an Chaisil 1943–7. Ina dhiaidh sin bhí sé ag múineadh in Áth Eascrach, Béal Átha na Sluaighe, ar feadh 25 bliain. Rinne cuid de na tuismitheoirí gearán faoin nGaeilge a bheith chomh mór sin chun tosaigh sa teagasc ach níor ghéill sé. I measc na nduaiseanna a ghnóthaigh sé, fuair sé bonn óir sa chomórtas sean-nóis ag an Oireachtas i 1953. Tá a chuid amhrán le cloisteáil ar lipéid Claddagh, Columbia, Gael-Linn agus Topic.

1943: 8.12.43
1944: 19, 26–28.11.44; 3, 8, 9.12.44
1945: 26.4.45; 7.9.45
1946: 19, 20.6.46; 19.7.46

[I] **Seán Choilm,** An Aird Thoir, Carna (1895–1968). Fuair sé amhráin óna athair. Chuaigh sé chuig scoil na hAirde Thiar. McNally a bhí ar an múinteoir agus Béarla ar fad a bhí sa scoil san am. Phós Seán Bairbre Ní Cheannabháin (Babe Bheag), a fuair bás i 1976 agus í 85 bliain d'aois. Bhí dhá dhuine dhéag clainne acu. Is é an t-amhránaí Dara Bán an tríú duine is óige. Bhí deartháir eile, Cólaí Bán, ann a raibh cáil na na-amhrán air freisin. Fuair Colaí bás i 1976. Bhíodh Seán Choilm seasta ag rá amhrán. Nuair a thagadh sé isteach abhaile i ndiaidh lá oibre, shíneadh sé siar agus bhíodh na hamhráin á rá aige.

A Landlady na Páirte 1280: 391–2
Bean an Fhir Rua 1280: 371–4; CC 018.0011
Casadh an tSúgáin 1280: 385–6
Máire Ní Mhongáin 1280: 389–90
Nóra Ní Chonchúir Bhán 1280: 379–80
Sadhbh Ní Bhruinneallaigh CC 018.013
Sailchuach, An tS– 1280: 383–4; CC 018.008
Seachrán Chearbhaill 1280: 375-8; CC 018.010
Seán Bán 1280: 387–8
Tá Mo Chleamhnas Déanta CC 018.009
Tinc, Tinc, Teatarum CC 021.13

1942: 1, 5, 10, 12.12.42 (14.12.42 nóta)
1943: 22.5.43; 27.5.43; 25.6.43; 10.12.43
1945: 23.6.45; 24, 26, 30.7.45
1946: 18, 22, 23.6.46

[J] **Seán Jeaic**, An Aird Thiar, Carna (1904–1986). Rugadh san Aird Thoir é ach chaith sé an chuid is mó da shaol ina chónaí san Aird Thiar. Chuaigh sé chuig Scoil na hAirde Thiar. Phós sé Máire Ní Uaithnín as an Más agus bhí ceathrar mac acu – Páraic, Johnny, Josie agus Colm. Fuair Máire bás i 1985 agus í 77 bliain d'aois. Chaith sé a shaol ag iascach agus ag feirmeoireacht. Fuair sé a chuid amhrán ó na daoine áitiúla, go háirithe pobal na hAirde Thiar agus na hAirde Thoir. Ghnóthaigh sé duaiseanna ag an Oireachtas agus fuair sé an chéad duais ag gabháil fhoinn ag Oireachtas 1943. Rinne Mac Aonghusa agus Caoimhín Ó Danachair taifeadadh leis (CF 0114) le linn an Oireachtais, 25 Deireadh Fómhair 1945, faoi mar atá luaite sa dialann oifige, 1296: 374

Binsín Luachra, An 1280: 496
Bruach na Carrtha Léith (ceathrú) 1280: 433
Buinneán Buí CC 021.41; CF 0113a, b
Clár Bog Déil (ruainne de) 1280: 432
Róisín Dubh CF 0114
Úna Bhán CC 021.40; CF 0113a, b

1943: 10.12.43
1945: 23.6.45; 30.7.45
1946: 18.6.46

[A] **Stiofán Sheáinín Choilmín**, Fínis, Carna (1911–93). Mac le Seáinín Choilmín *q.v.* Níor phós sé riamh agus tá sé curtha i reilig Mhaínse.
1943: 7.12.43
1944: 30.6.44
1945: 10.5.45
1946: 22.6.46

[I] tigh **Sheáin Choilm,** An Aird Thoir, Carna.
1946: 22.6.46

[D] **Williamín.** Ba é a rinne cónra Éamoin de Búrca *q.v.* Bhí William iontach leis an amhrán 'Contae Mhaigh Eo'. Ba é athair Mháire *q.v.* é
1942: 8.11.42
1944: 22.7.44

Mac Donncha féach **McDonagh / Ó Donncha**

Mac Eachmharcaigh

Mairéad [*recte* Máire?] **Mhic Eachmharcaigh** (Mary Sam) (*née* Wallace), Cró Bheithe, An Clochán Liath. Bhí glór breá cinn aici agus neart amhrán Béarla agus Gaeilge. Bhí seanchas mór agus líofacht Bhéarla agus Ghaeilge aici. B'as Albain a hathair, Sam Wallace, agus bhí sé ina thréadaí amuigh fá Loch Altáin ag tiarna talún éigin. Fuair máthair Mhary bás go hóg agus thóg an t-athair í. Phós Mary fear de mhuintir Mhic Eachmharcaigh agus bhí mac amháin acu, Joe. Fuair Mary bás i 1947 in aois 88 bliain. Théadh Mac Aonghusa chuici leis an bhó a bhleán.

Allen, Larkin and O'Brien 1282: 99–100
Either Stock or Wall 1282: 95–6; CC 020.037
Héisabye Leanbh 1282: 101; CC 020.187

1943: 12.9.43

Mac Eiteagáin

Is dóigh gurb é seo an tAth. Seán Mac Eiteagáin, a oirníodh i 1928, a bhí ina Chanónach agus ina shagart paróiste ar Ghaoth Dobhair.
1943: 29.8.43

McFadden,

John Joe, An Clochán Liath. Dheisíodh sé rothair. Bhíodh garáiste aige ar an gClochán Liath agus i ndeireadh a shaoil bhíodh sé ag taispeáint scannán do dhaoine óga sna hallaí damhsa. Aigesean a bhí an chéad siopa le raidió agus teilifís a dhíol. Fuair sé bás lár na 1980idí. Col ceathrair é do Máire Nic Suibhne *q.v.*
1944: 9.3.44

Mac Fhionnlaoich

[A] **Johnny** (1910–82). Rugadh ar oileán Ghabhla é. Cháiligh sé mar mhúinteoir náisiúnta i 1930. Thosaigh sé ag múineadh i Mín an Chladaigh i 1937 agus d'aistrigh go Cnoc an Stollaire i 1948 agus chun an Bhun Bhig i 1959. Bhí cáil air i ngeall ar an gcaoi a n-ullmhaíodh sé daltaí do scoláireachtaí. Briseadh as ballraíocht Chumann na Múinteoirí Náisiúnta é i ngeall ar é a bheith ag múineadh taobh amuigh d'uaireanta scoile. Múinteoir scoile ba ea a bhean, Eibhlín Ní Bhreisleáin. Bhíodh sé ag scríobh drámaí le haghaidh na bpáistí scoile. Tá cur síos sa leabhar Ó *Rabharta go Mallmhuir* ar a shaol i nGabhla.
1943: 11.8.43

[B] **Manus,** Na Croisbhealaí. B'fhéidir gur de mhuintir Mhic Fhionnlaoich, Baile an Easa, é. Bhí cáil na fidléireachta agus an cheoil orthu.
1943: 7.9.43

Mac Fhlannchaidh

[A] **Angela Gabriel Nic Fhlannchaidh,** Cill Chiaráin. Iníon le hEibhlín *q.v.* agus Tomás *q.v.*
1945: 18.5.45

[A] **Eibhlín Bean Mhic Fhlannchaidh** (*née* Ní Chuaig). Phós sí Tomás *q.v.* sa bhliain 1935. Thagadh Michael Bowles *q.v.*, Fionán Mac Coluim *q.v.*, Colm Ó Lochlainn *q.v.*, Séamus Ó Duilearga *q.v.* agus Liam Mac Coisdeala *q.v.* agus d'fhanaidís sa teach aici. Thugtaí Éamon de Búrca *q.v.* agus daoine eile chuig an teach agus dhéantaí scéalta agus amhráin a thaifeadadh agus a bhailiú ann. Bhíodh tobac ann dóibh agus thugtaí deoch dóibh freisin. Fuair sí bás i 2002.
1942: 14.8.42; 5.12.42

[A] tigh **Mhic Fhlannchaidh**, Cill Chiaráin.
1942: 12.7.42
1943: 13.5.43; 23.6.43; 5.8.43
1944: 1.6.44
1945: 18.5.45

[A] **Tomás** (Tommy Clancy), Cill Chiaráin (1907–84). Fear céile Bhean Mhic Fhlannchaidh *q.v.* B'as Inis Toirbirt ó dhúchas é. Chuir Tomás muileann do chruithneacht ar bun uair amháin in éineacht le fear eile. Bhí an mhuileann seo an-úsáideach le linn aimsir an chogaidh nuair a bhí an plúr gann. Spreag sé daoine san am le barra a chur ag fás iad féin.
1942: 20.8.42; 9.9.42
1943: 10.5.43
1945: 14.5.45

Mac Fhualáin

[A] **Coilmín**, Carna. 'Coilmín an tSáile' a bhí air, mar gurbh as Sáile i Maínis é. Bhí naonúr clainne aige féin agus ag a bhean, Máire *q.v.* as Cill Chiaráin.

Fáinnín Geal an Lae 1280: 435

1944: 4.6.44

[A] [**Máire**] bean **Choilmín** *q.v.* Curraoineach a bhí inti sular phós sí. B'as baile Charna í. Nuair a thagadh Séamus Mac Aonghusa ar cuairt agus ag bailiú, chuireadh bean Choilmín friochtán síos ar an bpointe agus réitíodh sí béile breá dó. Ba chol ceathrair í le Seán Choilm Mac Donncha *q.v.*

Seanfhocal 1280: 505

1944: 17.11.44

[B] **Máirtín Beag**, fíodóir, Loch Conaortha. Deartháir Sheáinín Anna. Fuair sé bás i 1944 agus é 84 bliain d'aois.
1942: 18.8.42

[A] **Maidhcil Choilmín**, Carna (1919–99). Rinne Maidhcil veidheal é féin. Chuaigh sé go Meiriceá an chéad uair i nDeireadh Fómhair 1947 agus níor fhill abhaile go dtí 1967. Níor chas sé an veidheal go ceann deich mbliana tar éis dó dul go Meiriceá. Thug Séamus Mac Aonghusa cuairt air i Meiriceá nuair a bhí Maidhcil ina chónaí in Bellarose, Nua Eabhrac, thart ar 1962–4. Bhí an aimsir te agus shuigh siad taobh amuigh. Bhí slua maith ann, a raibh gaolta, cairde agus ceoltóirí ina measc. Chaith Séamus an lá leo agus bhí ceol á chasadh an lá uilig. Chas Mac Aonghusa féin an phíb agus an fheadóg. Bhí sé ciúin agus nuair a labhair sé, is i nGaeilge a labhair.

Bhí an-áthas go deo ar Mhaidhcil gur tháinig sé ar cuairt. Bhí Maidhcil cairdiúil le Joe Dirrane, Paddy O'Brien agus Paddy Reynolds i Meiriceá agus sheinneadh sé ceol leo.

Barrannaí Móra Chlann Dhonncha CC 018.014
Fuiscí Ó Roundleum Row (port) CC 018.017
Páidín Ó Raifeartaigh CC 018.016
Port Dúbalta [Buachaillí Bhaile Mhic Andáin] CC 018.018
Sean-Ríl (gan ainm) (Drowsie Maggie) CC 018.015

1942: 19.8.42; 12, 14.12.42
1943: 12, 19, 25.5.43; 4, 11.7.43; 14, 18, 21.11.43; 6, 11, 12.12.43
1944: 16.5.44; 1, 3, 4, 11, 17, 18, 27.6.44; 23.11.44; 12, 17.12.44
1945: 5, 17, 19, 21, 31.5.45; 29, 31.7.45; 2.8.45
1946: 16, 20.6.46; 4.7.46

[A]   muintir / tigh Choilmín **Mhic Fhualáin**, Carna.

Cailleachaí Feasa (cúpla píosa fúthu) 1280: 444–5
Rataí an Tí 1280: 445

1942: 30.8.42
1943: 24.7.43; 17.7.43; 25.11.43
1944: 11.6.44; 2, 9, 22, 29.7.44; 17.12.44

[C]   **Pádraig**, An Teach Mór, Indreabhán. Féach de Bhaldraithe 1966, xii. Seo é Pádraig Sheáinín Mac Fhualáin. Níl aon duine de na Seáiníní fanta anois.
      1942: 11.7.42

[D]   **Pete (Peadar)** (Pete Sheáin Pheaits), Both Chuanna, An Spidéal. Scríobh Mac Aonghusa na hamhráin uaidh ar an bportach ar an 9 Iúil 1942. Tuíodóir a bhí ann agus báille ar abhainn an Spidéil do mhuintir Killanin. Bhí sé féin agus a dheirfiúr, Lizzic, ina gcónaí leo féin. Fuair sc bás i ngeall ar thimpiste bóthair.

Amhrán an Phoitín 1280: 9
Amhrán an Speirthe 1280: 4–7; CC 015.004
Amhrán na mBréag (An tAmhrán Bréagach) CC 015.007
Bóithrí Ros an Mhíl (Cois Cuain) 1280: 3–2, 5; CC 015.005
Frank Conaola 1280: 8; CC 015.006
Fuiscí Mister Sloper CC 015.008

1942: 8–10, 12.7.42

[A]   **Seán Choilmín**, Carna. Mac le Coilmín Mac Fhualáin *q.v.*
      1945: 12, 14.6.45

Mac Fhualáin féach **Ó Cualáin**

Mac Gabhann

[A]   **Hiúdaí** (57), Gort an Choirce. Ba bhall é den bhanna ceoil áitiúil. Tá nóta ag Mac Aonghusa go bhfuil píosa mór de chuid ábhar uncail Hiúdaí sa leabhar *Cloich Cheann Fhaolaidh* le Séamus Ó Searcaigh. 1282: 34–5.

an Teampaill, Baile Átha Cliath, áit ar ceapadh é ina chúntóir do stiúrthóirí an Treas Oird, agus ceist na n-easlán agus na sean mar shainchúram air. Aistríodh go hArd Mhuire é i Lúnasa 1982 áit a bhfuil sé curtha. Bhí sé ina shéiplíneach ag Uachtarán na hÉireann S.T. Ó Ceallaigh i 1958.

1944: 5.3.44

McGee   féach **Mac Aoidh**

Mac Gill-Eathain

Calum (1915–60). B'as Ratharsair in Albain é. Bhí Gaeilge na hAlban aige ón gcliabhán. Bhain sé céim sa Léann Ceilteach amach in Ollscoil Dhún Éideann agus scoláireacht go Baile Átha Cliath i 1939. Bhí sé an-chairdiúil le Tomás de Bhaldraithe *q.v.* agus ba é an cairdeas sin a thug go Cois Fharraige é i 1942. Thug sé Gaeilge na háite leis. Bhí sé ina bhailitheoir páirtaimseartha ag Coimisiún Béaloideasa Éireann ó 1942–6. Chaith sé bliain ina léachtóir le Gailge na hAlban i gColáiste na hOllscoile, Baile Átha Cliath. Thosaigh sé ag obair mar chláraitheoir ar ábhar Albanach don Choimisiún i 1945. Ó 1946 go dtí 1950 bhí sé ag bailiú i nGaeltacht na hAlban don Choimisiún. Bhí sé ag bailiú béaloidis do Sgoil Eòlais na h-Alba in Ollscoil Dhún Éideann nuair a bunaíodh í i 1951.

1942: 7–9, 11, 13, 20.7.42

McGinley

Joe. Fear ceilpe a bhí ann. Níorbh as na Rosa é. Bhí sé fostaithe faoi roinn éigin a bhí ag plé le feamainn, slata mara agus eile. Bhíodh sé ag moladh do dhaoine cois trá an fheamainn agus na slata mara a thógáil agus a dhíol. Seans maith gur as ceann d'oileáin Thír Chonaill é, mar shampla Gabhla, áit a raibh an sloinne sin flúirseach.

1944: 17.10.44

McGinlcy   féach **Mac Fhionnlaoich**

Mac Giolla Mháirtín

[A]   **Joeín an Ghabha**, An Aird Thoir, Carna. Bhí sé pósta le Neain Mhic Giolla Mháirtín *q.v.*

1942: 22.8.42

[A]   **Neain Mháire Mhic Giolla Mháirtín,** An Aird Thoir, Carna. Ba í seo seanmháthair Mhichael Mháire Ghabha Uí Cheannabháin agus thug sé amhráin uaithi. Ceannabhánach a bhí inti sular phós sí. Peait Hughie a bhí ar a hathair. Giolla Mháirtín a bhí ar a fear céile, Joeín an Ghabha *q.v.* Bhí ceathrar mac aici, Seán, Máirtín, Joeín (a dtugtaí an leasainm 'Dev' air) agus Pádraig, a raibh drochshláinte aige. Bhí beirt iníonacha aici, Máire agus Bríd. Tugann Mac Aonghusa Gríofach uirthi.

(A Mhaighdean Ghlórmhar Umhal Mhaisiúil) (paidir) 1280: 468
(A Mhaighdean Mhuire Chóirigh Tú Do Leaba) (paidir) 1280: 469
Amhrán an Phríosúin 1280: 472–4
Amhrán na Speile 1280: 469–71
Bó Bhán, An Bh– 1280: 474–5
Caisleán Uí Néill CC 015.079
Caoineadh na Páise 1280: 462–3; CC 021.27
Chuaigh Muid Siar is Aniar na Sráideannaí 1280: 460–1; CC 021.26
Dhá mBeinnse sna Flaithis 1280: 464; CC 021.28

Go mBeannaí Dia Dhuit a Chrois (paidir) 1280: 467
Gréasaí na Sálaí Arda 1280: 21; CC 015.082
Íosa na Fírinne 1280: 457–9; CC 021.25
Luímse ar an Leaba Seo 1280: 466
Nach Cuma Liomsa Féin (óra) Feasta Cé gCaithfear Mé 1280: 465
Paidir Gheal, An Ph– 1280: 467–8
Séamus Mac Mhurcha CC 015.078
Seanduine Cam, An CC 015.081
Taobh ó Thuaidh de Shasana nó Thiar in Iorras Mhór 1280: 475
(Trí Paidreachaí Seacht Chuir Muire dhá Mac) (paidir) 1280: 465
Úna Bhán CC 015.080

1942: 22.8.42
1944: 1, 4, 25, 26, 31.7.44; 19.8.44
1946: 18.6.46

Mac Giolla Phádraig

Brian (Fitz), Cill Éinne. Ba mhac é le Peaitsín Antaine agus Neainín. Phós sé Mary Ann Mullin i 1948. Bhí ceathrar gasúr acu. Is dóigh go mbíodh sé ag obair sa teach ósta sular phós sé. Fuair sé bás Nollaig 1995.
1945: 2–4.9.45

Mac Giollarnáth

[A] **Seán** (1880–1970). Béaloideasaí a bhí ann. Gar do Bhéal Átha na Sluaighe a rugadh é. Chaith sé tamall ag obair sa statseirbhís i Londain áit a raibh sé ag freastal ar ranganna ag Conradh na Gaeilge. Tháinig sé abhaile i 1908. Cháiligh sé ina aturnae i 1920 agus bhí sé ag obair mar bhreitheamh i gConamara. Bhailigh sé béaloideas agus bhí an-spéis aige sa dúlra. Údar *Peadar Chois Fhairrge* (1934), *Loinnir Mac Leabhar agus Sgéalta Gaiscidh Eile* (1936), *Annála Beaga ó Iorras Aithneach* (1941) agus *Mo Dhúthaigh Fhiáin* (1949).
1946: 2.7.46

[A] mac **Sheáin Mhic Giollarnáth** *q.v.* Bhí triúr mac ag Seán Mac Giollarnáth.
1946: 2.7.46

McGonnell

Teresa agus **Agnes**, beirt dheirfiúracha as Sligeach, a d'fhan in Árainn.
1945: 22.8.45

McGowran féach **McGahern**

McGrath

Micheál (1888–1970) agus a bhean, Aggie (Margaret) (1903–81). Bhí Micheál ina chónaí i Lios Dúin Bhearna ar feadh a shaoil. Ba bheairic de chuid an RIC a bhí sa teach tráth agus cheannaigh a sheanathair agus a sheanmháthair é.
1945: 11, 17, 22, 29.9.45

McHugh

[A] **John,** Dumha Acha, Acaill (1877–1952). Saor cloiche agus saoiste ag Bord na nOibreacha Poiblí. Den chuid is mó bhíodh sé ag déanamh droichead. Bhí aon duine dhéag clainne aige – seisear buachaillí agus cúigear cailíní. Bhí amhráin i nGaeilge agus i mBéarla aige. Phéinteáil an t-ealaíontóir Derek Hill John.
1944: 12.8.44

[A]   deirfiúr léi [Róisín]. Bhí sí pósta ag David Coyle *q.v.*
        1946: 14.6.46

Mac Oireachtaigh

[A]   **Michael**, Carna. Bhí siopa grósaera agus earraí tí aige i gCarna. Fuair sé bás i 1961 in aois 62. Tá an siopa ann i gcónaí.
        1944: 12.12.44
        1945: 24.4.45

[A]   muintir **Mhic Oireachtaigh**, Carna. Tá baint acu le cúrsaí trádála sa cheantar ó lár na naoú haoise déag i leith nuair a bhíodh uibheacha agus a leithéid á gcruinniú acu le lasta a thabhairt a fhad leis an traein lena dhíol.
        1944: 6, 17.12.44

Mac Pháidín

Máire Mhór Nic Pháidín. Bhí sí ag tarraingt an phinsin le dhá bhliain déag nuair a casadh Mac Aonghusa uirthi agus bhí sí i bhfad thar na deich is trí scór nuair a fuair sí an pinsean. Rugadh agus tógadh ar an gCaoldroim Uachtarach í. Phós sí Seán Mac Pháidín, a fuair bás i 1935. Duine í den dream a chuaigh in éineacht lena fear thart ar 1886 ar an imirce saor in aisce nó an *Free Emigration* go dtí an Astráil agus faoi mar a scríobh Mac Aonghusa i litir 24 Eanáir 1944, bhí 'scéal crua aici faoin turas sin. Coinníodh ag fuáil agus ag cniotáil fad an bhealaigh í, agus dáil bheag *rice* aici dáltha an chuid eile a bhí ar bord gach aon lá, turas ocrach a déarfainn.' Bhí siad dhá mhí ar bord loinge ag dul anonn. Fuair a fear post thall ag oibreacha ceimice. Bhris an tsláinte air i ngeall ar an obair agus d'fhill siad abhaile i 1898. Bhí seachtar clainne acu. Bhí mac amháin a d'fhan in éineacht léi. Nic Pháidín a bhí uirthi sular phós sí.
Féach 1282: 147–9.

Amhrán Buailteachais 1282: 141–2
(Bhí Mé Lá go Ceolmhar ar Mo Sheol agus Mé i gCionn an Toighe) [ceathrú] 1282: 146; CC 020.013
Carn tSraena CC 020.012
Casadh an tSúgáin [eolas] 1282: 146
Dán an Bháis 1282: 145
Gleannta na Coille Uaigní CC 020.017
I mBarr an Ghleanna 1282: 144–5
Seachrán Sí 1282: 139–40; CC 020.016
Seacht Suáilcí na Maighdine 1282: 143; CC 020.014
Seanduine Liath gan Lúb, An CC 020.015
Seanmhná ag Sníomh is ag Gabháil Ceoil 1282: 146
(Tchífidh tú Gaill dá ndéanamh gan mhoill) (giota) 1282: 142

1944: 21, 22, 24–26.1.44; 2.2.44

Mac Ruairí

[A]   **Cit Nic Ruairí**, Dobhar Íochtarach. Tógadh i nDobhar Láir í.

Crúbach, An Ch– (giota) 1282: 261
Gamhna Geala, Na 1282: 260–1; CC 020.101

1944: 26.3.44

[B] **Róise Nic Ruairí** (? 73) Bean Mhic Ruairí (*née* Ní Dhúgáin), An Fhaiche, An Baile Thoir, Toraigh. Jimí Pháidí Antain a bhí ar a fear céile. Bhí sí ina baintreach faoin am a raibh Mac Aonghusa ag bailiú uaithi. Bhí sí ina haint ag athair Teresa Mhic Claifeartaigh, Pádraig Pháidí Uí Dhúgáin. Bhí sí gartha as binneas a gutha. Bhí urnaithe agus scéalta aici chomh maith. Chaith sí trí mhí i dteach mhuintir Teresa nuair a bhí sise beag agus roinn sí seomra leapa léi. Ba mhinic a bhíodh Róise ag scéalaíocht, ag urnaí agus ag gabháil fhoinn san oíche, ach bhíodh an cailín beag míshásta léi, mar go mbíodh fonn codlata orthu.

A Mháire a Bhruinnill a Bhláith na Finne 1282: 325
Amhrán Bréagach 1282: 318–19
Amhrán Bréagach Eile 1282: 320
Bhí Mé i nDoire 1282: 321
Casadh an tSúgáin 1282: 315–16
Dá mBeadh Lán na Páirce Báine Agam 1282: 317
Dónall Óg 1282: 311–14

1946: 26, 27.5.46

[Mac Seáin]

Páidí Sheáin, An Charraig. Bhí cliú agus cáil ar Pháidí mar iascaire i dTeileann. Bhí bád aige ar a dtugtar geolta. Ba bhád *c.* 27 troigh a bhí ann. B'fheirmeoir beag é agus dhéanadh sé cónraí freisin. Fuair sé bás i mí na Samhna 1958 in aois 79 bliain.
1943: 18.9.43

Mac Siacuis

Risteard (1912–89). I bhFaing, Contae Luimnigh, a rugadh é. Saor cloiche a bhí ina athair. Bhí Risteard an-ghníomhach i gConradh na Gaeilge i gCúige Mumhan. Tá cuntas faoina shaol agus a chuid oibre sa leabhar *Idir Tuile 'gus Trá* uaidh, a foilsíodh i 1988. I 1942 a fuair sé post múinteoireachta lánaimseartha i gCeardscoil Sheanghualann. Bhí se ina rúnaí agus ina bhainisteoir ar Chomarchumann Íde Naofa i bhFaing agus ról lárnach aige i mbunú Choláiste Bhréanainn, an coláiste samhraidh i mBaile an Bhuinneánaigh. Ba é a bhí ina stiúrthóir in Éirinn ar an bhForas Cultúir Gael-Mheiriceánach.
1945: 19.11.45

Mac Suibhne

[A] baintreach **Mhic Suibhne,** Biddy Shéamuis Mhóir, An Airdmhín, Loch an Iúir. Fuair Bidí bás i 1988 in aois 90. Féach muintir Mhic Suibhne.
1944: 23.2.44

[B] **Doulty,** muintir **Doulty (Dhubhaltaigh) Mhic Suibhne** (1882–1953), An Tor, Croithlí. Bhí Doulty pósta le Meairgit *q.v.* Thugtaí Doulty Dominic air freisin.
1944: 2–3.4.44; 20.9.44

[A] **Joe** (Joe Bhraighní Sheáin), An Airdmhín, Loch an Iúir. Phós sé Nóra Doulty Nic Shuibhne. Chuaigh sé chun cónaithe go Glaschú. Agus é ina bhuachaill óg, bhíodh sé ag cabhrú le Mac Aonghusa ina chuid oibre, ag tabhairt eolas an bhealaigh dó agus á threorú ar bhealaí eile.

An tOileán Úr 1282:74–5; CC 020.36

1943: 9, 10.9.43

an obair seo ar feadh tréimhse i mí Iúil 1942 agus scaoileadh leis na bailitheoirí páirtaimseartha. Comhfhreagróir ceistiúcháin a bhí inti.

Céard Fhágfas Tú ag do Mháithrín? CC 015.057
Curachaí na Trá Báine CC 015.047
Dónall Óg CC 015.045
Plúr is Scoth na Féile CC 015.048

1942: 11.8.42
1945: 4, 17.7.45

[A] **Seán Seosamh** (1910–89), Cill Bhreacáin, Ros Muc, deartháir le Monica *q.v.* Cé go raibh teach ósta ag a mhuintir i gCill Bhreacáin, ligeadh as an ngnó. Fonnadóir agus cainteoir líofa ba ea é. Triúr clainne a bhí air féin agus May, a bhean chéile: Anna, Caitlín is Cyril. Bhí ceol ag rith le May freisin. Thug Caitlín is Cyril an ceol leo ó thaobh éicint mar chas Cyril an fheadóg stáin agus cloistear glór Chaitlín go rialta ar an raidió ag rá 'Dónall Óg' chomh maith le bheith ina file, drámadóir is aisteoir le cáil náisiúnta.

Coinleach Glas an Fhómhair CC 015.046

1942: 11.8.42
[A] tigh **Mhaude**, Ros Muc.
1942: 11.8.42

Meagher féach **Ó Meachair**
Meenan féach **Ó Mianáin**
Mhainín féach **Ó Mainín**
Molloy

[A] **Annie** (*née* Connolly), An Caiseal. B'as Inis Leacain ó thus í. Fuair sí bás i 1970 in aois 92 bliain. Teach lóistín a bhí aici a raibh cáil an cheoil air agus chuireadh sí díol breise i gcónaí síos don dinnéar ar fhaitíos go dtiocfadh duine ar bith isteach. Ní raibh glas riamh ar dhoras an tí. Ba í an mháistreás poist í san am. Chaith sí tréimhse i Meiriceá sular phós sí.
1944: 27.11.44

[A] tigh, An Caiseal. B'in an teach lóistín a bhí ag Annie Molloy *q.v.* inar fhan Seán 'ac Dhonncha *q.v.*
1944: 19, 26.11.44
1945: 26.4.45

Moloney

tigh, Dúlainn. Ba é seo an chéad teach ar sheas Séamus Ó Duilearga *q.v.* ann. Tigh Anthony Moloney a bhí ann. B'ann a thugtaí scéalaithe agus ceoltóirí le bualadh leis an Duileargach. Féach Ó hÓgáin in Ó Duilearga 1981, xviii.
1945: 18, 28, 30.9.45

Mongan féach **Ó Mongáin**
Moran

Josie, Thug sé marcaíocht do Mhac Aonghusa ina charr go Cathair na Mart.
1944: 4.9.44.

Moylan

tigh, Joe agus Willie, An Aird Mhóir. Níor phós Willie. Anseo a d'fhaightí an churach ar iasacht in amanna le dul go Fínis.
1945: 11, 14.7.45

Mulgrew

Máire (Máire Jim) (*née* Cafferky), An Mhala Raithní. Bhí sí ag inseacht do Mhac Aonghusa faoin trioblóid a fuair siad ó na póilíní cúnta nó na *auxiliaries* an t-am sin. Rugadh agus tógadh í i Sáile. Óna fear céile a fuair sí na hamhráin. Fíodóir a bhí ann taobh thoir den Mhala Raithní. Chaith sí cúig bliana go leith i Meiriceá. Bhí beirt mhac agus beirt iníonacha aici. D'fhan a mac, Tom, sa bhaile agus d'imigh an chuid eile ar imirce. Níl duine ar bith den sloinne sin fanta sa bhaile fearainn anois. Ba phoblachtánaigh iad.

Bríd 1282: 520–1; CC 014.006
Búrcach, An 1282: 516–17; CC 014.003
Col na Binn 1282: 511–13; CC 014.001
Eochaill 1282: 518; CC 014.004
(In Aois a Sé Déag is ea Fuair Mé Féin Í) 1281: 119
(Maidin Gheal Aoibhinn is Mé ag Siúl Síos Caladh na mBád) 1282: 525–6
Máire Ní Maoleoin 1282: 518
Má Théann Tú Chun An Aonaigh CC 014.007
Péarla an Bhrollaigh Bháin 1282: 514–15; CC 014.002
Sagairtín, An 1282: 519–20
Tá Grá do Mo Dheaidí Agam CC 014.005

1944: 11, 14, 16, 17, 19.8.44; 2.9.44

Mulhern

Mickey, Gort an Choirce. Naonúr clainne a bhí ag tuismitheoirí Mhichíl. Bhí gnó adhlacóra agus tiománaí aige. Bhí sé pósta le Sarah agus bhí mac agus iníon acu. D'aistrigh siad go Baile Átha Cliath thart ar 1960. Fuair sé bás lár na 1970idí. Ba iad muintir Uí Chuireáin a cheannaigh an garáiste uaidh nuair a chuaigh sé go Baile Átha Cliath.
1946: 3.6.46

Mulkerrins   féach Ó Maoilchiaráin

Mulligan

Tom ('T. P.') (1915–84), Corra Creamha. Veidhleadóir agus píobaire ab ea é. Bhí sé ag obair i mBaile Átha Cliath agus bhíodh ceoltóirí seasta isteach is amach sa teach aige. Bhí an-bhaint aige le Club na bPíobairí i mBaile Átha Cliath sna daichidí. Tá an ceol ag clann Tom chomh maith, agus píobaí Mhic Aonghusa, a rinne Brogan, á seinm ag a mhac, Néillidh.
1946: 16.5.46

Mullins

Pat (aois 50–60), St. Monica's, Bóthar na Trá, Gaillimh. Seinnteoir cairdín a bhí ann agus ina athair roimhe. Rugadh agus tógadh é i dTíne, Baile na Cille, Contae na Gaillimhe.

Amhrán Pheadair Bhreathnaigh 1282: 15–16; CC 020.132
Art Ó Ceallaigh 1282: 23–5; CC 020.127
Bríd Óg Ní Mháille CC 020.128
Brídeog Bhéasach 1282: 92–3
Cailín Rua, An 1282: 71–2; CC 020.129
Draighneán Donn, An 1282: 73–4; CC 020.135
Dúlamán na Binne Buí 1282: 32; CC 020.134
Fuígfidh Mise an Baile Seo 1282: 31; CC 020.125
Gráinne Ní Dhoirnín 1282: 90–1
Idir Caiseal agus Fóth 1282: 85–6
Idir Caiseal agus Úrchoill 1282: 88–9
Is Cosúil, a Dheartháir 1282: 94
Má Théid Tú Chun an Aonaigh Bíodh an Caora Leat CC 020.130
Mailí Dheas Bháin 1282: 91–2
Malaí an tSléibhe Bháin (nó *Rachad chun an Phobail Amáireach*) 1282: 87–8
Malaí Shléibhe 1282: 4
Malaí Chroithlí (eolas faoi) 1282: 198
Mánus an Chriongáin CC 020.131
Mo Chúranán (suantraí) 1282: 33; CC 020.124
Muintir Loch an Iúir a Bhainfeadh an tSúil as an Phíobaire 1282: 241
Óró, Londubh Buí 1282: 20–3; CC 020.127
Paddle-um Beag CC 020.133
Sliabh Liag 1282: 17–19
Tá Mo Chleamhnas Dhá Dhéanamh CC 020.137
Tiocfaidh an Samhradh 1282: 13–15

1943: 13, 16–21, 23–27, 31.8.43; 2, 3, 8–13, 20.9.43
1944: 16, 23.1.44; 4, 6, 8, 9, 16–20, 26.2.44; 2, 11, 13.3.44; 2–3.4.44; 25.5.44;
    24–28.9.44; 1, 7, 8.10.44
1946: 18, 19, 20.5.46; 1, 4.6.46

[B] **Feargal** (Feargal Pháidí Óig), Croithlí, Gaoth Dobhair. Bhí sé pósta ar Cissy Shíle
Mhicí as Dobhar Láir. Ba í Síle Mhicí a thug na seanamhráin do chlann Eoin
Éamoin, Dobhar Láir. (Féach Ní Ghallchóir, Cití agus Ní Ghallchóir, Síle.) Chaith
Feargal mórán dá shaol ag dáileadh ola lampaí ar shiopaí sula dtáinig Bord Soláthar
an Leictreachais. Bhí sé mar ghníomhaire ag an comhlacht Shell. Fuair Feargal bás
i 1972 in aois 71 bliain.
1944: 26.3.44; 24.9.44

[C] **Hannah Bhearnaí Uí Bhaoill**, Mín Corrbhaic Íochtarach, Croithlí. B'as Loch Caol
ó dhúchas di. Phós sí Hiúdaí Pháidí Eoghan Mhóir, 'Hiúdaí na dTaibhsí', as Mín
Corrbhaic. Chuaigh siad chun cónaithe go hAlbain agus is cosúil go bhfuil sí féin
agus a fear céile curtha thall.
1944: 1.4.44

[A] **na Baoilligh.** Ba iad seo Donncha Ó Baoill *q.v.* agus a mhuintir, Leitir Catha, Loch
an Iúir.
1944: 28.2.44

[D]   **Niallaí** (Niallaí Pháidí Néillí), Cró na Sealg, An Clochán Liath (1889–1961). Rugadh i bPennsylvania, Meiriceá, é agus tháinig sé féin agus a mhuintir abhaile nuair a bhí sé deich mbliana d'aois. D'fhoghlaim sé ceol agus amhráin óna mháthair, Neansa Nic Suibhne, as Cruit ó dhúchas, ar file é a hathair a raibh tréimhse caite i Meiriceá aige. Thagadh mic léinn a fhad léi as Béal Feirste agus áiteanna eile le hamhráin a chloisteáil. Bhí go leor fidléirí cloiste i Meiriceá aige. Chuaigh sé ar imirce arís go Meiriceá agus phós thall i bPennsylvania. Fuair deartháir le Niallaí, Charlie, bás tar éis a bheith go dona tinn ar an mbád go Meiriceá. Ní raibh sé ach 21.

Bhí aithne ag Mac Aonghusa ar Niallaí sula ndeachaigh an bailitheoir go Tír Chonaill. Scríobh Mac Aonghusa an méid seo a leanas i litir chuig Seán Ó Súilleabháin ar an 14 Márta 1944: 'Casadh dom go minic in mo theach féin sa bhaile é [Niallaí], bhí leatheagla orm aon rud a iarraidh air.' Casadh ar Mhac Aonghusa é lena athair James taobh amuigh de Raidió Éireann i mBaile Átha Cliath (Cartlann Raidió Éireann RE B864).

Bhí an-chaidreamh idir Niallaí féin agus Séamus Mac Aonghusa. Théidís taobh amuigh den teach i gCró na Sealg ag seinm ceoil. Bhí spinc taobh amuigh agus macalla an cheoil le cloisteáil uaidh. Ní raibh crainn ar bith mórán thart an t-am sin. Bhíodh go leor armóine sa cheol acu. Ba mhinic Mac Aonghusa ag teacht nuair a bhíodh Niallaí an-ghnóthach. Chaitheadh Séamus a sheaicéad de agus théidís amach sna garranta ag obair. Bhídís seasta ag cur leaganacha port, faoi mar a bhí siad acu féin, i gcomórtas lena chéile agus bhíodh comórtais eatarthu. Sheinneadh Mac Aonghusa an phíb uilleann agus níor sheinn sé an fhidil tigh Néillí. Seanteach ceann tuí a bhí ann a raibh díon ard air agus fuaimíocht a chruthaigh fuaim iontach. Bhíodh amhráin acu freisin agus Niallaí agus Mac Aonghusa ag malartú amhrán. Théidís go Dún Lúiche ag éisteacht leis na héin le breacadh an lae; shíl Niallaí gur fhuaim uaimhneach a bhí ann. Réitigh Mac Aonghusa go han-mhaith leis an teaghlach ar fad.

Ní raibh aon charr ag Mac Aonghusa agus is dóigh go raibh tacsaí aige ón Chlochán Liath nó go siúladh sé é. Dhéanadh bean Néillí a cuid ime féin agus ghearradh Mac Aonghusa agus d'itheadh sé faoi mar a bheadh píosa cáise é agus d'óladh sé leamhnacht.

D'fhan Niallaí tigh Mhic Aonghusa 25–7 Feabhra 1946 nuair a bhí Séamus ag déanamh taifeadtaí plátaí uaidh don Choimisiún (1297: 266–7). Ghlac Niallaí páirt, in éineacht le Cití Ní Ghallchóir *q.v.*, sa tríú clár de shraith ceithre chlár a craoladh 26 Feabhra 1946. Bhí na cláracha bunaithe ar bhailiúchán Mhic Aonghusa. In éineacht le Caoimhín Ó Danachair, rinne Mac Aonghusa taifeadtaí fuaime ar cheirníní de cheol Néillí i 1945 agus rinne siad taifeadadh de Niallaí in éineacht leis an bhfidléir Laurence Redican i 1946.

Amhrán an Bhocstaí 1282: 283–4; CC 020.084
(Bhí Fear Ann Fadó agus is Fadó Bhí) (rámás beag) 1282: 286
Boys of the Lough, The CF 0121–4
Cailíní an Chéididh 1282: 285; CC 020.081; CF 0095a, b; 0096
Cam na hAolna CF 0121–4
Castlefinn Reel CC 020.183

[B]   [Pádraic] duine de mhuintir Uí Bheirn na Gaillimhe. Thagaidís ag fanacht tigh Mhic Con Iomaire [Ridge *q.v.*] go minic. Seans gurbh é seo Pádraic Ó Beirn (1910–51) a bhí ina dhochtúir sa Spidéal. Ba mhac é leis an Dr Séamus Ó Beirn a bhunaigh an Taidhbhearc agus le hIna Ní Mháille as Béal Átha na mBreac nó Coill Mhíolcon, Mám. Tháinig sé amach ina dhochtúir i 1935 i nGaillimh. Bhí sé ag obair mar dhochtúir i Londain, Inis Bó Finne agus i gCarna sula raibh sé sa Spidéal, 1943–51, áit a bhfuair sé bás.

1944: 4.7.44

[A]   **Peadar** (1900–*c.* 1950), Bealach Bhun Glas, An Charraig. Deartháir é le Máire *q.v.* Ag díol éisc a shaothraíodh Peadar a shlí beatha. Bhí asal agus cairt i dtosach aige agus i gcionn ama cheannaigh sé capaillín agus bhí an-bhród air as. I ngeall ar fhiosrú faoi fhonn do dhráma raidió, rinne Mac Aonghusa cóip den fhonn 'Tiún Thaibhse Chonaill' agus den údar focal ar fhocal mar a fuair sé ó Pheadar iad agus aistriúchán, 6.02.45, 1296: 292.

A Chailín Deas Donn CC 020.158A
Ach go bhFágha Mé Tae CC 020.145
A Neansaí, a Mhíle Grá CC 020.142
Cailíní na Carraige CC 020.156
Cealgadh an Linbh (Humpty Dumpty) 1282: 105; CC 020.148
Cealgadh an tSeanduine i dTeileann ar an Leanbh 1282: 105
Chuaigh Mise Isteach i dTigh an Tórraimh [údar] 1282: 104
Éirí na Gréine (portaireacht bhéil) CC 020.159
Gentle Colleen Rua, The 1282: 117; CC 020.157
Is Cuma Liom 1282: 129
Léidíní na Carraige, Lady-íní na Carraige CC 020.153
Páidín Ó Raifeartaigh (portaireacht bhéil) CC 020.162
Rachaidh Mise Anonn 1282: 106; CC 020.164
Spíonadh Barraí CC 020.152
Tiúin Bháthadh Phroclaisc CC 020.151
Tiúin Bhiddy the Snuff (feadaíl) CC 020.163
Tiúin Píobaire Mháire Bháin 1282: 107; CC 020.143
Tiúin Thaibhse Chonaill 1282: 102–3; *(portaireacht bhéil)* CC 020.160
Tóg do Chionn is Ná Bíodh ort Brón, Is Iomaí Cor san Óige (portaireacht bhéil)
   CC 020.161

1943: 14, 15, 19.9.43

Ó Briain

[A]   **Peadar Sheáin Éadbhard,** Loch Con Aortha, Cill Chiaráin. Rinne a mhac, Tomás, amhrán faoi de Valera *q.v.* in éineacht le leaid eile. Tá an t-amhrán i 1280: 528–9. Bhí athair Pheadair ar dhuine de na daoine ar thóg Jeremiah Curtin scéalta uaidh. Féach Mac Giollarnáth 1936, xvi.

Amhrán an Bhacstaí 1280: 542–3

1945: 30.5.45

[A] beirt dheartháireacha, beirt mhac le Peadar *q.v.* idir Doire Iorrais agus Loch Conaortha. Is dóigh gurbh é Tomás duine den bheirt mhac seo.
1945: 11.6.45

[B] **Tomás (Tyrell)** (Táimín), Cill Éinne. B'uncail é do Mháire Ní Dhireáin *q.v.* deartháir dá mháthair, Máirín *q.v.* Ceathrar deartháireacha a bhí ann – Tomás, Antaine, Máirtín agus Pádraig. Chum sé féin agus a dheartháir Antaine 'Amhrán na Feola'. Chum Tyrell 'Amhrán na Míoltóga', 'Amhrán an *Dole*' agus 'Amhrán an *Chaper*' (faoi fhear ó Chléire). Ba é Taimín ba shine den teaghlach. Bhí sé féin agus a dheartháir Pádraigín in aontíos. Níor phós ceachtar acu. Duine ciúin socair a bhí ann. Fuair sé bás sna seascaidí. Níor fhág sé Árainn riamh. Tá cuntas air in Ó Ciosáin 1989, 223–38.

(Ag Gabháil thrí Pháirc an Teampaill Dom Tráth Deireanach den Déardaoin) 1282: 357–8
Bás, An 1282: 366–7
Bás Sheáin Uí Nia 1282: 372–3
Beairtlín Dhónaill 1282: 377–8; CC 021.50
(Bhí Mise Lá i gCinn Mhara Thall) 1282: 358–60
Caiptín Máille, An 1282: 370–1; CC 021.51
Creathnach Cheann Boirne 1282: 355–6
(Faraor Gear nár Cailleadh Mé an Lá Baistíodh Mé go hÓg) 1282: 362
Gamhna Geala, Na (Bhfuil Sé ina Lá?) 1282: 364–5; CC 021.47
Ri-Rá Ragairne an Óil 1282: 363; CC 021.46
Seanbhád is í Fliuch 1282: 369; CC 021.49
Seanduine Cam, An 1282: 375–7
Seanduine Dóite, An 1282: 367–9; CC 021.48
Trua Sin Mise Lá Fhéile Pádraig 1282: 360–1; CC 021.52

1945: 28.8.45; 1–4, 24.9.45
1946: 1.7.46

O'Brien

[A] **Dr**, Coláiste na Tríonóide. B'fhéidir gurbh é seo Eoghan O'Brien D.S.O, M.A., B.Sc, M.I.C.E.I., M.I.E.E. a bhí ina leasuachtarán ar an Dublin University Engineering Society nó E. O'Brien M.A., L.L.B. a bhí ina bhall den Social Science School Committee i 1942.
1942: 13.9.42

[B] **Pat** ('the Cuckoo'), Dúlainn. Bhí sé os cionn sé troithe ar airde. B'as Inis Oírr a sheanathair. Dhéanadh sé a chuid curach féin. Bhí bád seoil aige ina n-iompraíodh sé móin agus bainbh as Cinn Mhara agus Dúlainn go Conamara. Tá tagairtí dó in Ó Flannagáin 1985, 107–8: 'fear mór curaigh a raibh an oiread aithne air in Árainn is a bhí i Sráid na nIascairí'. Bhí sé ar an gcéad duine a rinne gliomadóireacht sa cheantar agus dhéanadh sé na potaí é féin. I 1945 tháinig boscaí tae i dtír agus roinn sé ar chuile dhuine sa pharóiste é. Bhí sé cairdiúil le Muintir Mac Namara ar leo Óstán an Falls in Inis Díomáin san am. Fear tarrthála a bhí ann. Timpeall 80 a bhí sé nuair a fuair sé bás i 1958.
1945: 18, 23, 28.9.45

((Muise) A Shéamuis Tá Tú ag Tíocht Chugamsa ó Tháinig an Samhradh) 1281: 158–9

A Stiofáin Bhuí Shalach 1281: 189–91; CC 019.074

A Stór Ó, is a Stór Eile 1281: 328–9; CC 019.110

[Athair agus Mac] (cnámhaí scéil) 1281: 346

A Théagaire, ná Tréig Thusa (ceathrú) 1281: 172

Bád an Chaisil 1 1280: 735–7

Bád an Chaisil 2 1280: 738

Bád Dóite Loideáin 1281: 372–4

Bád Pheige Seoighe 1281: 308

Bád Shéamuis Éamoin 1281: 344–5

Baile Uí Bheacháin, Contae an Chláir [rann] 1281: 405

Baile Uí Laoi 1281: 110–11; CC 019.022; CF 0353–66

Bain an Ceann Caol de 1281: 156; CC 019.094

Bainfidh Mise an Caol-tSlaitín Seo 1281: 375; CC 019.121

Báisteach Anuas, An Bh– 1281: 57–8; CC 018.063

Barr an tSléibhe 1281: 73–4; CF 0353–66

Bean Ba Mheasa Liom Beo, An Bh– 1281: 406

Bean Pháidín 1281: 168–9; CC 019.067; CF 0353–66

Beart Slat, An 1281: 140–1

Beidh Aonach Amáireach 1281: 298; CC 019.043

Beirt Amhránaí Ghlinsce 1281: 236

B'fhearr Ligean dó 1281: 239–40; CC 019.008

(Bhain Mise Spreaibín agus Ba Deas an Spreaibín Í) (scéal beag do pháistí) 1281: 129

Bhí Fear ann Fadó (scéal do ghasúir) 1281: 303

Bhí Leathbhord i gCionn tSáile (ruainne) 1281: 418

Bhí Mé Lá ag Gabháil Anoir le hInis Meáin 1281: 352

Bhí Mé Oíche ag Gabháil Faoin gCoill Chraobhaigh 1281: 195–6; CC 019.083

Bhí Mé Oíche Aoibhinn (Tomás Cheannabháin) 1281: 194; CC 019.077

Bhí Mise is Mo Shláimín Adhmaid 1281: 368–9

Bhí Muc ag Daideo 1281:173

Bhuail Mise an Doras go Tláth Tláth 1281: 58; CC 019.003

Bia Rí Ruacan 1281: 357

Binsín Luachra, An 1281: 360–1; CC 019.105

Bó Bhán, An Bh– 1281: 174–5; CC 019.069

Bocaí i Hó 1281: 102–3; CC 019.019

Bod ar Lochta (ráiméis) 1281: 388

Boisín Aoilinn, Boisín Álainn [cluiche do ghasúir] 1281: 153

Bóithrí Ros an Mhíl 1281: 259–60; CC 019.034

Brannelly, Saor Bád féach *An Púcán*

Briathra Chríost ag an Suipéar Deireanach féach *Brisimse an tArán Seo*

Bríd Ní Ghaora 1280: 616; 1281: 255–6; CC 018.040

Bríd Thomáis Mhurcha 1281: 85–6; CC 019.053; CF 0353–66

Brisimse an tArán Seo (Amhrán Beannaithe) 1281: 113; CC 018.047; CC 019.023

Bródach Uí Ghaora 1281: 154; CC 019.064

Bróga [cluiche do ghasúir] 1281: 154
Bromach, An 1281: 75–4; CC 019.060
Bruach na Carrtha Léith 1281: 126–7
Buachaill an Chúil Doinn 1281: 303; CC 019.045
Buinneán Buí 1280: 739–41

Cá (Cé) bhFuair tú an Smigín Seo? 1281: 202
Cáibín Dhónaill Póil 1281: 145–6; CC 019.078
Cailín Deas Crúite na mBó 1281: 244–6; CC 019.014
Cailín Fearúil Fionn, An 1281: 86–7; CC 019.088
Cailíní Chontae an Chláir 1281: 372; CC 019.122
Cailín Lása Shál Roc CC 018.035
Caint bheag ó Cholm féin (cumha air ag éisteacht leis na hamhráin) 1281: 253
Caipín Thomáis Shiúnach 1281: 391
Caisleán Rí Néill 1281: 208–9; CC 019.102
Caitheamh agus Cruas 1281: 311–13
Caithfidh mé Fáirnis a Fháilt ar do Dhream (de Uacht Pháidín Thoirdhealbhaigh)
    1281: 400; CC 019.106
Caitliceach agus Protastún [cuid de] 1281: 263–4
Caoineachán na Maighdine 1281: 133
Caol-Stailín Uasal, An 1281: 389, 417
Capall Sheáin 1281: 124–5; CC 019.028
'*Cá (Cé) Raibh tú Aréir?' arsa an Madra* 1281: 170
Carróigín Sheáin Bhriartaigh 1281: 169–70; CC 019.068
Casadh an tSúgáin féach *An Súisín Bán*
Casúr Sheáin Mhóir 1280: 728–9; CC 019.101
Cathaoir Mac Cába 1281: 207
Cat Mháirtin Uí Éanaí 1280: 721–2
Céad Míle Slán Duit a Leitir a hArd 1281: 185–6
Ceaite na gCuach 1280: 743–5; CC 018.064
Ceallacháin Fionn, An 1281: 241–2; CC 019.011
Ceannabháin Bhána, Na 1281: 112; CC 018.054
Ceann gan Arann 1281: 103–4; CC 018.051
Cé hé Siúd Thuas os Cionn mo Thíse? 1281: 170–1
Céirseach, An Ch– 1280: 753–4
Chaithfeadh sé go dTáinig Neach Chugatsa [míniú] 1281: 356
Chuaigh Pádraig chun an Chlocháin 1281: 338
Chuaigh sé Chomh Crua is Chuaigh Ceol le hAnraí 1280: 717–20
(Chuirfinnse Mo Leanbh a Chodladh) [suantraí] 1281: 156; CC 019.066
Ciste Mhic Uí Cheallaigh 1281: 116–17; CC 019.025
Clár Bog Déil , An 1280: 716; CC 018.052
Clár Geal Mumhan 1281: 93–5
Clear-the-Way, An 1281: 262–3; CC 019.036
Cnogaire, Cnagaire (cluiche do ghasúir) 1281: 152
Codladh [rann] 1281: 422

Codladh, Codladh Púicín 1281: 213

Coiglimse an Tine Seo 1281: 301

Coileán, An 1281: 268; CC 019.039

Coisdealach Mór, An 1280: 726–7; CC 018.053

Colm agus Neil CC 018.036

Colm Ó Caodháin as Glinsce 1281: 160–2

Come and Sit Beside Me Now 1281: 423–4; CC 019.125

Come Butter, Come Butter 1281: 173; CC 019.010

Comhairle faoin Amhránaíocht 1281: 127

Conamara Lasses, The CC 018.028

Contae Mhaigh Eo 1281: 176–7

Cos na Muice Duibhe CC 018.058

Cóta Mór Stróicthe, An 1281: 254–5; CC 019.031

Craigín Gránna 1281: 77; CC 019.080

Críonach, An Chr– 1280: 723–5

Criotán [míniú] 1281: 405

Cúilín Triopallach na Gruaige Báine 1280: 729–30; CC 018.049

Cúimle 1281: 318–19; CC 019.054

Cuir Síos Tine Mhór de Mhóin, a Pheadair 1281: 346

Cúirt an tSrutháin Bhuí 1281: 250–3; CC 019.017, 030; CF 0353–66

Cúirt O'Loughlin [cuid de] 1281: 280; CC 019.042

Cúis Dhá Plé, An Ch– 1281: 320

Cutlash, An 1281: 370

(Dá Laighead Iad na Meáchain) (ruainne) 1281: 77

Déanamh Poitín 1281: 134

((Agus) D'éirigh Mé ar Maidin go dTéinn Chun an Aonaigh Mhóir) 1281: 100

D'éirigh Sochar agus d'ith sé Sochar Bhoinn 1281: 350

Dingle, An 1281: 105–6; CC 019.020

Dó Dú ó Deighdil ó 1281: 75–4; CC 018.043

Dónall na Gréine 1281: 414–17

Dónall Ó Dálaigh 1281: 267–8; CC 019.038

Dónall Óg 1281: 321–3; CC 019.104

Donncha Mór Ó Dálaigh 1281: 280–2

Draighneán Donn, An 1281: 362–4; CC 019.119

(Éadrom deas thart timpeall!) (caint eile faoi im) 1281: 157

Eascainí 1281: 135, 246, 323, 332

Eascainí agus Báthadh Báid 1281: 407–8

Eascainí Naomh Pádraig Trína Chodladh 1281: 420

Ediphone, An tEd– 1281: 233–4

Eileanóir na Rún 1280: 704–10; CC 018.046

Éirigh a Pheadair, a Pheadair CC 018.059

Éirigh i do Shuí, a Bhean an Leanna 1281: 146–7; CF 0353–66

Éirigh Suas, a Bhríd 1281: 337

Páidín Ó Raifeartaigh 1281: 242; CC 019.012

Paidir 1281: 269

Peaca a Rinne Naomh Seosamh 1281: 130–1

Peaitsín Mac Ceallacháin 1281: 149–50, 210–11

Péarla (Breá) Deas an tSléibhe Bháin 1281: 177–8; CC 019.071

Píopa Ainde Mhóir 1281: 206

Pisín Rua Dheas 1281: 385

Plúirín Álainn na mBan Donn Óg [cuid de] 1281: 243; CC 019.013

Pope's Prayer, The (ó ls de chuid Choilm) 1134: 63–4

[Port] (An chéad port a chasadh Colm Ó Lonnáin i gcónaí) 1281: 421; *[Touch Me if You Dare]* CC 019.132

Port 9/8 [Hardiman the Fiddler] CC 019.136

Port 9/8 [Ride a Mile] CC 019.136a

Port an Phláta CC 019.134

Port Dúbalta CC 019.096, 130

Port (gan ainm) [Dublin Lasses] CC 019.133

Port na Giobóige 1280: 394–8, 702–3; CC 018.024; CF 120

Port Phádraig na Corann (ríl) CC 019.131

Púcán, An 1281: 335

Rachad go Ceanúir 1281: 371

Raicín Álainn, An 1281: 271–270; CC 019.041

Ríl CC 019.129

Robhlairín, An (ríl) CC 019.108

Rocks of Bawn, The (port) CC 019.127

Ruidín Beag a d'imigh Uaim CC 019.128

Sadhbh Ní Mhonghaile CC 018.045; CC 019.107

Sadhbh Thomáis 1281: 413; CC 019.126; CF 0353–66

Sagart Ó Dónaill, An 1281: 115–16; CC 019.024

Sailchuach, An tS- 1281: 402–3

Saileog Rua 1281: 118–19; CC 019.026; CF 0353–66

[Scéal faoin Mhaighdean Mhuire] 1281: 131–2

Scéal na nAilleadóirí 1281: 306–7

Scéal Rí Rón 1281: 358

Scéilín Grinn (gáirsiúil) 1281: 350

Sceilpín Draighneach, An 1281: 120–1; CC 019.016; CF 0353–66

Sceilpín Fánach CF 0353–66

Seachrán Sí 1281: 341

Seaicéad Mhicil Mhóir [ó Pheait Bhillí Mac Donncha q.v. le cabhair ó Cholm] 1281: 224–6; CC 019.100

Seán Bacach Ó Guairim 1281: 392–3

Seanbhean Bhocht, An tS- 1281: 351; CC 019.117

Seanbhean Liath, An tS- 1281: 128–9; CC 019.029

Seanbhríste Sheáin (rann) 1281: 422

[Seanchainteanna, leathfhocail, creidiúintí agus míniú] 1281: 114, 133, 135,

[Tomhaiseannaí] 1281: 121, 123, 125, 301–2, 336, 337

Tom Mullouney is Dead 1281: 172

Toomín na Gruaige Báine 1281: 80–1; CC 019.048

Triúr Ban ag Iarraidh Uain ar Fhíodóir 1281: 387–8

Traiseach, An 1281: 107–8

Trua Gan mé i mo Chodladh 1281: 188; CC 019.044

(Trua gan Mé is Mo Stóirín is Teach Mór Againn i Meiriceá) 1281: 122–3; CC 019.027

Trua Sin Mise Lá Fhéile Pádraig 1281: 87–8; CC 019.089

Úna Bhán 1281: 84; CC 019.052

Úna Dheas Ní Nia 1281: 71–2, 212–13; CC 019.079

When Will You Return Again or When Will you Get Married? 1281: 357;
    CC 019.049

Whiskey You're the Devil 1281: 205; CC 019.050

William Reilly 1281: 365–7; CC 019.120

1942: 20.8.42; 9.12.42

1943: 23, 25–27.5.43; 26, 28, 30.6.43; 2, 7, 8, 14–16.7.43; 17, 19–21, 23,
    25–7.7.43; 1–4, 6.8.43; 7, 10, 13, 15, 16, 18, 19, 22–7, 30.11.43; 1, 2, 4, 7,
    9, 14.12.43

1944: 18–20, 22–6, 30, 31.5.44; 2, 3, 5, 6, 8, 9, 12–14, 17, 21, 23, 25, 27–28.6.44;
    1, 3, 5–7.7.44; 15, 16, 20, 22, 26, 27, 31.7.44; 17.8.44; 14, 15, 18–21, 23–6,
    28.11.44; 1, 2, 5–7, 14, 15, 17.12.44

1945: 26, 28, 30.4.45, 1–5, 7–12, 14, 16–19, 23, 24, 26, 28, 29, 31.5.45; 1–5, 7, 8,
    13, 16, 19, 20.6.45; 9, 16, 25–7, 29, 31.7.45; 1, 28.8.45; 4.9.45

1946: 22.5.46; 17, 27.6.46; 2, 3, 5, 6, 8, 11–14.7.46

[A] **Maidhcil Sheáin Pheadair,** Glinsce. Fuair sé bás *c.* 1980.
    1945: 2.6.45

[A] [Bríd] **Uí Chaodháin,** máthair Mhaidhcil *q.v.* (*née* Gannon). B'as Caladh Mhaínse í.
    Bhí sí pósta le Seán Pheadair Ó Caodháin agus ina cónaí i nGlinsce.

Scilléidín Mheairgit 1280: 523–4

1945: 2.6.45

[A] **Máire Ní Chaodháin,** deirfiúr Choilm *q.v.* Phós sí Teaimí Sheáinín Ó Fatharta, Cora
    Beaga, Inis Ní. Nuair a phós siad, chuir sí geall leis go mbuailfeadh sí é ag dul go
    hInis Ní ag siúl. Bhuail sí é le cúpla céad slat. Bhí sí an-mhaith le portaireacht bhéil.
    Bhí sí os cionn ceithre scór nuair a fuair sí bás.
    1944: 31.7.44
    1945: 3, 20.6.45

[A] **Máire Uí Chaodháin** (*née* Nic Con Iomaire) (1875–1947), máthair Choilm *q.v.*
    Rugadh í in Inis Ní. Fuair a fear, Máirtín Thomáis, bás i 1941.

Nár ba liachtaí sop ar an teach ná fáilte romhat 1281: 389

1944: 17.12.44
1945: 26, 28.4.45

[A]	muintir / tigh **Uí Chaodháin**, Glinsce.

[A] muintir / tigh **Uí Chaodháin**, Glinsce.
1944: 15.11.44; 17.12.44
1945: 26, 28.4.45; 30.7.45
1946: 17.6.46

[A] **Neansa Uí Chlochartaigh** deirfiúr Choilm Uí Chaodháin *q.v.* Chaith sí tamall i mBaile Átha Cliath. Phós sí isteach i mBarr na gCrompán áit a ndeachaigh sí chun cónaithe. Chaith sí tréimhse ag obair ag dochtúir in Albain.
1944: 7, 15, 31.7.44; 19.11.44
1945: 19.6.45

[A] **Pádraig**, deartháir Choilm *q.v.* Bhí sé tamall gearr ag obair ar an m*beet* i Sasana. Bhí go leor amhrán aige. Phós sé Sarah Mháirtín Aindriú (Ní Churraoin) agus bhí deichniúr clainne acu – seachtar mac agus triúr iníonacha. Bhí siad ina gcónaí i nDumhaigh Ithir. B'as an Oileán Máisean a muintir. Ba chol ceathrair í le Seosamh Ó hEanaí *q.v.* Fuair Pádraig bás i 1996.
1943: 30.11.43
1944: 14, 23.11.44
1945: 1.5.45

[A] tigh **Uí Chlochartaigh**, Barr na gCrompán, ina raibh Neansa Ní Chaodháin *q.v.* pósta.
1945: 26.4.45

Ó Caola

Seosamh, Carna. Múinteoir scoile a bhí ann. Ní raibh sé ach trí nó ceathair de bhlianta ag múineadh san Aird Thiar. Bhí sé i gColáiste Éinde, Gaillimh, agus ina dhiaidh sin i gColáiste Phádraig, Droim Conrach, Baile Átha Cliath.
1945: 26.7.45

Ó Casaide

S. [Séamus?], Baile Átha Cliath, (1877–1943). Bhí sé ina bhall de Choimisiún Béaloideasa Éireann. Bhí spéis ar leith aige sa cheol agus i 1935 mhol sé go mbunófaí fochoiste le ceist bhailiú an cheoil a scrúdú. Mhol sé go láidir go gceannófaí trealamh le ceol agus amhráin a thaifeadadh i gceart. Bhí sé gníomhach i gConradh na Gaeilge agus spéis faoi leith sa phíobaireacht aige.

S. [Seán?] (1907–2003). Múinteoir a bhí ann a raibh baint aige le múinteoirí a oiliúint. Ceapadh ina chigire ceoil é i 1937 agus bhí sé in iarthar na hÉireann 1941–55. Bhíodh se ina mholtóir ar chomórtais sean-nóis an Oireachtais agus bhí an-bhaint aige le comórtais do chóir.
1942: 22.11.42

Ó Cathasaigh

Pádraig (60) (Pádraig Mhicilín Mhaitiais). Rugadh agus tógadh i Maínis é ach chuaigh sé chun cónaithe go dtí an tOileán Máisean. Chaith sé tamall fada i Meiriceá. Níor phós sé. Fuair sé bás ag deireadh na 1950idí.

D'éirigh mo Mhuintir ar Maidin 1280: 535–6

1945: 4.7.45

Ó Cathasaigh féach **Casey**

Ó Ceallaigh

[A] **Cóil Sheáin Tom**, (*c*. 30), An Trá Bháin, Garmna. Bhí sé pósta le Meaigí Mháirtín Seoighe *q.v.*, Inis Bearachain. Ba mhac é le Seán Tom *q.v.* Bhí mac amháin aige, Pádraig.

Coinleach Glas an Fhómhair 1280: 560–2
Éamon an Chnoic 1280: 562–3; CC 021.38
Pluid Dhorcha Leára 1280: 555–9

1945: 12.7.45

[A] **Seán Tom**, An Trá Bháin, Garmna. Bhí a mhac Cóil *q.v.* pósta le Meaigí Mháirtín Seoighe *q.v.* Bhí aois mhór aige nuair a fuair sé bás.
1945: 18.9.45

[B] **Tomás**. Chabhraigh sé leis an iris *An Stoc* a chur ar bun i 1917. Bhí sé ina Ollamh le hOideachas i gColáiste na hOllscoile, Gaillimh. Fuair sé bás i 1924. Bhain sé cáil amach freisin i ngeall ar an leabhar *Ceol na n-Oileán*, 1931.
1944: 15.11.44

[C] **Tomás**, Ráith, An Mhala Raithní. Rugadh i Ros Toirc é. Scéalta a bhí aige den chuid is mó. Fuair sé bás *c*. 1952. Gaeilge ar fad a bhíodh aige ach go ndeireadh sé an t-amhrán amháin i mBéarla, '*The Rocky Road to Dublin*'.

Cearc agus Coileach 1282: 540–1
Ólaimid Sláinte na nÉan 1282: 541–2
Túirne Mháire 1282: 543

1944: 21, 26, 28.8.44

[Ó Ceallacháin] féach **Callaghan**

Ó Ceannabháin

[A] **Pádraig** (Pat Pheaits Pháidín) (Canavan), An Aird Mhóir, Cill Chiaráin. Fuair sé bás i 1993 agus é 82 bliain d'aois. Píobaire agus fliúiteadóir a bhí ann. D'fhoghlaim sé le ceol a léamh agus d'fhoghlaim an phíobaireacht as leabhar. Bhíodh sé i gcónaí ag cleachtadh. Thosaigh sé mar go raibh athair Shéamuis Mhic Aonghusa cloiste aige ag Feis Charna. Dúirt sé leis féin: '*Well*, tá súil agam nach bhfaighidh mé bás go brách sula mbí mé in ann ceol ar na píobaí sin.' Crowley i gCorcaigh a rinne na píobaí dó i 1940. Ba é James Mulcrone a rinne an fhoireann iomlán. Uair amháin a tháinig Scamus Mac Aonghusa ag bailiú ó Phádraig, bhí páipéar leis ach ní raibh aon pheann aige agus is é an chaoi a raibh sé ag taispeáint na nótaí le biorán. Dé Domhnaigh, théadh Pádraig, Séamus agus Micheál Mac Fhualáin *q.v.* suas ar an gcnocán taobh thiar den teach ag ceol. Tá an nóta seo a leanas sa dialann oifige ag Mac Aonghusa don 6 Feabhra 1945: 'Scríobhas litir go dtí Peait Canavan, An Aird Mhóir, Carna, ag tabhairt seoladh J. McCrone, 10 Glengarriff Parade, N.C.R, Mountjoy, Dublin, dó – fear deasaithe píob, rud d'iarr sé orm i litir.' 1296: 316.

A Bhean an Tí CC 015.060
Focal Gaeilge 1280: 432
Ríl [Ceo na gCnoc] CC 018.076
Seachrán Sí CC 015.059

1943: 1, 6, 8, 9, 12, 22.7.43; 9, 11, 16.11.43; 8, 9.12.43
1944: 14.12.44
1945: 10.7.45
1946: 15.7.46

[C]   agus a **bhean** [Babe]. Bairéadach as Maínis a bhí inti sular phós sí. Bhí sí caillte sular bhásaigh Dudley agus chuaigh seisean chun cónaithe le Seán Ó Cualáin i Maínis.
1945: 10.7.45

[A]   [Josie] fear **Neansa Ní Chaodháin** *q.v.*
1944: 19.11.44

[D]   **Máirtín**, Cill Chiaráin, a bhean, a dheirfiúr agus gasúir Mháirtín. Bhíodh spéis ag Máirtín dul ar an bhfarraige.
1944: 30.11.44
1945: 5.6.45

[C]   muintir / tigh **Chlochartaigh**, (**tigh Learaí**), Sráidbhaile Charna. Ba é Learaí Ó Clochartaigh 'Learaí an Phortaigh', deartháir le Darach, *q.v.*, Maínis, a phós Bríd an Phortaigh agus a chuir an siopa agus an post ar bun i gCarna. 'Na Learaís' a thugtar orthu. Bhíodh go leor oícheanta airneála sa teach. Máirtín Learaí a bhí ar fhear an tí sna 1940idí. Phós sé bean as Inis Eoghain, banaltra, agus bhí sí ag obair i gceantar Charna. Chaitheadh sí oícheanta i bhFínis dá mba rud é go raibh bean le haghaidh páiste. I ngeall ar go raibh teileafón tigh Chlochartaigh sa phost bhíodh an-tarraingt ar an áit. Ní raibh ach trí theileafón san áit, an post (Carna 1), an bheairic (Carna 2) agus Tigh Mhongáin *q.v.* (Carna 3).
1944: 15.5.44; 29.7.44; 6, 17.12.44
1945: 16.5.45; 8.7.45

Ó Coileáin

Conchúir (1911–65). Rugadh i gContae Chorcaí é agus chaith sé tréimhsí ag múineadh i mBaile Átha Cliath, sa Daingean agus i mBaile Thancaird i gContae Chorcaí. Bhí sé ina bhall de Choiste Gnó Chonradh na Gaeilge 1941–3, ina rúnaí oinigh 1942 agus ina ardrúnaí lánaimseartha 1943.
1945: 22.11.45

Ó Conaire

[A]   **Áine Ní Chonaire** (Uí Ghriallais) (Nan Dhonncha), An Aill Bhuí, Ros Muc (1872–1961). Deirfiúr ab ea í do Bheairtle Dhonncha Ó Conaire *q.v.*, Ros Cíde. Bhí sí pósta le Pádraig Antaine Ó Griallais. Chomh maith le seanphaidreacha a bheith aici, b'amhránaí freisin í.
1942: 13.8.42

[A]   **Beairtle Dhonncha**, Ros Cíde (1880–1961) agus a bhean, Ellen (1879–1951). Cé go raibh gabháltas talún aige, b'fhear ceirde ildánach é Beairtle a thug faoi earraí ó chuinneoga go troscán tí go báid a dhéanamh. Ní taobh le ceird amháin a bhí sé, mar ba sheanchaí aitheanta é a raibh tarraingt scoláirí Gaeilge air chomh maith le bheith ina fhonnadóir. Bhí sé in Óglaigh na hÉireann, Ros Muc, roimh Éirí amach na Cásca ach is cosúil nár ghlac sé páirt i gCogadh na Saoirse ina dhiaidh sin ach ba náisiúnach tréan ar feadh a shaoil é cé gur fear ciúin séimh a bhí ann. Ghlac sé páirt i gcláracha ar Raidió Éireann agus tá riar dá sheanchas tógtha síos.

Amhrán an Bháis 1280: 486–7

Amhrán an Phríosúin [eolas faoi] 1280: 489

Draighneán Donn, An [eolas faoi] 1280: 489

1944: 11.12.44

[B]   **Neanach Uí Chonaire** (*née* Ní Mhaoilchiaráin), an Coillín, Carna. Tigh Phádraig Antaine. Bhí cáil ar mhuintir Uí Mhaoilchiaráin le haghaidh amhrán.
1942. 28.11.42

[C]   [Piaras agus Séamus], Turlach Beag, Ros Muc. Beirt mhac Phádraic Óig Uí Chonaire. Scríbhneoir agus aistritheoir as Ros Muc a bhí in Pádraic Óg (1893–1971). Mar gheall ar go bhfuair a athair bpost buan sa státseirbhís i mBaile Átha Cliath i 1930, d'aistrigh Piaras ó Choláiste Iarlatha i dTuaim mar a raibh sé ar scoil go Coláiste Mhuire, Cearnóg Pharnell, agus tharla dó a bheith in aon rang ann le Séamus Mac Aonghusa.
1942: 13.9.42

Ó Conaola

[A]   **Beairtle Beag (Beairtle Shéamuis)**, An Aird Thiar, Carna (1904–70). Phós sé Nóra Ní Mháille as Doire Iorrais. Chaith Beairtle tréimhse ceithre mhí i Sasana. Feirmeoir agus iascaire a bhí ann. Bhí go leor scéalta Fiannaíochta aige maille le stór mór amhrán. Bhí an-cháil ar a athair mar scéalaí. Bhíodh Beairtle ag freastal ar an Oireachtas. Cé go ndúirt sé féin go raibh scéal agus amhrán aige le haghaidh gach uile lá sa bhliain, bhí i bhfad níos mó ná sin aige. Is dóigh gur in oifig an Choimisiúin a rinne Mac Aonghusa taifeadadh ar phlátaí ó Bheairtle i mBaile Átha Cliath ar an 25 Deireadh Fómhair 1945 faoi mar atá scríofa sa dialann oifige aige i 1296: 374. Fear fíorláidir a bhí ann nár lig a neart amach ar aon duine riamh. Bhí cáil na carthanachta agus na cabhrach air agus draíocht ag baint lena ghuth. Ba chuimhin lena mhac, Eddie Bheairtle, Séamus Mac Aonghusa a bheith ar cuairt i scoil na hAirde 1942 nó 1943. Bhí Eddie sa dara rang agus bhí Mac Aonghusa 'tanaí ard agus glór srónach aige. Hata a bhí ar a cheann agus píopa díreach a bhí sé a chaitheamh. Bhí culaith bréidín glas air, rud a thaitnigh linn agus a thug tógáil croí dhúinn ar fad mar bhí a fhios againn fiú ag an aois sin go raibh drochmheas á chaitheamh ar ár ngleasadh nádúrtha féin, is é sin, an bréidín.'

Bainne na nGabhar CC 016.010

Caitliceach is Protastún CC 016.013

Mac Rí in Éirinn CF 0117

Pilí an Cat Bán 1280: 579–80; CC 016.012

Sláinte Chluain Meala 1280: 482–3; CC 021.30

1942: 26.11.42; 2, 4, 6–8, 14.12.42
1944: 22, 30.11.44
1945: 29.4.45; 17.9.45
1946: 24.6.46

[B]   clann na baintrí, Loch Conaortha. Bridget Pheadar Tom Ó Máille a bhí ar an mbaintreach.
1945: 6, 11.6.45

[C] **Maidhc Mhaidhcilín**, Caladh Mháinse. Rugadh é thart ar 1890. Níor phós sé riamh. Táilliúir a bhí ann. Bhí sé bacach.
1945: 25.7.45; 28.8.45

[D] **Máirtín Pheait** ('the Sailor') (1888–1985). Iascaire as Inis Leacain a bhí ann. Ba leis an *St Kerin*, nabaí a bhíodh ag trádáil idir Gaillimh agus Cloch na Rón. Ansin fuair sé inneall díosail de dhéantús Kelvin. 'Two Daddies' a thugtaí ar Mháirtín. Phós sé Mary Woods agus bhí beirt iníonacha agus mac amháin acu – Mary, Nan agus Paddy. Chaith sé a shaol ag obair ar húicéir ó Ghaillimh go hInis Bó Finne, ag iompar eallach agus lón beatha. Fear mór ciúin, grámhar a bhí ann a chreid go raibh saol fada aige i ngeall ar iasc don phríomhchúrsa, prúnaí don iarbhéile agus braon fuisce roimh dul a chodladh dó.
1944: 26.11.44
1945: 3, 21, 23.6.45

[E] **Marcas**, Cora Beaga, Inis Ní. Beirt mhac agus iníon a bhí ag Marcas a bhí pósta le Ann Ward.
1945: 21.6.45

[F] **Stiofán**, Cill Mhuirbhigh (1893–1965). Glacadh in Ord an tSlánaitheora é i Mainistir Naomh Seosamh, Dún Dealgan, i 1917. Oirníodh i Mainistir Phádraig, Eiscear, Baile Átha an Rí, é i 1923.
1943: 14, 19.11.43

Ó Concheanainn

[A] máthair Thaidhg Uí Choncheanainn *q.v.* [Áine], An Spidéal.
1942: 6.7.42

[A] **Tadhg**, An Spidéal (1917–88). Sa Spidéal a rugadh é. Bhí deirfiúr amháin aige. Chuaigh sé ar scoil chuig na hÍosánaigh i nGaillimh. Bhí sé ina phríomhoide ar an gceardscoil i mBaile Brigín. Bhí an-spéis sa bhéaloideas aige agus go háirithe san amhránaíocht ar an sean-nós. Bhí an-mheas aige ar Shéamus Mac Aonghusa agus ar Mháirtín Ó Cadhain. Bhí sé ina chónaí sna Sceirí. Bhí sé an-chairdiúil leis an Dr Pádraig Ó Finneadha *q.v.* agus d'fhan i dteagmháil leis. I dtuairiscí Choimisiún Béaloideasa Éireann, dúradh ag an 29ú cruinniú ar an 15 Bealtaine 1942 go raibh sé i gceist Tadhg a cheapadh ina bhailitheoir lánaimseartha. Bhí údarás chuige sin faighte ón Roinn Oideachais. Thosódh sé ag obair ina cheantar dúchais féin, ón Spidéal siar. Ag breacadh seanchais an cúram is mó a bheadh air. Bhí sé ag obair mar bhailitheoir páirtaimseartha roimhe sin agus an an t-ábhar a chuir sé isteach scríofa go han-chúramach, ach níor éirigh leis an bplean go mbeadh sé ina bhailitheoir lánaimseartha. Ba chomhfhreagróir ceistiuicháin é i 1942.
1942: 5–7, 9, 12, 20.7.42

Ó Conchúir

[A] **Bríd Uí Chonchúir** (*née* Ní Fhlathartaigh), Bean Sheáin Uí Chonchúir. *q.v.* Rugadh í in 1880. An iníon ab óige ag Johnny Sheáin Phádraig agus Bideach Mhicil, An Gleann Mór, An Cillín. Ní raibh sí riamh i gcoláiste oiliúna agus ar dtús bhí sí ag obair mar mhúinteoir neamhoilte i nDaighnis. Ansin chuaigh sí go Cnoc Chathail Óig agus ansin go Scoil na hAirde. Bhí sí an-mhaith le ceol, go háirithe ceol na háite. Maireann a cáil sa réimse seo i gcónaí.
1943: 8.11.43

1944: 16.12.44

1945: 14.6.45; 30.7.45

[A] **Seán,** An Aird Thiar, Carna (1881–1963). B'as Dúráithe, Cill Mheáin, Contae Mhaigh Eo, é. Bhí sé ag múineadh i gCarna agus ina phríomhoide i dTír an Fhia sular tháinig sé mar phríomhoide go Scoil na hAirde i 1912. Bhí sé féin agus a bhean, Bríd Uí Chonchúir *q.v.,* ag múineadh san Aird Thiar.

1942: 18.11.42; 1.12.42

1943: 7, 8.11.43; 10.12.43

1944: 21.6.44; 1, 25, 31.7.44; 22, 29.11.44

1945: 6.6.45

[B] **Seán,** treoraí a bhí ag Mac Aonghusa i Leitir Calaidh.

1942: 25.7.42

Ó Conchúir féach O'Connor

Ó Conláin

[A] **Bean Uí Chonláin,** Baile an Dónalláin (1886–1973). Cáit Ní Choisdeala (Kate Sheáin Tom) a bhí uirthi sular phós sí. B'as Baile an tSagairt í. B'as an Muileann gCearr a fear céile. Timire agus múinteoir Gaeilge a bhí ann. Bhí seisean iontach ceolmhar. Bhí deichniúr clainne acu. Bhí an-mheas ag Kate ar dhaoine aniar agus thaitníodh comhluadar go mór léi. Bhailigh Mac Aonghusa ábhar óna hiníon, Gráinne. Col ceathrair di é an t-amhránaí Tom Pháidín Tom.

Caisleán Uí Néill CC 015.002

Fill, Fill, a Rúin 1280: 9; CC 015.003

Saighdiúirín Singil, An CC 015.001

Séamus Mac Mhurcha (Trua Gan Mé i Mo Fhraochán) CC 015.013

1942: 6, 7, 13.7.42

[A] muintir / tigh **Uí Chonláin.** Tógadh an teach i mBaile an Dónalláin i 1922. Bhíodh lucht foghlamtha na Gaeilge agus Bráithre Críostaí ina measc ag teacht ag fanacht sa teach.

1942: 9, 11, 13.7.42

Ó Connacháin

[A] **Liam (Conaghan),** iriseoir ón *Derry Journal.* Is dóigh gurb é seo Liam Conaghan a bhfuil cuntas air in O'Hanrahan 1982, 67–8. Deirtear san fhoilseachán sin gurbh é seo 'Fear Feasa' ón *Derry Journal.* Rugadh é sa Bhaile Nua, Tír Chonaill, i 1905. Thosaigh sé ag obair mar iriseoir ag an *Derry Journal* i 1923. Scríobh sé an leabhar *Niall Mac Giolla Bhríde* (Baile Átha Cliath, 1938). Bhí cónaí air i Leitir Ceanainn.

1943: 19.9.43

[B] **Páidí Bhidí,** An Tor, Croithlí (1870–1953). Bhí Páidí ar dhuine de na daoine ar bhailigh Alf Sommerfelt ábhar uaidh don leabhar *The Dialect of Torr* (1922) ina ndeir sé: 'Pádraic Mac Connacháin, *44 years of age, born in Torr, where he is living since. He often goes to Scotland. He is a good singer and speaks well . . . He has given me many texts.'* Phós sé i 1900. Bhí deichniúr clainne aige, seisear cailíní agus ceathrar buachaillí. Ba mhinic a chaith sé sé mhí sa bhliain ag obair in Albain. Bhí ceathrar Páidí ar an mbaile, Páidí Bhilly, Páidí Ruaidh, Páidí Hughie agus Páidí Bhidí. Bhí siad an-mhór le chéile. Bhí an ceathrar ábalta damhsa agus ceol. Phós Páidí Bhídí Síle Ní Dhochartaigh nó Síle John Shéamuis Eoin as Machaire Chlochair,

Gaoth Dobhair. Fuair Páidí Bhídí amhráin ó na seandaoine ar an Tor. Tá cuntas ag Mac Aonghusa air i 1282: 225–43

Amhrán an tSionnaigh [eolas faoi] 1282: 184
Amhrán na mBréag 1282: 229
Baile Átha Cliath 1282: 230–1; CC 020.56
Bain an Ceann Caol Dó 1282: 235
Boc Mhánuis 1282: 279–80
Cailín Deas Donn (giota) 1282: 235
Dé Máirt a Rinneadh mo Chleamhnas 1282: 232–4
Gabhar Bán, An 1282: 243–4; CC 020.58
Gamhna Geala, Na (giota) 1282: 242
Is Fada Mo Chosaí Gan Bróga 1282: 236
Liam Buí Mac An Tacáin (rámás) 1282: 237–9
Malaí Shléibhe (ceathrú) 1282: 232
Maoilín Pheaidí Mac Aoidh 1282: 227–9; CC 020.55
Má Tá Mé i Mo Chodladh, Chan Fhuil, Níl Néall 1282: 235
Míniu ar 'máirtíní' agus 'gutties' 1131: 30
Séamus Mac Murchaidh [giota] 1282: 237
Tá Mo Chleamhnas Déanta 1282: 9
Thíos insa Teampall 1282: 225–7; CC 020.54
Tiarna Mhaigh Eo [giota] 1282: 242–3; CC 020.57

1944: 24.2.44; 3, 7, 15, 20, 25.3.44; 2, 3, 5.4.44; 20, 21.9.44; 5.10.44

O'Connor

Ita. Cigire árachas sláinte náisiúnta a bhí ag fanacht ag Mrs Clarke *q.v.* B'as Baile Átha Cliath í.
1944: 11.8.44

O'Connor féach **Ó Conchúir**

Ó Cosgordha

Pádraig (1921–94). B'as an Leathmhás é. I 1948 sheas sé do Chlann na Poblachta san olltoghchán. Bhí sé tréimhse ag múineadh i scoileanna Inis Ní, Loch Con Aortha agus Charna. Bhí sé an-ghníomhach ag iarraidh cabhrú le muintir cheantar Charna. Ghlac sé páirt le hÓstán Charna a chur ar bun agus i gcomharchumann an cheantair a bhunú.
1945: 11.6.45

Ó Cróinín

Donncha (1919–90). As Baile Mhic Íre, Baile Bhuirne, Contae Chorcaí, ab ea é. Ba dhearthár é le Seán Ó Cróinín, an bailitheoir béaloidis. Bhí sé ina mhúinteoir bunscoile i mBaile Átha Cliath ar feadh tréimhse agus ina Ollamh le Gaeilge sa choláiste ullmhúcháin i nDún Chéirí. Rinne sé eagarthóireacht ar chuid de bhailiúchán béaloidis a bhailigh a dhearthár Seán agus atá foilsithe ag Comhairle Bhéaloideas Éireann, *Seanachas Amhlaoibh Í Luínse* (1980), *Seanachas Phádraig Í Chrualaoi* (1982) agus *Seanachas Ó Chairbre* (1985).
1946: 8.6.46

Ó Cualáin

[A]   **Máirtín Pheaits**, An Teach Mór, Indreabhán (1922–). Chaith sé tréimhsí ag obair i mBaile Átha Cliath agus i Sasana. Ba chuimhin le Máirtín Pheaits Mac Aonghusa ag teacht agus léine bhán air. Ó Anna Fheilipe Ní Chualáin a thóg Máirtín an t-amhrán 'Loingseach Bhearna'. Tá cuntas air in Quinn & Mac Con Iomaire 1997, 30–1.

Loingseach Bhearnain CC 015:011

1942: 11.7.42

[B]   **Stiofán** (Stiofán Choilm), Carna. Thug sé cuid den damhsa leis ó Miss O'Malley a bhí ag múineadh damhsa sna scoileanna. Deartháir é le Maidhcil Mac Fhualáin *q.v.* Chuaigh sé ar thuras go hÁrainn i mbád seoil a d'fhág Crompán Charna in éineacht le Séamus Mac Aonghusa agus dream as an áit. Bhí Stiofán ag damhsa ar deic, Séamus ag seinm an cheoil agus an bád ag dul suas síos ar an bhfarraige. Bhí ar Stiofán an rithim agus an *time*áil a choinneáil. Bhí seo deacair agus an fharraige ciúin féin. Tigh Iarnáin, Roisin na Mainiach, rinneadh taifeadadh fuaime de Stiofán ag damhsa ar urlár soimint agus Séamus á thionlacan ar an bhfeadóg stáin. Bhí an teach lán. Múinteoir bunscoile a bhí ann. Bhí sé ag múineadh in Inis Bearachain ar feadh suas le scór bliain. Fuair Stiofán bás i 2003. Tá cuntas air i Quinn & Mac Con Iomaire 1997, 54–5.

1942: 30.8.42

1944: 6.7.44

Ó Cualáin féach **Mac Fhualáin**

[Ó Cuanaigh]

    tigh Mhurcha, Inis Bearachain. Tomás a bhí ar fhear an tí san am. Bhí sé pósta le Bairbre Seoighe *q.v.* Chaith sé tamall i Meiriceá. Deirtear gur as Uíbh Fhailí a tháinig muintir Chuanaigh.

1945: 13.7.45

Ó Cuinneagáin

    Seán. Bhí sé ina shagart paróiste i nGort an Choircc ó 1941–4. Nuair a rinneadh sagart paróiste de, rinneadh go leor oibre ag réiteach suímh do theach pobail nua i nGort an Choirce. Rugadh ar an gCarraig é. Oirníodh é i 1903. Bhí beirt dheartháireacha aige ina sagairt freisin. Bhí sé ina bhall de Choimisiún na Gaeltachta a bunaíodh i 1925 agus a raibh Risteard Ó Maolchatha ina chathaoirleach air.

1944: 26.1.44; 16.2.44

Ó Cuív

    Shán (1875–1940). Bhí spéis ar leith aige i bhfoghraíocht na Gaeilge. Bhí an-taithí aige ar mhúineadh na Gaeilge. Bhí cáil air maidir leis an méid oibre a rinne sé ar son na Gaeilge. B'as Maigh Chromtha é. Bhí sé gníomhach i gConradh na Gaeilge agus baint aige le bunú Choláiste na Mumhan.

1944: 23.1.44

Ó Curraoin

[A]   bean Sheáin Uí Churraoin (Johnny Stiofáin), an bhean a bhí i mbun tí ag Learaí *q.v.*

1945: 12.6.45

[A]   **Learaí** (Learaí Pheaitse) (Learaí Pheait Joe), An Aird Mhóir. Bhí sé ina chónaí i dteach na gcomharsan.

Seachrán Sí CC 021.34

1943: 18, 21, 24.5.43
1944: 22.6.44; 12,13, 20.7.44
1945: 12, 14, 15, 25, 26.6.45; 17, 18.7.45; 2.8.45
1946: 18.7.46

[B]   **Seán Mhicí**, Baile Láir, Ros an Mhíl (1885–1968). Chaith sé tréimhse ag obair ar Scéim na Sionainne in Ard na Croise sna 1920idí. Chaith sé tamall in Albain agus i mBuckinghamshire. Chaitheadh sé trí mhí thall gach bliain 1941–3. Fear mór seanchais a bhí ann. Thug sé go leor scéalta agus seanchais do Chiarán Bairéad, bailitheoir lánaimseartha.

1942: 21.7.42

O'Dea

    Dr Micheál (Micheáilín). Bhí sé cairdiúil le Micheál McGrath *q.v.* Rugadh é in 1897. Bhí sé ina dhochtúir i Lios Dúin Bhearna ó 1931–61.

1945: 11.9.45

Ó Diothcháin

[A]   **Denis** (Donncha), An Baile Thiar, Toraigh. Deartháir le Gráinne *q.v.*, Hughie *q.v.*, Jimmy *q.v.* agus Johnny *q.v.*

1946: 31.5.46

[A]   **Gráinne Ní Dhiothcháin**, An Baile Thiar, Toraigh (1892–1984). Bhí sí ina cúntóir in oifig an phoist i dToraigh agus ba í a bhíodh i mbun an tí ag na deartháireacha Denis *q.v.*, Hughie *q.v.*, Jimmy *q.v.* agus Johnny *q.v.*

Dónall Óg (véarsa) 1282: 311

1946: 20, 21.5.46

[A]   **Hughie** (Aodh), An Baile Thiar, Toraigh (1890–1957). Bhí Hughie iontach dealámhach. B'aige a bhí an chéad lampa *tilly* i dToraigh. Thóg sé báid agus tá bád innill dá chuid ag gabháil i gcónaí ar an mBun Beag. Deartháir le Gráinne *q.v.*, Denis *q.v.*, Jimmy *q.v.* agus Johnny *q.v.*

Fairy Reel (seanchas) 1282: 307

1944: 9, 11, 12, 15, 16.10.44
1946: 20, 24, 27.5.46

[A]   **Jimmy** (Séamus), An Baile Thiar, Toraigh (1887–1970). Bhí cáil mhór ar Jimmy ag péinteáil agus stíl faoi leith aige a thug go leor daoine eile leo. Deartháir le Gráinne *q.v.*, Hughie *q.v.*, Denis *q.v.* agus Johnny *q.v.*

Buachaill ón Éirne 1282: 309–310
Duitse Neansaí Thug mé Fansaí 1282: 332
Go nÉirí na Bruachaí 1282: 333
(Shíl Mé Féin ag Luí Dom Aréir) 1282: 322

1944: 9, 12, 13, 15.10.44

1946: 21, 27, 29.5.46

[A] **Johnny**, (Seán) An Baile Thiar, Toraigh (1895–1970). Amhránaí agus fidléir a bhí ann. Bhí suim mhór ag John sna hamhráin. Dhathaigh sé pictiúir. Deartháir le Gráinne *q.v.*, Hughie *q.v.*, Jimmy *q.v.* agus Denis *q.v.*

1944: 12, 15.10.44

[A] muintir **Uí Dhiothcháin** (muintir Dhonnchaidh Eoin) An Baile Thiar, Toraigh. Bhídís ag ceol trí na tithe i dToraigh. B'iascairí iad agus bhí siad i mbun bhád an phoist. Níor phós duine ar bith acu, seachas Hannah a d'imigh go Meiriceá. Fuair deartháir eile, Pádraig, bás i 1909 i Meiriceá agus é trí bliana agus fiche d'aois. Fuair deirfiúr, Máire, bás óg sa bhaile i 1930. Féach Ó Laoire 2002.

1944: 16.10.44

1946: 20, 22, 25, 31.5.46; 1.6.46

Ó Direáin

[A] **Micheál** ('Wallace'), Cill Éinne, Árainn. 'Maidhcilín' a thugtaí air. Ba é ab óige sa chlann. Cé gur rugadh i gCill Éinne é, b'aint leis i gCill Rónáin a thóg é mar go bhfuair a mháthair bás agus í óg. Chuaigh sé ar ais go Cill Éinne agus phós Máirín *q.v.* Ba é athair Mháire *q.v.* é. Iascaire a bhí ann. Meicneoir gluaisteán a bhí ann freisin agus bhíodh sé ag obair ar an mbád tarrthála. Théadh an bád tarrthála go Dún na Séad agus áiteanna eile. Chabhraigh sé os cionn 137 duine a thabhairt slán ón mbá. Bhíodh sé imithe ó bhaile ar feadh tréimhsí sé seachtaine as a chéile. Fuair sé bás mí Eanáir 1975.

1945: 28.8.45; 1–4.9.45

1946: 30.6.46

[A] **Máire ('Wallace') Ní Dhireáin**, Cill Éinne, iníon Mhichíl *q.v* agus Mháirín *q.v.* Bhí sí ag obair don mhúinteoir scoile Donnelly i gCill Éinne. D'aistrigh an múinteoir go Gaillimh agus chuaigh Máire ag obair in éineacht leis; as sin chuaigh sí go Sasana i 1946 agus phós sí Lesley Arnsby. Chaith sí tamall ag obair ag dochtúir i Learpholl. In Árainn, bhí sí i ndrámaí le Peaitín William Seoighe. Théidís timpeall na tíre ag aisteoireacht. Scríobh Mac Aonghusa an méid seo fúithi: 'an fonnadóir is binne liom thar fhonnadóirí na tíre thiar', 1282: 379. Rinne sé ceirnín uaithi 24 Deireadh Fómhair 1945, 1296: 373. Scríobh sé sa dialann oifige ar an 27 Deireadh Fómhair 1945 gur thug sé féin agus Caoimhín Ó Danachair go Binn Éadair í tráthnóna go bhfeicfeadh sí an áit agus go ndeachaigh siad le Seán Ó Súilleabháin *q.v.* go dtí céilí an Oireachtais istoíche, 1296: 376. Ba chuimhin léi dul tigh Shéamuis Uí Dhuilearga *q.v.* don tae an chéad chuairt seo aici ar Bhaile Átha Cliath. Bhí Mac Aonghusa, Seán Ó Súilleabháin *q.v.* agus Cití Ní Ghallchóir *q.v.* in éineacht léi. Chuaigh siad chuig cluiche iománaíochta i bPáirc an Chrócaigh agus chuig Tithe an Oireachtais. Ghlac sí páirt i Scéim na Scol agus scríobh aistí do Choimisiún Béaloideasa Éireann don scéim sin 1936–8.

Cúirt Bhaile Nua [Tá tagairt gur uaithi a fuair Mac Aonghusa an fonn agus gur óna máthair Máirín Bean Mhichíl Uí Dhireáin q.v. a fuair sé na focail. 1282: 379–81]
CC 021.43; CF 0105a–c, 0107b

Nach (Is) Tusa Mo Rún? CC 021.45; CF 0105a–c, 0107b

Peigí Mistéal CC 021.42; CF 0105a–c, 0107b

Sagart Ó Dónaill, An 1282: 374–5

Siúil, Siúil agus Siúil, a Ghrá (Rún) 1282: 382–4; CC 021.44; CF 0105a–c, 0107b

1945: 15.7.45; 28.8.45; 3.9.45
1946: 29, 30.6.46; 1.7.46

[A] **Máire [Máirín] Bean Mhichíl Uí Dhireáin** *q.v.* (*née* Ní Bhriain), Cill Éinne, Árainn. Boscadóir a bhí inti. Bhí sí pósta le Micheál *q.v.* agus beirt iníonacha acu, Bríd agus Máire *q.v.* Fuair Bríd bás tobann i 1975. Bhí cúigear deartháireacha ag Máirín, a raibh Tomás *q.v.* ar dhuine acu. Fuair sí bás i 1967.

Cúirt Bhaile Nua [Tá tagairt gur uaithi a fuair MacAonghusa na focail agus an fonn óna hiníon Máire q.v. 1282: 379–81.]

1945: 28.8.45; 3.9.45

[A] **tigh Uí Dhireáin,** Cill Éinne, Árainn.
1946: 29, 30.6.46; 1.7.46

Ó Dochartaigh

[A] **Dónall Pháidín,** uncail d'Evelyn *q.v.,* Mín Doire Thoirc, An Dúchoradh.
1944: 25.2.44

[A] **Evelyn Ní Dhochartaigh,** deirfiúr d'fhear Susan Uí Dhochartaigh *q.v.,* Mín Doire Thoirc, An Dúchoradh.
1944: 25.2.44

[B] **Seán** (1896–1976). Rugadh i nDroim Chaorthainn é i gContae Liatroma. Oileadh ina mhúinteoir náisiúnta é i gColáiste Phádraig, Droim Conrach. Tar éis cúpla bliain ag teagasc, bhain sé bunchéim agus iarchéim amach san eolaíocht sa Choláiste Ollscoile, Baile Átha Cliath. Bhí sé ina phríomhoifigeach i gContae Liatroma faoin gcóras gairmoideachais. Ina dhiaidh sin chaith sé tríocha bliain ina Phríomhoifigeach Feidhmiúcháin ag Coiste Gairmoideachais Chontae na Gaillimhe. Bhí an-spéis aige sa Ghaeilge agus sa bhéaloideas agus thacaigh leis an gCumann le Béaloideas Éireann agus le Coimisiún Béaloideasa Éireann. Thug sé aird faoi leith ar ghairmscoileanna na Gaeltachta.
1942: 20.7.42

[A] **Susan Uí Dhochartaigh** (*née* Sharkey), Mín Doire Thoirc, An Dúchoradh. Féach Dónall Pháidín Ó Dochartaigh agus Evelyn Ní Dhochartaigh.
1944: 25.2.44

Ó Domhnaill

[A] **Aodh** (1916–71). As an Aird Thiar, Carna, a mháthair, Ellen Ní Chaola. Ba é Pádraig Rua Ó Domhnaill as Maíros a athair. Rugadh Aodh i Chicago agus tháinig an teaghlach ar ais go hÉirinn agus é ina ghasúr. Bhí sé ag múineadh scoile ar feadh tamaill i scoil na mbuachaillí i gCarna agus ina dhiaidh sin chaith sé suas le 30 bliain i Scoil Mhaínse. Bhí an-spéis aige i gcúrsaí drámaíochta. Ba chomhairleoir contae de chuid Fhianna Fáil a bhí ann. Col ceathracha ab ea Macdara Breathnach *q.v.* agus é féin ó thaobh a mháthar de.
1942: 20, 22.8.42
1943: 21.5.43
1944: 26.6.44

[B] **tigh uí Dhomhnaill,** An Cheathrú Rua. Ba é seo seanoifig an phoist. B'as Ros Muc máthair Mhichíl Uí Dhomhnaill.

1942: 22.7.42

Ó Dónaill

[A] **Brian**, Droim Gealach, Baile Chruaich. Cainteoir dúchais Gaeilge agus scéalaí ab ea é. Chaith sé tréimhsí fada ag obair in Albain. Ba é a thug an chéad chéachta capaill go Baile Chruaich as Albain.

1944: 22.8.44

[B] **Niallaí,** Na hAgalla, Loch an Iúir. Mac le Niall Rua *q.v.* Státseirbhíseach sa Roinn Leasa Shóisialaigh ar an Chlochán Liath a bhí ann. Ba mhinic é féin agus Mac Aonghusa ag dul trasna an phortaigh ag bailiú.

1944: 19, 20, 24, 25.2.44

[B] **Niall Rua**, Na hAgalla, athair Néillidh *q.v.* Thug sé cuidiú mór do Niall Mac Suibhne *q.v.* nuair a bhí se ag aistriú an leabhair *The Red Cloud*. Théadh sé trasna an phortaigh san oíche le *Ediphone* go dtí na bailte fearainn na Brocachaí agus Mín Doire Thoirc in éineacht le Mac Aonghusa. Fuair sé bás i 1988 agus é *c.* 61/62 bliain d'aois.

1944: 25.2.44

Ó Dónalláin

Liúc. Rugadh é *c.* 1918. Sagart a bhí ann. B'as Oméith, Contae Lú, é. Bhailigh sé cuid mhór amhrán agus ceoil sa cheantar agus thaifead sé iad ar ghléas *Ediphone*. Bhí spéis faoi leith aige sna hamhráin i nGaeilge agus bhí spéis aige i gcúrsaí taifeadta agus teicneolaíochta. Chaith sé cuid mhór dá shaol ag obair i Meiriceá.

1944: 11.12.44

Ó Donncha

[A] **Bairbre Ní Dhonncha** (Baba Chití), Barr Roisín, Ros an Mhíl. Bhí sí pósta ag fear a bhíodh ag múineadh Gaeilge sna coláistí samhraidh.

1942: 17.7.42

[B] clann **Bheairtle Uí Dhonncha**, Cora na gCapall, Cill Chiaráin. Féach Maidhcil agus Vail Bheairtle Ó Donncha.

1942: 17–19.11.42

1943: 11, 18, 24.5.43; 23.6.43; 12.11.43

1944: 27.7.44

1945: 5, 7.7.45

1946: 17.7.46

[B] [Winnie] **Ní Dhonncha**, deirfiúr Vail *q.v.* agus Mhaidhcil *q.v.*, Cora na gCapall, Cill Chiaráin. Ba dhamhsóir maith a bhí ina fear, Pádraig Mhaidhc Ó Maoilchiaráin. Bhí siad ina gcónaí i gCora na gCapall.

1943: 12.11.43

[B] **Maidhcil (Micheál) Bheairtle** (*c.* 1902–79) dearthair do Vail *q.v.* agus do Winnie *q.v.* Leathdhuine cúpla a bhí ann. Fuair a dhearthair, Tomás, bás agus é cúig nó sé bliana d'aois. Chuaigh Maidhcil go Sasana tús na 1960idí agus bhí sé ag obair ar láithreacha tógála. Cé go dtug sé corrchuairt ar an mbaile, is i Sasana a chaith sé an chuid is mó dá shaol ina dhiaidh sin. Chum sé 'Amhrán an *Steamer*', 'Amhrán an Frog' agus 'Amhrán Fhornais'.

Amhrán Mhaitiais (ceathrú) 1280: 127

Bainne Dhubh na Féile 1280: 83–4

Ceaití an Chúil Chraobhaigh 1280: 122–3

Sceilpín Droighneach, An 1280: 124–6

Spailpín Fánach, An [ceathrú] 1280: 16

Stink, Stink Steó 1280: 82

Teorainn Aibhne Móire 1280: 140–1

Tomás Ó Ceannabháin 1280: 87-8

1942: 2.9.42; 12, 13.11.42
1943: 12.11.43
1946: 17.7.46

[C] **Micheál Styke**, (*c.*70), Bealach an Chaisleáin, Dúlainn. Bhí sé ina thréadaí ag Mick Nagle a raibh triúr tréadaithe aige. Bhí luach bó, gairdín maith agus oiread portaigh agus a bhí uaidh aige. Seans nach raibh mórán airgid aige. Damhsóir iontach ab ea é. Cainteoir dúchais Gaeilge ab ea é agus bhí an-chuid scéalta aige. Bhí sé ar dhuine de na daoine ar bhailigh an canúineolaí Heinrich Wagner ábhar uathu agus é i mbun atlas agus suirbhé de chanúintí na Gaeilge a chur le chéile.

Céad Slán Don Uair a Bhí Bean Agam 1282: 394

Mairnéalach Loinge, An 1282: 393–4

Sláinte na nÉanlaithe (smut) 1282: 395

1945: 28.9.45

[B] **Vail Bheairtle**, Cora na gCapall, Cill Chiaráin, (1898–1981). Deartháir do Mhaidhcil *q.v.* agus Winnie *q.v.* Ba í Bríd Thomáis Phádraig a mháthair (*née* Ní Cheannabháin). Óna athair, a mháthair agus seandaoine thart a fuair sé na hamhráin. Chaith sé tamall ag obair ar phortaigh Chill Dara, faoi scéim a bhí á rith ag an mBord Forbartha Móna. Ghnóthaigh sé bonn óir i gcomórtas amhránaíochta an Oireachtais i 1951. Chum sé 'Seoighigh Inis Bearachain'. Thug iníon a dheirféar Bríd aire do Vail nuair a bhí an tsláinte ag teip air. Tá Vail curtha i reilig Chill Chiaráin.

Amhrán an Chogaidh 1280: 448–9

Amhrán an Stróinse 1280: 128–30

Amhrán an Taibhse 1280: 447

Amhrán Chill Déar 1280: 539–40

Amhrán Mhaitiais (ceathrú eile) 1280: 448

Amhrán na Jumpers (Na Voters) 1280: 612–13 *[Níl sé iomlán soiléir ar ó Vail nó ó Sheán Ó Gaora é seo.]*

Amhrán Shéamuis 1280: 120–21

Bean Dubh an Ghleanna 1280: 540–2

Buinneán Buí, An 1280: 117–19; CC 015.086

Cailín Deas Crúite na mBó 1280: 135–7; CC 015.084

Caoineadh na Páise CC 021.36

Coinleach Glas an Fhómhair 1280: 131–2

Doirí Bhriain féach *Torthaí Bhriain*

426

Dónall Ó Dálaigh   1280: 592–3; CC 018.072

Éinín Druideoige, An tÉ-   CC 021.37

Gamhna Geala, Na   CC 015.085

Gloria Naofa   CC 021.35

(Is Éard é an Fear Fiúntach is Ní Féidir é a Shéanadh)   1280: 591

Malaí Ní Maoileoin   1280: 609–11

Ólfaidh Muid Sláinte na nÉanlaith   1280: 119; 1280: 593; CC 018.071

Shíl Mise Aréir   1280: 133–4

Spailpín Fánach, An [ceathrú]   1280: 16

Tá Ceird ar a Lámha Nach Féidir a Shárú (ceathrú)   1280: 121

Tá Cogadh ar Inis Éilge   1280: 89–90

Tadhg Buí   1280: 85–6; CC 015.083

Taimín Iorrais Mhóir   1280: 138–9

Tomás Mac Ceannabháin   CC 015.087

Torthaí Braoin   1280: 80–2; CC 018.065

1942: 1, 2.9.42; 12, 13.11.42
1943: 11, 18, 24.5.43; 12.11.43
1944: 9.6.44
1946: 17.7.46

Ó Donncha   féach **Mac Donncha**

O'Donnell

Miss.   Bean chniotála a bhí i Ros Muc. B'as Gaoth Dobhair í. Mhúin sí cniotáil sa Choláiste *Tin* (Coláiste Cuimhneacháin an Phiarsaigh) do chailíní óga na háite faoi scéim rialtais. Bhí sí ar lóistín tigh Nóra Uí Mhainín *q.v.*, an teach céanna leis an mbailitheoir féin. Níor chaith sí ach cúpla bliain san áit.

1942: 9.8.42

O'Donnell   féach **Ó Domhnaill / Ó Dónaill**

Ó Droighneáin

[A]   **Máirtín** (1916–82). Dornálaí gairmiúil trom-mheáchain as an Spidéal a bhí ann. Fuair sé an bua ar líon mór seaimpíní dornálaíochta. Ba í an troid in aghaidh Woodcock *q.v.* an ceann ba cháiliúla. Ina dhiaidh sin cheannaigh Máirtín an teach tábhairne 'An Droighneán Donn' sa Spidéal.

1945: 24.8.45

[B]   **Micheál** (1889–1964). Rugadh é sa Tuar Beag, taobh thiar den Spidéal. Pearsa an-tábhachtach ab ea é i ngluaiseacht na Gaeilge agus na Gaeltachta thiar. Bhí sé gníomhach i gConradh na Gaeilge. Bhí sé i ngéibheann i bhFrongoch i ndiaidh 1916. Bhí sé ar dhuine de phríomhbhunaitheoirí Choláiste Mhic Phiarais i nGaillimh. Ghlac sé páirt i gCogadh na Saoirse. Scríbhneoir agus aisteoir a bhí ann. Bhí sé ar dhuine de na daoine a bhunaigh an páipéar *Amárach*. D'aistrigh sé drámaí go Gaeilge ar a raibh cinn leis an mBantiarna Gregory. Ba mhúinteoir scoile sna Forbacha a bhí ann.

1942: 6, 9.7.42

[? Ó Duacháin]

Páidí Antain, Toraigh. Iascaire a bhí ann agus bhí sé thart ar thrí scór i 1946. Bhailigh Seán Ó hEochaidh *q.v.* ábhar uaidh.

Tiarna Mhaigh Eo 1282: 323–4

1946: 27.5.46

Ó Dubháin

[A] bean **Sonaí Joe Uí Dhubháin** *q.v.* [Mairéad] (*née* Ní Chonaola), Caladh Mhaínse. B'as Cill Éinne ó dhúchas í.
1945: 28.8.45

[A] **Joeín Joe** (Seosamh), Caladh Mhaínse, Carna. Deartháir le Sonaí Joe *q.v.* Cainteoirí breátha a bhí ann féin agus a dheartháir agus bhí an-luí acu le ceol agus damhsa.

A Bhean an Tí 1280: 519; CC 021.31
Amhrán Chaladh Mhaínse 1280: 520
Bainis an tSliáin Mhóir 1280: 516–18
Cailín Deas Crúite na mBó 1280: 514–16
Gleannta Buí Árann 1280: 521–2
Gleannta, Na CC 021.32

1945: 5, 9.6.45

[A] **Sonaí Joe**, Caladh Mhaínse, deartháir le Joeín Joe *q.v.*. Bhí sé pósta le Mairéad *q.v.* Bhíodh sé ag cur beithíoch go hÁrainn agus casadh Máire air ann. Bhí damhsaí, ceol agus amhráin aige. Is é Sonaí athair Shéamuis Uí Dhubháin a bhfuil cáil mar dhamhsóir air.
1945: 28.8.45

Ó Dufaigh

[A] muintir **Uí Dhufaigh**, An Airdmhín, Loch an Iúir.
1944: 14.9.44

[B] **Niall** (1874–1961). Cuireadh a mhuintir as seilbh i nGartán agus chuaigh a athair, Cathal, le báicéireacht i nGort an Choirce. Bhíodh Niall ag cabhrú lena athair agus níor chaith sé ach tamall gearr ar scoil. Scéalaí a bhí ann. Ba í Neilí Ní Dhúgáin as Cloich Chionnaola a mháthair. Chaith sé tréimhsí in Albain. Múinteoir báicéireachta sa Parkhead Boys' Reformatory i nGlaschú a bhí ann. Tháinig sé abhaile i 1939 nuair a dúnadh an áit. Fidléir a bhí ann. Bhí líofacht iontach cainte aige i mBearla agus i nGaeilge. Chónaigh sé féin agus a dheirfiúr ag taobh theach Néilí Nic Aoidh *q.v.* Ba é a huncail é.

A Bhean Údaí Thall 1282: 10–12

1943: 13, 26, 29, 30, 31.8.43
1944: 18, 21, 25, 28.1.44; 15.2.44

[A] **Peig Ní Dhufaigh** (Peig Thomáis Fheilimí), An Airdmhín, Loch an Iúir. B'iníon í le Tomás Fheilimí agus Máire (Fheargail) Ní Ghallchóir ó Leitir Catha. Bhí aon duine dhéag clainne acu: Hiúdaí, a phós Neilí Nic Ruairí; Bidí, a phós Páidí Duncaí Ó Baoill *q.v.*; Anna, a phós Jimí Mac Suibhne, Mín Corrbhaic; Mary, a phós Páidí Dónaill, Loch an Iúir; Neilí, a phós Frank (Dónall Tharlaigh) Ó Baoill, Loch an Iúir;

Peigí; Páidí; Feilimí; Tom; Lizzie, a bhí pósta ar an Mháistir Niall Mac Suibhne, *q.v.*, Mín na Mánrach. Bhí Peigí dall ó bhí sí trí bliana d'aois. B'aintín í do Dinny Pháidí Duncaí *q.v.* Ainneoin go raibh sí dall, bhí sí ábalta obair tí a dhéanamh. Bhí ardmheas uirthi mar sheanchaí. Fuair sí amhráin óna máthair. Bhíodh sí ag déanamh aráin, ag cniotáil lámhainní agus stocaí agus bhí an-cháil uirthi maidir le sáil a chur sna stocaí. Fuair sí bás i 1963.

A Mhaoil tá mo Ghailí (?) [Mholadh] Leat 1282: 210 11, CC 020.044
A Mhuirnín Díleas is Álainn Ó! CC 020.041
A Nansóg Cérbh Ansa Leat 1282: 263–4
A Pheigí Bheag Dheas 1282: 74–5
Bó Bhán, An Bh– 1282: 266
Cailín Fearúil Fionn 1282: 7
Casadh an tSúgáin (giota) 1282: 81
(Conchúir Díleas Druid Aníos Liom) (giota) 1282: 209
Dálaigh agus na Búrcaigh, Na 1282: 208–9; CC 020.043
Dán an Toir (giota) 1282: 202
Dubh Díleas, An 1282: 79–81
Éan Bocht Scoite Mé le Fada 1282: 264–5
Fadach Teinidh le Loch 1282: 205–8; CC 020.042
Gol na dTrí Muire 1282: 203–4; CC 020.040
(Má Phósann Tú an Táilliúir, Ní Bheidh Agat Féin Fear) 1282: 205
Má Tá Mé i mo Chodladh, Chan Fhuil, Níl Néal 1282: 211; CC 020.045
Muineál Buí, An 1282: 77–9; CC 020.191
My Match is Made 1282: 8
Ólfaimid Sláinte na nÉanlaithe 1282: 76–7; CC 020.188
Príosún Leifir (cuid de) 1282: 262–3
Rachad Chun an Phobail Amárach CC 020.189
(Sliabh Sneachta Nach Aoibhinn Duit ag Éirí ar Maidin) (giota) 1282: 212
Suantraí 1282: 212
(Tá an Oíche Seo ag Sioc is tá an Ghaoth i nDroch-Ard) (giota) 1282: 210
Tá Mo Leanbh Agamsa CC 020.039
Vailintín Uí Dhuibhir 1282: 82–3; CC 020.190

1943: 3, 8.9.43
1944: 17, 21, 28.2.44; 1, 6.3.44; 4.4.44; 14.9.44

[A] **Tomás Fheidhlimí**, An Airdmhín, Loch an Iúir. Ba é athair Pheig Ní Dhufaigh *q.v.* é. Bhí an-seanchas aige. Bhí ochtar clainne aige. Fuair sé bás i 1929.
1944: 4.4.44

Ó Dúgáin

[A] **John Shéamuis John** (Seán Shéamuis Ó Dúgáin) (62), An Baile Thoir, Toraigh. Bhí cáil na n-amhrán agus an cheoil air. Féach Ó Laoire 2002, 126, 333.

Clár Bog Déil, An 1282: 347–8
Gol na dTrí Muire 1282: 349
Mairnéalach Loinge Mé 1282: 346–7

1946: 27, 30.5.46

[B]   **Máire Shiobháin Uí Dhúgáin**, Bun an Bhaic, bruach thoir Loch an Iúir. Phós sí Micheál Ó Dúgáin as Mullach Duibh (Micheál Bheairtlí). Bhí ceol, amhráin agus neart seanchais aici. Fuair sí bás i 1947 in aois 80 bliain. Bhí an t-ábhar a bhailigh Mac Aonghusa faighte aici os cionn trí scór bliain roimhe sin ó aint léi i mBun an Bhaic. Ceantar mór seanchais ba ea Bun an Bhaic.

A Mhásaí Buí 1282: 221–2
(Bhí Mé Lá ag Gabháil Chun na Coille Craobhaí) 1282: 219–20
Cailín Deas Donn, An 1282: 218–19
Is Duitse a Nansaí, a Thug Mé Fansaí 1282: 220–1
(Is Iad Cuid Baoilligh Loch an Iúir) 1282: 222–3
Maidin Fómhair nó Fór-Choill (.i. Eochaill) 1282: 216–17
Réice Chaire Triail (sic) 1282: 213–14
Sagart Ó Dónaill (giota) 1282: 222
Seán Dubh Shearlaí Chóil (giotaí) 1282: 224

1944: 2, 23, 28.3.44
[C]   muintir **Uí Dhúgáin**, Cruach Phádraig.
1944: 18.9.44
[D]   muintir **Uí Dhúgáin**, An Fál Carrach.
1944: 16.10.44
[E]   **Róis** (Róise John). Bhí sí i dteach mhuintir Mhic Suibhne, Loch an Iúir, sna cnoic. Ba í Róis máthair Bhidí Shéamuis Mhóir agus b'as ceantar Anagaire í. Phós Róise Séamus Mór, Bun an Bhaic, agus maraíodh mac leo, Séamus Óg, sa chogadh mór 1914–18. Ba í máthair mhór Joe Mhic Suibhne *q.v.* í.
1943: 9.9.43

Ó Duilearga

Séamus (James Hamilton Delargy) (1899–1980). Nuair a bunaíodh Coimisiún Béaloideasa Éireann i 1935, ceapadh an Duileargach ina Stiúrthóir Oinigh. I gContae Aontroma a rugadh é. Tháinig sé go Baile Átha Cliath áit ar bhain sé céim sa Léann Ceilteach amach. Bhí dlúthbhaint aige le bunú an Chumainn le Béaloideas Éireann agus bhí sé mar eagarthóir ar *Béaloideas*, iris an Chumainn, go dtí 1970. Bhí sé ina Ollamh le Béaloideas Éireann gur éirigh sé as i 1969. Is iad na leabhair is mó cáil a chuir sé ar fáil: *Irish Folktales* (1942), *The Gaelic Storyteller* (1945), *Leabhar Sheáin Í Chonaill* (1948) agus *Seanchas ón Oileán Tiar* (1956).
1942: 6, 8.7.42; 19.8.42
1943: 10, 14.5.43; 16.8.43; 22.11.43
1944: 29–31.5.44; 1, 2, 7.6.44; 28, 29.8.44
1945: 27.4.45; 10, 15, 21, 23.5.45; 11, 14, 18, 27.9.45
1946: 18, 19.7.46

Ó Fatharta féach **Ó Caodháin**
Ó Finneadha

Pádraig (1913–86), An Lochán Beag, Indreabhán. Cháiligh sé ina dhochtúir i gColáiste na hOllscoile, Gaillimh, i 1938. Bhí sé ina Oifigeach Leighis do cheantar Charna ar feadh tamaill agus ag obair i mBaile Átha Cliath ina dhiaidh sin. Chaith sé tréimhse ag obair sa Nigéir mar dhochtúir misin le Misinéirí Leighis Mhuire. Bhí sé ag obair in ospidéal Úllord na Silíní i gContae Bhaile Átha Cliath. Chaith sé tréimhse ag obair i Uganda. Bhí sé ina dhochtúir i nDeilginis agus in Ospidéal Mhuire, Dún Laoghaire. Scríobh sé dhá leabhar faoi chúrsaí dochtúireachta agus bhíodh clár raidió faoi na cúrsaí sin aige freisin.

1944: 21.6.44

Ó Flaitheartaigh

[A] **Bairbre Uí Fhlaitheartaigh** (*née* Ní Fhlaitheartaigh), bean Pheait *q.v.* Bhí Mac Aonghusa ar lóistín sa teach 'Ave Maria' acu i bhFearann an Choirce, Inis Mór, Árainn. Bhí sí féin agus Peait os cionn daichead bliain á rith mar theach lóistín. B'as Gort na gCapall ó thús í. Bhí seisear gasúr acu. Cailleadh Bairbre i 1974.

1945: 22.8.45; 5.9.45

[B] **Cóilín**, mac Choilm (*c.* 1899–1969), Cill Éinne. Iascaire a bhí ann a mhair i gceann de thithe na n-iascairí. D'imigh na dearthaireacha agus na deirfiúracha go Meiriceá. Phós sé Máire Ní Fhlaitheartaigh, Inis Mór. Bhí cáil ar an teach go mbíodh damhsaí agus *time*anna ann.

Buachaillín Deas Óg Mé 1282: 385–6

1945: 1–3.9.45

[C] **Máirtín**, Camas. *Ganger* nó maor a bhí ann.

1944: 22.11.44

[D] muintir **Uí Fhlaitheartaigh**, An Aird Mhóir, Cill Chiaráin.

1946: 9.7.46

[E] **Murcha** Léide ('Layda' nó 'Lady' a thugtar air), An Aird Mhóir, Cill Chiaráin. Bhí sé 100 bliain d'aois nuair a cailleadh é i 1935. Ba uaidh a fuair Pádraig Ó Ceannabháin *q.v.* amhráin. Bhí cónaí air i mBior, oileán atá amach ón Aird Mhóir.

1945: 25.5.45

[A] **Peait Bheairtlín** ('Stailín'), Fearann an Choirce, Árainn, agus a bhean, Bairbre *q.v.*

1945: 3.9.45

Ó Flaitheartaigh féach Ó Flathartaigh

Ó Flannagáin

Peaitsín Mhurty, Cnoc, in aice leis an gCaisleán, Dún na gCorr. Níl aon duine dá mhuintir thart anois. Bhí sé ar dhuine de na scéalaithe ar thóg an Duileargach *q.v.* scéalta uaidh agus é ar cuairt i gContae an Chláir i 1929 agus ina dhiaidh sin. Féach Ó hÓgáin in Ó Duilearga 1981, xvii.

Páidín Ó Raifeartaigh (smut) 1282: 395

1945: 18, 19, 28.9.45

Ó Flathartaigh

Máirtín (1912–2005). Rugadh sa Ghleann Mór, Paróiste an Chillín, An Cheathrú Rua é. Chaith sé tamall ag bunscoil Charna áit a raibh aint leis, Bríd Ní Chonchúir *q.v.*, ag múineadh. Bhí sé ar an ollscoil i nGaillimh agus ina dhiaidh sin tháinig sé go Baile Átha Cliath. Bhí sé ar bhunaitheoirí an Chomhchaidrimh agus na hirise *Comhar*. Phós sé Máire de Bhaldraithe, deirfiúr le Tomás *q.v.* Bhí an chuimhne seo a leanas aige ar an ócáid atá luaite sa dialann: 'lá samhradh . . . bhí Séamus Ennis, an píobaire, tigh m'aint agus muid ag cur síos ar fhoinn is ar amhráin. Luaigh sé Seán Choilm liom agus tharraing sin caint faoi Chólaí Bán [Sheán Choilm Mac Donncha *q.v.*] agus binneas saibhir a chuid amhrán. Bhí spéis agam féin sa bhfonn a bhí leis 'An Raicín Álainn' agus dúirt Séamus go mbeadh sé ag Cólaí. Chuaigh mé amach chun na scoile agus cheadaigh m'aint Cólaí Bán a ligean chun an tí isteach go gcloisfeadh Séamus is mé féin cúpla fonn uaidh.'

1945: 30.7.45

Ó Fríl

[Art]. Rugadh i bhFánaid é agus fuair sé a chuid oideachais i gColáiste Adhamhnáin, Leitir Ceanainn, agus i gColáiste Phádraig, Maigh Nuad. Oirníodh é i 1932. Chaith sé tréimhse ag obair thar lear agus tháinig ar ais go hÉirinn áit a raibh sé ina shéiplíneach i nGleann Cholm Cille, i dToraigh agus i gCnoc Fola. Bhuail taom é agus é i mbun stáisiún i gCnoc Fola i 1952 agus fuair sé bás an lá céanna. Tá sé curtha i bhFánaid. An-Ghaeilgeoir a bhí ann.

1946: 2.6.46

Ó Gallchóir

[A] **Bríd Ruairí Ní Ghallchóir.** Níl aon seoladh tugtha sa dialann.

1944: 5.4.44

[B] **Cití Ní Ghallchóir** (tigh Eoin Éamoinn), Dobhar Uachtair, Gaoth Dobhair. Thagadh Séamus ar cuairt chuig muintir Eoin Éamoinn agus sa tráthnóna bhíodh sé suite in éineacht le muintir an tí thart ar an tine agus ceol fidile, fideoige, amhráin agus portaíocht ar siúl aige. Thugadh sé barra trasna ar an rothar do Chití le dul ag damhsa agus ansin thagadh ar ais ar an rothar lena deirfiúr, Annie, a thabhairt chuig an damhsa ar an mbealach céanna.

Bhí an-chairdeas idir a máthair, Sailí, agus Mac Aonghusa. 'Sailí, an bhfuil an tae réidh?' a deireadh sé lena máthair. In ainneoin drochaimsire ní fhanadh sé acu; d'imeodh sé leis ar an rothar. Fuair Cití an chéad duais ag an Oireachtas i 1943 Ghlac sí páirt, in éineacht le Niallaí Ó Baoill *q.v.,* sa tríú clár, 26 Feabhra 1946, de shraith ceithre chlár a craoladh, *Some Recent Folk Music Collections,* a chuir Séamus Mac Aonghusa agus Seán Ó Súilleabháin *q.v.* i láthair. 1377: 66–77. Bhí na cláracha bunaithe ar bhailiúcháin Mhic Aonghusa.

Bhí na hamhráin scríofa ag Cití ó Shíle Mhicí Ní Ghallchóir *q.v.* agus thug Cití do Mhac Aonghusa iad. Chuaigh Mac Aonghusa chuig Síle, chuaigh siar ar na hamhráin léi agus d'athraigh roinnt bheag iontu.

Bríd Bhéasach 1282: 249; CC 020.089
Coinleach Glas an Fhómhair 1282: 245–6; CC 020.092
Cuan, An 1282: 248; CC 020.090
Is Fada Ó Bhaile 1282: 247; CC 020.088
Maighdean Mhara, An Mh– 1282: 250–1; CC 020.087
Mhíle M'anam ar Maidin Thú 1282: 249–50; CC 020.091

1943: 27.8.43
1944: 11.2.44; 24, 26, 29.3.44; 24, 25.9.44

[C] **Joe Shéamuis** (Joe Shéamuis an Bhurdáin), Leitir Catha, Loch an Iúir. B'as Loch an Iúir a mháthair, Peigí Dhónaill Tharlaigh Uí Bhaoill. Níor phós Joe agus bhí cónaí air lena dhearthár, Antain, i Leitir Catha, cúpla céad slat ó theach athar Dhonncha Uí Bhaoill *q.v.* Fuair sé bás i 1993 in aois 75 bliain.

1944: 17.9.44

[A]   muintir **Eoin Éamoin Uí Ghallchóir**, Dobhar Uachtair.

1944: 24, 26.3.44; 24.9.44

[D]   **Nóra Ní Ghallchóir** (Nóra Thaidhg), An Sruthán, Gort an Choirce. B'as an Cheathrún Íochtarach, Gort an Choirce, Nóra ó thus. Bhí leasmhac léi, Hiúdaí Ó Gallchóir, sa teach léi nuair a thug Mac Aonghusa cuairt uirthi, in éineacht le Seán Ó hEochaidh *q.v.*

A Mháire, a Bhruinnill (agus An Buinneán Buí) 1282: 179–80
Amhrán an tSionnaigh 1282: 183–4; CC 020.026
Amhrán Áranna 1282: 177–8; CC 020.032
Ar a Ghabháil go Baile Átha Cliath Domh 1282: 187–8
A Tháilliúir, a Tháilliúir 1282:190–1
Bain Dom na Measa 1282: 165
Bean an Fhir Rua 1282: 182
Bean Dubh an Ghleanna 1282: 191–2
Buinneán Buí, An CC 020.033
Caoineadh na Maighdine 1282: 185–6; CC 020.022
Dán an Bháis 1282: 163–4; CC 020.020
Dán na hAoine 1282: 160–2; CC 020.019
Draighneán Donn, An (giotaí de) 1282: 188–9
Giobóg, An Gh– 1282: 172–3; CC 020.028
Gol na dTrí Muire 1282: 157–9; CC 020.018
(Is) Duitse Neansaí Thug Mé Fansaí 1282: 176; CC 020.031
Is Fada mo Chosa gan Bróga 1282: 171–2; CC 020.027
Malaí Shléibhe 1282: 180–1; CC 020.034
Míle Glór do Dhia 1282: 168; CC 020.023
Seacht Sailmide Beannaithe na hAithrí 1282: 166–8; CC 020.021
Seacht Suáilce na Maighdine 1282: 169–70; CC 020.024, (2) 025
Séamus Mac Murcha 1282: 175; CC 020.030
Thíos ag Teach an Tórraimh 1282: 174; CC 020.029
Údar na Coisreacan 1282: 159–60

1944: 27, 28, 31.1.44; 1, 4, 5, 7, 8, 10, 11, 14, 15, 18, 21.2.44; 30.9.44

[E]   **Peadar**, fear Shíle *q.v.* Ba mhianadóir guail a bhí ann.

1944: 24.3.44

[F]   **Sarah Uí Ghallchóir** (Sarah Jimmy Mhacadáin), An Tor, Croithlí. Campbell a bhí uirthi sular phós sí. Phós sí Davy Pháidí Davy Ó Gallchóir as Mín na Mánrach. D'imigh siad chun cónaithe go hAlbain tar éis an Dara Cogadh Domhanda.

1944: 29.2.44

[E]   **Síle Ní Ghallchóir** (Síle Mhicí), Dobhar Láir. Bhí Síle ina cónaí gar do mhuintir Eoin Éamoin *q.v.* agus thug sí go leor amhrán dóibh. D'inis Cití Ní Ghallchóir *q.v.* do Shéamus faoi Shíle Mhicí agus thug Síle go leor ábhair dó. Bhí sí an-óigeanta inti féin. Fuair sí bás *c.* 1960 agus bhí aois mhór aici.

Faoi mar a d'inis Síle féin do Mhac Aonghusa, bhí teach beag lóistín aici in Albain do na mianadóirí guail. Bhí Béarla s'acusan aici. Is ann a thóg sí a clann. D'imigh radharc na súl uaithi i ndeireadh a saoil. Nuair a tháing an teaghlach ar ais go hÉirinn, d'imigh na daoine óga sa chlann go hAlbain, Sasana agus Meiriceá i ndiaidh a chéile, seachas iníon amháin a phós i gCroithlí. Óna hathair i Machaire Ghlaisce a fuair Síle cuid mhór de na hamhráin. 1282: 259–60

Bhí na hamhráin atá tugtha síos ó Chití Ní Ghallchóir *q.v.* agus ó Shíle Mhicí scríofa ag Cití ó Shíle. Thug Cití do Mhac Aonghusa iad. Chuaigh Mac Aonghusa chuig Síle, chuaigh siar ar na hamhráin léi agus d'athraigh roinnt bheag iontu.

A Mháire Bháin Dheas 1282: 254; CC 020.097
Amhrán na Circe 1282: 257–8; CC 020.093
A Phlanta an Bhrollaigh Ghléigil 1282: 295; CC 020.100
Ar a Ghabháil go Baile Átha Cliath Dom 1282: 294–5
Bríd Bhéasach 1282: 249; CC 020.089
Coinleach Glas an Fhómhair 1282:245–6; CC 020.092
Cuan, An 1282: 248; CC 020.090
Éirigh Suas a Róise 1282: 255–6; CC 020.098
Fear a Phósfaidh Bean Óg, An [scéilín] 1131: 31
Goidé Sin Don Té Sin? 1282: 293; CC 020.094
Is Fada Ó Bhaile (Draighneán Donn?) 1282: 247; CC 020.088
Maighdean Mhara, An Mh– 1282: 250–1; CC 020.087
Míle M'anam ar Maidin Thú 1282: 249–50; CC 020.091
Mo Chailín Gaelach Óg 1282: 296; CC 020.095
Sagart Ó Dónaill, An [eolas faoi] 1282: 257
Seanduine Dóite, An 1282: 252–3; CC 020.096
Tiarna Mhaigh Eo [cuid de] 1282: 256; CC 020.099

1944: 24, 26, 29.3.44; 25.9.44; 2, 4.10.44

Ó Gamhnáin féach **Gunning**

Ó Gaora

[A]   **Colm,** Ros Muc (1887–1954). Mac le Seán Phádraig Ó Gaora agus Máire Ní Shúilleabháin. Rugadh in Inbhear é. Bhí Colm ag Scoil an Ghoirt Mhóir. Bhí sé gníomhach i gConradh na Gaeilge agus thosaigh sé ag scríobh i nGaeilge. Chaith sé tamall ag múineadh in Iorras agus ina mhúinteoir taistil ag an gConradh ó 1907–16. Bhí sé ar dhuine de bhunaitheoirí na nÓglach i Ros Muc. Chaith sé tréimhsí i bpríosúin in Éirinn agus i Sasana idir 1916 agus 1921. Throid sé sa Chogadh Cathartha in aghaidh an tSaorstáit. Phós sé Áine Ní Chonghaile as Cill Chiaráin. Bhíodh sé ag scríobh do *An Claidheamh Soluis* agus is é a dhírbheathaisnéis, *Mise* (1943), an leabhar is cáiliúla uaidh.
      1942: 9.8.42
      1944: 27.11.44; 4.12.44

[B]   muintir **Uí Ghaora,** An Coillín, Carna. Bhí iníon leo pósta le mairnéalach in Albain.
      1944: 24.11.44

[C]   **Seán** (Seán Neide), Leitir Deiscirt, Carna. Chuaigh sé chun cónaithe go Contae na Mí deireadh na gcaogaidí.

Torann an Phota 1280: 19–20

1942: 17.8.42

[D] **Seán,** Aill na Brón, Cill Chiaráin. Rugadh é i 1902 i dteach a sheanathar in Aill na Brón. Cailleadh a athair agus é ina leanbh agus chuaigh a mháthair agus deirfiúr dó go Meiriceá. Bhí amhráin aige ach ní raibh guth ceoil aige. Fuair sé bás sna 1950idí. Teach cuartaíochta a bhí sa teach aige. Sheinn sé an veidhlín. Pádraig Ó Dónaill a bhí ar a sheanathair. B'as Garmna é agus fuair seisean bás i 1922 agus é 84 bliain d'aois. Bhíodh an seanathair ag deasú bád agus fear mór siamsa agus ceoil a bhí ann. Bhíodh seisean ag taisteal thart ó áit go háit agus thabharfadh sé lá oibre ar amhrán a thógáil. Damhsóir a bhí ann. Ba uaidh a thóg Seán bunáite a chuid amhrán. Cailleadh é nuair a bhí Seán timpeall cúig bliana déag. Chuaigh Seán chun na scoile ar an Aird Mhóir nuair a bhí sé ocht mbliana d'aois. Bhí sé ag plé le feamainn is farraige, talamh is obair sa bhaile nuair a d'fhág sé an scoil. Nuair a bhí sé thart ar scór, leagadh ar an gcladach é. Bhí sé bliain ina luí tinn gan neart ar bith sna cosa. Dúirt sé féin, marach dochtúir a bhí san áit agus sagart, nach gcuirfeadh sé aon chois go deo faoi. 'Bhí an sagart agam lá amháin agus d'fhiafraigh sé dhíom ar mhaith liom a bheith ag siúl arís mar bhí mé, agus dúirt me leis go mb'fhearr liom ná rud ar bith é agus dúirt sé: "*Well*, beidh tú ag siúl aríst," a deir sé, "chomh maith is bhí tú ariamh." Nuair a d'éirigh mé aríst, chuaigh mé le mo cheird táilliúireachta. Tháinig Éamon (Liam Éamoin) de Búrca anseo an t-am sin aniar as an Aird Mhóir agus phós sé m'aint anseo sa teach seo agus rinne mé mo théarma suas leis go raibh an cheird agam agus is í mo shlí bheatha inniu í. Col ceathrair dá sheanathair Pádraig Ó Donncha agus bhínn ag gabháil soir ann ag cuartaíocht agus ag tógáil corr-amhrán uaidh. Mhúineadh sé dhuit iad agus fáilte dhá n-iarrfá air iad.' Féach 1280: 420–2.

Abhainn Mhóir CC 015.070
Alley Gibbons 1280: 347–8, 595–6, (*ceathrú eile*) 616; CC 015.069
Aill Eidhneach, An 1280: 98–101
Amhrán an Dráir (seanchas air) 1280: 415–16
Amhrán an tSionnaigh 1280: 446
Amhrán Mhaitiais 1280: 94–95; CC 015.071
Bádóir Spáirtí, An [eolas faoi] 1280: 316
Bainne Dhubh na Féile 1280: 109; CC 015.064
Bás ar Chnoc an Dúin, An CC 015.075
Bean an Fhir Rua [eolas faoi] 1280: 308
Boc Bán, An 1280: 369–70
Bríd Ní Ghaora 1280: 617
Bruach na Carrtha Léith 1280: 333–4; CC 018.007
Bruinnillín Phéacach, An 1280: 594–5
Buachaillín Aerach [líne] 1280: 32
Cac i Mála féach *Seanduine Dóite, An*
Caisdeach Bán, An 1280: 436–9
Ciúinbheainín Uasal, An Ch– 1280: 601–2
Clár Bog Déil , An 1280: 96–7; CC 015.063

Cogadh Inis Éilge CC 015.067

Colm Lonnáin [cuntas] 1280: 336

Cóta Mór Stróicthe, An [eolas faoi] 1280: 253

Cuaichín Bharr na gCraobh CC 015.068

Cúileann, An Ch– 1280: 488–9; CC 021.15

Cumann Gearr, An 1280: 367–8

Díbearthach ó Éirinn, An CC 015.074

Dónall Ó Dálaigh 1280: 102–4; CC 018.075

Draighneán Donn, An [2 líne as?] 1280: 36, 146–7 *(údar)*, 440–3

[Drochshaol, An] 1073: 11–13

Eala Bhán, An 1280: 143–5

Fáinnín Bán an Lae 1280: 597–8; CC 018.074

Foolish Rake, The 1280: 606–9

Griseáil na Seoighe [tagairt dó] 1280: 419

Na Gleannta (eolas) 1280: 322

Loch na Nia 1280: 110–12

Maidin Domhnaigh 1280: 349–51

Mainistir na Búille 1280: 105–6

Máirseáil na Fuiseoige (údar) 1280: 335–6

Malaí Ní Maoileoin 1280: 609–11

Mí-Ádh, An 1134:59

Mná Bhaile Locha Rian 1280: 603–6

Muileann gCearr (Fáth mo Bhuartha) CC 015.072

Nach Trua gan Mise i Sasana nó Thiar in Iorras Mhór [eolas] 1280: 317

Nóra Ní Chonchúir Bháin 1280: 452; CC 015.065; CC 021.16

Séamus Ó Murchadh 1280: 107–8

Seanbhó Cheaite Seoighe 1280: 416–19

Seanchas ar Thobac 1280: 439

Seanduine Dóite, An (Cac i Mála) 1280: 91–3; CC 015.066

Seanfhocal 1280: 346

Seán Ó Gaora (gearrchuntas ar a bheatha) 1280: 420–2

Tá Cogadh ar Inis Éilge [líne] 1280: 89

Táillliúir Mé gan Dabht [tagairt dó] 1280: 419

Teorainn Aibhne Móire (ceathrú) 1280: 142; CC 015.073

Tiarna Bhinn Éadain 1280: 337–46; CC 018.073

Torann an Phota CC 015.062

William 1280: 619–20, 701

1942: 19, 21, 31.8.42; 1, 2, 5.9.42; 14, 16, 20, 21, 23, 24.11.42; 3, 9, 10.12.42
1943: 13–15, 25.5.43; 23.6.43; 5.8.43; 12, 16.11.43; 11.12.43
1944: 1, 5, 6, 9.6.44; 30.11.44; 6.12.44
1945: 8.5.45; 5, 7.7.45
1946: 17.7.46

[E] **Seán**, Carna. Chomh maith leis an bhfruilcharr aige, bhíodh teach lóistín ag Seán agus a bhean, Máire Ní Chualáin, Roisín na Mainiach, i mbaile Charna. Ba

436

chomharsana Seán agus muintir Mhic Fhualáin *q.v.* Is mac le Seán é an t-iriseoir
Pádraig Ó Gaora. Bhásaigh sé i 1972.
1946: 10.7.46

O'Grady

tigh, Srath Lagach, Baile Uí Fhiacháin. Tháinig Séamus Mac Aonghusa tigh
Dominick O'Grady. Bhí Dominick ag séideadh na tine ag iarraidh í a chur ina
dúiseacht arís agus dúirt Mac Aonghusa go n-aithneofaí as sin gur sheinn sé an
fheadóg stáin. Dúirt Mac Aonghusa an t-amhrán 'Molly Bawn'. Cheap Dominick
go raibh méaracha aclaí air. Sheinn an bailitheoir cúpla port ar an bhfeadóg agus
sheinn siad in éineacht. Sheinn siad dhá ríl, *'Miss McCleod's'* agus *'The Navvy on
the Line'*, dhá phort, *'Haste to the Wedding'* agus *'The Frost is All Over'*, agus
cornphíopa, *'The Liverpool Hornpipe'*. Bhí Dominick 14 bliain d'aois an t-am sin.
Dúirt sé go raibh a thrí oiread ornáidíochta ag Mac Aonghusa agus a bhí aige féin.
Bhí ríméad air go raibh an bailitheoir sásta éisteacht leis agus a bheith ag seinm in
éineacht leis. Bhí máthair agus deirfiúr Dominick ann freisin. Chaith Mac
Aonghusa cóta gabairdín agus caipín.
1944: 26.8.44

Ó Griallais

Sonny (Phádraig), Coill Sáile. Bhí beirt dhearthaireacha ann – Sonny agus Pete.
Fonnadóirí a bhí i ngach aon duine acu. Tá siad curtha i gCill Chiaráin.

Máire Ní Ghríofa 1280: 527
Pluid Dhorcha Leára 1280: 525–6; CC 021:33

1945: 6, 11.6.45

Ó Griallais féach **Ó Conaire**

Ó Grianna

Éamon (Edward Rodney Richey (E.R.R. Green) (1921–81). Béal Feirsteach a bhí
ann áit a raibh a mhuintir ina muilleoirí. Bhain sé céim sa Nua-Stair amach i
gColáiste na Tríonóide i 1942. Bhí aithne ag Seán Ó Súilleabháin *q.v.* air ó tharla é
a bheith isteach is amach i gCoimisiún Béaloideasa Éireann. Bhí sé i mbun Gaeilge
a fhoghlaim i gCloich Chionnaola. Chaith sé tréimhsí in Ollscoil na Ríona, ag
déanamh taighde i Meiriceá agus in Oxford, agus mar léachtóir sinsearach sa Stair
ó 1954–70 in Ollscoil Mhanchain. Ceapadh ina stiúrthóir é ar an Institute of Irish
Studies, Ollscoil na Ríona, i 1970. Tá ailt leis in *Ulster Folklife* agus san *Irish
Economic Review*.
1943: 11, 12, 17, 18, 23, 25, 28, 31.8.43

Ó Gríofa féach **Griffy / Mac Giolla Mháirtín**

Ó Guairim

[A] **Cóilín**, Roisín na Mainiach, Carna. Ba dheartháir é do Mháire agus do Shorcha *q.v.*
agus bhí sé pósta le Neil Nic Dhonncha as an Aird Thiar. Bhí cúigear clainne acu.
Chaith Cóilín 47 bliain ina fhear poist agus bhí siopa aige freisin. Bhásaigh sé i 1981
in aois 86 bliain.
1945: 19.5.45; 18.7.45

[A] **Peadar Shíodúch**, Roisín na Mainiach, Carna. Chaith Peadar dhá thréimhse i
Meiriceá. Mar stíbheadóir i bPortland, Maine, a shaothraigh sé a bheatha i

Meiriceá. Bhí sé ag obair in éindí le Michael Shéamais Mac Donncha *q.v.* ar ráille traenach an Chlocháin. Bhí sé pósta ag Neain Ní Shúilleabháin as Loch Con Aortha. Bhásaigh Peadar i 1947.

Amhrán an tSionnaigh 1280: 614–15

1943: 24.5.43

[B] **Seán Bacach.** B'as Leitreach Ard é. Thugtaí Jeaic Bacach freisin air. Bhí sé ráite go raibh cam reilige ina chos. Bhíodh sé ag rith móna go Contae an Chláir agus go hÁrainn agus bhíodh sé ag iascach le haill. De réir an tseanchais is as leabhra a bhí ag comharsa leis, mac Uí Dhomhnaill, a fuair sé cuid mhór dá chuid cainteanna móra agus léinn. Is minic an t-amhrán 'Cúirt an tSrutháin Bhuí' nó cuid de nó leagan de leagtha air. Féach 1281: 392–3.
1944: 23.6.44
1945: 25.7.45

[A] **Sorcha Ní Ghuairim** (1911–76). B'as Roisín na Mainiach ó thús í. Chaith sí tamall i gColáiste na hOllscoile, Gaillimh, ina mac léinn. Bhí cáil na hamhránaíochta uirthi. Tháinig sí go Baile Átha Cliath ag múineadh Gaeilge faoin gCoiste Gairmoideachais. Bhí sí ag obair ansin don nuachtán sóisialach *An t-Éireannach* agus bhí sí ina heagarthóir air ina dhiaidh sin. Scríobh sí ailt do *Scéala Éireann*. Ansin bhí post teagascóra Gaeilge aici i gColáiste na Tríonóide. I 1941 bronnadh céim M.A *jure officii* uirthi ann. D'fhág sí Éire agus chuaigh sí go Londain áit a raibh sí ag obair faoi bhun a cumais. Fuair sí bás thall. Le linn an Oireachtais i mBaile Átha Cliath scríobh Mac Aonghusa sa dialann oifige gur thug sé oíche ar an 24 Deireadh Fómhair 1945 le Seán Ó Súilleabháin *q.v.*, Beairtle Ó Conaola *q.v.*, Máire Ní Dhireáin *q.v.*, Donncha Ó Baoill *q.v.* agus clann Sheáinín Choilmín [Mac Donncha] *q.v.* Fínis, tigh Shorcha. 1296: 373. Bhí an-chairdeas idir Séamus Mac Aonghusa agus Sorcha. Chuireadh sí comhairle air faoi amhránaithe arbh fhiú dó dul i dteagmháil leo thiar. Ghlac sí páirt sa dara clár den tsraith cláracha raidió faoi bhailiúcháin Mhic Aonghusa ar an 19 Feabhra 1946 agus chuir comhairle air faoin gclár freisin. 1297: 257

Some recent folk music recordings 1377: 54–65

1942: 18, 20, 21.7.42; 7, 17.8.42
1943: 18, 24.5.43; 23.8.43; 10.11.43
1944: 9, 11, 14, 18.2.44
1945: 19.5.45
1946: 28.6.46

Ó hAllmhuráin

   Colm Pháidín, An Turlach, Ros Muc. Phós sé féin is Baba i Meiriceá ach tháinig said abhaile agus thóg said a gclann ar an Turlach. Fonnadóir a bhí i gColm agus thug an chlann an ceol leo. Ceoltóir ar an mbosca agus amhránaí ba ea a mhac, Maidhc.
   1942: 14.8.42

Ó hÉanaí

[A] **Máire Ní Éanaí.** B'fhéidir gurbh í seo an múinteoir scoile agus deirfiúr do Sheosamh Ó hÉanaí *q.v.*, An Aird Thoir, Carna. (Maíros an seoladh atá tugtha le CC 021.29).
1944: 9.6.44

[A]   muintir / tigh **Uí Éanaí**, An Aird Thoir, Carna. Théadh muintir Choilmín Mhic Fhualáin *q.v.* agus Mac Aonghusa a fhad leo, áit a mbíodh ceol, damhsa agus pléaráca go maidin.

Fáinnín Bán an Lae CC 021.29
Sadhbh Ní Bhruinneallaigh CC 018.012

1942: 1, 5, 10, 12, 14.12.42
1943: 27.5.43; 25.6.43; 10.12.43
1945: 24.7.45
1946: 18, 22.6.46

[A]   **Seosamh** (Joe), An Aird Thoir, Carna (1918–84). Ba chol ceathrair leis Colm Ó Caodháin *q.v.* Chaith sé tréimhse i gcoláiste ullmhucháin Choláiste Éinde. Chaith sé tréimhsí ag obair i nGlaschú, i Londain agus i Southampton. Ghnóthaigh sé duaiseanna ag an Oireachtas. I Londain, chuir sé aithne ar Peggy Seeger agus Ewan McColl. Ar ais i mBaile Átha Cliath thuill sé roinnt airgid as an amhránaíocht ach bhí air dul ar imirce go Meiriceá i 1947. Bhí sé i mbun ardaitheora i mbloc árasán i Manhattan ar feadh ceithre bliana déag. Bhí post páirtaimseartha aige ina mhúinteoir béaloidis in ollscoil i Connecticut agus ina dhiaidh sin in Ollscoil Washington, Seattle. Tá taifeadtaí dá chuid ar fáil agus i 1982 bronnadh National Heritage Award for Excellence in Folk Arts air. Thagadh sé abhaile ar bhonn rialta. Nuair a fuair sé bás, tugadh ar ais go Maíros é áit a bhfuil sé curtha. Bhí sé ar dhuine de na daoine ar thóg Séamus Mac Aonghusa plátaí uaidh le linn an Oireachtais i mBaile Átha Cliath ar an 25 Deireadh Fómhair 1945 faoi mar a luaigh Mac Aonghusa sa dialann oifige. 1296: 374.

Amhrán na mBréag (An tAmhrán Bréagach) 1280: 581–2; CF 0114b–0116
Amhrán Rinn Mhaoile (Béal an Átha Buí) CC 018.001
Amhrán Shéamais Uí Chonchúir as Árainn 1280: 63–7; CC 016.011; CF 0018
Bád Dóite Loideáin 1280: 365–6; CC 018.002
Béal an Átha Buí 1280: 363–4; CF 0114b–0116
Bródach Uí Ghaora CC 018.003
Buinneán Buí, An 1280: 331–2; CC 018.006
Caisleán Rí Néill CC 016.014
Coinleach Glas an Fhómhair 1280: 70
Crúiscín Lán, An 1280: 584–5; CC 018.019
Cuachín Ghleann Néifin CC 018.021; CF 0114b–0116
Fáilte Uí Cheallaigh (Seanchas ar an Suibhneach) 1280: 71
O'Brien from Tipperary 1280: 589–90; CC 018.021
Péarla Dheas an Chúil Bháin 1280: 583
Róisín Dubh 1280: 329–30; CC 018.005
Seachrán Chearbhaill CF 0114b –0116
Seven Young Irishmen 1280: 586–8; CC 018.020
Úna Bhán 1280: 327–8; CC 018.004

1942: 2, 5, 14.12.42 (14.12.42 nóta)

1943: 25.6.43
1946: 18.6.46

Ó hÉilí

Séamus. Thug Mac Aonghusa síob dó as Loch Garman.
1946: 8.6.46

Ó hEochaidh

[A] Bean **Sheáin Uí Eochaidh** *q.v.* [Annie]. Fuair sí bás i 1996. B'iníon í le Micí Mac Gabhann *q.v.* Bhí sí i mbun oifig an phoist i nGort an Choirce ar feadh na mblianta. Ba chol cúigir í ó thaobh a máthar do mhuintir Uí Dhiothcháin *q.v.* i dToraigh. B'in an chúis gurbh ann a d'fhanadh Seán Ó hEochaidh agus Séamus Mac Aonghusa nuair a théidís go Toraigh.
1944: 16.1.44
1946: 1.6.46

[A] máthair **Sheáin Uí Eochaidh** *q.v.* [Máire Nic Seáin]. Tógadh ar an Cheapaigh, Teileann, í. Ba dheirfiúr í leis an gcigire Pádraig Mac Seáin.

Eoinín Ó Ragadáin 1282: 108; CC 020.167

1944: 8.9.44

[A] seanathair **Sheáin Uí Eochaidh** *q.v.* [Tomás Mac Seáin]. 'Tomás an Chladaigh' a thugtaí air agus bhí deartháir aige, John Tamaí Seáin.

Bachall na gCiabh CC 020.168

1943: 11.8.43

[A] **Seán** (1913–2002). Ba é an duine ba shine den chlann é. Rugadh i gCruachlann, Teileann, é. Tigh a mháthar mhór ar an Cheapaigh a tógadh é. Fuair a athair bás nuair a bhí Seán naoi mbliana d'aois. Iascaire a bhí ann sular ceapadh é ina bhailitheoir lánaimseartha ag Coimisiún Béaloideasa Éireann agus ina dhiaidh sin ag Roinn Bhéaloideas Éireann 1935–83. Bhailigh sé ábhar ar fud Thír Chonaill. Foilsíodh cuid dá shaothar san iris *Béaloideas*. Tá an bailiúchán a rinne sé ar an mbailiúchán is mó ag bailitheoirí an Choimisiúin. Bhí dlúthchairdeas idir é féin agus Mac Aonghusa, mar is léir as dialann na beirte agus as an gcomhfhreagras. Cuid den ábhar a thóg Mac Aonghusa ó Sheán, is as leabhar nótaí a bhí ag Seán a thóg sé í.

A Neansaí, a Mhíle Grá 1282: 26–7; CC 020.035
Bachall na gCiabh CC 020.168
Bríd Bhán Ní Eochaidh (údar) 1282: 114
Cailín Beag Suarach 1282: 127–8
Cailíní Deasa Shrath Laoil 1282: 28–30; CC 020.172
Ceataí na gCraobh 1282: 130
Éirigh is Cuir Ort do Chuid Éadaigh 1282: 58–60
Eoin Bán 1282: 134–5
Goidé Sin Don Té Sin CC 020.169
Lá Cois Cuain CC 020.173
Maighdean Mhara, An Mh– 1282: 133–4
Máire Bheag na Gruaige Báine 1282: 131–3

Mal Dubh an Ghleanna 1282: 55–7

(Nach Mór an Croí Fuair Éamon Creepy) 1282: 137

Rise up my Darling nó Gleannta na Coille Uaigní 1282: 50

Siar go Cúige Uladh a Chuaigh 1282: 135–6

Sliabh an Liag CC 020.171

Tá Mé i Mo Shuí CC 020.170

1943: 11–24, 26–31.8.43; 1, 4, 5, 14–20.9.43; 22.11.43

1944: 16, 22, 23, 26, 28, 31.1.44; 2, 3, 4, 6, 7, 10, 15.2.44; 11.3.44; 2, 3.4.44;
6, 12, 13.9.44; 8.10.44; 10–16.10.44

1946: 17, 18, 20, 21, 25, 27, 31.5.46; 1, 3, 6.6.46

[Ó Fuaruisce]

Hiúdaí Pháidí, An Baile Thiar, Toraigh. Fuair sé bás i 1963. Bhí sé go maith ag ceangal eallach ag dul sa bhád as Toraigh go tír mór. Mhothófaí é ag damhsa is ag ceol sa bhád. Bhíodh na páistí scoile ag súil leis teacht ar ais i ndiaidh lá a chaitheamh ar tír mór mar bhíodh fonn spraoi air agus bheadh an ceol agus damhsa le cloisteáil.

1944: 15.10.44

1946: 21.5.46

Ó hIarnáin

[A]   **Bríd Ní Iarnáin,** Roisín na Mainiach, Carna. Ba dheirfiúr í le Pádraig *q.v.* Bhí sí pósta le Pádraig de Bhailis (Paddy Wallace), Corr, An Mám, Contae na Gaillimhe agus bhásaigh sí i 1993.

1945: 6.6.45

[A]   muintir / tigh **Uí Iarnáin,** Roisín na Mainiach, Carna. Níl fágtha ach creatlach an tí seo inar fhan Mac Aonghusa, mar gur dódh go talamh é tamall de bhlianta ó shin.

1944: 17.12.44

1945: 12.5.45; 3, 14.6.45; 9, 27.7.45; 21, 31.8.45; 5.9.45

1946: 15, 17, 27.6.46; 6.7.46

[A]   **Pádraig** (Pádraig Sarah Johnny), Roisín na Mainiach (1923–93). Sheinneadh sé an mileoidean. Ní fonnadóir a bhí ann ach bhí focla na n-amhrán aige. Bhí cuimhne an-mhaith aige. Bhíodh amhrán tógtha aige ar a chloisteáil uair amháin. Thugtaí Pádraig Chóilín Bhríd Mhurcha air as a athair, agus Pádraig Sarah Johnny Pheaitse Mhichíl Óig as a mháthair. Phós sé Nóra Mhadaoin as Fínis.

Ag Siúl na Coille seo go hUaigneach Dé Céadaoin 1280: 492–3

Cabhair Fháil ón Diabhal ag Imirt Chártaí 1280: 502

Cearc a Ghlaofadh ag Freagairt Choiligh 1280: 502

Dónall Óg 1280: 484–5

Feiceáil Taibhsí 1280: 503

Leigheas an Drochshúil 1280: 499

Leigheas an Duine Bheadh Tinn 1280: 499–500

Leigheas ar an 'Seilimide Ladhrach' 1280: 504

Leigheas Chraos Ghalra 1280: 503

Leigheas Pian Droma 1280: 503

Seamaire Mhuire, An tS– 1280: 503

Seift le Fios is Cumhacht Fháilt ón Diabhal 1280: 498–9
Tá Capall an tSagairt i nGarraí Sheáin Gabha 1280: 493
Tá Grá do Mo Dheaidí Agam Istigh in Mo Chroí (ceathrú) 1280: 493
Torann na dTáirní is na gClár 1280: 498

1943: 8, 12, 14.11.43; 7.12.43
1944: 21.5.44; 14, 20.7.44; 14.11.44; 14, 15.12.44
1945: 25–27.4.45; 6, 7, 9–11, 18, 20–22.5.45; 6.6.45; 25, 28.7.45

[B] **Peadar** (Chóilín Vail Mhóir), Roisín na Mainiach (1915–95). Chuaigh sé ar imirce go Sasana nuair a bhí sé 25 bliain agus tháinig sé abhaile tar éis scór bliain.

Amhrán an Phríosúin 1280: 509–10
Braoim Sheáin Bháin 1280: 511–13

1945: 15, 19.5.45.

[A] **Sorcha Bean Uí Iarnáin** (Sarah Johnny) (Mrs Hernon) (*née* Ní Shúilleabháin), baintreach. Thugtaí tigh Chóilín Bhríd Mhurcha ar an teach i Roisín na Mainiach, Carna. Ba í Sarah Ní Chlochartaigh as Cruach na Caoile máthair Sarah Johnny agus bhí sí pósta le Johnny Pheaitse Mhichíl Óig Ó Súilleabháin. Bhí an-mheas ag Mac Aonghusa ar Sarah Johnny agus cairdeas eatharthu. Féach, mar shampla sa dialann oifige don 9 Feabhra 1945: 'Litir agam inniu ó Mrs Hernon, bean mo lóistín i gCarna. Iad go maith. Ag súil go dtiocfad arís go luath', 1296: 295, agus don 8 Feabhra 1945: 'Nóta go dtí Mrs Hernon, Roisín na Mainiach, ar maidin. Mé ag cur beagán leabhar Béarla chuici dá hiníon óg le beagán feabhais a chur ar a cuid Béarla'. 1296: 317.

An Tú Joe Putter a Bhí Fadó Ann? 1280: 487
B'fhearr Liom go Mór Mór a Bheith Crochta 1280: 493
Buachaillín Deas Óg Mé CC 021.14
Cá Rabhais ar feadh an Lae Uaim? 1280: 450–1
Glao (Laoi?) Cháinte na mBan 1280: 429 – 30
Ná Pós Choíche 1280: 431
Ráiméis ó Choill Sáile (In the Name of God I Certify) 1280: 453–4
Seanchaint 1280: 543
Seanfhocal 1280: 505
Tobar Bainne i Roisín na Mainiach 1073: 9

1943: 7.11.43
1944: 15.5.44; 9, 10.11.44
1945: 24.4.45
1946: 16, 28.6.46; 8.7.46

Ó hIcí

Séamus, seanchara le Mac Aonghusa.
1946: 1.7.46

Ó hIghne féach **Heeney**

Ó hOisín

[A]   **Máirtín** (1887–1974). Bhí sé ina Phríomhoifigeach Talmhaíochta i Sligeach ó thart ar 1928 go dtí gur éirigh sé as obair. Deartháir é le Micheál *q.v.* agus Stiofán *q.v.*
1943: 10.8.43

[A]   **Micheál.** Ba é an duine ab óige é den chlann agus deartháir le Máirtín *q.v.* agus Stiofán *q.v.* I nGaillimh, bhí sé ina chónaí ar an Seantalamh i dtosach agus ansin chuaigh sé chun cónaithe go Bóthar na Trá. Bhíodh sé ag taisteal ar fud Chonamara agus áiteanna eile. Bhí sé iontach deaslámhach. Bhí aithne aige ar Shéamus agus ar mhuintir Mhic Aonghusa. Théadh sé siar Conamara go minic agus is cinnte go gcuirtí beartanna agus mar sin chuig Micheál le tabhairt siar Conamara chuig Séamus. Bhí sé pósta le Maisie. Fuair sé bás i 1974 agus é thart ar 70 bliain d'aois.
1942: 3–6, 19.7.42

[A]   **muintir / tigh Uí Oisín.** B'as Baile Dóite, Béal Chláir, Contae na Gaillimhe, an mhuintir. Cainteoirí dúchais Gaeilge ba ea tuismitheoirí Mhichíl *q.v.*, Stiofáin *q.v.*, Mháirtín *q.v.* agus Mhairéad Ní Oisín. Phós Mairéad Seán Mac Cana a bhí ina ollamh i gColáiste Chonnacht sa Spidéal ó 1916–18. Ba í Mairéad a thug cuid mhór de na hamhráin d'Eibhlín Mhic Coisdealbha atá in *Amhráin Mhuighe Seóla*. Bhíodh sagairt agus máistrí scoile éagsúla ag teacht ar cuairt go minic sa teach acu.
1942: 3, 8, 19, 27.7.42

[A]   **Stiofán,** Ros Muc. Bhí an-mheas aige ar Mhac Aonghusa agus ar a chuid ceoil, ar an scil a bhí aige sna canúintí agus sa Ghaeilge. Bhí Stiofán pósta le hEllen Reany agus bhí siad ina gcónaí i dteach ceann tuí i Ros Muc. Bhí gaothluchtaire ag Stiofán agus bhí an-spéis aige sna cúrsaí sin. Ba spéis leis freisin an timpeallacht agus níodh sé an bhó le gallúnach charbólach. Thagadh Séamus ar cuairt go minic. Ba é Stiofán an dara duine ab óige den chlann agus ba dheartháir é le Máirtín *q.v.*, Micheál *q.v.* agus Mairéad. Rinne Stiofán M.A. sa tSean-Ghaeilge. Chaith sé fiche bliain ina phríomhoide ar scoil an Turlaigh Bhig i Ros Muc. Comhfhreagróir ceistiúcháin a bhí ann ag Coimisiún Béaloidesa Éireann. Chuir sé an-spéis sa cheol agus a bheith ag cruinniú scéalta faoi mhuintir na háite.

Ní bhíodh bean Stiofáin chomh riméadach sin i gcónaí Séamus Mac Aonghusa a fheiceáil ag teacht mar go mbeidís ina suí feadh na hoíche agus go mbeadh ar Stiofán dul ag múineadh scoile an lá dár gcionn. Bhí an-chuimhne ag Eithne, iníon Stiofáin, ar a bheith ag éisteacht le ceol sa chistin agus fuaim gháire agus píbe le cloisteáil. Bhíodh an-*time* ar fad acu. Bhíodh na páistí ina suí ar an gceann staighre ag éisteacht. Bhíodh a hathair ag cuimhneamh ar amhráin a bhí aige óna mháthair. Uair amháin, bhí Séamus Mac Aonghusa ag déanamh moltóireachta ag aeraíocht nó a leithéid i Ros Muc. Bhí ardán sealadach taobh thiar den scoil, an 'teic' faoi mar a tugadh uirthi. Bhí páistí agus daoine fásta ann agus ba é Beairtle Ó Conaire *q.v.* an scéalaí. Dúirt Eithne amhrán a mhúin a hathair di, a bhíodh ag a sheanmháthair féin. Bhí aiféala ar Shéamus, dúirt sé, nár fhéad sé an chéad duais a thabhairt di, ach ghnóthaigh sí an dara duais. Dúirt sé gur 'amhrán an-deacair' a bhí ann agus thug duais leabhair di. Bhí sé an-deas le gasúir agus ba mhaith leo é a fheiceáil ag teacht.

On the Fourteenth Day of June, Brave Boys, on the Flanders Where We Lay
    CC 015.049

1942: 8.8.42; 13.9.42
1943: 10, 23.5.43; 23.6.43; 13.12.43
1944: 29.6.44; 11.12.44

Ó hUaithnín

[D]   **Neilí** (Phatrick Valeen) Caney, Gabhla, bean Pheaitín William Uí Uaithnín *q.v.*
1944: 8, 16.12.44
1945: 25.4.45

[A]   **Maidhcil Pheadairín** ('Sticks'), Cartúir, Maínis. Rugadh é thart ar 1890 agus tógadh i Maínis é. Thugtaí 'Sticks' air i ngeall ar na cosa fada tanaí a bhí faoi. Fíodóir a bhí ann agus bhí sé ina chomharsa béal dorais ag Peaitín William Ó hUaithnín *q.v.*

Eascainí 1280: 427
Jig an Dá Thoistiún CC 018.070
Ráiméis do Ghasúir 1280: 427–8
Ríl [Sporting Nell] CC 021.18
Wild Irishman, The CC 021.17

1943: 19.5.43; 9, 11, 20, 28.11.43; 8.12.43
1944: 18, 21, 28.5.44
1946: 16.6.46

[D]   máthair chéile Pheaitín William Uí Uaithnín *q.v.* Caney a hainm pósta.
1945: 25.4.45

[B]   **Nora Ní Uaithnín**, An Balla Fada, Gaillimh. B'as An Más, Carna, ó thus í. Tharlódh go raibh gaol aici le muintir Uí Uaithnín, ceannaithe as Maínis a raibh tithe acu ar an mBalla Fada. Nóra Sheáin Mharcais a bhí uirthi. Chuaigh a hathair, a máthair, a deartháir agus í féin in éineacht go Gaillimh agus d'oscail teach lóistín.
1943: 6.8.43

[C]   **Pádraig** (Páidín Mhicil) (1888–1954), Caladh na Loinge, Inis Ní. Bhí sé pósta le Bríd Ní Éanaí, deirfiúr le hathair Sheosaimh Uí Éanaí *q.v.* Bhí triúr iníonacha agus beirt mhac acu. Iascaire ab ea Páidín. Bhí an-dúil sa cheol aige agus ba í an fheadóg stáin is mó a sheinneadh sé. Cheannaigh sé an teach i gCaladh na Loinge i 1929 ó fhear de mhuintir Ward. Ceann tuí a bhí ar an teach an uair sin ach faoin uair a tháinig Mac Aonghusa thart bhí díon iarainn roctha curtha air.

Gan ainm [The Drunken Landlady] CC 021.23

1945: 20, 22.6.45; 29.7.45

[D]   **Peaitín** (William), Maínis, Carna. Veidhleadóir a bhí ann. Bhí an-chairdeas idir é féin agus Mac Aonghusa. Ba í Meaig Ní Uaithnín a mháthair agus Peadairín Shadhbha a athair. Chaith sé blianta fada ag obair i mBoston Mheiriceá ach tháinig sé abhaile agus tá sé curtha i Maínis. Tá cúpla tagairt dó sa dialann oifige, mar shampla, an 1–2 Feabhra 1945: 'Go dtí Colm Ó Lochlainn tar éis oibre le féilire a fháil do Pheait Greene, Maínis, rud a d'iarr sé orm. . . . Rinneas beart don phosta den bhféilire a fuaireas aréir do Peait Greene. Scríobhas litir chuige aréir sa mbaile.' 1296: 288–9.
1942: 16, 18.8.42; 17, 30.11.42

1943: 12, 19, 27.5.43; 23.6.43; 11, 21.7.43; 14, 20.11.43
1944: 21, 28.5.44; 11.6.44; 10.7.44; 21, 22, 25.11.44; 8, 12, 16.12.44
1945: 25, 29.4.45; 4, 6, 13, 22.5.45; 10.7.45; 1.8.45

[A] **Peait Pháidín** (Peait Phádraig Bán), Máinis, Carna. Rugadh é thart ar 1900. Col ceathrair faoi dhó é do Mhaidhcil Pheadairín Ó hUaithnín *q.v.*
1943: 29.6.43

[E] **Séamus** (Séamus Sheáin Bhille Greene), Leitir Deiscirt, Carna. Fliúiteadóir a bhí ann agus fonnadóir. Chaith se piosa mór dá shaol i Meiriceá. Bhíodh sé ag seinm i mbanna ceoil i gCarna. Bhí sé os cionn 90 nuair a cailleadh é.
1942: 4.12.42
1943: 12.5.43; 19.5.43

[F] **Seán Choilm** (Chóilín Pháidín), Roisín na Mainiach, Carna. B'as Fínis athair Sheáin agus b'as Máinis a mháthair – deirfiúr do Sheán Antaine a bhfuil an t-amhrán déanta faoina phúcán. Chaith Seán cuid dá shaol san Arm agus bhí sé pósta le Sarah Nic Con Iomaire as an Aird Mhóir. Bhásaigh sé i 1980.

Casfhocail 1280: 422–3

1945: 2.6.45

[D] **Willie**, Máinis, Carna. Deartháir le Peaitín *q.v.* Níor phós sé. I Máinis atá sé curtha.
1943: 21.7.43

Ó Laidhigh

Gearóid. B'as Cill Ainthinn a athair agus a mháthair. Sna 1880idí chuaigh siad go Boston. Rugadh Gearóid thall. Tháinig sé féin agus a thuismitheoirí abhaile i 1904 agus é ina bhuachaill scoile. Bhí sé ar scoil i gCill Ola, Ros Cathail, i gColáiste Sheosaimh, *'the Bish'*, i nGaillimh agus cháiligh ina mhúinteoir bunscoile i 1914. Bhí naonúr clainne aige. Thugadh athair Shéamuis Mhic Aonghusa duine den naonúr go Baile Átha Cliath gach samhradh ar saoire. Bhí Gearóid ag múineadh i bhFáinneoir i gContae an Chláir, in Inis Treabhair, in Uachtar Ard agus i gCaladh na Muc. Bhíodh sé ag múineadh Gaeilge sa samhradh in Inis Oírr. Sheinneadh sé an fhidil ar stáisiún raidió 2RN. Ghlac sé páirt in obair na gceistiúchán ag Coimisiún Béaloideasa Éireann.

Anonn is Anall a Mháirín CC 015.039
Cailín na gCurls Donn CC 015.040
Clár Bog Déil, An CC 015.034
Coinleach Glas an Fhómhair 1280: 12 *[cuid de]* CC 015.036
Is í Mo Chailín CC 015.035
Séamus Mac Mhurcha CC 015.038
Slán agus Beannacht le Buaireamh an tSaoil CC 015.041
Tiocfaidh an Samhradh [cuid de] 1280: 11; CC 015.037

1942: 14, 24, 27–31.7.42; 1, 4.8.42
1943: 9, 10.5.43

Ó Lainn (Lane)

Máirtín, Ros Muc. Tháinig sé go Coláiste Iarlatha i 1934 agus chaith ceithre bliana

ann. Chaith sé tamall ina shagart sa Chill Mheáin, Contae Mhaigh Eo. Ina dhiaidh sin bhí sé ina shagart i gCamas agus ar an gCeathrú Rua.
1942: 10, 14.8.42

Ó Lochlainn

Colm (1892–1972). I mBaile Átha Cliath a rugadh é. Ag a athair a bhí an Ghaeilge. Bhain sé céim B.A. amach sa Choláiste Ollscoile Baile Átha Cliath. Fuair sé M.A. ina dhiaidh sin agus bronnadh D. Litt. air i 1960. Poblachtánach a bhí ann agus bhí sé sna hÓglaigh. I ndiaidh 1916 dhírigh sé ar an léann Gaelach. Bhunaigh sé Comhlacht na dTrí gCoinneal *c.* 1926 le hábhar Gaelach a fhoilsiú. Bhí an-cháil ar an gcomhlacht. Bhí staidéar déanta aige ar mhodhanna clódóireachta. Ó 1933–43 bhí sé ina chúntóir i Roinn na Gaeilge sa Choláiste Ollscoile, Baile Átha Cliath. Fuair sé ceachtanna píbe ó athair Shéamuis Mhic Aonghusa mar mhalairt ar cheachtanna Gaeilge. D'fhoilsigh sé an-chuid amhrán agus ceoil. Ar na foilseacháin ba cháiliúla tá *Irish Street Ballads* (1939) agus *More Irish Street Ballads* (1965).
1942: 6.7.42; 7, 18.8.42

Ó Loideáin

Seosamh. Bhíodh teach tábhairne agus aíochta aige i sráidbhaile an Spidéil.
1942: 6.7.42

Ó Loinsigh

[A] **Dónall.** Fear ó oifig James Ennis *q.v.*
1942: 20.7.42

[B] muintir **Uí Loinsigh**, An Clochar, Cill Fhionnúrach. Ba iad seo, gach seans, John Joe Lynch, fidléir agus drumadóir, agus a mhuintir, a raibh dlúthbhaint acu le banna céilí Chill Fhionnúrach.
1945: 12.9.45

[C] **Tomás** (1905–68), Baile an Fheirtéaraigh, An Daingean, Co. Chiarraí. Feirmeoir a bhí ann sula ndeachaigh sé sna Gardaí i 1928. Bhí sé lonnaithe i gcontaetha Phort Láirge, na Gaillimhe agus Luimnigh.
1943: 16.5.43; 20, 21.11.43
1944: 21, 29.5.44

Ó Lorcáin

Seán, Leitir Calaidh. Is dóigh gurb é seo Seán Ó Lorcáin, Doirín Glas, Leitir Móir, a raibh cáil na scéalaíochta air agus ar bhailigh Proinsias de Búrca *q.v.*, Eibhlín Ní Standúin, Leitir Calaidh, agus Tomás Ó Broin *q.v.* ábhar uaidh.

Caisleán Uí Néill CC 015.031

1942: 25.7.42

Ó Maidín

Micheál ('Gréasaí Antaine'), Buaile an Ghleanna, An Corrán, Acaill. Gréasaí a bhí ann ar feadh a shaoil, a raibh an-eolas aige ar Ghaeilge Acla. Bhí sé ina chara mór ag an mbailitheoir béaloidis Tomás de Búrca *q.v.* Fuair Micheál bás i 1965 nuair a bhí sé 62 bliain. Tá cuid mhór ábhair uaidh in Stockman 1974.

Cearc agus Coileach 1282: 538–9
Dá mBeinnse is Mo Mhate CC 014.010

(D'éirigh Seán Amach Roimh Maidin Domhnaigh) [ceathrú] 1282: 539
Ministéir Nangle 1282: 533–5
Saileog Rua 1282: 536–7

1944: 25.8.44

Ó Máille

[A]   **Mártan.** Rugadh i Ros Toirc é in 1858 agus is ann a tógadh é. Tá léargas ar a shaol i 1282: 531–2. Scríobh Mac Aonghusa go raibh Éire uilig siúlta aige ag plé le capaill ag marcaíocht is ag tiomáint. Bhí sé scaitheamh ag obair sna mianaigh ghuail i Sasana ag tuilleamh le beatha a thabhairt dá bhean is dá chlann. Bhí a chlann imithe go Meiriceá i 1944 cé is moite d'iníon amháin a bhí pósta sa Mhala Raithní. Ba léi a bhí sé ina chónaí. Bhí dúchas an cheoil ina mhuintir ar an dá thaobh. Bhí amhráin ag a athair agus ag a mháthair. De chlann Uí Mhóráin a mháthair, as Buiríos Umhaill, agus de Mháilligh Inse Cléire a athair. Béarla is mó a labhair siad mar is é a chleacht seisean i rith a shaoil.

Bríd CC 014.008
Cearc agus Coileach 1282: 530
Coll na Binn agus Saileog Rua 1282: 529
Éirigh Is Téigh Bainne Dhaoi 1282: 528; CC 014.009
Eochaill 1282: 527–8
(Maidin Gheal Aoibhinn is Mé ag Siúl Síos Caladh na mBád) 1282: 525–6
Máire Ní Maoileoin 1282: 526–7

1944: 11, 21, 24.8.44; 2.9.44

[B]   **Micheál,** Leitir Deiscirt. Búistéir a bhí ann. Bhíodh sé ag díol feola leis na siopaí agus leis na mná rialta. Bhíodh a chlann ag casadh ceoil ar an veidhlín agus ar an mbosca ceoil. Ba iad Maidhcó, George, Bridgie, Meaigí agus Caitlín a chlann. Bhí Meaigí ag múineadh i Maínis. Fuair Micheál bás i 1945.
1942: 17.8.42

[B]   tigh **Uí Mháille,** Leitir Deiscirt. Tá tagairt ag Mac Aonghusa dó i litir ar an 13 Samhain 1942 gurbh fhéidir go ndéanfadh sé socrú fanacht ann mar go 'bhfuil aithne mhaith orm' ann ach ní cosúil go ndearna sé sin. Is é seo tigh Mhichíl *q.v.*
1942: 18.11.42

[B]   fear de mhuintir **Uí Mháille,** Leitir Deiscirt, Carna. Féach Micheál Ó Máille.
1945: 28.7.45

[C]   muintir **Uí Mháille,** Béal an Átha Fada. Bhí cáil an cheoil ar an teach ina raibh Bab (Bairbre) Ní Mháille ina cónaí. Ba mhinic Séamus Mac Aonghusa ag teacht ar cuairt ann nuair a thagadh sé agus bhuaileadh ar an bhfuinneog – in amanna ag a trí a chlog ar maidin.
1945: 19, 21.6.45

Ó Mainín

[A]   **Máirtín.** Ba é seo fear an tí a raibh sé ag fanacht ann, i gCill Bhreacáin, Ros Muc. Bhí amhráin aige. Bhí sé pósta le Nóra Bean Uí Mhainín *q.v.*

Mainistir na Búille CC 015.056

1942: 14.9.42

[B] **Micheál Bheairtle Antaine.** Bhí sé iontach le haghaidh scéalta a inseacht. I Ros Muc a bhí sé. Bhí cáil air mar fhonnadóir agus mar dhamhsóir. *'Haste to the Wedding'* an port singil ab ansa leis a chasadh don damhsa. Sárshiúinéir a bhí ann agus mhair sé ar a cheird timpeall Chonamara. Bhí an seanchas ag rith lena mhuintir agus tairngreachtaí ina theannta sin ag a athair. Ag a mhuintir a bhí an chéad teach poist sa cheantar.

Binsín Luachra, An 1280: 494
Caolstailín Uasal, An [cuid de] 1280: 494
Seoladh na nGamhna faoin bhFásach 1280: 491

1942: 9, 15, 23.8.42
1944: 11.12.44

[A] **Nóra Bean Uí Mhainín** (Nora Bheairtle Bhreathnaigh), Naomh Breacáin, Cill Bhreacáin, Ros Muc. Ba é James Ennis *q.v.*, athair Shéamuis, an chéad Ghaeilgeoir a tháinig ag fanacht go Ros Muc tigh Nóra Bheairtle. Bhí an-chairdeas idir muintir Mhic Aonghusa agus na Mainínigh. Chuaigh deirfiúr le Séamus chun baiste le Meaití, mac le Nóra. Bhí Nóra Bheairtle fíorchairdiúil le máthair Shéamuis, Mary *q.v.* Nuair a fuair fear Nóra bás, chaith Mrs Ennis dhá bhliain in éineacht le Nóra i gCill Bhreacáin. Thagadh go leor cuairteoirí agus múinteoirí ina measc ag fanacht tigh Mhainín agus dá bharr, 'Teach na Múinteoirí' a thugaidís ar an teach. Bhí Nóra sna tríochaidí i 1942.
1942: 7.8.42

Ó Maodhbh féach **Maude**

Ó Maoilchiaráin

[A] muintir **Uí Mhaoilchiaráin** (muintir Phádraig Mhaidhc), Cill Chiaráin. Damhsóir a bhí ann. Deirfiúr do Vail Bheairtle Ó Donncha *q.v.* a mháthair.
1942: 18.8.42
1945: 22.5.45

[B] **Pádraig Pheaitsín,** Roisín na Mainiach, Carna. Thugadh sé iasacht an bháid do Mhac Aonghusa le dul go Fínis.

Cailleachaí Chontae an Chláir 1280: 545–6
Sciúradh an Chainín 1280: 546–8
Úna Bhán 1280: 576

1945: 22, 25.5.45; 16.6.45; 28.7.45

[B] **Treasa Ní Mhaoilchiaráin** (17), Roisín na Mainiach, Carna.
1945: 12.5.45

Ó Maoláin

[A] **Maitiú** (Phádraig Rua) (Meait Pheaits Rua), Eoghanacht, Árainn. Bhí ochtar clainne ag a thuismitheoirí, Peaits Mhicil Mhaitiú agus Neain Mhicilín Ní Iarnáin. Rinne Maitiú amhráin, ina measc 'An Fheoil is an *Dole*'. Foilsíodh é seo san iris *An t-Éireannach* i 1935. Phós sé Maggie Jeaic Ní Fhlaithearta.
1945: 15.7.45; 23, 24.8.45; 4.9.45

[A] muintir **Uí Mhaoláin**, Eoghanacht, Árainn. Féach Maitiú Ó Maoláin.
1945: 23.8.45

Ó Maoldhomhnaigh

Seán. Fear ósta agus fear tábhairne ab ea Seán. Fear mór léinn, Gaeilge agus comhrá a bhí ann. Fuair sé bás i 1994 in aois 79 bliain. Ba leis an t-óstán ar an gCarraig, Óstán Sléibhe Liag. Ba é a sheanathair as an Atharach a cheannaigh an t-óstán thart ar 1867 nuair a d'fhill sé abhaile ó thréimhse imirce i gCalifornia agus airgead ina phóca aige lena cheannach.

1944: 5.9.44

Ó Meachair

Peadar Meachar, Inis Meáin. Bhí cáil amhrán air.

Amhrán an Churacháin 1282: 386–7

1945: 29.8.45

Ó Mianáin

[A] **Cit Ní Mhianáin** (deirfiúr John *q.v.*) (1880–1953), Toraigh. Bhí an-acmhainn grinn inti de réir cosúlachta. Féach Ó Laoire 2002, 335, grianghraf 47.

Táilliúir an Éadaigh 1282: 305

1944: 13, 14.10.44
1946: 29, 31.5.46

[B] **Jimmy Shéamuis Bháin,** An Baile Thoir, Toraigh (1897–1991). Iascaire a bhí ann. Níor phós sé riamh. Bhí lear mór amhrán aige. Ochtar ar fad a bhí sa teaghlach. Chreid sé gur ó Fhánaid a tháinig a shinsear. Thug sé cuid mhór amhrán do Nollaig Ó hUrmoltaigh. Féach Hamilton 1974.

Buachaill ón Éirne 1282: 309–10
Duitse Neansaí Thug Mé Fansaí 1282: 332
Go nÉirí na Brúghaigh 1282: 333
(Shíl Mé Féin ag Luí Dom Aréir) 1282: 322

1946: 31.5.46

[A] **John Tom** (Seán), An Baile Thoir, Toraigh (1889–1967). Bhí deartháir aige, Tomás, agus deartháir eile, Pádraig (1885–1909), a chuaigh go Meiriceá agus a bhfuil sé sa seanchas gur faoi a cumadh an t-amhrán 'A Pháidí, a Ghrá' nó ar a laghad go bhfuil baint ar leith ag na mothúcháin ann leis. 1282: 311–14

Amhrán an Bhoxty 1282: 345
Amhrán na Bó Crúbaí 1282: 336–8
A Pháidí a Ghrá má d'imigh Tú 1282: 300–1
Ar Choinligh Glas an Fhómhair 1282: 334–5
Beidh na hUain Óga 1282: 344
Cití an Chúil Bhuí 1282: 341–2
Contae Mhaigh Eo 1282: 328
Dónall Óg 1282: 311–14
I nGleannta na Coille Uaigní 1282: 301–2
Is Trua Nach bhfuil Mé i Sasain 1282: 326 –7
Malaí Shléibhe 1282: 334

Na Faoileáin Bhána 1282: 343
Peigí Ní Léibhí [Shléibhí] 1282: 340–1
Séamus Mac Murchaidh 1282: 342
Tá an Chuiscreach ag Cur Thairsti 1282: 303–4
Tiarna Bhinn Éadain 1282: 339
Tiocfaidh an Samhradh 1282: 331
Trua Nach bhfuil Mé in Éirinn 1282: 329–31

1944: 15.10.44
1946: 20–24, 26, 29–31.5.46

[A]   **Tom**, An Baile Thoir, Toraigh. Is dóigh gurbh é seo athair John Tom *q.v.* Fuair Tom bás i 1939 in aois 58 bliain.
1946: 29.5.46

Ó Moghráin

Pádraic (1880–1966). Bhí sé ar an ollscoil in éineacht leis an Duileargach *q.v.* i 1923. Chuidigh sé leis an Duileargach i 1936 nuair a chuaigh sé go Mala Raithní ar thóir an bhéaloidis. Bhailigh Pádraic scéalta ó chainteoirí dúchais Gaeilge sa cheantar. Bhí go leor teangacha aige. Máistir scoile a bhí ann. Nuair a chuaigh sé ar pinsean ceapadh ina bhailitheoir speisialta béaloidis é ag Coimisiún Béaloideasa Éireann. Bhailigh sé breis agus 6,000 leathanach anuas ar ar fhoilsigh sé san iris *Béaloideas*. B'éigean dó éirí as i 1956 de dheasca drochshláinte. Bhí sé ina chomhfhreagróir ceistiúcháin 1939–56.

Salann ag teastáil le haghaidh an bhaiste (údar leis) 1281: 133

1944: 10, 11, 14, 18, 22, 23, 27, 28.8.44

Ó Mongáin

[A]   [Máirín] (*née* Ní Néill), bean **Sheosaimh Uí Mhongáin** *q.v.* B'as Cluain Meala í.
1944: 24.6.44

[A]   **Seosamh** (Jamesy), Carna. Duine de chúigear clainne a bhí ag Máirtín Ó Mongáin agus a bhean, Honora. Toghadh i dtosach é ina theachta ag Cumann na nGaedheal d'iarthar na Gaillimhe i 1927 agus bhí sé ina Theachta Dála an chuid eile dá shaol. Phós sé i 1941. Bhí sé ráite gurbh é an seaimpín ab fhearr riamh é ag muintir Chonamara. I ngeall ar a chuid oibre dhírigh rialtais aird ar leith i ndiaidh a chéile ar Chonamara. Bhí sé ar bhunaitheoirí an Connemara Breeders' Society agus ina leasuachtarán air ó 1924 go bhfuair sé bás. Bhí sé ar bhunaitheoirí an Irish Tourist Association. Ba leis an t-óstán Tigh Mhongáin. Fuair sé bás i 1951 in aois 71. D'éirigh sé go dona tinn ar a a bhealach go Dáil Éireann. Fuair sé bás in ospidéal an Chlocháin.
1944: 26.6.44
1945: 25.4.45; 23.5.45; 4, 9.7.45

Ó Muimhneacháin

[A]   **Aindrias** (1905–89). B'as Béal Átha an Ghaorthaidh é. Mhúin sé ceol do Johnny Joe Pheaitsín 'ac Dhonncha *q.v.* ar an gcoláiste ullmhúcháin. Bhí sé ina mhúinteoir taistil Gaeilge agus ina thimire ag Conradh na Gaeilge. Réitigh sé díolamaí filíochta do scoileanna. Comharsa leis ab ea Tadhg Ó Buachalla agus chuir Aindrias eagar ar ábhar a bhailigh Seán Ó Cróinín *q.v.* uaidh sa leabhar *Seanchas an Táilliúra*. Deartháir do Cháit *q.v.* Bhí sé ina uachtarán ar an gCumann le Béaloideas Éireann 1965–87. Bhí an-cháil air mar óráidí agus dlúthbhaint aige leis an Oireachtas, a raibh sé ina uachtarán air i 1964.

1944: 27.11.44

[A]   **Cáit Ní Mhuimhneacháin** (1918–49). Deirfiúr í d'Aindrias *q.v.* Rugadh í i mBéal Átha an Ghaorthaidh. Bhí an-cháil uirthi ó thaobh na hamhránaíochta agus fuair sí duaiseanna ag an Oireachtas i 1942. Phós sí fear de mhuintir Thuama.

1942: (14.12.42 nóta)

Ó Murchú

    Pádraig (1903–72). B'as Cill Íomair, Néill, Contae Mhaigh Eo, é. Ceapadh ina Gharda é i 1925 agus bhí sé lonnaithe i gCarna, Cill Rónáin, Loch Sheoirse agus Bóthar na Trá idir 1942 agus 1954.

1944: 24.11.44

1945: 25.5.45

Ó Neachtain

[A]   [Eoin], Carna. Phós sé bean a raibh an sloinne ceanna uirthi. B'as Uachtar Ard í. Bhí siad ina gcónaí ar an Aird Mhóir. Thagadh daoine eile ag bailiú ó Eoin, mar shampla Liam Mac Coisdeala *q.v.* Scéalta ba mhó a bhí aige. Bhí sé thart ar 82 nuair a fuair sé bás. Bhí scéalta freisin ag a mhac, Marcas.

1943: 26.11.43

[A]   **Meaigín Eoin Ní Neachtain** (Mairéad), Carna. Ba chuimhin le Meaigín Séamus Mac Aonghusa a bheith thart sa cheantar. Bhí sí an-óg san am.

1943: 26.11.43

Ó Néill   féach **Mac Néill**

Ó Nia

[A]   **Cóilín Liúc**, Fínis. Fuair sé bás i 1969.

1942: 8.11.42

[B]   **Pat Chon**, Gort Mór, Ros Muc. Bhí sé in Óglaigh na hÉireann i Ros Muc bliain nó dhó roimh Éirí Amach 1916. Ina dhiaidh sin bhí sé an-ghníomhach i gCogadh na Saoirse sa bhuíon reatha faoi chinnireacht Choilm Uí Ghaora *q.v.* Bhí cáil air sa chogadh mar fhear maith críonna. Tógadh go minic é le linn an ama sin agus tá tagairtí de sin sa leabhar *Mise* ag Colm Ó Gaora. Chaith sé cuid mhór dá shaol mar fhear poist. Bhí sé gníomhach in imeachtaí pobail agus cuimhnítear freisin air mar fhear an dorais ag na céilithe sa scoil agus ina dhiaidh sin sa Choláiste *Tin* (Coláiste Cuimhneacháin an Phiarsaigh).

1942: 9.8.42

[C]   **Sonny Mór**, Ros Muc agus a mhac, **Tomás**, a bhí ina chónaí i Sasana. Bhí Sonny pósta le Kate. Chomh maith le gabháltas talún a bheith aige, bhí ceird aige mar thógálaí. Mar fhear óg, bhí sé ag foghlaim a cheirde mar shaor cloiche ag freastal ar Mháirtín Labhráis, an saor a thóg Teach an Phiarsaigh. B'amhránaí é agus níor lig an chlann an gaol amú, go háirithe Bab, Nóra is Tomáisín. Phós Tomáisín Sonny i Sasana agus chaith sé bunáite a shaoil i Londain. Damhsóir, fonnadóir agus ceoltóir ar an mbosca ceoil ab ea é.

1942: 14.8.42

Ó Nia   féach **Nee**

Ó Rabhartaigh

[A]   **Annie Ní Rabhartaigh,** Bean Pháidí Uí Dhúgáin, An Bhealtaine, Gort an Choirce.

An tOileán Úr (Baile Cois na Trá) 1282: 150a–1
Nach Deas an Rud na Saighdiúirí 1282: 151–2; CC 020.038

1944: 26.1.44

[A]   **Gráinne Uí Rabhartaigh** (55), (*née* Ní Fhuaruisce), An Bhealtaine Láir, Gort an Choirce. Bean Mhicí *q.v.* agus máthair Annie *q.v.* Rugadh agus tógadh ar an gCeathrún, Gort an Choirce, í.

Dán na hAoine 1282: 154–5
Seacht Suáilcí na Maighdine 1282: 153–4

1944: 4.2.44

[A]   **Micí,** An Bhealtaine, Gort an Choirce. Carachtar a bhí ann. Bhí a theach taobh le teach Néill Uí Dhufaigh *q.v.* Ba é athair Annie *q.v.* agus fear Ghráinne *q.v.* é.
1944: 27.1.44

[A]   muintir **Uí Rabhartaigh,** An Bhealtaine, Gort an Choirce. Féach Annie, Gráinne agus Micí.
1944: 15.2.44

Ó Rabhartaigh féach **Roarty**

Ó Raghallaigh

(Roibeard F.) (1888–1945). B'as An Scairbh, gar don Choireán, Contae Chiarraí, ab ea é, an áit ina bhfuil sé curtha. Chaith sé tamall i Nua Eabhrac agus nuair a tháinig sé abhaile, bhí sé ina shagart paróiste i dTuath Ó Siosta ó 1938 gur bhásaigh sé. Bhí baint aige leis an ngluaiseacht Phoblachtánach. Bhí deartháir leis, Tom Reilly, sa chéad Dáil. Ba é a spreag Seán Ó Súilleabháin *q.v.* leis an leabhar *Diarmuid na Bolgaighe agus a chómhursain* (1937), leabhar faoi fhilí agus faoi fhilíocht Thuath Ó Siosta, a chur le chéile agus a fhoilsiú. Ba é seo an leabhar trínar chuir Séamus Ó Duilearga *q.v.* aithne ar Sheán. Bhí Ó Raghallaigh ina shéiplíneach i dTuath Ó Siosta san am. Veidhleadóir ab ea é.
1942: 13, 22.7.42; 3.9.42

O'Reilly   féach **Ó Raghallaigh**

Ó Riain   féach **Ryan**

Ó Roideacháin

Séamus, Cnoc na Radharc, Gaillimh.
1942: 22.11.42

Ó Scanláin

[A]   **Sorcha Ní Scanláin,** Tóin an Chnoic, Ros an Mhíl. B'iníon í le Máire Uí Scanláin *q.v.* Phós Sorcha fear as lár na hÉireann. Fuair sí bás i Sasana thart ar 1971 agus í i lár na gcaogaidí. Deartháir do Shorcha ba ea Micheál Ó Scanláin (Maidhcil Shéamuis Saile) a bhí i gcathair na Gaillimhe, a thug amhráin do Mháire Áine Ní Dhonnchadha a bhí faighte aige óna mháthair. Tá luaite ag MacAonghusa i litir chuig Seán Ó Súilleabháin *c.* 20 Iúil 1942 go raibh Sorcha páirteach i gcomórtais an Oireachtais. Féach freisin Mac Con Iomaire 1999, 24, 27.

Bádóirín Thir an Fhia CC 015.025
Nóra Ní Chonchúir CC 015.022
Raicín Álainn, An CC 015.024
Tráthnóinín ó Dé Domhnaigh CC 015.017
Úna Bhán (véarsa 2) CC 015.021

1942: 15–17.7.42

[A]   máthair **Shorcha Uí Scanláin** (Máire Chotaigh nó Ní Chotaigh). B'as An Sconsa, Leitir Calaidh, í agus thug sí amhráin do Mháire Áine Ní Dhonnchadha. Muintir Shéamuis Saile a bhí ar an teaghlach. Féach freisin Mac Con Iomaire 1999, 24, 27.

Buachaill Dubh, An CC 015.019
Buachaillín Bán, An CC 015.018
Dó Dú ó Deighdil-um CC 015.027
Dónall Óg CC 015.028
Loch na Nia CC 015.023
Máire Ní Mhaoileoin CC 015.026
Tiocfaidh an Samhradh CC 015.020
Úna Bhán (véarsa 1) CC 015.021

1942: 17.7.42

Ó Scolaí

Máire Ní Scolaí (1909–85). Amhránaí rícháiliúil ab ea í. Rugadh i mBaile Átha Cliath í. Tháinig sí go Gaillimh agus bhí sí an-ghníomhach i gcúrsaí amhránaíochta agus damhsa, i gcúrsaí cóir agus feise. Ghnóthaigh sí go leor comórtas amhránaíochta. Bhí an-ghean aici ar mhuintir Chonamara agus chaith sí cuid mhór ama i gCois Fharraige. Bhí aithne aici ar amhránaithe an cheantair. Fuair sí amhráin ó Bhean Uí Chonláin *q.v.* agus ó mháthair Shorcha Ní Scanláin *q.v.*
1942: 8.7.42

Ó Séadhgha

[A]   bean **Uí Shéaghdha** (Nóra) (*née* Ní Mharannáin). Bhí sí pósta le Tadhg Ó Séaghdha *q.v.* B'as Eighneach, Contae an Chláir, í.
1942: 6.8.42
1946: 1.7.46

[A]   **Tadhg**, Ros an Mhíl (1906–78). Rugadh in Áth Chaisle é in aice le Caisleán Ghriaire, Contae Chiarraí. Oileadh mar mhúinteoir bunscoile i gColáiste de La Salle i bPort Láirge é. Bhain sé céim B.A. agus Ard-Dioplóma san Oideachas amach i gColáiste na hOllscoile, Gaillimh. Tháinig sé go Conamara i 1927, áit ar chaith sé an chuid eile dá shaol, ag múineadh ar an gCnoc, ar an Tulach agus i Ros an Mhíl. Théadh Mac Aonghusa ar cuairt chuige nuair a bhíodh sé thiar agus thugadh Tadhg isteach sa scoil é le hamhráin a rá do na gasúir. Bhí sé ina chomhfhreagróir ceistiúcháin ag Coimisiún Béaloideasa Éireann agus ina dhiaidh sin ag Roinn Bhéaloideas Éireann go dtí go bhfuair sé bás.
1942: 14, 15.7.42; 6.8.42

Ó Searcaigh

Sorcha Chathail Ní Shearcaigh, Mín Uí Bhaoill. B'as Srath an Arbhair, Loch an Iúir, ó dhúchas í. Phós sí Doiminic Hughie Mac Suibhne, Mín Uí Bhaoill. Bhí cáil ar a hathair, Cathal Óg, le scéalta agus ceol. Bhí deirfiúr ag Sorcha, Bidí, a raibh cónaí uirthi i Leitir Catha, a raibh cliú an tseanchais uirthi.

1944: 5.4.44

O'Shea

Tess. Bhí sí ina dochtúir i gCarna ar feadh bliana nó mar sin. D'fhan sí in Óstán Tigh Mhongáin, Carna, le linn an ama. Bhain sí a céim amach sa Choláiste Ollscoile, Baile Átha Cliath, i 1941 agus ba é an 19 Feabhra 1941 an dáta ar cláraíodh ina dochtúir í. 'Hazelhill', Béal Átha hAmhnais, an seoladh atá tugtha síos i gclár na ndochtúirí di.

1942: 23.7.42; 16, 20.8.42; 7, 13.9.42

Ó Siadhail

[Seán A.]. Rugadh i Nua Eabhrac é. Oirníodh é i 1925. Bhí sé ina shagart cúnta i nGort an Choirce 1940–44. Le linn na tréimhse sin, bhí ról lárnach aige in airgead a chruinniú le teach pobail nua a thógáil i nGort an Choirce. Chuir sé rásaí bád, drámaí agus imeachtaí eile ar siúl le hairgead a bhailiú. D'fhág sé Gort an Choirce agus bhí sé ina shéiplíneach ag Cabhlach Cheanada ó 1944–5. Bhí sé ina shagart paróiste i nGort an Choirce 1962–71 nuair a fuair sé bás.

1944: 16.2.44

Ó Siochfhradha

Pádraig ('An Seabhac') (1883–1964). Bhí sé ar dhuine de na daoine ba cháiliúla i saol na Gaeilge lena linn. B'as Corca Dhuibhne ó dhúchas é. Chaith sé tamall ina mhúinteoir taistil. Bhí luí ar leith aige leis an mbéaloideas. Foilsíodh cuid mhór leabhar agus alt dá chuid. Bhí sé ar dhuine de bhunaitheoirí Choimisiún Béaloideasa Éireann.

1945: 14, 15.11.45

Ó Súilleabháin

[A] **Bríd Bean Sheosaimh Uí Shúilleabháin,** An Aill Bhuí, Ros Muc. B'as Cnoc, Leitir Móir, ó dhúchas í. Phós sí féin agus Joe i Sasana. Mac ab ea Joe le Stiofán, an bádóir cáiliúil. Tháinig siad abhaile is thóg siad a gclann abhus. Bhí siad ar feadh tamaill bhig ar an Aill Bhuí ach an chuid eile dá saol in Inbhear. Bhí cáil uirthi mar amhránaí den scoth agus bhí an ceol ag rith léi mar b'amhranaí freisin a máthair, Peigín, agus ba í a deirfiúr, Máire, a tháinig sa chéad áit i gcomórtas sean-nóis an Oireachtais sna daichidí, agus tá aithne mar fhonnadóir ar a deartháir, Maidhc Seoighe, Ráth Cairn.

Peigín Adley CC 015.052
Seanduine Dóite CC 015.050
Tomás Ó Dálaigh CC 015.051

1942: 13.8.42

[B] **Seán** (1903–96). Ciarraíoch ba ea Seán, ó Thuath Ó Siosta ó dhúchas. Bhí sé ina chartlannaí ag Coimisiún Béaloideasa Éireann 1935–71 agus ina dhiaidh sin ag Roinn Bhéaloideas Éireann. Is é *A Handbook of Irish Folklore* (1942) a chuir sé le chéile atá mar bhunchloch do chóras innéacsaithe an bhéaloidis sa tír seo. Rinne sé éacht ar obair chláraithe an bhéaloidis i mbailiúcháin an Choimisiúin. Feictear an luí iontach a bhí aige leis an ábhar i *Scéalta Cráibhtheacha* (1952), *Folktales of*

Ireland (1966), *The Folklore of Ireland* (1974), *Legends from Ireland* (1977) agus i leabhair eile nach iad. Bhí sé ina chrann taca ag bailitheoirí an bhéaloidis ar fud na hÉireann agus ina scoláire a raibh aitheantas idirnáisiúnta aige.

1942: 5, 16, 18, 24.7.42; 2, 10.8.42
1943: 10, 12.5.43; 15.9.43; 17, 18, 27, 29.11.43; 8.12.43
1944: 22.2.44; 24, 29.5.44; 27.6.44; 23.8.44; 22.9.44; 4.10.44; 28.11.44
1945: 26.4.45; 29.5.45; 12.9.45

[C] **Susan Bean Uí Shúilleabháin** (*née* Flanagan), An Leacht. Sheinn sí an fhidil agus an consairtín. Chaith sí tamall i Nua Eabhrac tús na 1920idí. Bhí sí ar bhunaitheoirí Chomhaltas Ceoltóirí Éireann. Bhí siopa aici agus teach lóistín. Ba mhinic í ag seinm le ceoltóirí eile. Ba chuimhin lena mac Tomsie gur fhan Mac Aonghusa sa teach ar feadh coicíse uair amháin. Choinníodh Tomsie greim ar a rothar dó a fhad is a bheadh Séamus ag cur na bhfáiscíní rothair air féin. Thagadh ceoltóirí na háite chun an tí sa tráthnóna, go háirithe mar go raibh an phíb ag Séamus ach gur bheag acu a bhí sa cheantar. Bhí Susan ina huachtarán ar chraobh an Chláir de Chomhaltas ar feadh dhá bhliain sna 1960idí. Fuair sí bás i 1981 agus í sna hochtóidí láir.

Dancing: Lahinch County Clare 1304: 33–5

1945: 7, 14, 25.9.45

Ó Tiarnaigh

[Tomás], Cnoc na Rátha. Mac le Tadhg Óg Ó Tiarnaigh, file. Bhí gabháltas talún ag Tomás ar eastát na mBrianach agus chum sé '*The O'Briens of Birchfield*', 'An tAsal Maol' agus 'Micheál Builtéar', amhrán molta bréige faoi fhear a bhí ag obair ar a phá dó. Fuair Tomás bás *c.* 1890.
1945: 18.9.45

O'Toole

Mrs (Nóra) (Bean Uí Thuathail) (*née* Ní Chadhain). B'as Corr na Móna í agus phós sí Anraí Ó Tuathail.
1942: 24.7.42

Ó Tuathail

[A] muintir **Éamoin Uí Thuathail** (1922–93). Múinteoir bunscoile a bhí ann a oileadh i gColáiste Phádraig, Droim Conrach, ag tús na 1940idí. Bhí gaol aige le muintir Uí Uaithnín, Maínis.
1945: 27.8.45

[B] **Tomás** agus a mhac, **Micil Thomáis** (1904–90), Leitir Calaidh Thuaidh. Bhí cáil na n-amhrán ar Thomás. Bhí scéalta Fiannaíochta ag Micil. Phós Micil Monica Ní Dhonncha as Leitir Calaidh Theas. Théadh sé go Sasana píosa mór de chuile bhliain agus thagadh abhaile le haghaidh na Nollag. Thagadh Tomás Seoighe, comharsa leis, ar cuairt chuig an teach i Leitir Calaidh agus bhíodh comórtais scéalaíochta sa teach acu.
1942: 25.7.42

[?] **Páidín Phóil,** file in Árainn
1945: 27.8.45

Pearson

Nancy. Ba chéimí (1930) de chuid Choláiste na Tríonóide í. Rinne sí obair ar chlárú lámhscríbhinní na Gaeilge de chuid an Acadaimh Ríoga. Rinne sí go leor oibre freisin ar fhascúl de chuid an *Dictionary of the Irish Language* ar an litir 'L'.
1944: 28.8.44

Prendergast

[Riocard]. Bhí sé ina shagart cúnta i gCarna, 1944–6.
1944: 23.11.44

Reidys

Mothar. Is cosúil gur aistrigh siad go dtí an Seanchaisleán, Co. na Mí.
1945: 26.9.45

Ridge

[A] **Cáit bean Mháirtín Mhic Con Iomaire** [Mrs Ridge], Tigh an Droichid, Casla (1915–2000). Bhíodh cuairteoirí ag teacht chuig an teach seo seasta agus daoine ag fanacht ann. Faoi mar a dúirt Micheál, mac Cháit, faoin gcuairteoir áirithe sin: 'Is cuimhneach liom a bheith ar a ghlúine tráthnóntachaí thar éis é a theacht isteach, bhíodh sé amuigh ag rothaíocht i gcaitheamh an lae is ag bailiú. Ní raibh a fhios againne ag an am céard a bhí sé a dhéanamh. Is dóigh go raibh mé, b'fhéidir, sé nó seacht de bhlianta. Agus shuíodh sé os comhair na tine, agus thóg sé ar a ghlúine mé, agus is é a mhúin . . . "Bean Pháidín" dhom, na focla de "Bhean Pháidín" agus mhúineadh sé véarsa dhom chuile thráthnóna agus véarsa eile an tráthnóna dhár gcionn.

Agus, cheap muid go raibh sé, bhreathnaigh muid air mar dhuine saghas . . . ní raibh sé cosúil leis an gnáthdhuine, bhreathnaigh sé chomh hard, chomh tanaí, méarachaí móra fada air agus ní raibh aige ach aon chulaith éadaigh amháin agus nuair a bhíodh sé ag báisteach, bhaineadh sé dhó í siúd agus chuireadh sé i mála *plastic* í ar an taobh thiar den diallait agus thagadh sé agus péire brístíní peile nó rud éicint air ach é a fheiceáil ag teacht sa tráthnóna báistí, báisteach mhór ina chraiceann dearg ach amháin ina phéire brístíní agus na bróga, an dtuigeann tú. Ghabhadh sé isteach agus thriomaíodh sé é féin ansin agus chuireadh sé air a chuid éadaigh.'

Nuair a bhíodh se téite suas ansin agus an tae ólta aige, thógfadh sé amach an fheadog stáin agus chasadh sé píosa ceoil.

'Kate an Droichid' a thugtaí ar Cháit. Bhí go leor seanchais aici, agus i lár na gcaogaidí d'aistrigh an teaghlach go Doire an Fhéich, áit a raibh teach beag gleoite aici inar chuir sí fáilte roimh an saol mór.
1942: 14, 15, 20, 26.7.42

[B] **Máirtín,** Tigh an Droichid, Casla (1912–80). Fear céile Cháit Mhic Con Iomaire *q.v.* Ag a mhuintir a bhí Teach an Droichid. Bhíodh sé ag briseadh isteach capaillíní Chonamara agus ina mhaor ag iascairí a thagadh go Casla. Bhí capall agus carr aige á dtabhairt thart aimsir an chogaidh.
1942: 15, 20, 21.7.42; 6.8.42

Ridge féach **Mac Con Iomaire**

Roarty

Dan (Danny Mhicí Johnny), Mín na Mánrach, Loch an Iúir. Chaith sé na blianta in

Albain. Duine breá suáilceach a bhí ann. Níor phós sé riamh. Bhí glór breá aige agus amhráin i nGaeilge agus i mBéarla. Bhí ardmheas air gach áit a mbíodh sé. Cheoladh sé 'Kitty from Baltimore', 'Down Airdmhín's Lovely Gardens', 'Mo Chró Beag ag Bun Chnoc an Tigh', 'Lovely Old Fintown', 'Mo Shean-Dún na nGall' agus go leor eile. Fuair sé bás i 1962 agus é thart ar 55 bliain d'aois. Scríobh Mac Aonghusa faoin ócáid ar bhailigh sé na hamhráin uaidh: *'I wrote these . . . songs from Danny Roarty when I met him in a house (Walsh's) in Airdmhín beside Leitir Catha, one night. Danny is a jovial, sporting fellow, who worked for years in Scotland (he is 33) and lives for nothing but sport, singing and dancing. I can still see him dancing through a reel in Wellington boots! He is one of those rarely met people who put me in good humour as soon as they come along and would cheer up a depressed company on arrival. He sings these songs (especially the first two) in rare swinging style, drawing the letter [atá luaite in 'Kitty from Ballinamore'] from his pocket and showing it around, and doing diverse actions throughout the song to illustrate his theme. His main success is that he enjoys the songs himself even more that the listeners do, apparently. And laughs right through.'* 1282: 290.

Caroline From Edinburgh Town CC 020.104
Girl I Left Behind, The 1282: 288; CC 020.103
Kitty From Ballinamore 1282: 287; CC 020.102
Lovely Old Fintown 1282: 289–90

1944: 25.3.44; 18.9.44

Roarty
Roddy　　féach **Ó Rabhartaigh**

Peter. Rugadh é sa bhliain 1900. Thosaigh sé ag obair do Sheirbhís na dTeach Solais in Éirinn i 1924 agus chuaigh ar pinsean i 1960. Ceapadh ina Phríomhchoimeádaí é ar an 9 Aibreán 1943. Dhá bhliain agus naoi mí a chaith sé ag obair i dToraigh. I measc na dtithe solais eile a raibh sé ag obair iontu bhí: Carn Uí Néid ar feadh 12 bliain; Ceann Dhún dTéide ar feadh seacht mí; An Tuscar ar feadh ceithre bliana go leith; Sligeach ar feadh deich mí; Cloch Dábhiolla ar feadh dhá bhliain agus dhá mhí. Idir 1948 agus 1956 bhí sé i gCarraig an Toir, Contae Mhaigh Eo, ar feadh ceithre bliana agus cúig mhí. Chaith sé tréimhsí freisin i Róncharraig agus i nDún Dealgan. Rinneadh teach solais uaithoibritheach as an teach solais i dToraigh i 1990.
1944: 9.10.44

Russell

Pat (Packie), Dúlainn, Contae an Chláir (1920–77). Ba é ab óige den triúr deartháireacha, Micho, Gussie agus Patrick, a raibh cáil an cheoil orthu. Saor cloiche a bhí ann. Sheinn sé an fheadóg agus an consairtín agus chaith cuid mhór ama ag seinm i dteach tábhairne O'Connor's i Sráid na nIascairí. Tá tagairt ag Mac Aonghusa sa dialann oifige (1297: 296) don 30 Aibreán 1946 do na poirt seo a leanas ó Pat Russell: *'Go To Bed You Bloody Old Rap!'*, Port (gan ainm), *'Cailleach an Airgid'*, Port (gan ainm), Ríl (gan ainm).
1945: 30.9.45

Ryan

[A]　　**Dan Owen.** Ba é sin athair William *q.v.* Phós Dan sa bhliain 1876 nuair a bhí sé 28

bliain d'aois. B'fheirmeoir in Úlla agus ba bhraigléir a athair sin, Owen Ryan. Phós Dan Joanne Merrick, iníon le Richard Merrick. Cúigear mac agus triúr iníonacha a bhí aige. Bhí trí acra talún aige. Bhíodh asal agus cairt aige le dul chuig aontaí. Bhí sé páirteach i mbanna céilí in éineacht lena mhac Willie q.v. agus iníon Winnie, a sheinneadh an pianó. Bhí sé gníomhach i gCogadh na Saoirse.
1945: 21.11.45

[A]   **William.** Bhíodh sé ag obair i siopa Frank Glasgow q.v. taobh leis an Savoy. Mac é le Dan Owen q.v. Damhsóir a bhí ann. Bhíodh sé ag díol árachais agus carranna. Sheinneadh sé an fhidil, an consairtín agus an phíb mhála. Fuair sé bás agus é thart ar 75. Is dóigh go raibh sé timpeall leathchéad nuair a casadh Mac Aonghusa air. Teaghlach an-cheolmhar a bhí sa teach.
1945: 21.11.45

[B]   [? Pádraig T. Ó Riain] Bráthair Críostaí a bhí ag múineadh Gaeilge i scoil de chuid na mBráithre Críostaí i Luimneach. Tá os cionn 12,500 leathanach sa bhailiúchán a rinne sé agus atá i gCnuasach Bhéaloideas Éireann. Fuair sé bás i 1959.
1945: 22.11.45

Scanlon

muintir, An Leacht. Ba chairde le Seán Ó Súilleabháin q.v. iad. Bhí Seán, mac leo, ina innealtóir do thuaisceart Chontae an Chláir. B'as Tiobraid Árainn iad agus bhí Seán fostaithe ag Coimisiún na Talún. Phós sé bean as ceantar Dhúlainne. Chuaigh siad chun cónaithe in Inis.
1945: 12, 16.9.45

Scofield

[Stanley]. B'as An Chéibh Nua é. Bhíodh sé ar bhád a théadh as Árainn go Contae an Chláir le gliomaigh. Bhí sé pósta le bean as Eoghanacht, Máire Pheaits Phóil. 'Scobell' a thugtaí in Árainn air.
1945: 28.8.45

Séamus an Bhéarla, Inis Meáin.
1945: 29.8.45

Seoighe

[A]   **Baibín** (née Ní Raghallaigh), Inis Bearachain. Bhí sí pósta le Máirtín Seoighe q.v. Ceithre dhuine dhéag clainne a bhí acu. Ba í máthair John q.v., Bhairbre q.v., Mheaigí q.v. agus Chóilín q.v. í. Sa teaghlach freisin bhí: Mary; Bríd, a cailleadh go hóg; Neain, a fuair bás i Meiriceá; Joe; Nóra, a bhí pósta le Peait Cheoinín q.v.; Máirtín, a fuair bás i Meiriceá agus atá curtha thall; Micil, a fuair bás i Sasana; Kate; Peter, atá curtha i Leitir Móir; agus Pádraig. Nuair a bhí Mac Aonghusa thart bhí cuid acu imithe go Sasana agus go Meiriceá. Bhí leagan de 'An Draighneán Donn' aici agus ba é an t-amhrán ab fhearr ar fad léi 'The Banks of Claudy'.

Dónall Óg (cuid de) 1280: 574

1945: 11–12.7.45

[A]   **Bairbre,** Inis Bearachain. Deirfiúr le John q.v., Meaigí q.v. agus Cóilín q.v. B'iníon í le Baibín q.v. agus Máirtín q.v. Phós sí Tomás Mhurcha Ó Cuanaigh q.v.
1945: 11–12.7.45

[A] **Cóilín,** Inis Bearachain. Ba dheartháir é le Bairbre *q.v.*, Meaigí *q.v.* agus John *q.v.* Ba mhac é le Baibín *q.v.* agus Máirtín *q.v.* Chuaigh sé go Boston.
1945: 11.7.45

[B] **Coilín Sheáinín Bhig** (20), Loch Con Aortha, Cill Chiaráin. Chuaigh siad chun cónaithe go Co. na Mí.

Níl Mé Tinn agus Níl Mé Slán 1280: 506–7

1945: 29.4.45; 1, 30.5.45

[A] **John Mháirtín** (Seán) (John Bhaibín) (*c.* 28), Inis Bearachain. Ba dheartháir é le Bairbre *q.v.*, Meaigí *q.v.* agus Cóilín *q.v.* Ba mhac é le Baibín *q.v.* agus Máirtín *q.v.* Ba chuimhin le John nuair a chuaigh sé féin, Jim Ó Ceoinín *q.v.* agus Mac Aonghusa ag snámh agus ansin, tigh Mheaigí, ronnacha buí a réitigh sí. Chuir sí síos an ronnach buí i dtosach agus chuir sí uisce faoi agus d'fhiuch sé agus rinne sé beagáinín súip agus chuir sí arís ar an bpean é. 'Meastú an dtabharfadh sí ceann acub sin dhomsa?' a dúirt Séamus. Dúirt John go dtabharfadh sí 'agus seacht gcinn má itheann tú iad'. Óna thuismitheoirí a thug John na hamhráin leis.

(Agamsa atá an tSlat Iascach is Deise tá san Iartháil) *(ceathrú)* 1280: 566
Amhrán na Sinn Féiners 1280: 564–6
Long Mhór na mBúrc 1280: 569–70; CC 021.39
Pluid Dhorcha Leára (véarsa) 1280: 559
Súisín Bán, An 1280: 567–8

1945: 29.6.45; 1, 11–14.7.45

[A] **Máirtín,** Inis Bearachain. Bhí sé pósta le Baibín *q.v.* Ba é athair John *q.v.*, Bhairbre *q.v.*, Mheaigí *q.v.* agus Chóilín *q.v.* é. Fuair Máirtín bás óg. Bhain timpiste dó sa bhád.
1945: 11.7.45

[B] máthair **Chóilín Sheáinín Bhig** *q.v.*, Loch Con Aortha.
1945: 30.5.45

[A] **Meaigí Mháirtín** (*c.* 30), Inis Bearachain. Ba dheirfiúr í le Bairbre *q.v.*, John *q.v.* agus Cóilín *q.v.* B'iníon í le Baibín *q.v.* agus Máirtín *q.v.* Bhí sí pósta le Cóil Sheáin Tom Ó Ceallaigh *q.v.*, An Trá Bháin. Fuair sí bás i 2004 agus í 91 bliain d'aois.

Buachaillín Deas Óg Mé 1280: 553–4
Cónaíonn Cailín Óg 1280: 551–2

1945: 12.7.45

[C] **Mylí Mór.** Bhí sé i mbun bhád farantóireachta Chill Éinne.
1945: 29.8.45

[D] **Nóra** agus a muintir, Coilleán, An Cheathrú Rua. Ní mhaireann cuimhne uirthi.

Aréir ag Tíocht Ó Chuartaíocht Dom 1280: 15–16; CC 015.043
Mná Deasa Locha Riach CC 015.044

1942: 7.8.42

[E] **Pádraig.** B'as Poll Raithní é. Múinteoir scoile a bhí ann agus chum sé cuid mhór filíochta, ar a raibh 'Diabhal Smid Bhréige Ann' agus marbhna ar bhás Henry Kenny. Chum sé dán faoi thruailliú cine agus dán omóis don Daibhéideach. Tá cuid dá shaothar foilsithe in *Achill Songs and Poetry*. Bhí aithne aige ar Sheán Ó Súilleabháin *q.v.*

1944: 15.8.44

[F] **Tomás** (Tomás an Ghréasaí), Uachtar Choill Sáile, Cill Chiaráin. An-amhránaithe ba ea a mhuintir agus bhí glór breá aige féin. Thaitnigh 'An Poc ar Buile' go mór leis agus bhíodh sé á rá. Fuair sé bás i 1953 *c.* 83 bliain d'aois.

Púcán Mhicil Pháidín 1280: 529–34

1945: 10, 11.6.45

Sharkey féach **Ó Searcaigh**

Sheridan

Mick. Ba chara le Mac Aonghusa as Contae an Chabháin a bhí ann.
1945: 19.11.45

Shiel

Andy. B'as na Dúnaibh é. Iascaire a bhí ann. Phós sé isteach i dToraigh áit a raibh oifig an phoist ag a bhean. Bhí sé féin ag obair inti.
1946: 25.5.46

Sullivan

Michael, Garraí na Graí, Ros Cathail, Uachtar Ard. Ní raibh sé pósta. Ní cosúil go bhfuil aon duine dá mhuintir fanta anois.
1942: 4.8.42

Sweeneys féach **Mac Suibhne**

Tallon

Justin. Cara le Mac Aonghusa as Baile Átha Cliath a bhí ar cuairt in Acaill.
1944: 18.8.44

Teevan

[A] **Tom.** B'abhcóide é san am. Bhí sé ar saoire i bPort Mhuirbhigh lena bhean [Gertrude] *q.v.* agus beirt mhac *q.v.* [Richard agus Diarmuid]. Bhí teach ar cíos acu ann. Rugadh i gContae an Chabháin é. Chuaigh a mhuintir chun cónaithe go Contae Lú agus bhí sé ar scoil ag na Bráithre Críostaí i nDún Dealgan. Bhí sé iontach maith ag díospóireacht. Cháiligh sé ina dhlíodóir sula raibh sé 21. Bhí sé ag obair mar dhlíodóir i nDún Dealgan ar feadh na mblianta. Glaodh chun an bharra é i 1936 agus chuig barra na sinsear i 1946. Ceapadh ina abhcóide sinsear é agus ina Ard-Aighne ansin i 1953. Ba chuimhin lena mhac Diarmuid, Mac Aonghusa agus é féin ag fanacht sa teach lóistín céanna i nDún Chaoin freisin. Fuair Tom bás i 1976.
1943: 31.8.45; 3.9.45

[A] a bhean [Gertrude] (*née* McCaul). Ba cheannaithe a muintir agus b'as Carraig Mhachaire Rois í. Ba lena muintir an teach ina bhfuil an tÓstán Nuremore.
agus beirt mhac [Richard agus Diarmuid] le Tom Teevan *q.v.* a bhí ar saoire i bPort Mhuirbhigh.
1945: 3.9.45

Tierney	féach **Neelan**
Wallace	féach **de Bhailis**
Walsh	féach **Breathnach**
Ward	

John, fear deirféar do Dhonncha Ó Baoill *q.v.*
1944: 17.2.44; 8, 10, 16, 21.3.44

Williams

Maidhcil (Tom Dick), Inis Bearachain. Chuaigh sé go Contae na Mí. B'as Doire Fhatharta a bhean, Máirín. Bhí deartháir aige, Dick, agus bhí an cháil ar an teaghlach go raibh siad an-dathúil.

An Caol-Stailín Uasal 1280: 571–4

1945: 13, 14.7.45

Wilmot

Séamus. Seans gurbh é seo Séamus Wilmot, B.A., B. Comm., H. Dip. in Ed., L.L.D. *(jure officii)*, a bhí ina chláraitheoir ar Ollscoil na hÉireann 1952–72. Fuair sé bás i mí Eanáir 1977.
1946: 8.6.46

Woodcock

[Bruce]. Curadh dornálaíochta Shasana a bhí ann. Bhuail sé Máirtín Ó Droighneáin *q.v.* san Amharclann Ríoga i mBaile Átha Cliath i 1945.
1945: 24.8.45

Clár Amhrán agus Ceoil

caointeoireacht 20.8.42

'Caolstailín Uasal, An' 13, 14.7.45

'Ceaite na gCuach' 1.12.43

céilí

    Árainn 29, 30.6.45; 29, 30.6.46

    Béal an Átha Fada 23.7.43 ;

    Carna 27.8.42; 4, 11.7.43; 7.11.43;
       25.6.44; 24.6.45, 30.8.45

    Ceathrú Rua, An Ch– 5.12.43

    Cill Chiaráin 8.11.42; 18.6.44

    Cill Rónáin 15.7.45; 24, 28.8.45; 2.9.45

    Cloch na Rón 26.11.44

    Gort an Choirce 14, 18, 22, 25.8.43

    Rann na Feirste 27.8.43

    Ros Muc 23.8.42; 10, 11.6.45; 18.7.43

    Sraith Salach 19.11.44

céilí gearr 23.8.43; 27.5.45

ceirníní, ceol ó ch– 30.8.42; 19.2.44; 16.9.45

ceistiúchán

    amhráin 19, 20.5.43

ceol banna 13.8.43

ceol damhsa Deireadh Fómhair 1942; 8.3.44

Ceol na n-Oileán (Ó Ceallaigh) 12.5.43;
    15, 17.11.44

'Chuaigh Mé Seal Tamallt ar Cuairt' 3.3.44

'Cill Aodáin' (fonn) 21.7.42

'Cit an Mhuimhnigh' 10.5.45

coileach, amhrán faoi 29.5.45

Coimisiún Béaloideasa Éireann
    ceistiúchán faoi amhráin 19, 20.5.43

Coimisiún le Rincí Gaelacha, An 14.11.45

'Coinleach Glas an Fhómhair' 12.7.45

coirmeacha ceoil

    Aird Thiar, An 16.7.46

    Caiseal, An 8.12.44

    Cloch na Rón 3.12.44

    Gaoth Dobhair 29.8.43

comórtais 27.8.43

Carna 27.8.42

'Cóta Mór Stróicthe, An' 28.11.42

crónán 3.3.44

'Crúbach i dToraigh, An Ch–' 26.3.44

'Cúileann, An Ch–' 6.12.44

'Cúirt an tSrutháin Bhuí' 23.6.44

curfá

    Ochón-óin eó 21.2.44

damhsa

    Aird Mhóir, An 9.7.46

    Árainn 29, 30.6.46

    ar bhád 23.6.45

    Carna 11.11.43; 4, 5.12.43; 11.7.44;
       21.5.45; 30.8.45

    Cill Éinne 29.6.43

    Clochán, An 20.6.46

    Clochán Liath, An 18, 19.2.44; 17.3.44;
       22.9.44; 6.10.44

    Cloch na Rón 16.7.44; 26.11.44

    Cloich Chionnaola 1, 8.10.44

    coiscthe ag sagart 30.6.46

    comórtas, Gort an Choirce 15.8.43

    Conamara 19.7.42

    Glinsce 25.5.43

    Gort an Choirce 13.2.44

    Gunna, le 15.10.44

    Leitir Catha 20.2.44; 19.5.46

    Luimneach 14–17, 20.11.45

    múinteoir 30.1.44

    píobaireacht Mhic Aonghusa, le 17.12.44

    sean-nós 30.8.42; 22.6.44

    seanstíl, Carna 13.7.44

    sets 30.5.46; 29.6.46

    Toraigh 30.5.46

'Dán na hAoine' 27, 28.1.44

'Dhá mBeinn Trí Léig i bhFarraige' 30.11.44

'Dó-ín Dú ó Deighdil ó' 18.8.43

'Doire an Fhéich Chasla' 21.7.42

'Dónall Óg' 21.7.42

'Draighneán Donn, An' 7.12.43; 6.6.44;
    13.10.44; 11.12.44

'Draighneán Donn, An' (fonn) 13.5.45

'*Drunken Gauger, The*' (damhsa) 16.11.45

'Éamonn an Chnoic' 12.7.45

'Eileanóir na Rún' 29.7.44

'Éinín Druideoige, An tÉ–' 23.6.45

'Éirigh i do Shuí, a Bhean an Leanna' 4.9.45

'Eochaill' 13.9.44; 17.9.45

'Eoinín Ó Ragadáin' 8.9.44

'*Fairy Reels*' (damhsa) 30.5.46

feadóg

    Conamara 28.7.42; 21.5.43

    D'Arcy 28.7.42; 2.8.42

    deasú 29.8.43

Clár an Ábhair

lochtach, Carna 6.7.46
lochtach, Toraigh 21, 23, 24, 27.5.46
Toraigh 30.5.46
Éigipt, An, léacht faoi 5.3.44
Éirí Amach na Cásca 1916 16.5.46
eitleán, tuairt, Dún na nGall 28.1.44

F

fáistineacht 7.12.43; 22.5.45; 25.6.46
fataí
    baint 8.11.43; 11.10.44
    barraí 10, 21, 24.5.43; 22.7.44
    bronntanais 14.6.45
    gadaithe 28.4.45
    ganntanais 13.6.45
    lánú 23.5.45; 15.6.45
    poll 10.11.42
    sioc 11.5.43; 29, 30.4.45
feadaíl
    Dún na nGall 15.9.43
    mar mhasla 12.12.44
    Ó Ceannabháin 21.5.43
feamainn, cnuasach 21.5.43; 11.10.44; 24.6.46
féar
    baint 6, 9, 21, 22.7.43; 8, 22.7.44; 9.7.45
    cocaí 14.9.45
    déanamh 15, 20.7.43; 21.7.44; 17, 19.9.44;
      31.7.45
'fear an phoitín' 14.11.43
féilte
    Corpus Christi 8, 11.6.44; 31.5.45
    Déardaoin Deascabhála 10, 18.5.45
    Deastógáil na Maighdine 15.8.42
    Gineadh gan Smál 8.12.43
    Lá Fhéile Pádraig 17.3.44
    Lá Fhéile Peadar is Pól 29.6.43; 29.6.44;
      29.6.45; 15.7.45; 17, 29.6.46
    Luan Cincíse 29.5.44
Feirmeacha, Scéim Feabhsúchán 14.5.45
filíocht *féach* **Clár Amhrán agus Ceoil**
fíodóireacht, seol 23.5.45
fíodóirí 18.8.42; 29.6.43; 14.8.44
Fórsa Cosanta Áitiúil (FCA) 19.8.43; 28.1.44
    campa 24.4.45

G

Gaeilge, An Gh–
    Árainn 28.8.45
    athbheochan, díospóireacht faoi 28.8.43

Clár, Contae an Chláir 14, 18.9.45
Glinsce 2.7.46
Luimneach 14.11.45
Maigh Eo 12, 14, 22, 25.8.44
míthaitneamh do 23.11.44
staid 12.8.43
teagasc 23.6.45; 22.11.45
Gaeltacht
    forbairt 28.8.43
    raidió, craolachán cláir faoi 9, 11, 14.2.44
ganger 22.11.44
garáiste, fear 27.8.43
Garda Síochána 31.7.42; 7, 22.8.43; 20.11.43;
    5.2.44; 21, 29.5.44; 24.11.44; 26.5.45
    eolas áitiúil 14.9.45
    gleacaíocht 2.7.44
    Maigh Eo 25.8.44
    oíche le 2.12.44
    seiceanna do 4.12.44
gealach na gcoinleach 29.11.43; 4.12.43
gleacaíocht 2.7.44
gortú 25.4.45
    collarbone bainte as 18.6.46
gréasaí 25.8.44; 17.9.45
grianghraif
    Aird Mhóir, An 2.8.45
    Carna 3.6.45; 18.6.46
    Cora na gCapall 7.7.45
    Glinsce 31.5.44
    Máinis 10.7.45
    Toraigh 31.5.46

H

halla, caoi ar 7, 11.9.44
handball alley, Árainn 29.6.43
Hitler's Children (scannán) 15.1.44

I

iascach 25.8.44; 27.5.43
    Allt na Brocaí 29.8.44
    ballán 14.10.44
    Carna 7.12.43; 5.7.44; 6, 27.6.45; 26.7.45
    Carna, lochanna 13.6.45
    Conamara 3, 9, 15.8.42
    Dún na nGall 18, 20, 23.8.43; 13.3.44;
      27, 29.9.44; 1.10.44
    Glinsce 8.7.43
    gliomach 9, 26.7.45; 28.8.45
    Leitir Catha 17, 19.3.44; 5.6.46

Inis Meáin 29.8.45
Inis Srathair 21, 22.7.43
Leacht, An 8, 9, 12, 14, 17.9.45
Maínis 17, 18.7.44; 21.5.45; 27.6.43
Mala Raithní, An 13, 16, 18, 20–22, 24.8.44
mná rialta 22.7.44
múineadh, Aill Eachrois 6.5.45
Rann na Feirste 27.8.43
Ros Muc 16.5.43
Toraigh 10, 14.10.44; 29.5.46
Trá Mhór, An 15.6.45
sochraidí
Caiseal, An 26.4.45
caointeoireacht 20.8.42
de Búrca 8.11.42
Gort an Choirce 17.8.43
Maínis 15.6.45
Maigh Eo 18.8.44
Ó hUaithnín 2.6.45
Ó Máille 28.7.45
Spáinneach, cailíní 11.9.45
spórt 20.5.45
Caiseal, An 18.6.44
Gort an Choirce 15.8.43
Maigh Eo 15.8.44
Ros Muc 18.7.43
spraoi, Conamara 30.11.42
stailc, scoil 26.4.45
stáisiúin, An Airdmhín 21.2.44
státseirbhís 26.4.45

T
tacsaí, costas 29.9.45
tae, ganntanas 24.3.44; 8.5.45
tae, léamh bileoga 25.6.46
taibhsí 27.11.44
táilliúirí 12, 24.6.44; 30.11.44; 8.5.45; 26.6.45;
25.7.45
Mac Conaola 6.8.42
talamh, maoir 20.8.42; 7.8.43; 14.5.45
talamh, maoirseoir 4.7.42
talamh, úinéireacht 19, 21.5.45
teileagraim 17.5.46
teorainn, sruthán mar 28.1.44
time 28.5.44
An Coillín, 23, 24.11.44
tincéirí 2.10.44
tine chnámh, Lá Fhéile Eoin 23.6.45
tinneas 30.4.45; 18.7.45

fiacail 28.6.44
niúmóine, faitíos 12, 13.7.45
sagart cúnta Thoraí 26.5.46
tithe
briseadh, Fínis 13.5.45
cur síos ar an taobh istigh 28.1.44
deatach 4.9.45
fothrach 7.12.43
maisiú 19.5.44
tithe solais
Árainn 27.8.45
Toraigh 9.10.44
tobac 9.10.44; 28.6.46
cangailt 11.12.44
cuardach 1.8.42; 13.11.43; 16.3.44;
17.11.44
cúiteamh ann 4.7.45
ordaithe ó Bhaile Átha Cliath 17.7.46
píopa, caitheamh 14.11.44
úsáid 1.6.44
toghcháin, comhairle contae 14.6.45
toibreacha beannaithe
Tobar Bhríde 14.9.45
Tobar Cholm Cille 9.6.44
toitíní 9.10.44; 13.9.45
ganntanas 12.7.45
topagrafaíocht 21.5.43
tórraimh
Bean Mhic Mhonagail 16.8.43
'Troid' (dráma) 23, 25, 27.1.44
troid, Leitir Catha 20.2.44
turcaí, iompar 31.8.45
T.W.A., aonad scannánaíochta 19.7.46

U
uair, athrú 4.4.44
uaireadóir
ag teastáil 28.4.45
deisiú 6, 7.9.45
úir choisricthe, Toraigh 11.10.44
unemployment assistance form 5, 6.6.44

Clár Áiteanna

Abhainn Mhór, An [Ga]
  1945: 19.6.45
  1946: 19.6.46
Abhainn Réidh, An [Abhainn Ráithe] [DG]
  1943: 21.8.43
Acaill [ME]
  1944: 12, 14, 15, 18, 22.8.44
Agalla, Na hAgalla, Loch an Iúir [DG]
  1944: 25.2.44
Aill Bhuí, An, Ros Muc [Ga]
  1942: 13.8.42
Aill Eachrois, Roisín na Mainiach [Ga]
  1944: 13.7.44
  1945: 6, 11.5.45
Aill na Brón, Cill Chiaráin [Ga]
  1942: 20.8.42; 2.9.42; 8, 14.11.42;
    3, 9, 10.12.42
  1943: 11, 14, 24, 25.5.43; 23.6.43;
    12.11.43; 11.12.43
  1944: 5, 6, 9.6.44; 30.11.44; 6.12.44
  1945: 8.5.45; 2.6.45; 5, 7.7.45
  1946: 17.7.46
Aill na dTroscan [Cuan na Troscaí], Inis Ní,
  Cloch na Rón [Ga]
  1945: 3.6.45
Aill na nGlasán [Aill na nGlasóg], Árainn [Ga]
  1945: 3.9.45
Aill na Searrach, Mothar [Cl]
  1945: 13.9.45
Ailltreacha an Mhothair [Cl]
  1945: 10.9.45
Ailt an Chorráin (An Port) [DG] féach Burtonport
Airdmhín, An, Loch an Iúir [DG]
  1943: 3.9.43
  1944: 23, 28.2.44; 1, 6.3.44; 4.4.44; 14.9.44
Aird Mhóir, An, Cill Chiaráin [Ga]
  1942: 16, 25.8.42; 3.9.42
  1943: 12, 18, 21, 24.5.43; 26.6.43;
    9, 11, 12, 19, 26.11.43; 4, 6.12.43
  1944: 6, 22.6.44; 12, 13, 20, 24, 27.7.44;
    22.11.44

  1945: 21.5.45; 1, 12, 14, 15, 25.6.45;
    11, 17, 18.7.45; 2.8.45; 5.9.45
  1946: 24.6.46; 4, 8, 9, 16.7.46
Aird Thiar, An / Aird Thoir, An, Carna [Ga]
  1942: 20, 22, 27.8.42
Aird Thiar, An, Carna [Ga]
  1943: 3.7.43; 7.11.43; 8.12.43
  1944: 21.6.44
  1945: 26.7.45
Aird Thoir, An, Carna [Ga]
  1942: 12.12.42
  1943: 22.5.43; 25.6.43
  1944: 1, 4, 25, 31.7.44; 19.8.44
  1945: 23.6.45; 24, 26, 30.7.45; 17.9.45
  1946: 18, 22.6.46
Albain
  1943: 26.8.43
  1944: 19.2.44; 21, 24.3.44; 7.7.44; 20.9.44;
    13.10.44; 24.11.44
Allt na Brocaí, Béal Átha Chomhraic [ME]
  1944: 28, 29.8.44; 2.12.44
America féach Meiriceá
Anach Cuain [Eanach Dhúin], Corr an Dola [Ga]
  1945: 24, 25.4.45
Árainn [Inis Mór] [Ga]
  1942: 21.8.42; (10.9.42)
  1943: 29.6.43
  1944: 8, 29.6.44; 27.7.44; 19.11.44
  1945: 10.5.45; 29, 30.6.45; 2, 7, 8, 11,
    15.7.45; 20, 21, 22, 27, 28, 29, 30,
    31.8.45; 1, 3, 4, 5, 8, 10, 12, 13, 15, 18,
    24, 25, 26.9.45
  1946: 17, 21, 29.6.46; 4.7.46
Ardaí Beaga, Na hArdaí Beaga,
  An Craoslach [DG]
  1944: 6.2.44
Ard an Rátha [DG]
  1944: 13.9.44

Baile an Dónalláin, An Spidéal [Ga]
  1942: 6.7.42

477

Baile Átha Cliath (Dublin)
    1942: 2, 3.7.42
    1943: 28.5.43; 18.9.43; 5, 9.11.43; 15.12.43
    1944: 17.1.44; 16.3.44; 15, 19.5.44;
       24, 29.6.44; 7.7.44; 11, 12, 18, 28.8.44;
       4, 5, 19.10.44; 9, 10.11.44; 11, 18.12.44
    1945: 24.4.45; 2, 19.5.45; 19.6.45; 30.7.45;
       2, 20, 22, 24, 27, 28, 31.8.45; 6, 28.9.45;
       14, 17, 21.11.45
    1946: 16, 30.5.46; 7.6.46; 11–14, 17.7.46
Baile Chonaill, An Fál Carrach [DG]
    1944: 8.2.44
Baile Chruaich, Béal an Mhuirthead [ME]
    1944: 15, 22.8.44
Baile Conaola [Ga]
    1945: 22.6.45
    1946: 19.6.46
Baile Dhún na nGall (Donegal) [DG]
    1943: 10.8.43
    1946: 17.5.46; 6.6.46
Baile Láir, An, Ros an Mhíl [Ga]
    1942: 5, 21.7.42
Baile Mhic Gormáin [Mí] féach Gormanstown
Baile na Finne (Fintown) [DG]
    1944: 18.10.44
Baile na hAbhann, Indreabhán [Ga]
    1942: 18.7.42
Baile na hInse (Ballinahinch), Sraith Salach [Ga]
    1946: 19, 27.6.46
Baile na Leacan (Ballynalackan), Lios Dúin
    Bhearna [Cl]
    1945: 11, 22.9.45
Baile na Seacht dTeampall, Eoghanacht, Árainn
    [Ga] 1945: 30.6.46
Baile Thiar, An, Toraigh [DG]
    1944: 9.10.44
Baile Thoir, An, Toraigh [DG]
    1944: 9, 13, 14.10.44
    1946: 20, 29, 31.5.46
Baile Uí Bheacháin [Cl]
    1945: 5.9.45
Baile Uí Fhiacháin [ME] féach Newport
Ballaghaline Point [Pointe Bhéal Átha
    Laighean], Dúlainn [Cl]
    1945: 13, 17.9.45
Ballinafad [Ga] féach Béal an Átha Fada
Ballinagh [Baile na nEach] [Ca]
    Deireadh Fómhair 1942
Balllinahinch [Ga] féach Baile na hInse

Ballynalackan [Cl] féach Baile na Leacain
Bánrach Ard, Cill Chiaráin [Ga]
    1944: 1.6.44
Barr na gCrompán, An Caiseal [Ga]
    1944: 31.7.44; 19.11.44
    1945: 26, 28.4.45; 14.5.45; 19.6.45
Barr Roisín, Ros an Mhíl [Ga]
    1942: 17.7.42
Bealach Féich [DG]
    1944: 11.9.44; 2.12.44
    1946: 17.5.46; 6.6.46
Béal an Átha [ME]
    1944: 14.8.44; 4.9.44
Béal an Átha Fada (Ballinafad), Sraith Salach [Ga]
    1943: 23.7.43
    1945: 19, 21.6.45
Béal Átha Chomhraic [ME]
    1944: 28.8.44
Béal Átha na Sluaighe [Ga]
    1942: 2, 3.7.42
Béal Feirste
    1944: 11.8.44
Bealtaine, An Bhealtaine, Gort an Choirce [DG]
    1943: 27.8.43; 8.9.43
    1944: 21, 27, 28.1.44
Beanna, Na, Toraigh [DG]
    1946: 22.5.46
Bearna (Bearnain) [Ga]
    1942: 6.7.42
Bearnas Mór, An [DG]
    1946: 17.5.46; 7.6.46
Beirtreach Bhuí, An Bheirtreach Bhuí, Cloch
    na Rón [Ga]
    1944: 26.11.44
Berlin
    1945: 2, 3.5.45
Boifinn [Inis Bó Finne] [Ga]
    1946: 19.7.46
Both Chuanna, An Spidéal [Ga]
    1942: 8.7.42
Bóthar Buí, An, An Cheathrú Rua [Ga]
    1942: 7.8.42
Bóthar Ard, An [Ga] féach Taylor's Hill
Bóthar na Trá, Gaillimh
    1942: 3.7.42; 6.7.42; 20.7.42
    1943: 7.8.43
Boyle [RC] [Mainistir na Búille]
    1946: 16.5.46
Bruskey, Ballinagh, Cavan [An Bhroscaigh,

Baile na nEach [Ca]
Deireadh Fómhair 1942
Bun an Bhaic, Croithlí [DG]
1944: 23, 28.3.44
Bun an tSrutháin, Roisín na Mainiach [Ga]
1943: 17.5.43
Bun Beag, Gaoth Dobhair [DG]
1946: 6.6.46
Bun Dobhráin (Bundoran) [DG]
1943: 10.8.43
1946: 17.5.46; 6.6.46
Bun Gabhla, Árainn [Ga]
1945: 24.8.45
1946: 30.6.46
Bun Glas, Teileann [DG]
1944: 8.9.44
Burma
1944: 4.5.45
Burtonport (An Port) [Ailt an Chorráin] [DG]
1946: 25.5.46

Cabhán, An, féach Cavan
Caiseal, An [Ga]
1943: 23.5.43
1944: 18, 30, 31.5.44; 18.6.44; 10, 11.7.44;
19, 26.11.44; 3, 8, 9.12.44
1945: 26.4.45; 23, 31.5.45; 19.6.45; 7.9.45
1946: 19, 26.6.46; 3, 10, 11–14.7.46
Caiseal, An, Gort an Choirce [DG]
1943: 11.8.43
1944: 16.1.44; 12.2.44
1946: 18.5.46; 3.6.46
Caisleán an Bharraigh [ME]
1942: 3.7.42
Caisleán Nua, An (Newcastle), Gaillimh
1942: 5, 6.7.42
1944: 9, 10.11.44
Caisleán Riabhach, An [RC]
1943: 9.8.43
Caladh an Chnoic, Glinsce [Ga]
1944: 3.12.44
Caladh an Treoigh [Lm] féach Castletroy
Caladh Mhaínse, Cill Chiaráin [Ga]
1944: 18.7.44
1945: 2, 5.6.45; 25.7.45; 28.8.45
Camas [Ga]
1944: 22.11.44
Caol, Acaill [ME]
1944: 12.8.44

Caoláire na Gaillimhe
1944: 8.6.44
Carna [Ga]
1942: 20.7.42; 17, 20, 27.8.42; 1, 11.9.42;
11, 14, 18.11.42; 12, 14.12.42
1943: 10–12, 28.5.43; 23, 24, 27.6.43;
4, 11, 16, 17, 21, 23, 24.7.43; 4, 5,
23.8.43; 5, 7, 11, 13–16, 19.11.43;
3, 10, 13, 15.12.43
1944: 15–17, 19, 31.5.44; 3, 4, 11, 27,
30.6.44; 4, 6, 7, 22, 29, 31.7.44; 19.8.44;
9–11, 14, 17, 18, 20, 23, 24, 27, 28.11.44;
2, 3, 4, 6, 7, 9, 14, 16, 17.12.44
1945: 24–26.4.45; 3, 5, 9, 16, 19, 21, 23,
27, 31.5.45; 2, 9, 12, 17, 24, 26, 30.6.45;
4, 6, 8, 9, 11, 12, 16, 18, 24, 27–29,
31.7.45; 1, 2, 20, 30, 31.8.45; 1, 5, 10,
13, 17.9.45
1946: 16–18, 20, 22, 25, 29.6.46; 2, 10,
19.7.46
Carraig, An Charraig, [DG]
1943: 14–18.9.43
1944: 5–8, 10, 11.9.44
1946: 17.5.46
Carraig an Tobair féach Crosskeys
Casla [Ga]
1946: 2.7.46
Castletroy [Caladh an Treoigh] [Lm]
1945: 16–18, 21.11.45
Cathair na Mart [ME]
1944: 10, 19.8.44; 4.9.44
Cavan [An Cabhán]
Deireadh Fómhair 1942
1945: 19.11.45
Cealla Beaga, Na [DG]
1943: 13.9.43
1944: 5, 10.9.44
1946: 17.5.46
Ceann Caillí, Mothar [Cl]
1945: 10.9.45
Ceann Ramhar, Inis Ní [Ga]
1945: 3.6.45
Ceathrú Rua, An Cheathrú Rua [Ga]
1942: 20, 22.7.42; 7.8.42
1943: 5.12.43
1946: 1.7.46
Ciarraí
1944: 24.9.44
1945: 15.11.45

Cill Bhreacáin, Ros Muc [Ga]
  1942: 7.8.42
Cill Chiaráin [Ga]
  1942: 7.42; 14, 15, 18.8.42; 9.9.42;
    7, 8, 11.11.42; 5.12.42
  1943: 10, 14.5.43; 23.6.43; 5.8.43
  1944: 1, 18, 19.6.44; 27.7.44; 30.11.44;
    2, 11.12.44
  1945: 18.5.45; 20,21.8.45; 5.9.45
  1946: 24, 28.6.46
Cill Dara (Kildare)
  1943: 25.6.43; 12.11.43
  1944: 9.6.44
Cill Éinne, Árainn [Ga]
  1943: 29.6.43
  1945: 15.7.45; 28, 29, 31.8.45; 1–4, 11,
    24.9.45
  1946: 29, 30.6.46
Cill Fhionnúrach [Cl] féach Kilfenora
Cill Ghoin (Kildun), Baile Chruaich, Béal an
  Mhuirthead [ME]
  1944: 22.8.44
Cill Mhuirbhigh, Árainn [Ga]
  1945: 24.8.45
Cill Rónáin, Árainn [Ga]
  1943: 29.6.43
  1945: 29.6.45; 15.7.45; 22, 24–26, 28, 30,
    31.8.45; 2–4.9.45
  1946: 29, 30.6.46; 1.7.46
Cinn Droim, Fánaid [DG]
  1943: 4–5.9.43
Cionn Mhálanna [DG]
  1945: 27.8.45
Clár, Contae an Chláir (Clare)
  1944: 8.6.44; 25.8.44
  1945: 28, 30.8.45; 4, 5, 7, 12, 13, 18,
    23.9.45
Clochán, An [Ga]
  1945: 21.5.45; 2.6.45; 19, 29.7.45; 2.8.45
  1946: 19, 20, 26.6.46; 11–14, 19.7.46
Clochán Liath, An [DG]
  1943: 3, 8, 11, 12, 18, 20.9.43;
  1944: 18–20, 22, 25, 26, 29.2.44; 4, 5, 8, 9,
    16–18, 21, 31.3.44; 2, 3.4.44; 15, 17,
    20–22, 24, 26.9.44; 5, 6, 12, 17, 18.10.44
  1946: 19.5.46; 4, 5.6.46
Cloch an Mhíle, Carna [Ga]
  1944: 14, 15.12.44
  1945: 3.6.45

Cloch Mhór, An Chloch Mhór, Baile na
  hAbhann [Ga]
  1942: 21.7.42
Cloch na Rón [Ga]
  1944: 16.7.44; 26.11.44; 3.12.44
  1945: 26.4.45; 3, 18, 19, 21, 23.6.45
  1946: 7.7.46
Cloich Chionnaola [DG]
  1943: 27.8.43
  1944: 1, 8.10.44
Cloigeann, An [Ga]
  1946: 19.7.46
Cnoc, Dún na gCorr, Dúlainn [Cl]
  1945: 18.9.45
Cnoc Aduaidh, Casla [Ga]
  1942: 26.7.42
Cnoc an Choillín, Carna [Ga]
  1943: 11.5.43
Cnoc Buí, An, Carna [Ga]
  1944: 23, 28.11.44
  1945: 23.5.45
Cnoc Fola, Gaoth Dobhair [DG]
  1944: 5.4.44
Cnoc Iorrais Bhig, Cloch na Rón [Ga]
  1944: 26.11.44
Coigéil, Leitir Mealláin [Ga]
  1945: 12.7.45
Coillín, An, Carna [Ga]
  1942: 19, 23–25.11.42
  1943: 10.5.43; 13, 21.5.43; 25.6.43; 5.11.43
  1944: 31.5.44; 23, 24.11.44
  1945: 30.4.45; 27.6.45
Coill Mhór, An Choill Mhór, Leitir Fraic [Ga]
  1946: 19, 20.6.46
Coill Sáile, Cill Chiaráin [Ga]
  1943: 12.11.43
  1945: 6, 10, 11.6.45
Coireán, An [Ci] féach Waterville
Cois Fharraige [Ga]
  1943: 5.8.43
  1944: 21.6.44
Conamara [Ga]
  1942: 4, 26.7.42 (14.12.42)
  1943: 21, 23, 25.5.43; 6, 19.8.43; 4, 5,
    9.43; 14.11.43
  1944: 7, 19.1.44; 3, 5.2.44; 22.5.44; 8.6.44;
    19.10.44; 11, 12, 14, 17.12.44
  1945: 21.5.45; 27, 30.6.45; 25.7.45;
    27–29.8.45; 3, 4, 17, 18.9.45
  1946: 22.5.46; 14, 29.6.46

Conmhaigh [DG] féach Convoy
Connacht
    1945: 23.7.45
Convoy [Conmhaigh] [DG]
    1943: 10.8.43
Cora na gCapall, Aill na Brón, Cill Chiaráin [Ga]
    1943: 11.5.43; 23.6.43
    1944: 27.7.44
    1945: 7.7.45
    1946: 17.7.46
Corrán, An, An Mhala Raithní [ME]
    1944: 15, 25, 28.8.44
Corr an Chreamha [DG] féach Corrycramp
Corr na Móna, Dúiche Sheoigheach [Ga]
    1943: 12.12.43
    1944: 11.12.44
    1945: 29.4.45
Corrycramp [Corr an Chreamha] [DG]
    1946: 16.5.46
Crab Island [Oileán na bPortán], Dúlainn [Cl]
    1945: 28.9.45
Craoslach, An [DG]
    1944: 6.2.44
Creig an Chéirín, Árainn [Ga]
    1945: 24.8.45
Crescent, The, 15 Clontarf Place [An Corrán, 15 Plás Chluain Tarbh] [Lm]
    1945: 14, 15.11.45
Cró Beithe, An Clochán Liath [DG]
    1943: 12.9.43
Crois an Mháma (Maam Cross), [An Teach Dóite] [Ga]
    1943: 10.5.43
    1946: 15.6.46; 2.7.46
Croisbhealaí, Na [An Fál Carrach] [DG]
    1943: 1,7.9.43
    1944: 23, 25, 27, 29, 30.1.44; 3, 5.2.44; 8.10.44
    1946: 1.6.46
Croisín [Cl]
    1945: 22, 23.11.45
Croithlí [DG]
    1944: 26.3.44; 24.9.44; 7.10.44
    1946: 6.6.46
Crompán, An, Carna [Ga]
    1942: 25.11.42
    1943: 29.6.43
    1945: 1.7.45
Cró na Sealg, An Clochán Liath [DG]
    1944: 14, 30.3.44; 3, 17.10.44

Crosskeys [Carraig an Tobair] [Ca]
    Deireadh Fómhair 1942
Cruachlann, Teileann [DG]
    1943: 16.9.43
    1944: 8.9.44
    1946: 17.5.46
Cruach na Caoile, Carna [Ga]
    1944: 5.7.44
Cruach Phádraig, An Clochán Liath [DG]
    1944: 18.9.44
Cuan an Fhir Mhóir, Leitir Móir [Ga]
    1944: 8.6.44
Cúige Mumhan féach Munster
Cuilleán, An Cheathrú Rua [Ga]
    1942: 7.8.42
Cúil na Ceártan, Sraith Salach [Ga]
    1946: 20.6.46

Dobhar, Gaoth Dobhair [DG]
    1943: 27.8.43
    1944: 24, 26.3.44
Dobhar Íochtarach, Gaoth Dobhair [DG]
    1944: 26.3.44
Dobhar Láir, Gaoth Dobhair [DG]
    1944: 11.2.44; 26.3.44; 24.9.44; 4.10.44
Doire
    1944: 15.1.44
Doire an Fhéich, Casla [Ga]
    1942: 20.7.42; 25.7.42; 5.8.42; 7.8.42
Doire Iorrais, Cill Chiaráin [Ga]
    1943: 16.5.43
    1945: 11.6.45
Donegal [DG] féach Baile Dhún na nGall
Dooghty [Dubhachta] Corr na Móna [Ga]
    1943: 12.12.43
Droichead, An, Casla [Ga]
    1942: 14.7.42
Droichead an Rí [BÁC] féach Kingsbridge
Dromad [Li]
    1946: 16.5.46
Dubhachta [Ga] féach Dooghty
Dublin féach Baile Átha Cliath
Dúiche Sheoigheach [Ga]
    1943: 12.12.43
Dúlainn [Cl]
    1945: 13, 17, 23, 26.9.45
Dumha Acha, Acaill [ME]
    1944: 12.8.44
Dumhaigh Ithir, Carna [Ga]
    1942: 20.8.42

Dún, An, Ros Cathail [Ga]
  1942: 29.7.42
Dún an Uchta [Ga] féach Eyrecourt
Dún Aonghasa, Árainn [Ga]
  1945: 3.9.45
  1946: 30.6.46
Dún Chonchúir, Inis Meáin [Ga]
  1945: 29.8.45
Dún Dealgan [Lú]
  1943: 13.8.43
Dún na nGall féach Baile Dhún na nGall

Eidhneach [Cl] féach Inagh
Éigipt, An
  1944: 5.3.44
Éire
  1944: 12.8.44
  1945: 27.9.45
  1946: 18.6.46
Eiscir, Ros Cathail [Ga]
  1942: 14.7.42; 27.7.42
Ennis [Cl] féach Inis
Eoghanacht, Árainn [Ga]
  1945: 23, 24.8.45; 4.9.45
Eoraip, An
  1945: 7.5.45
Eyrecourt [Dún an Uchta] [Ga]
  1945: 22.8.45

Faing [Lm] féach Foynes
Fáinneoir [Cl] féach Fanore
Fál Carrach, An, [Na Croisbhealaí] [DG]
  1943: 22.8.43; 2.9.43
  1944: 16.10.44
Falcarragh [DG] féach Fál Carrach, An
Falchorrib [Fál Chorb] [DG]
  1944: 10.3.44; 26.9.44
Fánaid [DG]
  1943: 4, 5.9.43
Fanore [Fáinneoir] [Cl]
  1945: 26.9.45
Fearann an Choirce, Árainn
  1945: 22, 28, 29.8.45; 4.9.45
  1946: 30.6.46
Fermoyle [Formaoil] [Cl]
  1945: 26.9.45
Fínis, Carna [Ga]
  1942: 17, 26, 28, 29.8.42; 9–11.9.42; 9–11,
    17, 18, 25, 27, 28.11.42; 4, 5, 14.12.42
    (14.12.42)

1943: 14, 17, 19, 20, 21.5.43; 29.6.43;
  18.8.43; 29.11.43; 7, 10, 11.12.43
1944: 31.5.44; 1, 17, 20, 30.6.44; 6, 14, 28,
  29.7.44; 7.12.44
1945: 27.4.45; 10, 13, 22, 25.5.45; 1,
  4.6.45; 3, 7, 9, 14, 28.7.45; 2, 30, 31.8.45
1946: 24, 25, 29.6.46; 11–14.7.46
Fintown féach Baile na Finne
Forbacha, Na [Ga]
  1942: 6.7.42
Foynes [Faing] [Lm]
  1945: 14, 20.11.45

Gabhla, [DG]
  1943: 28.8.43
Gabhla, Caiseal [Ga]
  1944: 28.5.44; 3, 8.12.44
  1945: 25.4.45
Gaillimh
  1942: 3, 8, 12, 19, 26, 27.7.42; 5, 20,
    24.8.42; 7.9.42; 21, 22.11.42
  1943: 8–10.5.43; 10, 28–31.7.43; 6, 7.8.43;
    15.12.43
  1944: 15.5.44; 1.8.44; 9, 10.11.44; 18.12.44
  1945: 24, 25, 29.4.45; 1, 13, 14.5.45;
    2.6.45; 20, 29.8.45; 3, 6, 7, 23.9.45
  1946: 14.6.46
Gaoth Dobhair [DG]
  1943: 16, 29.8.43
  1944: 20.2.44; 24, 29.3.44; 24, 25.9.44;
    2, 4.10.44
Garraí na Graí, Ros Cathail [Ga]
  1942: 4.8.42
Gearmáin, An Ghearmáin
  1944: 15.1.44; 14.10.44
Geata Thuamhumhan [Lm] féach Thomond
  Gate
Gleann Cholm Cille [DG]
  1944: 10.9.44
Gleann Gheise (Glengesh), Ard an Rátha [DG]
  1943: 20.9.43
  1944: 13.9.44
Gleann na Madadh [Ga]
  1945: 6.7.45
Gleann Stáil féach Glenstal
Gleannta, Na [DG]
  1943: 13.9.43
  1944: 11–13.9.44
Glengesh [DG] féach Gleann Gheise

Glenstal [Gleann Stáil] [Lm]
    1945: 5.7.45
Glinn Chatha, Scríb [Ga]
    1944: 12.6.44; 24.6.44
    1945: 26.6.45
Glinsce (Glynsk), Carna [Ga]
    1942: 20.8.42; 9.12.42
    1943: 23, 25.5.43; 26, 28, 30.6.43; 2, 5, 7,
        8, 13, 14, 17, 19, 26, 27.7.43; 2.8.43;
        7, 10, 13, 15–17, 19, 22, 24, 25–27, 29,
        30.11.43; 2, 3.12.43; 4, 7, 9, 14.12.43
    1944: 18, 31.5.44; 5, 10, 15, 17, 21,
        23.6.44; 1, 3, 15, 16, 31.7.44; 17.8.44;
        15, 17, 20, 21–24, 26, 28.11.44; 1, 4, 5,
        14, 15, 17.12.44
    1945: 26–28.4.45; 2–5, 7–9, 11, 12, 15, 17,
        18, 23, 24, 28, 29, 31.5.45; 2, 3, 7, 8, 13,
        16, 19.6.45; 6, 9, 16, 25, 27, 29, 30,
        31.7.45
    1946: 17, 27.6.46; 2, 4.7.46
Goirtín, Cloch na Rón [Ga]
    1945: 22.6.45
    1946: 19.6.46
Gólaim, Ceann, Leitir Mealláin [Ga]
    1945: 31.8.45; 5.9.45
Gormanstown [Baile Mhic Gormáin] [Mí]
    1943: (28.5.43)
    1945: 25.4.45
Gort an Choirce [DG]
    1943: 11, 15, 17, 19, 22, 24, 26, 27,
        31.8.43; 4, 5, 6, 8, 20.9.43;
    1944: 16, 31.1.44; 4, 12, 13, 16, 18,
        20.2.44; 11.3.44; 2, 3.4.44; 4.6.44; 28.9.44;
        7, 9.10.44
    1946: 17, 18, 26, 30, 31.5.46; 1, 3, 6.6.46

Hamburg
    1945: 4.5.45

Idir Dhá Loch, Carna [Ga]
    1944: 14,15.12.44
Inagh [Eidhneach] [Cl]
    1945: 26.9.45
Inbhear, Ros Muc [Ga]
    1942: 23.8.42
Indreabhán [Ga]
    1942: 13.7.42
Inis (Ennis) [Cl]
    1945: 23, 9.45; 21, 22.11.45

Inis Bearachain, Leitir Móir [Ga]
    1945: 29.6.45; 1, 9, 11, 13.7.45
Inis Bigil, Baile Chruaich [ME]
    1944: 22.8.44
Inis Bó Finne féach Boifinn
Inis Díomáin [Cl]
    1945: 8.9.45
Inis Eoghain [DG]
    1944: 10.9.44
Inis Fraoigh (Inishfree), Na Rosa [DG]
    1944: 9.10.44
Inis Leacain, Cloch na Rón [Ga]
    1945: 21, 23.6.45
Inis Meáin [Ga]
    1945: 29.8.45
    1946: 1.7.46
Inis Ní, Cloch na Rón [Ga]
    1944: 31.7.44, 26.11.44
    1945: 15, 31.5.45; 2, 3, 20, 21, 22.6.45;
        29.7.45
Inis Srathair, Carna [Ga]
    1943: 21, 22.7.43
Iodáil, An (Italy)
    1945: 2, 3.5.45

Kildare féach Cill Dara
Kilfenora [Cill Fhionnúrach] [Cl]
    1945: 12.9.45
Kingsbridge [Droichead an Rí] [BÁC]
    1945: 14.11.45

Leacht, An (Leacht Uí Chonchúir) (Lahinch);
(Leithinse an baile fearainn ina bhfuil cuid de
bhaile an Leachta) [Cl]
    1945: 30.8.45; 7, 8, 11, 13, 25.9.45;
        23.11.45
Learga na Saorthach, Gleann Cholm Cille [DG]
    1944: 12, 13.9.44
Leitir Calaidh, Leitir Móir [Ga]
    1942: 24.7.42
Leitir Catha, Loch an Iúir [DG]
    1943: 16.8.43; 2, 9.9.43
    1944: 9, 10, 16.2.44; 9, 11, 16, 17.3.44;
        24, 26.3.44; 2, 3 4.44; 13, 16, 17, 20,
        24.9.44; 3, 6, 17, 18.10.44
    1946: 19.5.46; 2, 4.6.46
Leitir Ceanainn [DG]
    1943: 10, 11.8.43; 11.9.43
    1944: 24, 25.9.44
    1946: 17.5.46; 6.6.46

Mín na Croise, An Clochán Liath [DG]
    1944: 17.10.44
Mín na Mánrach, Loch an Iúir [DG]
    1944: 13.3.44; 18.9.44
Mín Uí Bhaoill, Croithlí [DG]
    1944: 26.3.44; 5.4.44
Mionloch (Menlough) [Ga]
    1945: 1.5.45, 6.9.45
Moymore [Maigh Mór] [Cl]
    1945: 16.9.45
Muileann gCearr, An [IM]
    1946: 16.5.46
Muiriúch, Fanore [Fáinneoir] [Cl]
    1945: 26.9.45
Mulrany [ME] féach Mala Raithní, An Mhala
    Raithní
Munster [Cúige Mumhan]
    1944: 27.11.44

New Line [Bóthar Mhuire], Gaillimh
    1942: 5.7.42
Newcastle, Gaillimh féach An Caisleán Nua
Newport [Baile Uí Fhiacháin] [ME]
    1944: 11, 21.8.44

Oileán Iarthach, An tOileán Iarthach, Árainn
[Ga]
    1945: 27.8.45
Oileán Máisean, An tOileán Máisean, Carna
[Ga]
    1945: 4.7.45
Oileán Mhic Dara, Carna [Ga]
    1945: 16.7.45
Oileán na bPortán [Cl] féach Crab Island
Ollainn, An féach Tíortha Fó Thoinn, Na
Oola [Úlla] [Lm]
    1945: 21.11.45
Oranmore [Órán Mór] [Ga]
    1942: 3.7.42

Pollakiel, Cavan [Poll an Chaoil, Cabhán]
    Deireadh Fómhair 1942
Poll Séideáin [Ga] féach Puffing Holes
Port, An [DG] féach Burtonport
Portach Mhaínse, Maínis, Carna [Ga]
    1943: 1.7.43; 11.11.43
Port an Chlóidh, Béal an Mhuirthead [ME]
    1944: 5.2.44
Port Mhuirbhigh, Árainn [Ga]
    1945: 15.7.45; 22, 29, 31.8.45; 2, 3, 5.9.45

Prospect Hill [Cnoc na Radharc] [Ga]
    1942: 22.11.42
    1945: 7.9.45
Puffing Holes [Poll Séideáin] Árainn [Ga]
    1945: 3.9.45

Ráith, An (Raigh), An Mhala Raithní [ME]
    1944: 21, 26.8.44; 7, 9,9,44
Rann na Feirste [DG]
    1943: 27.8.43
Ráth Mealtain [DG]
    1946: 16, 17.5.46
Recess [Ga] féach Sraith Salach
Roisín an Chalaidh, Maínis [Ga]
    1944: 22.6.44
Roisín na Mainiach [Ga]
    1942: 17.8.42; 25, 26.11.42
    1943: 17.5.43; 6.11.43
    1944: 15.5.44; 21.7.44; 9, 10, 14, 19, 28,
        30.11.44; 6, 12.12.44
    1945: 26.4.45; 12, 30.5.45; 2.6.45; 10, 25,
        26, 30, 31.7.45; 5.9.45
    1946: 21, 28.6.46
Rosa, Na [DG]
    1943: 2.9.43
    1944: 9.10.44
    1946: 2.6.46
Ros an Mhíl [Ga]
    1942: 14–16, 21.7.42; 6.8.42
    1946: 1.7.46
Ros Cathail [Ga]
    1942: 14, 27.7.42; 4.8.42
    1943: 9.5.43
Ros Cíde, Ros Muc [Ga]
    1944: 11.12.44
Ros Comáin
    1943: 9.8.43
    1944: 24.9.44
Ros Dúgáin, Cill Chiaráin [Ga]
    1944: 1.6.44
Ros Muc [Ga]
    1942: 20, 22, 23.7.42; 7, 9, 13–15.8.42;
        12.9.42; 23.8.42; 15.11.42; 8.12.42
    1943: 10.5.43; 16, 23, 29.5.43; 23, 28.6.43;
        18.7.43; 4, 13.12.43
    1944: 29.5.44; 12, 29.6.44; 23, 30.7.44; 4,
        9.12.44
    1945: 10, 11.6.45; 4, 17.7.45
    1946: 15.6.46; 4.7.46

Sasana
    1943: 11.9.43; 6.11.43
    1944: 15.1.44
    1945: 28.8.45
Seanadh Gharráin, An Spidéal [Ga]
    1942: 11.7.42
Seanghualainn (Shanagolden) [Lm]
    1945: 14, 20.11.45
Sionainn, An tSionainn
    1942: 21.8.42
Sligeach
    1943: 9, 10.8.43
    1944: 5.9.44
    1945: 31.8.45
    1946: 17.5.46; 17, 21, 29.6.46
Snámh Bó, Ros Muc [Ga]
    1944: 10, 11.12.44
Spidéal, An [Ga]
    1942: 6, 8, 9, 13, 19, 20.7.42
    1943: 18.8.43
    1944: 4.7.44
    1945: 13.7.45
Spur, An, Árainn [Ga]
    1945: 3.9.45
Sráid na nIascairí, Dúlainn [Cl]
    1945: 13.9.45
Sraith Salach (Recess) [Ga]
    1942: 20.8.42
    1944: 19.11.44
    1945: 27.5.45
Srath an Urláir [DG]
    1944: 11.9.44
Srath Bán, [TE]
    1944: 18.10.44
Sruthán, Árainn
    1945: 24.8.45; 4.9.45
    1946: 30.6.46
Sruthán, An, Gort an Choirce [DG]
    1944: 27, 28.1.44; 1, 4, 10, 14, 15, 21.2.44;
        30.9.44
Sualainn, An tSualainn
    1946: 14.6.46

Taylor's Hill [An Bóthar Ard], Gaillimh
    1943: 8.8.43
Teach Dóite, An féach Crois an Mháma
Teileann [DG]
    1943: 20.9.43
    1944: 6, 9, 12.9.44; 2.12.44
Thomond Gate [Geata Thuamhumhan] [Lm]
    1945: 16.11.45

Tíortha Fó Thoinn, Na [An Ollainn]
    1945: 5.5.45
Tír an Fhia,Garmna [Ga]
    1945: 9, 12.7.45
Tír Chonaill
    1943: 4, 10.8.43; 18.11.43
    1944: 20, 25.3.44; 22.5.44; 4.6.44; 22.8.44;
        2.9.44; 4.10.44
    1945: 27.8.45
    1946: 16.5.46; 24.6.46
Tóin an Chnoic, Ros an Mhíl [Ga]
    1942: 15.7.42
Tóin Roisín, Máinis [Ga]
    1945: 6.5.45
Tor, An, Croithlí [DG]
    1944: 24, 26, 29.2.44; 3, 7, 15, 20, 21,
        25.3.44; 2, 3, 5.4.44; 20, 24.9.44; 5.10.44
Toraigh [DG]
    1944: 8, 9, 11, 15, 17.10.44; 17.11.44
    1946: 20, 25, 27, 30.5.46; 19, 21, 25, 26.6.46
Trá an Ghoirtín [Port na Feadóige], Cloch na
    Rón [Ga]
    1945: 22.6.45
Trá Bháin, An, Garmna [Ga]
    1945: 12, 13.7.45; 18.9.45
Trá Mhóir, An, Máinis [Ga]
    1945: 15.6.45
Tuaim [Ga]
    1942: 3.7.42
Tullamore [Tulach Mhór] [UF]
    1943: 7.8.43
Turloch [= Tulach], Ros Cathail [Ga]
    1942: 4.8.42
Turloch, Ros Muc [Ga]
    1942: 14.8.42

Uachtar Ard [Ga]
    1942: 14.7.42; 31.7.42; 1.8.42
Uaimíní, Na hUaimíní, Garmna [Ga]
    1945: 12.7.45
Uíbh Fhailí
    1943: 7.8.43
Úlla [Lm] féach Oola

Waterville [An Coireán] [Ci]
    1942: 13.7.42

Foinsí Foilsithe

Bourke, A. [*cf* Partridge, A.] 1986. 'Séamus Ennis in Clare', *Dal gCais: The Journal of Clare* No. 8, 53–6.

Bramsback, B. & Croghan. M. J. (eds) 1988, *Anglo-Irish and Irish Literature: Aspects of Language and Culture: Proceedings of the Ninth International Congress of the International Association for the Study of Anglo-Irish Literature.* Uppsala.

Breathnach, D. & Ní Mhurchú, M. 1992. *1882–1982 Beathaisnéis a Trí.* Baile Átha Cliath.

Breathnach, D. & Ní Mhurchú, M. 1994. *1882–1992 Beathaisnéis a Ceathair.* Baile Átha Cliath.

Breathnach, D. & Ní Mhurchú, M. 1997. *1882–1992 Beathaisnéis a Cúig.* Baile Átha Cliath.

Breathnach, D. & Ní Mhurchú, M. 2003. *1983–2002 Beathaisnéis.* Baile Átha Cliath.

Briody, M. 2005. 'The Collectors' Diaries of the Irish Folklore Commission: A Complex Genesis.' *Sinsear* 9, 27–45.

Carey, T. 2004. *Croke Park – A History.* Cork.

Craigie, W. & Hulbert, J. (eds) 1938. *A Dictionary of American English.* Chicago.

Cullinane, Dr J. 1999 [2000]. *Further Aspects of the History of Irish Dancing.* Cork.

Cullinane, Dr J. 2003. *An Coimisiún Le Rincí Gaelacha (Irish Dancing Commission) Its Origins and Evolution.* Cork.

de Bhaldraithe, T. 1945 [1966]. *The Irish of Cois Fhairrge, County Galway.* Dublin.

de Bhaldraithe, T. (eag.) 1982. *Pádraic Ó Conaire: Clocha ar a Charn.* Baile Átha Cliath.

de Bhaldraithe, T. 1985. *Foirisiún Focal as Gaillimh.* Baile Átha Cliath.

Delargy, J. H. [*cf* Ó Duilearga, S.]. 1945. *The Gaelic Storyteller. With Some Notes on Gaelic Folk-Tales* (Rhys Memorial Lecture). London.

Denvir, G. 1996. *Amhráin Choilm de Bhailís.* Indreabhán.

Devas, N. 1966. *Two Flamboyant Fathers.* London.

de Valera, É. 1982. *Éamon de Valera 1882–1975: His Recorded Voice.* Dublin (RTÉ).

Faherty, P. 2000. *Barna – A History.* Barna.

Feldman, A. & O'Doherty, E. 1979. *The Northern Fiddler.* Belfast.

Fox, R. 1995. *The Tory Islanders: a people of the Celtic fringe.* Notre Dame.

General Alphabetical Index to the Townlands and Towns, Parishes and Baronies of Ireland. 1861 [1986]. Baltimore.

Goan, C. (eag.) 1985. *Scéalamhráin Cheilteacha: narrative songs in the Celtic Languages.* Dublin. (caiséad)

Gray, T. 1997. *The Lost Years: The Emergency in Ireland 1939–45.* London.

Grob-Fitzgibbon, B. 2004. *The Irish Experience During the Second World War – An Oral History.* Dublin.

Gunn, M. 1984. *A Chomharsain Éistigí agus amhráin eile as Co. an Chláir.* Baile Átha Cliath.

Hamilton, J. N. 1974. *A Phonetic Study of the Irish of Tory Island, Co. Donegal.* Belfast.

Hoctor, D. 1971. *The Department's Story.* Dublin.

Holmer, N. 1962. *The Dialects of Co. Clare Part 1: RIA Todd Lecture Series Vol. XIX.* Dublin.

Lenihan, M. 1866. *Limerick; its History and Antiquities.* Dublin.

Lennox-Conyngham, M. 1998. *Diaries of Ireland: An Anthology 1590–1987.* Dublin.

Litton, H. 2001. *The World War II Years – The Irish Emergency: An Illustrated History.* Dublin.

Macafee, C. 1996. *Concise Ulster Dictionary.* New York.

MacAoidh, C. 1994. *Between the Jigs and the Reels.* Leitrim.

Mac Con Iomaire, L. 1999. 'Deora Aille – Máire Áine Ní Dhonnchadha agus a Cuid Amhrán', *Léachtaí Cholm Cille XXIX: Foinn agus Fonnadóirí,* 7–36.

McDonald T. 1997. *Achill Island: Archaeology, History, Folklore.* Offaly.

McNally, K. 1973. *Achill.* Devon.

Mac Neill, M. 1962. *The Festival of Lughnasa.* Dublin.

Mahon, B. 1998. *While Green Grass Grows.* Cork.

Mac Gabhann, M. 1959 [1996]. *Rotha Mór an tSaoil.* Indreabhán.

Mac Gairbheith, P. 1998. 'Faoi Scáth Chnoc na nAgall.' *An tUltach,* Eanáir, 18–19.

Mac Giollarnáth, S. 1936. *Loinnir Mac Leabhair.* Baile Átha Cliath.

Mac Lysaght, E. 1973 [2001]. *The Surnames of Ireland.* Dublin.

McHugh, R. 1956. 'The Famine in Irish Oral Tradition.' R. Dudley Edwards & T.D. Williams (eds), *The Great Famine: Studies in Irish History.* Dublin, 394–595.

Mhic Coisdealbha, E. 1923 [1990]. *Amhráin Mhuighe Seóla: Traditional Folksongs from Galway and Mayo.* Indreabhán.

Monthly Weather Reports of the Meteorological Office. 1942–6. London.

Mná Fiontracha (eag.). 2004. *Ár nOileán: Tuile is Trá.* Árainn.

Moran, P. 1942. 'Inscribed Cross-slabs in the parish of Ballycroy, Co. Mayo.' *Journal of the Royal Society of Antiquaries of Ireland* LXXII. Part 1, 149–51.

Müller-Lisowski, Kate. 1948 [1950]. 'Contributions to a Study in Irish Folklore: Traditions about Donn.' *Béaloideas* 18, 142–99.

Murphy, M. J. 1973. *Tyrone Folk Quest.* Belfast.

Ní Ailpín, T. & Ó Cuirrín, S. 1923. *Teagosc-Leabhar na Bheidhlíne.* Baile Átha Cliath.

Ní Annagáin, M. & de Chlanndiolúin, S. 1927. *Londubh an Chairn.* Oxford.

Ní Fhlathartaigh, R. [*cf* uí Ógáin, R.] 1976. *Clár Amhrán Bhaile na hInse.* Baile Átha Cliath.

Ní Fhloinn, B. 1986. 'The Lore of the Sea in County Clare.' *Dal gCais.* 107–28.

Ní Fhloinn, B. 2001. 'In Correspondence with Tradition: The Role of the Postal Questionnaire in The Collection of Irish Folklore.' in Ó Catháin 2001, 215–28.

Ní Mhiolláin, T. 2004. 'An Sean Nós.' in Mná Fiontracha 2004, 19–25.

Ní Uallacháin, P. 2003. *A Hidden Ulster: People, songs and traditions of Oriel.* Dublin.

O'Brien, K. 1943. *English Diaries and Journals.* London.

O'Brien, K. 1962. *My Ireland.* London.

Ó Buachalla, B. 1998. *An Caoine agus an Chaointeoireacht.* Baile Átha Cliath.

Ó Catháin, S. 1988. 'Súil Siar ar Scéim na Scol 1937–1938.' *Sinsear* 5, 19–30.

Ó Catháin, S. 1999. 'Scéim na Scol: The Schools' Scheme of 1937–9.' M. Farren & M. Harkin (eds), *It's Us They're Talking About: Proceedings of the 1998 McGlinchey Summer School.* Clonmany, Co. Donegal, gan uimh.

Ó Catháin, S. (ed.) 2001. *Northern Lights: Following Folklore in North-Western Europe – Essays in Honour of Bo Almqvist – Aistí in Adhnó Bo Almqvist.* Dublin.

Ó Catháin, S. 2002. 'In Memoriam; Seán Ó hEochaidh.' *Béaloideas* 79, 227–30.

Ó Ceallaigh, An tAth. T. 1931 [1990]. *Ceol na nOileán.* Indreabhán.

Ó Ciosáin, É. 1989. 'Amhráin na nDaoine agus an tAthrú Saoil.' *Léachtaí Cholm Cille XIX,* 223-38

O Ciosáin, É. 1993. *An t-Éireannach 1934–1937: Páipear Sóisialach Gaeltachta.* Baile Átha Cliath.

Ó Con Cheanainn, T. 2002. 'Seanchas ar Mhuintir Laidhe.' *Éigse XXXIII,* 180–225.

Ó Direáin, M. (E. Ó hAnluain a chuir in eagar.) 2002. *Ón Ulán Ramhar Siar.* Baile Átha Cliath.

Ó Dónaill, N. 1977. *Foclóir Gaeilge-Béarla.* Baile Átha Cliath.

O'Donnell, B. 2001. *Galway: A Maritime Tradition*. Oranmore.

Ó Droighneáin, M. 1966 [1995]. *An Sloinnteoir Gaeilge agus an tAinmneoir*. Baile Átha Cliath.

Ó Duilearga, S. [*cf* Delargy, J. H.] 1960. 'In Memoriam: An Bráthair Pádraig Ó Riain.' *Béaloideas* 28, 133.

Ó Duilearga, S. 1964. *Leabhar Sheáin Í Chonaill*. Baile Átha Cliath.

Ó Duilearga, S. (M. Mac Néill a d'aistrigh.) 1981. *Seán Ó Conaill's Book: Stories and Traditions from Iveragh*. Dublin.

Ó Duilearga, S. (D. Ó hÓgáin a chóirigh.) 1981. *Leabhar Stiofáin Uí Ealaoire*. Baile Átha Cliath.

Ó Flannagáin, D. 1985. *Ó Thrá Anoir*. Cathair na Mart.

Ó Floinn, Liam. 1997. *Bill Keane (Liam Ó Catháin)*. Luimneach.

Ó Floinn *féach* Ní Fhloinn

Ó Gallchóir, S. (eag.) 2003. *Teach Pobail Chríost Rí Gort a' Choirce 1953–2003*. Leitir Ceanainn.

Ó Glaisne, R. 1992. *Gaeilge i gColáiste na Tríonóide 1592–1992*. Baile Átha Cliath.

O'Hanrahan, B. 1982. *Donegal Authors: a Bibliography*. Dublin.

Ó Héalaí, P. 2000. 'Seán Mac Mathúna – Fear an Chín Lae.' *Béaloideas* 68, 99–126.

Ó hEochaidh, S. 1960. 'In Memoriam: Niall Ó Dubhthaigh.' *Béaloideas* 28, 134–6.

Ó hÓgáin, D. 1982. *An File: Staidéar ar Osnádúrthacht na Filíochta sa Traidisiún Gaelach*. Baile Átha Cliath.

Ó hÓgáin, D. 1990. *Myth Legend and Romance: An Encyclopaedia of the Irish Folk Tradition*. London.

Ó Laoire, L. 2002. *Ar Chreag i Lár na Farraige*. Indreabhán.

Ó Laoire, L. 2003. 'Muintir Mhic Pháidín' in Ó Gallchóir 2003, 115–19.

Ó Madagáin, B. 1985. 'Functions of Irish Song in the Nineteenth Century.' *Béaloideas* 53, 130–216.

Ó Máille, T. 1905 [1991]. *Amhráin Chlainne Gael*. Indreabhán.

Ó Máille, T. 1936 [2002]. *An Béal Beo*. Baile Átha Cliath.

Ó Muirgheasa, É. 1934. *Dhá Chéad de Cheoltaibh Uladh*. Baile Átha Cliath.

O'Neill, F. 1913. *Irish Minstrels and Musicians*. Chicago.

Ó Péicín, D. le Nolan, L. 1997. *Islanders: The True Story of One Man's Fight to Save a Way of Life*. London.

Partridge, A. [*cf* Bourke, A.] 1993. *Caoineadh na dTrí Muire*. Baile Átha Cliath.

Patterson, E. 1969. *The County Donegal Railways*. Devon.

Petch, E. 1998. *Connemara Pony Breeders' Society 1923–1998*. Clifden.

Picard, J. 1998. 'Adomnán's *Vita Columbae* and the Cult of Colum Cille in Continental Europe.' *Proceedings of the Royal Irish Academy* Vol. 98, C, no. 1, 1–23.

'Prom' [cólúnaí sa *Donegal Democrat*, Gerry Moriarty]. n.d. *Tory's Darkest Hour*. Ballyshannon.

Quinn, B. & Mac Con Iomaire, L. 1997. *Conamara: An Tír Aineoil*. Indreabhán.

Robinson, T. 1986 [1995.] *Stones of Aran*. Dublin.

Robinson, T. 1990. *Connemara – part 1: Introduction and Gazetteer*. Roundstone.

Robinson, T. (L. Mac Con Iomaire a d'aistrigh.) 2002. *Camchuairt Chonamara Theas – A Twisty Journey: Mapping South Connemara*. Baile Átha Cliath.

RTÉ. 1998. *The Séamus Ennis Story*. RTE MC 115.

Seoighe, M. 1964. *Maraíodh Seán Sabhat Aréir*. Baile Átha Cliath.

Share, B. 1978. *The Emergency: Neutral Ireland, 1939–45*. Dublin.

Shields, H., Sealy, D., & Goan, C. (eag.) 1985. *Scéalamhráin Cheilteacha*. Baile Átha Cliath.

Snoddy, T. 2002 [2nd edn]. *Dictionary of Irish Artists 20th Century*. Dublin.

Sommerfelt, A. 1922. *The Dialect of Torr Co. Donegal*. Christiana.

Spellissy, S. 1996. *The Merchants of Ennis*. Ennis.

Stockman, G. 1974. *The Irish of Achill*. Belfast.

Therman, D. H. 1989. *Stories from Tory Island*. Dublin.

Traynor, M. 1953. *The English Dialect of Donegal*. Dublin.

uí Ógáin, R. [*cf* Ní Fhlathartaigh, R.] 1996. 'Fear Ceoil Ghlinsce.' G. P. Moran & R. Gillespie (eds.), *Galway History and Society: Interdisciplinary Essays on the History of an Irish County*. Dublin, 703–48.

uí Ógáin, R. 1996-7. 'Colm Ó Caodháin and Séamus Ennis.' *Béaloideas* 64–5, 279–338.

uí Ógáin, R. 2000. 'Some Comments on Context, text and Subtext in Irish Folklore.' Lauri Honko (ed.), *Thick Corpus, Organic Variation and Textuality in Oral Tradition: Studia Fennica Folkloristica 7*. Helsinki, 159–79.

uí Ógáin, R. 2000. 'Seán Mac Mathúna (1876–1949): Bailitheoir Béaloidis.' *Béaloideas* 68, 139–59.

uí Ógáin, R. 2001. 'Scéala Aduaidh.' in Ó Catháin 2001, 316–29.

uí Ógáin, R. 2002. *Sorcha: Amhráin Shorcha Ní Ghuairim: Traditional Songs from Conamara*. Comhairle Bhéaloideas Éireann & Gael-Linn. CEFCD 182.

uí Ógáin, R. 2002. 'Is í an fhilíocht anam an cheoil: Sorcha Ní Ghuairim, Amhránaí Roisín na Mainiach.' *Bliainiris 2002*. Baile Átha Cliath, 84–107.

uí Ógáin, R. 2003. 'Part of the Family: Correspondence between the folklore collector Seán Mac Mathúna and the Irish Folklore Commission.' *The Other Clare* vol. 27, 63–70.

Wagner, H. 1964. *Linguistic Atlas and Survey of Irish Dialects*. Dublin.

Willy, M. 1963. *English Diarists: Evelyn & Pepys* (Writers and their Work no. 162). London.

Willy, M. 1964. *Three Women Diarists* (Writers and their Work no. 173). London.

Woulfe, P. 1923. *Sloinnte Gaedheal is Gall – Irish Names and Surnames*. Dublin.

www.clarelibrary.ie/eolas/coclare/places/fallshotel1.htm